KB036433

혼자 공부하는 이들을 위한 최소한의 지식 역사

혼 · 공 · 역 · 사

혼자

공부하는 이들을 위한
최소한의 지식:

지식의 고수 남경태의
역사 가이드

역사

남경태 지음

역사의 평가를 위해

———

동양과 서양이라는 말은 아주 자연스러운 한 쌍으로 보인다. 세계지도를 보면 덩치 큰 유라시아 대륙이 동서 방향으로 길게 뻗어 있는 모습이 눈에 들어온다. 거기서 동쪽의 아시아는 동양이고, 서쪽의 유럽은 서양이다. 동양과 서양은 마치 시소의 양쪽에 앉은 아이처럼 균형을 이루고 있는 듯하다.

지리적으로만 구분되는 것은 아니다. 문명과 역사를 기준으로 봐도 동양과 서양은 상당히 다르다. 이 경우 동양과 서양을 구분하는 기준점은 아시아와 유럽이라는 대륙의 차이가 아니라 세계의 지붕이라 불리는 파미르 고원이다(그 바로 옆에 자리 잡은 인도는 지리적으로는 동양에 속하지만 문명과 역사로 보면 서양에 더 가깝다). 역사적으로 그 동쪽은 동양 문명권, 서쪽은 서양 문명권을 이루어왔다.

동양 문명권은 문명이 탄생한 이래 중국이라는 중심지가 변하지 않았다. 그에 비해 서양 문명권은 처음에 서남아시아의 오리엔트에서 생겨났으나 이후 중심이 점점 서쪽으로 이동해 유라시아의 서쪽 끝인 유럽에서 뿌리를 키우고 열매를 맺었고, 다시 대서양을 건너 아메리카로 확산되었다. 그래서 동양 문명의 주요 무대는 동아시아가 되었고, 서양 문명의 주요 무대는 유럽과 아메리카가 되었다.

이렇게 지리적으로나 역사적으로나 쉽게 구분되기 때문에 동양과 서양은 마치 서로 잘 어울리는 짝처럼 보인다. 하지만 그것은 동양에 사는 우리의 생각이다. 세계적으로 보면 두 문명은 비중과 배분이 크게 다르다. 오늘날 서양 문명권은 세계의 대부분을 차지하고 있으며, 지금 이 순간에도 계속 폭을 넓혀가고 있다. 게다가 동양 문명권의 보루였던 동아시아 사회에도 상당히 깊숙이 침투해 있다. 서양 문명의 양대 산물이라고 할 수 있는 자본주의와 민주주의는 일본과 한국을 거쳐 중국의 문을 두드리고 있다. 동양 사회 내에서도 각종 제도와 법은 물론이고, 복식과 언어, 관혼상제 같은 생활 습속에 이르기까지 거의 대부분이 서양화되어 있다.

달력을 예로 들어보자. 서력기원 2000년은 단군기원으로 보면 4333년이고, 공자기년으로는 2551년이며, 불기佛紀로는 2544년, 이슬람력으로는 1379년에 해당한다(북한에서는 서력기원과 더불어 김일성의 탄생 연도를 기점으로 하는 주체력도 사용하는데, 이에 따르면 2000년은 89년이다). 흔히 볼 수 있는 달력이니 대수롭지 않게 생각하겠지만, 왕조 사회에서 달력은 독립국의 상징이었다. 한 국가에 속하는 국민들이 같은 방식으로 해와 날을 셈해야만 전쟁이나 외교 같은 국가적 행사와 통상, 모임 같은 사회적 활동이 가능했기 때문이다. 동양에서는 전통적으로 중국 황제가 주변의 속국들에 달력을 하사했다. 달력만으로 따진다면 서력기원을 사용하는 모든 나라는 그리스도교 문명권의 속국이라고 해야 할지도 모른다. 해를 셈하는 것만이 아니라 1년을 열두 달로 나누는 것도, 한 주일을 7일로 나누는 것도 서양의 달력에서 비롯된 관습이다.

그렇게 보면, 동양에 사는 우리로서는 인정하기 싫은 사실이지만 동양과 서양을 대등한 문명으로 보는 것은 좀 무리다. 물론 예전에는 그렇지 않았다. 인류 문명이 탄생했을 때 동양 문명은 당당히 그 한 축을 담당했고, 오랫동안 서양 문명에 비해 거의 모든 면에서 앞섰다. 인구는 예나 지금이나 서양보다 많고, 인구에 대체로 비례하는 경제력도 앞섰으며, 중세 3대 발명품이라고 불리는 화약·나침반·인쇄술의 발명도 다 동양이 먼저였다. 단적으로 군사력을 예로 들 수 있다. 17세기 유럽의 30년 전쟁에서 3만~5만 명 병력을 가진 용병대장이면 어느 군주에게서나 러브콜을 받았지만, 그보다 1000년 전인 7세기에 중국의 수 제국이 고구려를 침공할 때 동원한 병력은 무려 113만 명이었다.

서양 문명이 동양을 앞서기 시작한 것은 14~16세기 변혁기다. 이 시기에 유럽 세계, 특히 서유럽은 대항해, 르네상스, 종교개혁에 힘입어 장차 글로벌 문명을 이끌게 될 주역으로 떠올랐다. 가장 큰 동력은 유럽 바깥의 요소, 즉 아메리카를 정복한 것이었지만, 유럽 내부의 그 세 가지 변혁도 유럽을 환골탈태하는 데 크게 기여했다. 그와 달리 동양 문명은 오래전부터 퇴색하고 있었다. 결국 16세기부터 세계 정복에 나선 서양 문명에 동양은 속절없이 무릎을 꿇었다. 심지어 오늘날에는 자칫하면 정체성을 잃을지도 모르는 위험한 지경에까지 이르렀다.

동양 문명이 그런 위기에 처했다면 그것은 역사적인 문제다. 그런 현상이 어제오늘의 일이 아니라면 그렇게 된 원인은 당연히 먼 역사 속에서 찾아야 한다. 솔직히 말해 동양의 역사가 어디서부터인가 잘못되었다는 이야기다. 이 책은 두 문명의 역사를 비교하면서, 구체적으로는 동양 문명이 언제부터 왜 실패했는지를 밝히고, 서양 문명이 어떻게 승자의 길을 걸어 오늘날 세계 문명으로 발돋움하게 되었는지를 밝힐 것이다.

역사를 평가한다는 것은 어찌 보면 터무니없는 일이다. 도대체 과거를 오늘의 잣대로 재려는 게 옳은 일인가? 또 가능하기는 한 일인가? 설사 가능하다 해도 이미 지나간 과거를 어쩌라는 말인가? 정당한 의문이지만 지금까지 우리는 그런 핑계로 역사에 대한 평가를 지나치게 오래 유보해왔다. 더 이상 그 작업을 미룬다면 나중에 우리 후손이 더 먼 역사를 더 어렵게 평가해야 하는 처지에 놓일 것이다.

섣부름을 무릅쓰고라도 지금 이렇게 두 역사에 대한 평가를 책으로 펴내는 이유는 바로 그런 점에 있다. 물론 전문 역사학자의 손을 거친다면 훨씬 세련되고 엄정한 연구 성과가 나올 수 있을 것이다. 그러나 알다시피 현재 우리의 역사학계는 물론 학술계 전체에서도 크로스오버와 퓨전을 전문으로 하는 학자는 거의 없다(무엇보다 학위를 따야 하니까). 그래서 아직까지 이런 주제는 전문 연구자보다는 문외한의 몫이 될 수밖에 없다. 불가피한 일이지만, 이 점에 관해서는 아무래도 독자에게 사과부터 하고 시작하는 게 순서일 것이다.

끝으로, 이 책은 2008년에 발간했던 《사람이 알아야 할 모든 것: 역사》를 손보아 새로 발간하는 것임을 밝혀둔다.

2014년 7월
남경태

|4부| 역사가 낳은 차이

역사가 둘인 이유

오늘날 인류 문명은 크게 둘로 나뉜다. 중국·한국·일본의 동북아시아를 중심으로 한 동양 문명이 있고, 유럽과 북아메리카를 중심으로 한 서양 문명이 있다. 동서양 문명은 오랜 역사를 가진 양대 문명이다. 하지만 여기에 발끈할 사람들도 있을 것이다. 역사적으로 문명이 왜 둘뿐인가? 아메리카 대륙에는 찬란한 마야·아스테카·잉카 문명이 있었고, 동남아시아와 남태평양의 섬들에도 각기 고유한 문명이 발달해 있었다. 그뿐인가? 공간적으로 보면, 현재에도 아프리카와 뉴기니에는 독특한 소규모 부족 문명이 존속하고 있다.

그 반론은 옳다. 힘센 문명만 존재 가치가 있다는 주장은 패권주의적 발상과 다름없다. 역사는 승자의 기록이라는 허울 좋은 구호 아래 얼마나 많은 패자의 역사, 마이너 역사가 흔적도 없이 사라졌던가? 하지만 두 메이저 문명에 주목해야 하는 근거가 있다. 과거의 역사를 오늘의 현실과 관련짓고자 한다면 지배적인 문명, 적어도 오늘날의 역사를 주도하고 있는 문명을 중점적으로 고찰할 수밖에 없다.

실은 그보다 더 중요한 이유가 있다. 현재는 그 두 문명도 점차 하나로 융합되고 있다는 점이다. 동양 문명과 서양 문명은 기원전 3000년 무렵에 생겨났으며, 그 뒤 4000년 가까이 서로 별개의 길을 걸어오다가 12세기부터 서로의 존재를 인식했고, 18세기부터 섞이기 시작했으며, 20세기 후반에는 하나의 글로벌 문명으로 통합되었다. 농업혁명, 산업혁명, 정보혁명을 각각 별개의 '물결'로 규정한 미래학자 앨빈 토플러Alvin Toffler의 이론에 따른다면, 두 메이저 문명의 융합은 아마 '제4의 물결'이 될지 모른다. 이 물결을 이해하기 위해 먼저 이해해야 할 것은 두 문명의 성격이며, 그 성격을 알기 위해 먼저 알아야 할 것은 각각의 역사다.

지금 진행되고 있는 두 문명의 융합이 장차 어떠한 양태를 띨 것인지, 예를 들면 어떤 '비율'로 조합될 것인지를 예견하려면 우선 융합 이전, 그러니까 두 문명이 독자적으로 걸어온 역사를 살펴봐야 한다. 살아온 내력이 인상에 박혀 그 사람의 관상이 된다고 하지 않는가? 두 문명의 내력을 살피면 각각의 관상을 알 수 있다.

그렇다고 해서 두 역사를 독립적으로 이해한다면 관상을 알지도 못할뿐더러 얻는 것보다 잃는 게 더 많을지도 모른다. 예를 들어, 흔히 사용하는 편의적인 방법에 따라 동양사와 서양사로 나누어 살펴본다면, 잘돼야 차이만 확인할 뿐이고 못되면 이도 저도 아니다. 그래서 이 책은 두 역사를 부단히 넘나들면서 '되는대로' 비교하는 방식을 취했다. 이를테면 한참 서양사를 이야기하다가도 구실이 생기면 샛길로 빠져 동양사나 한국사로 향하는 식이다. 또 정치를 이야기하다가 느닷없이 경제나 문화로 넘어가는 길도 서슴지 않을 것이다. 사실 역사의 큰 흐름은 누가 기획하거나 의도한 게 아니므로 되는대로 역사를 더듬어가는 게 더 자연스러울지도 모른다.

　동서양의 문화·생활·사고방식의 차이와 비교는 유머의 소재로도 자주 등장할 만큼 많이 알려져 있다. 하지만 더 중요한 비교는 소프트웨어가 아니라 하드웨어다. 아무리 문화사가 생활과 밀접하고 역사의 내밀한 면모를 보여준다고 해도, 역사의 기본 골조를 모르면 단발성 지식에 그칠 따름이다. 컴퓨터의 구조도 그렇지만 역사에서도 소프트웨어를 둘러싼 것은 하드웨어다. 예를 들어, 조선의 역사는 14세기에 시작되었는데도 왜 판소리나 진경산수화 같은 이른바 '우리 민족 고유의 문화'는 18세기에 와서야 싹트게 되었을까? 고대 그리스 고전 문화는 어떻게 1000년이 넘는 중세의 시차를 넘어 14세기 북이탈리아에서 부활하게 되었을까? 근대의 뛰어난 화가 대부분이 북이탈리아와 플랑드르에 몰려 있고, 근대 서양 음악의 시조들이 거의 다 독일과 오스트리아 출신인 이유는 무엇일까? 같은 황제인데도 왜 로마의 황제는 중국의 천자天子처럼 절대적 권위를 누리지 못했을까? 이러한 질문들에 답하려면 문화 자체만으로는 불가능하다. 문화적 현상들의 배후에는 역사의 하드웨어가 놓여 있기 때문이다.

　여기서는 그 하드웨어를 중심으로 두 메이저 역사를 거시적으로 비교할 것이다. 두 역사가 상당 기간 별개의 길을 걸어온 만큼 때로는 '접시돌리기'도 필요하다. 말하자면 동양사의 접시를 돌리다가 서양사의 접시가 멈출 것 같으면 곧바로 그 접시로 달려가 돌려놓는 식이다. 좀 혼란스럽고 정신없을 수도 있다. 그러나 두 접시를 완전히 따로따로 돌리면 별로 볼만한 구경거리가 되지 못한다.

이 책은 4부로 구성되어 있다. 1부에서는 세계 문명을 동양과 서양 두 개의 메이저 문명으로 나누는 근거를 제시한다. '역사란 무엇인가?'라는 기본적인 문제에서부터 문명 이전의 역사(선사시대)까지 간단히 훑어볼 것이다. 2부는 두 문명이 서로 거의 무관하게 걸어온 시기를 다룬다. 오늘날 보편적으로 사용되는 서양식 달력으로 따지면 13세기 무렵까지가 될 텐데, 처음에는 두 문명이 서로의 존재조차 모르다가 점차 존재를 확인하게 되는 과정이다. 3부는 만남의 강도를 높여가는 시기, 역사적 관점에서는 가장 중요한 시기다. 바로 이 시기에 장차 세계 문명의 중심축을 어느 측이 이끌게 될지가 판가름 나기 때문이다. 마지막으로 4부에서는 하드웨어에서 파생된 두 문명의 차이, 그리고 그 차이가 오늘날의 두 문명권에 어떤 영향을 미쳤는지를 몇 가지 주제로 나누어 살펴볼 것이다.

오해를 피하기 위해 덧붙인다면, 이 책은 동서양사의 축약본이 아니다. 바꿔 말하면 이 책의 의도는 기본적으로 두 문명의 성격과 차이를 파악하기 위한 것이지, 두 문명의 걸어온 과정을 단순히 서술하거나 해설하려는 데 있지 않다. 그래서 비약과 생략 또는 설명이 친절하지 못한 곳도 더러 있을 것이다. 하지만 쉽게 읽을 수 있는 세계사 책들은 시중에 많이 나와 있다. 또 역사적 '사건들'에 관해 더 상세히 알고 싶다면 온라인 백과사전을 통해 손쉽게 찾아볼 수 있을 것이다. 반대로 역사 교과서에서는 이름만 살짝 언급하고 넘어가는 사건을 이 책에서 상세히 다루는 경우도 있다. 이 책의 취지를 이해한다면 그런 의도 역시 쉽게 납득할 수 있을 것이다.

결론부터 미리 말한다면 서양 문명 앞에 무릎을 꿇었지만, 그동안 서양 문명에 속절없이 정복당해 자취도 없이 사라졌던 여타의 군소 문명들과 달리 동양 문명은 앞으로도 주요한 로컬 문명으로서 살아남을 것이다. 달리 말하면 앞으로 서양 문명을 토대로 하는 단일한 세계 문명이 성립한다고 해도 동양 문명은 박물관 안의 유물로만 보존되지는 않을 것이다. 또한 명실상부한 세계 문명이 뿌리를 내리면, 지금까지 세계 문명을 이끌어왔던 서양 문명 역시 글로벌 문명 속에서 하나의 로컬 문명으로 자리매김할 것이다.

동양 사회의 일각에서는 동양 문명이 향후 세계 문명의 주도적 역할을 회복할 것이라든가, 유해한 서양 문명에 대항하는 면역체와 같은 역할 혹은 건강한 대안 문명의 역할을 하게 되리라는 희망 섞인 상상을 제기한다. 하지만 그럴 가능성은 없다. 우선 문명의 주도권을 다투는 과정에서 전 세계가 남김없이 다 '발견'되었다. 16세기처럼 지구상에 다른 세계가 존재하는 상황이라면, 문명의 선두 주자가 바뀔 수도 있겠지만 지금은 다른 행성으로 진출하지 않는 이상 문명의 역전은 없다. 물론 서양 문명이 패권을 잡은 시기도 더 이상 지속되지는 않는다.

동양 문명이 본래의 모습과 역할을 찾게 될 시기는 (만약 그런 시기가 온다면) 지금이 아니라 나중일 것이다. 구체적으로 말하면 서남아시아에서 시작된 서양 문명이 서진西進을 좀 더 계속해 지구를 한 바퀴 돌고 난 뒤가 될 것이다. 지금까지 서양 문명은 서남아시아→그리스→로마→서유럽→아메리카→일본→한반도→중국에 이르기까지 해가 지는 방향, 즉 서쪽으로 내내 폭을 넓혀왔다. 현재는 중국에 한 발을 들여놓은 상태지만 머잖아 출발점이자 종착역인 서남아시아, 현재의 이슬람권에 이르면 아마 자연스럽게 '서양 문명'이라는 이름표를 떼게 될 것이다. 세계 일주를 마친 뒤부터는 명실상부한 세계 문명이라고 해야 할 테니까.

민족주의적 성향이 특히 강하거나 동양 중심주의에 젖은 사람이라면 그런 말에 거부감을 느낄지도 모른다. 정치·경제 분야에서는 동양이 서양에 뒤졌지만 문화나 예술만큼은 결코 뒤지지 않는다고 주장하는 사람들도 있다. 무한경쟁의 시대를 맞아 가장 민족적인 것이 가장 세계적인 것이라고 말하는 사람들도 있다. 일면 옳은 이야기다. 미국의 대학생들이 유행처럼 가슴에 '禪' 혹은 'Zen'(禪의 일본식 독음)이라고 쓰인 티셔츠를 입고 다닌다든가, 조지 해리슨이나 존 맥러플린 같은 유명 아티스트들이 인도의 구루를 스승으로 모신다든가, 서양 의학자들이 대체의학으로 한의학을 공부한다든가, 프랑스의 유명 도예가가 고려청자의 아름다움에 감탄사를 연발한다든가 하는 것을 보면 동양의 사상과 문화가 지니는 영향력과 가치를 실감할 수 있다.

그러나 중요한 것은 피상적인 현상이 아니라 그 현상의 근저에서 그것을 좌우하는 근본적인 흐름이다. 서양 문명이 동양 문명에 가진 관심은 냉정하게 말해 '마이너에 대한 관심'일 뿐이다(대표적인 예가 오리엔탈리즘이다). 그런 자세는 기본적으로 박물관이나 동물원의 취지와 비슷하다. 즉 사라져가는 옛것을 보존해 현재의 명예를 높이려는 얄팍한 의도에 불과하다. 제국주의 시대인 19세기에 유럽의 사교계에서는 세계 각지의 토착 예술품을 수집하는 것이 유행했다. 그 덕분에 박물관과 동물원이 생겼지만 그런다고 역사의 흐름이 달라지지는 않는다.

서양 세계는 동양의 것을 '수집'하고 '보존'하려 할 뿐이다. 동양의 역사와 문명을 박물관에서 보존하는 게 아니라 올바르게 '계승'하는 것은 전적으로 동양인들의 몫이다. 그러기 위해서는 먼저 동양 문명의 진정한 성격을 인식하고 미래의 좌표를 분명하게 설정해야 한다. 그 좌표란 문명의 (재)역전을 꾀하는 게 아니라 세계 문명 안에서 당당한 로컬 문명으로서 자리매김하는 것이다.

어쨌거나 그런 판단의 근거를 찾는 일도 이 책의 주요한 취지다. 이 책의 태반은 두 문명의 역사에 관한 이야기가 되겠지만, 애초부터 설정한 의도가 있기에 서술의 초점은 일반 역사서와 상당히 다르다. 지은이로서 독자에게 부탁하는 것은 이 책을 일반 역사서로 읽지는 말아달라는 점이다. 하기는, 그것도 독자의 자유다.

역사는 나무로 치면 우듬지다. 어디로든 뻗겠지만 어디로 뻗을지는 나무 자신을 포
함해 아무도 모른다. 나무는 단지 우듬지가 어디론가 뻗도록 에너지를 공급할 뿐이
다. 마찬가지로 역사도 늘 수많은 개인과 집단의 의도와 이해관계가 충돌하면서 운
동하지만 장차 어떤 변화를 겪고 어떤 양태를 취할지는 아무도 알지 못한다. 그래서
역사는 의식적 활동의 소산이면서도 무의식에 가깝다.

여기서는 역사의 뿌리가 생겨나는 과정을 다룬다. 역사는 처음부터 뿌리를 내리는
동시에 우듬지의 형태로 출발했고 내내 우듬지로서 발전했다. 인류 역사의 굵은 뿌
리는 두 가지다. 동아시아의 역사는 뿌리가 뻗은 자리에서 그대로 큰 나무로 자랐으
며, 유럽의 역사는 뿌리를 내린 곳과 열매를 맺은 곳이 달랐고 지금도 끊임없이 이
동하고 있다.

1부

탄생

1

역사의 시공간

역사와 시간 / 역사와 공간 / 연속과 단속, 연장과 단절 / 역사의 가역성과 평가

횡단보도를 건너고 나서 뒤를 돌아다본다. 불과 5초 전에 내가 걷던 곳을 자동차들이 쌩 하니 지나치고 있다. '지금'의 시간이 5초 전이거나 '여기'의 공간이 횡단보도 한가운데라면, 나는 여지없이 자동차에 치였을 거다. 그 5초 동안 나는 횡단보도에서 인도로 공간을 옮긴 것이지만, 달리 말하면 시간이 5초만큼 지난 것이기도 하다. 공간과 시간이 연관되어 있음은 아인슈타인이 말하지 않더라도 분명하다.

천문학에서는 공간과 시간을 합쳐 '광년 light year'이라는 단위를 사용한다. 우리가 지금 눈으로 보는 태양은 사실 8분 전의 모습이고, 밤하늘의 북극성은 약 800년 전의 모습이다. 우리가 가을 하늘에서 보는 안드로메다 은하의 빛은 인류 초창기인 200만 년 전에 그 은하를 출발했다. 뉴턴과 칸트는 시간과 공간을 2차 함수 그래프의 x축과 y축처럼 완전히 분리된 것으로 여겼지만, 시간과 공간은 별개가 아니다. 역사도 마찬가

지다.

역사가 시간과 관련이 깊다는 것은 누구나 안다. 하지만 역사는 공간이기도 하다. 역사를 뜻하는 歷史, history, histoire, Geschichte는 모두 '일어난 일' 혹은 '일어난 일의 기록'이라는 뜻이다. 여기서 '일어났다'는 것은 시간을 뜻하며, '일'은 공간과 관련된다. 한마디로 역사란 어떤 시간에 어떤 일이 있었다는 것을 다루는 학문이다. 사실 학문이라기보다는 모든 학문을 존립케 하는 기반이라고 해야 할 것이다. 어떤 학문이든 다루는 대상은 어떤 시간에 일어난 어떤 일일 수밖에 없으니까. 그래서 최초의 역사가인 그리스의 헤로도토스가 최초의 역사서인 《역사Historiae》를 썼을 때 그것은 '그가 아는 온 세상에 관한 이야기'였다. 지금 여기서 일어나고 있는 일도 지나고 나면 모두 역사가 된다.

시간의 특성은 연속이고 공간의 특성은 연장이다. 그래서 역사는 연속적이며 연장적이다. 예를 들어, 대한민국은 제2차 세계대전 이후에 생긴 공화국이지만, 그 시간적 뿌리는 일제강점기에도 있고, 그 너머 조선시대에도 있다. 또 대한민국은 공간적으로 구세계의 맨 오른쪽, 동쪽 끝에 있지만 철도로 이으면 아시아를 횡단하고 유럽을 가로지르고 도버해협 아래로 영국까지 연장된다. 이렇게 연속과 연장은 알기 쉽다. 문제는 불연속과 불연장, 즉 단속과 단절이다.

시간이 달라지면 공간도 달라진다. 역사에서 흔히 일어나는 착각은 바로 여기서 비롯된다. 우리는 횡단보도를 건너고 있던 5초 전의 우리를 이미 다 건너 안전해진 우리와 쉽게 동일시한다. 그러나 그 차이는 죽음과 삶의 차이만큼 크다. 역사는 연속적이기만 한 게 아니다. 세균이 질병의 원인이라는 사실이 밝혀지기 전까지 사람들은 질병을 신의 저주로 여겼다. 서양의 중세에 난쟁이는 궁정의 노리개였고 기형아는 '유해한 존재'로 취급을 받았으나 지금은 사회의 보호를 받는 장애인이다. 세균과 신의 저주, 유해한 존재와 장애인은 같은 대상을 가리키는 말이지만, 서로 연속 선상에 있는 것이 아니라 시대가 달라지면서 아예 개념 자체가 바뀌었다.

프랑스의 현대 철학자 미셸 푸코Michel Foucault는 '광기'를 예로 들어 이 점을 설명한다. 흔히 역사는 사건이 전개되고 변화한 과정이라고 생각하지만 실은 사건이 아니라 사건에 관한 말, 담론이 달라졌을 뿐이다. 푸코는 말과 사물의 관계에서, 사물에 초점을 맞추는 전통적인 시각을 거부하고 사물을 서술하는 말이 달라져온 궤적을 추적한다. 광기는 인류의 역사만큼 오래된 현상이지만, 광기를 서술하는 담론은 시대에 따라 달라졌다. 중세에는 광기를 예지적인 재능으로 여겼고, 르네상스 시대에도 광인은 사회에서 배제되지 않았다. 그러나 이성이 모든 것의 기준이 된 근대에 이르러 광기는 '비정상적인 상태'로 규정되었고, 17~18세기에 종합병원이 생긴 이후로는 사회에서 격리되기 시작했으며, 19세기에 정신분석학이라는 새로운 담론 체계가 탄생한 뒤에는 정신질환의 하나로 정의되고 치료의 대상이 되었다. 즉 광기라는 '사물'은 늘 그대로였는데, 그 사물을 규정하는 '말'이 시대에 따라(시간에 따라) 달라진 것이다.

이런 착각이 일어나는 이유는 시간의 연속성 때문이다. 연속성에 집착하면 역사적 사건들이 마치 연쇄반응처럼 긴밀하게 얽힌 것으로 여기기 쉽다. 이를테면 시기적으로 앞선 사건이 무조건 나중의 사건을 규정하는 것처럼 보게 된다. 사실 역사를 그렇게만 본다면 무척 쉽다. 역사는 이미 지난 일이므로 누구의 눈에나 명백하다. 해석을 둘러싼 이견이 있을 리 없다. 모든 역사는 단선적으로 진화하는 것으로 보면 된다.

이런 관점을 취하면 유리한 점이 있다. 역사를 언제나 인과적으로, 필연적으로 설명할 수 있다. 알렉산드로스 대왕이 페르시아를 정복했기 때문에 그리스 문화와 오리엔트 문화가 융합되는 헬레니즘 시대가 열렸다. 한 무제가 비단길을 개척했기 때문에 동서 교통로가 열렸다. 이런 식으로 추론하면 역사를 합법칙적으로 설명할 수 있다. 그러나 그것은 쉬운 설명은 될지 몰라도 언제나 옳지는 않다.

역사에 연속성이 작용하는 것은 사실이다. 실제의 역사는 시간 순서에 따라 연속적으로 진행된다. 하지만 그렇다고 해서 역사의 해석과 설명이 반드시 시간 순서에 따르는 것은 아니다. 중국의 전통적인 역사 서술 방식 중에 편년체編年體라는 것이 있다. 역사적 사실들을 시간순에 따라 기록하는 방식이다. 편년체는 각 사실의 시대 비교를 하기에는 용이하지만 대개 사실을 나열하는 데 그칠 뿐 사실 간의 연관을 짓지는 못한다. 그래서 편년체 역사서는 엄밀히 말해 역사 서술이라기보다 단순한 기록에 불과하다. 영어에는 마침 그런 기록 방식을 가리키는 단어가 있다. chronicle연대기이라는 단어인데, 이것은 엄밀히 말해서 역사 서술이 아니다.

기계적 연속성에 집착하면 시간적으로 먼 역사보다 가까운 역사가 더 이해하기 쉽다는 착각에 빠질 수 있다. 시간과 역사를 혼동하는 것이다. 그러나 시간은 연속적이지만 역사는 반드시 연속적인 것은 아니다. 러시아 사회주의혁명의 지도자인 레닌Vladimir Lenin은 "혁명기의 20일은 평상시의 20년과 맞먹는다."라고 말했다. 실제로 프랑스 혁명이나 러시아 혁명에서의 20일은 평상시의 20년 동안 일어난 변화보다 더 큰 격변을 낳았다.

고대 그리스의 아리스타르코스는 기원전 3세기에 지구가 자전하며 태양의 둘레를 돈다는 지동설을 주장했다. 그러나 2세기 무렵에 프톨레마이오스는 반대로 태양이 지구의 둘레를 돈다는 천동설을 주장했다. 이후 유럽 세계는 16세기에 코페르니쿠스가 지동설을 부활할 때까지 1000여 년 동안 천동설을 정설로 믿었다. 화약과 인쇄술은 시간적으로 보면 유럽보다 중국에서 먼저 발명했으나 그 발명을 실제로 이용해 세계를 변화시킨 것은 중국이 아니라 유럽이었다. 이렇듯 역사는 시간을 축으로 하지만 언제나 시간적으로 연속적인 것은 아니다.

만약 수백, 수천 년 동안 자신의 기억을 보존하면서 살 수 있는 하나의 개체가 존재한다면 당연히 역사의 연속성을 직접적으로(경험적으로) 확인할 수 있겠지만, 개별적인 인간의 관점에서 그런 거시적인 연속성은 불가능하다. 마르크스Karl Marx는 자본주의가 진행되는 시점에서 자본주의의 정체를 밝히는 게 얼마나 어려운 일인지 토로한 바 있다. 항아리 속에서는 항아리의 모습을 알 수 없다. 우리 은하 안에 있으면서도 정작 우리 은하의 모습을 볼 수는 없는 것과 마찬가지다. 제3의 시점이 있다면 그것은 '신의 눈'이다. 아니면 안드로메다 은하에 사는 외계인의 눈이거나(하지만 우리에게 안드로메다 은하가 항상 비스듬히 기운 모습만 보이듯이, 안드로메다 은하에서 보는 우리 은하도 항상 특정한 각도의 모습일 수밖에 없다).

이렇게 시간의 연속성이 역사의 연속성으로 위장되는 경우도 있는가 하면, 때로는 공간의 연장성이 역사의 연장성으로 위장되기도 한다. 특히 서로 독립적인 세계들이 같은 시대에 공존하던 옛날과 달리, 세계가 하나의 문명적 판게아로 향하는 오늘날에는 공간적 연장성에서 비롯되는 착각의 소지가 더 크다. 하지만 공간이 다르게 마련이다.

서양 열강이 동아시아 세계로 활발히 진출하던 18세기에 조선에서는 이른바 호락논쟁湖洛論爭이 열띠게 벌어졌다. 호서충청도의 학자들과 낙하서울의 학자들이 논쟁을 벌였다고 해서 그런 명칭이 붙었는데, 내용으로 보면 인人과 물物, 즉 사람과 사물의 본성이 같으냐, 다르냐를 놓고 벌어진 논쟁이다. 호서파는 사람과 사물의 본성이 다르다는 인물성이론人物性異論이었고, 낙하파는 그 반대인 인물성동론人物性同論이었다.

지금 보면 터무니없는 논쟁으로 보이지만, 일부 학자들이 말하는 것처럼 당시의 현실과 동떨어진 공허한 논쟁인 것은 결코 아니었다. 중요한 것은 그 논쟁에서 사물이란 그냥 사물이 아니라 오랑캐를 가리킨다는 점이다. 호락논쟁은 서양 세력이 중국에 출몰하고 중국 대륙이 만주족 오랑캐인 청 제국에 넘어가자 성리학性理學의 이념에 골수까지 물든 조선의 사대부들이 새삼 위기를 느끼고 동아시아 세계에 불어닥친 격변을 설명하고 성리학을 정당화하려는 시도였다. 오랑캐를 아예 다른 생물인 것처럼 여긴 호서파에 비해 오랑캐도 같은 사람이라고 본 낙하파가 상대적으로 진보적이라 하겠다.

그런 종류의 논쟁은 18세기 조선에만 특유한 현상이 아니라 원래 한 문명권이 다른 문명권과 처음 접촉하면 으레 발생하는 현상이다. 중국에서는 12세기에 송 제국이 금의 침략을 받아 중원을 빼앗기고 남송으로 명맥을 유지하던 무렵, 이런 못마땅한 변화를 이데올로기적으로 변명하기 위해 주희朱熹가 성리학 체계를 정립할 때 화이론華夷論의 모습으로 나타났다. 화이론에서는 세상 만물을 중화中華와 이적夷狄으로 구분하고, 중화만이 인간이며 나머지는 전부 이적이라고 주장한다. 이것이 철학적으로 변형된 게 바로 주자학성리학의 핵심인 이기론理氣論이다. 이는 본질이고, 기는 현상이다. 오랑캐가 주름잡는 시기는 잠시 기가 승한 것일 뿐 결국에는 중화의 이로 돌아갈 것이라는 이데올로기다.

유럽에도 비슷한 시기에 비슷한 이데올로기가 있었다. 십자군 전쟁이 끝나가던 13세기에 토마스 아퀴나스Thomas Aquinas도 이교도 문명권을 그리스도교적으로 설명하면서 위기에 처한 그리스도교를 정당화하려 애썼다.

비슷한 구조와 의미를 가지는 주장과 논쟁이 12세기 중국, 13세기 유럽, 18세기 조선에서 생겨났다. 이것은 시간과 무관하게 공간이 달라지면 역사의 연장성도 달라진다는 것을 보여준다.

시간과 공간은 연속적이고 연장적이지만 역사는 연속과 연장인 동시에 단속과 단절도 포함한다. 시간과 공간은 일방향적이지만 역사는 양방향적이기 때문이다. 시간은 과거에서 미래로, 공간은 점에서 선과 면, 입체로 향한다. 화학 용어를 빌려 말한다면 우리에게 익숙한 일상의 시간과 공간은 비가역적이라고 할 수 있다. 그러나 역사에서는 가역반응이 가능하다. 다시 말해 역사에서는 시간적으로 나중의 것이 이전의 것에, 공간적으로 복잡한 것이 단순한 것에 영향을 주고 변화를 일으킬 수 있다. 역사란 과거에 일어난 일에 대한 기록인데 어떻게 가능하냐고? 얼마든지 가능하다.

그 이유는 역사는 해석의 학문이기 때문이다. 역사에서는 당대의 사건이 지니는 의미가 훨씬 나중에 밝혀지는 경우가 허다하다. 앞서 말했듯이, 현재의 소용돌이 속에서 현재의 모습을 알기는 어렵다. 그럼 이 현재가 지나고 나면 그것은 과거가 되므로 충분히 알 수 있게 될까? 편의상 '현재'로 묶을 수 있는 기간을 50년이라고 가정하자. 앞으로 50~60년쯤 지나면 오늘의 정체를 분명하게 파악할 수 있게 될까? 안타깝지만 그렇지 않다.

역사는 정돈된 시간의 순서를 따르지 않는다. 50~60년쯤 지난 뒤에 알 수 있는 오늘의 일부분도 있겠지만 오늘의 대부분은 그보다 훨씬 뒤에(때로는 몇 세기가 지난 뒤에) 알려질 가능성이 크다. 게다가 오랜 시간이 지난 뒤에는 종전의 해석이 뒤집히기도 한다.

이를테면 기원전 3세기~기원전 2세기의 100여 년 동안 몇 차례에 걸쳐 로마와 카르타고가 벌인 전쟁들을 포에니 전쟁이라는 하나의 명칭으로 묶을 수 있게 된 것은 훨씬 후대의 일이며, 17세기 초의 30년 전쟁은 20세기 중반 제2차 세계대전이 끝난 뒤에야 분명한 정체를 파악할 수 있었다. 거꾸로 말해 포에니 전쟁이 완전히 끝난 기원전 146년의 시점에서는 로마의 승리가 지니는 참된 의미를 당대의 누구도 알 수 없었으며, 1648년 30년 전쟁을 마무리하는 베스트팔렌 조약을 위해 뮌스터에 모인 유럽 각국의 대표들은 그 조약의 역사적 가치를 알지 못했다.

물론 하나의 사건이 지나고 나면 당대에도 그 사건에 대한 다양한 평가와 견해가 나오지만, 그것은 임시적이고 잠정적일 뿐이다. 그 사건이 몰고 오는 모든 파장을 겪고 난 뒤에야 비로소 그 사건은 온전한 역사가 된다.

역사의 가역 현상은 공간적으로도 성립한다. 기원전 5세기에 헤로도토스는 사람이 살고 있는 '전 세계'가 아시아, 유럽, 이집트, 리비아의 네 지역으로 이루어진 것으로 알았다. 또 비슷한 시대에 중국인들은 황허 유역의 중원과 양쯔 강 이남의 강남이 곧 '천하'라고 믿었다. 지금 우리는 그렇지 않다는 것을 알 뿐 아니라 일부 오지를 제외하고는 인간이 사는 '전 세계'를 남김없이 알고 있다. 그러나 그렇다고 해서 고대 그리스인들과 중국인들의 '세계'가 지금의 세계보다 더 좁았던 것은 아니다.

물리적 공간으로 따지면 물론 더 좁았지만, 그때의 세계나 지금의 세계나 하나의 세계인 것은 마찬가지다. 당시의 세계를 토대로 해서 성립된 플라톤과 아리스토텔레스의 철학, 제자백가의 사상이 오늘날에도 연구되는 것은 그 점을 잘 말해준다.

이렇듯 연속과 단속, 연장과 단절이 관철되는 역사의 시공간은 일상적인 시공간과 다른 측면이 있다. 일상생활에서 오늘의 기억이 가장 생생히 남아 있는 날은 내일이 되겠지만, 역사에서는 한 사건의 정체가 수백 년 지난 뒤에야 온전하게 드러나는 일도 많다. 트로이 전쟁은 실제의 사건이 벌어진 뒤 3000년이 지날 때까지 전설로 묻혀 있다가 19세기 후반에야 유적이 발굴되어 역사에 편입되었다. 성서에 나오는 에덴의 실제 장소는 중세 초기부터 많은 학자의 관심을 끌었으나 비교적 정확히 추측할 수 있게 된 것은 20세기 말이다. 1800년에 조선의 정조가 기록에서처럼 병사한 것인지, 소문에서처럼 암살된 것인지는 더 나중에 밝혀질 수도 있다.

요약하면, 역사란 연속과 단속, 연장과 단절, 우연과 필연, 차이와 반복이 부단히 중첩되는 현장이다. 따라서 중요한 것은 어느 것이 연속이고 어느 것이 단속인지를 파악하는 일이다. 단속을 연속으로, 우연을 필연으로, 차이를 반복으로 본다면 역사를 제대로 이해할 수 없을 뿐 아니라 역사를 배우는 가장 초보적인 목적인 '오늘의 교훈'을 얻는 데도 실패할 것이다.

우리에게 널리 알려진 《역사란 무엇인가?What Is History?》에서 E. H. 카는 역사의 사실보다 사관史觀과 해석이 중요함을 이야기했는데, 지금까지의 논의를 그렇게 이해해도 좋겠다. 이 짧은 논의에서도 벌써 몇 가지 역사적 사례가 등장했지만, 이제부터는 본격적으로 우리 역사와 동양사, 서양사에 있었던 수많은 역사적 사건을 사례로 활용하면서 세계사의 크고 작은 흐름을 파악해보자.

혼자 공부하는 이들을 위한 최소한의 지식: 역사

2

역사가 탄생하기까지

문자 이전의 역사 / 그림에서 생겨나 그림과 단절된 문자 / 도시혁명 / 직립의 선물

앞으로 수백 년쯤 지나 지금의 시대가 시사로 분류되지 않고 역사로 자리 잡게 되면, 역사의 내용도 지금과는 크게 달라질 것이다. 예를 들어, 25세기에 보는 20세기의 역사는 20세기에 보는 15세기의 역사보다 훨씬 상세할 것이다. 시간적으로는 똑같은 500년 차이라고 해도 앞의 500년과 뒤의 500년은 크게 다르다.

그 차이는 여러 가지가 있겠지만, 우선 20세기부터는 영상의 시대다. 예를 들어, 서기 2500년에 5세기 전의 역사를 연구하거나 배우는 사람은 적어도 자료가 없어 답답하지는 않을 것이다. 지금 우리는 19세기 인물인 정약용의 저서는 잘 알아도 그가 어떻게 생겼고 목소리는 어땠는지 전혀 알지 못한다. 하지만 20세기 인물인 박정희에 관해서는 앞으로 500년이 지나도 모습과 목소리, 아울러 손짓과 몸짓, 기침하는 버릇까지도 전해질 것이다. 바로 영상 자료가 있기 때문이다. 게다가 20세기

말부터는 위인이나 지도자 같은 이른바 역사적 인물들만이 아니라 일반 개인들에 관한 영상 자료(예컨대 할아버지가 살아 계실 때의 모습을 촬영한 홈 비디오나 동영상 파일)도 속속 기록되고 있으므로, 앞으로는 그런 민간 사료들을 이용해 과거의 어느 시대든 거의 그대로 복원하는 게 가능할 것이다.

물론 그렇다 해도 사관은 여전히 중요하다. 아무리 사료가 많다 해도 그것은 재료일 뿐이므로 빚고 주무르는 사람의 관점과 의지에 좌우되고 종속될 수밖에 없다. 또 당대의 평가와 후대의 평가도 사관에 따라 달라지게 마련이다. 하지만 미래의 역사 연구에서는 적어도 지금처럼 명백한 사실의 차원에서 빚어지는 오해는 상당 부분 사라질 것이다. 예를 들면, 카이사르는 정말 대머리였을까, 표트르 대제의 키가 정말 2미터를 넘었을까 하는 따위의 사소한 의문은 품지 않아도 된다. 히틀러와 채플린이 같은 모양의 콧수염을 길렀다는 사실은 앞으로 5000년이 지나도 명확하게 전승될 것이다.

안타깝게도 지금 우리가 다루는 역사의 대부분은 영상이 아니라 문자를 매개로 한다. 문자는 때로 영상보다 상세한 내용을 전해주기도 하지만(예컨대 기록을 남긴 사람의 의도와 관점 같은 요소들), 객관적이고 직관적인 사실 전달 능력은 영상에 비해 뒤질 수밖에 없다. 14세기에 유럽을 휩쓴 페스트로 유럽 인구 2500만 명이 피부가 까맣게 변해 죽었다는 '문자 기록'은 지금 아프리카의 에이즈 환자들이 고통을 당하는 '다큐멘터리 영상'보다 현실감도 덜하고 정확성도 떨어진다.

그렇다면 문자마저도 없었던 때의 역사는 어떨까? 현실감도, 정확성도 전혀 기대할 수 없다. 하지만 문자 이전의 역사, 즉 역사 이전의 선사시대를 개략적으로라도 살펴보지 않으면 역사시대를 이해하는 데 어려움이 많다.

문자의 발생은 인류 문명에서 혁명이라고 부르기에 충분한 대사건이다. 흔히 문자 이전의 시대를 역사시대와 구분해 선사시대라고 말한다. 하지만 명칭보다 중요한 것은 문자를 좁은 의미로 보지 말아야 한다는 것이다. 보통 최초의 문자라고 하면 수메르의 쐐기문자나 고대 이집트의 상형문자를 꼽는다. 그 점에 준거해 기원전 3000년 무렵을 역사시대의 시작이라고 말한다. 하지만 과연 그 문자들과 순수한 그림이 확연히 달랐을지는 따져봐야 할 문제다.

최초의 자는 자로 재서 만든 게 아니듯이 최초의 문자는 처음부터 문자로 탄생한 게 아니었다. 또한 특별한 문법 체계를 갖춘 것도 아니었다. 문법 이전에 사물을 지칭하는 단어가 먼저 생겨났을 것은 분명하다. 그 단어는 지칭하는 사물을 그림처럼 표현한 게 아니었을까? 최초의 단어는 아마 새나 나무, 왕관 같은 사물을 묘사한 그림이었을 것이다. 즉 문자는 그림의 연장으로 출발했을 것이다.

은殷나라 시대 갑골문으로 시작된 중국의 한자는 실제로 그림을 기원으로 했다. 그런 문자를 상형문자라고 부른다. 그것과 달리 알파벳 문자는 흔히 그림과 무관하다고 생각한다. 하지만 알파벳 역시 처음에는 그림과 같은 원리로 탄생했다. 원래 알파벳은 고대에 지중해 무역을 전담하던 페니키아인들이 장부 기재용으로 만든 문자였다. 그 흔적은 알파벳이라는 명칭 자체에도 남아 있다. 알파벳의 알파는 소를 뜻하는 '알레프'에서 나왔고, 베타는 '집'을 뜻하는 '베트'가 변형된 말이다(소와 집은 유사 이래 언제나 중요한 재산이었다). 이렇게 사물을 지칭해 단어를 만들고, 단어들로 어휘를 구성하고, 어휘들을 운용하는 방법으로 문법 체계가 생겨난 과정은 상형문자든 알파벳 문자든 마찬가지다. 모든 문자는 사물을 가리키는 그림으로서 출발했다.

그러나 인간이 사회를 이루게 되면서 사정은 달라진다. 가족이나 친족 집단과 달리 '서로 모르는 사람들'이 같은 장소에서 살아가는 게 사회다. 낯모르는 사람에게 자기만 아는 그림을 보여주면서 완벽한 의사소통을 하기란 어렵다. 모든 사람이 보아뱀 배 속의 코끼리를 볼 줄 아는 어린 왕자가 되기를 바랄 수는 없다. 더구나 간단한 새의 그림 하나를 그리는 데 몇 분씩이나 걸린다면 효율적인 소통은 불가능하다. 그래서 그림을 소통의 수단으로 이용하려면 누구의 눈으로 봐도 같은 사물을 즉각 연상할 수 있을 만큼 객관적이어야 하고, 금세 그려낼 수 있을 만큼 단순해야 한다. 이런 이유로 그림은 추상화되어 기호가 되기 시작한다. 처음에는 사람마다 '새'의 그림을 제각기 다르게 그리다가 점차 공통적인 모양이 갖추어져 정형화되고 단순화된다.

추상화가 누적되면서 문자는 기원이었던 그림과 단절된다. 문자는 그림의 연장으로 생겨났으나, 그림에서 벗어나 기호가 되기 위해서는 단절의 과정이 필요하다(여기서도 연속과 단속이 교차되는 관계를 확인할 수 있다). 추상화를 통해 문자는 그림의 직접성을 잃은 대신 객관적 의미를 얻었다.

이렇게 보면 문자의 형성 과정에서 중요한 것은 '발생'이 아니라 '통용'이다. 문자를 만들자고 마음먹는다면 누구든 못 만들 이유가 없다. 폴란드의 의사 자멘호프는 국제 공용어로 에스페란토라는 문자를 만들었고, 프랑스의 철학자 데리다는 철학을 서술할 수 있는 에크리튀르라는 언어를 구상했다. 이렇게 문자의 발명이나 고안은 한 개인의 능력으로도 얼마든지 가능하다. 그러나 문자를 문자이도록 하는 것, 즉 문자의 통용은 개인의 힘으로 이루어지는 게 아니다. 문자는 사회적 약속이며,

개인의 의지를 초월해 존재한다(언어를 일종의 무의식으로 바라본 구조언어학의 입장은 역사적으로도 타당하다).

문자의 탄생을 문자 기호가 생겨나는 것으로 보지 않고 문자가 통용되는 것으로 보면, 문자의 성립보다 사회의 성립이 더 앞선다는 것을 알 수 있다. 그렇다면 문자가 탄생한 시기부터 역사시대로 규정하는 것은 불합리하다. 문명의 출발, 참된 역사의 시작은 사회가 처음 형성되었을 때로 더 거슬러가야 한다. 문자의 발생을 하나의 혁명으로 본다면, 사회의 탄생은 그보다 훨씬 더 크고 중요한 혁명일 것이다.

문자혁명 이전의 혁명은 두 가지 더 찾을 수 있다. 우선 도시혁명이 있다. 도시라고 말하면 뭔가 현대적인 냄새가 풍기지만 원래는 그저 사람들이 모여 살기 시작한 공간을 가리키는 명칭이다. 도시는 인류 문명이 탄생할 때부터 있었다. 최초의 도시는 메소포타미아와 시리아, 터키 일대에서 기원전 8000년 무렵에 생겨난 것으로 알려져 있다. 물론 지금 전해지는 유적이 그렇다는 것일 뿐 폐허도 남기지 않고 사라진 도시도 많았을 테니, 도시의 시작은 더 앞선 시기일 것이다. 문자도 그렇듯이 도시도 특정한 개인이나 집단이 처음부터 출발점을 정하고 만든 게 아니므로 도시의 기원을 정확히 규정할 수는 없다.

도시는 단지 사람들이 모여 이룬 촌락과는 다르다. 그냥 마을이나 마을 연합체라면 자연스럽게 뻗어나가도 되겠지만, 적어도 도시라는 명칭을 쓰려면 경계선이 뚜렷해야 한다. 그 경계선이 바로 성곽이다. 그런 점에서 역사학에서는 요르단 강변에 성곽의 흔적을 남겨놓은 예리코를 최초의 도시로 간주한다(인류학에서는 현재 이라크 남부에 해당하는 곳에 있던 에리두를 최초의 도시로 꼽지만, 기네스북을 만들려는 게 아니라면 어디가 최초의 도시인지는 사소한 문제다). 건물의 터가 약 70개에 불과하고 인구도 1000명 정도에 불과한 작은 도시였지만, 그래도 예리코는 어엿한 도시였다. 그 근거는 기원전 8000년경에 이미 성벽과 성문, 망루를 갖추었다는 데 있다.

성곽을 도시의 전제 조건으로 보는 관점은 서양적 도시의 개념이다. 동양의 초기 도시들은 성벽으로 시 경계를 확고히 두르지 않은 곳도 많다. 하지만 일단 서양식 도시의 개념을 수용한다 해도 그런 도시가 예리코 하나만은 아니었을 것이다. 다른 성곽도시들도 있었을 테고, 개중에는 예리코보다 큰 도시도 있었겠지만 아마 유적이 땅속 깊숙이 묻혀 발굴되지 못했을 것이다. 게다가 예리코도 하나의 도시가 아닐 수 있다. 현재 예리코에 남아 있는 성곽의 유적은 기원전 8000년경의 것이지만, 같은 장소의 지하에는 그 이전 시대에 속한 다른 도시가 있을지도 모른다. 예를 들어, 터키의 고대 도시인 트로이 유적은 19세기 후반 슐리만이 히사를리크 언덕에서 처음으로 발견했으나, 이후 발굴이 더 진전되면서 같은 장소에 여러 시대의 도시들이 마치 아파트처럼 층층이 묻혀 있다는 사실이 드러났다. 지진이나 전쟁 같은 자연적이거나 인위적인 변화로 도시가 버려졌다가 다시 건설되는 과정이 여러 차례 되풀이되었기 때문이다.

도시의 형성은 의식적인 약속의 소산이 아니다. 그렇다면 비슷한 시기에 세계의 다른 지역에서도 도시가 생겨났으리라고 추측할 수 있다. 그 시기는 언제이고 장소는 어디였을까? 정확히 따지고 들면 대단히 어려운 문제일 수도 있으나 상식적으로 판단하면 쉽다. 지리와 기후의 여건을 고려하면 간단히 답이 나온다.

우선 열대 지역은 수백만 년 동안 인간이 살아온 방식인 수렵-채집

생활을 얼마든지 계속할 수 있으니까 굳이 사람들이 대규모로 모여 살 필요가 없는 곳이다. 또 마지막 빙하기가 끝날 무렵인 기원전 13000년경 오늘날 온대 지역으로 알려진 유럽과 중국은 아직 너무 추웠다. 따라서 도시가 발생할 만한 후보지는 서남아시아 지역밖에 없다(아메리카 대륙은 토착 인구가 없고 아시아인이 이주한 곳이므로 인구 자체가 워낙 적었다). 물론 그때도 인간은 열대 지역에서 제법 추운 툰드라 지역까지 골고루 분포해 살고 있었으나 인간이 도시를 이루고 살아야 할 여건과 필요성이 있는 환경은 생각만큼 넓지 않았다.

일단 도시가 발생한 시기를 예리코의 시대인 기원전 8000년 무렵으로 잡아보자. 그렇다면 문자가 발생하기까지 약 5000년간 인간은 도시를 이루고도 문자 없이 살았다는 이야기가 된다. 하지만 도시의 규모까지는 아니더라도 최소한 군집 생활을 한 인간이 언어를 표현하는 아무런 수단도 없이 그 오랜 기간을 보냈다고 보기는 어렵다. 그렇다면 그 기간은 그림이 기호화되어 문자로 탄생하는 데 걸린 시간으로 봐야 할 것이다.

그림은 당연히 문자보다 훨씬 앞선다. 이미 2만 5000년 전에 인간은 아프리카의 동굴에 그림을 그렸다. 이것은 어린이의 솜씨처럼 유치한 암각화지만 1만 년쯤 지나면 상당히 사실적이고 세련된 회화에 가까운 그림이 등장한다. 프랑스의 라스코 동굴과 에스파냐의 알타미라 동굴에는 기원전 13000년경에 그려진 들소가 지금까지도 우람한 근육을 자랑하고 있다. 이 그림을 그린 때가 바로 도시혁명과 더불어 선사시대의 또 다른 중대한 혁명, 즉 농경혁명이 일어난 시기에 해당한다. 엄밀히 말하면 인류가 농경을 시작한 것은 그보다 약간 뒤인 기원전 10000년 무렵이지만, 그 이전부터 인간은 수렵-채집의 떠돌이 생활을 청산하고 군집 생활, 최소한 정착 생활을 시작한 것으로 보인다. 이 촌락이 도시의 규모로 성장하기까지가 약 5000년이 걸린 셈이다.

지금까지 시간을 거슬러가며 인류 문명의 시작을 살펴본 내용을 시간순으로 재정리해보자. 인간은 마지막 빙하기가 끝날 무렵인 기원전 13000년경부터 정주 생활을 시작했고, 곧이어 농사를 짓게 되었다. 약 5000년이 지나자 인간이 모여 사는 곳은 도시라고 부를 만큼 커지고 정체가 분명해졌으며, 다시 5000년 뒤에는 그림에서 단절된 추상적인 문자를 사용하기 시작했다.

이렇게 보면 참된 의미의 역사시대는 인간이 정주 생활을 시작한 시기를 기점으로 삼을 수 있다(그런 점에서 역사와 문명사는 같은 의미다). 일반적인 역사시대보다 한참 더 거슬러가는 셈이다. 그림에서 문자까지 발전하는 과정이 포함되기 때문이다. 초기 역사시대의 문자 기록(그림 기록)이 많지는 않지만 그렇다고 문자가 아예 없었다고 단정할 수는 없다.

여기서 잠깐 짚고 넘어갈 게 있다. 문명을 이루기 전, 그러니까 정주 생활에 접어들기 전까지의 인류는 어땠을까?

인간은 길게 잡으면 1500만 년 전, 짧게 잡으면 500만 년 전에 지구상에 출현했다. 물론 하늘에서 완성품이 뚝 떨어진 게 아니라 오랜 진화의 산물이다. 그렇다면 어느 시기에 인간을 인간이라고 부를 수 있게 된 근거는 무엇일까? 즉 인간은 다른 동물과 구체적으로 어떤 점이 다를까? 불을 사용할 줄 알았다는 것? 두뇌의 용적이 커졌다는 것? 그런 것들도 인간의 형성에 영향을 미쳤겠지만 다 부차적인 요인이다. 가장 중요한 것은 약 300만 년 전부터 시작된 직립이다.

직립은 단지 두 발로 설 수 있고 눈이 높아졌다는 정도에 불과한 변화가 아니다. 직립 생활을 하게 되면서 가장 큰 장점은 손이 자유로워졌다는 점이다(실은 앞다리가 손이 되었다고 말해야겠지만). 이 진화는 갓 태어난 인간에게 세 가지 큰 선물을 가져다주었다.

가장 귀중한 선물은 손으로 도구를 만들게 되었다는 것이다. 인류학적 구분에 따르면, 호모하빌리스(Homo habilis, 도구를 만드는 인간)가 호모에렉투스(Homo erectus, 직립 인간)보다 시기적으로 앞서지만 같은 시대라는 설도 있다. 직립과 도구 제작 중 어느 것이 먼저냐를 밝히는 것은 닭이 먼저냐 달걀이 먼저냐와 같은 문제다.

손이 자유로워지면서 또 다른 선물이 생겼다. 도구의 제작도 중요한 혁신이지만 주로 인간 수컷, 즉 남성의 능력과 관련된다는 한계가 있다. 여성의 손이 자유로워졌다는 것은 도구의 제작과 다른, 어찌 보면 그보다 더 큰 이득을 준다. 직립한 여성은 손으로 짐을 운반할 수 있게 되었다. 인간은 손으로 도구를 만들고, 또 그 도구를 다른 곳으로 옮길 수도 있게 된 것이다. 특히 여성은 가장 중요한 짐, 즉 자신의 아기를 자유로워진 손으로 안고 다닐 수 있었다. 아기를 안고 다니면 어떤 점이 유리할까? 물론 아기를 보호하는 데 유리하다. 하지만 더 중요한 장점은 아기를 안고 품 안에서부터 원시 언어를 가르칠 수 있다는 점이다. 예나지금이나 언어 교육은 부모의 일대일 방식이 최고다.

실은 언어 자체도 직립 생활이 인간에게 가져다준 큰 선물이다. 고개를 빳빳이 쳐들게 되면서 인간은 성대의 구조가 바뀌어 다양한 발음이 가능해졌다. 직립 생활 이전에도 의사소통을 위한 지극히 초보적인 언어(울부짖음, 몸짓 등)는 있었을 것이다. 그러나 음절 언어의 발생, 자음과모음의 구분은 네발짐승의 성대 구조로는 불가능하다. 목이 머리를 떠받치게 되면서 인간은 성대가 트여 '득음'할 수 있게 된 것이다.

직립에 따른 세 가지 선물 덕분에 인간은 적어도 신체적으로는 완성 단계에 이르렀다. 비록 생물학적 진화에 필요한 기간은 엄청나게 길었지만, 진화의 성과가 유전자에 각인되면서부터 인간은 생물학적 인간을 넘어 빠른 속도로 또 하나의 인간으로 발전하게 된다. 그것은 바로 이제부터 살펴볼 문명적 인간, 역사적 인간이다.

3

두 개의 세계 문명

아프리카를 벗어난 인류 / 동북아시아인의 아메리카 이주 / 오리엔트 문명의 발생 / 신화와 문
자 / 황허 문명 / 두 문명의 태생적 차이 / 식민사관 / 창조신화 / 마이너 문명들 / 서양 문명의
서진

●

스타크래프트 같은 전략 시뮬레이션 컴퓨터 게임은 어둠의 상태에서 시
작한다. 게임을 시작할 때 내 기지가 있는 곳 이외에는 전부가 암흑이
다. 기지에서 유닛을 만들어 어둠 속으로 보내면 유닛이 가는 길만 밝아
진다. 그리고 내 유닛이 적당한 곳에 자리 잡고 새 기지를 지으면 밝은
영역을 하나 더 건설할 수 있다. 그러다 보면 어딘가에서 처음부터 존재
해왔던 적의 기지가 발견되고, 적도 역시 처음부터 나처럼 행동해왔음
을 알게 된다. 승패가 가려져 게임이 끝날 때쯤이면 화면 전체에 어둠이
걷히고 밝은 상태로 바뀌어 있다.

　문명이 탄생하고 발전하는 과정도 그와 비슷한 단계를 밟는다. 인류
의 공통 조상인 현생인류의 고향은 아프리카다. 수십 년 전만 해도 황인
종, 백인종, 흑인종은 조상이 각기 다르다는 학설이 있었지만, 지금은 인
종과 무관하게 모든 인류는 아프리카에서 발원했다는 학설이 자리를 굳

했다. 물론 인류만이 유일한 영장류였던 것은 아니다. 현생인류가 탄생하고 발전할 무렵 다른 지역에서도 인류와 엇비슷한 지능을 지닌 생물들이 있었다(예를 들면, 네안데르탈인). 그러나 그들은 전부 멸종하고 현생인류만 살아남았다. 불과 1만 3000년 전까지도 현생인류와 다른 종의 인류가 외딴 섬 지역에 생존해 있었다. 만약 그 생물 종들이 모두 진화에 성공했더라면 오늘날 지구는 지능을 지닌 여러 생물 종이 공존하면서 경쟁하는 '진정한 다원적 사회'를 이루었을 것이다. 인간의 잔인성을 고려하면 이미 오래전에 한 종이 다른 종들과 싸워 전부 멸종시켜버렸을지도 모르지만.

현생인류가 아프리카에서 나온 것은 약 10만 년 전이었다. 유전적으로 밝혀진 결과, 놀랍게도 당시 그 집단의 개체 수는 불과 50명뿐이었다. 그 50명이 지금 유라시아와 남북아메리카, 폴리네시아 일대에 사는 모든 인간의 조상이다. 물론 그 시기 이전이나 이후에도 아프리카에서 벗어난 인류의 집단이 많았겠지만, 다들 멸종하고 그 50명의 자손들만이 생존에 성공해 전 세계로 퍼졌다.

그렇다면 아프리카에 남은 인류는 어떻게 되었을까? 원래의 조상은 나머지 대륙의 인류와 같지만 아프리카에서 나오지 않은 인류는 50명보다 훨씬 많은 데다 아프리카의 여러 지역에서 살았으므로 훨씬 더 복잡한 진화를 거쳤다. 흔히 아프리카의 인종이 다른 지역보다 더 단순한 것으로 여기지만, 실은 그 반대다. 모집단의 수가 많기 때문에 아프리카의 인종이 훨씬 더 다양하며, 돌연변이도 많다. 단적인 예로, 평균 신장이 세계에서 가장 큰 부족(마사이족으로, 180센티미터 이상)과 가장 작은 부족(피그미족으로, 140센티미터 이하)은 다 아프리카에 살고 있다. 다만 세계 각지로 퍼져나간 인류는 (유전적으로는 단순한 데 비해) 다양한 환경에 적

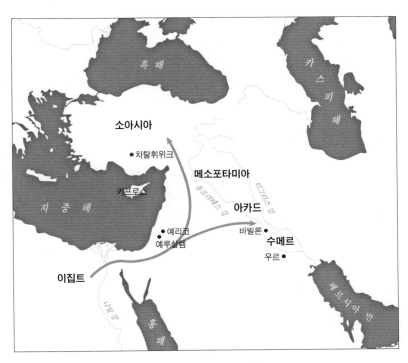

| Out of Africa 과거에는 인류가 여러 지역에서 별개로 탄생했다고 믿었지만, 지금은 현생인류가 아프리카에서 진화해 나왔다는 학설이 정설로 인정되고 있다. 빙하가 물러가고 기후대가 북상하면서 인류는 드디어 아프리카를 벗어나게 된다. 최초의 도시인 예리코나 차탈휘위크가 아프리카의 관문에 위치한 것은 그 때문이다. 아프리카를 나온 집단들은 무척 많았겠지만, 나머지 모든 세계 인류의 조상이 된 것은 약 50명의 소규모 집단이었다.

응해야 했기 때문에 환경에 따른 진화의 측면에서는 아프리카보다 다양하다.

인류가 아프리카에서 나와 지구상의 각 온대 지역으로 퍼져갔을 때만 해도 아직 지구의 '화면'은 온통 암흑이었다. 어딘가에 프로토스인지 저그인지 모를 '종족'들이 숨 쉬고 있었지만 모두가 각자 자신의 존재만 확인할 수 있을 뿐 어둠 속에 묻혀 있는 타자의 존재는 전혀 알지 못했다. 게다가 모두들 열심히 자신의 기지만 닦고 밝히는 데 열중할 뿐 유닛을 내보낼 생각은 감히 하지 못했다. 생존이 관건인 시대였다(화면이 다 밝아지는 때는 '게임'이 끝나 전 세계가 단일 문화권이 되는 글로벌 시대, 즉 20세기다).

우물 안 개구리와 비슷한 처지였지만, 다른 차원에서 보면 지금 우리도 크게 다르지 않다. 우리는 현재 지구를 구석구석 알게 되었고 지구상의 문명만 어느 정도 발달시켰을 뿐 아직 외계에 진출하지는 못했다. 고대에 다른 문명권이란 지금 우리가 추측만 하고 있는 외계 문명권이나 마찬가지다. 고대의 각 문명권은 다른 문명권들이 어딘가에 존재한다는 소문만 신화와 전설의 형태로 간간이 전해 들었을 뿐 실제로 확인하지는 못했다.

농경혁명과 도시혁명의 과정은 초기 인류가 자신의 기지를 어느 정도 안정시키는 단계에 해당한다. 농경으로 힘을 비축하고 도시화로 사회 계급과 제도를 갖추어 제법 문명의 꼴을 낸 다음 각 문명권은 이제부터 밖으로 유닛을 좀 내보낼 마음을 먹는다. 나중에 인류 문명의 발상지라고 불리게 되는 곳들이 기지를 건설한 단계에 속한다. 그럼 그런 지역들을 제외한 나머지 세계는 완전히 캄캄했을까? 그렇지는 않다. 문명의 발상지를 살펴보기 전에 먼저 초기의 소규모 문명들을 간략히 훑어보고 넘어가자.

두 혁명이 일어나던 1만~1만 5000년 전 무렵, 현생인류는 이미 열대에서 온대 지역까지 골고루 퍼져 살고 있었다. 인류의 고향인 아프리카는 물론이고 유럽과 아시아의 제법 추운 지대에도 진출했다. 빙하기가 끝나지 않아 해수면이 낮았던 3만~4만 년 전 아시아의 인류 중 동남아시아인들은 작은 배를 타고 얕은 바다를 건너 남태평양의 여러 섬과 오스트레일리아까지 건너갔다. 또 동북아시아인들은 육지로 연결되어 있었던 지금의 베링 해를 거쳐 아메리카로 이주했다. 1만 2000년 전에 이들은 남아메리카의 칠레까지 갔다. 오늘날 북아메리카 원주민과 남아메리카의 인디오는 동북아시아에 살았던 몽골계의 후예라는 설이 지배적이다.

소규모 집단들이 장거리 이주를 했기 때문에 아메리카는 처음부터 대규모 문명이 발달하기 어려웠다. 특히 북아메리카는 땅이 넓고 토질이 비옥하며 사냥감이 많은 호조건인데도 소규모 부족 문명이 발달하는 데 그쳤다. 농사에 알맞은 땅이 넓다 해도 토착 인구가 아니라 외부에서 유입된 인구이므로 인구의 규모가 워낙 작으면 소용이 없다. 인구밀도가 희박한 탓에 이주민들은 오히려 모이지 못하고 사방으로 흩어졌다. 정식 국가를 이룰 필요도 없고, 심지어 정착 생활을 할 필요조차 없었기 때문에 그들은 아시아에 살던 때처럼 부족을 이루어 이동 생활을 했다.

현재 전해지는 아메리카의 가장 오래된 문명인 마야 문명은 1~2세기에 성립하게 되므로 이 지역의 인류는 이주한 뒤에도 수만 년 동안 원시 부족사회의 형태에서 벗어나지 못한 셈이다. 국가의 발전에 반드시 필요한 최소한의 '국제사회'는 언감생심이었다. 북아메리카 원주민과 남아메리카 인디오의 소규모 문명이 모두 평원이 아닌 산악지대를 기반으로 삼은 것도 기본적인 인구의 규모에 도달하지 못한 탓이 크다. 만약 이 세계가 1492년이 아니라 훨씬 더 후대에 구세계에 의해 '발견'되었다면 충분히 인구가 증가해 상당한 문명을 이루었을지도 모른다. 그랬더라면 유럽 세계에 그리 호락호락 당하지 않았을 것이다.

그렇게 보면, '신세계'라는 말이 콜럼버스 때부터 생겨났고 유럽 중심적인 의미를 가지고 있다 해도 그리 틀린 개념은 아니다. 여러 가지 인류 문명이 만개한 구세계에 비해 아메리카 대륙이 신세계인 것은 분명하기 때문이다. 물론 1492년 이후 유럽인들이 아메리카 대륙의 토착 문명을 처참하게 짓밟은 사실을 고려하면, "유럽인들이 오기 전에도 사람이 살고 있었는데 왜 신세계냐?"라는 반문에 호소력이 전혀 없는 것은 아니다. 하지만 그렇다 해도 아메리카는 수백만 년 동안이나 인류가 살지 않았고 토착 인류가 전혀 없었다가 3만~4만 년 전부터 아시아 인류가 이주한 곳이므로 전 인류 문명의 관점에서 보면 신세계라고 부를 수밖에 없다.

이렇듯 인류는 문명의 여명기에 구세계에서는 이미 상당한 밀도로, 그리고 신세계에서도 어느 정도 터전을 잡고 있었다. 문제는 대부분이 아직 농경혁명과 도시혁명을 이루지 못하고 수렵-채집의 떠돌이 생활을 하는 수준이었다는 점이다. 그들은 생물학적 인간이기는 했으나 아직 문명적·역사적 인간은 아니었다(군집화와 도시화의 차이다). 그런 상황에서 문명의 발상지는 당시 첨단 문명의 현장이었다. 그 태곳적 실리콘밸리는 구체적으로 어딜까?

보통 인류 문명의 발상지로는 메소포타미아, 이집트, 인더스 유역, 황허 유역의 네 곳을 꼽는다. 그러나 정확히 말한다면 문명의 발상지는 두 곳으로 압축된다. 우선 나일 강 유역의 이집트 문명과 메소포타미아 문명은 일찍부터 서로의 존재를 알았고, 교류가 빈번했으며, 얼마 안 가 오리엔트 문명이라는 한 살림을 꾸렸다. 그러므로 둘은 하나로 봐도 된다. 또한 인더스 문명은 도시 유적만 남기고 실전失傳되었다. 따라서 문명의 진정한 발상지는 메소포타미아-이집트와 황허 유역의 두 곳이다. 이 두 곳에서 어떤 초기 문명이 전개되었는지 살펴보자.

역사 기록에 따르면, 서로 별개로 탄생한 메소포타미아와 이집트의 두 문명권이 본격적으로 교류하기 시작한 시기는 기원전 18세기에 힉소스족이 이집트를 침략했을 때부터다. 하지만 그 이전에도 나일 강에서 티그리스 강까지의 지역에는 문명의 빛이 가득했고, 각 문명권이 서로 활발하게 경제적으로나 문화적으로 교류했다. 그래서 메소포타미아에서 이집트에 이르는 초승달 모양의 지역은 고대사에서 '비옥한 초승달fertile crescent'이라고 부른다. 20세기 후반에 고고학자들은 이집트 사막 지대의 바위에 새겨진 암각화에서 갈대로 만든 메소포타미아 배 그림을 발견했다. 또 이집트 건축물에서도 갈대 모양의 기둥이나 벽감 양식이 메소포타미아에서 전래된 것임을 확인했다.

고대 문명의 핵심을 이루는 신들의 이름과 성격에서도 두 문명은 서로 차용한 내용이 적지 않다. 그리스도교의《구약성서》에 나오는 대홍수가 그 예다.《구약성서》는 유대인의 기록이므로 그들이 살았던 메소포타미아와 이집트의 중간(비옥한 초승달의 가장 부푼 부분)에 해당하는 지역의 역사를 말해준다.《구약성서》의 〈창세기〉에서 신의 선택을 받고 대홍수에서 살아남은 노아의 전설은 수메르의《길가메시 서사시Gilgamesh Epoth》에 나오는 우트나피쉬팀의 전설과 일치한다.

최근에 고고학자들은 그 두 전설의 모델이 되는 대홍수가 실제로 있었던 지질학적 대사건이라는 것을 밝혀냈다. 빙하기가 끝난 뒤 지금의 흑해에 자리 잡고 있던 거대한 빙상이 녹기 시작했다. 이 일대의 수량은 수천 년에 걸쳐 서서히 늘어났고, 마침내 기원전 5600년경 빙하가 녹아 생성된 엄청난 물이 더 이상 견디지 못하고 수위가 낮은 지중해로 갑자기 쏟아져 들어갔다. 이 일대는 2년 동안 지속 90킬로미터의 급류에 휩쓸렸다. 하루 평균 15센티미터씩 수위가 상승했다. 이 정도의 대사건이라면 아무리 문자가 없던 시절이라 해도 전설로 전승되기에 충분했을 것이며, 그것도 그 현장보다 훨씬 더 먼 곳까지 널리 퍼졌을 것이다.

신화로 보는 두 문명의 유사성은 더 뚜렷하다. 길가메시를 유혹하는 이슈타르 여신은 캐릭터로 보나 행동으로 보나 호메로스가 말하는 아프로디테 여신과 거의 비슷하다. 아카드 신화에 나오는 아트라하시스('뛰어난 지혜')는 그리스 신화의 프로메테우스('앞서 생각하는 자')와 이름의 뜻이 닮았을 뿐 아니라 둘 다 인간을 파멸시키려는 신들의 계획을 저지하고 인간을 구원하는 역할을 맡는다. 또한 메소포타미아 신화의 삼총사인 아누, 엔릴, 엔키와 그리스 신화의 삼총사인 제우스, 포세이돈, 하데스는 똑같이 '제비뽑기'를 통해 지배 영역을 각각 하늘, 바다, 저승으로 정한다.

신화만이 아니라 현실에서도 고대에 그리스와 오리엔트는 활발하게 교류했다. 여기서는 페니키아의 역할을 빼놓을 수 없다. 페니키아인들은 문명의 교류를 유발한 촉매제 같았다. 그들은 지중해에 면한 티레나 시돈 등의 도시를 거점으로 일찍부터 지중해 전역을 누비며 무역을 통해 여러 세계를 접촉시켰다. 광물 자원이 풍부한 지중해 서쪽 끝자락의 에스파냐를 맨 먼저 개척한 것도 그들이다. 페니키아 최대의 식민지는 카르타고였고, 카르타고 최대의 식민지는 에스파냐였다. 2차 포에니 전쟁에서 로마를 공포로 몰아넣었던 카르타고 장군 한니발은 바로 에스파냐의 군사령관이었다.

무역보다 더 장기적인 페니키아의 영향은 단연 문자다. 오늘날 유럽 여러 언어에서 두루 사용되는 알파벳의 조상인 페니키아 문자는 고대에 지중해 세계 전역에서 일종의 링구아 프랑카(lingua franca: 모국어를 달리하는 사람들이 상호 이해를 위해 습관적으로 사용하는 언어)와 같은 문자였다. 페니키아 문자는 고대 서남아시아 일대에서 사용된 자음과 모음의 문자인 북셈 문자에서 갈라져 나왔다. 이런 메소포타미아의 영향은 현재 사용하는 알파벳 문자 기호의 모양에도 흔적이 남아 있다. 예를 들어, A부터 Z까지 영문 알파벳 기호들은 전부 세로선을 기준으로 하는데, 갈대 펜으로 진흙 판을 세로로 긁어 쓰기에 알맞다(그에 비해 중국의 한자는 글자의 끝부분을 둥글게 굴린 형태가 많은데, 이런 글자는 대나무에 붓으로 쓰기에 알맞다).

문자의 통일은 문명의 통일로 향하는 지름길이다. 중국의 경우가 그 점을 잘 보여준다. 기원전 221년에 중국 대륙을 통일한 진시황은 각 지역마다 다르게 쓰는 한자를 통일해 전서篆書를 제정했다. 그는 소프트웨어의 통일이 정치적 통일에 못지않게 중요하다는 것을 일찌감치 깨달았던 것이다. 다만 페니키아 알파벳은 상거래에 이용되면서 자연스럽게 문자 통일로 이어졌지만, 중국의 경우에는 정치적 통일의 기반 위에 인위적으로 문자 통일이 이루어졌다는 차이가 있다. 나중에 보겠지만 이 점은 두 문명의 근본적인 차이와 연관된다.

실제로 메소포타미아와 이집트의 두 문명권은 직선거리로 2000킬로미터에 불과하고 그 사이에 높은 산맥이나 큰 강 같은 특별한 지리적 장애물이 없다. 아무리 교통수단이 발달하지 못한 시대라 해도 서로 교류했으리라는 추측은 충분히 가능하다. 게다가 메소포타미아인들은 육로만이 아니라 갈대를 엮어 만든 배를 타고 아라비아 반도를 돌아 해로로 이집트까지 가기도 했다. 그 흔적은 인도양 방면에서 이집트로 가는 길목에 위치한 에티오피아에서 발견된 고대 문명에서 확인된다. 이집트와 메소포타미아만이 아니라 그 사이의 지역, 즉 오늘날 시리아와 이스라엘, 팔레스타인에 해당하는 지역에서도 어느 곳이 먼저랄 것 없이 엇비

숫한 시기에 다양한 문명이 자라났다(최초의 도시 유적이 이 일대에서 발굴되었음은 앞서 말한 바 있다).

그렇게 보면 이집트 문명과 메소포타미아 문명을 구분하는 것은 큰 의미가 없다. 물론 두 문명이 완전히 동질적이었던 것은 아니다. 종교, 정치체제, 경제와 무역에서 두 문명은 다른 점도 많았다. 하지만 그 차이는 두 문명의 발생이 독자적이었기 때문에 생겨난 것일 뿐이다. 탄생기와 초기 성장기가 지난 뒤 두 문명은 한데 묶여 오리엔트 문명을 이루었다. 훗날 이 오리엔트 문명은 바로 서양 문명의 씨앗이 된다.

나머지 문명의 발상지로 알려진 곳은 인도의 인더스 강 유역과 중국의 황허 유역이다. 인도의 경우는 비교적 간단하게 언급하고 넘어갈 수 있는데, 그 이유는 문명이 사라져버렸기 때문이다. 인더스 문명은 우리에게 모헨조다로와 하라파의 화려한 사원과 목욕탕 유적만을 보여줄 뿐 상세한 내용은 남기지 않았다. 수메르 문명의 경우도 상당 부분 실전된 것은 마찬가지지만 문자 기록을 남겼다는 점—현재도 점토판 문서의 해독 작업이 진행 중이다—그리고 초기 오리엔트 문명의 성립에 기여했다는 점에서 인더스 문명의 경우와는 다르다.

그럼 인더스 문명은 어떻게 된 걸까? 수천 년을 꺼지지 않고 전해오던 문명의 빛이 어느 날 갑자기 사라졌다는 게 과연 가능할까?

인더스 문명의 요람인 펀자브에서 메소포타미아까지의 거리는 메소포타미아 중심부에서 이집트까지의 거리와 비슷하다. 그렇다면 두 지역이 서로 존재조차 몰랐다는 게 가능할까? 비록 육로에는 광활하고 험준한 이란 고원이 사이에 있지만 통행이 불가능할 정도는 아니다. 해로라면 더 쉽다. 메소포타미아에서 인도양을 헤치며 아프리카 동해안까지 갔던 갈대배가 동쪽으로 그만큼 가지 못할 이유가 있을까?

두 문명은 아마 서로의 존재를 확인하고 상당한 정도로 교류했을 가능성이 크다. 실제로 그랬다면 인더스 문명도 광역의 오리엔트 문명권에 속하는 것으로 분류할 수 있다. 인더스 문명이 실전된 공식적인 이유는 기원전 18세기~기원전 17세기에 북부의 중앙아시아 방면에서 사나운 철기 민족인 아리아인이 침입했다는 것이지만, 그것은 메이저 문명이 소멸할 만한 합당한 이유는 되지 못한다. 인더스 문명은 오리엔트 문명의 변방이며, 그랬기에 내외적 요인들(자연재해, 국가 체제의 후진성, 아리아인의 침입 등)이 결합되어 수명을 다한 마이너 문명이라고 봐야 한다.

　마지막으로 남은 강력하고 독립적인 대규모 문명은 중국에서 일어난 황허 문명이다. 이 문명은 앞에 말한 다른 문명들과 한 가지 큰 차이가 있다. 황허 문명은 농경적인 성격이 가장 강했다. 오리엔트 문명은 농경과 목축을 병행했으나(최초로 개, 소, 양, 가금류 등 가축의 사육이 이루어진 곳도 오리엔트다), 황허 유역에서는 목축을 거의 찾아볼 수 없고 처음부터 농경을 바탕으로 문명이 전개된다.
　그 이유는 지리에서 찾을 수 있다. 황허 유역은 메소포타미아나 나일강 삼각주보다 넓으며, 커다란 사막 같은 지리적 난관도 없다. 쉽게 말해 농사를 지을 수 있는 땅이 지천으로 널려 있다는 이야기다. 더욱이 황허는 수량이 풍부한 큰 강이므로 범람을 막고 잘 통제한다면 어렵지 않게 도시화를 이룰 수 있다. 나일 강의 파라오도 치수를 능기로 삼았지만 황허를 지배하려면 치수가 더욱 중요하다. 게다가 황허 유역은 치수에 성공하면 이집트처럼 좁고 긴 국가나 메소포타미아처럼 도시국가가 아니라 선線 개념의 영토국가가 탄생하기에 좋은 배경이다(나중에 보겠지만 중국에서 고대부터 영토국가가 발달한 이유는 이런 지리적 차이에 있다). 이곳에서는 전설과 역사의 중간 지점인 요순시대가 끝나고 우임금이 치수에 성공하면서 곧바로 하夏나라가 건국된다.

황허 유역에서는 오리엔트와 달리 목축을 하지 않았기 때문에 인구 이동이 적었다. 그래서 문명의 탄생지가 곧 문명이 계속 성장하는 토양이 된다. 그런 조건 덕분에 황허에서는 오리엔트보다 조금 늦게 문명이 탄생했지만 일단 생겨난 이후에는 훨씬 빠른 속도로 문명이 튼튼해지고 대규모화될 수 있었다.

이렇게 황허 문명은 출발부터 농경이 중심인 데다 자체 인구와 면적이 충분했으므로 오리엔트 문명처럼 다른 지역과 굳이 교류할 필요가 없었다. 오리엔트 세계에서는 일찍부터 국제사회를 이루고 이집트와 메소포타미아가 문명의 주도권을 탁구공처럼 주고받으면서 서로를 상승시키는 방식으로 발전했지만, 중국에서는 그와 달리 처음부터 시종일관 황허 유역이 문명의 강력한 중심을 형성했다. 이름도 그에 걸맞게 '가운데 벌판', 즉 중원中原이다.

두 메이저 문명 간의 그런 지리적 차이는 대단히 중요하다. 환경과 조건이 달랐기 때문에 훗날 오리엔트 문명은 서쪽의 유럽으로 이동해 오늘날의 서양 문명까지 연결되었고, 황허 문명은 시대를 통틀어 내내 확고부동한 동아시아 역사의 중심으로 기능하면서 오늘날의 동양 문명으로 이어졌다.

그렇게 보면 서양 문명과 동양 문명의 차이는 두 문명이 탄생할 때부터 지리적 요인에 의해 결정된 셈이다. 확고한 중심을 기반으로 출범한 동양 문명은 초기부터 뿌리가 튼튼하다는 장점이 있었지만, 이동성이 떨어져 폭넓은 변화를 일으키지 못했다. 문명권의 반경은 시간이 지나면서 꾸준히 커졌어도 문명의 성격이 다양해지지는 않았다. 이에 비해

서양 문명은 기반이 부실하게 출범했으나 그런 만큼 유동적이고 변화의 폭이 컸다. 동양 문명의 정태성과 서양 문명의 역동성은 여기서 비롯된 것이다.

지리적 요인이 두 메이저 문명의 성격에 어떤 영향을 미쳤는지 확연히 보여주는 사례가 있다. 20세기 후반에 발견된 동부 지중해의 수많은 고대 난파선 중에는 구리 200톤을 싣고 가던 배가 있었다. 아마 고대의 구리 산지였던 키프로스(Cyprus: 사이프러스 나무와 더불어 구리를 뜻하는 영어 단어 copper의 어원이다)에서 그리스로 가던 무역선이었을 것으로 추측되는데, 주목할 만한 사실은 200톤이라는 화물의 무게다. 오늘날에도 이 정도의 화물을 육로로 수송하려면 25톤급 대형 트럭이 여덟 대나 필요하다. 자동차도 없고 도로도 신통치 않았던 고대에 이 화물을 육로로 수송한다는 것은 불가능하다. 바퀴는 기원전 3500년경에 메소포타미아와 중국에서 독자적으로 발명되었으나 바퀴를 이용한 물자 수송에는 엄연한 한계가 있었다. 그러나 해로로는 고대의 기술로 제작된 선박으로도 충분히 물자의 대량 수송이 가능했다. 길이 30미터짜리 목선으로도 200톤쯤은 거뜬히 운반할 수 있다.

서양 문명에서 바닷길은 고대의 고속도로였다. 동양 문명의 중심은 중국의 중원이라는 땅덩어리였지만, 그에 해당하는 서양 문명의 중심은 지중해라는 바다였다. 동양 문명과 서양 문명의 근본적인 차이는 바로 대륙 문명과 해양 문명의 차이다.

해양 문명의 특징은 나중에 문명의 중심이 오리엔트에서 유럽의 그리스와 로마로 서진하면서 더욱 뚜렷해지지만, 이미 그 이전부터 오리엔트 문명은 바닷길을 이용한 뛰어난 기동성을 보였다. 그 이유는 이 지역의 고대 민족들이 특별히 개방적이었거나 이웃과의 교류에 적극적인 민족성을 가졌기 때문이 아니다. 결정적인 요소는 뱃길로 이용할 수 있는 큰 바다가 있다는 점이었다.

지리적 요인만큼은 아니지만 그에 못지않게 중요한 부수적 요인도 있다. 지중해 일대의 지역들은 자급자족 체제를 이루지 못했기 때문에 일찍부터 교역을 해야만 생존할 수 있었다. 특히 그리스는 무역이 불가능했다면 문명의 발전은커녕 살아남을 수도 없었을 것이다. 그리스는 토질이 척박하고 넓은 평야가 적어 예로부터 농산물이라고는 포도와 올리브가 고작이었다. 다이어트를 하는 거라면 몰라도 포도와 올리브만 먹고는 살 수가 없다. 그리스인들은 곡식을 얻기 위해 지중해로 진출할 수밖에 없었다.

고대 지중해 세계 최대의 곡창지대는 단연 이집트였다. 그리스인들은 일찍부터 포도와 올리브를 가져가 이집트에서 곡식과 바꿨다. 고대에 경제적 교류는 둘 중 하나였다. 상대의 힘이 강하면 물물교환의 교역을 하고, 상대의 힘이 약하면 약탈하는 것이었다. 그리스는 이집트 같은 강국과는 교역을 했고, 시리아 일대와 흑해 연안의 약소국들은 약탈했다. 시리아 일대의 약탈은 《구약성서》에 수수께끼의 해양 민족Sea Peoples으로 기록되었고, 흑해 일대의 약탈은 트로이 전쟁으로 신화 겸 역사에 남았다. 두 지역의 약탈은 기원전 12세기에 절정을 이루었다. 당시 그리스인들은 아마 후대에 동아시아의 바다를 주름잡은 왜구나 마찬가지였을 것이다. 그로 인해 이집트와 히타이트가 약화되었고, 지금의 터키 서부, 즉 이오니아에 그리스 식민시들이 건설되기 시작했다.

지중해 세계와 중국은 지리적으로도 달랐고, 경제적 환경도 달랐다. 지중해 일대도 중국처럼 농경을 통한 독립적이고 자립적인 생존과 발전이 가능했다면, 오리엔트의 고대 민족들은 국제사회를 형성할 필요를 느끼지 못했을 테고, 해로를 통해 활발한 교류(교역 혹은 약탈)를 도모하지도 않았을 것이다. 나중에 보겠지만 지중해라는 바다를 중심으로 하는 유럽의 로마 제국과 중원을 중심으로 하는 중국의 한漢 제국이 같은 시대에 존재한 제국 체제였음에도 서로 성격이 판이하게 달랐던 이유는 바로 그런 차이에 있다.

중국 문명은 오리엔트와 달리 기동성이 약한 붙박이 문명이었던 만큼, 신화에서도 일찍부터 구체적인 인명들이 등장한다. 먼저 반신반인半神半人의 존재들인 신농·복희·수인의 삼황三皇이 인간에게 농경과 수렵과 불을 전해준다. 그다음 오늘날까지도 중국인들의 조상으로 받들어지는 황제黃帝가 출현해 문자와 역법, 화폐, 수레 등을 발명한다. 그의 뒤를 이어 전욱顓頊, 제곡帝嚳, 요堯, 순舜이 등장하는데, 이 다섯 명의 전설적인 왕들을 오제五帝라고 부른다. 고대 중국인들은 이 삼황오제가 중국을 건국했다고 믿었다.

그들은 실재한 인물이라기보다 당시에 존재하던 지배 집단 혹은 직책을 가리키는 이름이거나, 아니면 한 시대의 문을 연 개인, 이를테면 건국 시조일 것이다. 고대의 지배자들은 자랑스러운 조상의 이름을 후손이 그대로 물려받는 전통이 있었다. 《구약성서》의 〈창세기〉에는 수백 년씩 산 인물들이 연이어 등장한다. 아담은 930세, 셋은 912세, 에노스는 905세, 게난은 910세, 마할랄렐은 895세, 야렛은 962세, 에녹은 365세, 므두셀라는 성서의 최고 기록인 969세까지 살았다. 그 뒤 라멕이 777세까지 살면서 노아를 낳았다. 성서에는 이들이 모두 부자 관계로 서술되어 있지만, 실은 각각의 왕조를 개창한 건국자의 이름일 것이다. 물론 성서의 이 기록을 곧이곧대로 믿는 창조론은 논외다. 예를 들어,

17세기 영국의 주교인 제임스 어셔James Ussher는 〈창세기〉에 나오는 족장들의 연대를 토대로 천지창조가 기원전 4004년에 이루어졌다고 추산했다.

한 왕조나 한 시대를 다스렸던 지배자의 이름이 대대로 전승되는 경우는 고대에 무척 흔했다.《구약성서》보다 오랜 수메르의 기록에는 8명의 왕이 모두 합쳐 24만 1200년을 다스렸다는 내용이 있다. 한 명당 평균 재위 기간이 무려 3만 년이 넘는다(서양 문명의 양대 문헌적 기원인《구약성서》와 그리스 신화는 메소포타미아 신화에 기원을 두고 있다). 이런 전통은 아버지의 이름을 아들이 물려받는 서양 문명 특유의 관습을 낳았다. 이 관습은 신화의 시대를 넘어 로마 시대와 중세, 나아가 근대까지도 이어진다. 후대의 역사가들은 루이, 헨리, 프리드리히 같은 왕명들이 몇 대에 걸쳐 연속되자 1세, 2세 등으로 구분하는 방식을 개발했다. 기원전 13세기~기원전 11세기의 고대 이집트에서 '람세스'라는 이름을 가진 파라오는 최소한 11명이었다.

우리 민족의 시조로 섬겨지는 단군의 경우도 마찬가지일 것으로 추측된다. 단군이 아사달을 도읍으로 삼아 고조선을 건국한 시기를 서력 기원으로 환산하면 기원전 2333년에 해당한다. 이를 근거로 대한민국 정부가 수립된 1948년부터 1961년까지 단군기원, 즉 단기檀紀가 공식적으로 사용되었으나, 민족의 정통성을 이데올로기로 포장하는 것일 뿐 실제 역사와는 무관하다. 우선 기원전 2333년이라는 연도의 근거 자체가 불확실하다. 단기의 문헌적 근거는 고려 말 몽골 통치 말기에 민족주의를 고취하기 위해 간행된 일연一然의《삼국유사三國遺事》와 이승휴李承休의《제왕운기帝王韻紀》인데, 그 추산도 당시 전해지던 신화와 설화에 근거한 것이므로 어셔가 계산한 천지창조의 연대와 별반 다를 게 없다. 단군은 성서의 최장수 기록인 므두셀라를 두 배나 뛰어넘어 1908세까지 살았다고 전해지지만, 역사라고 볼 수는 없다. 아마 단군은 실존 인물이 아니었거나, 실존했다 해도 어느 위대한 족장 개인의 이름이나 직함의 명칭이 대대로 계승되어 생겨났을 것이다.

역사 이전에 신화가 있는 것은 동서양이 마찬가지다(어떤 의미에서 역사를 거슬러가다 막다른 골목에 부딪히면 그 이전이 신화로 포장되는 것이라고 말할 수 있다. 이를테면 한 나라의 시원을 알기 위해 건국자의 가계를 거슬러가다 더 거슬러갈 수 없으면 '하늘에서 내려왔'거나 '알에서 태어났'고 말하면서 그 이전을 신화로 만드는 것이다). 사회, 국가, 왕조의 초기에 신화적 요소가 발견되는 것은 동양과 서양의 보편적인 현상이다. 그러나 신화의 성격은 서로 다르다. 중국의 신화에 나오는 인물들(삼황오제)은 신이라기보다는 조상이다. 그에 비해 오리엔트 문명의 신화적 존재들은 인간 세상을 만들었기 때문에 인간 세상과는 확실히 구분된다. 중국의 조상신들은 인간적 속성을 지니고 인간에게 도움을 준 반면, 오리엔트의 신들은 인간 위에 군림하면서 인간에게 제물을 요구하고 자신을 섬기라고 강요했다. 언제든지 근거지를 옮길 수 있는 유목 문명과 달리 조상 대대로 물려받은 농토를 바탕으로 하는 농경 문명에서는 조상신이 훨씬 자연스럽지 않았을까?

서양의 신화와 동양의 신화도 다르지만, 동양의 신화 내에서도 차이가 있다. 예컨대 한반도 문명도 중국과 같은 농경 문명이지만, 한반도의 초기 신화는 중국과 크게 다른 점이 있다. 실은 중국만이 아니라 전 세계 어느 지역의 신화와도 다른 특징이다. 그것은 바로 천지창조가 없다는 점이다.

"위의 하늘은 이름이 없었고 아래의 땅도 이름을 갖지 못했던 때"(바빌로니아 서사시 〈에누마 엘리시_Enûma Eliš〉). "하늘이 아직 형성되지 않았을 때, 땅이 아직 생겨나지 않았을 때, 아무것도 아직 만들어지지 않았을 때"(이집트 파피루스 문헌). "땅이 혼돈하고 공허하며 흑암이 깊음 위에 있고"(《구약성서》의 〈창세기〉). 이 세 구절은 모두 혼돈이나 무無의 상태에서 세계가 탄생했다는 뜻을 담고 있다. 다시 말해, 천지창조 신화의 시작 부분이다.

수메르 신화는 처음에 바다(남무)만 존재했고, 여기서 하늘(안)과 땅(키), 바람(엔릴)이 생겨났다고 전한다. 그리스 신화는 혼돈(카오스)이 밤(닉스)과 어둠(에레보스)을 낳고, 이들이 공기(아이테르)와 낮(헤메라)을 낳아 우주(코스모스)가 탄생했다고 말한다. 스칸디나비아 신화는 얼음덩이 속에서 거인 유미르가 탄생하고 유미르의 시체가 땅과 하늘, 산과 바다, 별과 숲을 이루었다고 전한다. 멕시코의 아스테카 신화는 창조주의 네 아들이 하늘, 대지, 바다를 다스렸다고 말한다.

동양의 신화도 처음은 역시 천지창조다. 중국의 신화에서는 혼돈 속에서 태어난 최초의 존재인 반고가 하늘과 땅을 분리하고, 해·달·별을 만들고, 바다를 넷으로 나누었다고 한다. 일본의 신화도 은하수에 사는 천신 부부인 이자나기와 이자나미가 태양의 여신 아마테라스 오미카미를 낳았다는 것으로 시작한다. 그 밖에 아프리카나 폴리네시아 같은 군소 문명권의 신화도 예외 없이 천지창조로 시작한다.

그런 점에서 한반도의 단군신화는 무척 독특하다. 하늘의 아들 환웅이 내려와 나라를 세우고 민족을 다스렸다는 이야기가 신화의 첫 부분이다. 이것은 건국신화일 뿐 천지창조 신화는 아니다. 세계 대부분의 신화들이 하늘과 땅이 갈라지는 장면으로 시작하는 데 비해, 우리의 신화는 고조선이라는 나라가 세워지는 것으로 시작한다. 왜 우리 신화에는 세계의 탄생이 없을까?

원래는 천지창조 신화가 있었을 것이다. 더 작은 문명권에도 있었던 게 한반도 문명에만 없었을 리 없다. 그렇다면 원래 신화 속에 포함되어 있다가 사라졌다고 볼 수 있는데, 언제 어떤 이유에서 그랬을까?

삼국시대에 한반도 고대 삼국은 모두 하늘에 제사를 지냈다. 이 시기까지는 천지창조 신화가 전승되었을 것이다. 그러나 648년 신라의 김춘추가 당 태종 앞에 무릎을 꿇고 사대를 맹세한 이후(이해에 신라는 중국의 연호를 쓰기 시작했고 중국의 복식을 들여왔으니, 말하자면 '사대주의 원년'인 셈이다) 천지창조는 신화에서 빠져나갔을 것이다. 얼마 뒤 고구려와 백제가 멸망하고 유일한 한반도 정권이 된 신라는 스스로 중국의 '속국'으로 행세했다. 8세기에 혜공왕은 왕이 지내는 제사를 5묘(김씨 시조인 미추왕, 무열왕, 문무왕, 그리고 당대 왕의 할아버지와 아버지)까지로 확정하는데, 이것은 중국의 《예기禮記》에 나오는 제후의 예에 따른 것이다. 《예기》에는 "천자는 7묘, 제후는 5묘를 제사한다."라고 되어 있기 때문이다. 또 얼마 뒤 경덕왕은 신라의 지명을 대부분 중국식으로 고쳤다. 경주, 충주, 상주, 전주 등 현재 '주州' 자가 들어 있는 도시 이름은 그 시기에 개명된 결과다(예를 들어, 현재 충청남도의 웅진은 곰나루라고 읽고 한자로 표기할 때만 熊津이었는데, 경덕왕 때 이것을 웅주熊州로 바꾸면서 곰나루라는 이름은 쓰이지 않게 되었다). 이렇게 나라 자체가 중국의 속국이 되었다면 신화에서도 천지창조 대목은 당연히 '검열'에 걸려 삭제되었을 게 뻔하다.

어쨌든 신화는 역사가 아니니까 이쯤 해두자. 다만 세계 대다수 나라들이 신화를 그냥 신화로 치부하는 것과 달리 단군신화는 마치 역사인 것처럼 포장하려는 시도가 있는데, 신화와 역사를 섞으면 신화도 역사도 엉터리가 된다는 점만 유의하고 넘어가자.

　이렇게 해서 인류의 고대 문명은 오리엔트와 황허라는 두 개의 메이저 문명으로 줄일 수 있다. 이제부터 그 두 문명을 살펴봐야 하겠지만 그보다 먼저 간략하게 살펴볼 게 있다. 오늘날 서양 문명과 동양 문명으로 승계된 그 두 문명을 제외한 나머지 문명들은 어떻게 되었을까?

　규모의 차이는 있지만 인류는 세계 각지에 널리 퍼져 살았으므로 문명도 여러 군데에서 다양하게, 독자적으로 발생했다. 발생 시기도 아마 서로 엇비슷했을 것으로 추측된다. 라스코 동굴의 벽화가 그려질 무렵 외딴 오스트레일리아에서도 동굴벽화가 그려졌고, 최초의 도시로 알려진 요르단의 예리코와 터키의 차탈휘위크에 사람들이 득시글거릴 무렵 북아메리카에서도 몽골계 인류가 마을을 이루고 농경이라는 새로운 삶의 방식을 실험하고 있었다. 그뿐만 아니라 아프리카의 내륙, 동남아시아의 섬들에서도 나름대로 문명의 싹이 트고 있었다.

　그럼에도 세계 문명의 뿌리를 두 개의 메이저 문명으로 제한하는 데는 이유가 있다. 그 밖에 다른 문명들은 이후 소멸하거나 정복당하거나 워낙 세력이 약해 계속 마이너로 남았기 때문이다. 그렇게 된 과정은 대략 세 가지로 분류할 수 있다.

　첫째, 두 메이저 문명권에 가까이 위치한 탓으로 결국 그 문명에 흡수되거나 그 문명을 이어받아 발전한 경우다. 예를 들어, 단군신화로 전해지는 한반도의 토착 문명은 중국 문명권에 흡수되었고, 일본의 조몬 문명은 한반도에서 전해진 대륙 문명과 통합되었다. 반면 에게 해의 크레타 섬에서는 오리엔트 문명보다 조금 늦게 미노스 문명이 발생했으나 나중에 오리엔트 문명을 이어받아 그리스로 전하는 역할을 했다.

　둘째, 아예 소멸해버린 경우다. 앞에서 본 인더스 문명이 대표적이지

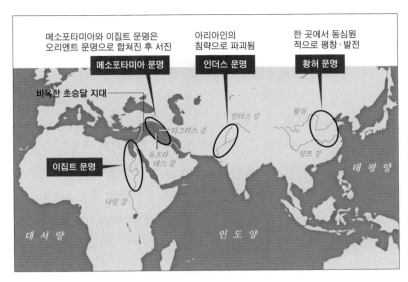

| 서양 문명의 서진 흔히 4대 문명의 발상지라고 말하지만 실은 2대 문명이라고 봐야 한다. 동북 아시아에서 발생한 황허 문명은 이후에도 수천 년 동안 내내 같은 지역에서 발달했고, 이집트 문명과 메소포타미아 문명은 나중에 서로 융합되어 오리엔트 문명을 이루었으며, 인더스 문명은 맥이 끊겼다. 동양 문명과 달리 서양 문명은 오리엔트에서 생겨나 계속 서쪽으로 중심 이동하면서 발달했다.

만, 16세기에 유럽 문명의 공격을 받아 소멸한 멕시코의 아스테카 문명과 페루의 잉카 문명, 인도차이나와 인도네시아의 여러 문명, 마찬가지로 19세기에 정복당한 아프리카의 여러 부족 문명을 그런 사례로 꼽을 수 있다. 특히 중앙아메리카 문명은 메소포타미아 문명과 비슷한 시기에 농경을 시작한 것으로 추측되지만, 넓은 지역으로 파급되지 못했고 끝내는 실전되었기 때문에 메이저 문명으로 간주할 수는 없다. 그 밖에 아직 사실로 증명되지 못했으나 플라톤이 언급한 아틀란티스 문명 같은 것도 만약 실재했다면 이미 고대에 자체적으로 소멸한 경우에 속할 것이다(그 밖에 페루의 나스카 문명이나 이스터 섬의 문명처럼 오늘날 외계인이 연

루되었다는 헛소문이 끊이지 않는 문명들도 실은 잉카 문명 같은 후대의 문명에 의해 정복당한 경우에 속한다).

셋째, 오늘날까지도 외부와 고립된 상태로 존속하고 있는 군소 문명들이다. 아프리카 오지와 에스키모 일부, 뉴기니의 부족 문명들이 그런 경우에 해당한다고 볼 수 있다.

오늘날 '문명의 판게아'를 형성하는 데 가장 주도적인 역할을 하는 것은 서양 문명과 동양 문명이다. 이 두 문명은 서로 완전히 독립적으로 발생했고, 지리적으로도 상당한 거리를 두고 발전해온 데다(그렇게 된 데는 오리엔트 문명이 이후 서진을 계속함으로써 중심권이 중국과 더욱 멀어진 탓이 크다), 오늘날까지도 세계 문명의 양대 뿌리를 이루고 있다. 지금 가시화되고 있는 문명의 판게아가 장차 어떠한 성격을 띠게 될지는 알 수 없지만, 적어도 그 두 문명이 조합된 결과로 나타날 것은 분명하다. 그 비율이 6:4가 될지, 아니면 7:3이나 9:1이 될지는 아직 확실하지 않다. 그러나 간단한 지표를 말한다면, 서양 문명의 양대 산물인 자본주의와 민주주의가 동양 문명의 중심지인 중국에서 장차 어떻게 변용되느냐가 중요한 기준이 될 것이다.

오리엔트에서 배태된 서양 문명의 '씨앗'은 바람에 실려 서쪽으로 가서 그리스와 로마에서 '뿌리'를 내렸다. 이후 서양 문명은 중심이 북상하면서 유럽 중세 문명의 '줄기'로 자라고 '꽃'을 피웠으며, 마침내는 대서양을 건너 아메리카를 정복하고 더 서진을 계속해 동북아시아에까지 상륙하는 '열매'를 맺었다. 이제 동아시아를 거쳐 고향인 서남아시아에 이르면 서양 문명은 완전한 세계 일주를 하게 된다.

문명의 판게아에서 서양 문명의 배분이 동양 문명보다 훨씬 클 것이라는 전망에 대해, 동양에 사는 사람들은 더러 거부감을 품을 수도 있을 것이다. 그렇다면 서양 문명이라는 말을 세계 문명이라는 말로 바꿔 생각해보라. 서양 문명의 양대 산물인 민주주의 정치와 자본주의 경제는 현재 서양적인 것을 넘어 세계적이고 보편적인 것이 되었다. 어느 누가 민주주의에서 보장되는 인권의 존엄성과 자본주의로 정당화되는 사적 소유의 본능적 욕망을 외재적인 것이라고 부정할 수 있을까? 민주주의와 자본주의의 요체는 (어쩌면 서양 문명과 무관하게) 유전자의 하나처럼 개인의 내부에 코드화되어 있었는지도 모른다.

인류 문명을 두 개의 메이저로 요약했다면 이제부터는 그 두 문명이 걸어온 길을 더듬어볼 차례다. 기원전 30세기 무렵부터 19세기에 이르기까지 5000년 동안 두 문명은 비교적 독립적으로 발전해왔고 서로 상당히 다른 노선을 걸었다. 그 역사적 차이를 알면 향후 판게아의 조합 비율을 어느 정도 예측할 수 있지 않을까?

동서양의 두 문명은 성격이 다르고 출발점이 다른 만큼 별개의 행보를 걷는다. 동양
세계에서는 처음부터 지리적 중심으로 고정된 북중국에 강력한 제국이 들어서면서
정치적 질서의 축으로서의 역할을 했다. 이후 동양 문명은 이 지리와 정치의 중심으
로부터 동심원적으로 권역을 넓혀가지만 한 번도 중심 자체가 이동하지는 않는다.
그에 비해 서양 문명은 고향인 오리엔트를 벗어난 뒤 계속 서쪽으로 중심이 옮겨가
는 역사를 전개한다. 두 문명은 일찍부터 서로의 존재를 인식하지만 서남아시아와
중앙아시아를 통한 물자 교류만 했을 뿐 직접 접촉하지는 않는다.

확장은 한계가 있으나 이동은 무한하다. 동심원적 확장이 끝나자 동양 문명은 문을
닫아걸고 체제 내의 안정에 만족한다. 그러나 서양 문명은 끊임없이 이동하면서 시
행착오를 통한 변화와 업그레이드를 반복한다. 동양은 체제의 근본적 변동이 한 번
도 없고, 서양은 체제 실험이 혁명의 형태로 나타난다. 로마 공화정에서 제정으로,
중앙집권적 제국에서 중세 분권 체제로, 절대왕정을 거쳐 현대 공화정으로 이행하
는 단계들이 전부 혁명이다.

2부

두 역사

4

두 개의 제국

예와 인의 이념: 유학의 발생 / 지리적 차이 / 로마의 제국화 / 중화 제국의 탄생 / 출발부터 다른 두 제국 / 중국의 분열기 / 중화 문명권의 동심원적 확대 / 페르시아 전쟁 / 그리스 세계 의 특질 / '땅끝'까지 간 알렉산드로스 / 헬레니즘 세계와 제국의 실패 / 만리장성의 문명사적 의미 / 중화 제국의 원형 / 포에니 전쟁과 로마의 도약 / 서양식 제국의 원형 / 뭍의 제국과 물 의 제국

기원전 6세기~기원전 4세기 무렵은 인류의 정신사에서 가장 중요한 시기다. 오늘날까지 이어지는 철학과 사상, 인식의 기본 틀이 이 시기에 확립되었다. 우연일까, 필연일까? 공교롭게도 동서양은 같은 시기에 그런 변화를 맞았다. 그리스 최초의 철학자로 불리는 탈레스(기원전 6세기)를 비롯해 피타고라스(기원전 6세기), 소크라테스(기원전 5세기), 플라톤(기원전 5세기), 아리스토텔레스(기원전 4세기) 등 초기 서양 철학자들의 활동 기간은 동양 사상의 기틀을 놓은 공자(기원전 6세기), 맹자(기원전 4세기), 장자(기원전 4세기) 등과 거의 일치한다. 그래서 동서양의 근본적 사상이 탄생한 이 시기를 차축시대Achsenzeit라고 부르기도 하는데, 19세기 독일의 철학자 야스퍼스가 붙인 명칭이다.

하지만 시기는 같아도 사상의 속내를 들여다보면 사뭇 다르다. 그리스 철학자들의 관심은 영원불변의 진리, 객관적 진리에 있었다. 눈에 보

이는 사물이나 현상은 다양하지만 그 배후에는 뭔가 불변의 것이 있지 않겠느냐는 게 그들의 생각이었다. 산과 강, 구름과 바람은 전부 다른 것처럼 보이지만 깊이 파고들면 공통적인 요소가 있을 것이다. 그들은 이것을 아르케archē, 즉 원질原質이라고 보았다. 원질이 무엇이냐에 관해서는 의견이 다양했다. 어떤 사람은 아르케를 물이나 불, 또는 4대 원소(물·불·흙·공기)의 조합, 제5원소로 보았고, 어떤 사람은 아페이론이나 누스처럼 추상적인 요소를 가정했다. 그러나 답은 달라도 문제는 같았다. 모두들 아르케를 추구하려 한 점에서는 공통적이었다. 이것은 자연의 근원에 대한 관심이었으므로 초기 그리스 철학을 자연철학이라고 부른다.

그에 비해 중국의 초기 철학자들은 자연이 아니라 인간 세상을 철학의 대상으로 삼았다. 그 이유는 도시국가들이 분립한 그리스와 달리 중국에서는 일찍부터 일정한 영토를 가진 '왕조'나 '국가'의 개념이 성립했기 때문이다. 국가의 규모 자체는 그리스의 폴리스와 크게 다를 바 없었지만 중국의 '폴리스'는 도시의 수준에 머무르려 하지 않고 항상 '왕국'을 추구했다. 도시로 분립된 단계는 잠재적으로 통일을 준비하고 있었다. 기원전 8세기부터 시작된 춘추전국시대에 중국의 국가들은 '제후국'의 위상에 내내 머물렀지만, 그리스의 도시들은 서로 교류하고 경쟁했다. 같은 도시국가의 시대였지만 고만고만한 폴리스들이 어울려 수평적인 국제 질서를 이룬 그리스 세계와 강한 국가가 약소국을 정복해 영토를 늘리고 통일을 지향한 중국, 이것은 서양과 동양의 고대사에서 중대한 차이를 이룬다.

중국의 왕조사는 신화 속의 왕조인 하나라로 시작되지만, 구체적인 존재의 증거를 남긴 왕조는 갑골문의 은(殷, 혹은 상商이라고도 한다)이다.

그러나 중국인들이 오늘날까지 중국의 영원한 조상이라고 여기는 왕조는 기원전 12세기에 성립한 주_周다. 주나라는 원래 시안 부근에서 성장했으나 기원전 770년 북방 이민족의 침략을 막아내지 못할 만큼 힘이 약화되자 도읍을 동쪽의 뤄양으로 옮겼다. 이것을 주의 동천_{東遷}이라고 부르는데, 이때부터 춘추시대가 시작되고 본격적인 중국의 역사가 전개된다.

이렇게 주나라는 현실 역사적으로도 중요하지만, 사상사의 측면에서도 중국의 뿌리를 형성했다. 그 핵심은 주나라 초기에 생겨난 예_禮의 이념이다. 예의 이념이 생기면서 조상숭배는 국가 체제의 이념이 되었고 사직_{社稷}의 이데올로기로 발전했다. 이 예의 이념에 공자는 국가의 통치 이념인 인_仁을 보태 유학의 기틀을 만들었다. 인이란 군주가 백성들을 어질게 대해야 한다는 뜻으로, 한마디로 정치 이데올로기이며 왕도 정치의 근본이다. 예와 인이 합쳐지면서 충과 효를 중시하는 유학 이념이 성립되었다. 후대의 역사에 등장하는 중국의 통일 제국들은 하나같이 유학을 국가 통치 이데올로기로 삼았다.

주나라가 남긴 또 한 가지 중요한 전통은 천자의 관념이다. 중원 일대를 정치적·군사적으로 완전히 복속시키지 못한 주나라는 그 대신 이데올로기적으로 나라의 안위를 꾀하고자 했다. 그러려면 주나라의 왕은 주변 부족국가들의 지배자와 싹수가 다르다는 논리가 필요했다. 여기서 주나라 왕은 하늘의 아들, 즉 천자라는 관념이 생겨났다. 이제 중국은 하늘의 이치_{천리}를 깨치고 하늘의 명령_{천명}을 받는 천자가 다스리는 나라가 되었다. 이렇게 이념과 이데올로기를 중심으로 국가와 사회가 구축되었기 때문에 중국 철학은 그리스 철학처럼 '근원'을 묻는 과정이 필요 없었다. 근원은 하늘이었으니까.

그래서 그리스 철학이 "세상 만물의 공통적인 요소는 무엇인가?"를 가장 근본적인 철학적 물음으로 제기했다면, 중국 철학은 "사람은 어떻게 살아야 하는가?"를 가장 중요한 철학 주제로 채택했다. 이 두 가지 물음은 두 철학의 골격을 이루어 후대에까지 이어진다. 그래서 그리스 철학을 계승한 서양 철학은 훗날 인식론과 존재론으로 이어졌고, 동양 철학은 늘 치세治世와 처세를 핵심으로 하는 정치 이데올로기, 어찌 보면 윤리학이나 '생활철학'과 같은 성격을 가졌다.

이런 차이가 생겨난 원인은 무엇일까? 당시 그리스와 중국은 도시국가 체제라는 공통점을 가지고 있었으나 그 성격은 판이하게 달랐다. 중국의 도시국가들은 주나라의 제후국이었으므로 장차 제국을 형성하기 위한 예비 단계, 즉 통일을 위한 체제였다. 반면 그리스의 폴리스들은 처음부터 통일이 불가능했고 또 통일을 지향하지도 않았다. 중국에는 중원이라는 지리적 중심이 있었던 데 반해, 그리스는 중국보다 무대가 훨씬 작았을 뿐 아니라 중앙에 산악지대가 있고 해안을 중심으로 도시들이 발달할 수밖에 없는 지형이었다. 그러므로 사상적 차이의 원인도 궁극적으로는 지리에서 찾아야 한다.

동서양이 시대를 같이하는 호흡은 정신사에서만이 아니라 현실 역사에서도 확인된다. 서양과 동양은 비슷한 시기에 비슷한 역사적 가치를 가진 중요한 정치체제를 선보인다. 그것은 바로 제국 체제의 성립이다. 거의 같은 시대에 유럽에서는 로마 제국이 들어섰고, 중국에서는 한 제국이 성립되었다.

로마 제국은 공식적으로 기원전 1세기에 탄생했지만, 이미 그전부터 지중해 세계 전역을 장악했고, 1~2세기에 로마의 평화, 즉 팍스로마나

Pax Romana의 전성기를 누렸다. 한 제국은 기원전 3세기 말에 생겨나 3세기 초까지 400여 년간 중국을 지배했는데, 유럽의 로마 제국과 비슷한 시기에 해당한다. 시기의 일치보다 더 중요한 것은 두 제국이 향후 동서양 두 문명에 미친 영향이다. 유럽에서 로마 제국은 중세에 생겨나는 여러 나라의 모태가 되었고, 정치와 언어, 문화, 법에 이르기까지 로마의 영향력은 수백 년 동안 유럽 곳곳에 온존했다. 또한 중국의 한 제국은 3세기에 멸망하지만, 유학 이데올로기를 바탕으로 한 중앙집권적 제국 체제는 이후 20세기 초까지 중국 역사는 물론 동양사 전체에 강력한 영향을 미쳤다.

그러나 명칭은 같은 '제국'이라 해도 동서양의 두 제국, 로마와 한은 성격이 상당히 달랐다. 서양 문명과 동양 문명의 역사적인 차이는 여기서 비롯된다.

로마가 정식 제국으로 역사에 등장한 시기는 옥타비아누스가 이집트를 정복하고 원로원에서 프린켑스(princeps, '최고 시민')와 아우구스투스(Augustus, '존엄한 분')라는 영예로운 호칭을 받은 기원전 27년이다. 그러나 실제로는 그보다 한 세기쯤 앞서 포에니 전쟁에서 최종적으로 승리하고 지중해 세계의 패자가 된 기원전 2세기부터 로마는 제국 체제로 발돋움하는 도상에 올랐다. 로마는 카르타고를 물리치고 카르타고가 소유한 북아프리카와 에스파냐를 손에 넣었으며, 지중해 일대에 대한 제국적 지배력을 신속히 넓혀갔다. 영토로 봐도 그 정도 규모라면 사실상 제국이어야 하고 또 제국이나 다름없었지만 아직 로마 제국이라는 명패를 올리지 못한 이유는 황제가 없었기 때문이다. 카이사르를 비롯한 삼두(카이사르·폼페이우스·크라수스)는 모두 황제를 꿈꾸었으나 원로원의 권위를 극복하지 못했고, 독재에 대한 로마 시민들의 전통적 거부감을 뛰어넘지 못했다.

로마 시민들은 에트루리아의 지배를 받던 시절에 이미 독재정치에 대한 두려움을 품었으며, 기원전 6세기에 에트루리아의 마지막 지배자인 타르퀴니우스를 축출한 뒤부터는 원로원을 중심으로 한 과두정치에서 벗어나지 않으려 했다. 원로원은 현재 의회민주주의의 용어로도 사용되지만(원로원을 뜻하는 세나투스Senatus에서 오늘날 양원제의 상원을 뜻하는 senate가 나왔다), 당시는 의회민주주의는커녕 민주주의와도 관련이 없었다. 왕이라는 '직함'은 없어도 왕의 '역할'은 필요했다. 이 역할은 집정관consul이 맡았다.

집정관은 막강한 권력을 가졌고 왕의 업무를 담당했으나 신분에서는 근본적으로 달랐다. 1년에 두 명을 선출했고, 임기가 정해져 있었으며, 무엇보다 세습되지 않았다. 국가 비상사태를 맞을 경우 집정관은 독재관dictator이 되어 전제정치를 펼 수 있었지만, 로마인들은 독재관의 임기를 6개월로 제한할 정도로 왕정이나 제정을 두려워했다. 기원전 494년에 로마의 평민들은 카피톨리누스 언덕으로 철수하는 '시민 총파업'을 감행한 적이 있었는데, 표면적인 이유는 귀족들의 억압에 대항해 보편적 시민권을 쟁취하려는 데 있었지만 그 바탕에는 독재에 대한 해묵은 두려움이 있었다. 그 파업의 성과로 평민들은 로마 최초의 성문법으로 알려진 12표법을 얻어냈다.

공화정 시대 로마의 그런 분위기를 감안하면, 포에니 전쟁에서 승리한 기세를 타고 평민 혁명을 꿈꾸었던 호민관tribunus 그라쿠스 형제의 개혁은 시대를 너무 앞서갔기에 실패할 수밖에 없었는지도 모른다. 지금으로 치면 형제는 민주주의 혁명을 도모한 셈인데, 그 시대에 민주주의란 진보적이라기보다 오히려 시대착오적인 발상이 아니었을까?

기원전 31년 악티움 해전에서 안토니우스와 클레오파트라 연합군을 물리치고 로마의 단독 지배자가 되었을 때, 아우구스투스는 틀림없이 황제를 꿈꾸었을 것이다. 그러나 그의 종조부이자 양아버지인 카이사르는 제위를 향한 노골적인 야심을 품었다가 암살되었다. 그 사실을 고려한다면, 아우구스투스는 설령 개인의 권력욕에서 제정을 꿈꾼 게 아니라 국가를 위한 진보적인 정치체제라고 굳게 믿었다 하더라도 함부로 야심을 드러낼 수 없는 처지였다. 어차피 프린켑스라는 직함은 사실상 황제를 지칭했고, 원로원은 그에게 종신의 권력을 내준 상태였으니 굳이 황제를 자칭해 시민들의 감정을 건드릴 필요는 없었다. 그래서 로마는 공식적인 선언 같은 것도 없이 은근슬쩍 공화정에서 제정으로 문패를 바꿔 달았다.

　　로마가 구렁이 담 넘어가듯이 제국이 된 것은 '국호'에서도 드러난다. 알다시피 로마란 도시의 이름이었고 지금도 마찬가지다. 바람 부는 일곱 언덕에서 출발한 로마는 제국이 되면서 영토가 출발점의 수백 배로 커졌으면서도 도시의 이름을 계속 국호로 사용했다. 사실 서양의 왕국에서는 국호나 건국자가 그리 중요하지 않다. 반면 중국의 제국은 처음부터 거창한 국호를 내걸고 출발했다. 춘추5패와 전국7웅은 사실 정식 영토국가라기보다 도시 연합체의 성격에 불과한데도 국호만큼은 후대의 당당한 영토국가에 못지않았다. 로마가 집을 짓고 나서야 문패를 달았다면, 중국은 문패부터 단 뒤에 집을 지은 격이다. 실제로 중국의 첫 제국도 단칸방 신세였을 때부터 문패만큼은 거창하고 요란했다.

　　로마가 제국으로 변신하기 200년 전에 중국을 최초로 통일한 진秦 제국의 왕 정政은 아우구스투스보다 훨씬 호방하게 제국의 출범을 선언했다. 그는 처음부터 황제를 가리키고(그래서 '최초의 황제', 즉 시황제始皇帝로 역사에 남았다), 왕이 자신을 가리키는 '짐朕'이라는 호칭을 처음으로 사용한 인물이다. 개인적인 성품으로도 진시황은 로마의 동업자인 아우구스투스보다 터프했지만, 그가 남의 눈치를 볼 것 없이 절대 권력자를 표방할 수 있었던 데는 역시 역사와 전통의 차이가 크게 작용했다.

중국의 경우에는 진 제국이 성립하기 오래전부터 제국 체제의 씨앗이 있었다. 제국의 핵심은 중앙집권이다. 황제를 정점으로 하는 중앙정부가 모든 권력을 장악해야 제국이라고 부를 수 있다. 주의 동천이 이루어진 기원전 770년부터 진시황이 중국을 통일한 기원전 221년까지 춘추전국시대라는 기나긴 분열기가 지속되었지만, 이것은 분립을 위한 분열이 아니라 통일과 중앙집권을 향한 준비 기간이었다. 이 점은 여러 제후국이 쟁패하는 과정에서도 알 수 있다.

춘추전국시대는 약 550년간 지속된 중국 역사상 최대의 분열기인데, 보통 춘추시대와 전국시대로 양분된다. 춘추시대는 주의 동천에서부터 당시 가장 강력한 제후국이었던 진晉이 분열되는 기원전 5세기 중반까지를 가리키며, 전국시대는 그때부터 중원 서쪽에서 일어난 신흥 강국 진秦이 중국 대륙을 최초로 통일하는 기원전 221년까지를 가리킨다. 춘추는 공자가 편찬한 역사서 《춘추春秋》에서 나왔고, 전국은 전국시대의 역사서인 《전국책戰國策》에서 비롯된 명칭이다.

동천 이후로 주나라가 유명무실해지면서(그 이전을 서주, 이후를 동주라고 부른다) 중국 대륙은 열강이 다툼을 벌이는 분열기로 접어들었다. 그런데 흥미로운 것은 주나라의 역할이다. 춘추시대에 활약한 열강은 굳이 동주를 멸하려 하지 않는다. 동주는 이빨과 발톱이 빠져 아무런 힘이 없는 상태인데도 강국들은 동주를 공격하기는커녕 오히려 그전보다 더 보호하고 섬긴다. 주나라에 바치던 조공도 계속 유지하고 제후들이 정기적으로 문안 인사를 드리는 행사도 여전히 계속된다. 마치 동네를 장악한 폭력배들이 담배 가게 할아버지를 섬기는 격이다. 그 덕분에 주나라 왕실은 매년 천제도 계속 지냈고, 제후국에서 새로운 제후가 왕위에 오르면 형식적으로 승인하는 권위도 그대로 누렸다.

물론 제후국들이 실제로 옛날처럼 주나라를 성심성의껏 받든 것은 아니다. 그러나 이름밖에 남지 않았어도 각 제후국에 주나라는 여전히 천하의 중심이라는 상징적 의미가 있었다. 오히려 주나라 왕실을 보호하는 것은 주나라의 전통을 이어받는다는 가장 강력한 제후국의 이미지를 제고할 수 있었다. 그 덕분에 주나라는 전국시대 말기인 기원전 250년까지 사직을 보존할 수 있었다(그래서 주나라는 서주와 동주를 합쳐 850여 년이라는, 공식적으로는 중국 역사상 가장 수명이 긴 왕조가 되었다).

춘추시대에는 강력한 제후국들이 교대로 패권을 잡았다. 초기에는 잠깐 정鄭이 세력을 떨쳤지만 본격적인 패자의 시대는 제齊가 중원을 장악하면서부터다. 이때부터 이른바 춘추5패로 불리는 제, 진, 초楚, 오吳, 월越이 차례로 중원을 지배했다.

춘추시대의 전반기인 제와 진의 지배기는 아직 주나라 왕실의 권위가 살아 있는 시기였다. 제의 환공桓公은 제후들의 맏형으로 처신하면서 동주를 부모의 나라처럼 받들었으며, 이민족들의 침입으로부터 약소 제후국들을 지원했다. 그의 뒤를 이은 진의 문공文公도 선배 환공처럼 중원의 관리자 역할을 충실히 수행하면서 존왕양이(尊王攘夷: 왕을 섬기고 오랑캐를 물리친다는 뜻인데, 여기서 왕이란 바로 주나라의 왕, 천자를 가리킨다)의 정책을 계승했다.

그러나 춘추시대의 후반기를 장식하는 초, 오, 월에 이르면 상황이 달

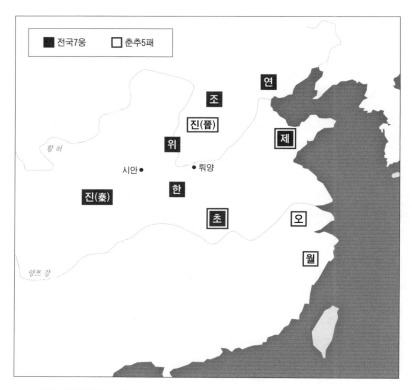

| 통일을 위한 분열 춘추전국시대의 중국에 존재했던 여러 나라다. 춘추5패는 교대로 중원을 지배한 왕조들인 데 비해, 전국7웅은 같은 시대에 대륙을 분할하면서 서로 경쟁했다. 이런 상태로 역사가 계속 진행되었더라면 동아시아에서도 일찍부터 국제사회가 발전했겠지만, 이 오랜 분열은 결국 통일을 위한 분열이었다.

라진다. 이 세 나라는 황허보다 남쪽인 화이허, 나아가 더 남쪽인 양쯔 강 유역에 자리 잡은 남방 국가다. 전통 제후국의 입장에서 보면 이들은 중원에서 멀리 떨어진 만큼 오랑캐나 다름없었다. 그래서 제 환공과 진 문공은 초의 위협을 받는 중원의 약소국들을 지원했고, 초의 북진을 막기 위해 애쓴 것이었다.

그러나 제와 진의 세력이 약화되면서 이제 초의 발목을 잡는 것은 사라졌다. 문공이 죽고 진의 대외 정책이 소극적으로 변화되는 틈을 타서 초의 장왕은 진의 군대를 격파하고 채蔡, 정, 진陳, 송宋, 노魯, 조曹 등의 약소국들을 복속시켜 마침내 중원을 손에 넣었다. 남방의 세력이 중원의 패자가 된 것은 그때가 처음이다.

하극상이 통하는 세상이 되자 초와 같은 남방 출신의 오와 월도 일어났다. 양쯔 강 이남에서 힘을 키우던 이들은 점차 북쪽으로 진출했다. 이후 오와 월은 서로 패권을 주고받으며 오월동주와 와신상담의 고사성어를 낳으면서 춘추시대의 마지막 50년을 장식한다. 그러나 자기들끼리 다투던 오와 월은 이후 초에 멸망당했다.

여기서 흥미로운 사실은 춘추시대 후반기를 통해 초, 오, 월의 남방 국가들이 중원의 질서에 편입되었다는 점이다. 원래 중국의 문명은 황허를 중심으로 하는 중원에서 생겨났으며, 서주시대까지 그 질서가 이어졌다. 그러나 춘추시대를 거치며 양쯔 강 이남의 남중국 지역까지 자연스럽게 중원 문화권에 포함되었다. 이렇게 해서 화북과 강남으로 확정된 중국의 강역은 시대가 지나면서 조금씩 넓어지지만, 기본적으로는 이 시대의 경계에서 크게 벗어나지 않는다. 17세기 만주족의 정복왕조 청淸 제국이 중국을 지배하면서 만주가 중국의 강역에 포함되기까지 2000년 이상 중국의 역사는 춘추시대에 정해진 경계를 무대로 해서 전개되었다. 따라서 춘추시대 이후에는 '오랑캐'라는 용어도 남중국과는 무관해지고 중원 북부와 서북부에 자리 잡은 북방 민족들만을 가리키는 뜻으로 사용하게 된다(한반도를 가리키는 '동이'라는 이름도 한반도의 역사가 중화 질서에 편입되는 7세기 신라의 삼국 통일 이후부터 사라진다).

남쪽의 초와 대립한 전통의 제후국들 가운데 맏형인 진이 와해되면서 전국시대의 막이 올랐다. 진의 제후들은 기원전 5세기 중반에 한韓, 위魏, 조趙 세 성씨로 분립해 중원의 판도를 재편했다. 전국시대를 주도한 전국7웅은 이 한, 위, 조의 세 나라에 연燕, 제, 진秦, 초가 포함된 일곱 나라를 가리킨다. 춘추5패는 서로 맞교대 형식으로 패권을 장악했던 반면, 전국7웅은 같은 시대에 공존하면서 서로 활발하게 경쟁을 벌이며 다양한 국제 관계를 맺었다.

각국의 세력 판도도 크게 달라졌다. 전국7웅은 춘추5패와 달리 중국 대륙 전역을 활동 무대로 삼았다. 춘추시대에 형성된 중화 세계는 전국시대에 두 배 이상 확대되었다. 또 한 가지 춘추시대와 달라진 점은 신흥국 진秦이 서쪽의 광대한 지역을 장악했다는 사실이다. 진의 등장으로 중원은 초의 북상과 함께 진의 동진에서도 위협을 받게 된 한편, 전국시대에도 여전히 강대국으로 남은 초의 입장에서는 과거의 호적수였던 진晉이 약화된 대신 이번에는 진秦의 진출을 막아야 하는 대표 주자의 임무를 떠안았다. 따라서 전국시대에는 진과 초 두 나라의 대립을 중심으로 각국이 이합집산하는 양상을 띠었다.

전국戰國이라는 이름에 걸맞게 이 시대의 중국에서는 역사상 그 어느 때보다도 가장 치열한 전쟁이 잇달았고, 화려한 외교술이 등장했다. 전쟁의 양상도 춘추시대와 달리 치열한 전면전이었다. 춘추시대의 전쟁은 주로 각국의 지배 귀족들 간에 벌어졌지만, 전국시대에는 각국이 직접 백성들을 징집해 전쟁에 임했다. 또한 춘추시대의 전쟁은 적국을 복속시켜 휘하에 거느리는 것을 목표로 삼았지만, 전국시대에는 토지를 빼앗고 병력을 말살하는 데 주안점을 두었다. 무기도 청동제에서 철제로 바뀌어 전쟁 자체도 더욱 잔인해졌다.

눈여겨볼 것은 다양한 외교술이다. 전통의 제후국들과 신흥 강국 초·

진이 남쪽과 동쪽에 포진한 극도로 미묘한 국제 정세는 교묘한 외교술과 권모술수, 수많은 책략가를 낳았다. 《손자병법孫子兵法》과 합종연횡, 원교근공 등의 술책이 바로 이 시대의 산물이다. 결국 국력에서뿐 아니라 술수에도 능한 진이 최후의 승리를 거두며 역사상 처음으로 중국 대륙을 통일하고 최초의 제국으로 발돋움했다.

전국7웅 가운데 가장 변방에 속한 진이 중국을 통일함으로써 중화 문명권은 또다시 넓어졌다. 춘추시대에는 강남, 전국시대에는 중원 서부가 중화 세계로 편입되었다. 중원에서 동심원적으로 성장해간 중화 문명권은 전국시대가 끝나면서 당당한 메이저 문명의 풍모를 갖추게 되었다. 자신의 손으로 통일을 이룩한 진시황은 더 이상 문명권의 확대를 꾀하지 않기로 했다. 그 결정의 흔적이 바로 만리장성이다.

진시황 자신은 만리장성을 단순한 방어용으로 여겼겠지만, 그것은 그가 생각하지 못한 엄청난 역사적 무의식을 낳았다. 만리장성은 물리적 방벽에 불과한 게 아니라 중화 세계의 문명적 방벽이었다. 만리장성이 형성됨으로써 중화 세계의 팽창은 중단되었다. 중화의 문은 완전히 닫혔고, 그 너머는 모조리 '오랑캐 세계'로 규정되었다. 이로써 중국은 통일과 동시에 고립되었고, 중화 제국은 탄생과 동시에 완성되었다.

중국의 춘추전국시대는 그리스의 폴리스 시대와 물리적 시간으로는 같은 시대에 속하면서도 역사적 시공간에서는 다르다. 폴리스들은 규모와 세력의 차이는 있었으나 수직적인 서열 관계는 없었다. 폴리스들 간의 국제 관계는 언제나 지배-피지배가 아닌 '동맹'이었다. 동맹은 권력의 차이로 결정되는 게 아니라 '계약'을 바탕으로 한다. 아테네 같은 폴리스에서 민주주의가 성립할 수 있었던 것은 동맹과 계약 같은 수평적 국제 관계가 일찍부터 발달한 덕분이다. 이런 체제는 힘이 분산되므로 언뜻 생각하면 강력한 중앙집권적 체제에 비해 약할 듯싶지만 실은 의외로 강력한 힘을 가지고 있다. 마침 그 저력을 보여주는 사건이 발생한다. 동방의 막강한 페르시아 제국이 그리스를 쳐들어왔을 때다.

서양의 역사가들은 기원전 5세기 초의 페르시아 전쟁을 고대 유럽 세계가 아시아 세계의 침략을 물리친 역사적 사건으로 간주한다. 더 거창하게 민주주의가 독재에 승리했다고 주장하기도 한다. 그러나 전쟁 당사자인 그리스인들은 미래의 유럽 문명을 수호한다는 거창한 사명감을 품지도 않았고, 자신들의 체제가 수천 년 뒤 사회 발전의 모델이 되리라고는 생각지도 않았다. 그 사건을 이질적인 두 문명의 충돌이라고 볼 여지가 전혀 없는 것은 아니지만, 당시에는 공격 측이나 방어 측이나 문명사적인 관점에서 전쟁에 임한 게 아니었다. 전쟁 자체는 의지와 의지의 충돌이었어도 그 결과는 양측의 의지와 무관한 역사적 무의식의 영역에 속했다.

누가 보아도 상대가 되지 않는 전쟁인 것은 명백했다. 페르시아는 오리엔트 전역을 차지하고 이오니아에서 박트리아까지, 이집트에서 흑해까지 광대한 지역을 속주로 거느린 대제국이었다. 그에 비해 그리스는 고만고만한 도시국가들이 옹기종기 모여 있는 데다—당시 폴리스의 평균 인구는 5000명에 불과했다—그나마도 서로 반목과 다툼을 일삼고 있었다.

그런 그리스가 기원전 492년의 1차 침략에서 살아남은 것은 행운이 다시피 했다. 그리스의 동해안을 따라 남하하던 페르시아 함대가 폭풍을 만나 침몰해버린 것이었다. 함선 300척이 파괴되고 병력 2만 명이 싸움 한 번 못해보고 떼죽음을 당한 것을 보고 망연자실한 페르시아 황

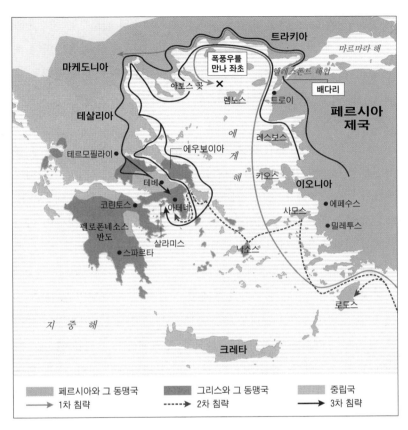

메르시아 제국

트라키아

마르마라 해

마케도니아

폭풍우를
만나 좌초

헬레스폰트 해협

아토스 곶 ×

배다리

렘노스

트로이

테살리아

레스보스

에우보이아

에
게

테르모필라이 ●

해

키오스

이오니아

테베 ●

코린토스 ●

아테네

사모스

● 에페수스

펠로폰네소스
반도

살라미스

● 밀레투스

● 스파르타

낙소스

지 중 해

로도스

크레타

▨ 페르시아와 그 동맹국	▨ 그리스와 그 동맹국	▨ 중립국
⟶ 1차 침략	┅┅▶ 2차 침략	⟶ 3차 침략

| 다윗과 골리앗　세 차례에 걸친 페르시아 전쟁은 결국 골리앗을 물리친 다윗의 스타 탄생으로 끝났다. 중과부적의 그리스는 목숨을 걸고 맞선 데 비해, 크세르크세스는 500만 명이 넘는 병력을 거느리고 쳐들어왔으면서도 언제든 전황이 불리해지면 배다리로 후퇴할 생각이었으니, 양측은 기세부터 달랐다.

제 다리우스는 철수 명령을 내릴 수밖에 없었다.

2년 뒤에 양측은 드디어 본격적인 교전 모드로 들어갔다. 페르시아 함대는 실패의 전철을 밟지 않기 위해 해안을 따라 항해하지 않고 아예 에게 해의 한복판을 가로질렀다. 그리스에 상륙한 페르시아군이 아테네의 관문인 에우보이아를 손쉽게 점령하자 아테네의 지도부는 주전론과 주화론으로 갈려 격론을 벌였다. 폴리스들이 모두 연합해 응전한다 해도 승리할 수 없는 마당에 스파르타마저 종교 행사를 이유로 군대를 보내지 않았다. 이런 상황에서 그리스는 급진적 주전론을 택했다. 오히려 적을 선공하자는 것이었다.

소규모 방어군이 대규모 공격군을 선공한다? 불가능해 보였으나 그 작전은 멋지게 맞아떨어졌다. 마라톤 평원에 주둔한 페르시아는 밀티아데스가 이끄는 아테네군의 기습을 받고 수천 명이 전사했다. 이것이 마라톤 전투인데, 아테네 시민들에게 승전보를 알리기 위해 전령이 마라톤에서 아테네까지 달린 것은 오늘날 마라톤 경기로 기념되고 있다. 페르시아는 대군을 동원했음에도 또다시 꼬마 그리스에 패배했다.

하지만 아직까지는 예고편에 불과했고 진짜 승부가 남아 있었다. 10년 뒤인 기원전 480년 다리우스의 아들 크세르크세스는 아버지의 유지를 받들어 그리스를 정복하기로 결심하고, 그때까지의 인류 역사상 최대 규모의 원정군을 편성했다. 70만 명의 보병과 8만 명의 기병, 함선 1207척, 보급선 3000척에 달했으니, 당시 그리스와 중국을 제외한 문명 세계의 군대와 함대를 거의 동원한 것이나 다름없었다. 더욱이 페르시아군은 트라키아와 마케도니아를 행군하면서 도중에 현지인들로 병력을 계속 충원해 그리스에 이를 무렵에는 규모가 더 커졌다. 이 전쟁을 기록한 《역사》에서 헤로도토스는 최종 병력이 무려 528만여 명에 이르렀다고 주장했는데, 그대로 믿기는 어렵지만 엄청난 대군이었던 것은 분명하다.

강적을 마주한 만큼 이번에는 그리스의 폴리스들도 분열과 갈등을 중단하고 한데 뭉쳐 대항했다. 적어도 이번에는 아테네 혼자만 나서지 않아도 되었다. 하지만 중과부적이었다. 아티카의 관문인 테르모필라이에서 레오니다스가 이끄는 300인대가 결사적으로 싸웠고 아테네 함대는 아르테미시온에서 맞섰으나 페르시아는 육전과 해전에서 모두 압승을 거두었다. 아테네 시를 점령한 크세르크세스는 드디어 그리스를 정복했다고 여겼다. 하지만 주심이 호루라기를 불기 전까지는 축구 경기가 끝난 게 아니다. 그리스는 추가 시간에 역전극을 준비했다. 페르시아 병사들이 승전 무드에 한껏 취해 아테네를 마음껏 약탈하는 동안 시간을 번 그리스는 모든 함선을 모아 최후의 항전에 나섰다.

살라미스의 좁은 지협과 험한 물살은 2000년 뒤 한반도에서 벌어질 명량대첩의 완벽한 예고편을 준비하고 있었다. 3열 종대를 2열 종대로 바꿔 해협에 들어선 페르시아 함대는 온몸으로 충돌해오는 그리스 함대를 당해내지 못했다. 배의 옆구리가 터지고 노가 부러졌다. 배와 배가 맞닿으면 즉각 육박전이 벌어졌다. 순식간에 페르시아는 300척의 함선을 잃고 해협에서 빠져나와 도망쳤다. 배 한 척당 약 200명의 수병과 조수 들이 타고 있었으므로 병력 손실은 수만 명에 달했을 것이다. 살라미스 해전에서 결정타를 맞은 페르시아는 다시 그리스 침략을 꿈꾸지 못했고, 결국 마케도니아의 알렉산드로스에게 멸망했다.

이 전쟁을 두고 훗날 서양 역사가들은 그리스가 동양 문명의 침략을 맞아 위기에 처한 서양 문명을 구했다는 거창한 의미를 부여했다. 당시에는 동양과 서양의 구분이 거의 없었고, 당사자인 페르시아나 그리스도 동양이나 서양을 대표한다는 의식이 전혀 없었으므로 그것은 역사 해석이라고 부르기도 부끄러울 만큼 터무니없는 생각이다. 하지만 페르시아 전쟁은 두 문명의 질적 차이를 드러내주는 좋은 사례인 것은 분명하다(단, 여기서의 '동양'은 동아시아가 아니라 오리엔트다). 그 차이는 전쟁 과정에서도 볼 수 있고, 전후 처리에서도 확인된다.

1, 2차전을 기획하고 실행한 다리우스는 한 번도 직접 원정에 참여하지 않았다. 3차전의 주역인 크세르크세스는 친히 군대를 거느리고 그리스까지 왔으나 전투에 참여한 적은 없었다. 살라미스 해전이 벌어질 무렵 그는 전장이 내려다보이는 아이갈레오스 산에서 전후 논공행상을 위해 전투 과정을 기록하는 신하들과 함께 마치 축구 경기를 관람하듯이 전투를 구경하고 있었다. 게다가 그는 헬레스폰트(지금의 다르다넬스) 해협에 설치해둔 배다리를 적이 끊을까 두려워한 나머지 페르시아군이 해전에서 패하자마자 부랴부랴 도망쳤다(그 배다리도 폭이 2킬로미터밖에 되지 않는 해협을 배로 건너다 사고가 날지 모른다는 우려에서 크세르크세스의 명으로 몇 개월 동안이나 배들을 나란히 줄로 묶어 설치한 것이었다).

동방의 황제와 달리 스파르타의 왕 레오니다스는 직접 결사대를 거느리고 참전했다. 그는 패배할 게 뻔한 전투에 뛰어들어 결사대 전원과 함께 장렬히 전사했다. 그가 시간을 벌어준 덕분에 아테네는 시를 비우고 살라미스 해전을 준비할 수 있었다. 또한 2차전에서도 아테네의 총사령관 밀티아데스는 병사들과 함께 마라톤 평원에서 싸웠다. 전투를 구경하고 맨 먼저 내뺀 크세르크세스와 직접 참전해 전사한 그리스의 왕들은 전혀 다른 지휘관의 면모를 보여준다. 단순히 페르시아는 공격했고 그리스는 방어했기 때문에 그런 차이가 생긴 게 아니다. 200년 뒤 몸소 군대를 지휘해 동방 원정을 감행한 마케도니아 왕 알렉산드로스는 크세르크세스와 전혀 달랐다.

이렇게 전쟁을 기획한 군주가 군대를 전장에 보내놓고 자신은 안전한 후방에서 자리만 지키는 것은 유럽의 역사에서는 찾아볼 수도 없고 용납되지도 않는 현상이다. 무엇보다 시민들이 그런 지도자의 권위를 인정하지 않는다. 카이사르가 갈리아와 브리타니아 남부를 정복한 이유는 군사적 업적이 없으면 권력을 공인 받기 어려운 로마의 사회적 분위기 때문이었다. 나폴레옹이 직접 군대를 지휘해 이탈리아와 이집트를 원정했던 이유도 마찬가지다.

전후 처리의 차이는 전쟁에서 승리한 그리스 측에서 볼 수 있다. 마라톤 전투의 승리로 그리스 세계를 구한 밀티아데스는 영웅으로 찬양을 받기는커녕 얼마 뒤 다른 해전에서 패한 것 때문에 처벌을 받았다. 정적의 모함이 있기는 했으나 전쟁 영웅에 대한 대우는 아니었다. 또한 페르시아의 2차 침략에 대비해 군함을 대량으로 건조했고 다른 지휘관들의 반대에도 살라미스 해전을 기획해 승리를 이끈 전략가 테미스토클레스도 잠시 시민들의 찬사를 받았을 뿐 얼마 뒤 오스트라키스모스_{도편추방}의 수모를 당하고 소아시아에서 식민지 총독을 전전하며 여생을 보냈다. 만약 전쟁에서 페르시아가 승리했다면 아이갈레오스 산에서 작성된 기록에 따라 페르시아의 지휘관들은 푸짐한 상을 받았을 것이다. 그러나 그리스의 폴리스들은 페르시아처럼 중앙집권적인 체제가 아니었기에 개선장군에 대한 예우의 관행이 별로 없었다(훗날 로마 제국에서 개선장군은 체면을 되찾게 된다).

동서양의 논공행상이 다른 이유는 공격전과 방어전의 차이가 있기 때문이기도 하지만, 더 큰 이유는 전쟁에 임하는 자세가 다르기 때문이다. 그리스에서는 나라나 도시가 위험에 처했을 때 목숨을 걸고 방어하는 것은 너무도 당연했다. 지배자든 피지배자든 같은 처지였다. 반면 페르시아에서는 전쟁의 승리가 제국의 모든 백성에게 이익을 골고루 나누어 주는 게 아니라 오로지 지배층의 권력과 부만 늘려주는 것이었다. 그러므로 논공행상은 제국의 지배자, 즉 황제가 자신의 이해관계에 따라 집행할 수 있었다. 근본적으로는 민주주의 체제와 1인 권력 체제의 차이라고 할 수 있다. 전쟁 과정과 전후 처리에서도 사회체제상의 차이가 크게 작용했던 것이다.

이 점은 승리의 주역인 아테네의 이후 행보에도 영향을 주었다. 스파르타와 각축을 벌이던 아테네는 페르시아 전쟁에서의 활약으로 일약 그리스 세계의 단독 리더가 되었다. 아직 동방의 대적이 살아 있는 시점이었으므로 그리스 세계는 차후에 벌어질 수 있는 사태에 공동으로 대처할 필요가 있었다. 대동단결이 요구되는 상황이었지만 폴리스들이 선택한 체제는 한데 뭉쳐 하나의 강력한 제국을 이루는 게 아니라 그보다 훨씬 느슨한 '동맹'이었다. 그 결과 아테네를 중심으로 하는 델로스 동맹이 탄생했다.

왜 아테네 동맹도 아니고 델로스 동맹일까? 델로스는 그리스 반도에서도 제법 떨어진 에게 해 한복판의 조그만 섬이었는데, 여기에 폴리스들이 공동의 군자금을 관리하는 금고를 설치했기 때문이다. 전쟁을 승리로 이끈 아테네가 동맹의 명칭에도 이름을 올리지 못했다는 것은 차후의 사태를 예고한다. 결과부터 보면 아테네는 그리스 제국을 건설하려 했지만 그리스 문명의 성격상 그것은 애초부터 불가능했고, 결국 그리스 세계의 공멸을 가져왔다.

어쨌든 폴리스들의 우두머리가 공식적으로 정해졌다. 그렇다면 이제 그리스 반도는 통일을 이룬 걸까? 아테네는 과연 제국이 될 수 있을까? 하지만 그것은 불가능했다. 그리스에는 중국의 중원과 같은 지리적 중심이 없었으며, 폴리스들이 분립하는 체제가 너무 오래 유지되어온 탓에, 폴리스들 간에 서열이 생겨났어도 그것이 정치적 통일로 이어지기는 어려웠다.

물론 아테네의 지배층은 동맹의 맹주를 넘어 제국의 중심이 되고 싶었을 것이다. 실제로 기원전 454년에 아테네는 델로스의 금고를 아테네로 옮기고 제국 체제로의 이행을 준비했다. 동맹 폴리스들이 정기적으로 내는 군자금은 점차 아테네에 바치는 조공으로 변해갔다. 이 재원과 해상무역에서 얻은 이익을 물적 기반으로 삼아 아테네의 민주주의가, 페리클레스 시대가 화려하게 만개했다. 그리스 본토에서 배출한 최초의 철학자 소크라테스가 활동한 시대도 바로 이때다.

하지만 폴리스들에는 단일한 구심점이라는 관념이 익숙하지 않았다. 그들은 점차 노골화되는 아테네의 지배를 거부하기 시작했다. 특히 그리스 세계의 2인자로, 아테네도 함부로 할 수 없는 만만찮은 상대인 스파르타는 잔뜩 입이 부었다. 결국 기원전 431년에 스파르타를 중심으로 하는 폴리스들이 아테네 체제에 반기를 들면서 펠로폰네소스 전쟁이 일어났고, 20여 년에 걸친 이 전란으로 그리스 문명은 추락하기 시작한다. 이때 끝난 그리스의 전성기는 오늘날까지도 다시 오지 않았다. 그리스가 몰락한 이후 서양 문명의 중심지는 한 걸음 더 서쪽의 이탈리아 반도로 이동한다.

유럽 역사상 최초의 제국은 기원전 1세기에 로마가 이루게 되지만, 거기까지 가기 위해서는 또 한 차례 실패의 경험이 필요했다. 그리스 반도의 내분으로 문명의 빛이 약해지자 우선 그 북부에 웅크리고 있던 마케도니아가 도약하기 시작했다.

사실 페르시아 전쟁 때 그리스보다 더 큰 피해를 본 곳은 마케도니아였다. 고래 싸움의 새우처럼 마케도니아는 페르시아군의 원정 도상에 있었던 탓에 철저히 유린당했다. 당연히 마케도니아는 그리스보다 더 페르시아에 대해 두려움과 원한을 품었다. 귀족 가문들을 통합해 마케도니아를 강력한 통일 국가로 만든 필리포스는 마케도니아가 생존하려면 페르시아를 무너뜨려야 한다고 믿었다. 이리하여 동방 원정이 구상되었는데, 모름지기 원정을 떠나려면 후방을 다지는 게 급선무다. 따라서 그에게는 그리스를 복속시키는 일이 무엇보다 중요했다. 마침 그리스는 펠로폰네소스 전쟁을 치른 뒤부터 쇠락 일로에 있었다.

기원전 338년, 드디어 필리포스는 원대한 정복전의 서전에 해당하는 그리스 정복을 시작했다. 북방에서 들려오는 소식에 급박해진 테베와 아테네는 연합군을 편성해 맞섰으나 강국 페르시아를 물리친 것은 이미 150년 전의 일이었다. 손쉽게 그리스를 장악한 뒤 필리포스는 그리스의 폴리스들을 설득해 페르시아 정복에 함께 나서자고 선동했다. 그러나 원정을 조직하던 도중 그는 불행히 암살되고 만다. 그의 꿈을 위해서는 잘된 일이었다. 스무 살로 왕위를 이은 그의 아들은 역사에 길이 남을 정복군주 알렉산드로스였으니까.

알렉산드로스는 먼저 아직도 마케도니아에 반대하고 있는 테베와 아테네를 가혹하게 응징해 후방을 든든히 다진 뒤 기원전 334년에 역사적인 페르시아 원정길에 나섰다. 헬레스폰트 해협을 건넌 마케도니아군은 그라니코스 강(지금의 터키 북서부)에서 첫 전투를 벌였다. 이 전투에서 알렉산드로스는 페르시아군을 손쉽게 무찔렀다. 기록에 따르면, 마케도니아군은 겨우 34명이 전사한 반면 페르시아군은 무려 2만 명이 넘게 전사했다고 한다.

이 대승은 예상치 않았던 부수 효과를 가져왔다. 페르시아가 대패했다는 소문이 널리 퍼지자 마케도니아군은 사르디스, 에페수스, 밀레투스를 거치고 프리지아를 관통하며 소아시아를 횡단하는 동안 거의 아무런 전투도 치르지 않고 무풍 행진을 계속했다. 이듬해인 기원전 333년 페르시아 황제 다리우스 3세가 직접 군대를 이끌고 이소스에서 맞섰으나 이미 알렉산드로스의 기세는 욱일승천이었다. 여기서도 대승을 거둔 알렉산드로스는 다리우스가 제의하는 화의를 단번에 일축해버렸다.

이후 2년 동안 알렉산드로스는 기수를 남쪽으로 돌려 동부 지중해에 면한 항구도시들을 정복하고 이집트를 손에 넣었다. 그 우회 전략은 효과 만점이었다. 이 지역은 모두 페르시아의 속국이었으므로 페르시아의 힘은 반감되었고 반대로 마케도니아의 힘은 배가되었다. 여세를 몰아 알렉산드로스는 기원전 331년 유프라테스 강을 건너 가우가멜라 평원에서 총력전으로 맞선 페르시아군을 물리쳤다. 이 전투를 계기로 페르시아는 멸망했고, 알렉산드로스는 유럽과 아시아의 두 대륙에 걸친 제국의 주인이 되었다.

마케도니아는 찬란한 오리엔트 문명의 중심지였던 바빌론과 수사, 페르세폴리스를 마음껏 유린했다. 특히 페르세폴리스의 황금은 마케도니아가 헬레니즘 시대를 연 밑천이 되었다는 말이 전해질 만큼 엄청난 양이었다. 그러나 알렉산드로스의 꿈은 거기에 그치지 않았다. 그는 내친 김에 땅끝까지 가보겠다는 새로운 목표를 세웠다. 천하통일의 꿈을 실현했으니 남은 정복 과제는 그것뿐이었다. 당시 유럽과 서남아시아 세계에서 세상의 동쪽 끝은 인도였고, 서쪽 끝은 대서양이었다.

페르시아의 옛 영토에서 동쪽으로 출발한 원정군은 행군과 전투를 계속하면서 힌두쿠시를 넘어 기원전 327년 인도 서북부의 펀자브에 이르렀다. 여기서도 마케도니아는 현지의 탁실라와 제룸 두 나라를 간단히 제압하고 라비 강변에서 10만 명에 이르는 인도 연합군마저 격파했다. 그러나 남쪽의 인도 내부를 향해 진군을 계속하려던 차에 문제가 터

| 세 대륙을 지배한 사나이   마케도니아의 왕으로 출발한 알렉산드로스는 원정을 통해 이집트의 파라오가 되었고, 페르시아의 황제가 되었다. 그러나 그의 꿈은 거기에 멈추지 않았다. 그는 세상의 동쪽 끝인 인도를 정복했고, 곧이어 서쪽 끝인 헤라클레스의 기둥(지브롤터 해협)까지 원정하려 했다. 만약 그가 마흔 살까지만 살았더라면 유럽 대륙은 그에 의해 일찍 통일되었을지도 모른다.

졌다.

고향을 떠난 지 벌써 7년, 알렉산드로스의 용감한 병사들도 지쳤다. 더구나 이제부터는 인도 도시국가들과의 전쟁만이 아니라 무더위와 정글과도 싸워야 했다. 병사들의 거듭된 탄원에 알렉산드로스는 마침내 철군을 결정하고 기원전 324년에 페르시아의 수사로 돌아왔다. 그리고 그 이듬해 그는 서른셋의 젊은 나이로 병사하고 말았다. 그가 가본 동쪽 '땅끝'은 인도였으며, 이후 그의 세계관은 인도보다 더 동쪽에 위치한 중국의 존재를 확인할 때까지 내내 유럽인들의 세계관으로 자리 잡게 된다.

고대 역사상 최대 규모의 원정이 남긴 영향력은 엄청났다. 우선 정치적으로는 페르시아라는 대제국이 사라졌고, 페르시아의 넓은 영토는 세 개로 분할되어 알렉산드로스의 부관들이 하나씩 꿰찼다. 또 인도에는 마케도니아 군대가 물러간 다음 힘의 공백을 틈타 인도 최초의 통일국가인 마우리아 제국이 탄생했다. 무엇보다 중요한 것은 그리스 문명의 옛 고향이라 할 오리엔트와 그리스가 이제 단일한 문화권을 이루게 되었다는 점이다. 최초의 동서양 대통합, 그것이 바로 헬레니즘 문화다. 하지만 헬레니즘은 비록 당대에 생겨난 명칭은 아니지만 이름부터 헬라스(Hellas: 그리스인들이 그리스를 부르던 명칭) ─ 그리스는 로마인들이 부르던 이름이다 ─ 의 정신이라는 뜻이므로, 오리엔트적 요소보다 그리스적 요소의 배분이 컸다.

헬레니즘 시대의 이집트는 강력한 전제정치가 확립되었고, 경제에서도 산업과 무역의 중심지가 되어 새로운 번영기를 구가했다. 그리스의 폴리스를 모방하고 알렉산드로스의 이름을 따서 지은 이집트의 알렉산드리아는 단기간에 인구 50만 명에 이르는 세계 최대의 도시이자 국제적 무역항으로 발돋움했다. 여기에 70만 권의 장서를 자랑하는 세계 최대의 도서관과 박물관이자 학술 연구소의 기능을 한 무세이온(Mouseion: '뮤즈의 집'이라는 뜻인데, 여기서 박물관museum이라는 말이 나왔다)까지 갖추어 당시에 알렉산드리아에서는 '없는 것은 겨울에 내리는 눈뿐'이었다고 한다.

알렉산드로스도 헬레니즘을 적극 지원했다. 그는 옛 페르시아의 귀족들을 친위대로 임명하고 휘하 병사 1만 명을 페르시아 여성과 결혼하게 했다. 오늘날 남유럽과 아랍권 민족들의 외모가 비슷해진 데는 그 사건의 영향이 크다. 그뿐만 아니라 헬레니즘 세계에서는 그리스어가 공용어로 사용되었으며, 그리스식 폴리스들이 곳곳에 세워졌다. 당시 알렉산드리아는 이집트부터 아프가니스탄에 이르기까지 마케도니아의 정복지 수십 군데에 요새 도시로서 세워진 신도시들의 공용 명칭이었다(지금까지 명칭이 살아남은 것은 이집트의 '원조' 알렉산드리아 하나밖에 없다). 또한 알렉산드로스의 원정로는 그대로 동서양의 교통로가 되었으며, 특히 알렉산드로스의 부하 네아르코스가 인도 원정에서 돌아오던 중에 개척한 인더스 강에서 페르시아 만까지의 해로는 이후 로마 시대에 인도와 지중해 세계를 잇는 중요한 무역로가 된다.

더 중요한 통합은 하드웨어보다 소프트웨어의 측면이다. 그리스와 오리엔트는 학문과 예술 등 문화의 모든 면에서도 융합을 이루었다. 그리스 철학은 스토아학파, 에피쿠로스학파, 견유학파, 키레네학파 등으로 확대 발전되면서 헬레니즘 철학을 열었다(스토아학파를 연 제논이 키프로스의 셈족 출신이고 견유학파를 연 디오게네스가 흑해 연안 출신이라는 점은 당시 학문의 국제화가 어느 정도였는지 짐작케 한다). 과학에서도 수학은 그리스의 것이 널리 전파되었는가 하면 천문학은 바빌로니아의 것이 널리 채택되었다. 15세기 코페르니쿠스의 지동설이 나올 때까지 서구 천문학을 지배했던 프톨레마이오스의 천동설, 19세기 비非유클리드기하학이 성립할 때까지 불변의 진리였던 유클리드의 기하학, 그리고 오늘날까지 통용되는 부력의 원리를 발명한 아르키메데스 등이 모두 헬레니즘 시대의 지적 산물이다.

알렉산드로스의 동방 원정은 하나의 역사를 닫고 다른 하나의 역사를 연 중요한 모멘트였다. 그는 그리스의 폴리스 체제와 오리엔트의 전제군주 체제를 붕괴시키고 두 문명을 한데 묶어 세계 문명으로 일궈냈다. 이렇게 해서 열린 또 다른 역사의 문은 바로 로마로 이어졌다. 헬레니즘으로 하나가 된 그리스와 오리엔트, 여기에 서부 지중해 세계(로마)가 편입되면서 서양의 고대 세계가 완성되었다.

알렉산드로스는 원래 동쪽 땅끝의 인도를 정복한 뒤 곧바로 말머리를 돌려 서쪽 땅끝의 에스파냐까지 정복할 계획이었다. 그가 10년만 더 살아 그 계획이 실현되었더라면 유럽과 서남아시아의 역사는 크게 바뀌었을 것이다. 그의 야망은 이집트에 머물던 시절에 겉으로 드러난 적이 있다. 그는 이집트의 신전에 들러 혼자 성소에 들어가서 신탁을 들었다. 그리고 정식 절차를 갖추어 이집트의 파라오가 되었다. 그때까지는 아직 페르시아가 존재했지만 알렉산드로스는 분명히 페르시아를 정복한 뒤 유럽과 아시아에 걸친 대제국의 황제가 되려는 마음이 있었던 것이다. 하지만 현실의 역사는 아직 제국과 황제의 등장을 환영할 준비가 되어 있지 않았다.

그가 창건한 마케도니아 제국은 그를 단 한 명의 황제로 배출한 뒤 곧바로 왕국으로 분해되었다. 그가 죽자 그의 부관들은 약 50년간 피비린내 나는 암살과 치열한 전쟁을 벌인 끝에 세 왕국으로 분립했다. '계승자'를 뜻하는 그리스어가 디아도코스(diadochos, 복수형은 diadochoi)였기에 이 전쟁은 디아도코이 전쟁이라고 불리는데, 알렉산드로스는 사후에도 원치 않았을 것이다. 마침 세 왕국의 영토는 그때까지 존재했던 문명권들과 일치한다. 그리스와 소아시아에는 카산드로스 왕조의 마케도니아가 들어섰고, 메소포타미아는 셀레우코스 왕조의 시리아가 차지했으며, 이집트는 프톨레마이오스 왕조가 지배하게 되었다. 이 나라들은 나중에 서쪽에서 일어난 로마의 손에 모두 정리된다.

그리스와 마케도니아의 때 이른 제국 실험은 완전히 실패로 돌아갔다. 그러나 아시아의 동쪽 끝자락에서는 똑같은 실험이 멋진 성공을 거둔다. 인도를 세상의 동쪽 끝으로 알았던 알렉산드로스는 더 동쪽의 세계를 몰랐지만, 이곳에서는 그가 죽고 한 세기 뒤에 그가 품었던 제국의 꿈이 실현되었다. 이곳은 문명과 역사의 룰이 그의 세계와 전혀 달랐기 때문이다.

중국의 제후(왕)들은 춘추전국시대의 분열기 내내 통일을 목표로 삼았고, 결국 기원전 3세기 말에 신흥 제후국인 진이 대륙 통일을 이루었다. 앞에서 본 것처럼, 그리스와 달리 중국에는 지리적 중심이 존재했기에 통일을 지향할 수밖에 없는 측면이 있었지만, 통일의 조건은 지리 외에도 또 있었다.

주의 동천 이후에도 제후들은 늘 주나라 왕실을 받들어 섬겼다. 물론 주나라 왕실은 정치적으로 무력했고 또 제후들도 그 점을 잘 알고 있었으나 그것은 중요하지 않았다. 주나라는 상징적인 중심이었으며, 그런 구심점과 서열이 있었기에 제후들의 분열은 마냥 무질서하게 흐르지 않았다. 페르시아 전쟁이 끝난 뒤 그리스 폴리스들의 분립은 원래 통일을 지향한 게 아니었고 장차 문명의 중심이 그리스를 떠나 서쪽으로 중심 이동할 것을 예고하는 현상이었다. 그에 비해 중국 제후국들의 분립은 언제든 주나라 왕실을 대신할 만한 권위와 그 권위를 유지할 만한 실력을 갖춘 강력한 제후국이 등장하면 그것을 중심으로 대통합이 이루어질 것을 예고하고 있었다.

주나라는 춘추전국시대 550년간의 분열기만이 아니라 그 후에도 여전히 중심의 위치를 유지했다. 현실의 역사에서가 아니라 중국인들의 마음속에서였다. 주나라 자체는 전국시대 말기에 완전히 문패를 내렸지만, '주周'라는 이름은 중국 문명권의 영원한 고향이자 이상향의 역할을 했다. 분열기에 제후들이 내세운 기치는 바로 존왕양이 혹은 존주양이였다. 주나라를 받들고 오랑캐를 물리친다는 말이니까, 중원에 자리 잡은 주나라 영향권 바깥의 모든 정치 세력은 오랑캐로 본다는 의미다.

바로 여기서 중국 중심적 사고, 즉 중화中華의 이념이 싹튼다. 주나라, 더 확장하면 하·은·주의 삼대를 중국이라는 국가와 민족의 근원으로 삼고 이웃의 모든 민족은 오랑캐로 규정하는 게 중화 이념의 핵심이다. 이때 생겨난 중화 이념은 이후 수천 년 동안 중화 문명권 안에서 계속 유지되고 증폭된다.

이후 수隋, 당唐, 송宋, 명明 등 중국의 역대 한족漢族 제국들은 예외 없이 중화 이념을 제국의 정신적 토대로 삼았다. 더욱이 이 점에서는 중국 본토만이 아니라 동북아시아 중화 문명권 전체가 같았다. 대표적인 사례가 조선이다. 17세기에 이민족(오랑캐)인 만주족이 중국을 정복하고 청 제국을 수립하자 중화 이념은 조선으로 건너왔다. 말하자면 중화 본토는 메이저리그에서 마이너리그로 전락한 것이다(이 마이너 중화, 즉 소중화 이념에 관해서는 4부에서 살펴보기로 한다).

18세기 조선의 학자 이태수李泰壽가 쓴 《존주록尊周錄》과 19세기 초반 정조의 명으로 집필된 《존주휘편尊周彙編》은 다 주나라를 받들자는 구호[尊周]를 내세우고 있다. 물론 실제의 주나라가 아니라 17세기에 멸망한 명 제국에 충성하자는 뜻이다. 명이 한족 왕조의 마지막이므로 옛 주나라를 계승했다는 것인데, 주나라에서 비롯된 중화 이념이 수천 년 뒤에도 뚜렷이 살아 있음을 말해주는 증거다. 조선이 한족 왕조에 바치는 시대를 초월한 사대는 놀랍기 그지없다. 조선의 지배층은 그렇게 함으로써 자신들이 오랑캐가 아님을, 혹은 적어도 '특별한 오랑캐'임을 과시하고 싶었던 걸까? 또한 유학 이데올로기의 명에가 비교적 약했던 일본에서도 19세기 초반 개항기의 위기를 맞았을 때 바쿠후幕府 세력은 '존왕양이'를 슬로건으로 내걸었는데, 이것은 존주양이의 훌륭한 패러디다. 여기서의 왕이란 일본 천황을 가리키지만 양이의 이념은 같다. 자국을 문명국으로 간주하고 타국을 오랑캐로 분류하는 관념이 있는 한 일본 역시 중화 문명권에 속한다고 볼 수 있다.

분열기를 끝내고 대륙을 통일한 최초의 제국 진은 중원과 강남의 전통과 명망을 자랑하는 제후국 출신이 아니었다. 그런 탓에 통일 직후 중화 문명은 잠시 위기를 맞았다. 명색이 제국이라면 당연히 주나라의 권위를 계승해야 하는데, 진은 중원에서 서쪽으로 먼 지역을 근거지로 발달한 나라일 뿐 아니라 신민들의 호전적인 성향도 어딘가 중국의 적통과는 거리가 있다.

만약 서쪽의 촌놈인 진이 아니라 전통적인 제후국들 중 하나가 통일 제국으로 발돋움했다면, 새로운 통일 권력은 정통성의 문제가 없었을 것이다. 진이 중화 이념에 잘 부합하는 공자와 맹자의 유가사상을 버리고 국가권력의 강력한 통제와 권위를 강조하는 법가사상을 통치 이념으로 채택한 이유는 그런 정통성의 결여를 보여준다. 사실 진의 통일은 중화 문명에 당시 누구도 생각하지 못한 커다란 이득을 가져다주었다. 중화 문명권이 황허 중류의 좁은 중원에 머물지 않고 그곳에서부터 동심원적으로 확장될 수 있었던 것은 바로 다른 제후국이 아니라 진이 통일을 이루었기 때문이다.

그러나 그것은 역사적 평가이고 당시 정통성이 결여된 절대 권력을 손에 쥔 진시황은 당면한 위기를 느끼지 않을 수 없었다. 그는 정치적 통일만을 이루었을 뿐 대세의 흐름은 그의 뜻에 반하고 있었다. 유학을 다룬 책들을 불사르고 유학자들을 도륙한 분서갱유焚書坑儒는 그런 위기

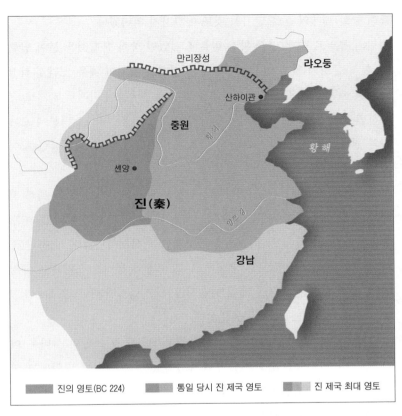

중원

만리장성

라오둥

산하이관 ●

황 해

셴양 ●

진(秦)

강남

| ▄▄▄ 진의 영토(BC 224) | ▄▄▄ 통일 당시 진 제국 영토 | ▄▄▄ 진 제국 최대 영토 |

│ 중화 문명의 경계　만리장성은 달에서 보이는 유일한 인공물이라는 소문이 있지만 실제로 달에서 보이지는 않는다. 사실 장성은 방어적인 가치도 별로 크지 않았다. 장성의 역사적 의의는 진시황이 대륙을 통일하기까지 춘추전국시대에 계속 확대되어온 중화 문명권의 북방 한계선이 정해진 데 있었다. 중화 세계와 비중화 세계의 차이는 성벽의 높이인 8미터였을까?

의식의 발로였다. 최초의 황제라는 명성에 걸맞게 그는 각 지역에서 달리 사용되는 문자를 통일하고, 화폐제도와 세금제도를 정비하는 등 갓 태어난 최초의 제국을 반석에 앉히기 위해 애썼지만, 짧은 재위 기간을 철권통치로 일관한 것은 명백한 불안감의 표출이었다. 만리장성으로 서둘러 중화 세계의 문을 닫아건 것도 마찬가지 의미였다.

진의 통일로 수백 년간 확장 일로에 있었던 중화 문명권은 문이 닫혔다. 황허 문명의 발생 이후 하·은·주의 삼대를 거치며 매우 느리게 확장되었던 중원 문명은 춘추전국시대를 맞아 제후국들이 각지의 패자로 군림하면서 폭발적으로 확대되어 강남 일대까지 아울렀다. 그 덕분에 오나라와 월나라 등 강남의 민족들은 남쪽 오랑캐에서 풀려나고 '남만南蠻'이라는 명칭은 '월나라의 남쪽'인 월남(지금의 베트남)을 가리키게 되었다.

하지만 확장은 거기까지였다! 더 확장을 계속하다가는 중화 세계 자체의 정체성이 흔들릴지도 모른다. 이것이 진시황의 판단이었고, 이후 중국의 2000년 제국 시대 전체를 관류하는 역사의식이었다. 순수한 중화 세계는 중원과 강남으로 제한하고 그 바깥의 세계는 오랑캐로 규정한다. 중화 문명은 오랑캐 세계까지 전파될 수 있지만(한반도의 경우가 그렇다) 중화 세계는 오로지 중국뿐이다.

만약 춘추전국시대가 좀 더 지속되었더라면 중원 북방의 사나운 이민족들, 나아가 만주와 한반도 민족들까지도 그 문명권에 편입되고 함께 '한족'을 이루었을지도 모른다. 그러나 통일의 주역 진 제국이 서쪽의 촌놈 출신이라는 사실은 서둘러 문명권의 확장을 단념하게 만들었다. 자신이 한족 문명권의 적통이자 막내여야 한다고 판단한 진시황은 중원의 주인이 되자마자 문부터 닫아버려야겠다고 생각한 것이다. 자신의 전례를 좇아 또다시 중원 정복을 노리는 나라가 등장한다면 곤란한 일일 테니까.

물론 중화 세계가 확고히 자리 잡기 이전인 분열기의 제후들도 언젠가 중화 세계의 문을 닫아걸어야 한다는 생각은 하고 있었다. 그들은 적어도 북쪽으로는 더 이상 문명권의 확대를 꾀하지 않겠다는 의지를 분명히 했다. 사실 만리장성도 진시황이 다 쌓은 게 아니라 제후국들이 저마다 쌓은 성을 이은 것이었다. 이미 춘추전국시대부터 한족은 북방 이민족들을 다른 문명권으로 간주하기 시작한 것이다. 유목 문명에 대한 농경 문명의 본능적 경계심이라고 할까?

아닌 게 아니라 북방 이민족들은 자주 중원 일대의 제후국들을 침략해 피해를 입히는 경우가 많았다. 하지만 중화 문명권이 춘추전국시대 내내 중원에서부터 동심원을 그리면서 점차 사방으로 넓혀왔던 것을 감안하면, 중원 북부 방면으로도 어느 정도까지는 확대될 가능성이 있었다. 그것을 인위적으로 끝장낸 게 만리장성이다. 만리장성은 북쪽으로 더 이상 문명권을 확장하지 않겠다는 무의식적 의지의 소산이었다. 당대의 장성은 적을 방어하는 현실적 용도가 컸겠지만, 문명사의 관점에서 보면 그보다도 중화 문명권의 북쪽 경계선이 확정되었다는 상징적 의미가 더 크다.

그러나 진시황이 신생 제국에 그토록 들인 공은 결국 죽 쒀서 개 준 꼴이 되고 만다. 리더십은 유전 형질이 아니다. 그래서 시스템이 필요하다. 그 점을 알기에 진시황은 자신의 리더십으로 건설된 제국이 후대에 순조롭게 전승될 수 있도록 시스템을 구축하려 했으나 실은 그 시스템 자체가 개인의 리더십이 뒷받침하지 못하면 가동될 수 없는 것이었다. 과연 그가 죽자마자 제국은 무너졌다. 그래서 실제로 중국형 제국의 전형이 된 것은 진의 뒤를 이은 한漢이다.

한 제국이 아니었다면 오늘날 중국의 토착 민족은 한족이 아니라 진족秦族으로 불렸을 테고 한문이라는 문자는 진문이 되었을 것이다. 차이나('진'에서 나왔다)라는 영어명만 빼고 오늘날 중국을 뜻하는 모든 낱말을 수식하게 된 한 제국은 사실 지배 이데올로기(법가)를 제외한 진의 모든 체제를 그대로 물려받았다.

　진의 군현제郡縣制 대신 군국제郡國制를 도입했지만, 그것은 독창적인 제
도가 아니라 한 고조 유방劉邦이 진시황만큼 강력한 카리스마를 지니지
못했던 탓에 현실과 타협한 결과로 생겨난 제도에 불과하다. 한 제국은
초기에 중앙 권력의 힘이 약했으므로 유방은 진시황처럼 군현제를 채택
할 수 없었다. 군현제라면 중앙정부가 군수와 현령을 파견해 지방을 관
리할 수 있지만, 군국제는 지역의 지배자를 왕으로 책봉하고 상당한 자
치를 허락해야 하니까 그 차이가 크다. 그러나 중앙집권의 힘은 뒤졌어
도 봉건 제국의 전형을 만드는 데는 군현제보다 군국제가 더 유리했다.

　제국은 중앙집권을 기반으로 하지만 넓은 영토를 관리하기 위해서는
어느 정도의 분권화가 필수적이다. 진은 중앙집권화 일변도로 나아간
반면, 한은 형편상 그게 불가능했기 때문에 분권화를 배합할 수밖에 없
었다. 권력의 정통성을 주장할 수 있었던 라이벌 항우項羽가 대륙을 재통
일했다면 사정은 달랐을 것이다. 아마 진의 명패를 초楚로 바꾸고 또 다
른 진시황처럼 행동했을 것이다. 그러나 개인적으로 보잘것없는 출신이
었던 촌놈 황제 유방(그는 14세기에 명 제국을 세운 주원장에 이어 중국 역대
건국자들 가운데 가장 한미한 신분이다)은 항우를 이겼지만 여러모로 부족
한 천자로서의 권위를 인정받기 위해 닥치는 대로 자신의 성姓을 지방
호족들과 심지어 숙적이던 흉노의 수장들에게까지 하사했다.

　당시만 해도 흉노는 갓 데뷔한 한 제국보다 훨씬 강했다. 신흥 제국은
흉노에 조공을 바쳐야 했고, 중국 고대의 미녀로 꼽히는 왕소군을 흉노
의 지배자에게 정략결혼을 시키는 수모를 겪었다. 그러나 유방의 비굴
한 노력은 결국 후대에 빛을 보았다. 무제의 치세(기원전 141년~기원전 87
년)에 이르러 한 제국은 흉노를 축출하는 데 성공했다. 건국한 지 70여

년이 지나서야 제국은 변방을 정리하고, 제도를 정비하고, 중앙 권력과 지방의 봉건 권력이 조화를 이룬 완벽한 제국으로 거듭났다. 무제의 업적 가운데서도 가장 빛나는 업적은 바로 유학을 국가의 공식 지배 이데올로기로 삼았다는 점이다. 이것이 한 제국을 진과 결정적으로 다르게 만들었고, 중국식 제국의 원형이자 전형으로 만들었다. 유학 국가가 정식으로 성립된 것은 600여 년 뒤의 수와 당 시대지만 그 기반을 마련한 사람은 바로 한 무제다.

우여곡절 끝에 한 제국이 동양식 제국의 기본형을 이루었다면, 서양식 제국의 기본형은 로마 제국이었다. 그러나 두 제국은 비슷한 시대에 공존했어도 비슷한 제국이라고 부를 수 없을 만큼 서로 달랐다. 양측의 거리인 1만 킬로미터만큼이나 차이가 크다고 할까? 그 차이는 제국이 성립하는 과정에서부터 내재해 있었다.

한은 진을 대체하는 동시에 계승했다. 진시황 개인의 카리스마로 유지되었던 진 제국은 그가 죽자 곧바로 중앙 권력이 무너졌고, 혼란을 틈타 옛 제후국들이 부활할 조짐을 보였다. 초의 후예라며 정통성을 부르짖은 항우가 그런 경우였고, 지방의 하급 관리였던 유방도 군대를 조직해 들고일어났다. 예상외로 유방의 한이 승리해 진을 계승했으나 어차피 누가 승리하든 제국 체제를 취할 것은 분명했다. 요컨대 중국식 제국은 강력한 리더십을 지닌 개인(혹은 그 개인으로 대표되는 집단)을 권력의 정점에 올리는 방식이었다. 중국의 역대 제국들이 하나같이 '건국자'가 명백하고 처음부터 국호와 연호를 제정하는 등 '공식적' 건국 절차를 밟은 이유는 거기에 있다.

이에 비해 로마 제국은 국호 자체도 일개 도시의 이름에 불과할뿐더러 언제 어떻게 제국이 수립되었다고 딱히 못 박기도 어렵다. 굳이 시기를 확정하자면 아우구스투스가 원로원에게서 직함을 받은 기원전 27년을 제국의 출발점으로 잡아야겠지만, 실은 그전부터 로마는 서서히 제국 체제로 진행해오고 있었다.

신화에 따르면, 로마가 창건된 때는 기원전 753년 4월 21일이라고 알려져 있다. 물론 후대에 꾸며진 연대겠지만, 오늘날까지도 로마 시는 매년 4월 21일을 도시의 공식적인 창건일로 기념한다. 신화에 나오는 로마의 창건자인 로물루스와 레무스, 쌍둥이 형제가 그 무렵에 늑대의 젖을 먹고 자랐다고 보면 되겠다. 어쨌든 일곱 언덕에 자리 잡은 하나의 도시였던 로마는 에트루리아의 지배에서 벗어난 기원전 5세기부터 인근의 도시들을 차례로 정복하고 라틴 동맹이라는 도시 연맹체를 결성해 리더가 되었다. 이때부터 로마는 도시의 규모에서 진일보한 국가의 형태를 취했다고 볼 수 있다.

이후 3세기에 걸쳐 로마는 점차 영역을 확대해나갔고, 기원전 272년에는 마침내 이탈리아 반도를 통일하게 된다. 그러나 황제의 절대 권력이 수립되고 문자·화폐·도량형의 통일이 이루어진 중국의 경우와 달리, 로마는 그저 영토적인 통일만 이루었을 따름이다. 로마가 반도를 통일했다는 것은 세 가지 이득을 얻었다는 의미다. 정치적으로는 숙적이었던 삼니움 동맹을 복속시켰고, 경제적으로는 그리스 상인들이 무역 기지로 건설한 반도 남부와 시칠리아의 마그나 그라이키아를 손에 넣었으며, 대외적으로는 발칸에서 이탈리아를 호시탐탐 노리던 에피루스의 도전을 물리쳤다. 이것은 물론 눈부신 성과였지만, 어느 시기에 어느 지도자가 나서서 국호를 정하고 천하를 호령하기 시작한 중국의 경우와는 짜임새가 사뭇 다르다.

그랬기에 반도를 통일한 뒤 로마는 화폐와 도량형을 통일한다거나 각종 제도를 수립하는 체제 정비에 나서지 못하고 곧장 대외 진출로 향했다. 이때부터 로마는 정복의 외발자전거를 타게 된다. 정복 활동이 중지되면 자전거는 쓰러질 수밖에 없다. 그 첫 관문은 카르타고와 기원전 264년부터 기원전 146년까지 세 차례에 걸쳐 벌인 포에니 전쟁이다.

시칠리아의 메시나와 시라쿠사가 자기들끼리 다투다가 로마와 카르타고에 SOS를 요청하면서 1차전(기원전 264년~기원전 241년)이 시작되었다. 20여 년간 시칠리아를 무대로 전개된 이 전쟁에서 로마는 예상 밖의 승리를 거두었다. 시칠리아 북부에서 벌어진 해전에서 해상 강국인 카르타고를 물리친 게 결정적인 계기였다. 당시에는 전쟁 당사자들도 1차전이라고 여기지 않고 그것으로 전쟁이 끝났다고 믿었을 것이다. 하지만 같은 카지노를 두 보스가 공유할 수는 없다. 풍요로운 지중해 무역을 독점하려면 로마와 카르타고, 둘 중 하나는 지도에서 사라져야 한다.

일단 승리한 로마는 커다란 이득을 얻었다. 시칠리아와 사르데냐, 코르시카를 손에 넣어 최초로 이탈리아 반도를 넘어 해외 속주를 보유하게 되었다. 또 한 가지 이득은 해군과 함대를 육성해야 한다는 깨달음이다. 이 교훈은 수십 년 뒤 벌어진 2차전(기원전 218년~기원전 201년)에서 로마가 대역전승을 거두는 결정적인 원인이 된다.

2차전은 로마가 계기를 제공하고 카르타고가 먼저 도발하는 양식을 취했다. 로마는 지중해 세계의 일부를 얻은 데 만족하지 않고 알프스를 넘어 갈리아를 정복하고 카르타고의 부유한 식민지 에스파냐를 호시탐탐 노렸다. 그러자 에스파냐가 배출한 불세출의 전쟁영웅이 칼을 뽑아 들었다. 그가 바로 후대 유럽 역사의 모든 군대 지휘관이 존경해 마지않은 한니발이다.

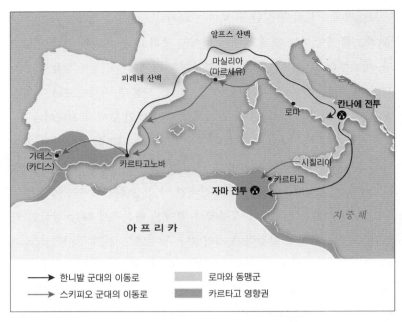

| 지는 해와 뜨는 해   반도를 통일했으면 그다음 목표는 당연히 지중해다. 지중해의 임자는 막강한 카르타고, 장화 모양의 이탈리아 반도가 시칠리아라는 돌멩이를 걷어차면 그 돌멩이가 닿는 곳이다. 실제로 한때 지중해를 주름잡았던 카르타고는 한니발의 활약이 무색하게도 신흥 세력인 로마에 호되게 걷어차여 지도에서 완전히 지워지고 말았다.

기원전 218년 봄, 한니발은 4만 명의 대군과 수십 마리의 코끼리를 이끌고 역사적인 로마 원정에 나섰다. 그러나 원정은 쉽지 않았다. 중간에 갈리아 용병들이 충원되었음에도 알프스를 넘어 이탈리아 북부에 들어섰을 때는 병력이 보병 2만 명에 기병 6000명으로 줄어 있었다. 그 병력으로 11개 군단 10만 명에 달하는 로마군을 이기기란 불가능한 일이었다. 그러나 한니발은 코끼리 부대로 각지의 로마군을 무찌르며 로마인들이 건설한 도로를 타고 2년에 걸쳐 남하했다. 이윽고 기원전 216년

에는 이탈리아 남부의 칸나에에 있는 로마의 병참기지를 격파했다. 이제 로마군도 더 이상 물러날 수는 없는 노릇이었다. 그해 8월, 양측은 칸나에에서 대규모로 격돌했다.

이 칸나에 전투에서 한니발은 전 병력을 초승달 모양으로 포진하고 양익에 베테랑 부대와 기병대를 배치하는 전술을 구사해 병력의 열세를 딛고 대승을 거두었다. 로마군은 무려 2만 5000명이 전사하고 1만여 명이 포로로 잡히는 결정적인 타격을 입었다. 이후 한니발이라는 이름은 로마의 자는 아이도 깨울 만큼 공포의 대명사가 되었다.

그러나 그때부터 10여 년에 걸쳐 한니발이 이탈리아에서 소모전을 벌이는 동안 카르타고 본국에서는 지원군이 오지 않았다. 원래 무역도시였던 카르타고는 용병으로 군대를 꾸렸으므로 다른 지역을 군사적으로 정복하기 위해 군대를 충원할 여유가 없었다. 로마에는 권토중래의 발판을 마련할 수 있는 요긴한 기간이었다. 로마 원로원은 스물다섯 살의 젊은이 스키피오에게 로마 군단의 지휘권을 맡겼다. 스키피오의 전략은 간단했다. 공격이 최선의 방어다! 그는 이탈리아에 한니발을 그대로 놔둔 채 한니발이 그랬던 것처럼 바다 건너 카르타고 본토를 공략했다. 1년에 걸쳐 로마군이 카르타고를 유린하자 한니발도 더 이상 이탈리아에 머물 수 없게 되었다.

기원전 202년, 40대 노장과 20대 청년 장군은 북아프리카의 카르타고 부근 자마의 평원에서 숙명의 결전을 벌였다. 양측의 병력은 엇비슷했으나 한니발의 기병은 스키피오의 절반 수준이었다. 이 점이 자마 전투의 승패를 갈랐다. 기병의 열세로 초승달 포진을 구사할 수 없게 된 한니발은 코끼리 부대로 대체했으나, 로마의 도시들을 정복할 때 유용했던 비장의 무기는 초승달 포진에는 어울리지 않았다. 더구나 스키피오는 코끼리 부대에 대비해 나팔을 준비해두었다. 로마군의 나팔 소리에 코끼리들이 날뛰자 초승달 포진은 깨졌다.

2차전의 승부로 로마와 카르타고의 운명은 결정되었다. 평화조약이라는 이름으로 로마는 카르타고의 군사를 무장 해제했고, 다른 나라와 전쟁을 벌이는 것을 금지했으며, 막대한 전쟁 배상금마저 물렸다. 그런데 3차전은 왜 필요했을까? 그것은 로마의 잔인한 확인 사살이다. 카르타고를 종이호랑이로 만들어놓고도 마음을 놓지 못한 로마는 카르타고를 아예 지도상에서 지워버리기로 했다.

먼저 명분을 만들기 위해 로마는 카르타고의 이웃인 누미디아를 부추겨 카르타고를 공격하도록 했다. 타국과의 전쟁 금지라는 조항에 손발이 묶인 카르타고가 고통에 신음하다 '정당방위'에 나서자 로마가 기다리던 3차전(기원전 149년~기원전 146년)의 좋은 구실이 되었다. 실은 전쟁이 아니라 학살이었다. 로마군은 필사적으로 항전하다 살아남은 카르타고의 시민들을 도륙하고 나머지는 노예로 팔았다. 그리고 카르타고 성을 완전히 부숴버려 폐허로 만들었다.

이 지루하고 끔찍한 전쟁에서 승리하면서 로마는 사실상 지중해 세계를 독점 지배하는 제국이 되었다. 물론 명실상부한 제국이 되려면 황제가 필요하다. 로마의 초대 황제는 아우구스투스였지만 그 전례를 찾아보면 그 이전에도 있었다.

로마가 이탈리아 내에 머물 때까지 로마의 중앙 정치는 원로원이 담당했다. 그러나 포에니 전쟁에서 승리한 뒤부터 영토도 커졌고 영역도 반도를 넘어 서부 지중해 세계로 확대되었으므로 더 이상 원로원과 같은 어정쩡한 과두정을 유지할 수는 없었다. 이 문제를 극복하기 위해 기원전 2세기에는 군대 지휘관이 군사독재를 실시했다. 그 독재자들인 마리우스와 술라는 어떤 의미에서 황제의 전조였다. 이들에게 원투 펀치를 얻어맞은 원로원은 권위와 권력을 잃었고, 결국 정치 일선에서 물러났다. 시대의 요구는 바야흐로 제국을 향하고 있었으며, 황제의 출현을 기다리고 있었다.

이때 무대에 오른 카이사르는 처음에 삼두 체제를 유지하며 조심스럽게 처신했지만 집정관이 된 뒤부터는 원로원을 무시하고 국정을 운영했다. 집권 초기에는 잠시 민회코미티아를 이용해 자신의 뜻을 관철하는 신중함을 보였으나 이내 민회마저 무시하고 사실상 독재로 일관했다. 이 때문에 그는 원로원의 반발을 샀고, 결국에는 암살되고 말았다. 그러나 그는 과속으로 제위에 오르는 데 실패했지만 로마가 제국으로 가야 한다는 것을 분명히 인식했다. 그 자신은 사적인 권력욕을 추구했을지 몰라도 그 결과는 공화정에서 제정으로 향하는 역사의 무의식을 실현했다.

이렇게 탄생 과정에서부터 크게 달랐던 동서양의 두 제국 한과 로마는 성립된 이후 성장하는 과정에서는 더욱 다른 양상을 보인다. 가장 근본적인 차이는 역시 중앙 권력의 힘이다.

한 제국의 군국제는 로마 제국의 속주, 즉 프로빈키아provincia 제도에 해당한다. 그러나 로마의 중앙 권력은 속주에 대해 진 제국은커녕 한 제국과 같은 지배력도 행사하지 못했다. 로마 제국의 속주들은 중앙정부에 세금만 꼬박꼬박 바치고 변방의 수비에만 힘쓰면 될 뿐 중앙으로부터 별다른 제재를 받지는 않았다. 심지어 속주에서 징세의 임무를 맡은 사람도 관리가 아니라 정부와 계약을 맺은 민간 상인이었다. 중국 황제들이 어떻게든 황실과 혈연이 있는 인물을 변방의 수장으로 보내 중앙정부의 통제력을 유지하려 애썼던 데 비해, 로마 황제들은 속주에 대해 별로 영향력을 발휘하지 못했다. 로마 제국이 성립하면서부터 곧바로 로마 시민권을 이탈리아 바깥의 속주민들에게까지 확대하는 유화정책을 구사할 수밖에 없었던 이유는 바로 거기에 있다. 채찍이 안 되면 당근으로라도 속주에 대한 정치적 영향력을 유지해야 했던 것이다.

같은 시기의 한 제국에 비해 로마 제국이 중앙집권력에서 뒤진 이유는 황제의 권위에서 큰 차이가 있었기 때문이다. 수백 년 전 아시리아의 황제나 수천 년 전 이집트의 파라오와 같은 신적 권위를 누렸던 전제군주는 오리엔트 문명이 서쪽으로 이동해 유럽 문명으로 바뀌면서 사라졌다. 로마의 황제는 고대 오리엔트나 당대 중국의 황제와 위상이 크게 달랐다.

'하늘의 아들'인 천자는 천하의 모든 것을 소유한 신분이었고, 각 제후는 정치가라기보다 천자의 명령을 받아 집행하는 행정가, 관료의 지위나 다름없었다. 사마천司馬遷이《사기史記》에서 천자를 북극성에, 제후들을 북극성 주변을 도는 스물여덟 개의 별자리에 비유한 것은 그런 권력 구도를 말해준다(실은 그 비유도 주나라 시대 초기에 생겨났다). 반면 로마의 경우에는 제국의 건국자이자 초대 황제 아우구스투스도 제국의 단독 오너가 되지는 못했다.

물론 로마 황제는 신분상으로 로마 제국의 최고 시민이자 경제적으로 최고의 부자였다. 하지만 그 정도에 만족해야 했다. 천하의 주인인 중국 황제와 달리 로마 황제는 제국 내의 신민과 영토를 통째로 소유하지 못했다. 그의 유일한 동산은 황궁의 노예들이었고, 유일한 부동산은 황궁 건물과 초대 황제인 아우구스투스가 직접 정복한 이집트뿐이었다(그래서 이집트 속주는 황실의 세습 재산이 되었다). 그런 탓에 변방에 위기가 발생하면 황제는 자기 돈으로 군대를 조달해서 파견했으며, 때로 인기

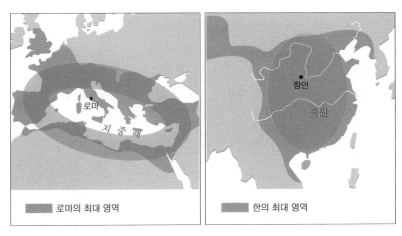

| 두 제국의 차이 왼쪽은 고리 모양의 로마 제국이고, 오른쪽은 원 모양의 한 제국이다. 로마 제국의 한복판에는 지중해라는 바다가 있으나 한 제국의 중심에는 중원이 있다. 영토로 보면 힘의 차이는 확연하지만, 변화의 여지는 꽉 짜인 질서의 동심원형 제국보다 느슨한 고리형 제국이 훨씬 더 컸다.

가 떨어지면 사재를 털어 시민들에게 검투나 마차경주, 연극과 같은 오락거리를 제공해야 했다. 그런 필요로 주요 도시들에 건설된 게 바로 원형경기장이었다. 황제가 신민들에게서 인기를 유지해야 하다니, 중국의 황제가 들었더라면 콧방귀를 뀔 이야기다.

지배자라면 누구나 마찬가지듯이, 로마 황제도 강력한 중앙 권력을 동경하지 않았던 것은 아니다. 그래서 황제는 속주들을 여러 차례 순방해 총독들의 충성심을 테스트했고, 변방에까지 중앙정부의 통제력이 미치도록 하기 위해 다방면으로 노력했다. 역대 황제들 중 속주 순방을 가장 많이 한 오현제 시대, 특히 트라야누스의 치세까지는 그 방식이 그런대로 통했다. 그러나 시민과 원로원의 지지로 권위를 유지하는 로마 황제는 정교일치의 성격(하늘의 아들!)을 지닌 중국의 천자처럼 절대 권력을 소유할 수는 없었다(중국 황제는 '현역' 신이었던 데 반해, 로마 황제는 사후에야 신으로 숭배를 받았다).

게다가 지중해가 로마의 호수라는 영광스러운 찬사는 제국을 위해 결코 도움이 되지 않았다. 제국의 영토가 최대에 달했던 2세기에 로마인들은 호기롭게 지중해를 '마레 노스트룸mare nostrum', 즉 '우리 바다'라고 불렀는데, 그 말처럼 제국의 영토 한가운데는 바로 지중해가 있었다. 말하자면 로마 제국은 지중해를 빙 둘러싼 '반지'와 같은 영토였다. 지리적 중심이 뭍인 중국과 달리 로마 제국의 중심에는 지중해라는 물이 있는 셈이었다. 이탈리아 반도는 위치상으로 지중해의 한복판에 있었지만, 사슬 모양의 제국 영토에서는 많은 고리 중 하나에 지나지 않았다. 그랬으니 지리적으로 봐도, 육지가 한복판에 있는 중국처럼 중앙집권이 발달하기는 어려웠다.

공교롭게도 동서양 문명의 기틀을 마련한 한과 로마, 두 제국은 똑같이 2~3세기에 변방의 문제로 붕괴한다. 한 제국에서는 환관과 외척이 중앙 정치를 마음대로 주무르면서 몸살을 앓다가 황건의 난을 계기로 호족들이 일어나 천자의 권위가 땅에 떨어졌다. 당시 대표적인 호족들이 바로 소설《삼국지三國志》의 세 주인공이다. 한편 로마는 한 제국이 낫지 못할 병에 신음하던 무렵에 팍스로마나의 번영기를 누렸으나, 그 시기가 끝나자마자 곧바로 제국의 북방에서 힘을 키우던 게르만족의 집요한 공략을 받아 무너진다(게르만족은 단일한 민족인 것처럼 착각하기 쉽지만, 실은 중국의 '오랑캐'처럼 로마 제국에 복속되지 않은 중북부 유럽의 여러 민족을 로마인들이 통칭해 부른 이름이다).

시간으로 보면 로마 제국은 한 제국이 무너지고 나서도(220년) 250년가량 더 존속했다. 그러나 실은 3세기 초반 군인황제 시대의 혼란기가 시작되었을 때 사실상 붕괴했다고 봐도 상관없다. 디오클레티아누스와 콘스탄티누스라는 걸출한 황제들이 등장해 응급 수술로 죽어가는 환자의 수명을 다소 늘리는 데 성공했지만 어차피 고칠 수 있는 병은 아니었다. 오히려 로마가 앓았던 병은 유럽에서 제국 체제가 더 이상 지속될 수 없다는 사실을 입증하는 것이었다.

그렇게 보면 한 제국과 로마 제국은 비슷한 시기(3세기 초반)에 수명을 다한 셈이다. 이후 중국과 유럽은 약 400년간의 방황과 모색의 시기를 거친 다음, 중세의 새 시대로 접어든다. 중국에서는 유학을 이념으로 한 중앙집권적 제국 체제가 연이어 뒤를 이었고, 유럽에서는 통합된 신성의 영역(그리스도교)과 분열된 세속의 영역(중세 유럽) 간의 효율적인 분업 체제가 들어섰다. 수와 당의 두 제국을 통해 여전히 중심의 통일과 강력한 제국 체제를 고집하는 게 중국식 모범 답안이라면, 800년 12월 25일에 프랑크 왕 샤를마뉴Charlemagne와 로마가톨릭의 교황 레오 3세가 크리스마스 선물로 나누어 가진 신성과 세속의 권력 분담은 유럽식 모범 답안이다.

5

중심의 차이

북방 민족과 중화 세계 / 분열 속의 발전: 육조시대 / 고구려의 진로 / 수 양제의 판단 실수 / 중화 제국의 업그레이드 / 율령, 과거제, 균전제 / 콘스탄티누스의 승부수 / 삼위일체의 절충 혹은 봉합 / 클로비스의 모험 / 교황의 크리스마스 선물 / 로마-게르만 문명

한 제국이 무너진 뒤 중국에서는 새로운 분열기가 시작되었다. 위·오·촉 삼국의 정립, 5호16국, 위진남북조로 이어지는 이 시기는 1차 분열기인 춘추전국시대(기원전 8세기~기원전 3세기)에 버금갈 만큼 길 뿐 아니라 (3~6세기) 중원이라는 트로피를 놓고 벌어지는 리그전이라는 점에서도 닮은 데가 있다. 다른 점이 있다면 북중국의 이민족들이 이 경쟁에 뛰어들었다는 점이다. 그렇다면 다시 중화 문명권이 확대되는 걸까? 그것은 아니다. 분열기마다 중화 문명권이 확대된 것은 사실이지만 이번에는 확대의 의미가 다르다. 이민족의 성격이 춘추전국시대와 다르기 때문이다.

진시황의 통일과 만리장성의 축조를 계기로 북방의 이민족들은 영원히 한족과 융합될 수 없는 '오랑캐'가 되어버렸다. 대외 정책에서 진 제국을 계승한 한 무제가 동쪽(랴오둥과 한반도 북부)과 남쪽(월남)에 대해서

는 각각 4군과 9군을 설치해 복속시키는 정도에 그쳤으면서도 북쪽의 흉노에 대해서는 굳이 군사적으로 정벌해 터전을 뿌리 뽑으려 한 데는 이유가 있었다. 한 고조 이래 흉노에 조공을 바쳐온 제국의 굴욕을 씻으려는 의지도 있었지만, 그만큼 북방 민족을 만만찮은 적으로 간주했기 때문이다. 한 무제의 예감은 적중했다. 이후 1000년 이상 북방 민족은 한족과 중원을 놓고 다투었고, 10세기 이후부터는 교대로 통일 왕조를 세우게 된다.

실제로 2차 분열기의 이민족들은 예전의 흉노처럼 중화 세계를 적대시하거나 경원하지 않고 개입의 대상, 구체적으로는 정복의 대상으로 여겼다. 마침 그럴 만한 환경도 있었다. 무엇보다 중화의 주인이 예전의 한 제국만 못했던 것이다. 오와 촉을 꺾고 삼국시대의 승자로 올라선 위는 오래가지 못했다. 비록 선양의 형식으로 한의 뒤를 이었지만, 한 황실의 전통과 역사를 이어받은 게 아니라 실력으로 패권을 잡은 터였으니 더 나은 실력자만 있으면 언제든지 제위를 내줄 판이었다. 과연 얼마 안 가 265년에 위를 대체해 진晉이 들어섰다.

그러나 진 역시 위처럼 권력의 정통성은 없었다. 건국자인 사마염司馬炎이 죽자 제후들이 즉시 들고일어나 '팔왕의 난'을 일으켰다. 북방 민족들이 중원에 뛰어드는 것은 바로 이 무렵이다. 북방 민족들 중 강성한 흉노·선비·저·갈·강의 다섯 민족은 진을 무너뜨리고 중원 일대에 10여 개의 나라를 세우는데, 중화 세계에서 보면 그들은 모두 오랑캐다. 다섯 오랑캐[五胡]가 세운 열세 나라와 한족이 세운 세 나라, 모두 합쳐 열여섯 개 나라가 북중국을 지배한 이 시기를 5호16국 시대라고 부른다. 물론 역사의 기록자가 중화 세계였기에 그런 명칭이 붙은 것이다.

한편 중원을 잃은 진의 귀족과 백성들은 317년에 강남으로 와서 새로 진을 열었다. 이때까지의 진을 서진, 이때부터의 진을 동진이라고 부른다. '오랑캐'의 한계는 강남까지 진출하지 않았다는 점이다. 그 덕분에 그들이 중원을 놀이터로 삼고 뛰어놀 때 동진은 강남에서 번영을 누렸다. 풍부한 잠재력으로만 남아 있던 강남에 관개를 이용한 선진 농법을 전달하고 북쪽에서 함께 내려온 이주민들의 노동력을 투입하자 습지와 호수만 즐비하던 강남은 비옥한 농토로 바뀌었다. 이 경제적 토대 위에 중원의 선진 문화가 꽃을 피우면서 강남은 비약적인 발전을 이루어 중원에 필적할 만한 수준에 오르게 된다. 강남이 영토적으로 중화 세계에 편입된 것은 춘추전국시대였지만 본격적인 '중원 문화권'의 일원이 된 것은 이 시기부터다.

하지만 동진은 지배층이 취약했다. 이주민 출신인 북방 귀족층과 오나라 이후 거의 토착민이 된 남방 귀족층이 수시로 대립했다. 게다가 남북이 분단된 상황이었으므로 자연히 북방을 방어하는 군벌 세력이 커졌다. 결국 북방 군벌 출신인 유유劉裕가 420년에 진 황실의 선양을 받아 송宋을 건국했다.

마침 그 무렵 중원에서도 어지러운 5호16국 시대가 끝나고 질서가 잡혔다. 439년 선비족의 북위가 소국들을 통일하고 북중국의 단독 주인이 되었다. 이때부터 북위는 420년에 세워진 강남의 송과 공존하면서 150여 년에 걸친 남북조시대를 열게 된다. 이 기간 역시 완전한 통일의 시대는 아니었고, 화북에서는 북위·동위·서위·북제·북주의 다섯 나라, 강남에서는 송·제·양·진의 네 나라가 교대하는 분열기였으나, 전보다는 안정된 바탕에서 역사가 전개되었고 시대적 성격도 비슷했기 때문에 보통 같은 시대로 묶는다. 하지만 중국 대륙이 남과 북으로 갈린 만큼 이 시대에는 두 개의 역사가 어느 정도 별개로 진행된다. 개략적으로 보면 북조에서는 사회·경제적 변화, 남조에서는 문화적 변화가 역사적 의미를 지닌다.

북조의 가장 큰 변화를 주도한 사람은 북위의 효문제다. 그는 우선 도읍을 한족 왕조들의 전통적 수도인 뤄양으로 옮겨 적극적인 한화漢化 정책을 예고했다. 곧이어 그는 자신의 성을 중국식의 원元으로 바꾸었으며, 복식과 제도, 의식, 풍습 등도 중국식으로 개혁했다. 무엇보다도 최대의 개혁은 균전제均田制다. 485년에 한족 관료인 이안세李安世의 건의로 실시된 균전제는 모든 토지를 국가의 소유로 규정하고 국가가 토지를 농민들에게 분급해 먹고살게 하면서 일정한 비율의 조세를 수취한다는 제도다. 지금 보면 특별한 내용은 아니지만 균전제의 역사적 의의는 컸다. 우선 사실상 최초의 토지제도라는 역사적 가치가 있다. 또한 내용적으로는 토지의 공유 혹은 국유라는 관념을 제도화했다는 점이 중요하다. 이후 중국과 한반도, 일본의 모든 왕조는 지배층, 즉 왕실이 전국의 토지를 소유하고 농민들에게 분급해 과세하는 방식이 기본 노선으로 자리 잡게 된다.

왕조시대에 국가 경제를 그렇게 운용한 것은 지극히 당연한 듯하지만, 서양에는 애초에 그런 관념이 없었다. 고대 로마나 중세 유럽에서는 나라의 모든 토지를 중앙에서 소유하고 통괄적으로 관리하는 제도가 발달하지 못했다. 앞서 보았듯이, 로마 황제도 제국의 오너가 아닐뿐더러, 나중에 보듯이 중세 유럽의 군주들 역시 마찬가지였다. 그러므로 중세 유럽에서는 토지의 분급이 '과세'를 중점으로 삼는 동양식이 아니라 토지 소유권 자체를 내주는 '분봉'의 형식을 취했다.

북위가 한동안 북중국을 통일한 것과 달리 남조의 네 나라(송·제·양·진)는 평균 수명이 40여 년밖에 안 되는 데서 보듯이 정치적으로도 불안정했고, 군사력도 화북의 이민족 국가들보다 약했다. 그러나 강남의 강점은 정치나 군사보다 경제와 문화였다. 중원의 호족들과 지식인들이 이민족 치하를 피해 대규모로 남하하면서 강남 지역에 중원보다 훨씬 발달한 귀족 문화를 꽃피우게 되었다.

삼국시대의 오와 동진, 그리고 남조의 네 나라를 합쳐 흔히 육조六朝라고 부른다. 육조시대에 발달한 귀족 문화는 동양의 르네상스라 할 만큼 다채롭고 화려했다(시대적으로 서양의 르네상스보다 1000년이나 앞서니까 오히려 르네상스를 '서양의 육조시대'라 불러야 하지 않을까?). 수많은 문인과 화가가 등장해 창작과 비평을 활발하게 전개했으며, 그때까지 전인미답의 지경이던 예술 이론을 확립했다. 서성書聖이라 불리는 왕희지王羲之, 회화의 사조인 고개지顧愷之, 시인 도연명陶淵明과 사령운謝靈運 등이 모두 육조시대의 예술가들이다. 이 시기에 확립된 문학과 예술의 기본 골격은 이후 당에 계승되어 당 문학을 중국 시문학의 최고봉으로 올려놓는 역할을 했다.

불교가 도입된 것도 바로 육조시대의 일이다. 당시에는 분열기에 걸맞게 난세의 사상인 도교가 성행했기 때문에 귀족들은 신흥 종교인 불교도 노장사상의 관점에서 이해했다. 그러나 굴러온 돌이 박힌 돌을 빼듯이 점차 불교는 도교를 누르고 지배적인 사상으로 자리 잡았다. 불교는 동진에서 크게 성행했고, 남북조시대에는 귀족들만이 아니라 서민들의 마음속에까지 깊이 파고들었다. 한반도 왕조들에 불교가 전래된 것도 이 시기다. 371년에는 북조의 전진이 고구려에 불교를 전했고, 384년에는 남조의 동진이 백제에 전했다(신라는 한참 뒤인 528년에 고구려에서 불교를 수입했다).

중국과 한반도는 묘한 역사적 접점을 가진다. 중국 대륙이 분열기를 맞을 때마다 한반도 사회는 변화와 발전을 겪었으며, 반대로 중국에 강력한 통일 제국이 들어서면 한반도는 제국에 복속되어 침체기를 맞았다. 1차 분열기인 춘추전국시대에는 한반도의 기록된 역사가 전하지 않지만, 2차 분열기인 위진남북조시대에는 한반도에 고구려, 백제, 신라, 가야의 여러 왕조가 활발히 성장하고 번영했다. 수-당의 통일 제국이 중국을 지배한 7~10세기에 한반도 사회는 중국의 핵우산 속에서 안정을 이루기는 했어도 특별한 발전은 없었다. 당이 무너진 10세기에 한반도는 후삼국시대로 접어들어 소규모 국제사회를 이루면서 독자적인 변화의 조짐을 보였으나 중국이 송으로 통일된 11세기부터는 다시 중화 세계의 영향권에 편입되어야 했다. 이후 한반도 왕조들은 중국의 통일 왕조와 보조를 맞추어 부침을 거듭했다.

한반도는 중화 세계에서 배제된 상태에서도 늘 중화 세계와 특수한 관계를 유지했다. 중국 북쪽과 서쪽의 유목민족들은 강력한 비중화 세계를 형성했고, 일본 역시 중국 문명의 영향을 받으면서도 비중화 세계에 속한 반면, 한반도 왕조들은 삼국시대 이후 정작 중화 세계에서는 인정하지 않는 중화 세계의 묘한 일원으로 자리매김했다. 더구나 그것도 중화의 의지가 아니라 토착 왕조의 자발적 의지였다. 물론 중국도 그런 한반도를 다른 오랑캐들과 차별을 두어 '특별한 오랑캐'로 간주했다.

그런 탓에 한반도 왕조들은 중국의 정사正史에서 늘 호의적으로 기록되었다. 중국의 역사 기록에 관철된 사관은 이른바 '춘추필법'으로 요약된다. 공자의 역사서 《춘추》를 기원으로 하는 춘추필법은 동아시아의 역사를 중화의 이념에 따라 서술하는 방식이다. 말하자면 객관적인 역사 기록을 추구하기보다 중국에 유리한 사실은 과장하고 불리한 사실은 의도적으로 누락하는 것이다. 현대의 사관에 비추어보면 있을 수 없는 일이지만, "이적(오랑캐)에 임금 있음이 중화에 임금 없음만 못하다."라는 게 《논어論語》의 정신이었으니 이해할 수 없는 일도 아니다. 한반도 사회가 춘추필법의 '예봉'을 피했다는 것은 그만큼 중국이 한반도의 오랑캐를 각별하게 여겼고, 또 한반도 왕조들도 중국을 특별한 사대로 대했다는 이야기다.

한 제국이 중국식 제국의 전형이라는 사실은 2차 분열기가 지난 뒤에도 분명히 드러난다. 400년에 가까운 분열기를 종식시키고 6세기 후반 오랜만에 대륙 전체를 통일한 수隋 제국도 기본적인 천하관은 같았다. 새 제국을 건설한 수 문제 양견楊堅은 통일을 이루자마자 북벌을 가장 시급한 국가적 과제로 설정했다. 이처럼 건국 직후 곧바로 변방의 안정을 꾀하는 것은 유럽과 달리 일찍부터 영토국가에 눈을 뜬 중국식 제국의 특성을 보여준다. 중앙집권적 제국이라면 무엇보다 영토에 가장 큰 관심을 기울이는 게 당연하니까.

589년 양견이 남북조를 통일했을 때 북방의 가장 큰 적은 돌궐과 고구려였다. 돌궐은 몽골에 터를 잡은 강성한 민족이었으므로 당연히 중원에 위협이 될 수 있었다. 그러나 중원에서도 꽤나 먼 데다 만주와 한반도에 세력권을 가진 고구려를 주요 타깃으로 삼은 이유는 무엇일까? 더구나 5세기 장수왕의 남진 정책 이래로 고구려는 주로 한반도 경영에 몰두하고 있었다.

그러나 고구려는 중국의 잠재적인 적이 될 수 있었다. 중국의 오랜 분열기 동안, 특히 광개토왕 시절에 고구려는 중국 대륙을 겨냥한 대권 후보로 활약한 전력이 있었다. 고구려는 일찍이 한 제국이 강성하던 시절에 제국의 군현(한사군)을 축출하면서 발흥했으며, 제국이 무너진 뒤에는 랴오둥요둥과 동만주, 한반도 북부를 호령하면서 호시탐탐 중원마저 노리는 준準제국으로 발돋움한 강국이었다. 더욱이 고구려는 한 제국이 멸망한 뒤 얼마 동안은 북중국의 5호16국에 속하는 전진과 연에 조공을 보냈으나 4세기 후반부터는 대륙의 다른 대권 후보들과 대등한 관계에서 경쟁하고자 했다. 따라서 양견으로서는 돌궐과 더불어 고구려를 제압해야만 신생 통일 제국을 유지할 수 있다고 판단했다.

그 판단은 부분적으로 옳았다. 전적으로 옳지 않았던 이유는 고구려의 성격을 잘못 파악했다는 데 있다. 고구려는 사실 정식으로 중국 대륙을 노린 적이 없었다. 건국 초부터 고구려를 괴롭힌 것은 중국의 본체가 아니라 랴오둥에 자리 잡은 공손씨 정권이었다. 한 제국이 강성하던 시절에도 중원과 멀리 떨어져 있는 지역적 이점을 방패로 삼아 거의 독립국처럼 군림한 그들은 바로 동쪽에서 세력을 키워가던 고구려를 눈엣가시처럼 여겼다. 당연히 고구려에도 랴오둥은 단순한 영토 확장의 대상이 아니라 생존을 위해 정복해야만 하는 지역이었다.

한 제국이 무너지고 랴오둥에 대한 고구려의 야심이 노골화되자 이를 응징하기 위해 위의 관구검毋丘儉은 고구려를 침략해 수도까지 함락시킨 바 있다. 당시 고구려의 동천왕이 강원도까지 도망쳤을 때 고구려의 역사는 거기서 끝날 수도 있었다. 그러나 삼국이 대립하고 있던 시기에 위가 전력을 다해 한반도를 정벌할 여유는 없었다. 위는 랴오시요서까지만 지켜야 할 '변방'으로 간주했고, 고구려 역시 랴오둥까지만 강역을 넓히는 것을 목표로 삼았다. 결국 랴오허가 두 나라의 암묵적인 국경선이 된 것이다.

4세기 말 광개토왕이 중국 방면으로 팽창 정책을 전개할 때도 최종 목표는 중원이 아니라 여전히 랴오둥이었다. 당시 랴오둥을 지배하던

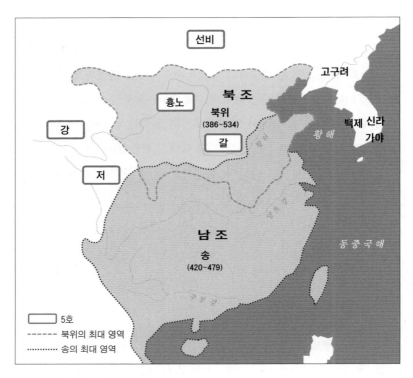

| 맞물리는 역사 　북중국에 열여섯 개 나라가 어지러이 들어선 5호16국 시대와 뒤이은 남북조시대(북중국의 북위, 남중국의 송으로 나뉜 시대)는 중국 역사의 2차 분열기였다. 마침 당시는 한반도에서도 삼국시대가 절정에 달한 시기였다. 중국과 한반도의 역사가 맞물리는 것은 중국이 분열기를 맞을 때마다 한반도에서도 여러 나라가 소규모 국제사회를 이루는 데서 알 수 있다. 고구려가 늘 서쪽 국경을 건드리던 공손씨와 모용씨의 랴오둥 정권을 정복할 마음을 먹은 것도 중국이 분열기이기에 가능한 야심이었다.

모용씨의 후연이 불과 수십 년 전 고구려를 침략해 초토화한 적이 있었으므로, 광개토왕은 그 복수를 위해, 또 고구려의 생존과 성장을 위해 반드시 랴오둥을 정벌해야만 했다. 우리 역사에서 광개토왕은 중국 대륙을 넘본 불세출의 정복군주로 묘사되지만, 실은 중원 정복이 목표는

아니었고, 또 그럴 필요도 없었다. 그랬기에 북위가 북중국의 패자가 되어 후연을 정복하자 공동의 적이 없어진 북위와 고구려는 자연스럽게 화친의 관계를 맺을 수 있었던 것이다(북위의 효문제는 서열상 고구려의 장수왕을 책봉하는 위치에 있으면서도 마음속으로 그를 무척 존경했다). 또한 중국 측과 영토 분쟁의 소지가 없어진 덕분에 장수왕은 남진 정책에 일로매진할 수 있었다. 이후 6세기까지 고구려는 한반도 정복에만 관심을 두었다.

그러므로 수 문제의 고구려 정벌은 사실 시급한 과제가 아니었다. 갓 태어난 통일 제국으로서는 중대한 잘못된 판단이었다. 과연 그는 곧바로 그 대가를 톡톡히 치르게 된다.

유목민족인 돌궐은 교묘한 이간책으로 손쉽게 제압했으나 고구려는 공략이 쉽지 않았다. 고구려는 텃밭을 빼앗기면 훌훌 털고 다른 곳으로 옮겨가는 유목민족과는 달랐다. 만주에서 발흥한 민족들이 모두 그렇듯이 고구려는 유목민족의 뿌리와 더불어 농경민족의 전통도 가진 반농반목半農半牧의 나라였으므로 영토를 고분고분 내주려 하지 않았고, 쉽게 복속되려 하지도 않았다. 아마 여기에는 서쪽의 중앙아시아 방면으로 길이 트여 있는 돌궐과 달리 더 이상 물러날 데가 없다는 지리적 요인도 크게 작용했을 것이다(실제로 만주로 간 동돌궐과 달리 중앙아시아로 이동한 서돌궐은 수백 년 전 한 무제에게 쫓겨 흉노가 갔던 길을 따라가면서 세계사적 변혁을 일으키는데, 이에 관해서는 나중에 살펴보기로 하자).

수 문제와 수 양제, 2대에 걸친 수의 고구려 정벌은 대실패로 끝났다. 우리 역사에 살수대첩으로 기록된 패전을 겪으면서 수 제국은 그 후유증으로 곧 멸망하고 불과 한 세대 만에 당 제국으로 명패가 바뀌었다. 800년 전 진-한 교체기와 너무도 닮은 진행이다. 하지만 우리에게 안타까운 것은 결국 중국의 한반도 정벌이 성공했다는 사실이다. 한 제국이 고조선을 멸망시키고 4군을 설치했듯이, 당 제국도 수의 실패를 딛고 마침내 고구려 정복을 완료했다. '분열기→대륙 통일→변방 정복'이라는 중국식 제국의 공식이 다시 한 번 검증되었다. 한에 무제가 있었다면 당에는 태종 이세민李世民이 있었다.

형과 동생을 죽이고 아버지에게서 제위를 강탈한 이세민의 앞에는 좋은 소식과 나쁜 소식이 있었다. 전자는 고구려가 수의 침략을 겪으면서 국력이 크게 약화되었다는 것이고, 후자는 수가 침략했을 때 아무런 역할도 하지 않았던 백제가 고구려와 동맹을 맺었다는 것이다. 그러나 나쁜 소식은 쉽게 완화된다. 한반도 동남부의 소국인 신라가 숙적인 백제를 지도상에서 없애겠다는 일념으로 당에 복속을 자청해온 것이다(앞에서 보았듯이, 신라는 648년에 김춘추 부자가 당에 가서 군대를 요청하고 스스로 복속되었다). 오랑캐의 힘을 빌려 오랑캐를 친다! 당은 고구려 공략에만 전념하고 그동안 신라는 제국의 군대에 보급품을 조달하는 동시에 백제를 공격해 고구려를 지원하지 못하도록 한다(신라의 김유신은 사실 삼국 통일 전쟁의 주역이라기보다 당군의 보급대장에 불과했다). 비록 당 태종 자신은 고구려 정벌을 완수하지 못하고 죽었지만, 그의 아들 고종 대에 이 분업 작전이 결실을 거두어 마침내 당은 고구려와 백제를 멸망시키고 신라를 속국으로 만들어 마지막으로 남은 동쪽 변방을 안정시키는 데 성공한다.

이제 당 제국은 명실상부한 한 제국의 계승자가 되었으며, 중국 문명의 중심은 다시 튼튼한 반석 위에 올랐다. 그렇다면 다음 과제는 청출어람을 이루는 것이다. 두 번째의 한족 통일 왕조인 만큼 먼젓번과는 다른 면모를 보여야 한다. 당은 한편으로는 한을 계승하면서도 다른 한편으로는 쇄신하는 온고지신의 정신을 보여준다. 변방을 정리한 대외 정책은 한의 답습이었으나, 유학 이념을 제국 전역에 확고히 뿌리내리게 한 것은 한 걸음 더 나아간 진보다.

한 무제는 유학을 국시로 채택하는 데까지는 성공했으나 실제로 유학 이념에 따른 국가 체제를 구축하지는 못했다. 그 이유는 표면상으로는 외척과 환관이 권력을 장악하고 국정을 주무르는 폐단에 있었지만, 실제로는 관료제가 확고하게 자리 잡지 못했기 때문이다. 중앙 정치를 장악한 외척과 환관 세력이 중앙과 지방의 각급 관리를 자의적으로 임명한 데 근본적인 원인이 있다. 당 태종은 이 문제를 해결하지 않으면 제국의 업그레이드가 불가능하다고 판단한다. 그 핵심은 관리의 임용 제도를 개혁하는 것이다.

앞서 보았듯이, 유학은 공자가 예禮와 인仁을 결합해 만든 이데올로기 체계다. 조상을 받드는 이념이 예이고, 군주가 신민을 다스리는 이념이 인이다. 조상의 현세적 대표자는 바로 군주다. 따라서 유학 이데올로기에 부합하는 정치체제는 백성들이 군주를 예로써 섬기고 군주는 백성들을 인으로써 다스리는 체제다. 이것이 바로 하늘의 이치이며, 지상에서 그 천리를 대리하는 인물은 하늘의 아들, 천자다. 따라서 천자의 권위를 부정하는 것은 곧 천리와 천명을 거역하는 행위가 된다. 중국 황제가 로마 황제로서는 꿈도 꾸지 못한 권위를 가질 수 있었던 것은 그런 강력한 통치 이데올로기가 있었기 때문이다.

그러나 아무리 황제가 천자로서 천하의 주인이라 해도 슈퍼맨이 아닌 이상 천하를 다 관장할 수는 없다. 수도를 포함해 중앙정부의 권력이 미치는 지역까지는 직접 통치할 수 있으나 지방과 먼 변방은 곤란하다. 그러므로 각 지역에서 자신의 뜻을 대리해줄 인물이 필요해지는데, 그것이 바로 관료의 역할이다. 한 제국은 유학을 국가 이데올로기로 채택했으나 실제로 그 이데올로기에 따라 정치와 행정을 맡아줄 관료 인력이 부재했다. 더구나 군국제가 시행되었기 때문에 수도에서 먼 변방은 사실상 주나라 시대의 제후국처럼 지역의 지배자들이 거의 독립적인 군주로 군림하는 실정이었다.

그래서 한 제국은 중기에 이미 중앙정부가 힘을 잃어 잠시 다른 나라로 바뀐 적도 있었다. 9년에 황실의 외척인 왕망王莽은 제위를 찬탈하고 아예 제국의 명패를 신新으로 바꾸었다. 하지만 의욕에 걸맞지 않게 이 왕씨의 '새 나라'는 16년밖에 존속하지 못하고 도로 한이 복귀했다. 이를 기준으로 앞의 제국을 전한, 뒤의 제국을 후한이라 부른다.

한 제국의 시행착오는, 이념은 옳았으나 방법이 잘못되었다는 데 있다. 이 문제를 바로잡으려면 유학 이념을 현실 정치에 구현할 수 있는 메커니즘이 필요하다. 그래서 당 제국은 한 제국의 체제를 계승하되 두 가지 중요한 변화를 꾀한다. 그것은 바로 율령과 과거제다. 이 두 가지는 사실 수 제국 시절에 생겨났으나 당 제국에서 본격적으로 시행되므로 당의 제도라고 할 수 있다.

율령은 율령격식律令格式을 줄여 부르는 말이다. 오늘날로 치면 형법[律], 민법[令], 명령[格], 시행세칙[式]에 해당한다. 쉽게 말해 이때부터 중국은 성문법을 갖추었다고 볼 수 있다. 굳이 기원을 찾자면 율령은 춘추전국시대, 더 거슬러 올라가면 주나라 때 생겨났지만 기원 따위는 아무래도 좋다. 중요한 것은 모든 제도가 그렇듯이 율령도 시대적 필요와 적용할 대상이 있어야 한다는 점이다. 그 필요와 대상은 한 제국 시대에도 어렴풋이 드러났지만 당시는 율령을 온전히 시행할 수 있는 여건이 되지 못했다. 율령에 필요한 환경은 2차 분열기를 거치면서 더욱 숙성되었다.

분열기에도 이미 여러 왕조에서 율령을 시도한 바 있었다. 그 성과를 체계화한 게 수 문제의 개황율령(584년)이고, 그것을 계승한 게 당 고조의 무덕율령(624년)이며, 당의 율령을 모방한 게 일본의 다이호 율령(701년)이다(신라는 당의 속국임을 자처했으므로 법흥왕 때부터 시행해오던 독자적 율령을 버리고 654년에 무열왕이 당의 율령을 받아들였다. 일본과 달리 한반도가 중국의 속국과 같은 행보를 한 것은 이때부터다). 이렇게 율령이 생기면, 현대적인 법치국가의 의미와는 다르지만 일단 법치의 기본 요건을 갖추었다고 할 수 있다. 그러나 법치에 필요한 것은 율령과 더불어 관료제다. 율령이 있다 해도 그것을 시행할 관료가 없으면 말짱 헛것일 뿐이니까. 그래서 필요해지는 게 바로 과거제다.

과거제 역시 587년에 수 문제가 처음 만들었으나 본격적으로 시행된 것은 당 시대다. 율령도 그렇지만 유학은 처음 생겨날 때부터 국가(천하)의 경영을 목적으로 한 실용적인 학문이므로 그 이념이 제대로 꽃피우려면 관료제가 필수적이다. 뭇 별들이 북극성의 주위를 돌듯이 온 세상이 천자를 중심으로 일정하게 돌아가도록 하는 것이 유학 이념에 따른 천하의 질서다. 물론 한 제국 시절에도 관료제는 필요했고, 관료도 있었다. 그러나 외척과 환관 들이 주먹구구식으로 관리를 임용했으니 국가가 제대로 운영될 턱이 없었다. 그에 비해 과거제는 시험을 통해 유능한 관리를 객관적으로 선발할 수 있는 탁월하고 획기적인 제도였다. 시험 과목들을 유학으로 도배하면 되니까 유학 이념을 더욱 강화하는 데도 도움이 되었다.

율령을 제정·반포하고 과거제를 시행하면서 제국의 행정제도가 완비되었다. 하지만 여기까지는 정치와 행정의 측면에서의 체제 정비다. 국가 경영에서 중요한 것은 정치와 행정 말고도 또 있다. 그것은 바로 경제다. 예나 지금이나 모든 일에서 가장 중요한 것은 사람과 돈이다. 과거제를 통해 인력을 확보했다면 다음은 돈을 확보하는 문제다. 이를 위해 또 한 가지 중요한 개혁이 실시되는데, 그것은 곧 토지제도다.

한 제국 시절에는 토지의 소유관계가 중요하지 않았고 오로지 토지에서 나오는 생산물만이 중요했다. 백성들의 생활과 국가 재정은 토지 생산물을 기반으로 했다. 그런데 역사상 처음으로 들어선 제국 체제인 만큼 국가가 써야 할 비용이 엄청났다. 우선 제국의 생존을 위해 흉노에 막대한 조공도 바쳐야 했으며, 넓은 영토를 지키기 위해 대규모의 군대도 필요했다. 그 비용을 염출할 대상은 농민 이외에 없었으므로 국가는 농민들을 쥐어짤 수밖에 없었다. 그러다 보니 과중한 세금에 시달리는 농민들이 토지를 버리고 떠나는 게 상례였고, 이 유민들을 단속하는 게 항상 커다란 과제였다. 사실 한 제국의 멸망을 부른 방아쇠의 역할을 한 황건적도 유민들이 주축이었다.

그러나 2차 분열기에 북위에서는 균전제라는 획기적인 토지제도가 선을 보였다. 이 제도는 이후 수와 당에서 적극적으로 채택되어 국가 재정에서 큰 몫을 담당하게 되었다.

무엇보다 균전제는 영토의 개념이 명확히 확립되지 않으면 생각할 수도 없고, 시행할 수도 없는 토지제도다. 토지의 전체 면적이 확정되어야 농민들에게 분급할 수 있기 때문이다. 바꿔 말하면 균전제를 채택했다는 것은 곧 당 제국이 영토국가로서의 위상을 분명히 가졌음을 의미한다. 그런데 국가라면 당연히 영토국가가 아닐까? 지금의 관점에서는 그렇지만 역사상 영토국가가 탄생한 맥락은 그렇지 않다. 특히 유럽의 경우는 중세를 거쳐 종교전쟁이 끝나고 17세기에 이르러서야 확고한 영토국가가 생겨난다. 이 점에서 중국은 유럽과 크게 대비된다. 동양과 서양은 국가의 개념부터 달랐던 것이다.

율령과 과거제, 그리고 균전제는 모두 당이 통일 제국이었기에 가능한 제도들이다. 이런 제도 정비가 이루어지는 과정은 이해하기에 어렵지 않다. 국가가 어느 정도 안정을 이루고 나면 군인과 정치가보다 행정가가 필요하고, 정상적인 국가 운영을 위해서 무엇보다 재정 구조의 확립이 시급하다. 전자를 담당한 것이 율령과 과거제이고, 후자를 담당한 것이 균전제다.

모든 토지를 국가가 분급한다는 발상도 그렇지만 국가고시를 통해 관리를 선발한다는 신선한 구상은 중앙집권적으로 통일되어 있는 제국 체제가 아니면 애초부터 불가능하다. 실은 백성들에게 일정액의 세금을 부과한다는 발상도 당시로서는 쉽지 않은 것이었다. 특히 서유럽 세계라면 꿈도 꿀 수 없는 일이었다. 9세기 초반 샤를마뉴의 시대까지도 서유럽에는 세금이라는 게 없었고, 국가 재정은 귀족과 지주 들의 기부금으로만 충당했다. 그러나 조세租稅라는 말에 벼를 뜻하는 '화禾'자가 붙어 있는 데서 알 수 있듯이, 동양에서는 일찍부터 토지 생산물을 기반으로 한 세금의 관념이 존재했다. 그런 전통이 당 제국에 들어 더욱 체계화된 결과가 균전제였다.

사실 율령이나 과거제, 균전제 같은 행정제도는 발상만이 아니라 집행도 중앙 권력이 안정되지 않으면 불가능하다. 권력의 뒷받침이 없는데 세금을 낼 백성은 아무도 없을 테니까. 오늘날 법과 제도를 강조하는 것은 흔히 서양의 합리주의적 전통이라고 생각하지만, 실상 모든 일을 법과 제도로 해결하려는 '시스템적 발상'은 역사적으로 보면 지극히 동양적인 것이었다(이에 관해서는 4부에서 상세히 다룰 것이다). 그런 점에서 당 제국은 한 제국이 기본형을 제시한 중국식 제국의 연속이자 업그레이드판이다.

중국에서는 한 제국이 힘없이 무너졌어도 오히려 그 뒤에 온 2차 분열기를 중흥의 계기로 삼아 진일보한 당 제국이 들어섰고, 당을 중심으로 동아시아의 고대 질서가 완성되었다. 그렇다면 한 제국보다 훨씬 더 느슨한 체제였던 로마 제국이 무너진 이후 서양의 고대 세계는 어떻게 달라졌을까?

당 제국이 변방을 정리하고 제도를 정비하는 데 힘쓸 무렵, 유럽은 사실 그럴 필요조차 없는 상황이었다. 샤를마뉴와 레오 3세는 800년 크리스마스 선물로 서로 간에 세속과 신성의 영역을 나누기로 기꺼이 합의했기 때문이다. 이후 유럽 세계는 로마 교황이 정신의 영역을 관장하고 황제와 왕 등 세속군주들이 물질의 영역을 관장하는 기묘한 이원적 체제, 즉 중세로 접어들게 된다. 누이 좋고 매부 좋은 이 같은 분업이 어떻게 가능했을까? 여기에는 초기 그리스도교의 역사와 관련된 복합적인 배경이 작용했다.

로마 말기의 황제 콘스탄티누스는 313년에 밀라노 칙령으로 그리스도교를 공인했다. 그런데 그것은 단순한 신앙의 문제가 아니었다. 콘스탄티누스는 일종의 반란을 거쳐 제위를 무력으로 쟁취했기 때문에 초기에는 권력의 정통성이 결여되어 있었다. 예나 지금이나 쿠데타로 집권한 자는 일단 이전 정권의 부정부패를 비난하면서 출발해야 차별성을 기할 수 있다. 전임 황제 디오클레티아누스는 그리스도교를 심하게 박해했다. 또한 그는 방대한 제국을 동서로 나누어 분할 통치 체제를 확립했다. 콘스탄티누스는 전임 황제의 그 두 가지 방책을 다 뒤집어, 그리스도교를 공인하고 황제 전제 체제를 구축했다. 좋았던 옛날의 로마 제국으로 돌아가자! 얼추 이런 취지였는데, 결과적으로 보면 시대착오였다. 유럽 세계에서 제국의 시대는 이미 가버렸기 때문이다.

어쨌거나 제국 통합의 역사적 사명을 짊어진 콘스탄티누스가 보기에 종교 문제가 갈등의 표면에 떠오르는 게 달가울 리 없었다. 그는 행군 중에 병사들과 함께 하늘에서 십자가를 보고 그리스도교로의 개종을 결심했다고 하지만, 이 전설은 아마 그의 결단을 미화하기 위해(역사적으로는 밀라노 칙령을 정당화하기 위해) 당대나 후대에 날조된 이야기일 것이다.

그의 개종이 큰 모험이었던 것은 분명하지만, 그것은 종교적 결단이라기보다는 정치적 결단이었다. 황제의 신분이라는 점을 고려하면 그가 순전히 개인의 신앙심 때문에 신흥 종교를 택했을 가능성은 적다. 그의 개종은 정치적 모험이었으나 충분히 승산이 있는 승부수였다. 우선 기존의 로마 기득권층, 그를 제위 찬탈자로 바라보는 귀족들과 장군들을 견제할 수 있었다. 어차피 처음부터 권력의 정통성을 확보하고 출발하는 게 아니라면 아예 물갈이를 해버리는 편이 낫다. 그러자면 탄압을 받으면서도 급속도로 세력을 확장하고 있는 강인한 그리스도교를 택하는 편이 유리하다. 이 점에서는 시대착오가 아니라 진보적인 시각이다.

콘스탄티누스가 수백 년 동안 제국의 수도였던 로마를 버리고 멀리 동유럽의 옛 도시인 비잔티움의 터에 신도시를 건설하고 이곳으로 수도를 옮긴 것도 마찬가지로 해석할 수 있다. 그는 분명히 로마 기득권층의 영향력을 위축시키고 판을 완전히 새로 짜려는 의도를 가졌던 것이다.

그런 의도는 325년의 니케아 공의회에서도 드러난다. 자신이 직접 유럽 각지에서 300명의 주교들을 소집하고 진행까지 맡은 최초의 공의회에서 콘스탄티누스가 급선무로 여긴 것은 '어떤 형태로든' 종교를 통합하는 일이었다. 그리스도교가 탄생한 것은 예수 그리스도의 시대, 그러니까 300년 이상이 지났다. 수백 년간 공인되지 못한 상태에서 발달하면서 그리스도교는 종파, 교단, 교리, 율법, 예배 절차 등 모든 부분에서 극히 다양해져 사실 단일한 종교라고 보기에도 어려울 지경이었다. 어떤 종파, 어떤 교리로 통합할 것인지는 콘스탄티누스의 관심사가 아니었다. 공의회에서 주교들은 아리우스Arius를 이단으로 몰기 위해 단결했지만, 콘스탄티누스는 설령 아리우스파가 정설로 채택된다 해도 반대할 이유가 없었다. 아니, 어쩌면 아리우스파의 교리가 그와 로마 제국에 더욱 유리했을지도 모른다.

당시 핫이슈는 그리스도교권의 통합이었다. 굶주리면 단결하지만 배부르면 분열하는 게 인지상정이다. 현대의 정치혁명이나 사회혁명에서도 흔히 보듯이, 공동의 적을 앞두고 있을 때는 혁명 세력 내부의 이질적인 노선들이 은폐되지만(이른바 통일전선 전략이 효과를 발휘하는 기간이다), 혁명이 성공하고 권력을 장악하면 다양한 노선이 저마다 발언권을 차지하려 다투면서 분열의 양상을 보이게 된다. 이럴 때 교통정리가 필요하다. 초기 그리스도교권의 양상이 바로 그랬다. 그리스도교권은 로마 제국의 탄압을 받던 시기에도 꾸준히 교세가 확장되었으나, 밀라노 칙령으로 합법화되자 그간 교리를 둘러싼 갈등이 독사처럼 꼿꼿이 고개를 치켜들었다.

당시 그리스도교에는 많은 갈래가 있었다. 정통 교리가 확고히 섰다면 나머지를 이단으로 몰아붙일 수 있었겠지만, 아직은 모든 교리와 교파가 경쟁하는 상황이었다. 주교들에게는 어느 것이 정통 교리인가가 중요한 문제였지만, 콘스탄티누스에게는 통합 자체만 중요할 뿐 교리는 사소한 문제였다. 이렇게 종교적 관점과 정치적 관점이 얽혀 전개된 게 니케아 공의회였다.

교리상의 쟁점은 예수 그리스도를 어떻게 볼 것인가였다. 다신교가 지배하던 환경에서 유일 신앙을 마케팅 포인트로 삼아 대박을 터뜨린 그리스도교, 그 핵심에는 바로 종교의 명칭이기도 한 그리스도가 있었다. 비록 그리스도교가 널리 확산된 데는 그리스도 본인보다 사도 바울의 공헌이 더 컸으나(《신약성서》의 태반이 그가 썼거나 그와 관련된 문헌이다), 그렇다 해도 그리스도가 없는 그리스도교란 무의미했다. 하지만 정작 그리스도교가 유력한 종교의 지위에 오르자 바로 그리스도가 종교 발전의 걸림돌이 되었다.

처음부터 그리스도를 천상의 신이 지상에 내려온 존재라든가, 현세에서 신을 대리하는 존재로 규정했다면 문제는 간단하다. 전자라면 '변신'에 능한 오리엔트와 그리스의 여러 신과 같은 위상이 될 수 있을 테고, 후자라면 유대교나 후대에 탄생한 이슬람교에서처럼 그리스도를 '선지자_{예언자}'의 하나로 간주하면 된다. 그런데 그리스도는 본인이나 제자들이 신의 아들이라고 말한 인물이었다. 신의 변신도, 신의 대리인도 아니라 신의 아들이기에 신과의 관계가 모호해질 소지가 있다. 바로 이 점에서 근본적인 의문이 생긴다. 그리스도는 신인가, 아닌가?

그리스도가 신이라면 천상의 '진짜 신'과 함께 신은 적어도 둘이 된다. 아무리 부자지간이라 해도 하나의 존재가 아닌 것은 분명하다. 따라서 그리스도교의 골간인 유일 신앙이 무너진다. 반면에 그리스도가 신이 아니라면 유일 신앙은 유지되지만 포교와 마케팅에 가장 중요한 광고 모델을 잃게 된다. 그리스도를 신처럼 섬겼던 교회들은 곧바로 문을 닫아야 하고 성직자들은 실업자로 전락할 것이다.

뛰어난 웅변가로 큰 인기를 모았던 아리우스는 아마 성직을 잃더라도 먹고살 자신이 있었던 모양이다. 그는 유일 신앙이 그리스도교의 가장 큰 특징이라고 굳게 믿었다. 아무리 신의 아들이라 해도 신과 같은 존재는 아니다. 신은 언제 어디서나 하나이고 절대적으로 유일한 존재여야만 그리스도교가 성립할 수 있다. 그러나 그의 주장은 이미 그리스도를 중심으로 하는 기존 교회의 이해관계와 상충했다. 게다가 아리우스의 학설을 채택할 경우 그동안 애써 이룩해놓은 《신약》은 쓸모가 없어지고 《구약》만 정전으로 받아들여야 한다(《신약》은 예수 그리스도의 생애와 가르침을 기록한 경전이니까 만약 이때 아리우스파가 정설이 되었다면 예수는 《구약》에 등장하는 엘리야나 예레미야 같은 선지자급으로 경전에 기록되었을 것이다). 그렇다면 유대교와 달라질 게 없다. 유대교가 유일 신앙이라는 마케팅 포인트를 가졌으면서도 세를 떨치지 못한 이유는 바로 '유대인의 종교'에만 안주했기 때문이 아닌가? 다시 옛날로 돌아가자는 이야긴가?

이런 이유로 니케아 공의회에서 아리우스파의 패배는 거의 예정되어 있었다. 기존 교회의 주교들이 아리우스를 지지할 가능성은 별로 없었다. 하지만 아리우스파는 아리우스의 근거지인 알렉산드리아를 비롯해 동방의 신도들에게 상당한 지지를 얻고 있었다. 이런 상황에서 콘스탄티누스의 심정이 어땠을지는 충분히 짐작이 간다. 아리우스파가 이단으로 몰리면 교회를 중심으로 종교 통합을 이룰 수 있다. 반대로 혹시 아리우스파가 승리한다면 동방의 더 많은 회중을 중심으로 종교 통합이 진행될 것이다. 그의 입장에서는 아무래도 좋다!

그래서 콘스탄티누스는 처음부터 공의회의 격앙된 분위기를 달래고 어떻게든 화해의 무드를 조성하려 애썼다. 반反아리우스파가 다수였으므로 그는 그들의 주장을 아리우스파 주교들에게 설득하는 데 전념했다. 다수파가 개발한 논리는 신과 그리스도가 다르면서 같다는 것이었

| 동서 교회의 위상 그리스도교의 초기만 해도 종교의 중심은 단연 동방이었다. 5대 총대주교구 가운데 서유럽에 있는 것은 로마 한 곳뿐이었고 나머지 넷은 모두 동유럽, 비잔티움 제국의 영향권에 있었다. 그러나 그 덕분에 동방에서는 종교 논쟁이 치열했고, 서방교회는 쉽게 종교적 통일을 이루고 중세로 접어들 수 있었으니 역사의 아이러니다.

다. 이를 강조하기 위해 그들은 호모우시오스homoousios, 즉 '동일본질'이라는 신조어까지 만들었다. 신과 그리스도는 위격位格에서만 다를 뿐 본질은 같다는 논리였다. 이 발상은 나중에 성부-성자-성령의 세 위격이 사실상 하나라는 삼위일체Trinity의 개념으로 이어지게 된다. 삼위일체라는 교묘한 절충 논리 덕분에 중세부터는 더 이상 그리스도의 위상을 논제로 삼지 않을 수 있게 되었다.

콘스탄티누스의 눈물겨운 노력으로 아리우스파를 끝까지 지지한 주교는 결국 두 명밖에 남지 않게 되었다. 아리우스파는 이단으로 판결되었고, 공의회는 콘스탄티누스가 바라던 대로 종교 통합을 이루어냈다.

그런 배경에 힘입어 330년에 콘스탄티누스가 비잔티움의 옛 터전에 신도시 콘스탄티노플을 건설하고 제국의 수도를 동방으로 옮긴 것은 제국의 서부, 즉 서유럽 세계에 엄청난 충격을 던졌다. 경제적 중심이야 원래부터 동방무역의 거점들이 있는 동부 지중해 일대라고 할 수 있지만 로마 제국의 중심이 로마가 아니라는 것을 어떻게 봐야 할까? 이탈리아의 로마 토박이들은 제국의 고향에 해당하는 서방이 동쪽으로 옮겨간 중앙정부에 의해 경시되고 있다는 현상에 불만과 위기의식을 느꼈다. 그중에서도 누구보다 위기를 직감한 사람은 바로 로마의 주교들이었다.

실제로 그들이 우려할 만한 사태가 벌어지고 있었다. 니케아 공의회에서 분명히 이단으로 판정된 아리우스파가 서남아시아의 이교도들에게 그리스도교 그대로, 혹은 변형된 형태로 널리 받아들여지는데도 콘스탄티노플의 동방 정부는 손 하나 까딱하지 않고 있었다(이후 아리우스파는 단성론으로 계승되었고, 7세기에 이슬람교의 탄생으로 이어졌다). 오히려 콘스탄티노플 총대주교구 자체가 이단이 아닌지 의심스러울 지경이었다. 그러나 아직까지는 정치적으로 통합된 제국을 유지하고 있을뿐더러 로마 교회의 힘도 미약했다. 따라서 서방의 주교들은 우선 이탈리아를 서방 그리스도교의 중심으로 만들고자 했다. 그래서 생겨난 게 교황이었다.

오늘날 가톨릭 내부에서는 그리스도의 수제자인 베드로를 초대 교황으로 받들지만(로마의 성베드로 대성당은 베드로의 무덤 자리에 세워졌다는 전설이 있다), 실제로는 로마 교회가 대책 수립에 부심하던 무렵, 바로 4세기에 생겨난 직함이다. 세속을 관장하는 황제가 동방에 주력한다면 서방에는 신성을 관장하는 황제, 즉 교황이 있어야 한다. 이런 라이벌 구도가 교황이라는 맞불작전을 낳은 것이다. 그렇잖아도 말기적 증상을 보이던 로마 제국이 476년에 드디어 게르만 용병대장인 오도아케르Odoacer의 손에 최종적으로 멸망한 것은 교황에게 더욱 막중한 책임을 안겨주었다.

교황을 신무기로 장착한 로마 교회의 입장에서는 동유럽과 서남아시아 일대를 주름잡는 아리우스파 이단이 눈엣가시였으나 실은 그보다 더 중대하고도 급박한 문제가 있었다. 중부 유럽의 게르만 민족들이 대부분 아리우스파의 그리스도교로 개종했다는 사실이다. 동방이야 일단 먼 곳이니까, 또 동방 황제가 관장하고 있으니까 꾹 눌러 참으면 그뿐이다. 그러나 중부 유럽은 이탈리아의 바로 북쪽이다. 어쩌면 갓 태어난 로마 가톨릭은 싹을 틔워보지도 못하고 시들어버릴지 모른다.

종교의 이름으로 군대를 조직하는 것은 먼 훗날의 일이다. 로마 교회는 신앙을 지배하지만 세속에서는 영 힘을 쓸 수 없다. 현실적으로도 그렇고 교리상으로도 교황은 정치에 직접 개입하거나 군사를 움직일 수 없다. 교황에게는 외부의 힘이 절실히 필요했다. 그런데 때마침 프랑스 북부에 같은 종류의 위기의식을 느끼고 있던 게르만의 한 부족이 있었다. 바로 클로비스Clovis가 이끄는 프랑크족이다. 동병상련! 좋게 말해 동맹, 나쁘게 말해 야합을 이루기에 적절한 타이밍이다.

클로비스는 서로마가 멸망한 직후인 5세기 후반 서고트족을 에스파냐로 내쫓은 다음 갈리아(지금의 프랑스) 일대를 손에 넣었다. 그런데 고민은 그때부터다. 갈리아의 로마식 명칭은 프로빈키아 로마나Provincia

Romana였는데, 프로빈키아란 '속주'를 뜻한다(여기서 오늘날 프랑스 남부를 뜻하는 프로방스Provence라는 지명이 나왔고, '지방'을 뜻하는 영어 단어 province가 나왔다). 로마의 진짜 속주는 바로 갈리아였던 것이다. 말하자면 갈리아 는 로마의 금고나 다름없었다. 그곳을 독차지한 만큼 클로비스의 고민 은 심각했다.

수백 년간 질서의 중심이던 로마 제국이 사라지고 게르만 민족의 이 동이 어지러이 전개되고 있다. 이 격변기를 어떻게 헤쳐나갈까? 생존의 단계는 넘어섰으나 이제부터는 국력을 키워 강국으로 발돋움해야 한다. 호랑이가 물러간 숲에서 여우 노릇을 제대로 하려면 어떻게 해야 할까? 고민하는 그의 뇌리에 언뜻 좋은 책략이 떠오른다. 어차피 로마의 텃밭 에서 로마의 재원을 차지했으니 종교에서도 로마와 결탁하면 어떨까? 주변의 모든 게르만 일파가 아리우스파니까 프랑크족은 로마가톨릭을 표방하면 어떨까? 다분히 모험이지만 해볼 만한 모험이다. 위험이 없다 면 수익도 없다. 고심 끝에 클로비스는 로마가톨릭을 택했다. 그는 당면 의 사태를 해결하려는 것이었지만 그 결정은 그의 의도를 넘어 먼 훗날 프랑스·독일·이탈리아 3국 왕실의 기원이 되는 메로빙거 왕조를 열었 다. 이 사건이 없었더라면 아마도 로마 문명이 게르만 문명과 합쳐져 유 럽 문명으로 성장하는 데는 상당한 기간이 더 필요했을 것이다. 하지만 이것은 서곡에 불과했다.

일단 그것으로 중세의 틀인 세속과 신성 간에 최초의 합작과 분업이 이루어졌다. 그러나 아직은 세속도 신성도 힘이 미약했다. 메로빙거는 그저 갈리아 일대만 세력권으로 삼았을 뿐이고(그나마 클로비스의 사후에 는 권력도 분할되었다), 로마가톨릭 또한 소수파의 처지였다. 게다가 서방 제국을 잃으면서 제 코가 석 자가 된 콘스탄티노플의 황제는 독자 노선

| 당대보다 후대에 중요해진 전투　정확한 전적지도 기록되지 않을 만큼 그저 그런 사건이었던 투르-푸아티에 전투가 초기 중세사에서 중대한 사건이 된 이유는 훗날 카를 마르텔의 가문이 교황령을 기증하고 교황과 결탁해 로마 제국의 부활에 기여했기 때문이다. 이슬람 세력의 진출을 막아내고 서유럽 그리스도교 세계를 수호했다는 것은 다분히 후대 역사가들의 윤색이 아니었을까?

을 걸으려는 로마 교회를 처음부터 곱게 보지 않았다(오늘날까지 이어지는 교회의 동서 분립은 이미 이때부터 예고되고 있었다). 따라서 세속과 신성은 당분간 각자 생존해야 했고, 각자 힘을 키워야 했다. 양측이 좀 더 성장해 다시 만나게 되는 것은 8세기다.

무기력한 메로빙거 궁정에서 궁재로 일하던 카를 마르텔Karl Martel은 732년에 에스파냐를 넘어 남프랑스로 진격해온 이슬람군을 물리치는 데 성공한다. 이 전투는 오늘날 서양사에서 투르-푸아티에 전투로 불리며 이슬람의 공격으로부터 그리스도교 문명을 수호했다는 역사적 가치를 부여받고 있다. 실상은 이슬람의 주력 부대가 아니라 에스파냐 주둔 군이었으므로 역사적 비중이 다소 부풀려진 감이 있다. 어쨌든 유럽의 시각에서 보면, 이교도를 맞아 로마가톨릭 세계를 보호한 것은 대단한 공로임이 분명하다.

그 전공에 힘입어 카를 마르텔의 가문은 일약 메로빙거 왕실을 잇는 대권 주자가 된다. 그의 아들 피핀Pippin은 마침내 메로빙거 왕조를 타도하고 카롤링거('카를의 가문') 왕조를 열어 아버지가 이루지 못한 꿈을 실현했다. 문제는 모든 쿠데타가 그렇듯이 정권의 정통성을 확보하는 것인데, 그 기회는 교황 스테파누스 3세가 제공한다. 때마침 롬바르드족이 라벤나의 교황청을 침공해오자 교황은 급히 피핀에게 SOS를 타전했다. 기다렸다는 듯이 피핀은 그 참에 성가신 롬바르드족을 제압하고 라벤나 일대를 교황에게 기증했다. 역사에 '피핀의 기증Donation of Pepin'이라고 기록된 이 사건이 바로 교황령의 시작이다. 카롤링거 쿠데타의 승인은 그 부록에 해당한다. 게다가 교황은 그의 아들 샤를마뉴에게 더 큰 선물을 준비하고 있었다(샤를마뉴는 '샤를'이라는 이름에 '마뉴'라는 존칭이 붙은 이름이며, 샤를은 독일어로 카를, 라틴어로 카롤루스, 영어로 찰스와 같은 이름이다).

800년 크리스마스 날을 맞아 로마의 성베드로 대성당에서는 로마 교황 레오 3세가 프랑크 왕 샤를마뉴의 머리에 제관을 씌워주고 '로마인의 황제'라는 직함을 수여했다. 476년 서로마의 마지막 황제인 로물루스 아우구스툴루스 소년이 오도아케르에 의해 폐위된 지 300여 년 만에 드디어 서로마의 황제가 공식적으로 부활하는 감격적인 순간이었다.

황제가 부활했다! 그럼 제국도 되살아난 걸까? 하지만 그건 글쎄올시다. 물론 샤를마뉴는 황제의 자격이 충분한 인물이었다. 세련된 라틴 문화권 출신이 아니라 프랑크의 촌놈이었다는 점만 제외하고는(그는 글

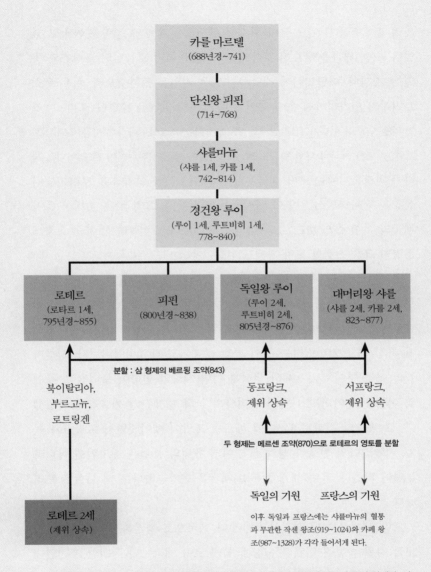

카를 마르텔
(688년경~741)

단신왕 피핀
(714~768)

샤를마뉴
(샤를 1세, 카를 1세,
742~814)

경건왕 루이
(루이 1세, 루트비히 1세,
778~840)

로테르
(로타르 1세,
795년경~855)

피핀
(800년경~838)

독일왕 루이
(루이 2세,
루트비히 2세,
805년경~876)

대머리왕 샤를
(샤를 2세, 카를 2세,
823~877)

분할 : 삼 형제의 베르됭 조약(843)

북이탈리아,
부르고뉴,
로트링겐

동프랑크,
제위 상속

서프랑크,
제위 상속

두 형제는 메르센 조약(870)으로 로테르의 영토를 분할

독일의 기원   프랑스의 기원

이후 독일과 프랑스에는 샤를마뉴의 혈통
과 무관한 작센 왕조(919~1024)와 카페 왕
조(987~1328)가 각각 들어서게 된다.

로테르 2세
(제위 상속)

| 서유럽 최초의 왕가   베르됭 조약에 관련된 인물들의 가계이자 서유럽 왕조의 초기 왕계다. 카롤링거 왕조가 붕괴하고 자손들이 각자 영토를 나누어 가지면서 프랑스·독일·이탈리아, 서유럽 3국의 원형이 탄생했다. 그래서 샤를마뉴는 프랑스 역사에서 샤를 1세, 독일 역사에서 카를 대제, 이탈리아 역사에서 카롤루스 대제라고 불리며 나라의 시조로 추앙을 받는다.

을 쓸 줄도 몰랐다) 여느 로마 황제에 못지않은 풍채와 능력을 가지고 있었다. 그는 제관을 받으러 로마에 가기 전에 이미 오늘날의 프랑스와 독일, 에스파냐, 이탈리아에 해당하는 넓은 지역을 정복했으며, 이후 오스트리아와 헝가리까지 손에 넣어 엘베 강까지 강역을 넓혔다(몇 번이나 라인 강을 넘으려 했다가 끝내 실패한 뒤 그 지역을 게르마니아라고 이름 붙이고 포기한 옛 로마 제국의 맺힌 한을 결국 게르마니아 출신의 사나이가 푼 것이다). 게다가 피정복지에는 로마 제국처럼 속주(변경주)를 설치하고, 로마가톨릭 신앙을 전파하면서 일일이 사제들을 배치했다. 그의 꿈은 분명히 로마 제국의 부활에 있었고, 그의 머리에 크리스마스 선물을 얹어준 교황도 분명히 그를 진정한 로마 황제로 만들고 싶었다.

그러나 로마는 과연 하루아침에 이루어진 게 아니었던 모양이다. 새 로마 제국, 즉 프랑크 제국은 불과 한 세대를 버티지 못한다. 300년 전 메로빙거도 그랬듯이 카롤링거 왕조 역시 카리스마를 가진 지배자가 죽자 마치 때를 기다렸다는 듯이 곧장 분해되고 해체되어버린다. 샤를마뉴의 아들 루이_{루트비히} 1세의 생전에 이미 제국의 변방이 무너졌고, 루이의 아들들은 아버지가 죽기를 기다려 곧장 형제간의 싸움질에 돌입했다. 그 싸움의 결과로 843년에 베르됭 조약이 맺어지면서 프랑스와 독일, 이탈리아의 원형이 생겨났다. 이제 유럽의 분립은 예고편이 아니라 본편이 되었다. 유럽 세계에 통일 제국은 불가능하다는 게 사실로 드러났다.

프랑크 제국은 왜 명실상부한 로마 제국으로 성장하지 못했을까? 종교적 지원을 등에 업었다는 점에서 옛 로마 제국보다 유리한 조건인데도 왜 제국으로 발돋움하지 못했을까? 여러 가지 이유가 있을 것이다. 로마 제국처럼 강력한 중심을 갖추지 못했다든가, 샤를마뉴가 설치한

베르됭 조약의 영토 분할(843)

메르센 조약의 영토 분할(870)

| 샤를마뉴 이후 제국의 분열   위 지도는 프랑크 왕국의 분열을 개략적으로 보여주는 것일 뿐이므로 여기서 보이는 각국의 선을 단단하게 확정된 국경선으로 착각하면 안 된다. 일찍부터 선적인 영토국가가 발달한 동북아시아와 달리 유럽의 경우 중세 초기는 물론이고 중세 후기까지도 선적인 개념의 국경선은 거의 없었다.

속주들이 로마의 속주처럼 튼튼하지 못했다든가, 로마 시대보다 머리가 커진 주변 민족들이 더 이상 제국의 지배에 복종하지 않았다든가 등등. 그러나 더 근본적인 이유는 시대의 흐름에서 찾을 수 있다. 시대가 달라졌다. 지중해 문명권에 그쳤던 로마 시대와 달리 문명의 중심은 유럽의 중앙으로 확대되었다. 남유럽의 라틴 문명에서 로마-게르만 문명으로 권역이 확대된 상황에서는 옛 로마식 제국 체제가 더 이상 발붙이기 어려웠다.

프랑크는 분명히 당대 유럽의 중심이었지만 중심 자체가 이미 로마 시대처럼 강력한 구심점이 될 수 있는 상황은 아니었다. 따라서 강력한 권위와 권력을 지닌 통치자가 사라진다면 언제라도 그 구심점은 무너지고 말 터였다. 샤를마뉴가 죽자마자 중심이 해체된 것은 그 때문이다. 프랑크 제국을 끝으로 이후 유럽의 역사에서는 내내 강력한 정치적·지리적 중심이 자리 잡지 못한다(19세기 초 나폴레옹의 시대에 잠시 프랑스 제국이 부활했으나 한 세대도 버티지 못했다). 유럽의 숲에서는 중심이 사라졌다. 바야흐로 유럽 세계는 완전한 분열로 접어들었다.

통일의 길로 나아간 중국과 분열의 길로 나아간 유럽, 비슷한 시기 동서양에서 성립된 2차 제국(당과 프랑크)은 과거 1차 제국(한과 로마)보다 한층 더 두 문명의 차이를 명백히 드러냈다. 중국은 제국 체제를 연착륙시키고 한층 업그레이드한 반면, 유럽에서는 더 이상 제국 체제가 성립할 수 없다는 게 명백해졌다.

중국에서는 춘추전국시대의 오랜 분열기가 최초의 통일을 낳았고, 중앙집권적 제국을 성립시켰다. 한 제국 시대에 덧쌓인 모순은 2차 분열기로 터져 나왔으며, 중국을 재통일한 당 제국은 그 모순을 해결하고 고대 제국을 완성했다. 그러나 오리엔트에서 크레타와 그리스로, 그리스에서 다시 이탈리아로 중심 이동한 서양 문명은 한때 로마 제국으로 지중해 세계의 완성을 이루었으나, 중국에 비하면 느슨한 제국 체제였고, 결국에는 그나마 제국이 해체되고 분산의 길을 걸었다.

중국은 동쪽과 남쪽의 이민족들을 복속하고 북방의 이민족들을 멀리 서쪽으로 내모는 데 성공했으나, 로마 제국은 전성기에도 동쪽의 파르티아(지금의 이란)에 내내 고전하고 북쪽의 게르만 민족에게 점차 문호를 개방하지 않을 수 없었다. 위진남북조시대에 중원을 위협한 이민족들은 중원을 정복하고 나면 곧바로 한화 정책을 추구했으나, 로마를 위협한 이민족들은 로마를 멸망시킨 뒤 곧바로 문명의 중심을 이동시켰다. 두 문명의 차이는 곧 중심의 차이였던 것이다.

이렇듯 중심을 굳건히 유지하면서 서서히 팽창하는 동심원적 동양 문명과 중심을 끊임없이 이동시키면서 문명의 형질 변화를 거듭하는 역동적인 서양 문명의 차이는 이미 고대에 정형으로 확립되었다. 이제 그 차이가 두 문명에 각각 어떤 영향을 끼쳤을지 살펴보도록 하자.

6

닫힌 세계

안방의 제국 / 토지제도의 붕괴 / 왕토사상의 문제점 / 전시과와 과전법 / 주희의 변명 / 당 제
국의 총체적 난국

당 제국만큼 명암이 뚜렷한 왕조도 없다. 태종의 치세(626~649년)인 '정
관(貞觀: 태종의 연호)의 치治'에는 제국의 기틀을 잡았고, 현종의 치세
(712~756년)에는 '개원(開元: 현종의 연호)의 치'로 불리는 번영기를 누렸
다. 그러나 그 기간이 끝나기가 무섭게 당 제국은 안사安史의 난을 맞아
이른바 '당말오대唐末五代'로 불리는 난세로 급전직하한다. 덕분에 당시唐詩
의 쌍벽을 이루며 태평성대를 노래하던 당대의 인기가수 이백李白과 두
보杜甫는 졸지에 허무와 영탄을 읊조리는 엘레지 가수로 전업해야 했다.
하긴, 황제 현종마저 난리를 피해 멀리 쓰촨까지 도망치는 마당에 연예
인의 삶이 고달프고 허무하지 않다면 이상할 일이다.

그토록 완벽한 제국이 허무하게 쓰러진 이유는 무엇일까? 불완전했
던 한 제국의 모든 단점을 보완해 대내적으로 중국식 제국 체제를 완성
했고 대외적으로는 중화 세계의 확고한 중심으로 자리를 굳혔는데 추락

혼자 공부하는 이들을 위한 최소한의 지식: 역사

한 이유는 무엇일까? 여기에는 중국만이 아니라 중국을 중심으로 하는 동북아시아 질서 전체의 비밀이 숨어 있다. 결론부터 말하면 당 제국의 실패는 곧 제국 체제의 실패이며, 따라서 이후의 송·명·청 등 20세기에까지 이르는 중국식 제국 질서의 장기적 실패를 예고한다.

제도상으로는 나무랄 데가 없다. 율령으로 법치를 확립하고, 과거제로 율령 체제를 지탱하며, 균전제로 국가 재정을 유지한다. 모든 게 법대로만 된다면 아무 탈도 없다. 단, 한 가지 조건이 있다. 중국만이 유일한 세계일 경우에만 완벽한 체제다.

완벽한 제도는 닫힌 체계 안에서만 완벽하게 기능한다. 당 제국의 모든 제도는 천자를 중심으로 하고 제후들이 그 뒤를 받치며 백성들이 그에 맞추어 일사불란하게 움직이는 동심원적 구도에서만 제대로 기능하는 것이었다. 그러나 당시 중국인들도 알고 있었듯이, 문명 세계는 중국만 존재하지 않았다. 물론 중국은 한 제국 시절부터 동북아시아의 주인이었다. 당 시대에는 영역도 확대되었고, 주인의 지위도 더욱 확고해졌다. 하지만 당시 당 제국의 지위는 '세계 최고의 선진국'이었을지언정 '세계의 주인'은 아니었다.

중국이 생각하는 '천하'가 넓어질수록 그 점은 더욱 확실해졌다. 실크로드는 일찍이 스키타이족이 유라시아 대륙을 횡단할 때 사용한 길이었고, 한 무제의 명으로 서역 출장을 간 장건張騫의 보고를 통해 중국에 알려졌으나, 동서 무역로로 적극 활용되기 시작한 시기는 당 제국 시대부터였다. 수많은 색목인아라비아인이 장안(지금의 시안)의 도심을 활보하게 된 것도, 장안이 콘스탄티노플과 더불어 세계 최대의 도시로 떠오른 것도 그 무렵이었다.

장안의 중국인들은 콘스탄티노플의 존재를 잘 몰랐고, 색목인들이 찾아오는 이유도 그저 장안이 천하의 중심이기 때문인 줄로 알았다. 그러나 색목인들은 중국의 서쪽에 중국보다 더 광대한 중앙아시아의 평원이 펼쳐져 있는 것을 알고 있었으며, 더 서쪽으로는 콘스탄티노플의 비잔티움 제국_{동로마 제국}과 유럽 세계가 존재한다는 것도 잘 알고 있었다. 그도 그럴 것이, 그들은 당시 지중해를 통해 동방의 문물을 서유럽으로 부지런히 전달하며 막대한 돈을 벌고 있었던 것이다.

물론 당 제국이 붕괴한 직접적 이유가 장안에 출몰하는 아라비아 상인들이나 유럽 세계의 존재 때문인 것은 아니다. 그러나 중국과 같은 수직적이고 동심원적인 제국 체제가 시대에 뒤처지게 된 데는 다른 세계의 존재가 큰 역할을 했다. 호수의 수면에 물결을 일으킨 동심원이 둘 이상이라면 그 사이의 물결은 서로 간섭을 일으키는 게 당연한 현상이다. 동서양의 문명권이 확대되면서 간섭의 폭도 점점 더 커졌다. 중요한 차이는 서양 세계가 그런 변화를 적극적으로 수용한 데 반해 중국은 그러지 않았다는 점이다.

세계는 닫혀 있지 않은데 제국의 모든 제도는 닫혀 있는 세계를 가정하고 있다. 세계는 팽창하는데 제국의 모든 제도는 고정불변의 세계를 가정하고 있다. 예전에 입었던 옷은 몸이 크면 맞지 않게 마련이다. 그러나 당 제국의 중앙정부는 옷을 바꾸려 하지도, 늘리려 하지도 않는다. 결국 제국은 삐걱거리기 시작한다. 가장 먼저 균열이 가기 시작한 것은 경제적 토대인 균전제다.

앞서 말했듯이, 균전제란 토지[田]를 국유화해 농민들에게 고르게[均] 나누어 주고 수확물의 일부를 세금으로 받아 국가 재정을 충당하는 제도다. 따라서 균전제가 올바르게 기능하려면 무엇보다 토지의 총량이 확정되고 불변적이어야 한다. 제국이 건설된 초기에는 산수만 잘한다면 쉬운 일이었다. 전국의 토지 면적을 잘 계산해서 인구에 맞추어 배분하면 된다. 그러나 왕조가 어느 정도 자리 잡은 중기쯤 되면 변수가 많아지므로 그 계산이 점점 복잡해진다. 산수보다 수학이 필요해지고, 수학보다 사회학이 필요해진다. 토지의 총량도 변할뿐더러 토지 소유관계를 둘러싼 사회 변동도 따져봐야 하기 때문이다.

인구가 늘어남에 따라 미개간지가 개간되는 경우도 많고, 각 농민 가구의 변화에 따라 토지 경작자가 달라지는 사례도 많아진다. 흔한 예로, 집안의 손이 끊겨 경작할 장정이 없어진 가구도 있고, 이런저런 이유로 농토를 버리고 타향으로 떠난 가구도 있다. 모든 사정이 개국 초기와는 크게 다르다. 그러나 제도는 전혀 달라지지 않았고, 시대의 변화를 수용하지도 못했다. 사실 균전제는 제국이 존립하는 토대이기에 쉽게 바꿀 수도 없는 처지였다.

문제는 본말의 전도에 있다. 국가의 골간은 땅과 사람이다. 이 사실은 문명이 탄생한 이래 오늘날까지도 변하지 않았다. 가장 단순하게 말하면 땅이 넓고 사람이 많을수록 대국이고 강국이다(여기에 한 가지 요소를 더 추가한다면, 역사가 건강할수록 강국이다). 그러나 인위적인 중국식 통일 제국에서는 그 명백한 사실이 전도된다. 땅과 사람이 국가를 이루는 게 아니라 국가를 위해 땅과 사람이 존재한다. 삶의 효율성과 편의를 도모하려는 게 제도의 본래 취지임에도 거꾸로 제도 자체가 존속하기 위해 삶이 희생되고 변질된다.

중국식 제국에서는 국가가 국민을 위해 존재하는 게 아니라 지배층의 도구로 국가가 필요할 따름이다. 사실 이 점은 동양의 국가가 탄생할 때부터 있었던 특징이다. 서양의 역사에서는 국민주권의 원칙에 입각한 근대 공화국이 탄생하기 이전의 왕조시대에도 국가의 주인은 왕이 아니었다. 반면 동양의 왕국은 언제나 왕이 단독 오너였다. 서양의 국가는 사람들이 생존과 안전을 위해 만들었으나 동양의 국가는 지배층이 민중을 지배하기 위해 만들었다. 중국만이 아니라 우리 역사도 마찬가지다. 원주민을 지배하기 위해 외부(하늘)에서 온 정복자 단군이 민족 시조라는 사실은 건국신화에서부터 지배/피지배의 계급적 관점이 당연시된다는 것을 말해준다(엄밀히 말해 우리 민족의 혈통적 조상은 단군이 아니라 단군의 지배를 받은 원주민이다). 그랬기에 동양식 국가는 늘 건국자/지배자로 시작되고 처음부터 국호와 도읍을 중시하는 것이다.

이런 계급적 성격이 강한 전도된 국가 관념은 당 제국의 균전제가 붕괴하는 과정에서 확연히 볼 수 있다. 마을의 한 농민 가구가 가난에 못이겨 고향을 버리고 떠나면 그 마을에 부과된 세금의 양이 그만큼 줄어들어야 마땅하다. 하지만 지방정부와 중앙정부는 그것을 용납하지 않는다. 오히려 나머지 가구들이 그 가구의 세금까지 추가로 부담해야 한다. 이런 제도적 결함은 농민의 토지 이탈을 도미노 게임처럼 만든다. 갈수록 유민들이 늘어난다. 그러자 부패한 지방관들은 기다렸다는 듯이 그 기회를 놓치지 않고 즉각 농민이 버린 토지를 겸병하고 나선다.

유학 이념에 따르면, 그런 부패야말로 최우선의 척결 대상이다(한 제국 시대에 부패한 외척과 환관 정치로 핍박과 고통에 신음하던 사람들은 바로 유학자들이었다). 그러나 근원적으로 따져보면 그것은 유학이 조장한 폐해나 다름없다. 천하의 안정된 질서를 숭상하는 게 유학인데, 부패란 바로 그 '안정'이라는 미명 아래 고여 썩은 웅덩이에서 발원하는 게 아니던가?

균전제의 기본 전제인 토지 국유의 개념은 힘을 잃고 토지는 사실상 지주들에 의해 사유화된다. 토지의 부익부 빈익빈 현상이 확대 재생산된다. 당 제국의 실패를, 이후의 역사까지 통틀어 동양식 지배 체제의 근본적 실패라고 볼 수 있는 이유가 거기에 있다. 동양식 왕조에서는 늘 토지를 둘러싼 잡음이 끊이지 않았는데, 그 이유가 단지 토지가 가장 중요한 생산수단이기 때문만은 아니다. 그 근저에는 토지가 형식적으로는 국가나 왕의 소유이면서도 실제로는 사유화되는 모순이 있다. 이 모순이 중국보다 더 확연히 드러나는 사례는 한반도 사회의 경우다.

고려의 토지제도는 전시과田柴科라고 부른다. 토지의 주요 생산물인 식량[田]과 땔감[柴]에서 나온 용어인데, 명칭보다 더 중요한 것은 전시과가 고려시대 공무원(관리)에게 봉급을 주던 제도라는 점이다. 사기업이 없고 경제의 민간 부문이 활성화되지 않았던 때니 당시 공무원 봉급제도는 국가와 사회의 재정에서 가장 중요한 요소였다. 왕이 관리를 임용했으면 봉급을 줘야 한다. 화폐경제가 발달하지 않은 사회에서 급료를 지불하는 방식은 토지다. 그러나 이런 순경제적인 측면에도 정치 이데올로기가 개입된다.

유학 이념에 따르면, 천하의 주인은 군주다. 군주는 자신이 지배하는 나라의 땅을 비롯한 모든 재산을 소유하고 모든 백성을 마음대로 부릴 수 있다. 이것을 왕토사상王土思想이라고 부르는데, 춘추전국시대의 문헌 《시경詩經》에 나오는 "溥天之下 莫非王土(넓은 천하에 왕의 땅이 아닌 곳이 없다)."라는 문구에서 비롯된 관념이다. 바로 이것이 동양식 왕조와 서양식 왕조의 큰 차이를 이룬다.

앞에서 말했듯이, 로마 황제는 제국의 모든 것을 통째로 소유하지 못했다. 군사 원정을 벌이려면 군대와 합의를 보아야 했고, 승리의 대가로 전리품을 약속해야 했다. 지휘관과 말단 병사들의 관계도 마찬가지였다. 로마 군단의 지휘관은 한 도시를 점령했을 경우 병사들에게 사흘 동안 약탈할 기회를 공식적으로 허가했다. 오너가 아니었기에 병사들에게 직접 전리품을 나누어 주지 못하고 스스로 챙기게 한 것이다.

왕국의 왕이 국가의 오너가 되지 못하는 것은 중세에도 마찬가지였다. 15세기 포르투갈 왕자 엔리케가 아프리카 서해안의 해로를 개척한 것은 정치적 명령이 아니라 수익을 노리고 자비를 들인 '투자'였다. 16세기 영국 여왕 엘리자베스 1세는 아프리카인들을 잡아 아메리카에 노예로 파는 사업에 '주주'로 참여해 수익을 나누어 받기로 하고 자기 소유의 선박을 제공했다. 17세기 영국 왕 찰스는 전쟁 비용을 염출하기 위해 의회와 충돌을 빚다가 서유럽 최초로 국왕이 참수를 당하는 전례를 남겼다.

이 모든 사건이 동양식 왕조에서는 불가능한 일이다. 동양의 군주는 권위와 권력으로 원정군을 파견할 수 있었고, 국가 재산의 유일한 소유자이므로 전시에는 모든 물자를 마음대로 징발할 수 있었다. 원정의 대가를 병사들에게 약속한다거나 수익이 날 만한 곳에 국왕이 '투자'한다는 것은 동양의 군주로서는 생각할 수 없고 생각할 필요도 없었다. 그런데 바로 여기에 근본적인 모순이 있다. 고려의 전시과가 무너지는 과정은 그 점을 잘 보여준다.

토지의 유일한 소유자가 왕이니까 토지는 원칙적으로 누구에게 넘겨주거나 양도할 수 없다(공신전처럼 가문에 세습되는 토지가 있었지만 이것도 근본적으로는 사유지가 아니라 국유지였다). 그러므로 고려 정부는 관리를 임용해도 급료로 토지 자체를 내주지는 않는다. 하지만 급료는 줘야 한다. 땅은 줄 수 없는데 땅밖에 줄 게 없다. 어떻게 할까? 절묘한 해결책이 있다. '공무원'들에게 토지의 소유권을 내주는 대신 토지 생산물을 수취할 권리를 내주는 것이다. 이것이 곧 조세를 받을 권리, 수조권收租權이다. 왕토사상의 이념과 현실적 필요성을 조화시킨 절묘한 발상이다.

여기까지는 순탄하다. 문제는 그다음부터다. 수조권을 받은 관리는 성실하게 일하다가 나이가 들면 은퇴한다(고려와 조선에서 관리는 임기가 없는 종신직이었다). 가족으로서는 가장이자 유일한 수입원이 정년 퇴임한 격이다. 연금보험이나 국민연금 같은 건 없다. 그럼 그 집안은 이후 어떻게 먹고살까? 귀족의 신분을 어떻게 유지할까? 물론 조상의 음덕으로 후손이 관직에 임용되는 음서蔭敍 제도가 있다. 하지만 누구나 음서의 덕을 보는 것은 아니고, 더구나 아버지의 관직을 자식이 그대로 물려받는 것은 아니다. 또한 전문성이 요구되는 직책이라면 경력을 쌓지 못한 젊은 아들이 함부로 물려받을 수도 없는 노릇이다. 관리가 은퇴한 뒤에도 가족이 기존의 신분을 유지하려면 무언가 조치가 있어야 한다.

사실 관리가 은퇴하면 수조권을 국가에서 회수하는 게 마땅하다. 관리가 없는데 급료가 계속 나간다면 국가 재정의 낭비다. 그런데 그렇다고 즉각 수조권을 빼앗기란 현실적으로 어렵다. 자발적으로 반납하기를 기대하기란 더더욱 어려운 일이다. 게다가 개국 초기의 관리들은 대부분 개국공신이므로 설령 정부에 의지가 있다 해도 반발과 사회문제를 각오하지 않는다면 수조권 반납을 강행할 수 없다. 그래서 현실적으로 관리의 재임 시에 주어진 토지의 수조권은 퇴임 관리가 계속 가지고 있다가 나중에는 자식에게까지 상속되는 게 관행으로 자리 잡게 된다.

수조권이 상속된다면 이미 그것은 수조권이 아니라 사실상 토지 소유권이다. 원칙적으로는 토지 소유자가 아니지만 현실적으로는 지주다. 제도의 허점이 드러난다. 이런 점 때문에 고려의 토지제도는 초기부터 삐걱거렸다.

토지가 무한히 남아돈다면 별 문제가 없다. 예를 들어, 초기 로마처럼 화려한 정복왕조라면 정복을 통해 꾸준히 늘어나는 토지를 나누어 주면 된다. 그러나 고려는 정복왕조도 아니고 정복할 곳도 없다. 토지는 유한하고(수조권을 내줄 때마다 오히려 줄어든다) 새로 임용할 관리는 꾸준히 증가한다. 이 문제를 시정하기 위해 정부에서는 심지어 기존의 수조권이 설정된 토지에 새로 수조권을 덧씌우기도 한다. 같은 토지의 권리를 놓고 전·현직 관리의 다툼도 큰 문제지만 졸지에 이중과세를 부담하게 된 농민들은 아예 죽을 맛이다. 그렇게 시달릴 바에야 차라리 토지를 버리고 산간으로 들어가 화전이나 일구며 사는 게 낫다. 농민은 토지와 고향을 떠나 유민이 되고(농민이 유민화하는 현상은 농경 문명이라는 성격에 어울리지 않게 동북아시아 역사에서 무수히 반복되는 기본 패턴이다), 버려진 토지는 자연스럽게 사적 매매의 대상이 된다. 대토지 소유자는 경작자가 사라진 토지를 겸병하고 나선다. 그래서 고려 중기에 들면 전시과가 완전히 무너지고, 그에 따라 국가 재정도 붕괴한다.

그 문제를 '해결'해준 것은 엉뚱하게도 고려를 정복한 몽골이다. 고려를 식민지로 지배한 몽골은 한 세기 동안이나 지속된 무신정권을 끝장냈을 뿐 아니라 서서히 곪아온 경제문제도 식민지 통치 방식으로 해결했다. 원래 정복자는 식민지 내정에 관해서는 좋은 게 좋은 거라는 식으로 기존의 체제를 온존시키게 마련이다. 1945년 한반도 남부에 들어온 미군정이 일제 강점기의 사회적 인프라를 그대로 가져간 것과 마찬가지다. 정복자에게 고분고분한 고려의 기득권층 대토지 소유자들은 즉각 친원파(親元派: 일제 강점기의 친일파와 다름없다)로 변신해 몽골 정권을 등에 업고 '사회 안정'이라는 미명 아래 "이대로 영원히!"를 외쳤다. 고려 말의 권문세가는 이렇게 해서 성장했고, 그 대항마로 나서서 조선의 건국 주체가 되는 신진 사대부 세력도 그 경제적 배경에서 탄생했다.

반면 농민들은 땅도 잃고 나라도 잃었다. 친일파를 미워하던 20세기의 한반도인들처럼 13세기의 고려 백성들도 친원파를 미워했다. 그런 분위기에서 그전까지는 미약했던 민족의식도 한층 강화된다. 고려 때 간행된 김부식金富軾의 《삼국사기三國史記》가 신라의 건국으로 시작하는 것과 달리 몽골 식민지 시대의 역사서인 일연의 《삼국유사》가 단군신화부터 시작하는 것은 그런 사정과 무관하지 않다. 말하자면 지금 우리는 오랑캐의 지배를 받는 처지로 전락했으나 원래는 유구한 문명의 역사를 가진 우수한 민족이었다는 이데올로기를 강조하려는 의도다(그 덕분에 다분히 가공적인 단군기원이 생겨났다).

몽골이 중국 대륙에서 패망하고 물러가자 한 세기가 넘게 지속된 식민지 지배도 끝났다. 당연히 다시 토지제도를 정비해야 할 조건과 필요성이 생겼다. 그래서 만든 게 과전법科田法인데, 얼마 안 가 이성계李成桂가 고려를 타도하고 조선을 세우는 바람에 과전법은 조선의 토지제도가 된다.

왕조 교체도 그렇듯이 토지제도도 이름만 과전법으로 바뀌었을 뿐 기본 취지는 전시과와 다름없다. 사정과 맥락이 같으니 목적과 용도도 같을 수밖에 없기 때문이다. 처음에는 좋았다. 일단 정권이 바뀌고 고려의 권신들과 대토지 소유자들을 소탕했으므로 토지 소유관계는 다시 원점으로 돌아갔다. 빈 도화지에 그림 그리기는 어린아이라도 할 줄 안다. 조선의 건국 세력인 신진 사대부들이 생각하는 방책은 아주 쉽다. 우선 관리들의 녹봉 용도로 과전을 설정한다. 전시과와 마찬가지로 모든 토지는 왕의 소유이며 수조권만 분급할 뿐이라고 재천명한다. 다만 고려처럼 국가 재정이 망가지는 것을 막기 위해 조선 정부는 과전을 경기도에만 한정한다.

새 나라의 기백은 좋지만 근본적으로 달라진 게 없는 세상에 이름만 바뀐 제도가 온전할 리 없다. 관리에게 봉급으로 주어진 수조권은 고려 때처럼 자연스럽게 세습된다. 관행을 바꾸려면 제도가 아니라 문화가 달라져야 하는데, 조선은 유학 이데올로기를 더 강조할 뿐 고려와 사회 체제는 크게 다를 바 없다.

고려에서도 그랬듯이 토지가 무한정 공급될 수 있다면 과전법도 만 사형통이다. 하지만 조선이 정복국가가 아닌 이상 토지는 금세 부족해진다. 가뜩이나 피비린내 나는 왕자의 난(284~289쪽 참조)으로 왕위를 계승한 태종 이방원은 정통성의 문제를 극복해야 하는 과제도 안고 있다. 이런 판에 새로 임용되는 관리들의 불만마저 사면 곤란하다. 그래서 그는 황급히 과전을 삼남(충청·전라·경상)으로 확대한다. 하지만 예상했던 결과가 현실화된다. 과전이 조세 수취용 토지를 잠식한 탓에 중앙으로 오는 조세가 줄어든 것이다. 관리들의 급료 때문에 국가 재정이 휘청거릴 지경이다. 어쩔 수 없이 그의 아들 세종은 다시 과전을 경기도로 제한한다.

이렇게 조선의 새 토지제도는 개국한 지 50년도 못 되어 갈팡질팡한다. 다행히 세종의 아들 세조는 판을 새로 짤 기회를 만들었다. 그 방법이 조카의 왕위를 찬탈하는 쿠데타였던 게 좀 그렇지만, 그 덕분에 그는 개국공신들의 세력을 꺾을 수 있었다. 이런 배경에 힘입어 그는 다시금 현직 관리에게만 수조권을 허용한다는 명을 내린다. 이것을 직전법職田法이라 부르지만, 사실 개국 초기의 정신으로 되돌아가자는 취지이므로 명칭만 신선한 제도다. 문제의 근원을 해결하지 않은 미봉책이요 대중요법의 전형이다. 결국 직전법도 얼마 버티지 못하고 명종 때는 직전마저 지급 불능이 되면서 국가 부도를 초래하고 만다.

몽골 침략이 고려의 애로 사항을 타개해주었다면 조선의 문제를 해결해준 사건은 일본의 침략이다. 임진왜란으로 전국이 황폐화되고 토지소유관계가 총체적으로 모호해진 것을 계기로 조선 정부는 사실상 과전법을 포기했다. 이후 조선의 토지제도는 없는 거나 마찬가지다. 조선 후기에 대토지 겸병이 극성을 부리고, 실학자들이 탁상공론에 가까운 각종 토지제도를 내놓는 것은 그런 배경에서다.

여기서 한 가지, 과전법의 실패가 초래한 중대한 역사적 무의식을 짚고 넘어가자. 토지제도가 문란해지고 국가 경제가 약화된 것은 역사적 필연성이라고 할 수 있다. 그러나 과전법의 실패는 당대의 누구도 예상하지 못한—그래서 역사적 무의식이라고 할 수 있다—후기 조선 사회의 중요한 특성을 낳았다.

수조권이 반납되지 않았다는 것은 곧 어딘가에 적체되었다는 것이다. 그게 어딜까? 바로 양반 가문이다. 아버지가 정승을 지냈다고 해서 그 아들도 반드시 정승이 되는 것은 아니다. 하지만 아버지가 정승 시절에 받았던 과전은 대대로 그 가문에 상속된다. 그것이 쌓이면 후손들은 굳이 관직에 진출하지 않아도 먹고살 방편이 마련된다. 이런 경제적 토대에 힘입어 조선 중기부터는 사림士林이라는 독특한 계층이 생겨난다. 세조의 직전법이 수명을 다하는 성종 대에 사림이 발생한 것은 그 때문이다.

사림에 속하는 양반들은 관직에 나가지 않아도 먹고살 기반이 있고, 관직이 없으니 어차피 할 일도 없다. 그래서 그들은 자기 지역에서 학교를 세워 제자들을 양성한다. 그 제자들 중 일부가 관직에 진출하면서 학맥이 생긴다. 스승과 동문들은 관리가 된 제자와 동창생을 통해 중앙과 지방 정치에 영향력을 행사한다. 관직에 있지 않으면서 관에 막강한 영향력을 행사하는 것, 이것이 바로 사림 정치다. 16세기의 조식曺植은 한 번도 관직에 있은 적이 없으나 영남 사림의 지도자였고, 그가 세운 남명학파(南冥學派: 남명은 조식의 호다)는 중앙 정계를 마음대로 주물렀다. 17세기의 송시열宋時烈은 관에서 일한 적이 거의 없으나 후대의 역사학자들이 17세기를 송시열의 시대라고 부를 만큼 중앙 정치에 깊숙이 개입했다.

과전법의 맹점을 통해 물적 토대를 얻은 사림은 조선 특유의 이중 정치 혹은 '비공식 정치'의 메커니즘을 발동시켰다. 권력의 전면에 나선 자와 그 배후에서 영향력을 행사하는 자로 나뉘는 이중 정치는 조선의 중앙 정치를 타락시켰고, 중기부터는 망국적 당쟁을 유발했다. 더 안타까운 것은 그런 비공식 정치 방식이 오늘날 의회정치에도 이른바 '보스 정치'나 '막후 실력자' 같은 용어로 흔적을 남기고 있다는 점이다.

한반도 왕조의 실패가 말해주는 사실은 한 가지다. 실제로는 토지가 사유화되어 있으면서도 공식적으로는 토지 국유의 개념을 포기하지 않는 왕토사상, 이것이 좁게는 동양식 토지제도의 본질이자 넓게는 동양식 제국 체제의 골간이다. 현실의 경제는 민간이 주도하는데 명목상으로는 관이 지배하는 질서이며, 경제에 대한 정치의 우위를 기본으로 하는 체제다. 원래 경제는 자연스러운 것이고, 정치는 인위적인 것이다. 그렇다면 동양의 역사는 인위적인 것이 자연스러운 것을 지배해온 역사가된다. 자연스러운 민중의 일상생활을 정치적인 지배에 복속시키려는 것이 유학 이데올로기라고 보면, 그런 역사의 흐름은 불가피한 것이기도 하다.

유학 이념은 정치 이데올로기로서는 괜찮지만(특히 지배자의 입장에서는 나무랄 데 없다) 경제에는 근본적인 아킬레스건이 있다. 따라서 경제가 안정되면 정치도 꽃을 피우지만 그렇지 못할 경우 정치는 금세 무너진다. 한·당·송·명 등 역대 한족 제국들이 예외 없이 개국 초기 50~100년간 번영을 누리다가 이내 추락의 길을 걸은 것은 그 때문이다. 개국 초기에는 건강하고 강력한 정치력의 뒷받침으로 각종 제도를 시행해 경제의 틀을 유지하다가 중기에 들어 그 틀이 무너지면서 몰락하는 식이다. 한마디로 말하면 인위적인 힘(중앙집권력)의 한계다. 세계 제국의 위용을 자랑하다가 순식간에 붕괴해버린 당 제국이 바로 그랬다.

개국 초부터 국가의 경제적 기초가 된 균전제가 붕괴하니 거기에 기반을 둔 정치와 행정도 더 이상 버티지 못한다. 그에 따라 한 제국 시대의 고질병이던 외척과 환관이 다시 중앙 정치를 좀먹기 시작한다. 한 제국의 업그레이드판으로 출범한 제국이 어느새 한 제국의 복사판이 되고 말았다. 가장 극적인 닮은꼴은 중간에 잠시 제국의 명패가 바뀐 경험이다.

전한과 후한 사이에 왕망이 권력을 잡고 국호를 바꾼 것처럼, 당 제국도 7세기 말에 잠시 국호가 주周로 바뀐 적이 있었다(과연 '주'라는 국호는 중국인들의 영원한 고향이다!). 왕망이 황실의 외척이었듯이, '주'의 지배자도 황실의 외척이었다. 바로 황후인 측천무후였으니까.

한반도 정복을 완료한 당 고종은 아버지 태종에 비해 훨씬 나약한 인물이었다. 태종의 후궁이었다가 책략으로 다시 그 아들 고종의 아내가 되어 황후의 자리에까지 오른 무후는 남편이 살아 있을 때부터 제국의 실권을 장악하고 권력을 휘둘렀다. 685년 남편이 죽자 무후는 두 아들을 차례로 제위에 올렸다가 그것도 성에 안 차 690년에 스스로 제위에 오른다. 중국 역사상 전무후무한 여제女帝다.

무후의 제국은 왕망의 제국보다 더 짧아 10년밖에 못 갔으나 왕망의 경우처럼 제국이 붕괴하기 시작한 지표의 역할을 했다. 왕망의 제위 찬탈이 전한과 후한을 갈랐듯이, 무후의 제국을 기점으로 당 제국이 쇠퇴의 기미를 보이는 당말오대가 시작된다. 한과 당 두 제국의 말기적 증상은 700년의 시차를 두고 있다고는 믿어지지 않을 만큼 닮은꼴이다. 후한 시대처럼 이 시기에도 황실의 외척들이 중앙 권력을 완전히 장악하고 온갖 부패를 일삼았다. 현종 대에는 양귀비의 재종오빠인 양국충楊國忠이 황궁을 휘젓고 다녔다. 그에 뒤질세라 환관들도 들고일어났다. 이들은 외척에 비해 권력에서는 뒤처지지만 황제에게의 접근성과 술수에서는 훨씬 뛰어나고 잔혹하기도 했다. 때로는 황제까지 살해하는 일도 서슴없이 저질렀으니까.

8세기 초부터 당 제국이 최종적으로 멸망하는 9세기 초까지 100년 동안 모두 11명의 황제들 가운데 단 한 명만 빼고는 전부 환관들이 옹립했다. 환관의 테스트를 거쳐 제위에 올랐다고 해서 그 황제들을 문생천자門生天子라고 불렀을 정도다(문생이란 '제자'라는 뜻이니 얼마나 경멸스러운 표현인가).

중앙정부가 이 지경이라면 지방행정은 말할 것도 없다. 균전제의 지방판에 해당하는 제도는 부병제府兵制다. 부병제란 변방의 농민들이 중앙정부에 내는 세금을 면제받는 대신 자비로 국방을 담당하는 병농일치의 제도다. 균전제와 마찬가지로 부병제도 제국이 안정적인 상태일 때는 효과를 발휘한다. 그러나 농민들이 토지를 버리고 유민의 길을 택하는 마당에 그런 변형 징병제가 유지되기는 어렵다. 그래서 나름대로의 자구책으로 변방의 절도사들은 모병제를 취했는데, 이 병사들이 누구에게 충성할지는 불을 보듯 뻔하다. 당 제국을 결정적인 위기로 몰아간 안사의 난을 일으킨 안녹산安祿山은 바로 절도사였고 사사명史思明은 그의 부관이었다. 우리 현대사에서도 보듯이, 중앙 권력이 불안정할 때 군대의 지휘관이 전방의 사단 병력을 빼내 군사 쿠데타로 집권하는 사례는 개발도상국들이 통과의례처럼 거치는 과정만이 아니라 지극히 동양적인 전통에 뿌리를 둔 것인지도 모른다.

닫힌 세계에서는 아무래도 정치가 사회 전반을 지배하게 마련이다. 권력의 중심이 고정되어 있고 그 중앙 권력을 구심점으로 모든 질서가 동심원적으로 자리 잡혀 있다. 그래서 지배계급의 입장에서 가장 중요한 목표는 당연히 그런 질서를 그대로 유지하는 것이 된다. 그렇다면 밖으로 팽창하는 본성을 가진 경제, 외부와 접촉하고 교류하려는 성향을 가진 문화는 모두 정치에 종속될 수밖에 없다.

팽창과 접촉이 자연스러운 것이라면 그것을 가로막는 정치는 부자연스럽고 인위적이다. 한 제국이 제국 체제의 토대를 닦아놓은 뒤 수백 년간의 분열기를 겪고서 성립한 당 제국은 중국식 제국 체제를 상당 부분 업그레이드했다. 그러나 그 진보는 바꿔 말해 닫힌 세계의 완성이었으며, 언제든 대문만 열리면 무너질 수 있었다. 더 큰 문제는 당 제국 초기의 번영과 안정에 매력을 느낀 중국인들이 그 뒤에도 계속 닫힌 제국 체제를 고집했다는 점이다.

닫힌 세계의 반대말은 열린 세계다. 당 제국이 안방의 제국을 이룩하고 곧이어 추락의 길을 걸을 무렵 유럽은 열린 세계로 접어들었다. 사실 열렸다는 말을 할 필요도 없다. 중국이 정치 중심의 인위적인 역사를 선택한 데 비해 유럽에서는 아무것도 선택하지 않았고 또 선택할 주체도 없었다. 애초부터 안방도 없고 대문과 울타리도 없었으니 닫고 열고 할 것도 없었다. 그래서 서양 문명의 역사는 아무런 제동장치나 방향타도 없이 모든 게 물 흐르듯 자연스럽게, 아울러 수많은 시행착오를 거치면서 진행된다. 이제 그 과정을 살펴보자.

7

신성과 세속의 분업

분열과 분산의 자연스러운 흐름 / 제국의 필요성 / 왕위의 세습과 선양 / 유럽 문명권의 막내 스칸디나비아

중앙집권화는 인위적이고, 분권화는 자연스럽다. 그러나 분산에 못지않게 집중도 자연스러운 본능이다. 사람들은 제멋대로 자유롭게 살고자 하는 욕구가 있는 반면 여럿이 뭉쳐 함께 살고자 하는 욕구도 있다. 다만 도시가 탄생하는 과정에서 보듯이 집중은 문명 초기에 생존을 위해 필요했지만, 생존의 단계를 넘어 문명이 더 폭넓게 발전하기 위해서는 집중보다 분산이 더 중요했다.

중국은 중심의 힘이 강한 문명이었다. 문명의 발생부터 명백한 지리적 중심을 가지고 시작했고, 이후에도 늘 인위적인 통일을 지향했으며, 제국 체제를 취했다. 역사에 가정은 무의미하다지만 만약 같은 시대에 존재했던 로마 제국과 한 제국이 전성기에 전면전으로 맞붙었다면 결과는 뻔했을 것이다. 로마 군단이 아무리 역사에 막강한 군대로 알려졌다 해도 한의 군사력을 감당하지 못했을 것이다. 고대 세계에서는 응집력

이 중요한데, 응집력을 보유하고 발휘하기에 유리한 것은 역시 중앙집권화된 제국이었다. 그렇기 때문에 고대에는 중심의 힘이 강한 문명이 앞서나갈 수 있었다. 그러나 문명의 빛이 넓게 퍼지고 여러 지역이 고르게 밝아지면 그 관계는 서서히 역전된다. 강력한 하나의 중심보다 다원화된 중심들이 서로 시너지를 이루면서 힘을 발휘하기 시작한다.

유럽의 경우에는 애초부터 중국과 같은 지리적 중심이 없었을 뿐 아니라 문명의 근본도 다른 대륙(오리엔트)에서 발생해 유럽으로 이동해왔기 때문에 역사적인 중심도 강고하지 않았다. 더욱이 중국처럼 순수한 농경 문명과는 달리 유목 문명의 요소가 상당히 섞여 있었기에(문명의 탄생기에는 오리엔트의 유목 문명, 중세에는 게르만족의 유목 문명), 유럽 문명은 처음부터 '잡탕'의 양태를 취했고 그만큼 자연스러운 성격이 더 강했다.

오늘날 서유럽 세계의 각국은 때로 서로를 경멸하거나 증오하며, 심지어 국가 대항 축구경기도 전쟁처럼 치열하게 벌인다. 그러나 다른 한편으로 그들은 유럽연합EU이라는 느슨한 공동체를 구성하고 공통의 통화제도를 운용한다. 이는 역사적으로 차이와 동질성이 조화롭게 어우러진 결과다. 반면 중국, 일본, 한국의 동북아시아 3국은 유럽보다 훨씬 오래전부터 문자(한자)와 이념(유학)에서 동질적인 문명권을 이루어왔지만, 오늘날 '동북아연합' 같은 공동체를 구성하거나 공동 통화제도 같은 것을 꿈꾸기는 어렵다. 그 이유는 분산의 역사가 부재했던 탓이다. 늘 중국이라는 압도적인 힘의 중심이 있었고 중심/주변의 질서를 취했기에 수평적인 국제 관계의 경험이 없었던 것이다.

그러나 유럽 문명이 분산과 분열을 기본 노선으로 취했다고 해도 통합과 집중화의 흐름이 전혀 없었던 것은 아니다. 최소한의 집중화는 문

혼자 공부하는 이들을 위한 최소한의 지식: 역사

명권의 존속과 정체성을 위해 반드시 필요하다. 분산은 차이를 낳고 통합은 동질성을 낳는다. 차이만 있고 동질성이 없다면 같은 문명권을 형성할 수 없다.

분산과 분권화로 나아간 중세 유럽 문명에 최소한의 통합성을 부여한 요소는 두 가지다. 하나는 로마 제국의 전통이고, 다른 하나는 그리스도교다. 그것들이 있었기에 중세 문명은 역사적·현실적 동질성과 함께 종교적·정신적 동질성을 유지할 수 있었다.

앞서 보았듯이, 로마의 느슨한 제국 체제는 끝내 강력한 중앙집권으로 발전하지 못했다. 그런데다 제국이 멸망하고 게르만 문명권과 융합되어 로마-게르만 문명으로 형질 변화되면서부터는 분산화의 노선이 더욱 두드러졌다. 그래서 로마의 역사가 부여하는 현실 정치적 동질성은 중세 초기에만 작용했을 뿐 곧 사라져버렸고(제국 체제의 실패) 나머지 요소들, 예컨대 법 제도나 군대 조직만 로마 문명의 전통으로 남았다. 그러므로 로마의 전통보다 더욱 지속적이고 강력한 동질성의 축은 그리스도교다. 말하자면 로마 제국이 멸망하면서 정치적 동질성이 크게 약화된 대신 그 빈자리를 종교적 동질성이 차지하게 된 셈이다.

지배자라면 누구나 제국에 대한 향수를 가지고 있다. 한 사람의 절대군주를 정점으로 하고 견고한 관료제로 군주의 명령이 영토 전역에서 일사불란하게 집행되는 제국, 무릇 군주로서 이런 수직적 권력 구조를 바라지 않을 사람은 없을 것이다. 그렇게 보면 아마 유럽의 지배자들, 즉 황제와 교황, 왕 가릴 것 없이 이 중국 황제의 위상을 알았더라면 중국을 '신의 뜻이 관철되는 지상낙원'으로 여겼을 법하다.

물론 제국 체제에 대한 평가는 시대에 따라 다르다. 시대를 앞선 것일 수도 있고 시대착오적인 것일 수도 있다. 상식적으로는 공화정이 제정보다 진보한 것으로 여기지만 역사에서는 그렇지 않은 경우도 많다. 기원전 1세기에 로마 원로원의 과두정이 국력을 쓸데없이 분산시킨다는 판단에서 제국으로의 행보를 서두른 카이사르는 당시의 관점에서 볼 때 진보적인 사고를 가진 인물이었다. 로마는 정복국가로 나서지 않으면 존립할 수 없는 처지였는데도 원정 계획이 잡힐 때마다 원로원은 사사건건 간섭했다. 따라서 원로원의 권력을 제한하지 않으면 로마의 앞날은 암담했다. 카이사르의 계획은 실패했지만 그가 죽은 뒤 불과 한 세대 만에 제정이 수립된 것은 그런 사정을 반영한다. 반면 18세기에 나폴레옹이 프랑스 혁명의 성과를 뒤엎고 제정으로 향한 것은 시대의 추이를 읽지 못한 반동적인 사례다. 그 때문에 앙시앵 레짐이 변형되어 부활하는 복고적인 체제가 성립했고, 그것이 실패하면서 프랑스는 오히려 수백 년간 유지해오던 유럽 세계의 정치적·문화적 맹주의 지위를 잃었다.

800년 크리스마스 날에 교황에게서 로마 황제의 제관을 받은 샤를마뉴의 복안은 무엇이었을까? 그 대관식은 로마 제국을 부활하려는 황제의 야망과 그 제국의 힘을 빌려 서유럽을 교회가 지배하는 세계로 만들려는 교황의 야망이 조화된 결실이었다. 프랑크 제국이 로마를 대신하지 못하고 금세 해체되는 바람에 그 꿈은 실현되지 못하고 말았지만, 그 사건의 상징성은 무척 컸다.

로마 제국이 가진 상징적 힘 때문에 이후에도 서유럽의 정치 지배자들은 황제의 꿈을 버리지 않았다. 이 사건에 기원을 두고 탄생한 신성 로마 제국은 무려 1000년이 지난 1806년까지 존속한다(이 제국의 문을 닫은 사람은 바로 새 제국을 건설한 나폴레옹이었으니 아이러니다). 신성 로마 제국이란 후대의 역사가들이 붙인 명칭일 뿐 당대에는 언제나 그냥 '로마 제국'이었다. 로마라는 이름이 지닌 상징성이 각 지역을 다스리는 세속 군주들에게도 그만큼 중요했다는 것을 보여주는 증거다. 즉 로마 제국의 망령은 근대에 이르기까지 서양의 역사 전체를 관류하는 셈이다.

그러나 누구보다 제국을 필요로 한 사람은 로마 교황이었다. 교황은 신을 지상에서 대리하는 역할이므로 종교적 서열상으로는 단연 최고위직이다. 그런데 교황의 권력이 미치는 곳은 서방 세계에 국한되고 동방은 콘스탄티노플의 총대주교가 관할하고 있다. 총대주교가 종교적 위계로는 교황보다 아래면서도 교황을 능가하는 종교적 영향력을 가진 이유는 무엇일까? 바로 동방 황제의 적극적인 지원이 있기 때문이다. 적어도 교황의 생각은 그랬다.

서방에서 로마 제국이 멸망한 이래 유럽 세계의 유일한 제국으로 남은 동유럽의 비잔티움 제국은 정교일치 체제를 취했다. 황제가 세속의 영역을 지배할 뿐 아니라 종교의 수장도 겸하는 방식이다. 하지만 그렇다고 해서 황제가 교회를 마음대로 좌지우지할 수 있는 것은 아니다. 교회는 엄연히 신을 섬기는 곳이므로 세속의 지배자가 전일적인 영향력을 미칠 수는 없다. 그래서 황제의 대관식은 반드시 콘스탄티노플 총대주교가 집전했고, 교회의 성소는 아무리 절대군주라 해도 함부로 들어갈 수 없었다. 반란이 일어났을 때도 패배한 측, 즉 폐위된 황제든, 실패한 반란자든 교회 안의 성소로 피신하면 세속의 권력은 그 사실을 안다 해도 손을 쓸 수 없었다. 특히 교회법은 지위와 무관하게 적용되었으므로 (모든 이는 신 앞에서 평등하다!) 황제라 해도 교회법을 어기면 처벌을 면할 수 없었다.

말하자면 비잔티움 제국은 느슨한 정교일치 체제였다. 모든 면에서 서유럽과 아시아의 중간이라고 보면 알기 쉽다. 세속과 신성의 분업화된 서유럽과 완벽한 정교일치의 중국 사이에 위치한 동방 제국은 지리적으로도, 체제적으로도, 또 종교적으로도 서유럽과 동양의 중간에 해당했다.

뿌리는 같은 그리스도교였으나 정치·체제·지리에서 생겨난 차이가 굳어짐에 따라 서유럽과 동유럽은 종교도 차츰 달라졌다. 결국 서방교회와 동방교회의 차이는 가톨릭과 동방정교로 나뉘어 오늘날까지 이르게 된다. 이렇게 교회가 분립되자 다급해진 것은 로마 교황이었다. 그가 동유럽 세계에 질시와 콤플렉스를 가지게 된 이유는 단 하나, 동유럽에는 서유럽에 없는 강력한 제국이 버티고 있다는 점이었다. 그렇다면 서방에도 대항마가 필요하다. 그러기 위해서는 먼저 선결 조건이 있다. 제국은 사라졌어도 서방 황제의 자리만은 계속 이어져야 한다. 그런데 부활한 로마 황제는 원래 허울뿐이었으나 그나마도 프랑크가 무너진 뒤 황제의 주가는 바닥을 모르고 곤두박질쳤다.

제위가 완전히 끊어지지는 않았다. 하지만 다른 인물들이 계속 황제가 되었어도 황실의 가문이 고정되지 않았고 대부분 명색이 황제일 뿐 정치적 무뢰배나 다름없는 자들이었다. 신성 로마 황제는 세습이 아니라 선거권과 피선거권을 가진 제후들, 즉 선제후들이 모여 선출하는 식이었다. 중세 중기까지도 황제는 거의 명예직에 불과했고 선제후들 간에 나누어 먹기나 다를 바 없었다. 그래도 선출의 형식을 취한 만큼 혹시 민주적인 제도가 아닌가 싶을 수도 있겠지만, 현대사회라면 몰라도 당시에 세습제가 아닌 선출제는 오히려 후진성의 증거였다. 국민주권의 이념과 근대 국민국가가 탄생하기 전까지 권력의 분점은 국가 발전에 장애물이 되었다.

고대 세계에 지배자를 '추대'하는 방식은 왕위 세습제가 확립되지 못한 시절에 사용된 편법에 불과했다. 실제로 샤를마뉴 이후 신성 로마 제국의 제위는 쭉정이 황제들이 계승했을 뿐 아무런 정치적 힘도 행사하지 못했다. 심지어 수십 년 동안 제위가 공석인 적도 있었다. 이 상태가 더 지속되었더라면 로마 교황은 끝내 세속의 파트너를 찾지 못했을지도 모른다. 그러나 그렇게 100여 년을 보낸 뒤 이윽고 기다리고 기다리던 적임자가 나타났다. 때마침 샤를마뉴가 즉위한 800년의 상황과 똑같았다.

961년 이탈리아에서 황제를 자칭하고 나선 베렝가리오라는 자가 교황을 핍박해 제관을 받으려 했다. 그러나 교황 요한네스 12세는 정치 깡패 같은 그가 영 마음에 들지 않았다. 외부의 도움이 절실히 요구되는 다급한 상황에서 교황은 마침 그 무렵 북방에서 마자르족(훈족의 일파)의 서진을 가로막아 전공이 높았던 작센의 오토 1세에게 구원을 요청했다. 200년 전 스테파누스가 카롤링거의 피핀에게 SOS를 타전한 것과 같은 상황이다. 상황만이 아니라 결말도 같다. 오토는 곧바로 이탈리아로 달려와 베렝가리오를 제압하고 교황에게서 제관을 받는다. 이로써 신성 로마 제국은 오랜만에 다시 제대로 된 명맥을 이었고, 이때부터 중세 유럽의 국제사회에서 나름의 역할을 하게 된다.

이리하여 세속과 신성은 클로비스, 샤를마뉴에 이어 세 번째로 다시 분업 체제를 이루었다. 1차는 세속(클로비스)이 먼저 신성에게 손짓을 보냈고, 2차와 3차는 신성(교황)이 세속에게 도움을 요청했다. 이제 황제와 교황은 서로가 서로를 필요로 한다는 사실이 명백해졌다. 황제는 휘하의 제후들을 다스리기 위해 교황의 지지가 필요했고, 교황은 교황령을 유지하고 세속군주들에게 영향력을 행사하기 위해 황제의 지원이 필요했다. 유럽 각 도시에 퍼진 교회는 종교적으로 로마 교황을 섬기면서 정치적으로 교회가 속한 국가의 군주를 보좌했다. 한편으로는 교황청의 논리를 지역에서 대변하는 역할도 했고, 반대로 세속군주가 교황청에 보내는 전갈을 전달하는 통로의 역할도 했다.

물론 세속과 신성의 두 황제가 언제나 찰떡궁합이었던 것은 아니다. 서로를 절실하게 필요로 한 것은 사실이지만 그것은 역사의 큰 흐름에서 그랬을 뿐이고, 개별적인 경우로 보면 이해관계가 상충할 때도 많았다. 그럴 경우에는 교황과 황제가 라이벌로 변해 치열하게 다투었다. 전반적으로는 협력보다 오히려 경쟁과 갈등이 더 많았다. 그러나 중세 전체를 통틀어보면, 양측은 함께 중세 유럽의 문명과 역사를 보존하고 발전시킨 협력자이며 운명 공동체였다.

샤를마뉴의 경우도 그랬듯이, 로마 황제가 부활했다고 해서 로마 제국까지 복원된 것은 아니었다. 신성 로마 제국은 실상 '신성'하지도 않고 '로마'도 아닌 데다 '제국'마저 되지 못했다. 지금의 남독일과 오스트리아에 해당하는 황실 직속령을 제외하고는 제국에 걸맞은 영토가 없었다. 비록 서열상으로는 남독일(바이에른, 프랑켄 등)과 동독일(작센, 브란덴부르크 등)의 제후들을 거느리고 있었으나, 그들은 명칭만 제후일 뿐 사실상 황제가 어찌할 수 없는 독립 군주들이었다. 그나마 독일 지역을 제외한 유럽 전역에는 제후라는 명칭마저 떼어버린 수많은 세속군주가 도시마다 들어앉아 독자적인 자신의 터전을 꾸리고 있었다. 서유럽만 해도 프랑스는 카페 왕조가, 잉글랜드는 노르만 왕조가 지배했다.

제국과 황제가 있지만 제국을 인정하고 황제를 섬기는 군주는 없다. 그 덕분에 서유럽 세계는 수평적인 '국제사회'를 이루었다. 게다가 중세에 접어든 이후 유럽 문명권은 지리적으로 크게 팽창했다. 로마 제국 시대에 유럽 문명은 지중해 언저리에만 자리 잡았으나 제국이 멸망한 뒤 중세 초기에는 중부 유럽까지 확장되었고, 중세 전성기에는 또 한 차례 팽창해 북유럽까지 아우르게 되었다. 이것이 제2차 민족이동이라 불리는 노르만의 이동이다.

옛 로마 제국을 무너뜨린 게르만족은 민족적으로나 정치적으로나 단일한 민족이 아니었다. 앞서 말했듯이, 게르만이라는 명칭은 로마인들이 제국의 북쪽 국경 너머에 사는 야만인들을 통괄적으로 가리키는 이름이었을 뿐 특정한 민족을 뜻하지 않았다. 그러므로 역사에는 게르만족의 침략으로 로마 제국이 멸망했다고 되어 있지만 엄밀히 말하면 그것은 잘못된 표현이다. 로마 제국은 역사적으로 필연적인(특히 서유럽 문명에 절실했던) 문명권의 확대를 꾀하는 데 실패한 탓으로 문을 닫았을 뿐이다. 이것이 곧 유럽에서 제국 체제가 종말을 고한 것이라는 점은 앞서 말한 바 있다.

게다가 로마 제국의 멸망은 단순히 라틴 문명의 패배와 게르만 문명의 승리가 아니라 라틴 문명이 로마-게르만 문명으로 통합되고 발전하는 결과를 빚었다. 제국의 붕괴를 기점으로 남유럽에 국한되어 있던 라틴 문명권은 중부 유럽까지 영역을 확장했고, 반대로 중부 유럽의 게르만 문명은 라틴 문명에 일방적으로 흡수되거나 물리적으로 결합되는 데 그친 게 아니라 서로 접촉해 화학적 변화를 일으켰다. 그 결과 게르만족이 로마 문명을 받아들이고 그리스도교를 수용하면서 로마-게르만 문명은 서유럽과 중부 유럽을 아우르는 커다란 문명으로 발돋움했다.

유럽 문명이 팽창하는 과정은 언뜻 중국의 경우와 비슷한 것 같지만 실은 큰 차이가 있다. 중국에서는 한 제국이 무너진 뒤 3~6세기의 2차 분열기에 문명권이 확대되었으나 그 과정에서도 문명의 중심은 이동하지 않았다. 분열기에 중원을 주름잡던 5호16국은 늘 한족의 전통적인 근거지인 중원과 강남을 노렸을 뿐 문명의 중심을 자신들의 근거지로 옮기려 하지 않았으며, 오히려 적극적인 한화 정책을 추구했다. 그러나 유럽에서는 게르만족의 로마 정복으로 문명의 중심 자체가 남유럽에서 중부 유럽과 서유럽으로 북상했다.

이제 유럽 문명은 한 지역만 더 가세하면 완성될 단계에 이르렀다. 그곳은 바로 북유럽, 스칸디나비아다. 이 부분은 8세기부터 시작된 바이킹, 즉 노르만의 이동이 담당했다.

게르만과 마찬가지로 노르만 역시 특정한 부족을 가리키는 말이 아니라 '북쪽 사람Norman'이라는 뜻의 통칭이다. 그 이름을 누가 지었을지는 뻔하다. 남쪽에 있는 중부 유럽, 즉 로마-게르만 문명권이다. 원래 지명을 비롯한 역사상의 명칭을 짓는 특권은 선진 문명권이 가지게 마련이다. 지금 영국의 동쪽에 있는 바다를 북해North Sea라고 부르게 된 것도 중세의 중심이 중부 유럽이었고 영국은 오지였기 때문이다.

강자가 약자를 흡수해버리는 동양의 경우와 달리 게르만 문명이 선진적인 로마 문명에 흡수되지 않고 화학적으로 결합한 이유는 토착 문명의 힘이 약하지 않았기 때문이다. 이 점은 노르만 문명도 마찬가지였다. 노르만은 독자적인 생활방식, 종교와 제도를 가졌을 뿐 아니라 달력도 만들어 썼다(영어의 요일 명칭 가운데 라틴 문명권과 별도로 생겨난 화·수·목 요일의 이름은 북유럽의 신에서 비롯되었는데, 이는 11세기에 노르만이 잉글랜드를 정복했기 때문이다). 게르만족이 그렇듯이 노르만도 더 밝은 문명의 빛을 향해 남쪽으로 밀고 내려왔다. 또한 게르만족이 그렇듯이 노르만도 그 문명권에 편입되면서 로마-게르만 문명의 확장에 기여했다.

그러나 노르만의 이동은 게르만족의 이동(231~237쪽 참조)과 다른 점이 있다. 로마 제국을 무너뜨리고 로마 문명과 대등한 관계에서 통합된

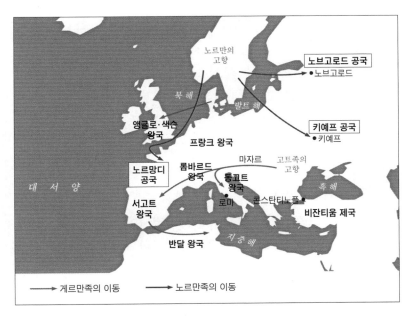

노르만의
고향

노브고로드 공국
● 노브고로드

북해

발트 해

**앵글로 · 색슨
왕국**

프랑크 왕국

마자르   고트족의
고향

키예프 공국
● 키예프

대 서 양

**노르망디
공국**

롬바르드
왕국

동고트
왕국

로마   콘스탄티노플 ●

흑 해

비잔티움 제국

서고트
왕국

반달 왕국

지 중 해

——▶ 게르만족의 이동   ——▶ 노르만족의 이동

| 유럽 문명권의 완성 로마 시대에 남유럽의 라틴 문명으로 발달한 서양 문명은 게르만족의 이동
으로 중부 유럽을 아우르게 되었고, 노르만이 남하하면서 유럽 전역으로 확산되어 명실상부한 유럽
문명을 이루었다. 보통 로마 제국이 멸망한 5세기부터 중세의 시작으로 잡지만, 실은 노르만이 이동
한 8세기부터 유럽 전역이 중세로 접어들었다고 보는 게 옳다.

게 게르만 문명이라면, 노르만 문명은 이미 유럽의 대부분이 로마-게르
만의 새로운 문명권을 이루고 있는 상황에서 이동한 탓에 그 중심부를
뚫고 들어가거나 중심부의 성격을 근본적으로 변형시키지는 못했다. 그
이유는 게르만족의 경우 로마 제국의 성립기부터 라틴 문명권과 활발히
교류(이 '교류'에는 물론 숱한 전쟁도 포함된다)한 반면, 노르만은 로마 문명
과 거리가 멀었고 독자적인 문명을 꾸린 시기가 상당히 길었던 탓이다.
로마 제국의 시대에 노르만과 로마의 사이에는 게르만 문명권이 있었으
니까. 하지만 노르만의 이동은 게르만의 이동만큼 굵직한 족적을 남기

지는 못했어도 로마-게르만 문명의 취약한 주변 지대로 물이 스며들듯 자연스럽게 침투했다.

오늘날 프랑스와 독일이 자리 잡고 있는 지역은 로마 시대부터 문명의 빛이 강한 곳이었으므로 '주변 지대'라면 동쪽과 서쪽이다. 그래서 스칸디나비아의 노르만은 동쪽으로는 오늘날의 러시아 일대로 이동했고, 서쪽으로는 서유럽의 북해 연안과 브리튼 섬(영국)에 터전을 잡았다. 물론 유럽 문명의 이 주변 지대에도 사람들이 살고 있었다. 그러나 싸움에서 둘째가라면 서러운 바이킹이 작정하고 덤벼드는 것을 막아내기는 어려웠다. 노르만에 밀려난 동쪽의 슬라브족은 남쪽으로 이동해 비잔티움 제국을 압박했고, 서쪽의 해안 일대는 모조리 노르만의 텃밭이 되어버렸다.

결과적으로 보면 동쪽으로 간 무리보다는 서쪽으로 간 무리가 훨씬 커다란 성공을 거두었다. 동쪽의 바이킹은 훗날 슬라브족과 합쳐 러시아 제국을 이루게 되지만, 그전에 먼저 13세기에 몽골군의 강력한 펀치를 맞아야 했다. 반면 서쪽으로 간 바이킹은 이미 그곳에 정착한 선배들을 전례로 삼을 수 있었다. 6세기에 브리타니아로 건너간 게르만의 앵글족과 색슨족이 그들이다. 이들은 로마 제국이 멸망한 뒤 무주공산이 된 브리타니아로 이동해 그곳에 살던 켈트족을 북쪽(스코틀랜드)과 서쪽(아일랜드)으로 내몰고 앵글로·색슨의 여러 왕국을 세웠다. 그러나 이들은 업그레이드된 후배 노르만의 침공으로 무너졌다. 9세기에 프랑스 왕 샤를 3세에게서 노르망디를 공식 할양받은 노르만이 1066년에 앵글로·색슨 왕국을 무너뜨리고 정식으로 '앵글족의 나라', 즉 잉글랜드 왕국을 세운 것이다. 이렇게 영국이 유럽 문명에 동참하는 것은 11세기의 일이다.

노르만이 동참함으로써 서양 문명은 지리적으로 완성을 이루었다. 이제 서양 문명은 유럽 대륙 전체를 아우르는 명실상부한 '유럽 문명'이 되었다. 거시적으로 보면 수천 년에 걸친 문명의 중심 이동이 일단락된 것이다. 오리엔트에서 남유럽(그리스와 로마)으로 건너온 문명의 씨앗이 중부 유럽(프랑스와 독일)으로 확산되었고, 다시 서유럽(잉글랜드)과 북유럽(스칸디나비아)을 받아들였다. 이것으로 대륙 전체가 동질적인 문명권을 이루었다.

중심이 없는 상태에서의 통합이라면 이질적인 문명권들이 합쳐진 뒤에도 이질적인 요소가 상당히 남아 있어야 할 것이다. 그런데 유럽 문명은 대륙 전체를 권역으로 삼자마자 곧바로 본래의 이질성이 무시해도 좋을 만큼 희석되어버렸다. 심지어 노르만 문명처럼 수백 년 동안 독자적으로 발전해온 요소도 쉽게 기존의 문명과 통합을 이루었다. 그 이유는 무엇일까?

일단 환경이 좋았다. 모든 이질적인 요소가 동시에 섞이면서 혼잡을 이룬 게 아니라, 먼저 로마-게르만 문명이 순조롭게 통합을 이루어 새 문명의 성격이 뚜렷하게 형성된 뒤에 노르만 문명이 더해졌다. 만약 유럽의 민족이동이 게르만과 노르만의 2차에 걸쳐 이루어지지 않고 한꺼번에 일어났더라면 문명의 성격과 역사의 과정은 크게 달라졌을 것이다. 그러나 노르만이 쉽게 통합될 수 있었던 데는 또 다른 강력한 이유가 있다. 그것은 바로 그리스도교다. 이제 우리는 서양의 중세사에 고유한 통합성을 부여한 그리스도교를 살펴볼 시점에 이르렀다.

8

유일 신앙의 힘

문자의 대중화를 이룬 알파벳 / 다신교 세계 속의 일신교 / 그리스도교의 마케팅 포인트 / 교회 분열의 뿌리 / 아라비아 사막의 유일 신앙 / 부활하는 아리스토텔레스

게르만도 그랬듯이 노르만도 유럽 문명에 통합되면서 이전까지 믿어오던 다신교 신앙을 버리고 순순히 그리스도교를 받아들였다. 겉으로만 보면 종교상의 개종이라는 사건이지만 단순히 종교적인 의미만 가진 게 아니다. 그리스도교는 질 좋은 윤활유의 역할을 했다. 이질성이 지나치게 부각되면 얼마든지 깨질 가능성도 있었던 문명이 그 우수한 윤활유 덕분에 매끄럽게 통합된 것이다. 하지만 그리스도교는 어떻게 게르만과 노르만의 이교도들에게 그렇듯 신속하고도 완벽하게 침투해 들어갈 수 있었을까?

종교 안에서 생각하면 쉽다. 독실한 신도라면 그리스도교가 진리이기 때문이라고 믿을 것이다. 신도가 아니라면 무슨 터무니없는 이야기냐며 웃어넘기겠지만, 사실 그렇게 넘길 문제가 아니다. 실제로 그리스도교가 여러 민족에게 먹힌 이유는 바로 그 점에 있기 때문이다. 단, 그 말을

약간 수정해야 한다. 그리스도교가 진리이기 때문이 아니라(그거야 누구도 객관적으로 단정할 수는 없다) 다른 종교는 모두 거짓이고 오직 그리스도교만이 진리라고 주장하기 때문이라고. 인류의 종교 역사 전체를 통틀어 그리스도교만큼 배타적인 신앙은 없었다. 그리스도교의 발생과 발달 과정을 보면 그 점을 잘 알 수 있다.

그리스도교는 알파벳과 더불어 오리엔트 문명이 유럽 문명에 물려준 커다란 유산이다. 오늘날 대부분의 서양 역사가들은 그리스도교와 알파벳이 오리엔트에서 발생했다는 사실의 의미를 애써 축소하려 한다. 그럴 만한 근거는 있다. 실제로 그 두 발명품은 오리엔트에서보다 유럽에서 본격적으로 힘을 발휘했고, 유럽으로 건너온 이후에 큰 변형과 발전을 거쳤다.

어느 문명에서나 핵심적 요소인 종교와 문자가 오리엔트에서 생겨나 유럽으로 전해졌다는 사실은 결코 사소한 일이 아니다. 물론 그리스도교가 오리엔트에서보다 유럽에서 발달했고, 알파벳 역시 그리스에 전달되면서 비로소 페니키아 상인들이 매출 장부에 기록하던 기호의 수준을 넘어 문자로 발달한 것은 사실이다. 그러나 다른 한편으로 보면 그 신흥 종교와 문자가 오리엔트보다 유럽에 퍼진 것은 오리엔트 세계에 존재하던 기존의 것들을 넘어설 만큼 우수하지 못했기 때문이기도 하다. 최초로 문명의 빛이 탄생한 이 지역에는 이미 오래전부터 믿어오던 종교와 사용해오던 문자가 있었던 것이다.

알파벳이 탄생했을 때 오리엔트 세계에서는 설형문자가 지배하고 있었다. 알파벳은 페니키아인을 비롯해 히브리인과 아랍인이 사용했으나 당시 이 세계를 장악한 아시리아와 페르시아는 공식적으로 설형문자를 사용했다. 문자 기호가 수백 개에 달하고 지역마다 어휘도 다른 설형문자보다 20여 개의 공통적인 문자 기호만으로 표기가 가능한 알파벳이 왜 더 많이 사용되지 못했을까? 오리엔트보다 후진적이었던 크레타의 미노스 문명과 그리스의 미케네 문명에서 사용한 선형 A문자와 B문자도 문자 기호가 80개 정도밖에 안 되었으므로 설형문자보다 훨씬 편리했다.

그러나 고대의 가치관을 지금과 혼동하면 안 된다. 지금은 사용하기 편리한 문자가 더 큰 장점을 가지지만 고대에는 그 반대였다. 문명의 초창기에 문자란 일종의 '마법'이었다. 즉 아무나 알아서는 안 되는 것이었다. 현대사회와 정반대로 문맹률은 없애야 할 게 아니었고 오히려 높을수록 좋았다. 문자는 소수 특권층만이 알아야 했고, 그래야만 사회가 건강하고 질서가 흐트러지지 않을 수 있었다. 고관이나 귀족들이 자기들끼리 사금파리에 글을 써서 소통하는 내용을 심부름하는 하인들이 함부로 알면 안 되었다.

기원전 5세기에 그리스를 침략한 페르시아 왕 다리우스가 절벽에 새긴 베히스툰 비문은 일반인만이 아니라 필경사까지도 내용을 알지 못하도록 하기 위해 일부러 새로 개발한 설형문자로 기록되었다. 지금 이 비문은 설형문자를 연구하는 데 중요한 자료지만, 당시에는 신들만이 읽을 수 있도록 하려는 의도에서 새겨졌던 것이다. 고대 이집트의 상형문자도 원래는 종교적 용도를 지닌 성용 문자聖用文字였고, 여기서 나중에 민간의 용도로 사용되는 민용 문자가 갈라져 나왔다(상형문자를 뜻하는 hieroglyph에서 hiero라는 말 자체가 '신성하다'는 종교적 의미다).

이렇게 고대에는 문자의 용도가 지금과 달랐기에 사용하기 편리하다고 해서 지배적인 문자가 될 수는 없었다. 나중에 일반 행정의 분야에서는 알파벳 문자가 일부 도입되었으나 사회의 가장 중요한 영역인 종교에서는 설형문자의 권위가 단연 최고였다. 그런데 여기서 한 가지 짚고 넘어갈 문제가 있다. 현재 전해지는 고대의 설형문자 문헌들 중에는 연대가 오랜 수메르의 문헌이 남아 있는데도 그보다 훨씬 후대인 아시리아나 페르시아의 문헌은 드물다. 일부 학자들은 그것을 근거로 설형문자가 알파벳에 밀려나 폐기되었다고 추측한다. 하지만 그런 추론은 필기 재료를 착각한 탓이다. 수메르의 문헌은 점토판에 기록된 덕분에 지금까지 전해질 수 있었던 반면, 후대의 설형문자는 점토판보다 더 발달한 가죽 두루마리나 목판, 파피루스에 기록된 탓에 세월이 흐르면서 썩어 없어진 것이다. 열등한 필기 재료가 고급한 필기 재료보다 오래 남았다는 것은 역사의 아이러니지만.

알파벳은 문자 기호 자체도 설형문자에서 파생된 것이었다. 이 점은 무엇보다 문자 기호의 형태에서 확인할 수 있다. 설형문자, 즉 쐐기문자는 쐐기 모양의 첨필로 점토판을 긁어서 표기했기 때문에 이집트의 상형문자나 중국의 한자와 달리 문자 기호 대부분이 원형이나 곡선이 아니라 세로로 뻗치는 모양을 취한다. 이것은 현재의 알파벳 문자에 그 흔적이 남아 있다(a부터 z까지 영문 철자들의 모양을 잘 살펴보면 다 세로 획을 중심으로 하고 가로 획은 부분적으로만 쓰인다는 것을 알 수 있다).

문자에도 종교의 영향력이 크게 작용할 정도라면, 오리엔트 세계는 종교가 전일적으로 지배했다고 볼 수 있다. 사회의 틀이 꽉 짜인 체제, 모든 부문이 유기적으로 결합되어 조화로운 전체를 이룬 체제. 이런 체제는, 훗날 중화 세계가 보여주듯이, '바깥'이 없다면 그 자체로는 안정성이 대단히 크다. 실제로 종교를 정점으로 하는 오리엔트 사회는 오랫동안 안정된 상태를 유지했다. 특히 이집트는 문명의 발생기부터 서남아시아 지역에 격변이 일어나는 기원전 10세기에 이르기까지 수천 년 동안이나 거의 체제의 변화 없이 존속했다. 이렇게 전통이 오랜 것 자체는 나쁘지 않지만, 기존의 층이 너무 두터워 새 것이 자라날 토양이 없다는 것은 문제가 된다. 그 점에서 오리엔트 문명은 중국 문명과 닮은 데가 있다. 오리엔트에서도 역시 일찍부터 번영과 안정을 누린 탓에 늘 중심을 보존하는 데 급급했을 뿐 문명권의 확대를 꾀하지는 못했다.

결국 영원불변일 것 같았던 이 세계에도 변화의 물결이 일었다. 기원전 13세기 무렵 오리엔트에서는 기존의 종교들과 크게 다른 종교가 탄생했다. 그것이 바로 유대교다. 유대교는 유대인의 종교라는 뜻이지만 그 점에서 특이한 것은 아니다. 모세가 이집트에서 노예로 살아가던 유대인들을 데리고 이집트를 탈출하면서 만든 유대교의 특징은 바로 유일 신앙이라는 점에 있었다. 주변의 모든 종교가 다신교였던 시대에 유대교는 하나의 신을 모시는 일신교를 고집했다.

신이 하나뿐이라니? 인류 역사상 유일신을 섬기는 종교는 거의 없었다. 굳이 꼽으라면 기원전 15세기에 이집트 파라오인 아멘호테프 4세(아크나톤이라는 이름으로 더 유명하다)가 종전의 다신교 신앙을 폐기하고 유일신 아톤을 섬기는 종교개혁을 단행한 적이 있다. 그러나 그가 죽자 종교개혁은 실패로 끝났고, 그는 사후에 신으로 섬겨지는 대신 이단으로 몰렸다(그의 종교개혁을 무효화한 사람은 황금 마스크로 유명한 그의 사위 투탕카멘이다). 유대교를 창시한 모세가 이집트 왕궁에서 자랐다는 사실을 감안하면, 모세의 유일 신앙은 200년 전의 아멘호테프에게서 영향을 받았을지도 모른다. 아니면 당시까지 유일 신앙의 분위기가 이집트의 변방에서 명맥을 유지하고 있었거나.

그 밖에 오리엔트의 종교들은 예외 없이 다신교였다. 이뿐만 아니라 유럽의 그리스인들도 올림포스 12신을 비롯한 많은 신을 섬겼고, 더 서쪽의 로마인들도 마찬가지였다. 그래서 오리엔트의 고대 문헌에는 신들의 계보를 다룬 신통기神統記가 많다(《신통기Theogonia》는 기원전 8세기 그리스의 헤시오도스가 쓴 서사시로 알려져 있지만 실은 그 저작도 오리엔트 신통기들의 영향을 받았다). 신들의 계보를 책으로 써서 따질 만큼 신들은 수가 많았다. 물론 신들 간의 서열이 있고 최고신은 하나이나 다신교는 일신교, 유일 신앙과는 근본적으로 다르다.

　동쪽의 인도인들은 오늘날까지도 다신교인 힌두교를 믿고 있다(힌두교의 신은 수천수만에 달한다). 이집트, 메소포타미아, 인도, 그리스의 고대 신들은 성격과 역할이 정해져 있어 종교 간에 신들의 이름만 달리 쓸 뿐 서로 비슷하다. 심지어 어떤 신들은 종교의 신들을 이름만 바꿔 '번역'한 것에 불과한 경우도 많다. 《길가메시 서사시》의 이슈타르와 그리스 신화의 아프로디테, 이집트 신화의 오시리스와 그리스의 디오니소스는 사실상 같은 신이 지역에 따라 이름만 바뀐 사례다. 그런 점에서 신들의 위계나 역할 배분 같은 것도 없이 오로지 하나의 신만 존재한다고 본 유대교는 확실히 세계적으로, 또 시대적으로 특이한 종교였다(단순하다는 점에서, 다신교에 비해 '원시적인' 종교 같은 느낌도 있다).

　문제는 단지 특이하다 여기고 넘어갈 게 아니라는 점이다. 유일 신앙의 특징은 다른 종교에 비해 배타적이라는 것이다. 여러 신을 섬긴다면 자기 종교의 신들에서 다른 종교의 신이 담당한 역할을 찾아낼 수도 있고, 다른 종교의 신을 자기 종교에서 섬기는 신들의 위계에 적당히 끼워 넣을 수도 있다. 그러나 유일 신앙에서는 그게 불가능하다. 게다가 신들의 역할이 없으니 신도들에게 유일신에 대한 무조건적인 복종과 충성을 요구하기가 쉽다.

내 앞에서 다른 신을 섬기지 말라는 게 십계명의 첫째 계율이 아니던가? 모세의 시대에 그 계율이 가장 우선시된 이유는 이집트의 노예로 살다가 가나안으로 와서 기존의 팔레스타인 주민들을 내몰고 나라를 세워야 했으므로 무엇보다 유대 민족의 대동단결을 위해서였을 것이다. 《구약》의 〈창세기〉에 숱하게 등장하는 이스라엘인과 블레셋(팔레스타인)인의 싸움에서 보듯이, 그 과정은 결코 쉽지 않았다. 다신교 세계의 한복판에서 일신교를 주장하는 것은 상당한 모험이었으나 그 모험은 멋지게 성공했다. 유대인은 결국 살아남았고, 수천 년 뒤 다시 그 땅을 차지해 이스라엘 공화국을 세웠으니까.

유대교의 차별성은 곧 배타성의 형태를 띠었고, 그 배타성은 적어도 유대 민족 내부에는 훌륭한 마케팅 포인트가 되었다. 그 결과가 곧 유대 민족 특유의 선민의식을 낳았다. 신에게서 선택을 받은 민족, 현실은 비록 험난할지언정 유대인으로 태어난 이상 내세의 구원은 보장되어 있다. 아니, 고난에 찬 현실 자체가 실은 유대인이기에 겪는 일종의 특권이다. 현세에서 고통을 겪는 사람들에게 이보다 더 설득력 있는 마케팅 전략이 또 있을까?

그러나 유대교가 탄생하고 나서도 1000년이 넘도록 유대 민족은 수난을 거듭한다. 초기에는 가나안 땅에서 삶의 터전을 보존하기에도 벅찼다. 《구약성서》에 나오는 다윗과 골리앗의 싸움은 그것을 상징한다. 꼬마 다윗(유대인)이 거인 골리앗(블레셋인)을 돌팔매로 물리친 이야기는 유대인이 사방을 포위한 적들의 거센 공격 앞에 근근이 생존했음을 말해준다. 그게 다 따지고 보면 이집트에서 와서 원주민의 땅을 빼앗고 삶의 터전을 일군 유대인의 '원죄'였지만.

게다가 유대인의 적은 주변에만 있지 않았다. 블레셋인도 실은 약소민족에 불과했다. 실은 그랬기에 모세가 가나안을 '약속의 땅'이라고 말한 것이다. 문명의 발상지이자 강력한 국가가 도사린 남쪽의 이집트에서 탈출한다면 당연히 시나이 반도를 거쳐 북쪽으로 올 수밖에 없는데, 계속 북쪽으로 더 간다면 또다시 문명의 발상지이자 강력한 국가들이 도사린 메소포타미아에 이르게 된다. 또한 동쪽은 아라비아 사막이 펼쳐져 있으니 갈 수 없다. 따라서 모세와 유대인들은 두 강대 문명권 사이, 지금의 이스라엘이 있는 곳에 터를 잡을 수밖에 없었다. 결국 가나안이 약속의 땅이라는 것은 신의 계시라기보다 지정학적으로 필연인 셈이다. 블레셋인으로 대표되는 그곳의 원주민은 그때나 20세기 중반에 이스라엘 공화국이 들어섰을 때나 약소민족이었다.

블레셋인과 비교할 수도 없을 만큼 진짜 강한 적은 더 멀리에서 쳐들어왔다. 기원전 6세기에는 오리엔트의 막강한 제국 바빌로니아가 유대 왕국을 정복하고 수많은 유대인을 바빌론으로 데려가 억류하는 사건이 일어났다. 바빌론 유수라고 알려진 이 사건 때문에 유대인들은 바빌로니아를 몹시 증오하게 되었고, 바빌론이라는 이름을 억압, 독재, 우상숭배 같은 뜻으로 사용했다. 《구약성서》는 말할 것도 없거니와 《신약성서》에서도 초기 그리스도교도들은 예루살렘 성전을 파괴하고 유대인의 고향을 파괴한 '악의 축' 로마를 가리켜 '바빌론'이라고 불렀다(경전에 그렇게 기록한 이유는 당시의 검열을 피하기 위해서였다). 베드로가 쓴 〈베드로전서〉는 '바빌론'에서 보냈다고 되어 있는데, 실은 로마에서 썼다는 것을 의미한다.

신은 내세에서 구원을 준다. 내세의 구원이라, 좋은 말이다. 하지만 민족이 억류되고 뿔뿔이 흩어지는 비극까지 겪자 내세의 구원에 앞서 현세의 설움이 사무친다. 사람들은 점차 내세가 아닌 현세에서 구세주를 기다리게 된다. 물론 배타적인 성격의 종교가 흔히 그렇듯이, 수난은 믿음을 약하게 하는 게 아니라 오히려 더욱 굳게 만든다. 다만 문제는 그 신앙이 점점 더 유대 민족 안으로만 굽어든다는 데 있다.

그래서 유대 민족 내부에서도 점차 편협한 선민사상에 반대하는 입장이 생겨난다. 수난은 유대 민족만 겪는다더냐? 때는 로마 제국이 한창 번영하던 시절, 이 기회에 이 신앙을 우리 민족만 가질 게 아니라 똑같이 수난을 겪는 다른 민족들에게도 전해야 하지 않을까? 좋은 건 나누어 가져야 하지 않는가? 그게 신의 원래 뜻인지도 모른다! 마침 제국의 통일적인 체제와 제국이 일구어놓은 유통망이라는 호조건도 있으니 이참에 더욱 공격적인 포교에 나서는 게 어떨까? 이런 맥락에서, 고리타분한 유대 랍비들의 전통적인 입장을 거부하며 새로운 교리를 설파한 유대인이 출현했다. 그가 예수 그리스도이며, 그의 이름을 따서 생겨난 종교가 그리스도교다.

유대교는 유일 신앙을 확립했고, 이를 모태로 생겨난 그리스도교는 포교를 교리의 일부로 삽입했다. 유대교는 유대 민족 내부에 대한 공략으로 민족적 결속을 다졌지만 그것은 초창기의 생존을 위한 전략일 뿐이었다. 생존 단계가 지나자 유대교에서 갈라져 나온 그리스도교는 바깥에 대한 포교로 노선을 바꾸었다. 이제 올바른 신앙생활이란 자기 혼자만 계율을 지키고 기도하며 구원을 바라는 것이 아니라 다른 사람들까지 적극적으로 끌어들이는 것을 뜻하게 되었다. 유사 이래 이렇듯 공격적인 포교 종교는 없었다.

세계의 대다수는 여전히 다신교를 믿었지만 그것은 종교라기보다 생활양식에 가깝다. 신들이 내린 엄한 계율도 실은 생활 수칙에 불과하다.

독실한 신앙에서 볼 수 있는 경건함은 별로 없다. 사람들은 신들을 두려워할 뿐 진심으로 받들지는 않는다. 왜 그럴까? 수가 많으면 농도가 옅어지는 게 이치다. 한 종교 내에 여러 신이 우글거리면 신의 권위도 상대적으로 하락할 수밖에 없다. 인간들처럼 질투에 휩싸여 걸핏하면 투기를 일삼고 별것 아닌 일로 싸움질이나 하는 그리스의 신들이 대표적이다. 그에 비해 일신교의 유일신은 강력한 카리스마와 권위를 지닌다. 유대교의 신은 오리엔트나 그리스의 신들처럼 경박하게 처신하지 않으며, 근엄한 태도와 품위를 잃는 일이 없다.

그런 신의 아들 예수 그리스도가 인간 세상에 내려와 인간의 모든 죄를 대속^{代贖}하고자 십자가에 못 박혀 죽었다! 이 사실은 엄청난 호소력을 발휘한다. 비극적이고 엄숙한 신! 이제 신은 짓궂게 인간을 괴롭히고 온갖 벌을 내리며 희롱하는 코믹하고 가벼운 존재가 아니라, 인간에게 지극한 사랑을 내리면서 동시에 지극한 헌신을 요구하는 지엄한 존재다. 그리스와 로마의 신 개념은 훨씬 '인간적'이고 민주적이었다. 신들은 변덕스럽고 자기들끼리도 얼마든지 다투는가 하면 때로는 반역도 감행했다. 제우스도 천상의 반역을 통해 아버지를 거세하고 최고신의 자리에 오르지 않았던가?

오늘날 우리에게 낯익은 엄숙하고 경건한 분위기의 종교, 신이 지고의 절대적인 존재라는 관념은 바로 그리스도교와 더불어 생겨난 것이다. 최초의 절대자답게 그리스도교의 신은 절대적인 권위로 어서 다른 사람들에게도 나의 가르침을 전하라고 명한다.

물론 그리스도교만 포교 종교인 것은 아니다. 그보다 500년 앞서 인도에서 태어난 불교 역시 포교 종교다. 하지만 불교는 신앙을 강요하지 않으며, 무엇보다도 신 자체가 없다. 그리스도교가 탄생할 무렵 불교에서도 신의 부재에 한계를 느끼고 석가모니를 일종의 신으로 포장해 공격적인 포교에 나섰다. 그러나 당시 불교의 중심은 탄생지인 인도를 벗어나 동남아시아와 중국, 한반도, 일본으로 옮겨가고 있었다. 동남아시아 불교는 인도 불교의 본모습을 간직했지만 동북아시아는 일찍부터 중앙집권적인 국가 체제가 발달한 지역이었으므로 불교의 용도 자체가 달랐다. 그래서 이 지역의 불교(특히 대승불교)는 자연스럽게 호국불교의 성격을 띠었다. 당시 '호국'의 의무와 필요성은 백성들이 아니라 왕과 귀족 등 지배층의 몫이었다(동양식 왕국의 주인은 군주다). 그러므로 불교는 지배층이 믿으면 될 뿐 굳이 더 이상 널리 포교할 필요는 없다. 역설적이지만 불교는 지배층의 포교에 성공한 이후 오히려 포교 종교로서의 수명을 다한 셈이다. 훗날 불교의 역사가 쌓이면서 일반 백성들도 불교를 믿게 되지만 그것은 지배층을 모방하려 했거나 딱히 다른 종교가 없었기 때문이다.

그에 비해 고난의 민족이 가진 신앙에서 발원한 그리스도교는 유럽의 로마 제국으로 건너가 지배층이 아니라 피지배층의 마음속에 파고들었다. 강력한 정치적 구심점이 없는 유럽 세계에서는 그것이 더 뛰어난 마케팅 방법이었다. 만약 유럽이 동북아시아와 같은 상황이었다면 신흥 종교인 그리스도교는 포교를 위해 당연히 지배층에 먼저 침투했을 것이다. 물론 누군가의 기획에 의해 그렇게 된 것은 아니다. 그리스도와 바울이 의도적으로 그런 전략을 구사했다면 탁월한 전략가라고 볼 수 있겠지만, 그리스도교의 성공은 한 개인의 의지가 이루어낸 성과가 아니었다.

현실의 고난을 내세의 지복으로 대체하는 그리스도교의 교묘한 논리는 수많은 사람의 자발적인 헌신을 이끌어냈다. 신앙을 위해 목숨을 바치는 순교는 그전까지의 어느 종교에서도 볼 수 없었던 강력한 종교적 열정이었다. 평범한 사람들이 순교를 통해 성인의 반열에 올려졌고, 이 성인들의 전설이 또다시 포교에 활용되었다. 성인들은 유럽 각지에서 초기 그리스도교의 포교에 결정적인 공헌을 했다는 이유로 오늘날까지 서양인들이 애용하는 이름 first name 으로 전해진다. 비틀스 멤버인 존과 폴, 조지를 비롯해 피터, 지미, 조셉, 톰, 스티븐, 그레그, 새뮤얼, 앤드루, 데이비드, 크리스, 앤터니, 니컬러스, 저스틴, 패트릭, 메리, 제인, 앤, 루시, 실비아, 캐서린 등(영어명 기준)은 모두 그리스도교 성인들의 이름이다(후대에 생기는 서양인들의 성姓은 주로 땅 이름이나 직업에서 비롯되었다).

하지만 유일 신앙이기 때문에 생기는 단점도 있다. 우선 교리의 정착이 쉽지 않다. 모든 종교의 교리에서 가장 중요한 것은 신에 관한 해석이다. 다신교라면 신에 관한 해석이 다양하니까 언뜻 문제가 많을 듯싶지만 실은 그렇지 않다. 신이 여럿이기 때문에 그 여러 가지 해석이 쉽게 수용될 수 있다. 그러나 유일 신앙은 신이 하나이기 때문에 오히려 그 신의 성격과 위상, 역할을 두고 까다로운 논쟁과 이견이 많게 마련이다. 그리스도교 초기에 로마 제국에 의해 탄압을 받던 시절에는 이견이 존재했어도 교세를 확장하는 데 주력하기 위해 그냥 넘어갔다. 하지만 313년에 제국의 공인을 받고 교세가 커지면서 교통정리의 압박이 증대했다. 이 문제를 해소하기 위해 소집된 게 325년의 니케아 공의회다.

니케아 공의회가 열린 시기의 종교 통합의 필요성은 앞에서 살펴본 바 있으므로(135~140쪽 참조) 여기서는 공의회에서 논의된 교리상의 쟁점을 보자. 사투리가 많으면 표준어를 정립해야 한다. 문제는 공의회에서 다수가 쓰는 말을 표준어로 삼지 않았다는 점이다. 당시 다수의 견해는 예수 그리스도를 신과 같은 위상으로서 보지 않고 여느 인간들처럼

'신의 피조물'로 보았다. 그 대표자가 아리우스다.

그리스도가 신의 아들이라는 데는 동의할 수 있지만, 아들과 아버지가 같지 않듯이 신의 아들이 신 자신이거나 신과 같은 위격은 아니다. 원래 유대교에서는 오랜 민족적 수난을 겪으면서 자연스럽게 구세주의 이념이 싹텄으며, 그 구세주의 등장을 예언하고 신의 말씀을 인간에게 전하는 예언자의 전통이 있었다. 자, 그렇다면 예수는 신인가, 아니면 예언자인가? 다시 말해 세상을 구원하러 온 구세주인가, 아니면 장차 구세주가 올 것을 예언한 현자인가? 그런데 예수가 신의 아들이라는 점은 오히려 그 판단을 더욱 어렵게 만들 뿐이다. 신의 아들이므로 신이라 하기에는 어딘가 모자라고 예언자라 하기에는 어딘가 넘친다.

예수 그리스도가 구세주라면 그가 등장한 뒤 세상은 구원을 받아야 한다. '그리스도'라는 이름 자체가 구세주를 뜻하는 히브리어 '메시아'('기름 부음을 받은 자'라는 뜻)의 그리스어 번역이니까 형식논리로 보면 예수는 구세주다. 하지만 실제로 그런가? 이교도들은 여전히 그리스도교권을 포위하고 있으며, 세상은 암흑과 부정으로 가득하다. 예수는 구세주가 아니다! 이게 상식이고 다수의 생각이다.

그런데 그런 상식에 맞서 소수파는 교묘한 해석을 내놓는다. 예수가 인간의 모든 죄를 대속해주었으니 이제 나머지는 인간 스스로가 해야 한다. 아무리 전능한 신이라 해도 인간이 해야 할 도리와 의무까지 대신해줄 수는 없다. 따라서 아무리 현세가 (그리스도교도의 눈으로 볼 때) 어지럽고 혼탁하다 해도 예수 그리스도가 구세주이며 신과 같은 위격을 지닌다는 것을 부정하면 안 된다. 듣고 보니 이 입장도 그럴듯하다.

소수파의 대표자는 알렉산드리아의 대주교였던 알렉산드로스와 그의 제자 아타나시우스Athanasius였다. 그는 스승보다 훨씬 뛰어난 논리와 설득력으로 아리우스파의 주장을 논박했다. 그래서 예수의 신성神性을 믿는 입장을 아타나시우스파라고 부른다. 그러나 공의회에 참석한 대다수 주교들은 아리우스파였으며, 처음에는 공의회의 사회자인 콘스탄티누스 황제마저도 교회 통합에 저해되는 인물로 아타나시우스를 꼽았다.

추방령까지 받은 아타나시우스를 도운 것은 두 가지다. 우선 아리우스를 알렉산드리아의 대주교에 임명하라는 황제의 명령에 맞서 팔십 노구를 이끌고 온몸으로 거부한 안토니우스의 공이 컸다(이집트 사막에 은둔하며 금욕 생활을 하던 그는 당시에도 존경을 받는 원로였으나 아리우스 이단에 단호히 대처한 공로로 성인에 추서된다). 그다음에는 336년 아리우스가 공개석상에서 처참하게 급사한 사건이다. 아타나시우스는 그 사건을 신의 징벌이라고 확대 해석해 선전의 호재로 삼았다. 그는 고소하다는 기색을 감추지 못하고 이렇게 썼다. "추종자들의 보호에 우쭐해진 아리우스는 한참 동안 경박하고 어리석은 대화에 열중하다가 갑자기 그만두라는 본성의 부름을 받았다. 그는 '몸이 곤두박질치면서 배가 터져 창자가 다 흘러나왔다.'(《사도행전》 1장 18절을 인용했다)고 한다."

결국 논쟁의 승자는 다수파가 아니라 소수파인 아타나시우스파였다. 교리 문제와 무관하게 소수파가 승리했다는 것은 초기 그리스도교에 커다란 결함으로 잠복하게 된다. 콘스탄티누스는 통합의 의도를 관철한 것에 만족했지만, 실은 니케아 공의회를 계기로 근본적인 교회 통합은 물 건너갔다. 당시에는 (콘스탄티누스를 포함해) 누구도 예상하지 못했으나, 오히려 그때부터 동방교회와 서방교회는 분립되기 시작했다. 동방에는 이단으로 몰린 아리우스파가 여전히 대세였고, 교황이 버티고 있는 서방에는 아타나시우스파를 기반으로 한 로마가톨릭이 성립했다. 중요한 것은 이후 두 번 다시 두 교회의 통합은 이루어지지 못했다는 사실이다. 오늘날 그리스도교가 로마가톨릭과 16세기 종교개혁으로 탄생한 여러 교파의 신교, 그리고 동방정교로 나뉘게 된 것은 바로 이 시기에 뿌리를 두고 있다.

그 분립이 종교와 교회의 문제에만 국한된다면 우리가 이렇듯 상세하게 알 필요도 없다. 하지만 유럽의 중세는 한마디로 종교의 시대다. 크게 보면 같은 그리스도교지만 동방교회와 서방교회가 처음부터 분립의 싹을 보인 것은 중세 내내 유럽의 역사에 기묘하고도 복잡한 영향을 미치게 된다.

니케아에서 미봉책에 그치고 근본적 해결을 보지 못한 교리 문제는 두고두고 골칫거리로 남는다. 동방과 서방 중 어느 쪽이 더 심했을까? 말할 것도 없이 동방교회다. 언뜻 생각하면 동방에는 콘스탄티노플의 로마 황제와 반쪽의 제국이 굳건히 버티고 있으므로 교회의 힘이 더욱 안정되었으리라고 보기 쉽다. 물론 그런 측면도 있다. 하지만 동방은 그리스도교가 체계화된 역사가 서방보다 오랜 만큼 교리를 둘러싼 사고와 이론도 다양하다. 종교적으로 소박한 서방에서는 공의회의 결과가 100퍼센트 순수하게 수용되었으나 동방에서는 달랐다. 공식적으로는 아리우스파가 이단으로 규정되었는데도 현실적으로는 여전히 강력한 영향력을 가지고 있다. 특히 제국의 동쪽, 그러니까 아르메니아의 동쪽부터 메소포타미아 일대, 시리아, 이집트에 이르는 옛 오리엔트 문명권은 그리스도교를 받아들이더라도 예수가 신과 동급이라는 것을 좀처럼 인정하지 않는 분위기였다.

심지어 동방교회에서는 그 문제를 해소하기 위해 5세기 중반 칼케돈 공의회가 열렸으나 오히려 이후 삼위일체론을 부인하는 종파가 더욱 거세졌다. 예수의 신성을 부인한다고 해서 이것을 단성론單性論이라고 부르는데, 이단으로 규정되어 거센 박해를 받으면서도 8세기까지 명맥을 유지했다. 또한 그 영향으로 이집트 교회와 시리아 교회는 단성론을 노골적으로 내세웠다. 이 부근에서 새로운 유일신 종교가 탄생하는 것은 그런 환경 때문이다.

이슬람교는 그리스도교처럼 수백 년에 걸쳐 숙성된 게 아니라 7세기 초에 갑자기 탄생했다. 거기에는 필경 아리우스파-단성론의 전통이 작용했을 것이다. 이슬람교는 그리스도교와 마찬가지로 유대교의 유일 신앙을 뿌리로 삼고, 예수의 탄생 이후 크게 세력을 확장한 그리스도교를 토양으로 삼아 출범한 종교다. 아타나시우스파와 아리우스파 중 어느 것이 이슬람교에 더 가까울까? 당연히 후자다. 아리우스파의 학설에 따르면, 예수는 신이 아닌 예언자에 불과하다. 그렇다면 또 다른 예언자가 등장한다 해도 전혀 교리상의 문제가 되지 않는다. 그 예언자가 마호메트라는 아라비아식 이름을 가졌다고 해서 하등 이상할 게 없다.

610년 마호메트는 메카 부근의 동굴에서 명상에 잠겨 있던 중 대천사 지브릴이 전해주는 신의 계시를 받고 이슬람교를 창시하게 된다. 지브릴은 미가엘과 더불어 그리스도교 성서에 등장하는 유일한 두 천사의 이름이자 코란에도 등장하는 이름이다. 지브릴의 그리스도교 명칭인 가브리엘은 신의 명을 받아 동정녀 마리아에게 곧 예수를 잉태하게 될 것이라고 알린다. 이것이 《신약성서》에서 말하는 수태고지Annunciation인데, 마호메트에게 계시를 전하는 역할과 놀랄 만큼 닮았다.

유일신을 내세우는 종교가 여럿이라면 논리적으로 모순이다. 정말 유일신이 존재한다면 그 '유일신들' 중 하나를 제외한 나머지는 전부 가짜 신이라는 이야기가 된다. 서남아시아의 유일신은 하나의 존재임에도 불구하고 유대교, 그리스도교(그것도 여러 교파), 이슬람교라는 여러 종교를 낳았으니 재미있는 아이러니다.

그리스도교의 아리우스파는 서방에서 게르만족을 교화했을 뿐 아니라 동방에서는 이슬람교가 탄생하는 데 지대한 공헌을 했다. 그렇다면 아리우스파는 그리스도교의 발전을 저해한 게 아니라 오히려 촉진한 게 아닐까? 아타나시우스파의 교리를 계승한 로마가톨릭이 서유럽의 중세를 지배하게 된 데는 아리우스파라는 '이단'과 이슬람교라는 '이교'의 간접적인 지원이 컸다고 할 수 있지 않을까? 물론 교리상으로는 상극이다. 하지만 한편으로 로마가톨릭의 선명성을 부각하는 데 도움이 되었고, 다른 한편으로 그리스도교 문명권의 외곽을 두텁게 하는 역할도 했다.

그러나 그것은 후대에 장기적으로 미친 영향이고 당대에는 이단과 이교의 문제가 곧 사생결단의 쟁점이었다. 일단 이단의 문제는 서서히 안정되었다. 비잔티움 제국에서는 여러 차례의 공의회와 종교회의를 통해 삼위일체론이 더욱 정밀하게 다듬어졌다. 신은 하나의 존재이면서도 성부·성자·성령의 세 가지 위격을 동시에 지닌다. 하나이면서도 셋이다! 교묘한 해결책이지만, 어찌 보면 그것은 역사가 짧은 유일 신앙과 오랜 전통을 지닌 다신교 신앙의 절충이다.

이단은 그런대로 해결을 보았다. 그런데 이교의 문제는 종교회의 같은 방식으로 해결할 수 없다. 논쟁이야 아무리 지독하다 해도 피를 볼 일은 없다. 그러나 이슬람교도들은 마호메트가 죽은 뒤 종교 논쟁 따위에 신경 쓰지 않고 들불같이 세력을 확장해갔다. 그도 그럴 것이, 이슬람이라는 말 자체가 '신의 명령에 복종한다'는 뜻이다. 신의 아들 같은 말썽 많은 존재가 없으니까 삼위일체 같은 정교한 타협은 애초에 필요치 않다.

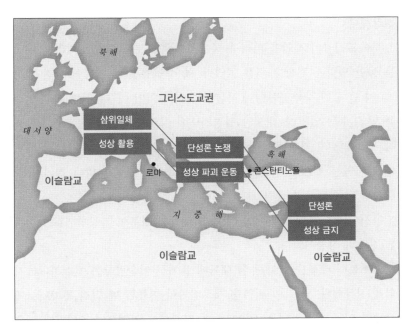

| 유일 신앙의 강박관념 　서유럽은 일찌감치 아타나시우스파-로마가톨릭으로 종교가 통일된 데 비해 동방 제국은 내내 종교회의로 국력을 허비했다. 삼위일체론이 정설로 확립된 뒤에도 소모적인 논쟁이 끊이지 않았던 데는 아마 유일 신앙에 대한 강박관념이 크게 작용했을 것이다. 급기야 동방 제국의 동쪽에서는 그리스도교보다 더 완벽한 유일 신앙인 이슬람교가 탄생했다. 이 유럽의 종교 지도에서도 동쪽으로 갈수록 유일 신앙이 강력해지는 스펙트럼을 볼 수 있다.

이슬람의 신은 목적을 위해 수단을 가려야 한다고 가르치지 않았다. 포교를 위해서는 전쟁마저 불사했고, 그 전쟁을 지하드jihad, 즉 성전聖戰이라고 불렀다. 마호메트의 시대에는 생존을 위해 지하드를 해야 했지만 신흥 종교가 어느 정도 안정된 뒤부터 지하드는 곧장 '세계화의 길'로 치달았다. 마호메트가 신의 계시를 받은 610년부터 꼭 100년이 지난 뒤 이슬람 세력은 아시아와 아프리카 두 대륙에 걸친 거대한 제국으로

성장했다.

북아프리카의 해안을 따라 동쪽에서 서쪽으로 4000킬로미터를 내닫는 동안 별다른 저항 세력은 없었다. 옛 주인인 로마 제국이 사라진 뒤 100여 년 동안 무주공산이나 다름없던 이 지역이 이슬람군의 거센 발길을 막을 수는 없었다. 대서양 접경지대에 이르자 무슬림들은 시선을 북쪽으로 돌렸다. 가장 좁은 곳이 13킬로미터밖에 안 되는 지브롤터 해협만 건너면 유럽으로 쳐들어갈 수 있다. 실제로 그들은 바다 건너 유럽대륙의 서쪽 끝으로 들어갔다.

아시아와 아프리카에 이어 세 번째 대륙의 정복이 가능할까? 그 결과는 절반의 성공이었다.

지브롤터 해협을 넘어 유럽 대륙에 들어선 이슬람군은 에스파냐까지쉽게 정복했다. 당시 이 지역은 게르만족이 이동할 때 멀리 루마니아에서부터 이곳까지 밀려온 서고트족이 지배하고 있었으나, 6세기에 클로비스의 프랑크에게 정복당한 이후 서고트 왕국은 별로 힘을 쓰지 못했다. 하지만 피레네 산맥을 넘은 이슬람군은 프랑스 서부 아키텐에서 강적을 만난다. 바로 클로비스의 후손들이 지배하는 프랑크다.

732년, 양측은 지금 프랑스 중부의 투르와 푸아티에 인근에서 맞붙었다. 정확한 전적지와 군대의 규모는 알려지지 않았으나 이 전투의 승패는 잘 알려져 있다. 카를 마르텔이 지휘하는 프랑크군은 기병 전술을 활용해 이슬람군을 물리치고 지휘관을 전사시켰다. 그 공로로 카를 마르텔의 후손인 샤를마뉴가 제관을 크리스마스 선물로 받은 것은 앞에서 본 바 있다.

실은 유럽에서의 패배는 그게 처음이 아니다. 유럽의 서쪽 관문에서 투르-푸아티에 전투가 벌어지기 10여 년 전에 멀리 동쪽 관문에서 이슬람 세력의 진출에 첫 제동이 걸렸다.

717년 여름, 8만 병력의 이슬람 대군이 1800척의 함선에 나누어 타고 콘스탄티노플을 포위했다. 이들은 이듬해 여름까지 비잔티움 제국의 수도를 봉쇄했으나 제국의 철벽 수비에 막혀 마지막 대회전에서 참패하고 뱃머리를 돌렸다. 그 뒤에도 이슬람군은 여러 차례 동방 제국의 수도를 공략했으나 번번이 실패했다. 하지만 이 시기부터 이슬람 세력은 끊임없이 비잔티움 제국의 동쪽 변방을 흔들었고, 결국 1453년 메메드 2세가 이끄는 오스만튀르크가 제국의 1100년 역사를 끝장냈다.

비잔티움 제국이 유럽의 동쪽 관문을 수호한 것은 당시에는 자체의 생존을 위해서였지만, 멀리 보면 서유럽 그리스도교권을 보호해준 역사적 의미를 가진다. 후대의 서유럽 역사가들은 비잔티움 제국을 무시했지만, 만약 제국이 8세기에 멸망했다면 탄생한 지 얼마 되지 않은 중세 초기의 서유럽 세계까지도 이슬람 세력의 발굽 아래 여지없이 짓밟혔을 것이다.

오늘날 서양사에서는 프랑스에서 벌어진 전투에 더 큰 비중을 두지만, 실은 콘스탄티노플 전투가 훨씬 규모도 클뿐더러 이교도에 맞서 그리스도교권을 수호한다는 목적의식도 훨씬 강했다. 그런데도 투르-푸아티에 전투가 역사에서 더 부각되는 이유는 서유럽 세계를 방어했다는 것 때문이다. 당시 서유럽은 동유럽에 비해 경제와 문화가 크게 뒤떨어졌지만, 후대에 유럽 문명의 중심이 된 덕분에 두 사건의 역사적 배분도 역전되어버렸다. 역사적 시공간을 말해주는 또 하나의 사례다.

이후에도 이슬람 세력의 유럽 공략은 동서 양면으로 꾸준히 진행되었다. 콘스탄티노플의 정복은 15세기까지 내내 실패했지만, 아랍인들은 적어도 에스파냐 남부를 15세기까지 지배했고, 비잔티움 제국과 교대로 시칠리아를 차지했으며, 발칸과 동유럽의 역사에 지속적인 영향력을 미쳤다. 그렇게 보면 발칸이 유럽의 화약고가 된 것은 20세기의 일이 아니다(474쪽 참조).

유럽을 동서 방면에서 포위한 아라비아. 언뜻 보면 유럽의 위기일 수 있지만, 이런 상황은 또 다른 측면에서 서유럽이 장차 유럽 문명의 중심으로 떠오르게 하는 데 결정적인 배경이 된다. 한참 뒤의 일이지만 아랍권이 서유럽 세계의 동서 관문까지 진출한 것은 유럽 세계가 오랜 중세에서 벗어나 근대의 문턱으로 들어설 때 역사의 새 장을 여는 데 중요한 정신사적 기여를 한다. 그것은 바로 아리스토텔레스 사상의 보존과 전승이다. 아리스토텔레스라면 고대 그리스의 철학자인데, 어떻게 아랍 세계와 연관되는 걸까?

고대 그리스의 철학은 플라톤과 아리스토텔레스를 두 기둥으로 삼아 발달했다. 두 사람은 스승과 제자였으나 철학의 내용은 대조적이다. 플라톤은 현실세계와 별도로 사물의 참된 본질, 즉 이데아로 이루어진 궁극적 선善의 세계가 존재한다고 믿었으며, 아리스토텔레스는 이데아(그는 이데아를 '형상'으로 바꾸었다)가 별도로 존재하지 않고 언제나 질료와 혼합된 상태로 존재한다고 보았다. 대체로 플라톤은 관념론적 이원론을 전개했고, 아리스토텔레스는 과학적 입장을 취했다. 둘 중 누가 그리스도교 신학과 가까울까? 말할 것도 없이 플라톤이다.

우선 아리스토텔레스의 사상은 일원론이었으므로 그리스도교 신앙의 관점에서 보면 불경스러웠다. 철학적 일원론을 종교로 연장시키면 현세 이외에 다른 세계가 존재하지 않는 것이 된다. 쉽게 말해 아리스토텔레스의 사상에는 경험 가능한 세계만이 존재할 뿐 경험의 피안에 있는 '내세'의 관념이 설 자리가 없는 것이다. 그에 비해 플라톤은 이원론이었고(이데아의 세계와 현실의 세계) 두 세계의 서열을 정했으므로(이데아가 현실보다 우위에 있다) 그리스도교와 상통한다.

플라톤이 말하는 이데아 세계란 곧 신이 다스리는 천상의 세계다. 다만 그는 그리스 다신교의 사회에 살았기 때문에 유일신을 등장시키지 못했을 뿐이다. 따라서 플라톤의 철학에 유일신만 추가하면 그대로 그리스도교 신학이 된다. 그 신은 그의 사후 300여 년 뒤에 현세에 출현했다. 플라톤은 그리스도가 이 세상에 오기 전에 살았으므로 세례를 통해 원죄를 용서받지 못했다. 르네상스의 신호탄이 된 단테의 《신곡 La divina commedia》에서 그가 천국에 오르지 못하고 림보(limbo: 천국과 지옥의 사이)에 머물게 된 이유다.

그래도 단테는 아리스토텔레스를 '인류의 스승'이라고 부르면서 플라톤과 함께 림보에 배치했다. 그러나 만약 단테가 한두 세기 전의 사람이었다면 아리스토텔레스의 이름조차 언급하지 못했을 것이다. 유럽 세계에 아리스토텔레스의 사상을 전해준 사람은 에스파냐에서 활동한 아랍 철학자 이븐 루슈드Ibn Rushd였기 때문이다(그래서 그는 아베로에스Averroes라는 라틴어 이름으로 서유럽에 알려졌다). 이븐 루슈드는 이슬람교도였지만 아리스토텔레스의 저작을 그리스어에서 아랍어로 번역했고(이것이 나중에 라틴어로 재번역되었다) 많은 주석서를 썼다. 더욱이 그는 칼리프의 명령을 받아 아리스토텔레스를 연구했다. 유럽과 달리 아라비아 세계에서는 플라톤보다 아리스토텔레스가 더 중요한 고대 철학자였다.

이렇게 이슬람권에서 아리스토텔레스의 저작과 사상이 보존되고 연구된 것과는 달리 서유럽 세계에서는 오랫동안 아리스토텔레스가 거의 잊힌 상태였다. 플라톤의 사상은 그리스도교의 탄생에 지적 거름의 역할을 했을 뿐 아니라 3세기에는 신플라톤주의로 업그레이드되어 초기 그리스도교 신학에 중대한 영향을 미쳤다. 그러나 아리스토텔레스는 언제 플라톤과 더불어 고대 그리스 철학의 양대 기둥이었나 싶을 만큼 철저히 무시되었다. 물론 아리스토텔레스의 철학에도 목적론과 부동의 원동자처럼 그리스도교 신학에 원용될 수 있는 장치들이 있었지만, 플라톤에 비해 한결 '현실적인' 그의 사상은 자칫 종교적으로 위험한 영향을 미칠 수 있었다. 그래서 아우구스티누스Augustinus 같은 초기의 교부들이 플라톤의 사상을 교리로 수용한 이래 교회에서는 아리스토텔레스를 배척했고, 오랜 세월이 지나면서 배척은 망각으로 이어졌다.

그런 사정이 12세기부터 달라지게 된 것은 십자군의 탓이 크다. 멀리 동방에 갔던 사람들이 돌아오면서 서유럽 세계는 그리스도교 문명권에 못지않은, 아니 그보다 더 강력하고 방대한 이교도 문명권이 존재한다는 사실을 깨달았다. 신이 만물을 창조했다면 이 수많은 이교도는 대체 왜 창조한 걸까? 아니, 그렇게 묻기 전에 이교도들도 신의 피조물이라고 볼 수 있을까? 이교도의 존재는 적어도 세계에 그리스도교 신앙으로 설명되지 않는 영역이 있다는 것을 말해준다. 안타깝지만 그리스도교 신학은 모든 것을 설명하지 못한다. 신앙의 심각한 위기다. 어떻게 해야 할까?

이런 문제를 해결하려면 신의 존재와 의지를 인간의 이성으로 해명할 수 있어야 한다. 이교도들은 그리스도교 성서의 권위를 인정하기는커녕 성서를 읽지도 않기 때문이다. 그런데 마침 이교도의 학문 가운데 그 해결점을 시사하는 것이 있다. 바로 아리스토텔레스주의자인 이븐 루슈드의 철학이다.

중세 후기인 13세기에 토마스 아퀴나스는 이븐 루슈드를 통한 아리스토텔레스의 사상에 의거해 그 문제를 해결하고 스콜라 철학을 집대성했다. 그의 해결책은 간단하다. 신학은 모든 것을 설명할 수 있다. 단, 그러기 위해서는 기존의 신학 체계만으로는 안 된다. 그래서 그는 신학을 계시신학과 자연신학의 둘로 나눈다. 계시신학은 종전의 신학과 같이 신의 존재와 의지를 연구하는 학문이다. 그러나 지엄한 존재인 신이 자연과 인간 세계의 모든 것을 시시콜콜하게 설명하는 것은 아니다. 예를 들어, 물이 높은 데서 낮은 데로 흐르는 자연법칙까지도 굳이 신을 끌어들여 설명할 필요는 없다. 그래서 그런 문제들을 설명하는 학문이 필요해지는데, 이것이 자연신학이다. 쉽게 말해, 계시신학은 신학이고 자연신학은 철학이다.

토마스 아퀴나스가 자연신학으로 분류한 학문은 사실 과학이라고 해야겠지만 당시에는 과학이라는 학문이 별도로 존재하지 않고 철학 속에 포함되었다(17세기에 간행된 뉴턴의 물리학 저작도 제목은 《자연철학의 수학적 원리Philosophiae Naturalis Principia Mathematica》였다). 이리하여 인간 이성이 신앙에서 벗어나 독자적으로 자연법칙을 연구할 수 있는 길이 열렸다. 이것이 바로 르네상스의 문을 여는 사상적 기폭제가 되었다. 아랍권에서 아리스토텔레스의 사상을 보존하고 발전시킨 것이 결국 서유럽 세계의 정신적 지각 변동을 일으킨 것이다.

이슬람 문명권은 남유럽의 창문을 통해 중세의 서유럽에서 단절되어 있던 그리스 고전 문화의 영양분을 공급했다. 누구도 의도적으로 조성하지 않았으나 그 토양 덕분에 북이탈리아에서는 르네상스라는 세계사적인 변화를 일구었다. 물론 오랜 세월에 걸쳐 아랍권과 통상했던 북이탈리아 여러 도시의 상인들이 통로가 되었지만―아랍 문헌들을 유럽 세계에 전한 것은 그들이었으니까―그들 역시 의도한 결과는 아니었다. 인간의 의식적인 활동이 역사를 구성하지만, 역사의 패러다임을 변화시키는 것은 무의식적인 힘이다.

여기서 장황하게 그리스도교의 발생과 발전을 살펴본 이유는 종교사를 알고자 하는 게 아니라 서유럽의 중세를 알기 위해서다. 중세의 출발과 진행 과정을 이해하려면 무엇보다 그리스도교에 관해 알아야 하기 때문이다.

흔히 중세, 특히 중세 초기의 500년간을 암흑시대라고 말하지만 그것은 사실이 아니다. 순전히 상식적으로만 생각해도 수백 년의 어둠 뒤에 갑자기 '밝은 세상'이 출현할 수는 없다. 15세기에 서유럽 세계는 르네상스와 종교개혁, 발견의 시대를 맞아 비약적으로 팽창하며, 17세기부터는 국민국가를 이루면서 민주주의와 자본주의를 비롯해 현대 세계까지 이어지는 각종 이념과 제도가 발달하기 시작한다. 그렇다면 그 이유는 당연히 중세 1000년간의 '암흑'에서 찾아야 할 것이다. 이제 암흑이 빛으로 바뀌는 과정을 살펴보자.

9

중세의 틀

종교와 우상 / 교황과 황제의 끗발 다툼 / 서유럽 세계의 대외 진출: 십자군 전쟁 / 교황과 국제연합 / 세기의 결혼 / 조정자가 사라진 유럽 세계 / 권력의 공백에서 성장한 북이탈리아의 자치도시들

서유럽 세계의 시선으로 보면 공교롭게도 동쪽으로 갈수록 이단과 이교가 판치는 세상이 되었다. 그런데 아직 동방교회는 서방교회에 비해 힘의 우위를 유지하고 있다. 이런 상황에서 서방교회가 취할 길은 무엇일까? 하나도 단결, 둘도 단결이다. 어려운 상황일수록 내부를 단단히 다지는 게 모든 전략의 기본이다. 라틴 교회를 중심으로, '정통' 로마가톨릭으로 튼튼히 무장한다! 정작 후대에 '정통 교회Orthodox Church'라는 이름은 동방교회를 가리키게 되었으니 아이러니다.

단결의 조건이 좋았던 서방교회와 달리 당시 동방교회 내부에는 종교적 이견들이 많았다. 대표적인 사례가 성상icon을 둘러싼 논쟁이다. 원래 다신교에서는 신의 우상을 만들어 섬기는 게 일반적이었지만 일신교에서는 그렇지 않았다. 현세를 초월해 존재하는 단일한 절대자를 현세의 사물로 형상화하는 것은 신의 권위를 심각하게 침해한다는 관념이

지배적이었다.

그리스도교보다 먼저 일신교로 정립된 불교도 처음에는 불상이 없었다. 그리스도가 '구세주'의 뜻인 데 비해 부처는 '깨달은 자'라는 뜻이므로 원래는 신이 아니었다. 그러나 신이 없다는 점이 다른 포교 종교들에 비해 불리하다는 것을 알고 불교도들은 점차 부처를 신으로 받들기 시작했다. 다만 신의 이미지를 훼손할 수 있는 불상은 여전히 만들지 않았다. 굳이 부처의 모습을 형상화해야 할 때면 부처가 걸어간 발자국이나 옥좌 같은 형상을 만들어 부처를 상징하는 방식을 썼다.

그런 사정이 변화된 계기는 알렉산드로스의 동방 원정이다. 그리스 문화가 서아시아 일대에 퍼진 헬레니즘 시대에 불교도들은 시대의 추이에 맞게 생각을 바꾸었다. 그리스인들은 자유롭게 신상을 만들어 섬기고 오히려 자랑스러워하지 않는가? 그래서 불교도들은 부처의 얼굴과 몸을 여러 가지 조각상으로 표현하기 시작했다. 이것이 간다라 미술인데, 이 시대의 불상들이 부처를 유럽인의 얼굴로 묘사하고 한쪽 어깨에서 옷자락을 아래로 늘어뜨린 자세로 표현한 것은 그 때문이다. 또한 멀리 신라의 석굴암 불상에서 그리스 신상의 흔적을 볼 수 있는 이유도 간다라 미술의 영향이다.

그리스도교에서도 처음에는 그림이나 조각으로 신을 묘사하는 행위를 신성모독으로 여겼다. 십계명 가운데 둘째 것이 바로 우상을 만들지 말라는 내용이다. 그리스도교가 로마 제국의 탄압을 받던 시절에는 그 계율이 제대로 지켜졌다. 그러나 생존의 기반을 다진 뒤 교세를 확장해야 할 단계에 이르자 점차 신의 우상, 즉 성상이 필요해졌다. 신은 편재하지만 어디서나 모습을 드러내는 것은 아니다. 아직 그리스도교에 귀의하지 않은 사람들을 교회의 품으로 끌어들이려면 성상을 활용해야 했다. 오늘날 그리스도교의 입문자에게 흔히 그리스도나 마리아의 조각상을 주는 것과 마찬가지 맥락이다.

하지만 계율에 위배되는 것은 사실이므로 문제가 되지 않을 수 없다. 이 문제는 특히 교세 확장에 여념이 없는 서방교회보다 종교의 틀이 안정된 동방교회에서 더욱 첨예하게 대두되었다. 8세기 초의 비잔티움 황제 레오 3세는 성상을 일체 금지하라는 명령을 내렸는데, 이것은 역사에 성상 파괴 운동iconoclasm이라고 알려졌다. 그러나 성상에는 장단점이 있는 만큼 이 문제는 쉽게 합의되지 않았다. 황제의 성향이나 교회와의 관계, 권력 배경에 따라 성상은 허용되기도 하고 금지되기도 했다. 결국 이 논쟁은 한 세기 동안 격렬하게 전개되다가 9세기 중반에 성상을 허용하는 것으로 최종 결론이 내려졌다.

성상을 둘러싼 논쟁 이외에도 동방교회에는 굵직굵직한 종교적 쟁점이 많았다. 특히 예수가 부활한 부활절의 날짜를 비롯해 여러 성인의 축일을 확정하는 문제가 중요했다(19세기까지만 해도 부활절은 크리스마스보다 훨씬 중요한 축일이었다). 이 문제를 놓고 벌어진 수많은 종교회의를 통해 의도하지 않은 발전이 이루어졌는데, 그중 하나가 달력이다. 부활절은 춘분이 지나고 첫 보름달이 뜬 다음에 오는 일요일로 정의된다. 이렇게 양력(춘분), 음력(보름), 자의적인 요소(요일)가 어우러진 복잡한 규정으로 인해 오늘날까지도 부활절 날짜는 엄밀히 확정되지 못하고 있다.

그 무렵 동방교회의 열띤 종교 논쟁을 우리에게 익숙한 분위기로 바꾸면, 11세기에 중국의 송 제국과 16세기의 한반도 조선에서 격렬하게 벌어지는 당쟁과 비슷하다. 무엇보다 관념적인 논쟁이라는 점이 닮았고, 소모적인 다툼의 이면에 권력의 이해관계가 있다는 점도 비슷했다. 부활절을 확정하는 문제는 그나마 나은 편이었고, 종교회의의 주요 쟁점 가운데는 지금 보면 터무니없는 것도 많았다. 예를 들면, 바늘 끝에 천사가 몇 명이나 서 있을 수 있는가, 혹은 미사가 진행될 때 어느 대목에서 회중이 할렐루야를 외쳐야 하는가 같은 문제들도 있었다. 물론 당사자들에게는 대단히 진지하고 절실한 쟁점이었으나, 동쪽에서 이교도가 호시탐탐 노리고 서쪽에서 라틴 교회와의 적대감이 고조되는 상황을 감안하면, 논쟁 자체는 치열했어도 다투는 내용은 한가롭기 짝이 없었다.

당쟁이 그랬듯이, 종교 논쟁은 갈수록 복잡해지고 확대되어 동방 제국의 국력을 소진시켰다. 그러나 그에 반해 처음에 동방처럼 열을 올렸던 서방의 종교 논쟁은 차츰 사그라진다. 왜 그럴까? 여기에는 교황의 존재가 절대적인 역할을 했다. 서방교회는 비록 그리스도교 5대 총대주교구 가운데 하나밖에 차지하지 못했으나, 종교 서열상 수장에 위치하는 교황이 관장하는 교회라는 이점이 있었다. 콘스탄티노플의 총대주교조차 교황과 사사건건 마찰을 빚으면서도 교황의 권위를 정면으로 부인하지는 못했다.

다만 서방교회의 문제점은 동방교회처럼 세속의 제국과 황제라는 든든한 버팀목이 없다는 것이다. 신성 로마 제국이 탄생했다지만 동방 제국에 비하면 힘이나 영향력에서 크게 미치지 못한다. 동유럽 세계를 물심양면으로 완전히 장악한 비잔티움 제국에 비해 이 '어설픈 로마 제국'은 주변의 소규모 왕국, 심지어 도시국가보다 별로 나을 게 없었다. 그래도 신성을 관장하는 역할이 세속의 영역까지 직접 손댈 수는 없는 노릇이었으므로 교황과 교회는 이래저래 고민이었다. 그런 탓에 서유럽에서는 교리를 둘러싼 종교 내적인 논쟁보다 종교와 정치의 갈등이 더 부각되었다.

로마 교회는 제국의 부활을 간절히 바랐으나 현실은 교황의 뜻에 따라주지 않는다. 독일 지역에서는 무늬만 제후인 세속군주들이 득시글거리고, 에스파냐는 이슬람권의 점령으로 지리멸렬의 상태다. 프랑스에는 카페 왕조를 위시해 고만고만한 공국과 백국들이 저마다 독립국처럼 지역에서 떵떵거리고, 영국에서는 노르만의 바이킹 왕조가 지배한다. 게다가 교황과 원활한 분업 체제를 이루어야 할 황제는 세속군주의 힘이 강화되는 11세기부터 걸핏하면 교회와 대립한다. 교황제가 확립된 초기부터 교리상의 이견으로 대립교황Antipope이 여러 차례 들어선 적이 있었지만, 중세 후기로 넘어가면서부터는 세속군주가 제멋대로 대립교황을 옹립하는 사태까지 벌어진다. 원래 교황은 한 명이어야 하지만 두 명이 되기도 하고 심지어 세 명이 공존하기도 한다. 이제 서유럽 전역을 아우르는 통일 권력이란 정치만이 아니라 교회 내에서도 없다. 말이 같은 그리스도교 형제들이지 사투리가 워낙 심해 표준어의 흔적조차 희미할 정도다.

물론 표준어 방송국은 지역마다 설치되어 있다. 신성과 세속이 처음 분업을 시작했을 때, 그러니까 샤를마뉴 시대 이래로 봉건영주들의 장원마다 교회가 세워졌고 교회마다 사제들이 있었다. 그런데 사제들은 종교의 지휘 계통상 로마 교회의 명을 받아야 하지만 실상은 세속군주들이 거의 전권을 행사하면서 자기 지역의 사제들을 멋대로 임명하기도 하고 심지어 부하처럼 거느리기도 한다. 자연히 교회와 군주들은 지역 사제의 임명권을 놓고 으르렁거리게 된다. 이것이 이른바 서임권 논쟁이다.

이런 위기를 맞아 교황은 일단 봉건군주들에게 본때를 보이기 위해 황제를 굴복시켜야 한다고 판단했다. 이윽고 교황과 황제가 정면충돌하는 사건이 일어났다. 대표적인 사례가 1077년 카노사의 굴욕이다. 황제 하인리히 4세가 자기 관할 아래 있는 교회의 사제들을 자기 마음대로 임명하려 하자 교황 그레고리우스 7세가 그것만은 안 된다며 강력히 반발하면서 터진 사건이다.

서임권 문제를 현대의 군대 조직으로 비유하면 사단 내의 보안대 책임자를 사단장이 임명하느냐 보안사령관이 임명하느냐를 놓고 다투는 것과 비슷하다. 사단 내의 보안대는 지휘 계통상으로는 사단장의 관할을 받고, 조직 계통상으로는 보안사령관의 관할을 받는다. 그렇다면 보안대장의 임명권은 사단장이 가져야 할까, 보안사령관이 가져야 할까? 기업 조직에서도 이런 문제는 있다. 본사에서 파견된 지사의 직원은 지사장의 눈치를 봐야 할까, 본사 인사부의 동태에 촉각을 곤두세워야 할까?

사건의 명칭에 '굴욕'이라는 말이 붙은 만큼 카노사의 굴욕은 일단 황제의 패배다. 그러나 캐고 들어가면 판정은 무승부다. 교황이 황제를 파면하고 황제가 대립교황을 세워 맞서는 치열한 승부를 벌인 끝에 양측은 타협을 이루었다. 교회는 사제를 임명할 수 있는 고유 권한을 보장받았고, 그 대신 군주는 소속 사제에게서 충성 서약을 받을 권리를 얻었다. 이런 균형은 양측 모두에게 불만이 없다. 잉글랜드와 프랑스에서 먼저 타협안이 성립되자 교황과 황제도 한 발씩 물러나 1122년의 보름스 협약으로 신성과 세속 간에 타협이 성사되었다.

사실 동방교회와 경쟁하고 있는 로마 교회로서는 서유럽 세계를 종교적으로만이 아니라 정치적으로도 통합하고 싶은 마음이었겠지만, 그것은 불가능할뿐더러 바람직하지도 않았다. 불가능한 이유는 이미 서유럽 각국이 분립하면서 각개약진을 하고 있었기 때문이며, 바람직하지 않은 이유는 설사 예전의 제국 체제로 돌아갈 수 있다 해도 그것은 발전이 아니라 퇴보였기 때문이다.

당시의 시점에서 유라시아 대륙 전체를 보면, 동쪽의 중국에서는 여전히 중앙집권적 제국 체제(송 제국)가 자리 잡았고, 중앙의 서남아시아와 동유럽은 옛 로마를 연상시키는 느슨한 제국 체제(비잔티움 제국과 이슬람의 아바스 제국)였으며, 서쪽의 서유럽 세계는 여러 국가가 종교적으로만 통합된 상태에서 정치적으로는 분열 상태였다. 구세계 전체에 걸쳐 서쪽에서 동쪽으로 정치적으로 가장 후진적인 서유럽에서부터 가장 선진적인 중국까지, 집중과 분산의 스펙트럼을 확인할 수 있다.

그러나 다른 측면에서, 즉 동쪽에서 서쪽으로 그 스펙트럼을 살펴보면 정반대의 모습이 드러난다. 우선 중국의 송 제국은 북방의 거란과 여진의 거센 공략을 받아 제국 체제의 한계를 드러내기 시작했다. 또 비잔티움 제국과 이슬람의 아바스 제국은 치열한 공방전 속에서 서로 힘을 소모하는 중이었다. 반면에 서유럽은 언뜻 분산의 혼돈 속에 빠진 것처럼 보이는 이면에서 꾸준히 성장하고 있었다. 중국은 언제나처럼 동양 문명의 확고부동한 중심이지만 과거와 같은 문명의 빛을 잃었다. 동유럽은 로마 제국이 무너진 이후 서양 문명의 기둥이었으나 어느덧 낡은 체제의 굴레에 묶여 정체되었다. 이제 서양 문명은 그 기원인 오리엔트와 동유럽에서 완전히 벗어나 서유럽 세계로 적통이 이어지고 있었다.

서유럽과 동유럽의 관계가 역전되었음을 가시적으로 보여주는 사건이 있다. 서유럽 세계의 자신감이 집약적으로 표현된 십자군 전쟁이다. 이 사건을 분기점으로 서유럽은 유럽 문명을 이끌어가는 동력으로 성장하고, 나아가 세계 문명의 주역으로 발돋움하게 된다.

신성 로마 제국

로마
교황령

콘스탄티노플
비잔티움 제국

금

카이펑

송

아바스 제국

델리 술탄국

│ 집중과 분산의 스펙트럼 12세기 무렵의 유라시아 정세는 동서 방면으로 확연한 체제상의 차이
를 보였다. 동쪽 끝자락에서는 중국식 제국의 완성형(송)이 들어섰고, 서쪽 반대편은 정치적으로 무
주공산이나 다름없는 분산화된 체제였다. 유라시아의 허리에 해당하는 동유럽, 서남아시아, 중앙아
시아는 양 극단의 중간, 즉 고만고만한 중앙집권 체제들이 포진한 상태였다.

 십자군이 기획된 데는 여러 가지 배경이 복합적으로 얽혀 있다. 우선
서유럽의 사정이 있었다. 카노사의 굴욕과 보름스 협약 이후 신성과 세
속은 갈등이 봉합되며 어느 정도 안정을 찾았다. 이런 대동단결의 무드
를 더욱 고조시키려면 공동의 적을 타깃으로 삼는 게 좋다. 교황 우르바
누스 2세는 1095년에 클레르몽 공의회를 열어 이슬람 세력이 장악한
예루살렘 성지를 수복하자고 외쳤다. 성지 순례를 가로막고 그리스도교
도를 탄압하는 이교도를 몰아내자! 실제로 당시 성지에서 아랍인들이
그리스도교도들에게 종교적 관용을 베풀고 있다는 사실은 슬쩍 눈감아
버린다.
 순진한 농민들은 순수한 신앙심에 불타 교황의 불순한 선동에 넘어

갔다. 그러나 지배계급의 입장은 다르다. 장자 상속을 중심으로 하는 게르만 전통에 따르면, 귀족 가문이라 해도 차남 이하의 아들들은 물려받을 재산도 지위도 없다. 임무와 직함도 없고 가진 것이라곤 그저 귀족이라는 신분뿐이다. 출신은 양반이지만 알고 보면 머슴보다 나을 게 없는 조선시대의 한량과 다를 바 없는 처지다. 무료함을 달래기 위해 마상시합(tournament: 지금은 스포츠 대회를 치르는 방식의 하나가 되었다)과 싸움질로 무예를 닦았다는 점에서 보면, 전국시대가 끝나 할 일이 없어져버린 16세기 일본 사무라이와 같은 처지이기도 하다.

나중에 보겠지만, 일본은 그 남아도는 물리력으로 한반도와 대륙 침략을 꿈꾸게 된다. 지배자들의 잔꾀는 언제 어디서나 비슷하다. 중세의 서유럽도 5세기 뒤의 일본처럼 유휴 인력을 물리력으로 활용하면 원정을 성공시킬 수 있다고 믿었다. 서유럽의 기사는 일본의 사무라이에 해당한다. 기사도가 무사도에 뒤질 게 뭔가? 기사들은 십자군에 참여하면 이교도들을 상대로 마음껏 싸울 수도 있고 막대한 전리품을 얻을 수도 있다는 사실에 한껏 고무된다. 실제로 우르바누스는 각지를 순회하면서 동방 세계는 부유하다고 부르짖었다. 일이 잘 풀려 성지를 탈환한다면 토지와 영지도 얻을 수 있다.

이것이 십자군 전쟁의 배경이라면 직접적인 계기는 동방 제국에서 제공한다. 서방에서 세속군주들과의 갈등이 치유될 조짐을 보이자 우르바누스는 동방 제국과의 해묵은 다툼도 해결하고 싶었다. 10여 년 전 서방 황제 하인리히 4세를 파문한 전임 교황 그레고리우스 7세는 내친김에 동방 황제인 알렉시우스 1세마저도 파문함으로써 동서 갈등을 극한에까지 끌어올린 바 있었다. 이미 동서 교회가 상당히 달라져 있었으므로 알렉시우스로서는 그다지 신경 쓸 일이 아니었으나 어쨌든 심기가 편할 리는 없었다. 이 갈등을 해소하기 위해 우르바누스는 황제에게서 파문을 거두는 것으로 화해의 제스처를 보냈고, 알렉시우스는 콘스탄티노플의 라틴 교회에 대한 폐쇄령을 거두는 것으로 화답했다.

실로 오랜만에 신성과 세속만이 아니라 서유럽과 동유럽까지 해빙기를 맞았다. 이럴 때 협력을 과시할 만한 공동 사업이 있다면 금상첨화다. 알렉시우스는 셀주크튀르크에 잃은 아나톨리아(터키 동부)와 시리아를 수복하는 데 교황의 힘을 빌리고자 했다. 물론 그것은 숨은 의도이고 겉으로 표방한 명분은 이교도가 점령하고 있는 성지 예루살렘을 탈환하자는 것이다. 교황은 알렉시우스의 의도를 모를 리 없지만 잠자코 그의 요청에 따르는 편이 윈윈 전략이라고 판단했다. 동방의 황제는 잃은 영토를 수복하고자 하고, 서방의 교황은 내부에 축적된 힘을 방출하고 이참에 동방 제국과의 갈등을 완전히 해소하고 싶다. 서로의 구상이 맞아떨어진 결과가 십자군이다.

여러 세력의 이해관계가 잘 어우러진 기획, 그렇다면 보기 좋게 성공해야 마땅하겠지만 결과는 그렇지 못했다. 십자군은 완전 실패다. 우르바누스가 서유럽 각지를 돌아다니며 부지런히 연설하고 호소한 결과로 소집된 1차 십자군은 예루살렘을 빼앗고 성지에 십자군 왕국들을 세워 제법 짤짤한 성과를 거두었다. 하지만 그게 처음이자 마지막 성공이었다. 이후 여러 차례 전개된 십자군은 아무런 성과도 거두지 못했을 뿐 아니라 동방 제국을 비롯한 동유럽 세계 전역에 십자군의 악명과 오명만 남겼다. 게다가 성지에 얼기설기 세워놓은 십자군 왕국들도 오래 버티지 못하고 아랍인들에게 정복당하거나 비잔티움 제국에 넘어갔다. 그럼 십자군으로 서유럽이 건진 것은 무엇일까?

2000년 3월 교황 요한 바오로 2세는 대희년을 맞아 수백 년 전의 십자군에 대해 종교의 이름으로 저지른 역사적 과오라면서 공식적으로 사죄했다. 그렇잖아도 예전부터 십자군은 역사적으로 상당히 혹독한 평가를 받았다. 그러나 십자군은 서유럽 중세사에서 대단히 중요한 사건이며, 서유럽 세계의 도약을 가져온 중대한 모멘트다. 이 점은 십자군 자체에서가 아니라 그 환경에서 확인할 수 있다.

우선 십자군은 교황의 호소(혹은 선동)로 조직되었다는 점이 중요하다. 교황의 권위와 권력, 그리고 재산은 서유럽의 (황제를 포함한) 어떤 개별 군주보다도 컸지만 모든 군주가 교황의 명을 받드는 것은 아니었다. 중세 초기에 교황을 현실의 황제처럼 섬겼던 군주들은 점차 머리가 커지면서 교황을 종교 지도자의 역할로만 국한하고자 했다. 교황도 교황령 이외의 곳에서 세속적인 권력을 발휘하기에는 자신의 힘이 부친다는 것을 잘 알고 있었다.

십자군은 바로 그런 질서의 반영이다. 비록 교황이 제기한 것이지만 신성과 세속이 분업과 조화를 이룬 결과다. 샤를마뉴 이래 착실하게 진행되어온 분업 체제가 십자군에 이르러 최초로 실행에 옮겨진 것이다. 십자군은 실패했어도 교황은 바라던 성과를 거두었다. 십자군을 계기로 교황은 향후 서유럽 세계에서 종교적 중심만이 아니라 정치적인 구심점으로도 활동하게 된다.

앞서 말했듯이 유럽 문명은 로마 제국 이래로 정치적 중심이 없는 분권화의 역사를 전개했다. 그럼 교황이 정치적 구심점이라는 말은 무슨 뜻일까? 종교의 수장이 맡은 정치적 역할은 무엇일까? 공식적으로는 정치적인 역할이 없다. 성서 어디에도 성직자가 현실의 정치에 개입해도 된다는 구절은 없다(실은 성직자의 존재와 필요성을 명확히 규정한 구절도 없다). 그러나 비공식적으로는 다르다. 중세 서유럽 세계는 정치적으로 분열되고 종교적으로 통합된 상태다. 따라서 나라와 나라, 군주와 군주 간의 교통과 소통은 자연히 교회의 몫이 된다.

서유럽이 이런 구조를 취했기 때문에 교황은 각국의 내정에는 관여하지 않으면서 국가들 간의 분쟁이 발생하거나 이해관계가 상충할 때 조정하는 역할을 맡게 되었다. 현대 정치 용어로 말하면, 서유럽의 군주들은 내치에서 자율을 누리면서 외교권은 교황에게 위임하는 체제를 취하게 된 것이다.

그런 교황의 위상을 이해하기 위한 좋은 비유는 오늘날의 국제연합UN이다. 현대의 국제연합은 각국의 내정에는 전혀 개입하지 않고 그럴 권한도 없지만, 회원국/비회원국들 간에 분쟁이 발생하면 조정자로 끼어들고, 비상사태를 맞으면 다국적군을 소집해 사태를 직접 해결하기도 한다. 물론 국제연합의 조치에 반발하는 회원국/비회원국들도 있지만, 적어도 국제연합이 지니는 조정자로서의 역할은 어느 나라도 부인하지 않는다.

때로 각국은 로비를 통해 국제연합에 영향력을 행사하기도 하며, 특히 국제연합에 강대국의 입김이 크게 작용한다고 여기는 국가들은 국제연합을 유명무실한 기관으로 몰아붙이기도 한다. 게다가 국제연합은 비회원국들 간의 문제에도 서슴없이 개입하는 탓에 오히려 문제를 일으키는 경우도 있고, 지나치게 독선적인 태도를 취하는 탓에 여러 나라의 불만을 사기도 한다. 냉전시대가 끝난 1990년대부터는 국제연합보다 미국의 대통령이 그런 역할을 하고 있다.

이 모든 면에서 국제연합은 중세의 교황과 매우 비슷하다. 십자군 전쟁 이후 교황은 서유럽 세계의 각 군주 간에 벌어지는 온갖 문제에 개입하며, 또 군주들도 교황을 자기편으로 끌어들여 외교상으로, 또 명분상으로 유리한 고지를 점하고자 애쓴다. 14세기 아비뇽 교황청과 교회 대분열은 그런 역관계가 빚어낸 골치 아픈 부산물이다(267쪽 참조). 또한 군주들 간에는 교황을 불신하는 경우도 많았고, 탐욕스럽고 부패한 교황이 재위하는 경우도 많았다. 그러나 아무리 교황을 불신한다 해도, 또 교황의 인물됨에 문제가 있다 해도 교황의 권위와 권한은 누구도 무시하지 않았다.

현대의 국제연합이 그렇듯이, 중세의 교황 역시 무소불위의 권력을 가진 존재는 아니다. 어떤 점에서는 현실 정치적 권력이라기보다 상징적 권력으로 작용하기도 한다. 15세기 교황 알렉산데르 6세의 '작품'인 토르데시야스 조약이 그 점을 잘 보여준다. 이 사건에는 교황의 역할과 더불어 각국 궁정의 정략결혼, 신대륙의 발견 등 중세 서유럽 세계의 여러 가지 특성이 개재되어 있으므로 여기서 자세히 살펴볼 필요가 있다.

사건은 1469년 카스티야의 이사벨과 아라곤의 페르난도가 결혼하면서 시작된다. 부부는 10년 뒤 각자 소유한 두 왕국을 합쳐 에스파냐 왕국을 이루었다(그전까지 에스파냐는 나라의 이름이 아니라 지역의 이름에 불과했다). 10여 년 뒤에는 더 큰 경사가 잇따른다. 1492년 신생국 에스파냐는 800년 가까이 에스파냐 남부를 지배했던 아라비아 세력을 완전히 내쫓고 레콩키스타(국토 수복 운동)를 완료했다. 이제 유럽에는 더 이상 이슬람의 근거지가 없다.

그 일을 자축하는 의미에서 바로 같은 해에 국왕 부부는 몇 년 전부터 제노바 출신의 이탈리아 선원이 항로 개척을 위해 투자해달라고 부탁하던 것을 드디어 수락했다. 경사는 겹쳤다. 크리스토퍼 콜럼버스 Christopher Columbus라는 이름의 그 선원은 그해 가을 대서양 항로를 개척하러 나섰다가 뜻하지 않게 아메리카 대륙을 발견했다.

처음에는 원하던 향료 산지가 아닌 탓에 투자자(국왕 부부)도, 벤처 사업가(콜럼버스)도 실망했으나 얼마 안 가 그곳이 유럽 세계에 알려지지 않은 대륙이라는 것이 밝혀지면서 상황은 반전되었다. 아메리카에서 나오는 금과 은, 아메리카의 비옥한 토지와 노동력을 이용한 농산물 등이 유럽으로 유입되었다. 이 막대한 부를 발판으로 삼아 에스파냐는 부부의 외손자인 카를 5세(에스파냐 왕으로는 카를로스 1세)의 치세에 일약 유럽 최고의 부국으로 떠올랐다. 불과 수십 년 전 아라비아의 지배에서 벗어나지 못해 서유럽 각국의 빈축을 샀던 것에 비하면 그런 환골탈태도 없다.

또한 부부는 막내딸 카타리나를 잉글랜드 왕 헨리 7세의 맏아들 아서에게 시집보내 두 왕실 간의 정략결혼을 성사시켰다. 영국에서 카타리나는 아라곤의 캐서린으로 불렸다. 하지만 아서가 곧 죽는 바람에 캐서린은 아서의 동생과 다시 결혼했는데, 그가 헨리 8세. 캐서린과 헨리는 20년 이상 결혼 생활을 하면서 여섯 아이를 낳았으나 다 사산되거나 어릴 때 죽고 딸 하나만 살아남았다(딸은 훗날 메리 1세가 된다). 아들이 없어 불만이던 헨리 8세는 1527년 캐서린과 이혼하기 위해 교황 클레멘스 7세에게 결혼 무효 판결을 요청했고 캐서린은 반대로 유효 판결을 요청했다. 교황이 (자신의 의지와는 별개로) 군주들의 정략결혼에 동원되는 사례다.

교황의 '활약'은 여기에 그치지 않는다. 콜럼버스 덕분에 에스파냐는 신대륙에 관한 독점권을 얻었다. 그러자 에스파냐 왕국이 성립되기 전부터 대서양 항로 개척에 나섰던 이웃 포르투갈은 입이 잔뜩 부었다. 고생은 자기가 실컷 하고 결실은 남에게 빼앗겼다고 여긴 포르투갈 왕은 콜럼버스의 신대륙 발견에 자국도 기여했다고 주장한다. 신대륙으로 가기 위해서는 아프리카 최서단의 베르데 곶과 대서양의 관문에 해당하는 아조레스 제도를 거쳐야 하는데, 이 지역들을 포르투갈이 발견했으니 그 주장도 순전한 억지는 아니다. 신대륙을 계속 독점하고 싶은 에스파냐는 당연히 포르투갈의 주장을 억지라고 몰아붙인다.

다른 세계에서 이런 사태가 벌어졌다면 두 나라는 곧장 전쟁 태세로 돌입했을 것이다. 승자가 모든 것을 차지하고 패자는 멸망하거나 권리를 완전히 포기했을 것이다. 하지만 중세의 국제연합이 있는 유럽 세계의 해결책은 다르다. 포르투갈의 주앙 2세와 에스파냐의 이사벨-페르난도 부부는 1493년 교황 알렉산데르 6세에게 중재를 의뢰한다. 물론 교황의 권위를 100퍼센트 인정하고 명령대로 따르겠다는 의도는 아니다. 그러나 적어도 교황을 중재자로 인정하는 것은 틀림없다. 두 나라는 교황의 판결을 지침으로 삼아 그대로 따를 수도 있고, 마음에 들지 않으면 전쟁의 명분으로 활용할 수도 있다.

하지만 교황의 관심은 다른 데 있다. 20대에 추기경이 되어 숱한 여성을 편력했고 세속적인 욕심이 컸던 알렉산데르는 그 무렵 북이탈리아를 넘보는 프랑스를 경계하느라 포르투갈과 에스파냐가 제기한 소송에 별로 관심이 없었다. 아니면 당대의 미남미녀로 이름을 날리며 유럽 사교계를 주름잡고 있던 아들과 딸을 정략결혼의 카드로 쓰는 일에 온통 신경이 가 있었는지도 모른다. 그의 아들 체사레 보르자는 권력욕에 가득 찬 일세의 효웅으로 마키아벨리가 《군주론Il principe》에서 이상적인 군주로 숭배한 인물이고, 그의 딸 루크레치아 보르자는 스무 살이 되기 전까지 에스파냐, 밀라노, 나폴리의 귀족들과 적어도 네 차례 정략결혼을 했다.

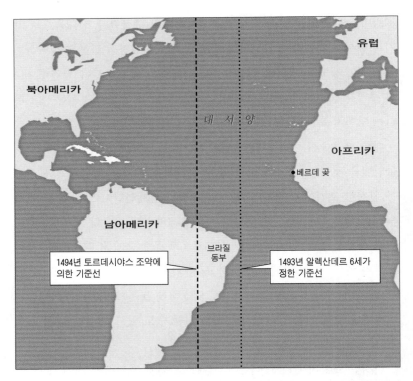

| 교황의 '작품'　교황청에 들어앉아 유럽 세계를 주무르는 데만 능했던 교황은 아직 신대륙의 엄청난 가치를 실감하지 못했다. 사과를 칼로 자르듯이 경도로 지구를 싹둑 잘라 에스파냐와 포르투갈의 영토 분쟁을 해결하려 한 발상이 그 증거다. 오늘날 브라질이 포르투갈어 국가가 된 것은 바로 교황의 작품이다.

교황의 판결은 터무니없었다. 그는 단순무식하게 경도를 이용해 두 나라의 분쟁을 해결하기로 했다. 베르데 곶에서 서쪽으로 400킬로미터 떨어진 대서양의 경도선을 중심으로 그 동쪽은 포르투갈, 서쪽은 에스파냐의 영토로 하라는 것이다. 그 지침에 따라 두 나라의 대사들은 에스파냐의 토르데시야스에서 만나 협상했다. 교황이 정한 경도선은 바다에

있어 포르투갈의 영토가 될 수 있는 땅이 없었으므로 포르투갈은 당연히 불만이 컸다. 결국 두 나라는 교황의 제안대로 경도선을 기준으로 삼되 위치를 서쪽으로 1400킬로미터가량 옮겼다. 이것이 토르데시야스 조약인데, 포르투갈은 그 효과를 톡톡히 보았다. 새로 발견된 브라질의 동부가 바로 그 기준선에 걸쳐 있었던 것이다. 그 때문에 브라질은 포르투갈령이 되었고, 현재까지도 남아메리카에서 유일하게 에스파냐어를 쓰지 않고 포르투갈어를 쓰는 나라로 남았다. 교황의 무성의한 해결책이 후대에 중대한 결과를 낳았던 것이다.

이런 중세적 외교 분쟁 해결책이 끝나는 계기는 16세기부터 시작된 종교개혁이다. 가톨릭이 위축되면서 교황의 역할도 함께 위축되었다. 이제 중세 전성기처럼 교황이 직접 나서서 원정을 조직하거나 군주들 간의 분쟁을 해결하던 시대는 지났다. 토르데시야스 조약에서도 보듯이, 중세 후기에는 유럽 각국이 교황을 이용해 이득을 취하고 명분을 쌓으려 할 뿐 교황의 권위에 복종하고 명령에 따르려는 기색은 별로 보이지 않았다. 중세 사회가 해체될수록 교황은 점점 외교 조정자로서의 힘을 잃었다. 급기야 1517년 마르틴 루터 Martin Luther가 일으킨 종교개혁의 바람은 교황과 교회의 권위에 결정타를 먹였다.

브레이크가 없는 자동차는 질주할 수밖에 없듯이 중재자가 없는 갈등은 전쟁으로 치닫게 마련이다. 과연 이때부터 유럽 세계는 전란의 회오리에 휩쓸린다. 처음에는 종교전쟁으로 시작되었지만 이내 영토전쟁으로 바뀌면서 더욱 치열해진다. 중세의 질서가 끝나고 근대의 문이 열렸다.

놀랍게도 그 혼란기는 400년이 넘도록 지속된다. 중세 유럽의 정신적 구심점, 외교적 조정자, 상징적 권력의 역할을 한 교황이 권위를 잃는 시기부터 현대의 새로운 조정자 국제연합이 등장하는 시기까지, 다시 말해 종교전쟁이 발발한 16세기 초부터 제2차 세계대전이 끝나는 20세기 중반까지 유럽의 역사는 피비린내 나는 전쟁으로 얼룩지게 된다. 이 유럽 근·현대사는 나중에 자세히 볼 것이므로 여기서 간단히 개요만 훑고 넘어가자.

종교개혁으로 교황이 몰락하면서 외교 조정자가 사라지자 서유럽 각국은 곧바로 치열한 전쟁에 돌입했다. 16세기 유럽 각국에서 전개된 종교전쟁을 필두로 17세기 초에는 최후의 종교전쟁이자 최초의 근대적 영토전쟁인 30년 전쟁이 벌어졌다. 계속해서 18세기 초의 에스파냐 왕위 계승 전쟁, 중반의 오스트리아 왕위 계승 전쟁과 7년 전쟁, 아메리카와 인도를 무대로 한 영국-프랑스의 식민지 쟁탈전, 19세기 초의 나폴레옹 전쟁이 이어졌다. 19세기 후반까지 세계 각지에서 벌어진 제국주의 전쟁은 20세기의 제1차 세계대전으로 정점에 달하고, 그 마무리가 제2차 세계대전이다. 유럽의 격동이 최종적으로 마무리된 것은 1945년이다. 중세의 교황과 현대의 국제연합 사이의 시대, 조정자의 공백기는 곧 유럽 세계의 격렬한 진통으로 나타났다.

이 전쟁들을 모조리 거치고 나서야 비로소 유럽 세계에는 새로운 조정자가 생겨난다. 교황이 지배하던 중세는 근·현대 유럽 세계를 품고 있던 시대였다. 그런 점에서 보면 유럽의 중세(中世, Middle Age)는 명칭부터 잘못된 느낌이 있다. 중세는 고대와 현대의 중간 시대라는 의미보다는 유럽 세계의 틀을 이루고 서양 문명의 특수한 성격을 형성한, 그 자체로 고유한 내용을 지니는 시대다. 어떤 의미에서 20세기 중반 이후 현대 질서는 유럽의 경우 중세 질서로 되돌아갔다고 볼 수 있다.

전쟁 자체로는 실패한 십자군 전쟁에서 의도치 않게 서유럽 세계는 교황이라는 리더를 얻었다. 하지만 전쟁의 의도치 않은 성과는 그것만이 아니었다. 십자군을 통해 서유럽은 로마 시대 이래 처음으로 지중해 동부의 무역에 뛰어들 수 있게 되었다. 이런 변화는 서유럽이 경제적으로만이 아니라 문화적으로도 도약할 수 있는 중대한 계기를 제공한다. 그것이 바로 르네상스다.

로마가 무너지고 나서 지중해 무역은 잠시 비잔티움 제국이 장악했다. 그러나 이슬람 세력이 흥기하면서부터 지중해는 마레 노스트룸이라는 옛말이 무색하게 '아라비아의 호수'처럼 변했다. 북아프리카를 모두 점령하고 에스파냐와 시칠리아에까지 무역과 군사용 기지를 설치한 아라비아 상인들은 서유럽의 많은 인구를 상대로 막대한 무역 이득을 취했다.

십자군은 아랍 세계를 크게 약화시키지는 못했으나 적어도 시장 균점의 효과를 가져왔다. 특히 북이탈리아와 플랑드르의 자치도시들은 지중해 무역에서 뛰어난 기동력을 발휘하면서 동방의 물자를 서유럽에 전달하는 창구의 구실을 했다. 북이탈리아의 상선들이 시리아의 항구에서 동방의 물자를 이탈리아의 항구까지 실어오면 거기서부터 육로를 통해 물자가 북송되기도 하고 플랑드르의 상선들이 이베리아 반도를 돌아 북유럽으로 전달하기도 했다. 뒤늦게 아랍 문명권에서 풀려나 유럽 문명권의 막내로 동참하게 된 포르투갈과 에스파냐가 대서양 항로 개척에 나선 것은 북이탈리아와 플랑드르가 서유럽 해상무역을 독점하고 있었기 때문이다.

그런데 왜 하필 북이탈리아와 플랑드르가 해상무역에 앞장섰을까? 이 두 지역은 서유럽의 나머지 지역들과 달리 일종의 정치적 공백 지대였다. 중국의 역사에서 보듯이, 중앙집권적 정치는 경제 활성화에 독소로 작용한다. 북이탈리아와 플랑드르에는 그런 강력한 정치권이 존재하지 않았던 덕분에 경제가 발달할 수 있었다.

지금 이탈리아 반도는 하나의 나라지만 근대까지 크게 세 구역으로 나뉘었다. 남쪽에는 나폴리가 주도하는 독자적인 왕국이 있었고, 중부에는 교황령이 있었다. 그리고 북부에는 피렌체, 베네치아, 밀라노, 피사, 제노바, 볼로냐, 토리노 등 수많은 자치도시가 할거했다. 남쪽의 교황령과 북쪽 알프스 너머의 신성 로마 제국 사이에 위치한 북이탈리아의 도시들은 지정학적 위치로 인해 황제와 교황, 제국과 교황령이 서로 심하게 다툴 때는 곧장 두 열강의 쟁탈지가 되어버리지만 그렇지 않을 때는 상대적으로 자립과 자유를 누릴 수 있었다.

분쟁이 고조된 시기는 단테가 고향인 피렌체를 떠나 망명지에서 《신곡》을 썼던 13세기다. 그 무렵 북이탈리아의 도시들은 황제와 교황 사이에서 이리저리 줄을 서기에 바빴다. 황제를 지지하는 정치 세력은 기벨린파로 불렸고, 교황을 지지하는 세력은 구엘프파로 불렸는데, 도시마다 두 파가 권력을 놓고 심하게 다투었다. 한 측이 집권하면 다른 측은 그 도시에서 추방당해야 했다(기벨린파였던 단테도 추방을 당한 것을 계기로 《신곡》을 썼다). 하지만 14세기 후반부터는 황제가 북이탈리아에 관심을 끊었고 교황도 때마침 아비뇽 교황청 시대였기 때문에 기벨린/구엘프 대립은 자연히 해소되었다.

그늘이 있다면 빛도 있는 법이다. 두 적대 세력의 완충지대, 힘의 공백지대였던 북이탈리아는 정치적 환경이 열악했지만 오히려 다른 부문에서는 활발하고 역동적인 분위기가 흘러넘쳤다. 서유럽 세계에서 봉건제가 절정에 달했던 11세기부터 이곳에는 이미 탈봉건적인 자치도시들

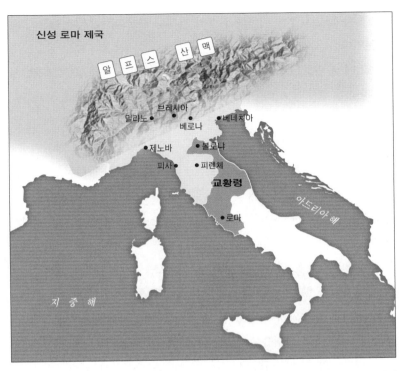

신성 로마 제국

알프스산맥

브레시아
밀라노 •
•베네치아
베로나
•제노바 •볼로냐
피사 • •피렌체
교황령
아드리아 해
•로마

지중해

| 고래 싸움에 낀 새우들   북쪽의 제국과 남쪽의 교황령 사이에 낀 북이탈리아는 전형적인 힘의 완충지대였다. 그러나 정치적 통일은 이루지 못했어도 그런 권력의 공백을 틈타 이 지역에는 지금까지도 이탈리아를 대표하는 도시들이 자생적으로 생겨났고, 이들이 훗날 르네상스라는 대변화를 주도했다.

이 생겨났으며, 이들은 십자군으로 서유럽 세계의 발언권이 커진 지중해 무역에 적극 뛰어들었다. 선두 주자는 한때 콘스탄티노플까지 호령한 베네치아였고, 그 뒤를 피사와 제노바 등이 따랐다.

이 자치도시들은 공화정과 왕정이 뒤섞인 독특한 정치체제를 취했다. 이 도시들의 정치체제가 변모하는 모습을 보면 시대에 따라 진보적인 체제의 정의가 얼마든지 다를 수 있다는 사실이 드러난다. 현대사회에서는 왕정을 공화정에 비해 후진적인 체제로 간주하지만 당시에는 그렇지 않았다.

초기에 시민들은 옛 로마 원로원의 전통에 따라 공화정을 채택했지만, 왕국이 대세인 시대에서 느슨한 공화정으로는 강력한 도시국가를 형성하기 어려웠다. 더구나 여러 정치 세력이 권력을 장악하는 것을 지상 목표로 삼았기 때문에 내분과 다툼, 정치 불안이 끊이지 않았다. 그래서 시민들은 점차 고정된 중앙정부가 권력을 확고히 장악하는 체제를 선호하게 되었는데, 이 정부를 시뇨리아Signoria라고 부른다(지금 에스파냐 어권에서 존칭으로 사용하는 시뇨레Signore는 원래 시뇨리아의 우두머리를 가리키는 말이었다).

시민들의 여론을 대변하는 의회가 있었으므로 공화정의 전통이 완전히 사라지지는 않았다. 그러나 권력의 속성은 언제나 똑같다. 시뇨레는 점차 왕처럼 세습되기 시작했다. 그 결과 자치도시들마다 지배적인 가문들이 대를 이어 권력을 독점하게 되었다. 피렌체의 메디치 가문을 비롯해 밀라노의 비스콘티와 스포르차, 페라라의 에스테, 베로나의 델라 스칼라, 파도바의 카라라 등이 모두 그런 식으로 권력을 세습하게 된 가문들이다.

특이한 것은 베네치아의 경우다. 로마 제국 말기 게르만족의 대이동이 일어날 때 생겨난 이 도시는 8세기부터 비잔티움 제국과 긴밀한 관계 속에서 발달했다. 이미 그때도 베네치아는 공화국 체제를 취해 도제doge 라는 우두머리의 직함을 가지고 있었다. '지도자'라는 뜻의 라틴어 둑스dux에서 유래한 도제는 왕처럼 막강한 권력을 가졌으나 왕은 아니었고 시뇨리아와도 달랐다. 권력이 한 가문 내에서 세습되지 않았기 때문이다. 12세기부터 도제는 종신직이 되었지만 세습은 여전히 금지되었다.

베네치아 공화국이 존속한 1797년까지 모두 100명 이상의 도제가 배출되었다.

북이탈리아의 자치도시들이 독특한 체제를 취하게 된 이유는 이 지역에 단일한 중앙 권력이 없고 도시들마다 분립하고 있었기 때문이다. 이런 환경은 지금의 프랑스 북동부에서 북독일까지의 해안지대에 해당하는 플랑드르도 마찬가지였다. 독일 전역이 고만고만한 제후국(영방국가)들로 분열되어 있는 가운데 플랑드르에도 일찍부터 브뤼헤, 헨트, 함부르크, 뤼베크 등 자치도시들이 생겨났다. 남쪽으로 신성 로마 제국, 서쪽으로 프랑스와 영국 같은 강대국들이 있었지만, 북이탈리아의 경우처럼 플랑드르도 열강의 바다 위에 뜬 섬처럼 힘의 공백 지대였다. 그래서 자치도시들은 정치권력의 부정적인 영향을 받지 않고 자유롭게 경제활동에 전념할 수 있었다. 이들은 북해와 발트 해의 무역을 장악하고 번영을 누렸다.

북이탈리아는 황제와 교황이 호시탐탐 넘보았지만 플랑드르의 사정은 좀 달랐다. 자치도시들에 위협적인 요소는 주변의 강대국들보다 해상무역을 저해하는 해적들이었다. 공동의 대비책으로 이들은 한자동맹(Hansa: '무리' 또는 '조합'을 뜻하는 중세 독일어 한제Hanse에서 나온 명칭이다)을 결성해 통상을 강화하고 자체의 상비군까지 조직해 무역로의 안전을 확보했다. 이들의 공격적인 무역 정책에 덴마크가 저항하자 아예 덴마크를 정복해 한동안 지배하기도 했다.

하지만 한자동맹은 단일한 국가가 아니라 어디까지나 도시들의 모임일 뿐이었다. 통합 의회는 있었어도 도시들을 일괄적으로 규제하는 법이나 규칙 같은 것은 없었다. 이해관계에 따라 움직이는 전형적인 자율적 체제였다.

그렇다면 15세기에 일어난 르네상스 운동이 왜 북이탈리아를 발원지로 했고 어떻게 알프스를 넘어 플랑드르로 맥이 이어졌는지 이해할 수 있다. 정치적으로 꽉 짜인 틀이 없는 지역은 경제와 문화의 방면에서 선도적인 역할을 하는 경우가 많다. 북이탈리아와 플랑드르 이 두 지역은 영토에 눈을 뜬 왕국들이 주변 일대를 빈틈없이 영토화한 상황에서도 느슨한 도시국가의 틀을 유지했다. 그 때문에 비록 정치적으로는 후진적이었으나 정치에 비해 인위적인 성격이 덜한 경제와 문화의 부문에서는 유럽의 어느 왕국보다도 선진적인 면모를 보였다.

물론 후대의 역사까지 고려한다면 북이탈리아와 플랑드르의 성장과 발전이 그 두 지역에 꼭 이득만 가져다주었다고 볼 수는 없다. 두 지역이 속한 이탈리아와 독일은 르네상스로 유럽의 근대를 이끌었지만, 19세기 후반에 들어서야 겨우 국가 통일을 이루었고, 그 때문에 남들이 다 먹고 난 뒤 파장 무렵의 식민지 쟁탈전에 뛰어들어야 했다. 결국 그들의 불만은 20세기의 양차 세계대전으로 이어졌다. 두 지역의 그런 역사적 굴곡은 역사의 흐름이 일방향적인 게 아님을 보여준다.

하지만 유럽 문명 전체적으로 보면, 북이탈리아와 플랑드르는 중세 후반 서유럽의 경제적·문화적 허파로 기능하면서 유럽 세계가 근대의 문턱으로 들어서는 데 필요한 산소를 공급해주는 역할을 했다. 언제나 정치적으로 꽉 짜인 체제를 유지했던 동아시아 세계와 비교하면 북이탈리아와 플랑드르는 유럽 문명의 빈틈이었으며, 그 틈은 유럽 문명이 형질을 변경해 한 단계 상승할 수 있는 중요한 통로가 되어주었다.

십자군에서 시작된 중세 후기의 변화는 서유럽 세계에 내적인 통합(교황의 위상)과 외적인 팽창(지중해 무역)을 가져다주었다. 이제 서유럽은 유사 이래 처음으로 바깥을 내다볼 여유를 갖게 된다. 십자군에 참여해 동방 제국에 갔다가 콘스탄티노플의 휘황찬란한 거리 풍경에 촌놈처럼 어리둥절해하던 서유럽인들은 '우리도 그런 세상을 이룰 수 있지 않을까.' 하는 꿈을 품는다. 하지만 유라시아의 국제 무대에 데뷔하기 전에 그들은 먼저 아시아의 강력한 태클을 견뎌내야 했다.

10

유라시아의 도미노

아틸라와 레오 / 연호와 달력 / 1차 도미노: 흉노 / 2차 도미노: 돌궐

●

한 시대의 한복판에서 그 시대의 본모습을 파악하기는 어렵다. 십자군
이 서유럽 세계에 미친 영향을 정작 당대의 서유럽인들은 제대로 인식
하지 못했다. 오히려 전쟁이 별 성과도 없이 몇 차례나 거듭되면서 종교
적 열정마저 시들해져갔다. 그 무렵 청천벽력 같은 소식이 들려온다. 이
름도 생소한 몽골이라는 사나운 종족이 맹렬한 기세로 헝가리까지 쳐들
어왔다는 소식이다.

　서유럽인들에게 몽골은 물론 이교도지만 그때까지 그들을 괴롭히던
서남아시아의 이교도와 같은 차원이 아니었다. 이슬람 세력은 그리스도
교권과 대립하는 정도였으나 몽골은 아예 그리스도교의 존재 자체를 알
지 못하는 완벽한 '야만인'들이었다. 그런데 풍문으로 들리는 몽골 병사
의 모습은 어딘가 모르게 낯익은 구석이 있다. 키가 작고 검은 얼굴에다
들창코와 옆으로 찢어진 작은 눈(물론 유럽인들의 표현이다), 그 병사들은

말 위에서 밥도 먹고 잠도 잔다고 한다. 또한 활에 능하고 몸이 날랜 데 다 경무장 차림으로 동에 번쩍, 서에 번쩍 한다는 것이다(그에 비해 서유럽의 기병들은 손가락까지 보호하는 육중한 갑옷을 입었다). 아주 오래전부터 대대로 내려온 전설 속에 등장하는 전형적인 야만인의 모습이다.

하지만 그것은 전설이 아니다. 수백 년 전에 있었던 실제 사건이 오랜 세월을 거치면서 전설로 변한 것이다. 어떤 사건이었을까?

서유럽에 동아시아의 '야만인'들이 대거 출현한 것은 몽골이 처음은 아니다. 수백 년 전의 선배들이 있다. 5세기 동유럽에 홀연히 나타나 게르만 민족이동의 도미노를 촉발한 훈족과 10세기에 중앙아시아를 호령하면서 곧이어 서유럽의 십자군과도 일합을 겨룬 튀르크족이 그들이다. 아직 서로의 문명권을 잘 모르던 시대에 조우한 동양과 서양, 그 두 차례의 만남은 유라시아 전역을 무대로 한 일대 드라마를 보여준다.

'신의 재앙'이라는 별명으로 서유럽 세계를 공포로 몰아넣은 훈족의 왕 아틸라Attila는 로마 제국의 동쪽 변방을 파죽지세로 무너뜨리고 451년에는 서유럽의 갈리아까지 손쉽게 정복했다. 클로비스가 메로빙거 왕조를 세우기 직전의 상황이었다. 아틸라는 내친김에 말머리를 남쪽으로 돌려 제국의 중심인 이탈리아까지 손에 넣으려 했다. 청년기의 건강한 시절에도 막기 어려운 강적이었으니 말기의 암 환자 같은 로마 제국으로서는 속수무책이었다.

어차피 로마는 얼마 안 가 476년에 역사의 무대에서 퇴장하게 되지만, 자칫하면 그 시기가 더 앞당겨지고 다른 세력에 의해 정복되었을지도 모른다. 그런데 묘하게도 아틸라는 이탈리아 북부까지 밀고 내려오다 갑자기 철군했다. 전하는 바에 따르면, 교황 레오 1세가 아틸라를 직접 찾아가 설득과 회유에다 그리스도교의 신까지 끌어대면서 위협을 가해 아틸라의 철군을 유도했다고 한다. 아틸라에게 레오는 410년에 로마를 점령한 서고트의 왕 알라리크가 신성한 도시를 유린한 대가로 비참하게 죽었다면서 그런 전철을 밟지 말라고 경고했다. 하지만 아틸라가 철군을 결심한 것이 레오의 설득 때문이라고 보기는 어렵다. 아마 식량부족에다 전염병이 퍼졌고 비잔티움 제국이 로마의 지원 요청을 받아들이는 상황에서 로마 정복이 쉽지 않다고 판단했을 것이다. 아니면 로마를 굳이 정복할 가치가 없는 지역으로 여겼거나.

교황이 어떤 역할을 했든 아틸라가 이탈리아 공략을 포기한 것은 사실이고, 더욱이 그는 1년 뒤에 갑자기 뇌출혈로 사망했다. 레오는 아시아의 사나운 야만인들로부터 그리스도교권을 수호한 공로로 훗날 대교황이라는 영예로운 별명을 얻었다.

오늘날 동유럽의 헝가리Hungary라는 나라의 이름은 바로 당시 훈족Hun에서 유래한 명칭이다. 또한 헝가리어가 유럽에서 거의 유일하게 아시아계인 우랄·알타이어족에 속하는 언어인 이유도 멀리 보면 훈족에게 기원을 두고 있다. 앞에서 보았듯이, 10세기에 독일의 오토 1세는 마자르족을 물리친 공로로 교황에게서 신성 로마 황제의 제관을 받았는데, 오늘날까지도 헝가리인의 골간을 이루는 마자르족은 바로 훈족의 후예다(물론 수세기가 지나는 동안 아시아와 유럽의 혈통이 섞였을 것이다). 그렇게 보면 훈족은 서유럽 세계에 교황과 황제의 권위를 확고히 만들어주는 데 일등공신이었던 셈이다.

그러나 훈족이라는 명칭의 기원은 공간적으로나 시간적으로 더 멀리서 찾을 수 있다. 훈은 바로 흉노의 서양식 이름이기 때문이다. 중국의 한족 문화권이 흉노라고 불렀던 민족은 중앙아시아로 이주한 뒤 로마인들에게서 훈이라는 이름으로 불렸다. 게르만이나 노르만의 경우처럼 훈이라는 이름도 후대에 역사 기록을 남긴 문명권에서 지은 것이다. 흉노의 흉匈은 오랑캐라는 뜻이고 노奴는 노예라는 뜻이니 흉노 스스로가 그런 굴욕적인 이름을 지었을 리는 만무하다. 아마 발음이 비슷한 명칭에 전국시대의 한족 왕조들이 그런 뜻의 한자를 갖다 붙여 표기했을 것이다.

그렇다면 훈족은 원래 중국의 북방, 즉 몽골 초원에 살던 민족이 아닌가? 아시아 중에서도 가장 동쪽 출신인 그들이 왜 유럽 역사의 분기점에 중요한 역할로 등장할까? 그 발단은 수백 년 전 한 제국 시대에서 찾을 수 있다. 한 제국이 시작하고 이후 중화 제국의 공식으로 자리 잡은 '선 통일 후 축출'의 전략이 방아쇠가 된다.

춘추전국시대가 끝나면서 한족 문화권의 경계를 중원과 강남으로 한정한 한 제국은 국가의 기틀을 잡자마자 더 이상의 영역 확대를 포기하고 기존 권역을 확고히 다지는 작업에 나섰다. 여기서 동북아시아의 농경 문명과 유목 문명은 근본적으로 결별했다. 가장 시급한 과제는 중원을 위협하는 사방의 '오랑캐들' 가운데 가장 강성한 북방 이민족을 축출하는 일이었다. 하지만 한 제국의 개국 초기에는 농경 문명의 열세였다. 항우를 사면초가에 몰아넣고 집권한 한 고조 유방은 북방의 흉노 제국에 비단과 미녀를 조공으로 바치면서 한동안 신흥 제국의 명맥을 근근이 유지했다. 그러다 수십 년이 지난 기원전 2세기 말 한 무제에 이르러 비로소 흉노를 몰아낼 만한 힘을 축적했다.

한 고조 유방이 한이라는 명패를 역사에 올렸다면 무제는 오랜 통치 기간(기원전 140년~기원전 87년) 동안 한을 명실상부한 제국으로 만든 군주였다. 흉노로부터 독립했다는 증거는 바로 연호의 제정이다. 고대 국가에서 연호란 단지 상징적인 의미만 가지는 게 아니다. 연호는 역법, 즉 달력의 근본이 된다. 지금은 날짜를 파악하는 게 일도 아니지만, 천문학이 발달하지 못했던 고대에는 달력을 만드는 것부터 결코 쉬운 일이 아니었다. 날짜를 확인하려면 천체의 운동을 잘 관찰해야 하는데, 과학적인 면에서도 어려운 일이었지만, 그보다 하늘의 움직임, 곧 천리를 알려고 한다는 것 자체가 일반 백성에게는 허용되지 않는 일이었다.

사실 달력이 없으면 국가가 존립할 수도 없다. 무릇 국가라면 정치와 행정이 필요한 법인데, 달력이 없으면 그게 불가능하기 때문이다. 어느 달 어느 날에 관리들이 모여 회의할 것인지, 언제 군대를 소집할 것인지를 정할 수도 없다. 또한 조상의 제삿날과 지배자의 생일이 언제인지도 모르는데 그런 것을 국가라고 할 수는 없다. 이렇게 역법의 제정은 고대 국가의 필수적인 요소이자 '첨단'의 사업이었으므로 중국 대륙을 통일한 국가는 곧바로 문자와 도량형을 통일하는 것과 동시에 달력을 만들었다. 달력에서 해를 셈하는 기준이 바로 연호다.

중국 역사상, 아니 인류 역사상 최초로 연호를 제정한 군주가 바로 한무제였다. 매년 되풀이되는 게 한 해니까 다른 해들과 구분하려면 수를 매기는 기준이 필요하다. 그 기준이 무엇일까? 바로 황제의 치세다. 한무제는 자신의 치세를 기준점으로 삼고 연호를 정하는데, 최초의 연호답게 '기원을 세운다'는 뜻의 건원建元이었다. 유학을 통치 이념으로 삼고 각종 제도를 정비해 내치가 어느 정도 완성되자 무제는 주변국들을 차례차례 복속시키면서 중국의 연호를 강요했다. 연호는 단일한 중화 문명권의 상징이었으며, 다른 문화권을 용인하지 않겠다는 중화적 세계관의 표현이었다.

중국의 연호를 받아들이지 않는 민족은 곧 척결의 대상이 되었다. 그 과정이 변방의 정리로 나타났다. 무제는 제국을 반석에 앉히고 중화 문명권을 수호한다는 사명감에서 변방을 정리했지만, 그 결과는 그 자신만이 아니라 당대의 누구도 상상조차 못한 세계사적 대변화를 낳게 된다. 변방 정리의 최대 사업은 강성한 북방 이민족, 즉 건국 초부터 한 제국을 괴롭혀온 흉노의 정복이었다. 아마 그는 북방의 정복이 후대의 한족 제국들에 건국의 '공식'으로 자리 잡게 될 줄은 미처 몰랐을 것이며, 자신이 축출한 흉노가 장차 세계사의 흐름을 바꾸게 될 줄은 더더욱 몰랐을 것이다.

한 제국의 강력한 드라이브에 삶의 터전을 잃고 쫓겨난 흉노가 갈 곳은 하나뿐이다(물론 흉노 제국이 완전히 멸망한 게 아니라 민족의 일부가 이동했다는 뜻이다. 흉노 제국의 황제에 해당하는 선우單于는 한대 중반까지도 존속했다). 북쪽은 시베리아 벌판이고 동쪽은 예로부터 사나운 민족들이 득시글거리는 만주다. 일부는 만주로 들어갔으나 대다수는 서쪽의 행로를 택할 수밖에 없었다. 서쪽에는 중앙아시아의 사마르칸트까지 이어지는 수천 킬로미터의 실크로드, 즉 비단길이 있었다. 실크로드라는 명칭은 19세기 독일의 지리학자가 붙인 것이지만, 그 명칭이 생기기 훨씬 전부터, 비단이 유통되기 전부터 고대의 유목민들은 타클라마칸 사막을 남북으로 우회하는 교통로를 이용해 동서양의 무역을 중개했다.

흉노는 그 실크로드를 통해 중앙아시아로 이동했다. 작정하고 출발한 것도 아니고 처음부터 목적지를 의식한 여정도 아니었다. 군데군데 대열에서 이탈하는 부족도 있었고, 반대로 도중에 다른 부족이 흉노에 통합되기도 했다. 그랬기에 그 이동에는 수백 년의 기간이 소요되었다. 이런 무의식적 과정을 통해 누구도 의식하지 않았던 거대한 역사의 밑그림이 그려진다.

실크로드를 건너간 흉노는 중앙아시아에 새 터전을 일구었다. 실제로 중국이나 몽골에서 서진하면 중앙아시아에 이르러서야 근거지로 삼을 만한 넓은 지역이 나온다. 거기도 무주공산은 아니었고 이미 여러 민족이 살고 있었다. 하지만 소규모로 분산되어 살아가는 그들이 한때 중화제국을 위협한 흉노의 기세를 당해낼 수는 없었다. 중앙아시아의 토착 민족들은 흉노의 공격을 받고 뿔뿔이 흩어졌는데, 그중 하나인 월지는 남쪽으로 내려가 북인도에서 쿠샨 왕조를 열었다. 이것만 해도 격변이지만 진짜 대격변은 그다음이다.

중앙아시아에 본체는 남았으나 거기서 발길을 멈추지 않은 흉노의 일파도 있었다. 이들은 서진을 계속해 마침내 유럽이라는 다른 대륙으로 건너갔다. 흑해를 남쪽으로 돌아 아나톨리아 고원을 횡단했는지, 아니면 북쪽의 우크라이나 방면으로 우회했는지는 알 수 없지만, 어쨌든 그들은 흑해 서안, 오늘날 동유럽의 루마니아에 살던 고트족을 공격했다(이때부터 로마인들에게 훈족의 이름이 널리 알려졌다). 고트족은 2세기 팍스로마나의 시기에 철학자 황제 마르쿠스 아우렐리우스를 괴롭힌 강맹한 다키아족의 후예였으나 이들도 훈족의 기세를 꺾지 못했다.

졸지에 고향에서 쫓겨난 고트족은 로마 제국의 북쪽 국경선을 따라 서쪽으로 멀리 도망쳤다. 수천 킬로미터를 이동하면서 일부가 이탈리아 반도로 들어갔고(동고트족), 나머지는 이동을 계속해 유럽의 서쪽 끝자락인 에스파냐에 자리 잡았다(서고트족). 민족이동의 연쇄반응은 그것으로 그치지 않았다. 독일 지역에 살고 있다가 고트족의 진공에 놀란 반달족은 에스파냐로 도망갔다가 고트족이 거기까지 침공해오자 아예 바다 건너 북아프리카로 근거지를 옮기고 새 나라를 세웠다. 그 밖에 수에비족, 앵글족, 유트족, 색슨족 등 유럽 중북부에 살던 게르만족의 일파들도

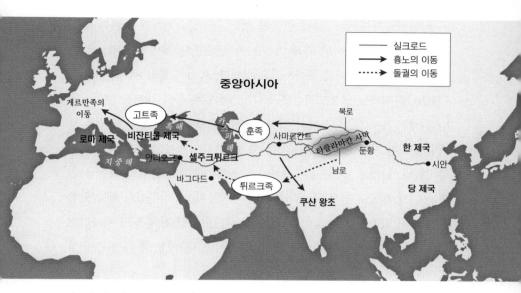

| 2대 민족이동의 도미노 기원전 2세기의 한 무제도, 7세기의 당 태종도 통일 제국의 안정을 위해 북방을 정리하려 했을 뿐이나, 그것은 유라시아 전역에 걸친 파장으로 퍼졌고, 세계사에 굵은 족적을 남겼다. 어느 누구의 의도도 아니었으니 역사적 무의식이 작용한 대표적인 사례다.

대거 이동했다. 그중 잉글랜드로 들어간 앵글족과 색슨족이 영국의 앵글로·색슨 왕조를 열었다.

그 과정에서 476년 마침내 거대한 공룡 로마 제국이 멸망했다. 이 도미노 게임이 게르만족의 대이동이다. 서양의 역사에서는 그 대이동이 중앙아시아의 훈족으로 시작되었지만 실은 흉노가 첫 번째 도미노였고, 그 도미노를 건드린 것은 한 무제였다. 기원전 2세기 말 유라시아 대륙의 동쪽 끝에서 한 무제가 전개한 북방 압박 작전은 600년 뒤 1만 킬로미터도 더 떨어진 유라시아의 서쪽 끝까지 민족이동의 대규모 연쇄반응을 일으킨 것이다.

한족 제국의 북벌→북방 민족의 서진→중앙아시아와 유럽의 판도 변화. 이 공식은 이후 한 차례 더 역사에 등장한다. 이번에 도미노를 건드린 것은 2차 분열기를 종식시키고 성립한 또 다른 중화 제국이다.

350년간의 위진남북조시대를 끝내고 589년에 중국 대륙을 재통일한 수 문제는 또다시 한 무제의 압박 작전을 되풀이했다. 통일 제국은 늘 변방 정리를 서둘러야 안정을 찾을 수 있었고, 거기서 핵심은 북방 이민족이었다. 실제로 수 문제가 세계사적 영향력을 예상하고 기획한 사건은 아니므로 이것 역시 역사적 무의식의 작동이다. 이 무렵의 북방 민족은 명칭이 달라져 돌궐突厥이라고 불렀는데, 수백 년 전 흉노의 후예라고 봐도 무방하다. 어차피 흉노나 돌궐이나 같은 고향이고 둘 다 한족이 붙인 이름이니까.

문제의 뒤를 이어 수 양제의 집요한 공략이 계속되자 돌궐은 흉노와 같은 길을 걸을 수밖에 없었다. 동서로 나뉘어 동돌궐은 만주로 밀려났고 서돌궐은 기약 없는 서진을 시작했다. 흉노가 그랬듯이 그들 역시 수 세기에 걸쳐 이동했으며, 중앙아시아에 둥지를 틀어 다시 한 번 이 지역의 지도를 크게 바꾸었고, 튀르크(Türk: 돌궐의 음차어)라는 이름으로 후대에 알려지게 되었다. 민족이동의 계기, 이동 경로, 명칭의 변화가 모두 수백 년 전 흉노의 완벽한 재현이다.

당시 중앙아시아의 주인은 강력한 아바스 이슬람 제국이었지만, 튀르크의 공략을 견디지 못하고 옛 페르시아의 터전을 내주었다. 이리하여 이 지역의 패자는 셀주크튀르크 제국으로 바뀌었다. 제국은 아바스의 뒤를 이어 비잔티움 제국의 동쪽 변방을 괴롭혔다. 비잔티움이 서유럽에 도움을 요청하면서 시작된 사건이 앞에서 살펴본 십자군이다.

두 문명권이 200년에 걸쳐 벌인 십자군은 결정적인 승패 없이 끝났다. 보통 8차전까지 셈하지만 4차 이후의 원정은 뚜렷한 궤적도 없고 흐지부지되었다. 그 와중에 셀주크튀르크는 몽골의 침략을 받아 멸망했다. 그러나 몽골의 바람이 휩쓸고 지나간 뒤 14세기 초에 또 한 차례 튀르크 제국이 수립된다. 지도자 오스만의 이름을 딴 오스만 제국은 다시 비잔티움을 넘보았고, 1453년에 드디어 1100년 역사를 자랑하는 동로마 제국을 지도상에서 완전히 지워버렸다. 이 오스만 제국이 바로 20세기에 공화국으로 바뀐 오늘날 터키의 직계 선배다(터키는 튀르크의 영어식 명칭이다).

긴 호흡으로 보면, 흉노와 돌궐의 이동은 수백 년의 기간과 유라시아 전역의 공간을 아우르는 역사적 시공간의 대변화를 낳았다. 중국에 한족의 통일 제국이 들어설 때마다 이루어진 북변 정리는 아무도 의도하지 않은 세계사적 결과를 빚은 것이다. 당대의 어느 누구도, 즉 한 무제도, 수 양제도, 그리고 흉노와 돌궐의 어느 족장도 그 과정을 '객관적으로' 통찰할 만한 위치에 있지 않았다.

고대의 민족들은 교통이 발달한 오늘날에는 비행기로 몇 시간이면 날아갈 수 있는 거리를 수백 년 동안 이동했다. 그러나 처음부터 목적지와 결과를 예상한 게 아니었으니, 오늘날과 같은 의미의 이동은 아니다. 그 사건들은 서로 독립적으로 출발한 양대 세계 문명이 문명권을 확대하면서 간접적으로나마 처음으로 조우한 결과였다. 중원의 한족에게 밀린 북방 민족이 서쪽으로 가서 유럽 세계를 뒤흔든 것에서 보듯이, 당시까지는 분명히 농경 문명이 유목 문명에 대해 전 세계적으로 힘의 우위를 견지하고 있었다.

11

몰락하는 중화 제국

짧아지는 분열기 / 중화 제국의 완성판 / 내부의 약점: 붕당정치 / 실패한 왕안석의 개혁 / 외부의 약점: 북방 민족의 위협 / 노마드 제국 / 잘못된 한화 정책

훈족과 튀르크의 기억은 서유럽인들의 뇌리에 아시아에 대한 공포심을 심어주었다. 아시아는 이교도의 세상이고, 이교도는 야만인이며, 야만인은 강하다! 13세기에 동유럽과 러시아를 유린하고 독일 동쪽까지 파죽지세로 밀어닥친 몽골의 진공에 서유럽인들이 수백 년 전의 악몽을 떠올린 것은 당연하다. 더구나 몽골은 오래전 선배인 흉노보다 사나웠고, 최근의 선배인 돌궐보다 강했다.

몽골은 흉노와 돌궐처럼 한족에게 쫓겨난 게 아니라 한족 왕조를 정복하고 중국 대륙의 주인이 된 민족이었다. 또한 몽골군은 흉노와 돌궐처럼 무의식적으로 이동한 게 아니라 애초부터 작정하고 파견된 정식 원정군이었다. 몽골은 그전까지 중국 대륙을 지배한 여느 중화 제국과 달리 경제적 관점에서 중앙아시아의 무역에 눈독을 들였고, 그 너머 서쪽에 광활하고 인구가 밀집한 유럽 세계가 펼쳐져 있다는 사실을 알고

있었다. 어떻게 그럴 수 있었을까? 중국을 차지한 새 주인의 시각이 전면적으로 달라졌다는 것은 곧 중화 제국의 시대가 끝났다는 의미다. 마지막 중화 제국이 바로 10세기에 성립한 송(宋) 제국이었다.

중원과 강남을 지배하는 한족 왕조와 북방 이민족 왕조의 관계는 10세기를 전후로 크게 달라진다. 10세기 전까지 북방 민족의 왕조들을 '개입왕조'로 본다면, 10세기 이후의 왕조들(원·청)은 '정복왕조'로서 한족 왕조들(송·명)과 교대로 중국을 단독 소유하게 된다. 그런 질적 변화의 원동력은 남북조시대에서 찾을 수 있다. 남북조시대를 끝으로 북방민족들은 한동안 중국 대륙의 사정에 개입하지 않는데, 그것은 강력하고 안정적인 당 제국에 밀린 탓이 아니다. 당이 지배한 7~10세기에 그들은 중원을 침략하지 않았지만, 힘이 약해서가 아니라 개입의 방식이 달라졌기 때문이다. 수를 건국한 양견과 당을 건국한 이연_{李淵}은 둘 다 순수한 한족이 아니라 북방 민족의 혈통이 섞인 무장들이었다는 사실이 그런 변화를 단적으로 말해준다.

북방 민족들은 남북조시대처럼 왕조를 세워 북중국을 지배하려 하는 대신 제국의 북부와 자연스럽게 어울리며 동화를 이루는 방식으로 노선을 전환했다. 그래서 특별한 왕조는 역사에 남기지 않았어도 당 제국 시대에 그들의 힘과 영향력은 점점 커졌다. 하지만 그들이 중원의 임자가 되기 위해서는 먼저 중화 제국 체제가 완성되는 과정을 거쳐야 했다.

906년 당이 무너지자 중국 대륙에는 3차 분열기가 찾아왔다. 다섯 왕조가 중원을 교대로 차지했고, 열 개 왕조가 지방을 지배했다고 해서 5대10국 시대라고 부르는데, 이번 분열기는 550년에 이르는 1차 분열기(춘추전국시대)나 400년에 가까운 2차 분열기(위진남북조시대)에 비해 훨씬 짧은 50여 년이다. 두 차례의 분열기를 거치면서 중국 대륙에서는 이제 분열보다 통일이 자연스러워졌음을 말해주는 증거다.

960년에 대륙을 재통일한 송 태조 조광윤趙匡胤은 일찍이 당말오대를 출범시키는 데 일익을 담당했던 안녹산과 같은 절도사 출신이다. 원래 헌 나라를 무너뜨리고 새 나라를 세우는 건국자들 중에는 무장 출신이 많다. 왕조를 교체하려면 물리력의 기반이 반드시 필요하니까 납득할 수 있는 일이다. 하지만 뭔가를 시작하는 힘과 진행하는 힘은 다르다. 자동차는 배터리에서 나오는 전기의 힘으로 시동을 걸지만 도로를 달릴 때는 엔진에서 가솔린을 태워 얻는 힘을 이용한다. 조광윤도 그 차이를 잘 알고 있었다.

그의 원칙은 확고하다. 세계 제국이었던 당의 비참한 말로를 똑똑히 목격한 그는 새 제국이 건강하고 장수하려면 그런 전철을 밟지 않아야 한다고 생각한다. 우선 자신이 무장 출신으로서 집권한 만큼 더 이상 '군인이 지배하는 세상'은 없어야 한다고 믿는다. "다시는 이 나라에 본 인과 같은 불운한 군인이 없도록 합시다." 1961년 군사 쿠데타로 집권 의 길을 다져놓고 2년 뒤에 대통령이 되기 위해 전역식을 치르면서 박 정희가 한 말이다. 결국 칼로 일어난 그는 칼로 망했지만, 쿠데타를 통 해 집권한 세력이 가장 두려워하는 일은 또다시 쿠데타가 발생하는 것 이다. 이런 사태를 예방하기 위해 조광윤은 개국 초부터 문치주의를 원 칙으로 삼았다.

그러려면 맨 먼저 손봐야 할 게 정치다. 정치 메커니즘만 제대로 구비 되면 군부 쿠데타는 걱정하지 않아도 된다. 사회에는 경제·문화·관습 등 여러 가지 부문이 존재하지만, 동양식 왕조에서 최우선시하는 것은 정치다. 동양의 현대 국가에서 과도한 정치공학적 발상이 자주 드러나 는 이유는 언제나 권력이 중요한 역사를 지녔기 때문이다.

신생 제국의 정치체제를 어떻게 재편해야 할까? 조광윤은 당을 본받되 당의 결함을 시정하는 방향으로 가닥을 잡는다. 오늘날과 같은 매체가 있었다면 당시 신문은 온통 온고지신과 청출어람의 구호로 도배되었을 법하다.

거의 완벽한 당 제국에도 한 가지 문제점이 있었다. 율령을 제정하고 과거제를 채택하는 것까지는 나무랄 데 없었다. 그러나 제도와 현실의 괴리가 있었다. 완벽한 제도가 제대로 실천되지 못한 것이다. 그 이유는 무엇일까? 현대 국가에서도 마찬가지지만, 아무리 현명하고 타당한 정책이 입안된다 해도 그것을 현실에 적용하는 메커니즘이 갖추어져 있지 않으면 말짱 도루묵이다. 당은 관료제를 표방했으면서도 실상은 귀족제 사회였다. 그러므로 과거제가 있었으나 본연의 기능을 완벽히 수행할 수 없는 조건이었다.

당 제국은 처음부터 과거제를 실시했으므로 당연히 관료제가 정착되어야 했다. 그것이 제도상으로도 옳고 유학의 이념에도 충실히 부합하는 체제였다. 그러나 실제로는 그렇지 못했다. 그 이유는 간단하다. 관료들에게 행정에 필요한 권력이 주어지지 않고 귀족들이 권력을 장악하고 있었기 때문이다. 천자는 예나 다름없이 무소불위의 신적 권력을 지니고 있었지만, 천자를 받드는 주변의 관료들에게는 천자의 명을 집행하기 위한 권력이 없었다. 그 결과 한 제국 시절부터 황실의 고질적인 병폐인 외척이나 환관 들의 전횡을 견제할 세력이 부재했다. 중앙 정치가 이 모양이니 변방에서 번진藩鎭을 지켜야 할 절도사들이 제멋대로 날뛰는 것은 당연했다. 물론 조광윤도 그중 하나였지만.

유학 이념의 합리적이고 과학적인 본바탕을 현실에 구현하려면 무엇보다 과거를 통해 임용된 관리들이 적절한 권위와 집행력을 가지고 일을 처리할 수 있는 환경을 조성해야 한다. 조광윤은 우선 당의 중앙 행정기관에서 귀족들의 이해관계를 대변하는 문하성과 상서성을 중서성에 통합했다. 마침 5대10국 50년간의 분열기를 거치면서 전통적인 귀족 세력이 줄었고 힘도 약해졌으므로 몰아붙이기가 수월한 편이었다. 이것으로 중앙행정은 황제를 정점으로 하는 수직적인 구조를 제대로 갖추었다. 다음에는 귀족들에게서 회수한 황제의 권력을 관리들에게 적절히 나누어 주는 통로를 확보해야 한다. 그 방법은 과거제의 본래 취지를 되찾는 것이다.

사실 과거제는 기형적이었다. 당 시대에는 과거에 합격했다 하더라도 정부 기관장들이 시행하는 구술시험(오늘날 대학 입시에 비유하면 수능 뒤에 치르는 논술고사나 면접에 해당한다)을 통과해야만 관료가 될 수 있었다. 문제는 그 기관장들이 바로 문벌 귀족 출신이었다는 데 있다. 이런 '옥상옥'의 구조라면 아무리 제도적으로 완벽한 과거제가 있다 해도 올바른 관리 선발이 불가능하다.

중앙 행정제도가 개선되면서 그 장벽은 제거되었다. 조광윤의 해법은 귀족들이 하던 일을 황제인 자신이 하는 것이었다. 그는 전국에서 지방 과거에 합격한 문생들을 수도로 불러 모아 자신이 직접 주관하는 전시殿試를 치러 최종 선발자를 가리는 제도를 시행했다. 이렇게 선발된 관료를 '천자의 문생'이라고 불렀다. 물론 우연이겠지만, 당말오대에 환관들이 옹립한 천자를 가리켜 문생천자라고 부른 것에 대한 신랄한 풍자가 아닐 수 없다.

그것으로 조광윤은 당 제국의 결함을 극복했다고 믿었다. 제도상으로 완벽한 당을 계승해 이제 현실적으로도 완벽한 제국을 이루었다. 그는 감회에 젖어 기나긴 중국 역사를 되돌아본다. 옛 주나라 때 천자와 중화의 이념이 생겼고, 한 제국 때 유학이 통치 이데올로기로 채택되었으며, 당 제국 때 중화 제국에 어울리는 제도를 갖추었다. 이제 송은 그 모든 중화의 전통을 이어받아 역사상 가장 완벽한 사대부 제국이 되리라.

여기까지는 사실이었다. 하지만 정점에 오른 뒤에는 내려가야 한다는 게 자연법칙이다. 송 제국으로 가장 완벽한 체제에 등극한 중국식 제국은 이때부터 사다리를 내려가야 한다. 그 시기는 허무할 만큼 빨리 닥쳐왔다. 조광윤의 자신감에는 애초부터 오산이 포함되어 있었다. 그는 대내적 변수와 대외적 변수를 최소한 하나씩은 고려해야 했다.

우선 대내적 변수를 보자. 송 제국 같은 유형의 일사불란한 체제가 유지되려면 강력한 황제의 권력이 전제되어야 한다. 또한 모든 권력이 황제 개인에게서 비롯되므로 황제 자신도 대단히 유능하고 성실한 인물이어야 한다. 나아가 사사로운 관계에 얽매이지 않을 만큼 청렴해야 하고, 정치적 판단력과 균형 감각을 가져야 하며, 측근 인물들이나 중신들을 지휘·통제할 만큼의 카리스마와 권위를 갖추어야 한다. 간단히 말하면 황제는 초울트라특급슈퍼맨이어야 한다는 이야기다.

혹시 조광윤은 그랬을지도 모른다. 개인적인 자질도 뛰어났지만 설사 약간 모자라는 부분이 있다 해도 한 왕조를 개창한 인물인 만큼 그는 누구도 넘볼 수 없는 권위와 권력을 지니고 있었다. 하지만 자질과 능력은 말할 것도 없고 카리스마도 유전 형질과는 관계가 없다. 그의 후손들도 대대로 그런 자질과 카리스마를 물려받는다는 보장은 전혀 없다. 조금 후대의 일이지만 근대 민주주의 이념의 초석을 놓은 존 로크John Locke도 언제나 현명한 군주가 배출되리라는 보장이 없다는 이유에서 세습군주제를 반대하고 의회민주주의를 주창했다.

과거제도 마찬가지다. 새 제국을 개창한 조광윤은 빈 도화지에 그림을 그릴 수 있는 권리를 가졌다. 과거제의 밑그림을 잘 그려놓으면 이후에도 영원히 변색되지 않고 유지될 것으로 믿었다. 그러나 당 제국보다 과거제가 정상적으로 기능한다 해도 세월이 쌓이면 과거를 통해 임용된 관리들이 점점 늘어나는 것은 어쩔 수 없다. 그들이 당의 귀족들처럼 자기들끼리 끈끈한 인맥과 학맥을 꾸리지 않으리라는 보장이 있을까? 특권층이 된 관리들이 세력과 파벌을 이루어 대립하는 것은 불가피한 현상이 아닐까?

그렇게 보면 송대 중기부터 만연하는 붕당정치는 애초부터 필연적이었다. 물론 당쟁은 당 제국 시대에도 있었다. 그러나 그때는 외척과 환관 들이 붕당을 이루어 당쟁을 벌인 데 비해 송 제국에서는 유학 이념으로 무장한 관료 세력들 간에 당쟁이 벌어진다는 점에서 크게 다르다. 더구나 송대의 당쟁은 제국의 어려운 상황을 맞아 획기적인 개혁 정책마저 사장시키는 사태를 초래한다.

조광윤이 내세운 문치주의는 장단점이 분명하다. 장점은 소프트웨어의 분야다. 송대의 유학을 송학宋學이라고 특정화시켜 명명할 만큼 학문이 발달했고, 도자기와 회화는 이후까지 통틀어 중국 역사상 최고로 꼽힐 정도로 예술과 문화가 꽃을 피웠다. 인류 역사상 최초로 지폐를 사용한 것도 송 제국이었고, 유럽으로 전해져 서양 세계의 발달을 촉진한 이른바 중세 3대 발명품인 화약·나침반·인쇄술도 송대에 발명되고 실용화되었다. 그러나 화려한 소프트웨어에 비해 하드웨어는 보잘것없었다. 특히 군사력에서 건국 초부터 중원을 위협하는 북방 민족에 뒤졌으며, 군사력을 뒷받침하는 경제력도 취약했다.

이런 단점을 극복하려는 노력이 없었던 것은 아니다. 1067년 스무 살의 청년 황제 신종은 왕안석王安石을 발탁해 대대적인 경제 개혁을 시도했다. 왕안석은 평소에 부국강병을 도모하려면 우선 백성들이 잘살아야 하고 백성들이 잘살려면 경제적 유인이 필요하다고 생각하는 인물이었다. 쉽게 말해 국가가 발전하려면 누구나 돈을 벌어 부자가 될 수 있다는 사회적 분위기가 필요하다는 것인데, 유학 이념에 걸맞지 않은, 거의 자본주의적인 발상이다.

시대를 크게 앞서간 구상답게 왕안석의 개혁 정책은 대단히 공격적이었다. 우선 농민들이 고리 대금업자에게 수탈을 당하지 않도록 봄에 농민들에게 자금을 빌려주고 가을 수확기에 돌려받는 방식을 도입했다. 정부가 물가 조절에 적극적으로 대처하는 것을 제도화했고, 토지조사를 상설화해 세수에서 누락된 토지를 색출했다. 농민들에게서 요역 대신 돈을 내도록 하고 그 돈으로 정부가 일손을 구해 요역을 충당하는 제도도 제정했는데, 실업자를 구제하고 지방정부의 재정을 강화하는 일석이조의 효과였다. 중앙정부가 필요로 하는 물품은 지역별로 할당해 합리적으로 구입했다. 이것 역시 정부도 비용을 절약하고 백성들도 자기 지역의 주요 산물로 충당할 수 있어 일석이조였다. 이런 부국책에 강병책이 더해졌다. 당말오대에 직업군인 제도를 택하면서 무너진 병농일치의 개념이 부활되어 농민들이 직접 군사력을 담당하도록 했다. 또한 농가에 말을 사육하게 해 유사시에는 군마로 활용할 수 있도록 조치했다.

명칭도 걸맞게 신법新法이라고 불린 왕안석의 개혁은 누가 봐도 옳았으나 당시 상황에 비추어보면 혁명이라 할 만큼 급진적이었다. 농민들을 고리대금업자들의 손아귀에서 구제해준 것과 정부가 물가 조절에 적극적으로 나선 것은 송대에 크게 성장한 대상인 세력의 이해관계를 위협했고, 철저한 토지조사는 대지주의 이익을 노골적으로 침해했다. 귀족과 고관 등 기득권층은 당연히 반기를 들고 나섰다.

사실 왕안석의 발상은 유학 이념을 정면으로 거스르는 측면이 있었다. 특히 과거시험의 과목에서 명경明經을 제외한 것은 그의 성향을 분명히 드러낸다. 과거 과목은 시대에 따라 약간씩 다르지만 크게 보면 명경과 제술製述, 잡과로 나뉘었다(이 점은 고려와 조선도 마찬가지다). 명경은 말그대로 경전을 얼마나 읽었느냐를 테스트하는 것이므로 전통적인 가치관을 전승시키는 데 중요하다. 왕안석이 보기에는 근본적 개혁이 시급한 상황에서 전통이라니 마뜩잖을 수밖에 없다. 그래서 그는 명경을 경전이나 암송하는 쓸모없는 공부라고 여겨 폐지해버렸다.

현기증 나는 개혁 드라이브가 이어지자 기득권층은 크게 반발했다. 왕안석을 지지하는 개혁파가 신법당이라고 불리자 보수파는 자연히 구법당을 이루었다. 기층 민중을 성장시켜야 부국강병이 실현된다는 신법당의 슬로건에 맞서 구법당은 정치란 사대부들을 위한 것이지 서민들의 이익을 대변하는 것이 아니라고 주장했다. 지금식으로 바꿔 말하면 국가란 국민이 아니라 지배계급을 위한 것이라는 터무니없는 주장이지만, 국민주권의 관념이 없었던 왕조 사회의 가치관에서는 충분히 가능한 입장이었다.

신법당은 기득권층인 구법당의 두터운 수비망을 뚫지 못했다. 왕안석의 든든한 후원자였던 신종이 죽자 개혁은 실패로 돌아갔고 개혁파는 개혁의 기치를 내렸다. 이때부터 신법당-구법당의 갈등은 부국강병과 거리가 먼 당쟁으로 전화되었다.

과거제가 제대로 기능하면 당쟁의 정국으로 치닫게 되리라는 것은 예정된 결과였다. 거꾸로 말해, 당쟁은 송대에 유학 이념이 국가 체제로서 완벽하게 구현되었다는 것을 반증하는 현상이기도 했다. 유학 이념이 전일적으로 자리 잡았다면 그 뒤부터는 유학 내부의 다툼과 논쟁이 벌어지는 게 순서일 테니까. 그러므로 중화 제국의 완성태에서 붕당정치가 만개하는 것은 당연한 현상이었다.

대내적 변수는 제국을 안으로 곪아가게 만들었으나 대외적 변수는 제국 체제에 더 직접적인 위기를 초래했다. 이 점에 관해서는 조광윤도 처음부터 경계했다. 송 제국이 탄생한 10세기의 북방 정세는 유례없는 격변기였다. 이제 북방 민족들은 전처럼 무지하지 않았고 힘도 만만치 않았다. 처음으로 중화 제국의 건국 공식이 깨진 것도 그 때문이다. 중화 제국이라면 응당히 해야 할 북변 정리를 조광윤은 엄두도 내지 못했다. 아마 그 자신이 변방의 절도사였기에 북변 정리가 쉽지 않다는 것을 더욱 실감했을 것이다.

중화 제국이 완성태로 치달을 무렵 북방의 유목민족들도 놀고만 있지는 않았다. 남북조시대에 북조의 역사를 담당하고 5대10국 시대에 10국을 건설했던 그들은 송 제국이 성립할 때에 맞춰 전성기를 맞았다. 이제 그들은 중화 문명권이 분열기에 있을 때만 중원을 넘보는 처지에서 벗어나 중국 대륙의 주인 자리를 놓고 한족과 대결하는 위치에 올랐다. 같은 집에 주인이 둘일 수는 없다. 정면 대결은 불가피해졌다.

처음에 송을 괴롭힌 것은 거란의 요遼다. 계기는 3차 분열기에 거란이 차지한 연운 16주(베이징과 만리장성 사이의 지역)였다. 쿠데타로 집권한 탓에 제 코가 석 자인 조광윤은 권력의 안정에 일로매진하기 위해 그 땅을 깨끗이 포기했지만, 그의 동생으로 제위를 계승한 태종은 생각이 달랐다. 잃어버린 땅이 워낙 요지인 데다 그는 역대 한족 왕조의 첫 단추에 해당하는 북변 정리를 생략할 수 없다고 판단했다. 주변을 복속시키지 않고서야 어디 중화 제국이라고 할 수 있겠는가?

기백은 좋았으나 안타깝게도 그것은 만용이었다. 당시 요는 만주의 발해를 멸망시키고 고려를 복속시킨 강국이었다. 더구나 그것은 후방 정지 작업이었다. 즉 주요 타깃이 송 제국이라는 무언의 시위였다. 송이 먼저 행동에 나서지 않았더라도 한판 붙을 참이었으니 송 태종의 호기는 불에 기름을 끼얹은 격이었다.

조광윤은 건국자였으므로 일단 제국의 생존을 도모해야 했지만, 태종은 이제 제국의 대외적 위상을 떨쳐야 할 단계라고 생각했다. 태조의 방치 아래 강남에서 독립국 행세를 하고 있던 오월을 정복해 영토를 늘린 것도 그런 판단에서였다. 하지만 거란의 요는 강남의 허약한 왕조들과는 차원이 달랐다. 과연 거란은 태종이 마음먹고 파견한 대군을 간단히 물리쳐 서전에서 완승했다.

그제야 힘으로는 어렵겠다는 것을 깨달은 태종은 아예 북방의 국경을 폐쇄하고 교역을 단절했다. 그 대가는 다음 황제인 진종이 톡톡히 치러야 했다. 거란은 군사 보복에 나섰다. 1004년에 수도인 카이펑을 점령당하고 송은 굴욕적인 강화조약인 '전연澶淵의 맹약'을 맺고 막대한 세폐歲幣를 바치기로 했다. 한 제국 초기 흉노에게 조공을 바친 이래 한족 제국은 또다시 '오랑캐'에게 조공을 바치는 수모를 겪게 되었다.

중화 제국의 전통적인 전략 중에 이이제이以夷制夷가 있다. 오랑캐의 힘을 빌려 오랑캐를 친다는 것인데, 그럴듯해 보이지만 전략을 구사하는 주체의 힘이 약하면 이도저도 안 되기 십상이다. 거란에 굴욕을 당해 앞뒤 가릴 게 없는 송은 바로 그 최악의 전략을 택했다. 당시 거란의 동쪽, 만주에서 강국으로 성장하고 있던 여진에 손을 벌린 것이다. 1115년에 금金을 세우고 북방의 패자로 발돋움하려는 여진이 그 손을 마다할 이유

| 장성 남쪽의 '오랑캐' 땅 옌징燕京은 베이징의 옛 이름이고 다퉁은 윈저우雲州의 주도였다. 연운燕雲 16주란 이 사이의 지역을 가리킨다. 원래 936년 5대의 한 나라인 후진이 중원을 정복할 때 거란의 힘을 빌린 대가로 거란에 넘겨준 땅이었으니, 국제적 약속에 따르면 송 제국이 소유권을 주장할 처지는 아니었다. 송 태종은 아마 거란의 진출에 위협을 느낀 탓에 도발한 것이겠지만 그 대가는 참담했다.

가 없다. 송과 손을 잡으면 그 사이의 랴오둥에 자리 잡은 거란을 양쪽 협공으로 박살낼 수 있으니까.

그 전략은 일단 멋지게 성공했다. 그러나 송 제국으로서는 늑대를 쫓으려다 호랑이를 불러들인 처지가 된다. 대체 어느 측이 이이제이를 구사한 건지 모를 판이었다. 1127년 금은 거란이 그랬던 것처럼 카이펑을 손쉽게 점령했다. 하지만 거란의 실패마저 계승하지는 않았다. 요와 달리 금은 아예 송의 황제와 황족들을 잡아가 후환을 없애버렸다.

'정강靖康의 변'이라고 불리는 이 사건으로 송 제국은 건국 150여 년 만에 멸망했다. 한족 통일 제국 치고는 단명한 편이지만, 다행히 남은 황족들이 강남의 임안으로 내려가 왕조를 이었다. 이때부터 송은 그전까지의 북송北宋과 구분해 남송南宋이라고 역사에 기록된다. 그들은 제국이 아직 죽지 않았다고 외쳤으나 중국 문명의 중심지인 중원이 오랑캐의 놀이터가 된 마당에 그 외침은 단말마의 비명일 뿐이다. 급기야 그 비명마저 지르지 못하게 한 또 다른 오랑캐가 나타난다. 그들이 바로 몽골이다.

진-한 시대의 흉노, 2차 분열기의 북조, 수-당 시대의 돌궐, 3차 분열기의 10국 등으로 중화 제국의 역사에 점점 개입의 강도를 높여왔던 동북아시아의 유목민족은 드디어 역사상 가장 완벽하면서도 가장 허약한 한족 제국인 송의 시대를 맞아 제국의 수도마저 유린할 만큼 성장했다. 거란과 여진은 오프닝 밴드로 무대를 달군 것에 불과하고, 북방 콘서트의 진짜 주인공은 몽골이다. 이들은 거란과 여진을 비롯해 앞서 역사에 등장한 어떤 선배보다도 더 격렬하고 광범위한 세계사적 변화를 일으킨다.

13세기판 '동북아일보' 같은 게 있었다면 몽골이 금, 남송, 고려를 차례로 정복하고 두 차례의 일본 정벌에서 태풍을 만나 실패한 사건(368~369쪽 참조)이 연달아 1면 톱을 장식했을 것이다. 그러나 '중앙아시아 저널'이나 '유럽 쿠리어'라면 기사의 배분이 달라진다. 중앙아시아에서 칭기즈 칸과 제베가 이끄는 몽골군은 아프가니스탄을 넘어 호라산(지금의 이란 부근)까지 파죽지세로 정복했다. 칭기즈 칸의 돌연한 죽음으로 정복 사업이 중단되는가 싶었으나, 그의 아들 오고타이 칸은 1235년 새 수도 카라코룸에서 쿠릴타이를 열어 역사적인 결정을 내렸다. 서쪽의 끝까지 가보자는 것이었다.

그런 점에서 칭기즈 칸보다 더 정복의 스케일이 컸던 사람은 오고타이다. 칭기즈 칸이 생각하는 서역은 중앙아시아까지였지만 오고타이는 더 서쪽의 유럽 세계에 관심을 가졌던 것이다. 그런데 이들 부자가 머나먼 서쪽 세계에 관심을 가진 이유는 무엇일까? 호기심에서? 인류 역사에 굵은 족적을 남기려는 공명심에서? 물론 그런 것일 리는 없다. 거기에는 경제적인 이유가 컸다.

당시 중앙아시아와 중국을 잇는 실크로드의 서쪽에 포진한 이슬람 세계의 상인들은 동방무역으로 막대한 이득을 얻고 있었다. 중국의 비단과 도자기, 동남아시아의 향료를 지중해 동부까지 가져가 유럽의 상인들에게 파는 것이다. 그들이 바로 지중해 무역을 장악한 북이탈리아의 자치도시들이라는 것은 앞에서 본 바 있다. 칭기즈 칸은 생각에 잠긴다. 아라비아 상인들에게 그토록 큰 시장을 제공하는 유럽은 어떤 세계일까? 그 무역로를 차지한다면 어떨까?

발상은 간단하지만 안으로만 굽어드는 중화 제국이라면 상상할 수조차 없는 꿈이다. 천하의 중심이 중국인데 '사사로운 이득'에 끌려 오랑캐와 거래를 틀 천자는 없다. 후대에 중국의 4대 발명품(앞서 말한 3대 발명품과 고대의 발명품인 종이)이 그 무역로를 통해 유럽에까지 전달되었다는 사실은 중국의 한족에게 절실하게 필요한 경각심이 아니라 헛된 자부심만 심어주었을 뿐이다. 그런 케케묵은 유교적 세계관으로부터 자유로운 몽골은 발상에서도 자유롭다. 원래 뿌리 없이 사는 게 노마드nomad의 본질이 아니던가? 농경민족에게는 조상의 묘를 지키는 일이 가장 중요하겠지만, 유목민족에게 조상이란 사막의 물 한 방울만큼도 소중한 게 아니다.

오고타이의 결정으로 정복은 몽골 제국의 공식 정책이 되었다. 아르

바이트로 시작한 일이 본업으로 바뀐 격이다. 홀라구가 이끄는 중앙아시아 원정대는 셀주크튀르크의 잔당을 소탕하고 아바스 이슬람 제국까지 멸망시켜 서남아시아의 지도를 새로 그렸다. 그러나 바투가 이끄는 20만 명의 유럽 원정대는 한술 더 뜬다. 그들은 중앙아시아를 건너 노르만의 후예들이 여기저기 건설해놓은 러시아 일대의 신생 그리스도교 공국들을 짓밟았고 폴란드 동쪽까지 진출해 서유럽을 눈앞에 두었다. 서유럽인들의 오랜 기억 속에 잠재되어 있는 훈족과 튀르크의 공포가 되살아난 것은 바로 이 대목이다.

만약 그때 세계 정복의 총 기획자인 오고타이가 파티를 벌이다 급사하는 일이 없었더라면 서유럽 세계는 어찌 되었을까? 독일과 폴란드의 연합군이 슐레지엔에서 몽골군을 일차 가로막는 데는 성공했지만, 본국에서 전해온 급전으로 몽골군이 철수하지 않았더라면 서유럽 세계는 결코 온전하지 못했을 것이다. 교황이 각지를 순회하며 뒤늦게 '방어용 십자군'을 조직하자고 선동해도 당대 세계 최강인 몽골군을 막아내기는 어려웠을 것이다. 설령 어느 정도 버텼다 해도 최소한 오늘날 전해지는 서유럽의 아름다운 성이나 유적은 태반쯤 사라졌을 것이다. 몽골군은 '야만인'이라는 닉네임이 무색하지 않게 곳곳에서 방화와 약탈을 서슴지 않았으니까(심지어 그들은 적의 성을 정복할 때 페스트로 죽은 시신을 성 안으로 던져 넣기도 했다).

몽골군이 정복의 고삐를 늦추지 않고 서유럽 세계를 손에 넣었다면 명실상부한 몽골 세계 제국이 성립했겠지만, 아마 그 제국은 오래가지 못했을 것이다. 몽골은 현란한 드리블로 골문까지 치고 들어갔으나 골 결정력이 부족했다. 몽골 제국은 중화 세계를 근본적으로 개조하기는커녕 오히려 중화를 추구하는 역사적 반동의 길로 들어섰다. 제국의 명칭

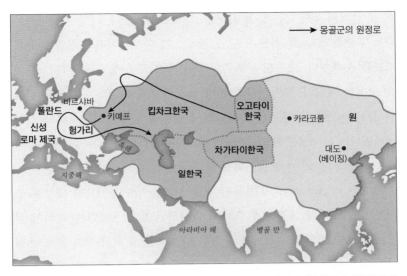

| 몽골군의 유럽 원정로 서유럽을 코앞에 두고 몽골군은 갑자기 말머리를 돌렸다. 몽골군이 계속 진격했더라면, 손가락까지 갑옷으로 감싸고 말에게까지 육중한 보호구를 두른 서유럽의 기사들이 날랜 몽골 기병들을 막아내기란 어려웠을 것이다. 하지만 설사 그랬다 해도 몽골은 서유럽 세계를 정복할 수는 있었어도 경영하지는 못했을 것이다.

부터 중국식으로 바꾸고 중화 문명권에 동화되었는데, 이것은 무사가 부엌칼을 잡은 격이다.

형인 몽케 칸의 뒤를 이어 칸이 된 쿠빌라이는 한화 정책, 즉 중국화의 드라이브를 걸었다. 1279년 남송을 정복해 송 제국을 역사 속의 왕조로 만든 뒤, 그는 국호를 일반적인 중화 왕조처럼 원元으로 정하고 칸으로 시작한 자신의 지위도 중국식 명칭으로 바꿔 황제가 되었다. 원 세조가 된 쿠빌라이 칸은 남쪽에 신도시를 건설해 대도大都라는 이름을 붙이고 여름수도로 삼았는데, 이곳이 지금의 베이징이다. 또한 그는 중앙 행정을 총괄하는 중서성, 군정의 최고 기구인 추밀원, 감찰기관인 어사대 등 중국의 전통적인 통치 기구를 그대로 채택했다. 다만 지방행정은 중국식 주현제州縣制를 따르지 않고, 행성行省과 다루가치라는 몽골 특유의 제도를 시행했다. 소수의 몽골족이 다수의 한족을 통치해야 하는 사정을 고려한 제도다. 중앙정부의 지방 출장기관에 해당하는 행성은 원래 임시기관이었으나 영토가 확대되면서 항구적인 행정기관으로 성격이 바뀌었다(일본 정벌을 위해 고려에 설치한 정동행성이 그 예다). 이 행성들이 오늘날 중국의 성省으로 발전하게 된다.

세조는 35년의 재위 기간 동안 한화 정책을 밀어붙였으나 대부분 중국을 모방하는 데 그쳤을 뿐 그다지 독창적인 요소는 없었다. 게다가 겉으로만 보면 중국식 관료제를 충실히 따랐지만, 중요 부서의 최고 책임자는 몽골인이나 친몽골적 성향의 한족만 중용했기 때문에 내실 있는 관료제가 되기 어려웠다. 1315년에 부활된 과거제도 합리적으로 운영된 게 아니라 철저한 신분 차별을 바탕으로 했다. 이를테면 시험문제의 출제도 몽골인과 색목인에게 유리했고, 민족마다 합격 정원이 달랐다. 게다가 한인들은 과거에 합격한다 해도 승진할 수 있는 한계가 정해져 있었다. 결국 한화 정책도 철저하게 전개된 것은 아니었던 셈이다.

하지만 태생이 중화 제국과 달랐기에 가능한 변화도 있었다. 사상 처음으로 유럽과 아시아에 걸친 대제국이 탄생했기 때문에 동서 교류가 폭발적으로 늘어났다. 무엇보다 교류의 장애물이 사라졌다. 예전에는 동서 무역로 주변에 자리 잡은 소규모 왕국들이 무역을 방해하거나 독점하는 경우가 많았으나 이제는 전부 단일한 정치 질서에 편입된 덕분에 그런 문제가 없어졌다. 게다가 몽골은 애초부터 경제적인 측면을 염두에 두고 서방 원정을 시작했으므로 무역을 적극 장려했다. 무역에 필요한 도로망을 정비했을 뿐 아니라 도로마다 상인들이 이용할 수 있는 공용 역사를 설치해 숙박이나 역마를 제공했다. 잠치라고 부르는 이 시설은 동서 무역만이 아니라 제국 내의 물자 이동, 중앙정부와 지방정부 간의 교통에도 크게 기여했다.

그러나 유목 문명이 농경 문명을 모방하는 데는 한계가 있었다. 중화제국의 장점은 뭐니 뭐니 해도 중앙 권력의 안정인데, 원 제국은 그 점에서 결격 사유가 있었다. 오고타이가 죽었을 때 바투가 유럽 전선에서 급히 회군한 이유는 후임 칸을 결정하는 회의에 참석하기 위해서였다. 몽골의 관습에는 장자 세습제가 없었으므로 지배자가 죽었을 때는 제위를 계승하기 위한 암투가 심했다. 장기 집권했던 세조 이후 14세기 후반까지 70여 년 동안 제위에 오른 황제만도 10명에 이를 정도였다.

무사가 비단옷을 입으면 칼 쓰는 법을 잊고 노름에만 빠지게 마련이다. 중원에 터전을 굳힌 뒤부터 원 황실은 한껏 느슨해졌다. 국가 재정을 제대로 운영하지 못하고 사치를 일삼았다. 재정난을 해결하고자 지폐를 남발하고 전매품인 소금 값을 올렸지만 전형적인 미봉책이었다. 그 때문에 오히려 물가가 불안정해지고 농민들의 생활만 궁핍해졌다.

급기야 권력의 상층부만이 아니라 하부도 동요하기 시작했다. 그 틈을 타 한족이 들고일어났다. 오랜 민족 차별에 불만이 커진 한족은 원 제국의 장악력이 느슨해지자 각지에서 봉기했다. 그중에서 중국의 남방을 중심으로 일어난 백련교 세력의 홍건적이 금세 반원反元 항쟁의 구심점으로 등장했다. 홍건적의 우두머리인 주원장朱元璋은 먼저 난징을 손에 넣고 강남을 장악한 뒤 북벌을 감행했다. 마침내 1368년 대도가 함락되면서 원 제국은 100여 년간의 중원 지배를 끝내고 고향인 몽골 초원으로 달아났다.

세계 제국 몽골은 일어설 때처럼 급격히 몰락했다. 미래 세계를 선도

할 유목 문명이 과거 세계를 이끌었던 농경 문명에 자발적으로 동화된 결과가 어떤 것인지 여실히 보여주는 사례다. 중국식 제국의 완성형인 송 제국 시대에 중화 문명권은 쇠미의 징후를 드러내고 있었으나, 몽골의 지배자들은 중화를 여전히 선진 문명으로 여기고 모방하려 했다.

하지만 같은 시기에 몽골이 미처 정복하지 못하고 철군한 유라시아의 서쪽에서는 다른 실험이 전개되고 있었다. 몽골군의 침략을 맞아 두려움에 떨던 서유럽 세계는 드디어 중세의 오랜 모색기를 끝내고 고유의 역동성을 한층 높은 차원에서 발산할 준비를 갖추고 있었다. 어떻게? 한마디로 말하면 각개약진이다.

12

각개약진의 효과

잉글랜드의 환골탈태 / 중국식 서열 / 교황을 납치하라 / 원시 의회의 탄생 / 중세적 분업 체제의 붕괴

●

줄을 잘 서는 것은 군대에서만 중요한 게 아니다. 앞에서 본 것처럼 노르만의 민족이동에서 동쪽으로 간 노르만은 줄을 잘못 선 것에 뼈저리게 후회해야 했다. 서유럽으로 간 바이킹은 곧바로 '따뜻한 남쪽'을 만났고 지중해의 시칠리아까지 정복하면서 떵떵거렸지만, 동쪽의 러시아 평원으로 이동한 바이킹은 자신들의 고향에 못지않게 춥고 황량한 땅에서 자신들보다 문명 수준이 별반 나을 게 없는 슬라브족 원주민들과 토닥거리며 사는 게 고작이었다.

여기서는 왕국은커녕 곳곳에 소박한 촌락을 이루는 일도 쉽지 않았다. 그래도 십자군의 시대를 맞아 서유럽과 동유럽 간에 오랜만에 교류의 물꼬가 트이면서 작은 촌락들은 점차 커져 도시를 이루었다. 일부 도시는 그리스도교로 개종해 공국으로 격상되기도 했다(한때 이 지역에서는 서유럽의 가톨릭과 비잔티움의 정교회 신앙이 경쟁적인 포교 사업을 벌였는데, 여

기서 승리한 정교회가 오늘날까지 이어지고 있다). 하지만 그 신흥도시들은 곧이어 느닷없이 동쪽에서 쳐들어온 몽골군의 무자비한 말발굽 아래 초토화되고 만다.

오고타이의 죽음으로 서유럽의 몽골군은 철수했지만 나머지 원정군은 아예 남러시아 일대에 눌러앉아 이 지역이 유럽 문명에 동참하는 것을 가로막았다. 예기치 않은 행운으로 그런 운명을 피한 서유럽 세계는 이후 오랫동안 러시아를 '타타르의 멍에'(타타르는 서유럽인들이 튀르크나 몽골 같은 아시아 민족을 부르던 이름이다)라고 부르며 조롱했다.

남의 불운을 비웃는 것은 옳은 일이 아니겠지만, 사실 서쪽의 바이킹이 줄을 잘못 선 동쪽의 동포들을 조롱할 만한 이유는 충분했다. 서쪽의 바이킹은 911년 북프랑스의 노르망디(노르만에서 유래한 지명)를 얻었고 몇 세대 지난 뒤에는 귀족의 지위까지 획득했다. 이를 토대로 1066년에는 노르망디 출신 바이킹의 후예인 윌리엄이 잉글랜드를 정복하는 쾌거까지 올렸다.

이 사건은 윌리엄 자신도 예측하지 못한 여러 가지 복잡한 변화를 낳았다. 우선 섬이라는 지리적 조건 때문에 비교적 독자적인 역사를 전개해왔던 영국이 대륙 문명권에 합류하게 되었다. 뒤늦게나마 잉글랜드에도 봉건제가 이식되었으며, 잉글랜드의 귀족들에게도 제후의 작위가 부여되었다. 하지만 호사다마랄까? 문제가 좀 있었다. 대륙의 혈통이 섬으로 건너가 잉글랜드 왕실이 되면서 잉글랜드 왕국의 소유권 관계가 복잡해진 것이다.

켈트족의 나라인 브리타니아에 '외지인'들이 들어와 지배층이 된 것은 노르만보다 게르만족이 먼저였다. 그전까지 이 지역은 유럽의 오지이기 이전에 문명의 오지였다. 기원전 1세기 카이사르의 시대에 브리튼 섬의 남부가 로마에 정복되어 브리타니아 속주가 되었지만, 워낙 로마에서 먼 변방이었기 때문에 갈리아 속주처럼 로마 문명의 세례를 받지는 못했다. 그나마 로마가 세운 하드리아누스 장성 북쪽의 스코틀랜드는 켈트족의 갈래인 스콧족과 픽트족의 땅이었다(스콧족에서 스코틀랜드라는 이름이 나왔다).

남쪽의 브리타니아 속주는 로마 제국이 무너진 뒤 큰 변화를 겪었다. 유럽 전역을 뒤흔든 게르만 민족이동의 시대를 맞아 북독일에 살던 앵글족, 색슨족, 유트족이 북해를 건너 영국으로 왔다(앵글과 색슨의 명칭에서 앵글로·색슨이나 잉글랜드라는 말이 나왔다). 게르만족 가운데서도 잉글랜드로 건너간 민족들은 프랑크족이나 고트족에 비해 힘이 약한 군소 민족이었으므로(실은 그랬기 때문에 고향을 버리고 이동해야 했다) 대륙의 심장부를 놓고 경합을 벌일 만한 처지는 못 되었다.

그 게르만 소수 민족들이 잉글랜드 곳곳에 소규모 왕국들을 세우고 지배한 역사는 아서 왕과 원탁의 기사 같은 전설로 전해진다. 연대로 치면 6세기 무렵이지만 아직 전설과 역사의 구분도 명확하지 않을 만큼 잉글랜드는 유럽의 변방으로 남아 있었다. 특기할 만한 사실은 이 무렵에 그리스도교 개종이 이루어졌다는 점이다. 6세기의 교황 그레고리우스 1세가 파견한 전도단은 앵글로·색슨족의 왕들을 켈트족의 사제인 드루이드의 손아귀에서 빼앗아 그리스도교로 개종시켰다. 일단 이것으로 잉글랜드도 유럽 문명권에 포함되기는 했으나 지배층에만 국한되었을 뿐 신흥 종교가 일반 대중에까지 확고히 뿌리를 내리지는 못했다. 오히려 로마가톨릭은 아일랜드에서 민중 속으로 깊이 파고들었는데, 이는 오늘날까지 이어지는 이 지역 종교 분쟁의 원인이 된다.

잉글랜드가 유럽의 역사에 한 단계 더 가까워지는 토대를 놓은 사람은 9세기의 앨프레드 대왕이다. 노르만의 민족이동으로 덴마크에 터전을 가진 데인족의 침략이 거세지자 앨프레드는 그들과 결탁해 기존의 앵글로·색슨 왕국들을 차례로 정복했다. 나중에 보겠지만, 섬이라는 조건에서는 흔히 토착 세력과 외부 세력이 결합해 새로운 문명을 건설하는 양상을 보인다.

이런 전력이 있었기에 잉글랜드의 귀족들은 윌리엄의 정복으로 대륙에 살던 자들의 지배를 받게 되었어도 그다지 불만은 없었다. 어차피 내력을 보면 모두가 외지 출신이었다. 몇 차례 소규모 반란이 일어났으나 판세를 뒤집을 만한 규모는 아니었다. 실은 처음부터 그런 배경이 있었기 때문에 윌리엄은 불과 수천 명의 병력으로 잉글랜드에서 쉽게 권력을 잡을 수 있었다. 당시 대륙에서 보기에 잉글랜드는 전혀 중요한 지역이 아니었다. 실제로 윌리엄도 잉글랜드를 정복한 뒤 그곳에서 살지 않고 고향인 노르망디에서 지내다가 일이 있으면 해협을 건너는 정도였다.

이런 관계가 안정적이고 지속적일 수는 없다. 과연 창업자인 윌리엄이 죽자 곧바로 문제가 생기기 시작한다. 본토의 권력과 식민지의 권력이 충돌한다. 노르망디를 비롯한 프랑스 서부 일대의 지배자였던 앙주 가문은 노르만 귀족인 윌리엄이 잉글랜드의 왕위에 올랐으니 노르망디의 왕은 자동적으로 잉글랜드 왕이 된다고 생각한다. 바다 건너에 있어도 잉글랜드는 앙주의 영토다! 반면 잉글랜드에서 점차 독자적인 세력을 굳혀가는 현지 지배자들의 생각은 당연히 다르다. 오히려 프랑스 서부가 잉글랜드 왕실의 영토다! 이런 현저한 시각 차이에서 불화의 씨가 싹튼다.

이 불화는 당장 한판 싸움으로 번질 뻔하다가 정략결혼으로 타협이 이루어졌다. 그 결과 잉글랜드에 앙주 왕조플랜태저넷 왕조가 들어서는 것으로 일단락되었다. 그러나 앙주 가문의 원래 텃밭은 여전히 프랑스 서부에 있으니 분쟁의 불씨는 꺼진 게 아니다. 결국 이 문제는 13세기에 프랑스 왕 필리프 2세와 잉글랜드 왕 리처드 1세 사이의 갈등으로 이어진다. 이 두 사람이 2차 십자군의 주역이었으니 원정이 제대로 진행되었을 리 만무하다. 그러나 양측의 갈등이 본격적으로 폭발한 사건은 십자군 전쟁이 아니라 14~15세기에 벌어진 백년 전쟁이다.

백년 전쟁은 영국과 프랑스의 특수한 관계에서 비롯된 전쟁일 뿐 유럽의 중세사에서 큰 비중을 가지는 사건은 아니다. 그런데 여기서 그 전쟁의 배경을 상세히 언급한 데는 이유가 있다. 이 사건은 당시 서유럽에서 형성되기 시작한 국제 관계의 틀을 보여준다는 점에서 중요하다. 윌리엄의 잉글랜드 정복에서부터 백년 전쟁이 벌어지기까지 잉글랜드와 프랑스는 300년 동안이나 심하게 다투면서도 전쟁 상태로 돌입하지는 않았다. 중세적 질서가 해체되기 시작하는 14세기에는 결국 전쟁으로 치달았지만, 1337년에서 1453년까지 100년이 넘도록 싸우면서도 한 나라가 멸망하거나 상대방에게 복속되는 사태는 일어나지 않았다.

이 점은 비슷한 시기 중국의 사정과 큰 대조를 이룬다. 잉글랜드에 윌리엄의 노르만 왕조가 들어설 무렵, 중국에서는 송 제국이 정강의 변을 당해 멸망하고 황실이 남쪽으로 도망쳤다. 동서양의 두 사건은 분쟁과 전쟁이라는 면에서는 같지만 성격은 상당히 다르다. 잉글랜드와 프랑스는 서로의 소유권과 이해관계가 얽혀 있는 한 지역의 영토를 놓고 충돌한 것이지만, 중국의 경우에는 한족과 여진족이 중원이라는 특정한 중심지를 놓고 격돌한 사건이다. 따라서 전자는 국제 관계의 싹을 보여주지만, 후자는 하나의 문명권, 하나의 체제 내에서 일어난 반란 혹은 쿠데타의 위상을 가진다(당시 한족과 여진족이 가진 의식도 그랬을 것이다).

잉글랜드를 정복하고 왕권을 차지한 노르만 귀족도, 프랑스 본토의 앙주 가문도, 또 당시 파리 인근을 지배하던 카페 왕조도, 입으로는 봉건 제후의 서열을 따졌으나 실제로 그 서열을 입증하기 위해 물리력을 동원한 것은 아니었다. 형식적으로 그 왕조들의 왕은 모두 황제의 제후였지만 서유럽 세계는 겉으로만 제국 체제였을 뿐 실제로는 제국과 전혀 무관했다. 따라서 잉글랜드와 프랑스는 대등한 독립국의 자격으로 왕통과 영토를 놓고 분쟁을 벌인 것이었다.

그와 달리 한족의 송 제국과 거란의 요, 여진의 금은 그런 관계에서 다툼을 벌인 게 아니다. 수도 카이펑을 짓밟히고 전연의 맹약을 맺을 때만 해도, 송은 막대한 조공을 바치는 굴욕과 부담을 겪으면서까지 요에 대해 어떻게든 형님의 자격[上國]을 유지하려 애썼으며, 거란도 그런 송의 지위를 인정했다. 조공을 바치는 형님과 조공을 받는 아우! 기묘한 관계였지만 아무리 세상이 어지러워졌다 해도 당시까지는 중화 제국을 정점으로 하는 동아시아의 동심원적이고 수직적인 질서가 강고하게 유지되었다.

그 질서를 근본적으로 뒤집은 것이 몽골이다. 몽골은 북송이든 남송이든 한족 제국과 형님 아우로 남으려 하지 않고, 아예 중화 제국을 역사의 지도에서 없애버리고 중원을 독차지했다. 그러나 앞에서 보았듯이 몽골도 중원을 차지한 뒤에는 중화의 논리에 젖어 중국화를 시도했고 결국 실패했다.

제국도 여러 유형이 있지만, 지리적 혹은 정치적 구심점이 없고 중화의 이념이 없는 제국은 중앙집권적 체제를 형성할 수 없다. 처음부터 지리적 중심과 이념적 중심이 확고한 중국에 비해, 문명의 중심이 계속 이동한 서유럽 세계는 다원적인 역사를 전개할 수밖에 없었다. 그런 탓에 유럽 세계에서 제국의 역사적 경험이라고는 느슨하고 엉성한 로마 제국의 사례밖에 없었다.

제국과 중앙집권화를 추구한 중국, 그리고 분산과 분권화로 나아간 유럽, 둘 중 어느 편이 자연스러운 역사의 진행인지는 명백하다. 사방이 트인 세상에 억지로 수직적인 질서를 부여하고 하나로 결집하려는 것이 자연스러울 수는 없다. 중국의 역사는 늘 인위적인 통일을 지향했고, 유럽의 역사는 언제나 생긴 모습대로 자연스럽게 진행되었다. 통일은 의지의 소산이고, 분산은 본능의 작용이다. 바꿔 말하면 동양의 역사는 언제나 의식적이었고, 서양의 역사는 대체로 무의식적이었다. 동양식 왕조에서 정치와 제도가 중요하고 서양식 왕조에서 경제적 동기가 중요한 것은 그런 맥락을 반영한다.

분권화가 지배하는 세계라 해도 최소한의 통합성은 필요하고 또 있게 마련이다. 분산을 특징으로 하는 서양의 중세사에서 집중의 축을 담당한 것은 그리스도교라는 이념, 그리고 그것이 실체화된 교황과 교회였다. 반면에 동아시아에서 그 통합의 구심점은 중국의 황제, 즉 천자로 단일화되었다. 더욱이 동아시아 세계는 그 정교일치의 형태를 20세기 초 신해혁명으로 제국 체제가 완전히 붕괴할 때까지 유지했다.

만약 중세 유럽에서 최소한의 통합성이 무너진다면 어떻게 될까? 질서의 축이 사라지면 무질서가 따르는 것은 자연법칙이다. 원래부터 분산의 흐름이 강한 세계에 적정한 만큼의 구심점마저 없어진다면, 모든 나라, 모든 개인은 일제히 각개약진하게 될 것이다. 일단 정치적으로 보면 혼란기다. 그러나 총체적으로는 사회의 모든 부문에서 비약적인 변화와 자연스러운 발전이 이루어지는 역동적인 시대가 될 수도 있다. 강력한 구심점이 지배한 중국의 역사에서도 중요한 발전은 대부분 분열기에 이루어졌다. 동아시아 세계에서는 분열기에도 늘 통일을 지향했고, 통일로 안정을 되찾고는 정체되는 과정이 되풀이되었다. 유럽에서는 어떨까?

실제로 중세 후기에 접어들면서 그리스도교와 교회의 통합력은 현저하게 떨어졌다. 여기에는 여러 가지 이유가 있다. 십자군이 실패한 탓도 있고, 교회가 부패한 탓도 있다. 그러나 근본적인 이유는 유럽 전역의 봉건화와 분권화가 완료되었다는 사실에서 찾아야 한다. 마치 중국의 송이 역사상 가장 완벽한 중화 제국의 체제를 갖추는 것과 동시에 몰락의 길을 걷기 시작하듯이, 유럽의 봉건제 역시 (공교롭게도 중국과 같은 시기에) 완성과 동시에 내리막길을 걷기 시작했다.

이제 유럽 사회는 정치적으로만이 아니라 이념적으로도 통합성을 유지하기가 불가능해졌다. 그럼 이념(그리스도교)과 실체(교황과 교회) 중에서 먼저 몰락하는 것은 무엇일까? 당연히 추상화된 이념보다는 구체적인 실체일 것이다. 그래서 중세의 해체는 교황과 교회가 먼저 나가떨어지고 그다음에 그리스도교가 힘을 잃는 순서로 진행된다. 전자는 14세기의 아비뇽 교황청과 교회 대분열로 나타났고, 후자는 16세기의 종교개혁으로 나타났다.

앞서 말했듯이, 교황은 중세의 국제연합과 같은 역할이었다. 현대 국가들도 국제연합을 상대로 로비를 벌이지만 중세 후기 국가들이 교황청을 상대로 벌이는 로비는 지금보다 훨씬 단순무식했다. 우선 황제는 십자군이 시작된 이후 관례처럼 굳어져버린 교황과의 갈등을 더욱 확대했다. 호엔슈타우펜 왕조의 두 프리드리히(1세와 2세, 두 사람은 조손간이다)는 북이탈리아를 놓고 집요하게 교황과 다툼을 벌였다. 결국 교황을 꺾는 데는 실패했지만 그들은 이탈리아 남부와 시칠리아를 손에 넣는 개가를 올렸다.

그러자 교황령은 남과 북으로 황제에게 포위된 상황이 되어버렸다. 그로기 상태에 처한 교황에게 결정타를 먹인 사람은 프랑스의 필리프 4세였다. 미남왕이라는 별명에 어울리지 않게 터프가이인 그는 교황의 승인도 없이 멋대로 황제를 자칭하더니―샤를마뉴 이래 황제의 대관식은 로마에서 교황이 집전했다―급기야는 교황 보니파키우스 8세를 납치해버렸다. 교황이 제 성질을 못 이겨 화병으로 죽자 필리프는 아예 프랑스 사제를 교황으로 내세우고(클레멘스 5세), 1309년에는 교황청마저 프랑스 영토 내에 있는 프로방스의 아비뇽으로 옮겼다. 이 사건으로 교황은 그리스도교 역사상 처음으로 세속군주의 휘하에 있게 되었다. 오늘날 국제연합에 대한 미국의 영향력이 아무리 크다 해도 미국 대통령이 국제연합 사무총장을 직접 임명한다면 모양새가 이상할 것은 뻔하다. 하물며 종교의 시대인 중세에 신성의 수장인 교황이 그런 처지에 처했다면 말할 것도 없다.

필리프가 굳이 교황을 굴복시키려 한 직접적인 이유는 잉글랜드와의 분쟁 때문이었다. 앞에서 본 것처럼 잉글랜드 왕실 소유의 프랑스 영토가 문제였다. 이미 12세기 말에 프랑스 왕 필리프 2세는 십자군에서 몸을 빼 잉글랜드에 리처드가 없는 틈에 그 영토를 슬쩍 집어삼켰다. 당시 리처드는 불만을 꾹 참고서 필리프에게 봉신의 예를 갖추고 서로의 서열을 정했지만 그것으로 갈등이 완전히 봉합된 것은 아니었다.

앙주 가문의 영토는 프랑스에 귀속되었어도 아직 프랑스 남서부 기엔과 북동부 플랑드르는 잉글랜드의 간섭이 심한 지역으로 남아 있었다. 그래서 필리프 4세는 기엔과 플랑드르를 확보하기 위해 잉글랜드 왕 에드워드 1세와 한판 붙기로 마음먹은 것이다. 여기서 또다시 동양식 왕조와의 차이가 드러난다. 동양의 군주는 권위에 바탕을 둔 명령만으로도 전쟁을 일으킬 수 있지만(몽골의 서방 원정이 그런 예다), 그만큼 강력한 권력을 가지지 못한 봉건시대 유럽의 군주는 사회 지배층, 즉 귀족들의 동의를 구해야 했다. 무엇보다 전쟁 비용을 염출하는 게 급선무였다. 왕국 전체를 소유한 동양식 군주가 아니었기에 필리프는 어떻게든 귀족들에게서 돈을 쥐어짜야 했다.

역사는 흔히 우연의 모멘트를 통해 발전한다. 또한 그 우연은 흔히 무의식적 메커니즘으로 작동한다. 필리프는 순전히 자신의 영토적 야심을 실현하려는 사적 의도를 품었을 뿐이지만, 거기서 비롯된 행위는 그 자신의 의도와 전혀 무관하게 후대의 역사에 중대한 영향을 미치게 된다. 1302년 그는 의회를 소집하기로 결심한 것이다.

그러나 굳이 전례를 찾자면 최초의 의회는 필리프가 생각해낸 게 아니다. 역사적으로 의회는 필리프보다 몇 년 앞선 1295년에 그의 라이벌인 잉글랜드의 에드워드가 소집한 모델 의회(Model Parliament : 보통 '모범 의회'라고 번역하지만, '의회의 원형'이라는 뜻이니까 '모범'과는 의미가 좀 다르다)를 최초로 잡는다. 7년 간격으로 잉글랜드와 프랑스 두 나라에 의회가 성립된 배경은 시대가 시대니만큼 매우 비슷하다. 우선 모델 의회가 탄생한 과정을 보자.

1215년 리처드의 동생 존이 마그나카르타에 서명하고 귀족 세력에게 무릎을 꿇은 이래 잉글랜드의 왕은 그저 '서열 1위의 귀족'에 지나지 않았다. 섬나라 잉글랜드는 무늬만 왕국이었을 뿐 대륙의 왕조들에 비해 여러모로 후진성을 면치 못했다. 하지만 중대한 개혁은 변방에서 일어나는 법이다. 중심은 꽉 짜여 있는 체제를 취하지만 변방은 훨씬 느슨하고 빈틈이 많기 때문에 변화의 여지가 크다. 역사에 '선두 주자의 페널티penalty'가 있다면, 그 반대로 '후발 주자의 베네핏benefit'도 작용하는 게 역사다. 그래서 혁명은 때로 문명 역전의 계기가 된다. 유럽의 변방인 잉글랜드에서 장차 세계 역사의 행로를 바꾸게 될 최초의 의회가 성립한 배경도 그랬다.

존의 아들 헨리 3세는 아버지의 이중적 실정, 즉 정치의 실패와 귀족에게 무릎을 꿇은 전례를 끝내 극복하지 못했다. 1258년 그는 귀족들이 제시한 옥스퍼드 조례에 서명하고 15인의 귀족 위원회에 권력을 넘겼다. 그 불만을 반란으로 표출했으나(왕의 반란!) 오히려 몽포르가 이끄는 귀족 군대에 의해 간단히 진압된다. 헨리의 아들 에드워드는 그 몽포르를 죽이고 왕권을 회복한 인물이다.

나라를 재건국한 셈이니 모든 면에서 과감한 개혁이 필요하다. 비록 귀족 세력을 꺾었다고는 하지만 그들을 무시하고는 정치와 행정이 불가능하다. 따라서 귀족 세력을 왕권 아래 두면서 본래의 기능을 하도록 만드는 제도가 필요해지는데, 그것을 위한 발명품이 바로 의회였다. 1295년 에드워드는 기존의 특권층인 귀족, 성직자 대표와 더불어 이들을 견제하기 위해 평민 대표를 끌어들여 역사상 최초의 의회인 모델 의회를 구성했다. 전통적인 지배층인 귀족과 성직자들은 평민 대표와 같은 방에서 상종하지 않으려 했으므로 자기들끼리 귀족원을 구성했고 평민들은 따로 시민원을 구성했다. 이것이 상원과 하원으로 구성되는 양원제의 기원이다.

물론 모델 의회에도 전신과 기원이라고 할 만한 게 있다. 오래전부터 잉글랜드에는 왕이 성직자 대표들에게서 자문을 구하는 위턴Witan이라는 제도가 있었다. 하지만 위턴은 상설기구가 아니라 왕이 되는대로 소집하는 임시기구였으며, 정책을 결정할 권리가 없고 왕에게 의견만 전하는 기구였다. 결정권이 없다는 점에서는 신라의 화백和白만도 못한 제도다. 그에 비해 모델 의회는 상설기구였고 어느 정도 정책 결정권도 가졌으므로 예전의 제도와는 확실히 차원이 달랐다.

필리프가 프랑스 최초의 의회인 삼부회三部會를 소집한 것은 모델 의회보다 7년이 늦다. 그러나 모델 의회는 성직자가 빠진 '2부회'라는 점과 세계 최초의 의회라는 기록의 측면을 제외하면 삼부회와 거의 차이가 없다. 우선 필요성과 배경이 같다. 두 나라에 비슷한 시기에 의회가 탄생했다는 사실은 곧 의회가 시대적 요구에 맞았다는 이야기다. 어떤 요구였을까?

의회라고 하면 흔히 민주주의를 연상하기 때문에 처음부터 절대적인 왕권을 견제하는 기능을 했다고 생각하기 쉽다. 하지만 실은 그 반대다. 모델 의회와 삼부회는 둘 다 왕권을 강화하기 위한 목적에서 성립되었고, 또 실제로 그런 기능을 했다. 물론 국왕의 정책 결정을 심의하는 기구였으므로 때로는 왕권에 대해 대립각을 세우기도 했지만 견제의 기능은 아직 부차적이었다. 의회는 주로 국왕의 정책을 정당화해주고 국민들의 지지를 확보해주는 역할을 했다. 그게 바로 에드워드와 필리프의 의도였다. 무엇보다 그 시기 잉글랜드와 프랑스에 의회가 탄생했다는 것 자체가 이미 왕권이 그만큼 강력해졌다는 의미다. 역설적이지만, 모델 의회와 삼부회가 왕권 강화에 기여했다기보다는 거꾸로 강력한 왕들이었기에 그런 제도를 만들 수 있었다는 설명이 옳다.

삼부회라는 명칭에서 이미 그 구성이 드러난다. 성직자, 귀족, 평민이 곧 '3부'다. 그렇다면 성직자가 하나의 부를 구성하는 만큼 교황이 개입하지 않을 수 없게 된다. 잉글랜드처럼 변방이라면 몰라도 프랑스처럼 대륙의 중심을 이루는 나라에서 국왕이 성직자를 하나의 부로 거느린다면 교황으로서는 신경이 쓰일 수밖에 없다. 과연 교황은 즉각 삼부회를 비난한다. 이에 필리프는 누구도 생각지 못한 과감한 대응책을 실행에 옮기는데, 그것이 바로 교황의 납치와 아비뇽 교황청이다. 그 일 때문이 아니더라도 아마 필리프는 교황을 가만히 놔둘 생각이 없었을 것이다. 교황이 국제적 조정자라는 지위를 이용해 서유럽 각국의 문제에 사사건건 간섭한다면 앞으로 그의 야망을 펼치는 데 성가신 걸림돌이 되리라고 믿었을 것이다.

어쨌든 아비뇽 교황청으로 프랑스가 '국제연합'을 손에 넣었으니 향후 프랑스의 모든 국제적 행동이 정당화될 것은 당연지사다. 1950년 북한이 남한을 침공하자 미국은 국제연합을 움직여 다국적군을 구성했다. 1990년 이라크가 쿠웨이트를 침공하자 미국은 군사적 응징을 위해 국제연합부터 조종했다. 14세기에도 마찬가지였다. 프랑스가 중세의 국제연합을 장악한 결과는 백년전쟁으로 터져 나왔다.

비그리스도교권을 상대로 한 전쟁은 그전에도 있었다. 11~13세기의 십자군 전쟁도 그랬고, 8세기의 투르-푸아티에 전투도 그랬다. 그러나 중세 내내 서유럽에서 그리스도교 국가들끼리 대규모 전쟁을 벌인 사례는 없었다. 봉건영주들 간의 사소한 다툼은 잦았으나 국가와 국가가 맞붙은 총력전이나 전면전은 없었다. 윌리엄의 잉글랜드 정복은 군주들이 자주 벌이던 권력 다툼에 불과했고, 프리드리히와 유게니우스가 북이탈리아를 놓고 벌인 드잡이질은 황제와 교황 사이에 늘 있었던 갈등에 불과했다.

설령 세속군주들 간의 이해 차이가 있다 하더라도 교황이 눈을 시퍼렇게 뜨고 있는 한 전쟁을 도발할 만큼 배짱이 두둑한 군주는 많지 않았다. 그러므로 백년 전쟁은 전쟁이 터질 만한 원인이 따로 있었지만 그것과는 별개로 교황청이 이탈리아의 로마나 라벤나가 아니라 프랑스의 아비뇽에 억류되어 있었다는 당시의 정정을 반영하는 사건이었다. 교황의 지위가 흔들리자마자 유럽 각국은 전쟁이라는 가장 손쉬운 방식으로 문제를 해결하려 든 것이다. 그렇게 보면 백년 전쟁은 중세의 틀을 깨기 시작한 신호탄이 된다.

아비뇽 교황청은 70년가량 존속하다가 결국 해체되었고 다시 로마 교황청이 복구되었다. 그러나 그 사건이 남긴 후유증은 컸다. 교황이 세속군주의 지배를 받을 수 있다는 사실이 드러난 이상 교황은 이제 중세의 국제연합은커녕 신성의 황제 자리도 유지하기 어렵다. 군주들도, 주교들도 두 번 다시 그런 일은 없어야 한다고 부르짖지만 내심은 제각기 달랐다.

과연 교황청이 로마로 복귀하자마자 군주와 주교들 간의 파벌이 생기면서 다시 대립교황이 생겨나기 시작했다. 현직 교황이 두 명인 때가 있는가 하면 세 명이 있을 때도 있었다. 이렇게 한 번 구겨진 교황의 권위는 아비뇽 시대 이후 교회 대분열이 15세기 초까지 30년가량 지속되면서 완전히 땅에 떨어진다. 바야흐로 중세는 가을을 맞았다.

통합의 구심점이 사라졌다. 남은 것은 적나라한 각개약진뿐이다. 기존의 질서가 무너졌으니 이제부터는 새 질서를 구축해야 한다. 서유럽 세계가 탄생한 이래 처음으로 일체의 속박으로부터 자유로워진 각국은 실 끊어진 연처럼 제멋대로 날아가면서 저마다 잇속을 챙기려 든다. 영국과 프랑스는 기나긴 전쟁을 벌이고, 독일에서는 제후국들이 사실상 독립적인 영방국가들을 이루면서 껍데기만 남은 제위 계승권을 둘러싸고 암투를 벌인다. 그중에서도 가장 큰 변화를 보이는 지역은 이탈리아와 에스파냐다.

12세기부터 이탈리아 북부에 생겨난 자치도시들은 황제와 교황의 힘이 약화된 틈을 타서 지중해 무역으로 막대한 부를 쌓는다. 또 오랜 이슬람 지배에서 서서히 벗어나기 시작한 이베리아 반도는 지중해 무역에 머리를 들이밀 기회가 이미 사라졌음을 깨닫고 대서양으로 시선을 돌린다. 중심의 약화, 권력의 공백, 이 두 가지 조건은 북이탈리아와 이베리아가 각기 르네상스와 대항해시대를 여는 주체가 될 수 있게 만든다.

이 각개약진의 시대는 유럽 세계의 팽창을 빚었다. 오늘날 영국, 프랑스, 독일에 해당하는 지역에서는 활발한 영토 분쟁이 벌어졌다. 에스파냐와 포르투갈, 이탈리아에서는 르네상스의 계몽이 일어났고, 다른 세계를 알기 위한 항로 개척이 시작되었다. 이때부터 유럽은 세계화 시대의 문을 열었으며, 이 흐름은 대내적으로 체제 재정비, 대외적으로는 세계 정복으로 이어졌다. 그러나 아직까지는 각개약진의 중간 결산에 불과하고, 진짜 결실을 거두는 것은 그다음부터다.

'완벽한 체계'란 닫혀 있는 공간에서만 완벽하게 기능한다. 한-분열기-당-분열기-송을 거치며 점점 업그레이드된 중화 제국은 적어도 자체로는 완벽한 체계를 이룩했다. 그러나 정상에 오른 뒤에는 내려가는 길밖에 없듯이, 이후 중화 제국은 장기적인 몰락의 길을 걷게 된다. 동양 문명이 서양 문명과 직접 대면하는 것은 이때부터다.

강력한 중심이 부재했기에 서양 문명은 단일한 정치 집단의 의지에 의해 역사가 좌우되지 않는다. 수많은 세력이 끝없는 견제와 충돌을 벌이는 가운데 국제사회의 경험이 쌓이면서 서양 세계에는 인류 역사상 완전히 새로운 '지배층'인 시민사회가 등장한다. 가까이 보면 30년 전쟁에서 제2차 세계대전까지 350년의 역사, 멀리 보면 서양 역사 전체는 시민사회를 낳기 위한 과정이라고 할 수 있다. 시민사회의 부재와 생략이 빚은 갈등을 치유하면서 서양 문명은 글로벌 문명으로 성장한다.

3부

만남과 섞임

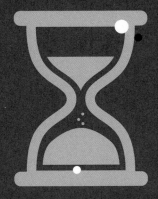

13

복고의 절정

중앙집권과 각개약진 / 온갖 모순이 집약된 명 제국 / 개국 초기 증후군: 당-고려-조선-명 / 홍보성 외유: 정화의 남해 원정 / 후사의 문제 / 명과 조선의 서열 정하기 / 동아시아 삼국 전쟁 / 황당한 전후 처리

중국과 유럽, 동양과 서양의 두 메이저 문명은 5000년 전에 독립적으로 발생했고, 4000년 동안 독자적으로 발전해왔다. 두 문명은 방대한 유라시아 대륙의 동서 양 끝에 저울처럼 균형을 이룬 채 주변을 문명의 빛으로 물들이며 서서히 권역을 키웠다. 하지만 아무리 지리적인 거리가 멀다 해도 양측의 문명권이 확장되면 결국에는 조우할 수밖에 없다. 문명의 빛이 밝아지고 영향권이 넓어질수록 양측은 점차 직접적인 만남으로 향했다.

간접적인 접촉은 몇 차례 있었다. 동서 문명의 정신적 뿌리가 생성될 무렵, 그러니까 그리스에서 페리클레스가 고대 민주주의를 실험하고 중국에서 공자가 자신을 알아주는 군주가 없다고 한탄하며 천하를 헤매고 다닐 즈음, 중앙아시아에서는 고대의 장거리 민족이동이 있었다. 지금의 이란 지역에서 발흥한 페르시아의 압박을 받아 북쪽의 카스피 해 방

면으로 밀려난 스키타이족은 둘로 갈라져 각각 유라시아 대륙을 동서 방면으로 횡단하면서 양측의 문명에 족적을 남겼다. 헤로도토스의 《역사》가 그들에 대한 서방 측의 기록이라면, 한반도 신라 금관에 달린 사슴뿔 장식은 동방에 남겨진 그들의 자취다.

또한 앞서 살펴본 흉노와 돌궐의 민족이동으로 두 문명은 수백 년의 시차를 두고 접촉했다. 그 뒤에는 아라비아 상인들이 동방의 문물을 서방에 전달하는 충실한(물론 무의식적인) 메신저의 역할을 도맡았다. 마지막으로 중국 문명의 외곽에 있었던 몽골이 비록 짧은 기간에 그쳤지만 유라시아 대륙을 관통하는 세계 제국을 건설했다. 두 문명의 간접 조우는 여기까지다. 이제까지 두 문명은 서로의 존재를 확인하는 데 그쳤고, 이제부터는 직접 만날 차례다. 간접 조우의 기간 동안에는 중앙아시아가 유럽과 동북아시아의 두 메이저 문명을 잇는 허리의 역할을 했으나 두 문명이 만나면서부터는 역사의 뒤안길로 물러나 앉게 된다.

그나마 드문드문 접촉이 이어진 덕분에 유럽에서 중세가 끝나갈 무렵, 중국에서 중화 제국이 완성될 무렵, 두 문명은 서로의 존재를 분명히 인식하게 되었다. 그러나 아직은 정식으로 교류할 의도도 없었고, 환경도 아니었다. 수천 년을 다른 방식으로 살아온 두 문명이 그 정도의 접촉으로 교류에 필요한 공감대를 형성할 수는 없었다.

모세가 십계명을 받고 그리스인들이 트로이 전쟁을 일으키던 무렵(기원전 14세기~기원전 13세기) 중국에서는 주나라 시대에 통일을 위한 이념(중화사상, 유학의 뿌리)이 만들어졌다. 기원전 3세기에 진시황이 최초의 정치적 통일을 이룬 이후에는 내내 중앙집권적 제국 체제를 반복적으로 실험하면서 조금씩 업그레이드되었다. 한 제국은 1차 분열기 동안 다듬어진 유학을 지배 이데올로기로 공식 채택했고, 2차 분열기를 거친 뒤

당 제국은 그 국가 이데올로기를 현실 정치에 적용하는 통로를 개발했으며, 다시 짧은 3차 분열기를 거친 뒤 송 제국에 이르러서는 동양식 제국 체제가 완성되었다.

이런 중국의 행정에 비해 유럽의 역사는 각 단계마다 수백 년씩 뒤처진다. 유럽에서는 중국보다 1000년 이상 지난 뒤에야 통일을 위한 이념(그리스도교)이 생겨났으며, 다시 수백 년이 지난 뒤에야 비로소 그 이념을 지배 이데올로기로 공인했다(313년 콘스탄티누스의 밀라노 칙령). 이념이 먼저 만들어지고 그 이념을 구현하는 통일 제국이 생겨난 중국과는 달리 유럽의 경우에는 이념보다 먼저 로마 제국이 성립한 탓에 지배 이념을 담을 만한 현실의 구조가 부재했다.

이 점은 또 한 차례의 문명사적 변화가 필요하다는 것을 예고하고 있었다. 이때부터 유럽 문명은 중국 문명이 걸어온 것과 비슷한 진화의 노선에서 벗어나기 시작했다. 중세의 로마-게르만 문명에서 신성과 세속의 분업이 이루어진 게 그 단초였다. 교회는 통일되고, 국가는 분립한다. 하늘은 하나이고, 땅은 여럿이다. 천자가 이념과 현실의 결집체로 군림하는 중국의 경우가 기묘한 정교일치 체제라면, 하늘과 땅에 별도로 황제를 둔 유럽의 경우는 기묘한 분립 체제다.

두 문명의 향방은 거기서 갈린다. 반복적인 제국 실험을 통해 강화되어온 중국의 중앙집권식 제국 체제는 결국 그 완성태인 송 제국에 이르러 실패했다는 결론을 내릴 수 있었다(물론 당대에 당사자의 평가는 아니다). 그 반면 중간에 중요한 실험을 겪은 유럽 세계는 중국이 알지 못했고, 알아도 갈 수 없었던 새로운 방향을 찾아냄으로써 향후 세계 문명의 주역으로 떠올랐다.

유라시아 전체를 아우르게 될 대격변을 앞둔 상황에서도 중국 문명은 전혀 각성의 계기를 찾지 못했다. 유럽 문명이 중세의 암중모색의 시기를 끝내고 세계화의 길로 나설 무렵, 중국에서는 다시 한 번 고답적인 제국 체제의 실험이 반복된다. 어찌 보면 전혀 존재할 가치가 없었던 나라, 그게 바로 명明 제국이다.

　결론부터 말하면 그 시대착오적인 실험은 최악의 결과를 낳았다. 더욱이 중국의 입장에서는 불운하게도 하필 그 시기는 세계사적인 흐름에서 중국을 포함한 동아시아 세계에 특히 중대한 때였다.

　14세기에 몽골을 원래의 고향으로 내몰고 한족의 나라를 되찾은 명 제국은 승리를 자축하기 전에 먼저 심각한 자기반성부터 해야 했다. 유학 이념의 현실적 구현체이자 중국식 제국 체제의 역사적 정점인 송 제국이 왜 실패한 걸까? 그렇듯 완벽한 제국이 실패했다면 지금까지의 역사적 흐름에 뭔가 큰 문제가 있었던 게 아닐까? 그렇다면 어디서부터 바로잡아야 할까? 이게 정상적인 사고방식이다. 하지만 명의 지배자들은 오랜만에 중화 제국을 되찾았다는 승리감에 벅차 정상적인 사고를 하지 못했다.

　중국 역사상 가장 보잘것없는 신분에서 출발해 제국의 개창자라는 지위에까지 오른 명 태조 주원장은 송이 실패한 이유를 대외적인 데서만 찾았다. 마침 북방 오랑캐들이 강성한 시대를 만났기에 중화 제국이 일시적으로 위축되었을 뿐이다. 그저 한번 휩쓸고 지나가는 태풍에 불과하다. 바람이 자고 나면 모든 게 정상화될 것이다. 결국 일회성의 바람이었기에 오랑캐들도 중원에서 더 이상 버티지 못한 게 아닌가? 오랑캐들의 패망은 곧 예전 체제의 우위를 말해주는 증거다. 명 제국은 주희의 성리학과 이기론이 구현된 왕조다. 기가 승한 세상이 가고 이가 승한

| 중화 대 비중화   명 제국은 오랜만에 한족 왕조가 복귀했다는 것 이외에는 별로 존재의 의의가 없는 왕조였다. 과거 송 제국에 비해 영토상의 변화도 거의 없었고, 체제상으로도 송보다 나을 게 전혀 없었다. 바로 전의 이민족 왕조인 원 제국을 제압하고 들어섰기에 개국 초에는 송에 비해 안정적이었으나 그 시기에는 이미 동북아시아에 비중화 세계가 넓게 퍼져 있었다.

세상이 올 것이다. 주희의 예언이 실현된 것이다!

외부에서 원인을 찾은 그의 분석은 틀리지 않았다. 다만 무의미할 뿐이다. 언제나 그렇듯이 중국식 제국 체제는 그 자체로만 보면 나무랄 데가 없다. 천하가 중국밖에 없다면 (지배계급에게) 그보다 더 만족스러운 체제는 없다. 조금 더 확대해서 동아시아 세계 전체라 해도 좋다. 동서남북 사방 중에서 동쪽과 남쪽, 즉 한반도와 안남은 중국의 지배를 받는 군현이나 다름없다. 문제는 북방과 서역인데, 이 지역은 가끔 바람을 일으켜도 결국에는 가라앉는다. 지금까지는 그래왔다. 그랬기에 동아시아의 질서가 그럭저럭 유지되어온 것이다.

하지만 북방의 바람은 서서히 거세어진다. 가속도가 붙고 있기 때문에 아직 눈에 띄지 않을 뿐이다. 게다가 이제는 그 오랑캐들보다 더 힘센, 중국 문명에 비해 결코 뒤지지 않는 전통과 역사를 지닌 또 하나의 문명권이 다가오고 있다. 바깥에서 일어난 변화라 해도 안에서 올바로 수용해야 하는 법이다. 바깥이 문제라고 본 주원장의 생각은 옳았으나 안을 바꾸려 하지 않은 그의 방식은 전혀 옳지 않았다.

흰색은 그 자체로 색이 아니라 다른 모든 색을 제거한 상태를 가리킨다. 그래서 흰색은 순수하다. 그러나 불순은 순수보다 미학적으로는 열성일지 몰라도 존재론적으로는 우성이다. 잉크 한 방울이 컵의 물 전체를 흐리듯이, 순수와 불순이 섞이면 쉽게 불순의 상태가 되고 순수는 다시 본래의 모습을 찾을 수 없게 된다. 그래도 순수에 매달리면 허망한 복고일 뿐이다. 중화 세계는 순수하다. 모든 것이 질서정연하며, 부분들이 전체 속에서 제 위치를 차지하고 제 기능을 수행한다. 그러나 여기에 잡티가 하나라도 섞이면 순수는 돌아오지 않는 꿈이 된다. 주원장은 그런 꿈을 꾸었다.

오랜 이민족 지배의 굴레에서 벗어나 다시 한족 제국을 되찾았으니 일단 원래의 제국으로 되돌아가고 싶은 심정은 당연하다. 그런데 주원장은 거기서 한 걸음 더 나아가 송 제국보다 더욱 강력한 황제 전제 체제를 수립하고자 한다. 한마디로, 복고의 절정이다.

우선 그는 송의 중서성을 없애고 중서성이 관장하던 6부를 황제 직속으로 옮겼다. 원래 중서성도 귀족 세력을 억누르고 황제의 전제를 꾀하기 위해 설치했던 것이니, 그 조치가 어떤 의미인지는 명백하다. 나아가 그는 이갑제里甲制를 도입해 지방행정마저도 중앙에서 일원적으로 관리할 수 있는 경로를 확보했다. 이갑제란 농촌의 이장에게 마을의 교육과 치안, 조세 징수까지 담당하게 하는 제도인데, 혹시 지방자치제 비슷한 거 아닌가 하고 오해하면 안 된다. 그 이장을 지역에서 자체로 선출하는 방식이 아니라 중앙에서 임명하고 감독하기 때문에 지방자치와 반대로 중앙집권제의 도구다. 또한 주원장은 국방 정책을 강화하기 위해 모병제와 징병제를 절충한 위소제衛所制를 채택했다. 병사들은 군적을 가진 군호軍戶가 되어 일하면서 싸우는 예비군이자 직업군인으로 바뀌었고, 대대로 군직이 세습되므로 설사 원치 않는다 해도 마음대로 그 신분에서 벗어날 수 없게 되었다.

대대적인 개혁 조치인 듯하지만, 취지와 의미를 보면 전혀 그렇지 않다. 주원장의 문제의식과 발상은 400년 전에 송 제국을 건국한 조광윤과 기본적으로 다르지 않다. 조광윤이 중앙행정을 강화하는 데 주력했다면 주원장은 거기서 한 걸음 더 나아가 지방행정까지 중앙집권화한 게 좀 다를 뿐이다. 송 제국과 질적인 차이를 구별할 수는 없다. 별다른 업그레이드도 아니다.

오히려 주원장의 정책은 송대에 새로이 발생한 중앙 권력의 문제(당쟁)를 더욱 증폭시킬 조짐을 내포하고 있다. 송대에도 그랬듯이 황제의 절대적인 권력에 의지하는 체제는 고질적인 병폐가 있다. 탁월한 능력과 강력한 카리스마를 갖춘 슈퍼맨이 연달아 제위를 잇지 못할 경우 제국의 장기적인 존망이 대단히 불투명해진다는 점이다. 그러나 예나 지금이나 부자는 삼대를 가지 못하고 창업주 아버지만 한 재벌 2세는 없다. 역사적 경험으로 미루어 이런 제국은 대개 건국자의 권위가 유지되는 개국 초기에만 반짝하고 곧바로 몰락의 길을 걷게 마련이다. 명 제국은 그 점을 공식처럼 확연하게 보여준다.

중국의 역대 한족 제국에는 흥미로운 공통점이 하나 있다. 초기 건국 시기가 끝난 직후에 걸출한 황제가 등장한다는 사실이다. 한 무제가 그랬고, 당 태종이 그랬다. 그런데 알고 보면 이런 현상은 우연이 아니라 필연이다. 동양식 왕조는 대개 건국한 지 얼마 안 지난 시기에 왕자의 난을 겪는다. 일종의 '개국 초기 증후군'이라 할 수 있겠는데, 그런 역사적 사례는 많다.

6세기 말 수 제국의 건국자인 수 문제 양견은 병사했다고 기록되었으나 아들에게 독살되었다는 설이 있다. 그의 아들 양광楊廣은 형 양용을 죽이고 제위에 올라 수 양제가 되었으니 그 권력욕으로 보면 독살설이 힘을 얻는다. 실제로 그는 강력한 카리스마와 추진력을 바탕으로 고구려를 침공하고 화북과 강남을 잇는 대운하를 건설했다. 고구려 정벌은 실패했으나 대운하는 오늘날도 사용된다.

수 양제는 패전의 후유증과 무리한 건설 사업으로 국력을 탕진해 부하에게 암살되었다. 곧바로 지방의 군 지휘관이던 이연이 군대를 일으켜 제위를 찬탈했다. 그가 반란을 결심하게 된 데는 둘째 아들인 이세민의 강력한 권유가 있었다. 618년에 이연은 당 제국을 세우고 목적을 이루었으나 그 결실을 차지한 것은 이세민이다. 아버지가 각종 제도를 손보는 등 새 제국의 토대를 닦는 동안 그는 차기 대권의 경쟁자들을 제거하는 데 몰두했다. 그 과정에서 황태자로 책봉된 형 건성과 동생 원길마저 살해했는데, 수십 년 전 수 양제의 완벽한 복사판이다. 둘째 아들의 서슬에 더럭 겁이 난 이연은 이세민에게 제위를 넘겨주고 만다. 골육상잔을 치르고 제위에 오른 당 태종 이세민은 율령격식을 정립하고 과거제를 정착시키고 대외 정복 사업으로 강역을 크게 넓혀 후대에 그의 치세는 '정관의 치'로 불렸다.

이렇게 개국 초기에 왕실에서 치열한 권력 다툼이 벌어진 다음에 뛰어난 군주가 왕위에 올라 굵직한 치적을 남기는 현상은 우리 역사에서도 낯설지 않다. 한 왕조가 건국되었을 때, 즉 고려 초와 조선 초에 중앙 권력을 놓고 피비린내 나는 왕자의 난이 전개된다(고대 삼국의 건국기에는 왕위의 세습조차도 확립되기 이전이었으므로 개국 초기 증후군이 없었다).

고려의 건국자인 태조 왕건은 신라와 후백제를 인수하기 전부터 지방 호족들과 결탁했다. 그런데 그 방식이 분쟁의 씨를 뿌렸다. 때는 삼국이 쟁패하던 후삼국시대, 내일을 생각할 수 없는 긴박한 상황에서 왕건은 권력의 안정을 위해 호족들의 딸을 닥치는 대로 아내로 맞아들였는데, 그 때문에 그가 25년간 재위하고 죽을 무렵 아들의 수는 무려 스무 명이 넘었다. 권력의 승계가 어지러울 수밖에 없다. 더욱이 왕건은 후대의 왕들에게 유시로 남긴 훈요10조의 3조에서 모호한 입장을 취해 상황을 더욱 어지럽게 만들었다. 왕위 계승은 맏아들로 하는 게 보통이지만, 만약 맏아들이 불초할 때는 둘째에게, 둘째가 그럴 때는 다른 형제들 중 신망을 받는 자에게 왕위를 계승시키라는 것이다. 바꿔 말해서, 자기는 그 많은 아들 중 누구 한 명을 밀어줄 의사가 없다는 이야기다.

아버지는 똑같이 왕건이지만, 어머니는 각기 다른 지방 호족의 딸들이다. 그러므로 호족들의 세력 규모가 곧 왕자들의 힘이 된다. 즉 왕자들의 외가가 중요한 것이다. 일단 서열에 따라 맏아들 왕무王武가 왕위에 오르지만(혜종), 고려가 건국되기 전에 이미 왕건과 결혼한 그의 어머니는 친정이 별로다. 그래서 혜종은 외가 대신 박술희(朴述希: 왕건에게서 훈요10조를 받은 심복이다)라는 호족의 지원을 받았다. 하지만 당시 실력자는 광주廣州 세력의 광주원군, 충주 세력의 왕요王堯와 왕소王昭 형제다. 호족들은 각기 자기 집안의 왕자들을 거느리고 호시탐탐 혜종의 동태를 엿본다.

혜종은 즉위한 이듬해에 벌써 광주 호족 왕규王規가 자기 외손자인 광주원군을 왕으로 만들기 위해 반란을 꾀하고 있다는 것을 알았으나 그에게는 대처할 능력이 없었다. 결국 그는 불과 2년 동안 재위하고 병으로 죽었다(암살설이 유력하다). 두 아들이 있기는 했으나 건국자의 체면을 보아 맏아들 승계를 두고 보면서 1라운드를 탐색전으로 넘겼던 호족들이 이제 혜종의 왕자들을 마음에 담아둘 리 없다.

2라운드는 처음부터 난투극으로 벌어졌다. 충주 세력은 서경 세력의 왕식렴王式廉과 결탁해 광주 세력의 우두머리인 왕규를 처형하고 왕자 요를 즉위시키는데, 그가 3대 왕인 정종이다. 불교와 도참설에 심취했던 정종은 서경 세력에 보답하는 의미에서 서경으로 천도하려다가 뜻을 이루지 못하고 재위 4년 만에 역시 의문의 죽음을 당한다. 혜종과 정종의 치세는 합쳐도 6년에 불과하므로 아직 고려는 개국 초기 증후군이 위험한 시기다. 정종에게도 아들이 있었으나 이미 친동생 왕소가 다음 왕위 계승권자로 공인된 상태다. 예정대로 왕소가 왕위에 올라 광종이 된다. 이때에 와서야 왕위 계승 분쟁이 마감되고, 광종은 27년이라는 정상적인 기간 동안 왕위에 있게 된다.

이런 분위기였으므로 광종이 노비안검법과 과거제를 단행한 것은 당연한 일이다. 노비안검법은 부당하게 노비가 된 사람을 양인으로 만들어주는 조치였으므로 어찌 보면 노예해방과 비슷한 듯하다. 하지만 실은 지방 호족들이 사병私兵으로 활용하던 노비들을 해방시켜 물리력을 약화시키려는 조치였다. 또한 과거제 역시 관리 임용을 개혁하는 제도인 듯싶지만, 앞에서 본 중국의 경우처럼 호족들의 특권을 폐지하고 국왕 직속으로 관리들을 통제하려는 취지를 가진 제도였다. 고려를 건국한 사람은 태조였으나 고려를 왕국의 태가 나도록 만든 제2의 건국자는 광종이다. 이렇게 나라가 2차에 걸쳐 건국되는 과정은 조선 초에도 되풀이된다.

고려의 경우와 달리 조선 초의 왕위 계승 분쟁은 초장부터 육박전이었다. 태조 이성계는 두 아내에게서 모두 여덟 명의 왕자를 두었다. 첫 아내에게서 얻은 여섯 아들은 조선이 건국될 무렵 다 장성한 나이였고 둘째 아내가 낳은 둘은 나이가 어렸다. 이성계의 맏아들인 방우는 고려 때부터 관직을 맡았으나 아버지의 쿠데타에 찬동하지 않았으므로 조선이 건국되자 황해도 해주로 은퇴해 술로 여생을 보냈다. 그런 탓에 왕위 계승 문제는 더욱 복잡해져 이성계가 재위하는 중에 사건으로 터져 나왔다.

장성한 아들들이 모두 조선의 건국에 일등공신이었으므로 이성계는 어느 아들을 특별히 편들 수 없는 처지였다. 그래서 그는 친아들을 미는 아내의 강력한 권고에 따라 1398년에 막내 방석을 세자로 책봉했는데, 다 큰 배다른 형들이 가만 두고 볼 리 없다. 특히 야심가인 다섯째 아들 방원은 왕자들을 견제하는 실세인 정도전이 세자를 보위하기 위해 다른 왕자들을 모두 지방으로 보내려 하자 정도전 일파를 살해해버렸다. 거기서 그치지 않고 그는 그 기회에 세자 방석을 폐위시킨 뒤 결국 방석과 일곱째 방번마저 기어코 살해하고 말았다.

조선 건국의 브레인이던 정도전의 죽음으로 두뇌를 잃고 괴로워하던 이성계는 왕위 계승 문제로 두 아들이 한 아들의 손에 죽자 왕위에 환멸만 느낄 뿐이었다. 물론 방원의 기세에 겁도 났다. 틀림없이 그는 700여 년 전 당 제국을 세운 이연이 생각났을 것이다. 그때의 이연처럼 그는 방원을 세자로 책봉하고 곧바로 왕위마저 물려주려 했다. 하지만 방원은 동생들을 살해한 시점에 세자 자리를 덥석 받을 만큼 어리석지 않았다. 일단 서열에 따라 둘째 형인 방과에게 양보해 정종으로 즉위하게 했는데, 다음 왕위는 자신의 차지라는 확신이 있었을 것이다. 이렇게 1라운드가 끝난 결과 어린 왕자 둘이 죽고 왕위 계승 서열이 확립되었다.

동생의 눈치를 보며 어렵게 즉위한 정종은 고려의 혜종처럼 낙동강 오리알 신세다. 후사가 있다 해도 자기 아들을 세자로 책봉하지 못할 판인데 마침 후사도 없다. 서열에 따르자면 다음 왕위 계승권은 셋째 방의에게 있지만 방의는 일찌감치 권리를 포기하고 다섯째인 방원을 밀었다. 그러자 넷째 방간은 둘째(정종)와 셋째(방의)의 두 형이 지원하는 방원에게 불만을 품었다. 이를 알게 된 정종이 만류하지만 방간은 참지 못하고 자기 병력을 일으켜 아우 방원에게 도전했다.

2라운드에서도 승자는 방원이었다. 좌불안석이 된 현역 임금 정종은 이듬해 무서운 아우 방원에게 왕위를 양보하고 슬그머니 물러나고 말았다. 친형제의 대결로 벌어진 2라운드는 처음부터 집요하게 왕권을 노린 방원의 최종 승리로 끝났다.

혈투 끝에 즉위한 이방원, 즉 태종에 이르러서야 조선의 왕권은 안정된다. 태종은 정상적인 재위 기간을 되찾았고 왕위도 그의 혈통으로 세습되었다. 당 태종이 그랬듯이 조선의 태종도 개인적으로는 형제를 무참히 죽일 만큼 냉혈한이었으나 난세의 군주로서는 적격이었다. 이세민이 정관의 치를 남겼다면 이방원은 의정부를 설치하고 사간원을 독립시키고 호패법을 시행하는 등 2차 건국을 단행했다. 고려의 광종처럼 2차건국을 한 것이나 마찬가지다. 이렇게 다져놓은 권력 기반이 있었기에 그의 아들 세종의 치세에 조선은 중앙 권력이 안정되고 번영을 누릴 수 있었다.

건국자는 나라의 명패를 세우고, 다음 왕의 치세에는 왕자의 난이 일어나며, 3대나 4대에서 걸출한 인물이 왕위에 오르는 개국 초기 증후군은 동양식 왕조의 기본 공식이다(현대사회에서는 경제에서도 되풀이된다. 재벌기업 현대를 창업한 정주영이 죽었을 때 그의 아들들이 벌인 '왕자의 난'을 보면 알 수 있다). 그 이유는 알기 어렵지 않다. 새 왕조가 들어서면 항상 제도를 정비하게 마련인데, 그 제도가 아직 생명력을 지니고 있을 때, 즉 중앙집권력이 강력하게 유지되고 있을 때 군주가 힘을 발휘할 수 있기 때문이다. 그러나 거꾸로 말하면 그것은 체제가 굳어지고 안정된 이후, 즉 중기부터는 그런 군주를 배출하기 어려운 조건이 된다는 것을 예고한다. 역대 중화 제국들이 개국 후 50~100년간의 성세가 지나면 예외 없이 일찌감치 몰락의 길을 걸었다는 게 그 증거다.

명 제국도 이런 공식에서 자유롭지 못했다. 그렇게 복고적인 제국이 300년 가까이 장수할 수 있었던 것은 그 덕분이다. 한 무제와 당 태종, 고려의 광종과 조선의 태종에 견줄 만한 명 제국의 해결사는 3대 황제인 영락제다(우연의 일치겠지만 그의 묘도 당 태종, 조선의 태종과 같은 태종이다. 영락_{永樂}은 그의 연호인데, 공교롭게도 고구려 광개토왕의 연호와 같다).

건국 이후 50년까지 명 제국의 행보는 화려했다. 오랜 이민족 지배를 끝장내고 컴백한 한족 제국인지라 국민적 지지도 충분했고 사나운 북방 민족들도 맹주 격인 몽골이 일패도지한 탓에 당분간 힘을 쓰기 어려웠다. 그런 환경에 힘입어 영락제는 직접 50만 대군을 거느리고 고비 사막을 넘어 군사 원정을 감행했다. 역대 한족 황제들 가운데 유일한 사례다. 제법 대단한 제스처! 그러나 진짜 볼만한 쇼는 그다음이다.

1405년 영락제는 아끼는 측근인 정화_{鄭和}를 시켜 남해 원정을 보냈다.

그런데 그 규모가 상상을 초월한다. 길이 150미터짜리 초대형 선박 60여 척과 선원, 병사, 의사, 통역관, 목수까지 3만 명에 가까운 인력이 동원되었으니, 해상 원정으로는 동서고금을 통틀어 최대 규모다. 원정로 또한 남중국해와 태평양, 인도양을 거쳐 멀리 아프리카 동해안에 이를 만큼 장대했다. 대체 어떤 의도로 이 거창한 원정을 기획한 걸까? 정화라는 인물의 신분에서 힌트를 얻을 수 있다.

1433년까지 일곱 차례에 걸쳐 계속된 남해 원정의 사령관은 줄곧 정화였다. 그가 누구기에 그 대역사를 총지휘했을까? 정화는 영락제가 제위에 오르기 전에 변방의 연왕燕王으로 있던 시절부터 그를 보필한 인물이다. 주원장의 넷째 아들인 영락제는 장자 승계를 철칙으로 만들려는 아버지의 방침에 따라 수도에서 먼 랴오닝 지역의 변왕이 되었다가 아버지가 죽자 쿠데타를 일으켜 조카(주원장의 맏손자)인 건문제의 제위를 빼앗았다(역시 개국 초기 증후군의 사례다). 그러나 정화의 호적에는 더 중요한 두 가지 인적 사항이 있다. 그는 집안 대대로 이슬람교도였고 환관의 신분이었다. 이 두 가지 사실은 명 제국의 성격을 파악하는 데 아주 중요하다.

첫째 사실은 정화가 남해 원정대의 총사령관으로 임명되는 데 결정적인 역할을 했다. 황제가 신뢰하는 측근인 데다 이슬람교도라면 멀리 다른 문명권에 파견하기에 적임자다. 가계가 색목인 혈통이었으므로 아마 외모도 아랍인과 비슷했을 것이다. 앞에서 말했듯이, 한 고조 유방이 전범을 보인 이래 중국식 제국에서는 믿을 만한 신하들에게 성을 하사하는 관습이 있었다. 정화의 성[鄭]은 영락제가 하사한 것이었다. 황실의 성[朱]만큼은 못 되지만 정씨 역시 춘추시대의 제후국이었으니 유서 깊은 성이다. 영락제에게서 정씨를 받기 전까지 그의 성씨는 원래 마馬

씨였는데(본명은 마삼보$_{馬三保}$다), 이는 아라비아 이름인 무하마드를 음차한 성이었다. 그렇다면 영락제는 그 원정의 종착역이 아라비아라는 점을 의식하고 있었을 것이다. 이 점은 원정의 목적에서도 드러난다.

영락제가 그 대규모 함대를 다른 '천하'에 보낸 목적은 무엇일까? 일설에 따르면 삼촌이 궁성에 쳐들어왔을 때 내전이 벌어지는 과정에서 행방불명된 조카를 찾기 위해서였다고도 하지만 믿기 어려운 주장이다(건문제는 영락제의 반란으로 황궁이 불에 탈 때 사라졌는데, 아마 불타 죽었겠지만 시신을 누가 빼돌렸는지 발견되지 않은 탓에 훗날 탁발승이 되어 40년을 더 살았다는 전설이 전해진다). 영락제가 그만큼 간이 작은 위인도 아닐뿐더러 바보가 아닌 다음에야 겨우 그 정도의 목적으로 막대한 재정을 써가며 대규모 원정대를 꾸리지는 않았을 것이다. 물론 바보가 아니었으니까 조카의 제위를 빼앗았을 테고.

그럼 혹시 아라비아를 정복하려 했던 걸까? 천만의 말씀이다. 영락제는 다른 세계를 정복하기는커녕 탐험할 의도조차 없었다. 그의 의도는 뻔하다. 신생 중화 제국인 명을 만천하에 널리 알리려는 것이었다. 그 시대에는 아무리 우물 안의 개구리요 안방의 제국이라 해도 중국 역시 다른 문명권들이 존재한다는 것을 잘 알고 있었다. 그래서 영락제는 다른 세계에 새로운 중화 제국의 위엄을 과시하려 한 것이다. 공적으로는 오랜만에 되찾은 한족의 제국을 선전해야 했고, 사적으로는 조카의 제위를 찬탈한 자신에게 정통성의 결함이 있다는 사실을 염두에 두었을 것이다. 남해 원정대가 이미 중화 세계에 완전히 속했다고 여긴 조선과 일본에는 들르지 않고 동남아시아로 곧장 남행한 것은 그 점을 잘 말해준다.

결국 영락제의 의도는 대규모 홍보였다. 정복 전쟁을 위해서라면 정예군을 보내면 되겠지만, 위용을 보이려니 당연히 필요 이상으로 많은 선박과 인원이 동원되어야 한다. 원정대의 규모가 거추장스러워 보일 정도로 커진 것은 그 때문이다. 게다가 영락제는 다른 세계의 국가와 민족 들이 자랑스러운 중화 제국을 받들어 섬기고 조공을 보내야 한다고 믿었다. 그래서 원정대는 동남아시아와 인도, 페르시아, 아라비아 등지를 방문할 때마다 특산물과 함께 현지의 외교 사절들을 배에 태우고 돌아왔다.

그 사절들이 과연 실제로 각 지역을 대표하는 인물인지, 또 영락제가 의도한 대로 중국을 섬기는 마음가짐을 가졌는지는 의문이다. 적어도 영락제의 사적 욕구는 충족시켰을 것이다. 비정통적인 권력 승계에 따르는 찜찜한 마음을 가벼이 하는 데는 제법 도움이 되었을 테니까. 그러나 정화의 원정은 당시의 배경에서도 명백한 허세인 데다 역사적으로 보면 심각한 시대착오였다. 비슷한 시기 유라시아의 서쪽 끝에서 전개된 원정과 비교해보면 확실해진다.

정화가 남해 원정을 마칠 무렵, 유럽의 서쪽 이베리아에서는 '서해 원정'을 출발했다. 이베리아의 두 나라 포르투갈과 에스파냐가 대서양에 진출하면서 대항해시대라고 기록된 발견과 정복의 역사를 시작한 것이다(584~587쪽 참조). 시기적으로 한 세대쯤 앞선 정화의 원정이 이베리아 민족들의 원정보다 역사적 가치가 크게 떨어지는 이유는 그 차이에 있다. 중국의 남해 원정은 자신을 알리기 위한 목적이고 허세를 부린 것인데 반해, 이베리아의 '서해 원정'은 남을 알리는 데 목적이 있고 실익을 추구하는 행위였다.

또 한 가지, 정화가 환관이라는 사실에 유념할 필요가 있다. 권력 승계의 절차를 무시하고 집권한 권력자, 철권통치를 능기로 삼은 지배자

| 흑해

티무르 제국

명
난징

아라비아
호르무즈
메카
벵골
인도
아유타야
태평양

소말리아
아라비아 해
실론

말린디
인 도 양
자와

| 정화의 남해 원정로　오랜만에 성립된 중화 제국을 세계만방에 선포하려는 게 거창한 원정의 동기였다. 그런 한계가 있었기에 정화가 이끄는 대규모 원정대는 콜럼버스의 선박보다 서너 배나 큰 함선들로 동남아시아와 인도를 거쳐 아프리카 동해안까지 갔지만, 바깥의 문물을 받아들이지도 못했고, 다른 세계를 중화 세계에 편입시키지도 못했다.

는 대개 측근들을 중용하게 마련이다. 황제의 측근이라면 누굴까? 중신들? 아니다. 그들은 체질상 '아니되옵니다'과에 속할 뿐 아니라 사대부 제국인 송대에 머리가 너무 커져 오히려 위험인물이다. 그들보다는 '지당하신 말씀이옵니다'과에 속하고 송대에 자신들을 밀어낸 사대부들에 대한 원한이 깊은 환관들이 수족으로 부리기에는 최고다.

주원장은 일찍이 환관들을 경계하라는 유시를 남겼으나, 산 조카의 제위를 빼앗은 영락제가 죽은 아버지의 유훈 따위를 두려워할 리 없다. 게다가 쿠데타로 집권한 탓에 사대부들의 눈초리가 은근히 곱지 않은 터라 그의 마음은 더욱더 환관에게 기운다. 정화가 설사 색목인 혈통이 아니라 해도 영락제는 그를 기꺼이 총사령관으로 삼았을 것이다.

한동안 음지를 헤매다 양지로 나와 춘삼월 호시절을 맞은 환관들은 그 기회에 동창東廠이라는 비밀경찰 기구를 만들어 아예 황제의 이름으로 사대부들을 공식 감시하기에 이르렀다. 하지만 사대부들이라고 가만히 앉아서 당할 생각은 없다. 환관의 대부인 영락제가 죽자 그들은 즉각 반격에 나선다.

환관과 사대부의 피비린내 나는 세력 다툼이 벌어진다. 때마침 어리거나 멍청하거나, 아니면 둘 다인 황제들이 연이어 제위에 오른다. 환관들은 점차 황제의 입만이 아니라 머리까지 대신하게 되고, 사대부들은 환관들과 싸우는 한편으로 자기들끼리 붕당을 이루어 또 다른 권력투쟁을 벌인다. 무모하고 소모적인 정쟁은 이리저리 종횡무진으로 전선을 넓힌다. 명 제국의 중앙 정치가 무너지는 과정은 역대 중화 제국에서 발생한 모든 모순이 한꺼번에 집약된 듯한 양상을 보인다.

어찌 보면 자업자득이다. 한 제국 시절부터 중앙 정치를 늘 얼룩지게 만든 환관은 중화 제국의 불가피한 소산이기 때문이다. 환관은 황제나 왕이 후궁을 여럿 거느리는 관습에서 생겨난 신분이다. 황제의 여인들이 거처하는 곳에 정상적인 남자가 출입하면 안 되기 때문에 황궁에서는 거세한 환관을 기용하게 된 것이다. 따라서 중국이나 이슬람 제국처럼 일부다처제polygamy나 축첩제가 허용된 곳에는 반드시 권력자의 주변에 환관이 있었다.

서유럽의 제국이나 왕국에 환관이 없었던 이유는 일찍부터 일부일처제monogamy가 뿌리를 내렸기 때문이다. 여기에는 그리스도교의 영향이 크다. 교회법에 따르면 중혼과 이혼은 원칙적으로 금지되었다. 그래도 서방교회에서는 배우자와 사별한 경우 재혼이나 삼혼이 비교적 자유로 웠으나 계율이 더 엄격한 동방교회에서는 재혼까지는 허용해도 삼혼은 '점잖은 사통'이라고 불렸고 당사자는 4년 동안 성찬식을 받을 수 없었 다(당시 성찬식은 신의 은총을 정기적으로 받는 행사였으므로 대단히 중요했다). 사혼부터는 일부다처제나 다름없는 것으로 간주되었다.

하지만 그렇게 교회법이 까다로웠던 비잔티움 제국에도 환관이 있었 다. 그 이유는 서양 문명권에 속하지만 오리엔트식 제국 체제의 전통이 남아 있었던 탓일까? 그래도 비잔티움 제국에서는 환관에 대한 평가가 나쁘지만은 않았다. 환관 정치가 황궁을 어지럽힌 일도 있었지만, 6세기 에 이탈리아에서 동고트족과 롬바르드족을 정복하는 군사적 위업을 거 둔 나르세스Narses 같은 위대한 환관 출신의 장군도 있었다.

서양의 일부일처제가 그리스도교의 영향을 많이 받은 것은 사실이지 만 실은 더 오랜 역사를 가지고 있다. 그리스 신화에 나오는 신들의 커 플도 바람을 피우고 질투를 일삼을지언정 남녀 일대일 혼인 관계에 어 긋나지는 않았다. 어찌 보면 그것은 오리엔트 세계에 비해 정치체제의 발달이 뒤늦었다는 점을 말해주기도 한다. 일부일처제의 인류학적 원형 인 대우혼對偶婚은 원시사회의 관습이다. 대우혼은 한 친족의 형제나 자 매가 다른 친족의 형제나 자매와 일대일로 짝을 짓는 관습인데, 원시사 회에서 벗어나 국가 체제를 이룰 때는 자연스럽게 사라진다. 누구보다 국가의 지배자(정치와 경제의 엘리트)들이 먼저 일부일처제의 관습을 버 리기 때문이다. 아마 문명의 발달이 늦은 서양에서는 그 고대적 대우혼 의 흔적이 남아 일부일처제로 정착되었을 것이다.

그리스도교가 공인되기 전인 로마 제국에도 일부일처제의 관습이 강 했다. 그 때문에 로마 제국의 황실은 동양식 제국에서는 보기 드문 유형의 권력 불안을 겪어야 했다. 중국과 오리엔트의 군주들은 대개 많은 후궁을 거느렸고 후궁에게서 낳은 자식도 똑같은 황제의 자식으로 간주했으므로 후사의 문제가 거의 없었다. 그러나 로마 황제들은 비록 후궁들을 거느렸을지라도 아우구스타(아우구스투스의 여성형, 즉 황후)에게서 낳은 아들만을 후사로 삼았으므로(나머지는 서자로 분류되었다) 왕통이 끊기는 경우가 잦았다.

특히 팍스로마나의 시대였던 1~2세기에 유명한 다섯 황제, 오현제는 그 마지막인 마르쿠스 아우렐리우스를 제외하고 모두 아들을 낳지 못했다. 그런데도 이 시대에 로마 제국이 번영을 누린 이유는 양자 상속제가 혈통 세습을 보완하는 훌륭한 대안으로 기능했기 때문이다. 후사가 없는 황제는 측근이나 휘하 장군들 중 리더십을 갖춘 사람을 나이와 무관하게 양자로 맞아들여 제위를 계승시켰다. 오히려 그 번영기가 끝날 무렵 아우렐리우스가 제위를 물려준 친아들 콤모두스는 악명 높은 폭군으로 제국의 몰락을 앞당겼으니 역사의 아이러니가 아닐 수 없다.

동양식 왕조에서는 후사의 문제가 없어 중앙 권력이 안정될 수 있었지만 그 부작용은 컸다. 개국 초에 통과의례처럼 왕자의 난이라는 홍역을 치른 것도 그 때문이다. 오늘날까지 커다란 문화적 장애물이 되어 있는 동양 사회 특유의 혈통 중심주의와 가부장제도 일부다처제와 축첩제의 전통과 무관하지 않다. 엄연히 자본주의적 기업인데도 소유와 경영의 분리가 좀처럼 이루어지지 않는 것도 기업주가 자신의 혈통에게 기업체를 상속시키려는 욕망 때문이다. 명 제국에서는 그런 부작용이 환관 정치로 나타난 것이다.

이쯤 되면 명 제국의 성격은 명료하게 파악된다. 한마디로, 그전까지 약 200년 동안 중원을 호령하던 이민족의 원 제국 대신 한족의 중화 제국을 부활시켰다는 점을 제외하면 전혀 새로울 게 없는 나라다. 주원장의 전제 체제는 조광윤의 체제를 답습한 데 불과하고 그나마 개국 초기에만 약발이 섰다. 또 영락제가 조장한 환관 정치는 역대 중화 제국들을 몰락의 길로 몰아넣었던 주범이다. 엎친 데 덮친 격으로, 송대에 싹이 트기 시작한 붕당정치는 명대에 들어 물을 만났다.

온갖 모순의 잡탕이다! 송 제국은 적어도 형식상으로는 가장 완벽한 동양식 제국의 전형을 보였으나, 명 제국은 역대 한족 제국들의 각종 모순을 집결시킨 쓰레기 잡탕이었다. 아마 그 직전까지 이민족의 지배 시기가 없었다면 아무리 눈이 먼 한족 중국인이라 하더라도 명 제국을 환영하지 않았을 것이다.

중화 세계는 무너지고 있다. 그나마 송대에는 주변 세계가 워낙 사나웠다는 변명이라도 할 수 있었지만(가장 유명한 변명이 주희의 성리학이다), 북방의 위협 세력이 사라진 명대에는 그런 핑계조차 더 이상 유효하지 않다. 중국은 여전히 동아시아의 중심을 자처하고 있으나, 이제부터 이 지역의 역사에 작용하는 힘은 구심력이 아니라 원심력이다.

중화 질서에 균열이 생겼다는 것은 명과 조선의 관계에서도 확인할 수 있다. 명이 건국되고 한 세대쯤 뒤인 1392년 조선이 건국되었다. 실로 오랜만에 중국과 한반도에 신생국이 들어섰다. 두 지역 모두 몽골의 지배기 동안 중화 질서에서 벗어나 있었으므로 처음에는 서로가 낯설 수밖에 없다. 쉽게 말해 명은 옛 중화 세계의 전통으로 돌아가 조선이 충심으로 사대해주기를 바라고, 조선은 같은 신생국인 처지에 고개를 수그리고 들어가기는 싫다(비록 몽골이 물러갔다고 하지만 언제 다시 중원에 복귀할지 모른다는 불안도 내심 있었을 것이다).

조선의 건국자는 이성계지만 실제 기획자이자 총지휘자는 정도전이다. 그는 조선이라는 국호를 지었을 뿐 아니라, 도읍지를 선정하고, 전 왕조인 고려의 역사를 편찬하고, 국가 운영 지침서인《조선경국전朝鮮經國典》을 저술하고, 군사 조련까지 담당하는 등 새 나라의 거의 모든 시급한 국정을 도맡아 처리했다. 조선을 성리학의 이념에 걸맞은 유학 왕국으로 만들려는 게 그의 지상 목표였지만, 새로운 중화 제국인 명에 대해서는 정도전도 처음부터 고분고분 따르려 하지 않았다.

그런 심정은 명도 마찬가지였다. 원래 주원장이 원했던 것은 새 나라 조선이 아니라 정몽주를 리더로 하는 고려 말의 친명 세력이 집권하는 것이었다. 정몽주가 이방원에게 피살되고 한반도의 임자가 바뀐 탓에 그 희망은 버릴 수밖에 없었지만, 조선을 바라보는 그의 시선이 고울 수는 없었다. 특히 주원장은 처음부터 정도전을 타깃으로 삼고 애를 먹었는데, 신생국 조선의 정정에 관해 제대로 숙지하고 있었다는 이야기다 (얼마 뒤 중국과 조선에서 왕자의 난이 일어나고 정도전이 이방원에게 살해되리라는 것은 예측하지 못했겠지만).

정도전이 이성계를 조선의 국왕으로 책봉해달라고 사신을 보냈을 때 주원장은 문구의 표현이 불손하다는 것을 빌미로 두 차례나 사신을 억류하면서 어깃장을 놓았고, 급기야는 문서의 작성자인 정도전을 보내라고 으름장을 놓았다. 말하자면 '정도전 길들이기'의 의도를 드러낸 셈인데, 그런 배경을 알면서도 호랑이굴로 들어갈 정도전이 아니었다.

대담하게도 정도전은 '주원장 길들이기'로 맞받아쳤다. 이것이 이른바 랴오둥 정벌 계획이다. 정도전은 군량미를 비축하고 군대의 예행연습까지 실시하면서 짐짓 강행할 듯한 제스처를 보였다. 하지만 '시위용'이라는 것은 정도전도 명도 알았고, 아마 참가한 병사들도 알았을 것이다. 실제로 당시 조선 군대의 힘으로 랴오둥 정벌에 성공할 확률은 거의 제로였다. 게다가 불과 몇 년 전 고려 말에 최영이 랴오둥 정벌을 추진했을 때 위화도 회군을 단행하면서 조선을 건국한 사실을 감안하면 논리적으로 아귀가 맞지 않는 발상이다.

두 신생국은 각자 자신의 입지를 강화하기 위해 신경전을 펼친 것이다. 공교롭게도 1398년 같은 해에 주원장과 정도전이 죽음으로써 양측의 갈등은 슬그머니 사라져버렸다. 그러나 오랜만에 들어선 중화 제국이 주변국들로부터 예전과 같은 권위를 인정받지 못했다는 사실은 명 제국에 내내 부담으로 작용한다. 조선은 결국 전통적인 사대 관계로 돌아서 중화 질서를 받아들였으나, 주변 세계는 중화 세계의 중심이 예전만 못하다는 것을 충분히 감지했다.

그러나 중심은 힘을 잃어도 스스로 변할 생각이 없다. 중심이 변하지 않으니 주변이 먼저 변한다. 중화 세계는 갈수록 좁아지고 비중화 세계는 갈수록 힘이 커진다. 조선이 살짝 대립각을 세운 것은 응석에 가깝다. 이내 중화 세계에 정식 도전장을 던진 비중화 세계가 등장한다. 몽골이 전통적 도전 세력인 북방의 이민족 문명이었다면 이번의 도전자는 남방 출신이다. 일찍이 중화 세계에서 문명을 전수받았으나 당 제국이 당말오대에 접어들자 잽싸게 비중화 세계로 전향한 일본이 동북아시아의 국제 무대에 등장한다.

8세기 중반 이후 일본에서는 수세기 동안 각지를 할거한 봉건 가문들이 사실상의 독립국처럼 행세하며 치열한 다툼을 벌였다. 천황은 교토에 있지만 상징적인 존재일 뿐 봉건영주들의 쟁패에 끼어들지 못했다. 이런 점에서 보면 일본의 중세사는 중국을 축소한 작은 중화 세계로 간주할 수 있다. 춘추전국시대에 상징적 구심점이던 주나라 왕실은 일본 천황에 비견되고, 봉건영주들은 중원을 둘러싸고 세력 다툼을 벌이는 제후들에 해당한다.

12세기 말 고려에 무신정권이 들어선 것과 때를 같이하여 일본에도 바쿠후 무사정권이 성립했고, 그 지배자인 쇼군將軍이 사실상의 왕처럼 군림하게 되었다(실제로 나중에 중국은 천황이 아니라 쇼군을 '일본 국왕'으로 책봉했는데, 이것은 제국주의 시대에 일본이 늘 중국과 대등한 제국의 역사를 가졌다고 자부한 근거가 되었다). 그런데도 천황은 여전히 상징적인 절대 권력자였으며, 실권자인 쇼군은 천황의 그 상징성을 인정하면서 동시에 이용했다. 하지만 봉건 질서가 재편되고 대영주슈고다이묘들이 등장하자 바쿠후의 중앙 권력은 사뭇 불안정해졌다. 결국 15세기 후반에 바쿠후가 분열되고 대영주들이 노골적으로 전쟁을 벌이는 센고쿠戰國 시대(1467~1590년)가 시작되었다. 한 세기가 넘도록 격렬한 내전이 이어지다가 이런 상황이 종결되는 16세기 말에 일본 열도는 역사상 처음으로 통일을 이루었다.

수많은 봉건 국가가 하나의 중앙집권적 국가로 통일되자 분위기가 크게 바뀌었다. 워낙 내전이 오래 지속된 터라 갑작스러운 평화도 어색하지만 무엇보다도 사무라이 군사력이 남아도는 게 큰 문제였다. 통일의 주역인 도요토미 히데요시豊臣秀吉는 내전 기간 동안 부담스러울 만큼 늘어난 물리력을 효과적으로 '투자'해야 한다고 판단한다. 물론 잠재된 불만이 반란으로 터지는 것을 예방하려는 의도도 있다. 그러기 위해서는 해외투자가 필요하다. 바꿔 말하면 대륙 침략이다. 무사 집단이 추진하는 '세계화'는 언제 어디서나 전쟁의 형태를 취할 수밖에 없다.

1592년 4월 일본의 16만 대군이 한반도에 상륙하면서 시작된 임진왜란은 일본과 조선, 그리고 명, 세 나라가 관련되기 때문에 명칭도 세 가지다. 조선은 독자적인 연호를 사용하지 못했으므로 사건의 발생 연도의 간지임진년를 따서 임진왜란이라고 부르지만, 일본과 중국은 각각 자체의 연호를 붙여 '분로쿠(文祿: 당시 일본 천황 고요제이의 연호)의 에키(役, 전쟁)', '만력(萬曆: 당시 명 황제 신종의 연호)의 역(役)'이라고 부른다.

도요토미의 구상은 자못 원대했다. 조선과 중국을 정복하고 멀리 인도에까지 진출한다는 것이었다. 아마 그는 센고쿠 시대를 거치며 단련된 군사력을 단단히 믿었던 모양인데, 그렇다 해도 그것은 허망하기 짝이 없는 공상이었다. 사무라이의 개인적 무예는 전투에서는 빛을 보지만 전쟁에서는 달랐다. 한 달 동안 한반도 남부를 파죽지세로 유린한 일본군은 5월부터 해상에서 일어난 예기치 않은 사태에 크게 기가 꺾였다. 바로 이순신의 등장이다. 전라좌도의 수군절도사였던 이순신은 옥포에서 일본 함선 37척을 수장한 것을 기화로 해상에서 연전연승 무패의 기록을 세웠다. 원래 일본은 섬나라였으나 자체로 중화의 역사를 지닌 탓에 해군이 약했다. 육군으로 맞붙으려 한 일본의 의도를 간파하고 해군으로 승부한 이순신의 전략 감각은 탁월했다. 조선 수군의 판옥선은 병력 수송용으로만 제작된 일본의 함선을 부딪쳐 깨뜨렸고, 이순신이 직접 발명한 거북선은 개인 전술에 능한 일본 병사들의 승선을 방지하고 해전으로만 승부하는 데 유용했다.

해상이 차단되자 전황은 균형을 맞추었다. 일본은 군대를 추가로 파견하기도 어려워졌고, 무엇보다 보급이 여의치 않았다. 육지에서도 무력한 조선 관군이 하지 못한 몫을 각지의 의병이 대신했다. 조선 의병들은 절대 열세의 전력에도 곳곳에서 일본의 정예군을 물리쳐 적의 북상을 저지했다.

마땅히 전쟁의 한 당사자가 되어야 할 중국이 참전하는 것은 전형적인 생색내기다. 전황이 어느 정도 균형을 이룬 뒤였기 때문이다. 개전 몇 개월이 지나도록 명은 별다른 대처 방안을 찾지 못하다가 7월에 정식 군대도 아닌 국경수비대 일부를 파견했다. 그러나 일본에 대패하자 잔뜩 겁을 집어먹고 싸울 것이냐 말 것이냐를 두고 또다시 몇 개월을 질질 끌었다. 결국 1592년 12월에야 파견을 결정하고 이여송李如松에게 4만 명의 병력을 주어 압록강을 건너게 했다. 당시 명 조정에서는 무능한 황제 신종의 치하에서 당쟁이 만연해 있었는데, 공교롭게도(실은 필연적이지만) 임진왜란 직전 조선 왕실의 사정과 너무나도 비슷했다.

이후 전황은 몇 년 동안 소강상태에 머무르다가 강화 교섭이 진행되었다. 전장이 조선이었지만 조선은 전통적으로 외교권을 중국에 위탁한 상태였으므로 창원에 차려진 협상 테이블의 양 당사자는 일본과 명이었다. 지금으로 보면 터무니없는 일이지만 협상 과정에서는 더 터무니없는 일이 벌어진다. 우선 도요토미가 제시한 강화의 조건이 터무니없었다. (1)명의 황녀를 일본의 천황비로 달라. (2)감합勘合무역(328쪽 참조)을 허용하라. (3)조선 8도 중 4도를 일본에 할양하라. (4)조선 왕족 12명을 인질로 달라.

전쟁으로 이루지 못한 것을 협상으로 이루려는 의도였다. 그 가운데 명이 합의해줄 만한 사항은 누가 봐도 (2)밖에 없었다. 그러나 명 측의 대응은 더 터무니없었다. 또다시 전쟁이 재개될까 겁낸 명의 협상자 심유경沈惟敬은 본국에 도요토미가 자신을 일본 왕으로 책봉해주고, 명에 조공을 바치도록 허락해달라고 요구했다는 허위 보고를 올렸다. 정황만 따져봐도 이치가 닿지 않았으나 중화사상에 물들고 당쟁에 찌든 명 황실은 사리를 분간할 능력이 없었다.

정작 놀란 것은 도요토미였다. 1596년 명의 사신이 그를 일본 왕으로 책봉한다는 칙서를 전하자 그는 격노했다. 이듬해 1월 도요토미는 재차 원정군을 보냈다. 중국의 일개 무관에 불과한 심유경의 어처구니없는 농간으로 조선은 정유재란을 겪게 되었다(그사이 일본은 연호가 바뀌었으므로 이 전쟁은 '게이초慶長의 에키'라고 기록되었다).

정유재란은 처음부터 도요토미의 의도와는 전혀 다르게 전개되었다. 우선 일본군의 사기가 전만 못했고 개전 초부터 명의 구원군이 출동했다. 또 임진왜란에서 무력하기만 했던 조선의 관군도 전열을 가다듬고 적극 대처해 충청도에서 일본군의 북상을 차단하는 데 성공했다. 그리고 무엇보다도 일본군이 가장 두려워하는 이순신이 버티고 있었다. 결국 1598년 도요토미가 병사하자 일본군이 철수하는 것으로써 7년간에 걸친 일본의 침략 전쟁은 끝났으며, 아울러 도발로 시작했던 일본 역사상 최초의 대외 진출도 실패로 돌아갔다.

도요토미의 터무니없는 망상, 종전 협상에서의 터무니없는 요구, 명의 터무니없는 자세, 그 정점을 이루는 것은 조선 정부의 터무니없는 전후 논공행상이다. 1604년 7월에 발표된 공신 명단을 보면 조선의 집권 세력인 사대부들이 엄청난 국난을 겪고서도 정말 정신을 차렸는지 의심스러울 정도다.

1등 무공훈장에 해당하는 호성공신扈聖功臣은 적군에 맞서 싸운 사람들이 아니라 국왕 선조를 의주까지 안전하게 도망치도록 하는 데 노력한 자들이었다. 조정의 문신들과 내시들까지 포함해 무기 한 번 잡아보지 않은 86명이 이 상을 받았다. 그다음에야 비로소 직접 참전한 사람들과 명에 군사를 요청한 사람들이 2등에 해당하는 선무공신宣武功臣으로 선정되었다. 이순신을 비롯해 주로 전사한 무신들과 의병장들이 임명되었는데, 수는 겨우 18명이었다.

공신의 명칭부터 이해할 수 없다. 1등급의 호성은 '왕의 시중을 들기 위해 뒤따르다'는 뜻이고, 2등급의 선무는 '무공을 세우다'는 뜻이다. 북으로 도망치는 선조의 시중을 들고 발을 닦아준 내시는 1등급의 공신이 되었고 장렬하게 전사한 많은 의병장은 공신 명단에도 오르지 못했으니, 세계 어느 나라의 역사에서도 이렇게 황당하고 불공정한 논공행상은 찾아볼 수 없을 것이다.

하지만 동양식 왕조의 기본 이념에 비추어보면 그것은 불공정이 아니라 당연하다고 볼 수도 있다. 동양식 왕조에서 가장 중요한 것은 백성이 아니라 사직이다. 그 사직의 현실적 구현체인 왕은 곧 국가와 일체화된다. 따라서 국난이 닥쳤을 때 국가가 멸망을 피하고 생존하려면 무엇보다 왕이 살아야 한다. 그렇게 보면 도피하는 왕[聖]의 시중을 들기 위해 뒤따른[扈] 신하들이 최고의 공신이 되는 것은 당연한 일이다. 동양식 왕조의 아이러니이자 비극이다.

중화 세계, 중국 중심의 동북아시아 질서는 눈에 띄게 흔들리고 있었다. 예전에는 북방만이 위협적이었으나 이제는 사방이 위험투성이다. 동쪽에서 일본의 도전을 가까스로 막아낸 중국은 서쪽에서 밀려오는 서양 세력, 그중에서도 길잡이 구실을 하는 선교사들에게 차츰 약점을 노출한다. 안으로는 썩고 밖으로는 곪아터지는 명 제국에 최후의 결정타를 먹이는 것은 결국 여진족의 후예인 만주족의 청 제국이지만, 중화 세계가 무너진 이상 이제 중국의 운명은 중국인들이 결정하지 못하게 된다. 시대는 바야흐로 서양 문명이 세계 문명으로 발돋움하기 직전이다. 그 무렵 서양의 선교사들이 머나먼 동양의 중국에까지 온 이유를 보면 사태는 더욱 분명해진다.

14

전쟁과 조약의 질서

가톨릭이 동양에 온 이유 / 잉글랜드식 종교개혁 / 인쇄술의 혁명적 역할 / 종교 문제에서 영
토 문제로 / 유럽의 근대를 연 30년 전쟁 / 전쟁이 낳은 문제는 조약으로 푼다 / 명과 조선의
기묘한 무역

서양의 그리스도교 선교사들이 대거 중국으로 온 시기는 16세기 후반
이고, 그들의 거의 대다수는 예수회 소속이다. 명 황제 신종에게 서양의
문물과 과학기술을 전하고 공식적인 포교 허가까지 얻은 동방의 스타
선교사 마테오 리치Matteo Ricci도 그 무렵 중국에 온 예수회 사제였다. 그
런데 왜 하필 16세기 후반이고 예수회일까? 여기에는 당시 서유럽 세계
의 사정이 있다.

예수회는 1534년 에스파냐의 신학자 이그나티우스 로욜라San Ignacio de
Loyola가 같은 해에 로마 교황으로 즉위한 파울루스 3세의 허가를 얻어
창립한 포교 전문 단체다. 교황이 그런 '어용' 단체를 굳이 승인까지 한
이유는 무엇일까? 서유럽의 그리스도교를 총괄하는 수장의 지위에 있
는 데다 세속의 권력에서도 여느 군주 부러울 게 없는 교황이 수도회 급
도 안 되는 신흥 포교 조직을 새삼스럽게 어여삐 여길 이유는 없다. 종

교개혁의 거센 물결이 아니라면.

교회 개혁의 필요성은 교회의 권력이 아직 정점에 달하지 않았던 10세기부터 대두되었다. 바꿔 말하면 그때부터 교회는 부패하기 시작했다는 이야기다. 원칙적으로, 또 종교적으로 교회는 세속에 욕심과 관심을 가지지 말아야 하지만, 교회 자체가 세속의 한복판에 있는 한 그것은 근본적으로 불가능했다. 노르만의 민족이동이 끝나고 유럽 전체가 그리스도교권이 되자 교회는 종교만이 아니라 세속적으로도 막강한 권력을 가지게 되었다.

권력은 명예와 부를 가져다준다. 명예에만 머물면 종교 본연의 자세로부터 크게 이탈하는 게 아니지만, 권력을 이용해 부까지 얻는다면 그것은 이미 종교가 아니다. 10세기에 프랑스에서 설립된 클뤼니 수도원은 교회가 토지와 재산을 소유해서는 안 된다며 대대적인 개혁의 기치를 높이 들었다.

교회와 수도원은 비슷하면서도 다르다. 교회를 군대에 비유한다면 수도원은 사관학교에 해당한다. 사관학교가 군대의 지휘관을 양성하듯이 수도원은 사제를 양성하고 배출한다. 당연히 군대에 비해서는 상대적으로 청렴하다. 중세에 수도원은 교회를 지원하면서도 비판하며 청결을 유지해주는 허파와 같은 역할을 했다.

비판의 핵심은 늘 같다. 성서의 가르침에 따르자는 것이다. 그런데 당연한 주장이지만 실은 쉽지 않다. 성서는 수백 년 전에 확립된 문헌이므로 시대와 환경이 달라진 당대의 현실에 적용하려면 항상 해석이 필요하다. 그 해석을 바탕으로 그리스도교 초기에는 이교와 싸웠고, 중세 초기에는 이단을 근절했다. 그러나 종교의 시대가 되면서부터는 교회가 해석의 독점권을 차지했다. 교회가 부패하기 시작한 것은 이때부터다.

혼자 공부하는 이들을 위한 최소한의 지식: 역사

교황권이 절정에 달했던 13세기에 교황의 재산은 서유럽 모든 군주의 재산을 합친 것보다도 많았다. 종교개혁의 필요성은 실제의 역사보다 훨씬 오래전부터 있었던 것이다.

1517년 마르틴 루터가 비텐베르크의 교회 문에 95개조의 반박문을 내걸면서 시작된 종교개혁의 물결은 루터 자신도 예상하지 못한 빠른 속도로 서유럽 세계 전체에 퍼졌다. 세속군주들은 그전부터 품어왔던 교황에 대한 불만을 로마가톨릭 신앙 자체에 대한 불만으로 확대했으며, 기꺼이 '항의하는 사람_{프로테스탄트}'이 되었다. 신교는 삽시간에 독일 전역을 장악했고, 프랑스를 비롯해 유럽 전역으로 확산되었다.

전 유럽을 휩쓴 종교개혁 운동에서 특이한 사례는 잉글랜드다. 잉글랜드는 프랑스와 백년 전쟁을 치르고 그 후유증으로 내전(장미 전쟁, 1455~1485년)을 겪으면서 왕권이 크게 강화되었다. 유럽의 오지에서 벗어난 것은 이 무렵이다. 잉글랜드는 어지간한 규모의 섬이라는 지리적 여건 덕분에 대륙 국가들의 직접적인 간섭도 받지 않았다. 그래서 이곳에서는 어디서도 볼 수 없는 독특한 종교개혁이 이루어진다.

루터의 종교개혁이 시작되었을 무렵, 잉글랜드 왕 헨리 8세는 원래 확고한 보수파의 입장이었다. 그는 신교에 단호히 반대하고 로마가톨릭을 옹호하는 책까지 직접 써서 로마 교황에게서 '신앙의 옹호자'라는 명예로운 호칭까지 얻었다. 그랬던 그가 로마와 거리를 두기 시작한 이유는 자신의 이혼 문제 때문이다. 앞에서 보았듯이, 그는 아들을 낳지 못한 에스파냐 왕녀 캐서린과 이혼하려 했으나 가톨릭 교리에 따르면 배우자와 사별하는 경우를 제외하고는 이혼과 재혼이 용납되지 않았다. 사실 교황은 개인적으로 이혼을 허가할 의사가 있었으나 가톨릭의 정치적 구심점으로 떠오른 에스파냐 왕실의 눈치를 보지 않을 수 없었다. 유

럽 전역이 거센 신교의 기세에 눌려 있는 상태에서 에스파냐는 고맙게
도 구교의 수호자가 되어준 데다 교황청의 막강한 경제적 지원자가 아
닌가?

교황의 반대에 부딪히자 헨리 8세는 미리 생각해둔 계획을 실행에 옮
겼다. 1534년, 그는 의회에서 수장령首長令을 통과시켰다. 국왕인 자신이
종교의 수장이라는 선언이다. 그는 잉글랜드 교회를 로마 교황청으로부
터 분리시키고 자신이 직접 교회를 관장하겠다고 나섰다. 오늘날 우리
사회에서 '성공회聖公會'라고 불리는 영국교회English Church는 이렇게 탄생
했다(교회 앞에 국가명이 들어가는 것도 어색하지만 그 앞에 또 지부 국가명을 붙
인 '대한성공회'도 어색하다). 곧이어 헨리는 잉글랜드에서 거두어가는 교
황청의 수입을 차단하고, 수도원을 모두 해산한 뒤 재산을 몰수했다.

정치적 수반이 종교의 수장을 겸한다면 1453년 튀르크에 멸망한 비
잔티움 제국이 생각나지 않을 수 없다. 헨리는 혹시 동로마의 후예가 되
고자 했던 걸까? 제국에서도 교회의 형식상 우두머리는 황제였지만 콘
스탄티노플 총대주교가 실제 동방교회를 관장했듯이, 영국교회에도 그
역할을 하는 사제가 있다. 전통적으로 잉글랜드 교회의 서열 1위였던
캔터베리 대주교는 오늘날에도 영국교회의 수석 주교다(그래서 영국 왕의
대관식은 캔터베리 대주교가 집전하는 게 전통이다).

영국교회도 신교에 속하므로 이제 유럽 세계에서는 신교가 대다수를
차지하고 구교가 소수로 몰렸다. 그리스도교 역사상 최대의 이변이다.
그런데도 로마가톨릭이 명맥을 유지한 것은 거의 전적으로 에스파냐 왕
실의 덕분이었다. 때마침 에스파냐에는 합스부르크 왕조가 새 둥지를
틀었으므로(438쪽 참조) 에스파냐-합스부르크, 제국-교황의 라인은 위
기에 몰린 구교를 수호하는 최대의 방어선이 되었다.

종교개혁이 대성공을 거둔 배경에는 아무도 생각하지 못한 요소가 있었다. 때마침 발달한 인쇄술은 종교개혁의 물결이 들불처럼 번지게 한 숨은 공신이었다. 종교개혁의 직접적인 계기를 제공한 것은 바로 면죄부였기 때문이다.

면죄부의 발단이 르네상스 예술 운동과 연관된다는 것은 역사의 아이러니다. 라파엘로와 미켈란젤로 등 르네상스 화가들을 발탁하고 지원했던 교황 율리우스 2세는 성베드로 대성당을 1200년 만에 개축하는 대공사를 위해 면죄부를 팔아 재원을 마련하려 했다. 내일 죽는데 오늘 면죄부를 사서 천국에 갈 수 있다면 누구나 기꺼이 쌈짓돈을 내놓을 것이다. 심지어 이미 죽은 사람을 위한 면죄부도 있었으므로 후손들이 조상을 섬기기에도 좋았다. 히트 상품도 마케팅이 필요하다. 다른 지역보다 특히 활발하게 판촉 활동이 이루어진 곳은 독일 지역이었다. 독일은 프랑스나 영국처럼 한 명의 강력한 군주가 다스리는 나라보다는 수많은 영방국가로 쪼개져 있었기 때문이다.

하지만 정치적으로는 면죄부 판매에 유리했어도 종교적으로는 그렇지 않았다. 졸지에 모금책이 된 독일의 군주들과 주교들은 그동안 교회의 부패에 염증을 내고 있던 사회 분위기상 면죄부를 신상품으로 다루기에 난감한 처지였다. 그러나 교황의 지엄한 명령을 어길 처지는 아니었고 자신들도 적지 않은 이득을 취할 수 있었으므로 면죄부 판매를 강행했다.

죄를 면케 해주는 증서라면 무엇보다 서식이 갖추어져야 하고 모양도 그럴듯해야 한다. 면죄부는 구매자의 이름과 날짜를 적는 칸이 있는 정식 문서였으니까. 게다가 명색이 천국의 입장권인데 연예인이 팬에게 사인해주듯이 펜으로 아무렇게나 휘갈겨 써서 만들 수는 없다. 또한 면죄부가 교황청의 재원을 마련하는 데 도움이 되려면 적어도 대량 제작이 가능해야 한다. 손으로 일일이 필사한다면 불가능한 일이다. 이 모든 문제를 해결해준 것이 때마침 구텐베르크Johannes Gutenberg가 만든 인쇄기였다. 포도나 올리브의 압착기를 변형시킨 인쇄기(그래서 지금까지도 명칭이 press다)와 문자 기호의 수가 적은 알파벳의 장점을 활용한 활판인쇄술을 발명한 구텐베르크는 첨단 기술에 어울리는 첨단 상품을 대량으로 제작해 큰돈을 벌었다.

그러나 인쇄술이 종교개혁에 기여한 본질적인 측면은 면죄부가 아니다. 구텐베르크가 인쇄술을 발명한 뒤 불과 50년 만에 유럽 전역에 수십 군데의 인쇄소-출판사가 세워졌는데, 이들이 당대의 베스트셀러를 노리고 발간한 책은 오늘날에도 여전히 베스트셀러인 성서였다. 그전까지 성서는 수도원의 수사들이 양피지에 필사하고 온갖 화려한 장식을 붙여 만들었다. 책 자체가 재료도 비싸고 품도 많이 드는 고가의 물건이었다. 양피지의 재료(송아지와 양의 가죽) 값과 보통 한 달 이상이 걸리는 제작 공정을 감안하면 양피지본 성서는 일반인들이 구입하기 어려운 사치재였다. 이런 상황이었으니 아무리 위클리프John Wycliffe(14세기)나 후스Jan Hus(15세기)가 '성서로 돌아가자'로 외친다 한들 제대로 먹혀들기 어려웠다. 최소한 서민들의 가정마다 성서가 비치되어 있어야 성서로 돌아가든 말든 할 게 아닌가? 따라서 민중은 여전히 교회가 해석하는(또는 곡해하는) 하느님의 말씀에 의존할 수밖에 없었다.

유럽의 중세에 살았던 사람들은 90퍼센트 이상 그리스도교도였겠지만 안타깝게도 90퍼센트 이상이 성서를 본 적이 없었다. 실제로 책이라는 물건으로서의 성서도 워낙 고가품이라 서민들은 실물로 보기 어려웠을 뿐만 아니라 설령 성서를 가졌다고 해도 읽을 수 없었다. 문맹률이

90퍼센트가 넘었고 더구나 라틴어를 아는 사람은 학자나 성직자뿐이었다. 그리스도교의 시대답지 않게 중세 사람들은 일요일에 교회에 와서야 사제의 입을 통해 신의 말씀을 들을 수 있었다. 중세에 교회가 막강한 권력을 누렸던 이유는 그렇게 신의 말씀, 성서의 해석을 독점했기 때문이다.

하지만 수요가 공급을 낳는 것은 자본주의만의 법칙이 아니다. 인쇄술이 보편화되어 성서가 인쇄되자 이내 라틴어 성서가 유럽 각국어로 번역되고 상업적으로 출판되기 시작했다(독일어 성서는 루터가 직접 번역했다). 성서를 영어로 처음 번역한 윌리엄 틴들은 불경한 짓을 저질렀다는 죄로 처형을 당했지만 곧바로 대세의 흐름이 바뀌었다. 이제 성서는 어지간한 사람이면 누구나 구할 수 있고 읽을 수 있는 세상이 되었다. 교회만 성서를 해석하는 시대는 끝났다. 그렇잖아도 추락하는 중인 교회의 권위는 더욱 실추되었다. 루터가 퍼뜨린 종교개혁의 불씨가 들불처럼 번져나간 하드웨어상의 대격변에는 그런 소프트웨어의 변화가 중요하게 작용했다.

여기서 한 가지 의문이 솟는다. 흔히 인쇄술은 종이, 화약, 나침반과 더불어 중국의 4대 발명품으로 꼽힌다. 실제로 문헌의 인쇄는 서양보다 동양에서 먼저 발달한 문화였다. 세계 최초의 목판인쇄본인 8세기의 《무구정광대다라니경無垢淨光大陀羅尼經》과 구텐베르크보다 한 세기나 앞서 제작된 세계 최초의 금속활자본인 《직지심체요절直指心體要節》은 한반도 문명의 산물이다. 그런데 왜 동양에서는 그 인쇄술이 꽃을 피우지 못했을까? 왜 동양에서는 인쇄술을 바탕으로 '출판사'들이 곳곳에 세워지지 못했을까? 왜 인쇄술을 이용해 지식이 널리 보급되지 못했을까?

물론 알파벳 문자와 한자의 차이는 있다. 알파벳 문자는 수십 개의 문자 기호만 사용하지만 한자는 수천 개를 사용하므로 인쇄술이 널리 이용되는 데 한계가 있다. 그래서 동양 사회에서는 구텐베르크보다 먼저 활판인쇄술이 발명되었어도 책의 한 쪽 전체를 하나의 판으로 인쇄하는 목판인쇄술이 주로 사용되었다. 하지만 그보다 중요한 차이는 문헌을 바라보는 관점에 있다. 민간 부문이 발달하지 못하고 모든 것을 관에서 독점하던 동양 문명에서 서적이란 원래 일반 백성들이 보는 게 아니었다. 동양의 문헌은 보관용이거나 지배층이 참고하기 위한 것이었다. 그런 탓에 동양에서는 인쇄술이 개발되었어도 소수의 문헌을 제작하는 데 그쳤다. 특히 역사서는 '장서용'으로 몇 부만 찍어 서고(보통 동서남북 네 군데였으므로 사고四庫라고 말한다)에 보관하는 게 고작이었다.

문헌에 관한 이런 차이는 역사가 무척 오래다. 문헌사의 초기에는 동양과 서양이 비슷한 양상을 보인다. 그리스의 호메로스와 헤시오도스의 작품은 원래의 저작에 후대의 시인들이 덧붙여 만들어졌으며, 중국 제자백가 시대에 나온 노자나 공자의 저작들도 마찬가지로 한 개인이 틀을 짓고 후대의 학자들이 보태는 형식으로 만들어졌다. 그러나 그 뒤부터는 사정이 달라진다. 서양의 경우에는 일찍부터 '저자'의 관념이 확실하다. 《역사》는 헤로도토스의 저작이고, 《펠로폰네소스 전쟁사》는 투키디데스의 저작이다. 그 밖에 그리스의 플라톤, 아리스토텔레스에서 로마의 키케로, 세네카, 카이사르에 이르기까지 대다수 문헌들이 저자와 저작명이 분명하다. 이에 비해 중국 고전의 경우 저자가 불분명한 경우가 많고 문헌 자체도 개인적 저작의 느낌이 강하지 않다. 한마디로 퍼블리시(publish, 발표 혹은 출판)의 관념이 약했다.

동양의 역사에서는 문헌이 개인의 동기나 욕구에 의해 창작되기보다 왕이나 정부의 명령으로 집필되고 간행되는 사례가 많았다. 중국의 역사서는 대개 어느 개인이 발표하거나 출판하기 위해 저술한 게 아니라 전 왕조가 멸망한 뒤 새 왕조가 국가사업으로 편찬하는 게 관례였다(《당서唐書》,《원사元史》 등 보통 《25사二十五史》로 알려진 문헌이 그것이다). 우리 역사의 문헌들도 마찬가지다. 《삼국사기》도 김부식이 혼자 저술한 게 아니라 왕명을 받고 대표 집필자로 참여한 역사서이며, 조선의 《향약집성방鄕藥集成方》,《농사직설農事直說》 같은 실용서도 모두 관의 명령으로 여러 사람이 공동 집필한 문헌들이다. 개인 저작이 분명한 문헌들은 처음부터 책으로 출간하려는 목적이 없었거나 후손들이 조상의 글을 보존하기 위해 인쇄한 문집 정도가 고작이다.

인쇄술이 발달해 출판의 환경이 좋았는데도 동양 사회에서 개인 창작의 관념이 부재했던 이유는 지배층의 시각에서 문헌을 바라보았기 때문이다. 문헌의 간행은 있었으되 출판의 개념은 없었다. 바꿔 말하면 문헌을 보존하는 데는 열심이었으나 보급하는 데는 매우 인색했다. 인쇄술이 특히 심했지만 동서양 문화의 그런 차이는 화약과 나침반, 종이 같은 발명과 기술의 경우에도 대체로 그랬다. 이 신발명품들은 발명되고 나서 국가의 엄중한 보안 조치 아래에 기밀로 유지되고 보존되었을 뿐 민간에 퍼져나가 두루 사용되지 못했다. 동양식 왕조에서는 국가 자체가 지배층을 위한 것이었으므로 모든 것이 지배층의 이익에 봉사해야 했다.

15세기 독일에 오늘날과 같은 정교한 특허제도가 발달해 있었다면 구텐베르크는 파산하지 않았을 테고 말년에 비참하게 연명하지 않았을 것이다. 그가 발명한 인쇄술은 유럽 세계의 일대 지각 변동을 가져왔으나 발명의 동기는 순전히 사적인 이익에 있었다. 하지만 개인의 의식적 행위가 그 자신의 의도와 무관하게 역사적 무의식의 결과를 낳는 것은

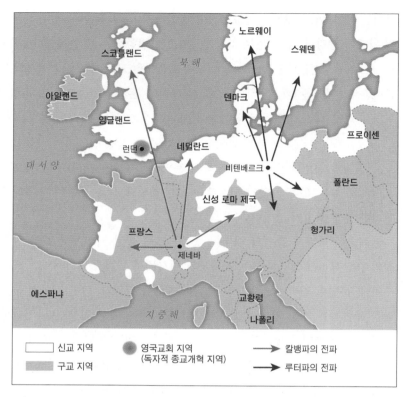

| 신교 지역   ● 영국교회 지역   → 칼뱅파의 전파
(독자적 종교개혁 지역)
| 구교 지역   → 루터파의 전파

| 코너에 몰린 가톨릭   종교개혁이 단지 일시적인 반발이었다면 말뜻 그대로 프로테스탄트, 즉 '항의'에 그쳤을 것이다. 신교가 많은 대중에게 먹힌 것은 그만큼 오래고 뿌리 깊은 교회의 부패가 있었기 때문이다. 그런 탓에 종교개혁이 일어난 지 100년도 못 되어 구교의 중심지는 교황령과 제국 남부 이외에 서유럽의 끝자락, 역사적으로는 유럽 문명의 막내인 에스파냐로 축소되었다.

민간 부문의 활성화를 축으로 하는 서양 역사의 자연스러운 흐름에서 볼 수 있는 현상이다. 결과적으로 보면 바로 그것이 서양 문명을 세계 문명으로 이끈 힘이었다.

16세기 유럽 세계를 휩쓴 종교개혁은 해묵은 역사적 원인(교회의 부패)과 첨단 기술의 발전(인쇄술)이 결합되어 나타난 현상이었다. 종교개혁이 변화의 물꼬를 튼 16세기 중반 서유럽의 종교적 상황을 그림으로 그려보면 일정한 스펙트럼이 확인된다.

중세 1000년 동안 유럽 대륙을 호령하던 가톨릭은 이제 이탈리아와 남서쪽 귀퉁이의 이베리아로 밀려났다. 비상사태를 맞아 교황으로서는 억지로라도 가톨릭 수호 단체를 조직해야 할 판이었다. 그런 상황에서 이그나티우스 데 로욜라가 자발적으로 그런 단체를 만들어 헌납했으니 교황은 감격하지 않을 수 없었다.

교황의 지지를 등에 업은 예수회는 반종교개혁Counter Reformation의 중심 세력으로 떠올라 종교개혁에 흔들리던 남독일과 폴란드를 가톨릭으로 복귀시키는 개가를 올렸다. 그러나 서유럽의 대세는 완연하게 신교로 기울었다. 구교권의 입장에서는 새로운 종교 시장을 겨냥한 공격적 마케팅이 필요한 순간이었다. 그때 마침 예수회 간부들의 눈에 대항해시대의 개막으로 전 세계로 향하는 바닷길이 보였다. 무역로를 선교로로 활용하자! 무한정으로 널려 있는 아시아의 비그리스도교권을 공략하자! 예수회의 가톨릭 선교사들이 중국으로 밀려든 이유는 바로 종교적 시장 개척의 일환이었다. 동양에 신교보다 가톨릭이 먼저 전래된 것은 바로 예수회의 공로다.

앞에서 보았듯이, 종교개혁 이전에 교회 개혁의 필요성은 루터가 등장하기 오래전부터 드러나 있었다. 13세기까지 신성 로마 황제를 비롯한 유럽의 군주들과 세속의 권력을 놓고 치열한 각축전을 벌였던 교황은 아비뇽 교황청 시절에 치명타를 얻어맞은 이래로 각 군주의 내정에는 간섭할 엄두를 내지 못하고 군주들 간의 다툼을 조정하는 역할에 만족했다. 르네상스기의 교황들이 주로 화가들과 조각가들에게 교회 장식이나 주문하면서 임기를 보낸 이유도 그런 사정과 무관하지 않다. 덕분에 르네상스 문화와 예술의 진흥에 기여할 수는 있었지만.

유럽의 그리스도교는 단지 교황의 권위가 추락하는 것만으로는 해결될 수 없는 문제를 안고 있었다. 사실 문제는 종교에 있지 않았다. 역사 교과서에는 교회가 그리스도교의 교리에서 벗어나 재물을 모으는 데 신경 쓰고 부패와 타락에 젖어든 탓에 종교개혁이 일어난 것으로 되어 있지만, 더 근본적으로 보면 다른 데서 원인을 찾아야 한다. 그리스도교가 아니라 그 어떤 종교였다 하더라도 16세기에는 이미 종교로 국제 관계를 조정하기가 불가능해질 만큼 유럽 각국의 각개약진이 진행되고 있었다. 바꿔 말하면, 중세 내내 유럽 세계의 통합력으로 작용했던 종교가 바야흐로 그 역사적 사명을 다한 것이다.

교회가 부패했기 때문에 힘을 잃었다면 성직자들의 책임으로 돌릴 수 있겠지만 실제는 그 반대다. 교회는 이미 그전에 세속의 권력을 잃었기에 부패한 것뿐이다. 현실 정치에 개입할 능력이 없어지면 경제적 이득을 수취하는 데 전념하게 마련이다. 종교상의 '전관예우'랄까? 원래 권좌에 있던 자는 정상에서 물러난 다음부터 잇속을 챙기기 시작하는 법이다.

이렇게 교회와 교황이 힘을 잃었다면 힘을 얻은 것은 누굴까? 세속군주들이다. 그들이 어떻게 행동할지는 뻔하다. 분쟁의 조정자가 사라지고, 신성이든 세속이든 일체의 구심점이 없어진 무대가 차려졌으니 분쟁을 곧장 전쟁으로 해결하려는 움직임이 가득해진다. 분쟁의 대상을 가렸던 막이 걷히고 군주들의 욕심이 백일하에 드러난다. 그 욕심의 핵심은 바로 영토다. 종교전쟁이 영토전쟁으로 바뀌는 것은 이 시기다.

일찍부터 영토국가가 성립한 동양과는 달리 서유럽에서는 중세 내내 영토가 쟁패의 대상으로 떠오르지 않았다. 843년의 베르됭 조약(146쪽 참조)에서 보듯이 중세 초기에는 군주들 간의 영토 분쟁이 있었다. 또한 12세기에 앙주 가문의 영토를 놓고 잉글랜드와 프랑스가 다툰 사건, 그 갈등을 마무리하기 위한 백년 전쟁도 영토 분쟁인 것은 사실이다. 그러나 중세의 봉건적 질서 아래에서, 더구나 교황이라는 조정자가 눈을 시 퍼렇게 뜨고 있는 가운데 노골적인 땅 따먹기 싸움이 벌어지기는 어려웠다. 중세의 영토 분쟁은 군주들이 사적인 감정이나 자신의 권력을 증대하기 위한 욕심에서 비롯된 일회적인 사건일 뿐이었다.

하지만 중세 질서가 해체되면서 시작된 영토전쟁은 과거와 질적으로 달랐다. 우선 일회적인 분쟁이 아니라 일정한 패턴에 따라 연속적으로 진행되었다. 또한 규모도 점점 커졌고, 여러 나라의 이해관계가 복잡하게 얽히는 국제전의 양상을 띠었다. 각국의 기본적인 노선은 '영토 확장→국력 강화→영토 확장'이라는 전형적인 확대 재생산의 길이었다.

봉건 질서와 교황이라는 두 가지 제약이 약화된 마당에 각국의 군주들은 아무런 눈치도 볼 필요가 없어졌다. 타협과 외교는 사라지고 모든 문제는 무력으로만 해결할 수 있다. 더욱이 무력을 통해 승리하면 더 큰 무력을 얻을 수 있다(이 논리의 정점이 제국주의다). 바야흐로 전란의 시대가 다가왔다. 그것이 혼란과 공멸로 향하는 파국의 길이 될지, 아니면 새로운 질서를 낳는 진통이 될지는 아무도 몰랐지만.

아직 종교의 시대가 완전히 끝나지는 않았으므로 영토전쟁도 처음에는 종교전쟁의 외피를 취했다. 첫 무대는 독일이다. 짝퉁 제후인 북독일의 영방군주들이 짝퉁 제국의 황제에게 도전한다. 제후가 황제에게 반발하는 것은 세속의 서열상으로 '반역'이지만 제후들도 황제도 더 이상 그런 봉건적 서열 따위에는 개의치 않는다.

속내는 영토에 있지만 구실은 종교다. 루터파 제후들은 교회나 황제가 기층 민중에게 들불처럼 번지는 신교 운동을 억압할 의지도 능력도 없다고 판단한다. 그렇다면 그들의 존재를 존중해줄 이유가 없다. 하극상! 중세 체제의 총체적 위기다. 수백 년 동안 필요한 만큼의 수직적 질서를 담당하던 축이 와르르 무너지고 있다. 비상사태를 맞아 누구도 예상치 못한 변화가 일어난다. 원래 좋은 시절에는 다투다가도 어려운 때를 맞으면 뭉치는 법이다. 놀랍게도 중세 후반기 내내 그토록 앙숙이던 황제와 교황이 힘을 합친 것이다.

본의든 아니든 로마 교황과 한배를 타게 된 합스부르크의 황제 카를 5세는 신교를 용납할 의사가 전혀 없었다. 사방으로 팽창하려는 신교와 기존의 영향권을 수호하려는 구교, 양측은 결국 무력 충돌로 치닫는다. 독일의 제후들은 황제와 부담스러운 일대일 승부를 피해 슈말칼덴 동맹을 맺고 황제에게 대항했다. 그러나 제후국이라고 해야 도시국가에 불과하다. 도시들의 연합은 황제에게 큰 위협이 되지 않는다. 카를 5세가 진정으로 두려워하는 것은 일찌감치 영토국가에 눈을 뜬 프랑스뿐이다.

예상대로 처음에는 제후들의 열세였다. 늙고 이빨 빠진 공룡이었지만 아직 제국은 도시국가들의 연합을 물리칠 힘이 남아 있었다. 이름이 잘못된 탓인지 자칫하면 '항의'만 하다가 사그라질 뻔한 프로테스탄트를 구원한 것은 북독일의 작센이다. 독일 지역에 대한 황제의 영향력이 지나치게 커지는 것을 우려한 작센 선제후가 황제파에서 이탈해버린 것이다(원래 작센은 현명공 프리드리히 3세가 젊은 루터를 지원한 바 있었으니 본색을 되찾은 격이다). 이리하여 양측은 다시 균형을 맞추었다. 국면이 소강상태가 되자 결국 황제와 제후들은 1555년 아우크스부르크 종교화의로 타협을 이루었다. 하지만 이것은 맛보기 버전에 불과하다.

일단 화의의 성과는 적지 않았다. 루터파는 가톨릭과 동등한 지위를 가지는 교파로 인정받게 되었다. 그러나 종교의 선택권은 지배자, 즉 군주에게만 있었고 군주가 선택한 종교는 그 영방국가 내에서 무조건적으로 관철되었다. 군주가 선택한 종교를 거부하는 주민은 다른 곳으로 이주해야 했다. 신앙을 찾아 고향을 등지는 사태는 이때부터 시작된다(나중에 이 종교적 민족이동의 도미노가 신세계에 미국이라는 나라를 낳게 된다). 이로써 합스부르크의 지배하에 있는 남독일은 가톨릭으로 남았고, 북독일의 영방국가들은 대부분 루터파로 개종했다. 오늘날에도 잔존하는 독일 남부와 북부의 문화적 차이는 이때 크게 증폭되었다.

그러나 갈라지기 시작한 중세 질서의 틈은 신구의 대타협으로도 메워지지 않았다. 화의가 이루어지기 무섭게 이번에는 프랑스에서 종교전쟁의 불길이 솟아올랐다. 중세 유럽의 중심이자 가톨릭의 보루였던 프랑스에서 변화의 물결이 거세진 데는 배경이 있다.

종교개혁이 시작될 무렵 프랑스 왕 프랑수아 1세는 카를 5세와 신성로마 제국의 제위를 놓고 경합한 강력한 라이벌이었다. 명예직이나 다름없는 황제 자리가 탐났다기보다 북이탈리아의 자치도시들을 차지하기 위해서였는데, 만약 프랑수아가 제위에 올랐다면 유럽 근대사는 크게 달라졌을 것이다. 프랑스의 발루아 왕조가 합스부르크 왕조를 대신해 황실 가문이 되었을 테고, 무엇보다 훗날 제국의 영토를 기반으로 삼고 출범한 독일이라는 나라가 생겨나지 않았을지도 모른다.

프랑수아는 호방한 무인 기질과 섬세한 문인 기질을 두루 갖춘 군주였다. 이탈리아 르네상스 예술을 사랑했던 그가 노년의 레오나르도 다빈치를 프랑스로 초청했을 때 노화가가 가져간 그림이 현재 루브르에 소장된 〈모나리자〉다. 그러나 그의 간절한 이탈리아 사랑은 예상치 못한 결과를 빚었다. 1533년에 그는 아들을 메디치 가문의 딸과 결혼시켰는데, 아들 부부(앙리 2세와 카트린 드 메디시스)는 훗날 격변기를 맞아 프랑스를 반동으로 몰고 가게 된다.

앙리 2세가 마상시합에서 사고로 죽자 프랑스 왕위는 카트린의 어린 세 아들들이 연속으로 이었으므로(세 명 다 어린 나이에 왕이 되었고 오래 살지 못했다) 카트린이 섭정을 맡았다. 신교에 강력히 반대한 시아버지와 죽은 남편, 게다가 친정은 이탈리아 메디치 가문이다. 당연히 카트린은 철저히 구교를 옹호하는 입장이었는데, 문제는 당시 남독일과 스위스의 칼뱅교도들이 대거 프랑스로 이주해 위그노Huguenot라는 신교 세력을 형성하고 있었다는 점이다. 1562년 가톨릭 세력이 대대적인 탄압에 나서면서 프랑스는 대규모 종교전쟁의 소용돌이에 빠져들었다.

이 위그노 전쟁은 원래 내전이었으나 유럽 군주들의 예민해진 후각은 그것을 내전으로만 놔두지 않았다. 잉글랜드와 에스파냐가 개입하면서 전쟁은 금세 국제전의 양상으로 변했고, 결국 30여 년을 질질 끌다가 1588년에 신교도 출신의 앙리 4세가 낭트 칙령으로 신교를 허용하면서 끝났다.

타협이 이루어진 결과 프랑스는 신교를 용인하는 구교 국가라는 모호한 외피를 쓰게 되었다. 그러나 외피와는 달리 국내 가톨릭 세력이 몰락했기 때문에 프랑스는 사실상 신교 국가가 되었다. 유럽의 전통적인 강국이 신교로 전향한 것이다.

하지만 이 사건도 아직 맛보기 버전에 불과하고 풀 버전은 바로 다음에 나온다. 뒤이어 벌어지는 30년 전쟁(1618~1648년)은 근대 유럽 최초의 정식 국제전이며, 종교 분쟁으로 시작해 영토 분쟁으로 끝났기 때문에 최후의 종교전쟁이자 최초의 영토전쟁, 최후의 중세 전쟁이자 최초의 근대 전쟁이다.

1618년 보헤미아의 신교 귀족들은 신교를 관용하겠다는 약속을 일방적으로 어긴 국왕 페르디난트 2세에게 거세게 항의했다. 거기서 그쳤다면 보헤미아 내부의 진통으로 끝났을지도 모르지만 이듬해 페르디난트가 신성 로마 제국의 황제가 되면서 사태는 걷잡을 수 없이 복잡해졌다. 왕에서 황제로 승진해 어깨에 힘을 주게 된 페르디난트는 구교의 수호자로 나섰고, 보헤미아 신교도들은 그에 맞서 다른 나라의 신교도들과 연합하려 했다. 이리하여 합스부르크의 본산인 오스트리아와 보헤미아, 그리고 독일의 영방국가들과 덴마크, 스웨덴, 프랑스에 이르기까지, 영국을 제외하고 당시 서유럽 세계 모든 나라가 참가한 최초의 대규모 국제전이 벌어졌다.

이렇게 해서 터진 전쟁이 이후 30년이나 지속되고 독일 지역에서만도 800만 명이나 희생시키는 참극을 부를 줄은 어느 측도 전혀 알지 못했다. 더구나 종교전쟁으로 시작했다가 영토전쟁으로 끝난 이 30년 전쟁이 근대 유럽을 낳고, 나아가 수백 년 동안의 혼란을 거쳐 새로운 질서를 안착시키는 단초가 될 줄은 당대의 누구도 알지 못했다.

맨 먼저 끼어든 것은 합스부르크 왕가와 밀접한 혼인 관계에 있던 에스파냐였다. 1620년 에스파냐의 공격으로 보헤미아의 반란 세력이 진압되자 일단 보헤미아는 원래대로 합스부르크의 지배를 받게 되었다. 하마터면 '2년 전쟁'이 될 뻔한 전쟁을 30년까지 끌고 가게 된 계기는 그다음에 뛰어든 덴마크가 제공했다. 전부터 독일 북부를 호시탐탐 노리고 있던 루터파의 덴마크 왕 크리스티안 4세는 어지러운 정세를 틈타 독일 땅으로 손길을 뻗쳤다. 이렇게 시작된 2라운드에서는 이미 전쟁의 발단이 된 종교적 색채가 거의 사라졌다.

위기에 처한 제국을 구한 사람은 보헤미아의 부자 정치가였던 발렌슈타인Wallenstein이다. 그는 막강한 재력을 바탕으로 황제에게 5만 명의 군대를 모집하겠다고 약속했고, 그 약속을 지켜 덴마크를 물리쳤다. 토끼를 잡고 나면 사냥개는 필요가 없어진다. 안정을 되찾았다고 여긴 황제는 가톨릭 세력의 부추김을 받아 발렌슈타인을 파면해버렸다. 그러나 중세 내내 유럽의 변방에 머물러왔던 스칸디나비아 세력은 이제 유럽의 주역이 되고 싶었다. 덴마크에 이어 스웨덴이 두 번째 도전자로 나섰다.

뛰어난 군사 지도자였던 스웨덴 왕 구스타프 2세는 국민들을 대상으로 강제 징집제를 도입해 유럽 역사상 최초의 국민군을 창설했다. 유럽 대다수 국가들이 귀족들의 사병이나 용병을 군대의 핵으로 삼았던 것에 비하면 획기적인 편제다. 게다가 그는 당시 신무기였던 화약에 일찍부터 관심을 가지고 있었다. 전통적인 창병이 주력인 다른 유럽 군대와 달리 머스킷 총병을 주축으로 하는 신개념의 군대를 거느리고 구스타프는 독일로 남침했다.

구스타프의 의도는 종교와 전혀 무관했다. 오로지 이 혼란기를 틈타 발트 해를 장악하겠다는 게 목표였다. 구스타프가 파죽지세로 북독일을 유린하자 페르디난트는 발등의 불을 끄기 위해 다시 발렌슈타인을 불러들였다. 발렌슈타인는 주특기인 재력을 동원해 구스타프를 물리쳤으나 전투가 끝나자 또다시 사냥개의 신세가 되고 말았다. 구스타프는 전사했고 발렌슈타인은 결국 황제에게 암살당했다. 그럼 이제 전쟁이 끝난 걸까? 그러나 30년 전쟁의 클라이맥스는 이제부터다.

전쟁의 전면에 나섰던 두 영웅이 죽자 숨은 기획자가 나온다. 바로 프랑스의 재상 리슐리외Richelieu다. 구스타프를 부추겨 제국을 공격하게 했던 것도 그고, 덴마크 전에서 공을 세운 발렌슈타인을 파면하라고 페르디난트를 부추겼던 것도 그다. 두 영웅 뒤에 숨은 모사꾼 리슐리외는 지금까지 이 전쟁이 기본적으로 에스파냐·신성 로마 제국의 가톨릭 세력과 신교 국가들의 대표 주자인 프랑스의 전쟁이라는 사실을 효과적으로 숨겨왔다.

이제는 그가 직접 나설 때다. 1635년 프랑스는 남독일을 침략했다. 국왕이 죽은 탓에 잠시 위축되었던 스웨덴도 다시 제국에 대한 공격을 재개했다. 전세는 순식간에 역전되면서 제국은 세 번째이자 최후의 위기를 맞았다.

결국 신교가 유럽을 장악했다. 그러나 묘한 것은 그렇다고 구교가 완전히 제거되거나 제국이 명패를 내린 게 아니라는 사실이다. 여기서 근대 유럽사에 관철된 기본 질서가 첫 모습을 드러낸다. 그것은 바로 국제전→국제조약→또 다른 국제전→또 다른 국제조약이라는 공식이다.

한 명의 귀재가 두 명의 영웅을 조종한 30년 전쟁이 끝나자 1648년에 참전국들은 뮌스터에 모여 베스트팔렌 조약을 체결했다. 조약의 내용을 보면, 우선 신교의 자유가 대폭 확장되었으나 종교는 이미 중요한 문제가 아니다. 합스부르크는 쫄딱 망했고, 전쟁의 숨은 주역 프랑스는 독일 접경지대의 알자스-로렌을 손에 넣었으며, 스웨덴은 원하던 발트 해의 제해권을 얻었다. 에스파냐의 식민지였던 네덜란드가 독립했고, 스위스가 신생국으로 탄생했다. 패전국 독일 지역은 당연히 최대의 피해자였지만, 얻은 것도 있었다. 전국이 폐허로 변하고 무수한 인명이 희생되었다. 그러나 신성 로마 제국이 사실상 붕괴하면서(영토상으로는 오스트리아에 통합되었다) 제국에 속해 있던 제후국과 자치도시들이 완전한 주권과

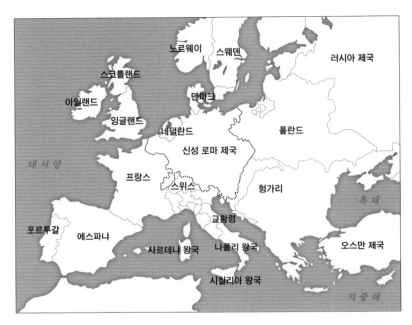

| '국가의 탄생' 거시적으로 보면 17세기 초의 30년 전쟁은 20세기 중반의 제2차 세계대전으로 끝나는 거대한 역사 행정의 서막이다. 이 전쟁의 결과로 지금 우리에게 익숙한 유럽의 지도, 즉 선으로 영토를 그릴 수 있는 지도가 처음으로 탄생했다. 아울러 이 전쟁은 지금 우리에게 익숙한 근대적 국제 질서도 낳았고, 근대 국민국가가 성립하는 계기도 제공했다.

독립을 얻었다. 그 덕분에 독일도 이제 과거의 영방국가들을 중심으로 시대의 조류에 맞는 절대주의 체제를 출현시킬 수 있게 되었다. 그 대표 주자가 바로 프로이센이다. 현대 서유럽 국가들의 윤곽은 이때부터 생겨난다.

당대에는 누가 이득을 보고 누가 손해를 보았는지가 중요했겠지만 역사적으로 보면 그것은 사소한 문제다. 주목해야 할 것은 이 조약이 유럽식 국제 질서의 초석을 놓았다는 점이다. 전쟁의 승자와 패자가 나뉘었다면 패전국들은 멸망하고 병합되었어야 한다. 적어도 동양식 왕조 개념에서 보면 그게 상식이다. 그런데 수십 년 동안 격렬한 국제전이 전개되었는데도 유럽 세계에는 패전국들도 멀쩡하고 오히려 국가의 수가 늘어났다. 이것이 근대 유럽사의 특징인 전쟁과 조약의 질서다.

30년 전쟁의 원인은 여러 가지를 꼽을 수 있겠지만, 적어도 중세 전성기였다면 어떤 원인으로든 그런 대형 전쟁은 터지지 않았을 것이다. 교황이라는 국제 질서의 조정자가 없어진 탓에 유럽 각국은 자기들끼리 (즉 세속군주들의 의지와 힘으로) 새 질서를 만들어내야 했다. 장기적이고 역사적인 관점에서 볼 때 30년 전쟁의 근본적인 원인은 거기에 있다. 전쟁에 참여한 어느 군주도 그런 거시적 결과를 예상한 것은 아니었으므로 역사적 무의식을 말해주는 또 다른 사례다.

힘을 바탕으로 한 교통정리는 피비린내 나는 전쟁으로 표출될 수밖에 없다. 하지만 전쟁이 오래가면 누구에게도 득이 되지 않는다. 승자조차 성찬을 즐기지 못하고 빈 접시만 손에 쥐게 된다. 그러므로 전쟁을 마냥 끌 수는 없다. 공멸을 면하려면 어디선가 타협을 봐야 한다. 유럽 세계에서는 그 타협이 곧 최초의 근대적인 조약으로 나타났다.

그런데 동양의 역사에서는 왜 그런 국가 간의 조약을 볼 수 없는 걸까? 근본적인 이유는 국제 질서 자체가 없었기 때문이다. 전쟁의 빈도수나 규모로 보면 동양 세계도 서유럽 세계에 결코 뒤지지 않는다. 그러나 국제 조약이 성립하려면 대등한 국제 관계가 전제되어야 한다. 전쟁에서 승전국과 패전국으로 나뉘었다 해도 본래 국가와 국가는 대등하다는 인식이 있어야만 조약의 개념이 생겨날 수 있다. 하지만 중국의 역대 중화 제국들은 주변 세계를 중국과 대등한 국가로 여긴 적이 한 번도 없었다. 비록 모든 '오랑캐'가 중국을 섬기지는 않는다는 사실은 알고 있었으나 한족 이외의 모든 민족이 오랑캐라는 중화적 세계관은 결코 변하지 않았다. 이런 상태에서는 국제조약이라는 관념이 발달할 수 없으며, 전후 질서를 국가 간의 타협으로 수립한다는 발상이 생겨날 수 없다.

중국을 충심으로 받들어 섬기는 민족은 한반도 민족밖에 없었지만(한반도와 더불어 전통적인 중국의 속국이었던 월남, 즉 베트남도 1428년 거센 저항 끝에 중국으로부터 독립했다), 중국은 최소한 동아시아 세계까지는 중화 질서로 편제되어 있다고 자신했다. 가히 병적인 사고방식이었는데, 특히 급변하는 세계사의 조류에 눈을 감아버린 명 제국은 역대 중화 제국들 중에서도 가장 심한 정신병에 걸려 있었다. 국제 관계 자체가 없었으니 국가 간의 조약이라는 것은 애초부터 있을 수 없었다.

중국의 주변국들은 적어도 형식적으로는 중국에 예의를 갖추어 사대로 대했다. 북방의 이민족 국가들도 그랬지만, 특히 한반도의 조선은 군신의 예로 명 제국을 성심껏 받들었다. 연말연시에는 동지사와 정조사를 보냈고, 황제 부부의 생일에는 성절사, 황태자의 생일에는 천추사를 보냈으며, 명대에 더욱 강화된 책봉 체제에도 어느 나라보다 충직하게 따랐다. 중국의 신하국이라는 점을 감안해, 건축 기술상으로는 얼마든지 가능한 2층 건물조차 짓지 않았고(그래서 궁궐을 포함해 조선시대의 건축물 중에는 대문이나 누각 이외에 거주가 가능한 실용적인 정식 2층 건물이 없다), 아무리 부잣집이라 해도 아흔아홉 칸짜리 집밖에 지을 수 없었다. 쉽게 말하면 조선은 내정에 관한 권리만 가졌을 뿐 외교권과 군사권은 명에 내주었으므로 근대 국가의 개념을 적용하면 중국의 한 지방이나 다를 바 없는 처지였다.

중화 세계의 수직적 국제 관계에서는 정치만이 아니라 경제도 정상적으로 운용되지 못했다. 상식적으로 생각해봐도, 조약이 있을 수 없다면 무역도 불가능할 것은 당연하다. 조약과 무역은 둘 다 대등한 국가 관계와 주권을 전제로 해야만 성립할 수 있는 개념이기 때문이다. 명과 조선의 경제 관계가 그 점을 잘 보여준다.

두 나라 사이에는 경제적 거래, 즉 비즈니스의 개념이 없었다. 굳이 '무역'이라는 이름을 붙일 수 있는 비즈니스가 있다면, 조선의 사신들이 중국에 오갈 때마다 공물을 바치고 명 황실이 그 답례로 내주는 회사回賜 물품을 받아오는 게 고작이었다. 그것도 거래는 거래니까 조공품과 회사품 중 어느 쪽의 가치가 더 큰가를 따질 수는 있겠다.

조공과 회사의 형식을 취하고 있는 만큼 주고받는 물품들은 선물처럼 서로의 성의 표시라고 볼 수 있다. 하지만 실제로는 서로가 바라는 물품이 있게 마련이다. 조선에서 중국으로 가져가는 물품은 금과 은 같은 귀금속, 소나 말 같은 가축, 인삼, 모시, 베, 화문석, 호피, 자개 물건, 문방구, 해물, 과일 등 대단히 다양했지만, 중국에서 가장 원하는 물품은 단연 금과 은 등의 귀금속이었다. 고려시대부터 중국은 금과 은을 정기적으로 공납할 것을 요구했는데, 이건 선물이 아니라 아예 돈을 바치라는 격이었다. 조선은 금과 은의 산출량이 많지 않아 조공 때가 되면 단단히 애를 먹어야 했다. 그래서 얼마 되지 않는 금광의 채광에 박차를 가하고 민간의 수요를 금지하는 등의 출혈 조치를 취하면서까지 지극정성으로 선물을 마련했다.

이렇게 정성껏 공물을 보내면 중국에서는 무엇으로 회사했을까? 일단 물품 목록으로 보면 비단, 약재, 서적, 문방구, 도자기 등으로 조선에서 보내는 물건과 크게 다를 게 없었는데, 문제는 양이 적었다는 것이다. 금과 은까지 보내면서 받는 물건으로는 지나치게 약소해 조선의 입장에서는 무역 역조가 완연했다. 한 가지 위안이 있다면 서적 등의 수입으로 중국의 선진 문물을 수입하는 효과를 얻을 수 있다는 정도였다. 다른 물품들을 공제한다면 결국 조선은 돈(금과 은)을 주고 책을 사온 셈이된다.

중화 세계에서는 공식 무역이 불가능했으므로 전통적으로 사무역, 즉 밀무역이 성행했다. 그것을 막기 위해 명 제국은 감합이라는 제도를 시행했다. 감합이란 원래 중국에서 주변국들에 나누어 주던 사신의 신분을 증명하는 표찰이었는데, 경제적으로는 중국이 주변국들에 무역을 허가하는 제도로 기능했다. 지금으로 치면 일종의 무역 쿼터제인 셈이다. 하지만 이 제도에도 국가 간의 경제 교류라는 의미는 없었다. 일본의 오랜 센고쿠 시대에 동북아시아 해상에서 왜구가 극성을 부렸던 이유도 당시 중국이 왜구를 이유로 일본에 감합을 발부하지 않은 게 주된 원인이었다(지금으로 말하면 특정한 국가를 제재하기 위한 경제 봉쇄에 해당한다). 그랬으니 동북아시아의 경제 관계가 어땠는지는 알기 어렵지 않다.

유럽의 30년 전쟁과 베스트팔렌 조약은 중화 세계와 전혀 다른 수평적인 질서를 보여준다. 그런 국제 질서는 관련된 각국이 서로 대등한 관계에 있다는 것을 전제로 해야만 성립할 수 있다. 국가들 간에 힘의 차이는 있으나 적어도 모두 주권을 가진 독립국이라는 것은 충분히 동의한 상태다. 물론 전쟁의 결과를 마무리하는 게 국제조약이므로 모두에게 고르고 공평한 조약은 아니다. 그러나 불평등한 조약이라 해도 조약이라는 명칭을 가지려면 형식적으로는 조약 주체들이 동등한 자격을 가져야만 한다. 국제조약이 동양의 역사에는 없고 서양의 역사에만 있는 이유는 그런 차이에 기인한다.

30년 전쟁을 계기로 유럽 세계에는 서로 한껏 힘겨루기를 벌이고 나서 조약으로 타협을 이루는 형식의 근대사가 개막된다. 예전에는 땅 이름에 불과했던 프랑스, 영국, 에스파냐 등의 이름들이 정식 나라 이름으로 역사에 등재된 것도 이 시기부터다. 이렇게 보면, 교황이라는 중세의 국제연합이 사라진 것은 유럽을 일시적으로 혼란의 도가니로 몰아넣었지만 장기적으로는 새로운 질서를 향해 나아가는 기나긴 행군의 첫걸음이었다. 조정자가 없어졌다는 것 때문에 유럽 각국은 근대적인 양식의 국제 질서를 수립할 수 있었으니까.

물론 근대 유럽이 탄생하는 과정은 결코 순탄치 않았다. 피로 얼룩진 30년 전쟁과 베스트팔렌 조약으로 근대 유럽의 밑그림이 그려진 이후에도 서유럽 세계에서는 매 세기마다 대규모의 국제전이 벌어지며, 그때마다 대규모 국제조약이 맺어진다. 18세기 초의 에스파냐 왕위 계승 전쟁과 위트레흐트 조약, 18세기 중반의 오스트리아 왕위 계승 전쟁과 엑스라샤펠 조약, 바로 이어진 7년 전쟁과 후베르투스부르크 조약, 19세기 초의 나폴레옹 전쟁과 빈 회의, 20세기 초의 제1차 세계대전과 베르사유 조약, 그리고 최종적으로 20세기 중반의 제2차 세계대전으로 이어지는 350년 유혈의 역사는 바로 그 과정이다.

제2차 세계대전의 결과로 국제연합이 탄생함으로써 다시 유럽 세계는 '현대의 교황'을 얻게 된다. 새 체제가 탄생되고 안정되는 데는 그토록 오랜 기간이 걸렸다. 그 뒤 적어도 유럽 문명권 내에서 전쟁이 사라진 것은 결코 우연이 아니다. 1000년간이나 큰 내전이 없었던 중세의 질서를 회복한 것이기 때문이다. 그러므로 서양 문명의 역사에서는 30년 전쟁이 시작된 1618년부터 제2차 세계대전이 종전되는 1945년까지를 하나의 시기, 즉 거대한 분열의 시대 혹은 전란의 시대로 묶을 수 있을 것이다.

그 과정에서 유럽인들은 엄청난 피를 흘렸지만 그 대가는 충분했다. 그들은 오늘날 서양 문명의 세계 정복이라는 값진 결실을 거두었다(서양 문명의 양대 성과인 자본주의와 민주주의가 바로 그 시기의 산물이다). 피와 고통의 양을 비교한다는 것은 터무니없지만, 그 중요한 시기에 서유럽 세계만큼 분열과 전란에 따르는 피와 고통을 치르지 않고 쉽게 사회 진화의 고개를 넘으려 한 동양 문명이 결국 서양 문명 앞에 무릎을 꿇게 된 것은 당연한 결과인지도 모른다.

15

최후의 제국

당쟁의 정점 / 홍타이지의 꿈 / 광해군의 왕정복고 실험 / 대륙 정복을 위한 정지 작업: 정묘
호란과 병자호란 / 중국 역사상 가장 오랜 태평성대 / 비중화적 개혁: 황태자 밀건법과 지정
은제 / 고질이 된 제국의 병 / 범세계적 제국 체제의 쇠퇴

17세기 중반 오랜 전쟁을 끝내고 유럽의 각국 대표들이 뮌스터에 모여
최초의 근대적 조약을 준비하고 있을 때 중국인들은 또 하나의 제국을
준비했다. 주권국가들로 분열된 유럽 세계에서는 분열에 따르는 진통을
외교와 협상으로 치료하려 한 반면, 동북아시아에서는 여전히 고리타분
한 제국 체제의 실험을 또 한 차례 반복하고 있었다. 달라진 게 있다면
이번의 실험자는 한족이 아니라 옛 여진의 후예인 만주족이라는 점이
다. 갈채를 받으며 중원 무대에 복귀한 중화 제국 명이 어떻게 된 걸까?

　역대 중화 제국의 온갖 문제점이 잡탕으로 전시된 명 제국은 예상대
로 당쟁과 환관이 정치를 말아먹는 가운데 일찌감치 내리막길을 걸었
다. 예전의 한족 제국인 송이 몰락하는 과정과 대동소이했으나 모든 문
제점이 증폭되었다. 송대에 중앙 정치를 얼룩지게 만든 당쟁은 명대에
들어 절정에 달했다. 송의 구양수歐陽脩 같은 학자는 《붕당론朋黨論》에서 당

쟁에 당의를 입혀 정치적 발전으로 해석하고자 했으나(그는 대도大道를 논하는 군자의 붕당과 눈앞의 이해를 따지는 소인배의 붕당을 구별해야 한다고 주장했다), 그것은 시대착오적인 과대광고에 불과했다. 아니면 중화질서만이 유일하게 옳다는 무지와 오만의 발로였거나.

개혁의 조짐이 없지는 않았다. 송대에 왕안석이 신법으로 개혁을 꾀했다면, 명대에 그 역할을 한 사람은 장거정張居正이었다. 장거정은 1572년 신종이 열 살의 어린 나이로 즉위하자 어린 황제를 대신해 전권을 위임받았다(공교롭게도 왕안석과 장거정의 시대에 황제의 묘호는 똑같이 신종神宗인데, '神' 자가 무색하게 두 개혁 모두 실패했다). 오랜 정치 문란을 목격하면서 개혁의 뜻을 품고 있었던 장거정은 권력을 장악하자마자 강력한 혁신 정치를 폈다.

부패하고 무능한 관료들을 축출해 기강을 확립하고, 황허 일대에서 대규모 수리 사업을 전개한 것은 예고편이었다. 진짜 개혁은 전국적인 토지조사였다. 장거정은 세수에서 누락된 대지주들의 토지를 적발하고 전국 토지의 실제 면적을 정확히 조사했다. 이 성과를 바탕으로 그전까지 산발적으로 적용되던 일조편법一條鞭法을 전국적으로 확대했다(일조편법에 관해서는 601쪽 참조. 이 제도의 취지는 토지를 과세의 기준으로 삼는 것이었으므로 제대로 이루어지려면 먼저 토지조사가 선행되어야 했다). 대외적으로도 그는 북방과 남방의 이민족들을 토벌하고 장성을 보수하는 등 적극적인 국방 정책을 시행했다.

전면적이고 총체적인 개혁이었으나 결실을 맺기에는 기간이 너무 짧았다. 개혁을 시도한 지 겨우 10년 만에 장거정은 사망하고 말았다. 더구나 신종은 송 제국의 동명이인과는 정반대로 철저히 무능한 군주였다. 명 제국의 역사상 가장 유능한 관료와 가장 무능한 황제가 한 시대에 공존한 셈이랄까? 만력(신종의 연호) 연간은 명의 사직에서 가장 긴 48년 동안이지만 초기 개혁의 10년이 지나고 나서는 언제 그런 개혁이 있었느냐는 듯 기나긴 어둠의 터널로 빠져들었다.

게다가 이 시기부터는 예의 환관 정치에다 당쟁까지 겹쳐 중앙 정치가 완전히 실종되었다. 정치에 관해 무능과 무관심으로 일관한 신종의 치하에서 본격적인 붕당이 형성된 것은 지극히 자연스러운 일이다. 조정의 관료들은 이미 다섯 개의 붕당을 만들어 대립하고 있었는데, 이들이 한마음 한뜻으로 뭉치게 된 계기가 생겨난다. 그들이 공동의 적으로 삼은 '군자의 붕당'은 동림당_{東林黨}이었다(임진왜란을 맞아 명이 신속하게 대응하지 못한 것은 당쟁 때문이었는데, 마침 그 무렵 조선에서도 당쟁이 극심했으니 가히 중화 세계의 동병상련이라 하겠다).

1594년 신종은 맏아들이 있는데도 총애하는 귀비의 아들을 마음에 두고 태자 책봉을 차일피일 미루었다. 강직한 관료였던 고헌성_{顧憲成}은 이에 항의하다가 파직된 뒤 낙향해 동림서원을 세우고 학문과 시국에 관한 토론을 벌였는데, 여기에 기원을 둔 것이 동림당이다. 재야의 동림당이 조정의 양식 있는 관료들에게 큰 영향을 미치자 기존의 붕당들은 한데 뭉쳐 '비동림당'을 이루었다. 동림당과 비동림당은 이후 중요한 사건이 일어날 때마다 사사건건 대립했다. 이 당쟁을 잠재운 사람은 환관 위충현_{魏忠賢}이었다. 황제 희종의 신뢰를 얻어 권력을 장악한 그는 1626년 비동림파와 내통해 동림당의 여섯 거물을 처형하고 당쟁을 종식시켰다. 다음 황제이자 명의 마지막 황제인 의종은 즉위하자마자 위충현을 처형하고 동림당의 인물들을 등용하여 꺼져가는 명의 불씨를 살리려 애썼다. 하지만 모든 후회는 늦은 법이다. 중국은 어떤 개혁으로도 치유할 수 없는 심각한 '중국병'을 앓고 있었다.

송과 명 두 제국은 닮은꼴이지만, 그래도 송은 핑곗거리라도 있었다. 초기부터 강성한 북방 이민족들의 위협을 받았으니까. 그에 비해 명은 오랜 몽골 지배에 반대하는 범국민적 지지를 받으며 출범했고, 건국 이후 16세기 중반까지 200년 동안이나 북방이 조용한 호시절을 누렸으면서도 아무것도 쇄신하지 못하고 과거의 낡은 체제만을 답습했다.

정치와 달리 경제는 단선적으로 진화하게 마련이다. 명대에는 농업과 공업, 상업이 그 어느 때보다도 활발했다. 그러나 그런 경제적 번영은 오히려 명을 더욱 안쓰러운 제국으로 만들 뿐이었다. 거꾸로 말하면, 그나마 산업이 발달한 덕분에 명 제국이 그만큼이라도 존속할 수 있었다고 해야 할까?

중화 세계는 달라진 게 없는데 주변 세계는 나날이 발전했다. 중심과 주변의 관계는 서서히 역전되었다. 앞서 보았듯이, 신종 대에 일본이라는 변방의 '오랑캐'는 감히 중국에 도전장을 던졌다. 일본은 중국을 공격할 테니 길을 열어달라고 조선에 요구했다. 이것이 임진왜란의 직접적인 원인인데, 역사 교과서에는 보통 조선을 침략하기 위한 구실을 찾기 위한 것이라고 되어 있지만 실제로 도요토미 히데요시의 진의는 (인도까지는 아니더라도) 중국 대륙의 정복에 있었을 것이다.

어쨌든 일본은 전쟁에서 승리하지 못했고 의도를 관철하는 데 실패했다. 조그만 오랑캐에게 호되게 당할 뻔했던 명 제국은 조선이 대신 막아주고 당해주는 덕분에 체면을 건질 수 있었다. 그러나 조선이 그 역할을 대신해줄 수 없는 북방 이민족들의 공세가 시작되면 사정은 달라질 것이다. 이번에는 체면만 구기는 게 아니라 안방까지 내줄 각오를 해야한다. 일본의 침략을 간신히 방어하고 난 직후에 그런 사태가 터진다.

중국에서 볼 때 만주는 애매한 위치다. 전통적으로 중국 대륙을 노리는 민족들은 거의 대부분 중원 북방의 몽골 초원을 고향으로 하는데, 만주는 거기서도 동쪽으로 한참 떨어져 있다. 게다가 생활 습속도 유목 일변도인 북방 민족과는 달리 반농반목이다. 말하자면 위치로도 몽골과 한반도의 중간에 해당하고 문명적으로도 몽골 유목 문명과 한반도 농경 문명의 절충쯤 된다.

그런 탓에 중국의 한족 왕조들은 전통적으로 만주를 바라보는 시선이 애매했다. 몽골 지역에서 일어난 민족들은 중원에 큰 위협이 되므로 확실히 복속시키거나 멀리 내쫓아버려야 했지만, 만주의 민족들에 관해서는 어느 정도 제압하는 선에서 그치는 식이었다. 그만큼 만주는 '먼 동쪽'(랴오둥)보다도 더 먼 지역이었다(랴오둥의 랴오, 즉 '요遼'는 '멀다'는 뜻이다). 만주에는 그다지 강력한 정치 세력이 존재한 적이 없었으므로 그런 정도로도 별다른 문제가 발생하지는 않았다. 그랬기에 당 제국 초기에도 서돌궐은 완전히 중국에서 내몰았어도 만주로 들어간 동돌궐까지 추격하지는 않았다.

그러나 송대에 거란이 중원과 만주의 중간 지역에 해당하는 랴오둥에서 크게 일어났던 경험은 그동안 동아시아 문명의 오지였던 만주를 터전으로 삼는 민족들에게도 큰 영향을 미쳤다. 더구나 거란에 뒤이어 만주 출신의 여진이 세운 금나라가 중원까지 위협한 사실은 이제 만주가 문명의 후진 지역이 아니라 차세대의 선두 주자로 발돋움할 수도 있다는 가능성을 심어주었다. 그 가능성을 현실화한 나라가 만주족의 후금後金이다.

13세기 몽골족에 테무친(칭기즈 칸)이 있었다면 16세기 만주족에는 누르하치가 있었다. 1588년 만주 일대를 통일한 그는 1616년에 후금이라는 국호와 천명天命이라는 멋들어진 연호를 정하고 제국을 세웠다. 연호 자체도 제국의 상징이지만 연호에 '天' 자를 넣은 건 중화 제국에 대한 자신감의 표출이다. 연호의 뜻을 지나치게 의식한 탓일까? 그는 만주 제국에 만족하지 않고 조상들이 못다 이룬 중원 정복의 꿈을 실현하고자 했다.

그가 닦은 토대 위에서 그의 꿈을 실현한 것은 아들 홍타이지다. 여덟째로 태어나 형제들을 죽이고 제위에 오른 그는 아버지의 꿈을 이루기 전에 먼저 정지 작업에 나섰다. 그것이 바로 17세기 우리 역사를 얼룩지게 만든 두 차례의 '호란胡亂'이다. 불과 수십 년 전에 남방의 대적을 맞아 엄청난 희생을 치렀던 조선은 동북아시아의 새로운 질서에 어떻게 대비했을까?

임진왜란은 조선의 전 국토에 아물지 못할 상처를 남겼다. 무수한 인명이 죽었을 뿐 아니라 전쟁 전에 170만 결에 이르던 전국의 농경지가 종전 후에는 불과 3분의 1로 줄어들었다. 궁궐들을 비롯해 수많은 건축물과 귀중한 문헌이 잿더미로 변했다. 토지대장이 거의 다 없어진 것은 오히려 다행이랄까? 이미 그전에 파탄 지경에 이르렀던 토지제도가 완전히 무의미해졌으니까. 하지만 전쟁이 남긴 엄청난 재앙을 복구할 인력과 재정이 턱없이 부족했다.

더 큰 문제는 국난을 겪고서도 여전히 정신을 못 차리는 지배층 사대부들이었다. 이들과 달리 전란의 잔해를 딛고 즉위한 광해군은 처음부터 기민하게 움직였다(그는 전쟁 중에도 국정 운영을 맡아 의병을 모집하고 명의 지원군을 요청하는 등 분주하게 활동했다). 만주의 정정이 심각한 것을 보고 그는 격변하는 동북아시아의 국제 질서 속에서 지는 해(명)에도, 뜨는 해(후금)에도 치우치지 않는 교묘한 줄다리기 외교를 펼쳤다. 게다가 더 눈부신 활동은 전후 내치에서 선보였다.

혼자 공부하는 이들을 위한 최소한의 지식: 역사

전란으로 국토가 초토화되었으니 가장 시급한 게 토지제도와 조세제도다. 남아 있는 토지라도 추슬러놓아야 농업 생산이 가능할 뿐 아니라, 무엇보다 전후 복구를 위해 필요한 재정은 토지에서 얻을 수밖에 없다. 또한 과전법이 유명무실해졌으니 관리들의 녹봉 체계도 재정비해야만 국가의 기틀이 설 수 있다. 전면적인 국가 재건이 필요한 상황에서 광해군은 대동법大同法이라는 카드를 빼들었다.

대동법의 기본 정신은 대동, 즉 모든 것을 하나로 통일한다는 그 이름처럼 간단하다. 생산자들이 국가에 납부하는 모든 조세를 한 가지 품목, 즉 쌀로 통일하는 것이다(이 쌀은 당연히 대동미라고 불렸다). 그런 점에서 대동법은 명 제국에서 시행되었던 일조편법과 다를 바 없다(중국은 조선보다 화폐경제가 먼저 발달했으므로 은납제를 바탕으로 했다는 점만 다르다). 이전까지 농민이 국가에 내는 세금은 편의상 조세라고 통칭했으나 기본적인 전세田稅를 비롯해 공물, 진상(進上, 특산물), 잡세 등등 다양했다. 생활양식이 다양하니 어쩔 수 없었지만 세금을 그렇게 여러 가지로 거두어들인다면 재정 운영이 효율적으로 이루어지기 어렵고, 무엇보다 부패한 관리가 임의로 착복하기에 유리해진다(원래 근대 국가로 진화할수록 조세의 납부 방식은 단일해진다).

그런 문제점은 이미 16세기에도 표면화되어 있었다. 그러나 당시에는 세제 개혁의 필요성만 팽배했을 뿐 만연한 당쟁 때문에 뒤로 밀렸고 전란 때문에 또 미루어졌다. 여야의 정쟁이 민생을 위한 입법 활동을 가로막는 현대 정치와 비슷한 양상이랄까? 또한 공물과 진상은 국왕에 대한 예우라는 의미가 있었으므로 쉽게 단일화되기 어려운 항목이었다. 하지만 전란으로 모든 게 망가진 마당에 예우 따위를 따질 여유가 없는 데다 유통망이 발달한 탓에 지방의 특산물 정도는 왕실에서 어렵지 않게 구할 수 있게 되었으니 세제를 통일할 조건은 충분했다.

과연 대동법이 실시되자 과세의 표준이 확립되었고, 지방관들의 농간도 줄어들었다. 탈세의 여지도 적어졌고, 면세지가 줄어 국가 재정이 강화되는 당장의 효과도 있었다. 아울러 조세 품목이 쌀로 단일화됨으로써 장차 화폐경제의 도입을 가능케 하는 장기적인 효과도 기대하게 되었다.

그러나 대동법이 전국적으로 시행되려면 무엇보다 토지 측량, 즉 양전量田이 선행되어야 한다. 개국 초기에 실시된 토지조사는 세월이 흐르면서 오래전에 유명무실해졌다. 그렇잖아도 임진왜란으로 경지의 지도 자체가 송두리째 바뀌었으니 아무 소용도 없다. 그래서 광해군 시대에는 중부 지방부터 양전이 이루어지면서 그에 따라 대동법도 점차 단계적으로 실시되었다. 속도는 느렸지만 대동법은 이내 전국적으로 확대되어 19세기 말까지 조선의 기본적인 세제로 기능하게 된다.

이런 광해군의 대내외적 개혁은 부도가 난 국가를 회생시키려 한 것이었으나 사대부들의 걱정거리는 달랐다. 광해군의 눈부신 활약을 목격한 그들은 오로지 조선이 왕정으로 복귀할지 모른다는 것만 걱정했다. 광해군은 왕당파를 형성해 대항했으나 아직 조선은 '사대부 국가'였다 (623쪽 참조). 결국 그들은 광해군을 제거하고 허수아비 군주로 인조를 옹립했다. 명칭은 반정反正이지만 무엇이 '정正'인지 판단하는 것은 사대부들이다.

잠깐 동안의 왕정복고를 뒤로하고 다시 집권한 사대부들은 역사의 시계추를 되돌렸다. 특히 광해군이 이룩한 대내적 개혁의 성과는 그대로 가져갔으나 대외적 노선은 정반대 방향으로 유턴했다. 그들이 보기에는 아무리 지는 해라도 명 제국은 영원한 사대의 대상, 중화 세계의 본산이다. 거꾸로 말하면 아무리 뜨는 해라도 후금은 배척해야 할 영원한 오랑캐일 뿐이다. 문제는 그 오랑캐가 동아시아 세계의 새로운 주역으로 떠올랐다는 데 있다.

사실 홍타이지는 조선이 적대 관계로 돌아서지 않는 한 침략할 의도는 없었다. 원래 역사적으로도 북방의 비중화 세계는 중화 세계의 본진인 중원을 정복 대상으로 삼았을 뿐 한반도를 최종 목표로 여기지는 않았다. 후금의 민족적 조상인 12세기 금의 시절에도 그들은 고려가 사금(事金: 금에 사대함)의 자세로 돌아서자 곧바로 말머리를 돌려 중원으로 쳐들어가지 않았던가? 한반도를 공격한 것은 오히려 중화 세계였지 비중화 세계가 아니었다(고대에 한족 왕조인 수와 당이 고구려를 침략한 게 그 예다). 고려시대에 거란과 몽골의 공격을 받은 이유는 고려가 이상할 만큼 중화 세계에 대한 강한 소속감을 보이면서 북방을 적대시했기 때문이다(왕건의 훈요10조 가운데는 "거란은 금수의 나라이므로 본받지 말라."는 조항이 있다). 따라서 그때도 고려가 최소한 중립적인 입장이라도 취했다면 충분히 전란의 화를 면할 수 있었다.

사정은 수백 년이 지난 뒤에도 전혀 다르지 않았다. 조선이 중화 세계의 막내라는 허울을 아예 벗어버리거나, 아니면 적어도 광해군처럼 중립 외교를 펼쳤더라면 홍타이지는 굳이 중원 공략에 투입할 병력을 소모해가면서까지 조선을 침략할 의지가 없었다. 그러나 인조반정을 주도한 서인 정권이 수구로 돌아서면서 모든 상황이 변해버렸다.

1627년 1월 홍타이지는 아민이라는 부하에게 3만의 병력을 주고 공격 명령을 내렸다. 정묘호란丁卯胡亂의 시작이다. 예상한 사태였으나 막상 뚜껑이 열리자 집권 사대부들은 도대체 뭘 믿고 친명 노선으로 회귀했는지 이해할 수 없을 만큼 허둥댔다. 임진왜란의 직접적 교훈으로 설치한 수도경비대인 어영청御營廳은 무용지물이었다. 광해군이 애써 육성한 북변 수비대 역시 곳곳에서 후금군의 남하를 막으려 애썼으나 한 차례의 전투도 승리하지 못했다. 한 달이 채 못 되어 후금군은 파죽지세로 황해도까지 밀고 내려왔다.

적이 코앞에 닥치자 인조와 조정의 사대부들은 어떻게 했을까? 물론 도망쳤다. 목적지는 일찍이 몽골 침략 때 고려 왕실이 송두리째 옮겨갔던 유서 깊은 피난처인 강화도였다. 한반도 정벌에 힘을 다 빼고 싶지 않은 침략군은 황해도에 주둔한 채, 제 나라에서 망명한 강화도 조선 정부에 화의를 제안했다.

요구 조건은 간단하다. 명의 연호를 사용하지 말고 조선 왕실의 왕자를 인질로 보내라는 것인데, 침략의 이유가 뭔지 명백히 말해주는 요구다. 즉 후금은 장차 명을 칠 때 후방의 안전을 도모하려는 것이다. 승전국의 입장에서 요구가 그 정도라면 패전국 조선의 입장에서는 오히려 다행이라고 봐야 한다. 그러나 사대부들은 그조차도 수락하는 데 난항을 겪는다. 명과의 전통적인 사대 관계라는 대의명분이 걸림돌로 작용했기 때문이다.

결국 반정공신의 대표인 최명길崔鳴吉이 나서서 매듭을 풀었다. 일부 주전론자가 있었지만 실력자가 주화론으로 기울자 노선이 결정되었다. 후금군이 철수하는 조건으로 후금과 조선은 형제 관계가 되었고, 왕자는 아직 나이가 어리므로 왕족 가운데 한 명을 인질로 보내기로 했다. 그런데 가장 미묘한 사안인 명과의 관계는 모호하게 합의된다. 기존의 사대 관계는 단절하되 명에 적대하지는 않겠다는 게 조선의 고집스런 입장이었다. 장차 후금이 명을 공격할 때 군대까지 동원하면서 지원할 수는 없다는 의도를 밝힌 것이다. 후금으로서는 후방 다지기만 성공하면 되니까 일단 통과다.

여기까지만 봐도 600년 전 거란이 고려를 침입해왔을 때와 너무도 흡사하다. 당시에도 거란은 중국의 송을 치기 위한 후방 다지기의 일환으로 고려를 침략했고, 고려에 송의 연호를 쓰지 말라면서 중국과의 관계 단절을 요구했으며, 고려 정부가 그것을 수락하자 철군했다. 그런데 문제는 그다음의 사태 전개도 과거와 다르지 않다는 점이다. 거란이 물러간 뒤 고려가 다시 거란에 적대적인 자세로 돌아갔듯이, 조선도 본심에서 형제 관계를 맺은 게 아니므로 후금을 '형님 나라'로 받들 생각이 전혀 없었다. 그렇다면 수백 년 전에 그랬듯이 이번에도 전란이 그것으로 끝나지 않을 게 분명하다.

눈앞에서 적이 물러가자 조선의 사대부들은 얼마 전에 닥쳤던 위기를 어느새 잊고 본연의 자세로 돌아갔다. 조선의 그런 태도를 더욱 부추긴 것은 후금이었다. 형제 관계를 군신 관계로 착각한 후금은 걸핏하면 조선에 군량을 보내라고 요구하는가 하면 조선 북변을 제 집 드나들듯이 마음대로 오가며 백성들을 약탈했다. 아니나 다를까? 후금은 조선에 형제 관계를 군신 관계로 바꾸자고 요구했다. 사대부들은 여기서 꼭지가 돌았다. 1636년 2월 인조의 왕비인 인열왕후의 문상차 조선에 온 후금의 사신들이 군신의 예를 갖추라고 강요하자 참고 참았던 울분이 터져 나왔다. 사대부들은 일제히 일전 불사를 외쳤고 겁쟁이 인조마저도 마음을 굳게 다잡았다.

그냥 우연히 그렇게 됐는지, 아니면 후금의 시나리오였는지는 알 수 없다. 조선의 태도를 확인한 홍타이지는 우선 1636년 4월에 국호를 중국식 이름인 청淸으로 바꿔 중원 정복의 의지를 분명히 했다(그래서 나중에 그의 묘호도 중국식의 태종이 된다. 역사적으로 태종은 이래저래 골치 아픈 군주다). 그해 12월 청 태종은 직접 12만 대군을 거느리고 조선 침략에 나서는데, 이것이 병자호란丙子胡亂이다.

전쟁의 양상은 1라운드와 거의 다를 바 없다. 불과 보름 만에 청군은 평양을 거쳐 개성 부근까지 내려왔고, 조선의 사대부들은 또다시 뭘 믿고 호전적인 태도를 보였는지 이해할 수 없을 만큼 혼란의 도가니에 빠졌다. 한 가지 전과 달라진 것은 이제 정부의 무능함을 익히 알고 있는 백성들이 서둘러 피난 보따리를 쌌다는 점이다. 왕실과 조정 대신들은 백성들보다 더 잽싸게 짐을 꾸리는 한편, 지방의 동원할 수 있는 모든 군대를 수도로 황급히 불러들였다. 강화도로 피난할 시간을 벌자는 전략이다. 그러나 왕실의 부녀자들을 먼저 강화도로 보내고 인조가 소현세자와 함께 그 뒤를 따르려는 순간 한밤중에 급보가 전해졌다. 청군이 이미 강화로 가는 길목을 차단했다는 것이다.

인조와 조정 대신들은 한강을 건너 남한산성으로 들어갔다. 지방에서 오는 군대도 자연히 남한산성으로 집결하면서 이곳은 임시 수도가 되었다. 하지만 예상치 못한 피난처였기에 예상치 못한 문제가 생겼다. 1만 명이 넘게 불어난 성의 수비대를 감안할 때 비축된 식량으로는 두 달을 채 버티지 못할 정도였다. 그런 사실을 잘 아는 청 태종은 굳이 성을 공략하려 하지 않았다. 20만 명으로 증원한 군대로 성을 튼튼히 포위한 채 지방에서 올라오는 조선군을 경기도 일대에서 차단하면서 기다릴 뿐이었다.

산성 내의 임시정부에서는 뻔한 결론을 두고 격론이 벌어졌다. 항복하는 것 이외에 달리 도리가 없는데도 항복과 항전을 놓고 논쟁이 치열했다. 이해할 수 없는 일이지만 애초에 승산이 제로인데도 청에 호전적인 태도를 취한 것을 생각한다면 이해할 수 없는 것도 아니다. 현실주의자인 최명길을 비롯해 다수는 주화론의 입장이고, 이른바 청서파(淸西派: 인조반정에 가담하지 않은 서인들)의 보스인 김상헌金尙憲 등 노장 세력은 주전론자다. 주화론을 취할 바에야 애초에 왜 전란의 빌미를 만들었을까? 또 주전론을 주장할 바에야 왜 도성을 버리고 남한산성까지 기어들어갔을까? 무엇보다도, 그런 문제라면 전란이 있기 전에 진작 합의할 일이지 왜 이제 와서 그런 논쟁을 벌일까?

어이없고 무의미한 그 논쟁을 종식시킨 것은 강화도에서 들려온 소식이다. 일단 강화도에 들어가는 데 성공한 왕족과 관료들은 여기가 남한산성보다 훨씬 안전할 것으로 믿었다. 하지만 그것도 잠시, 건너편 해변에서 쏘는 청군의 포탄이 바다 건너 강화도 해변까지 날아오자 그들은 잔뜩 긴장할 수밖에 없었다. 그 때문에 아무도 해변에 나가지 못하게 되니 청군이 배를 타고 오는 건 시간문제였다. 남한산성에서 논쟁이 주화론으로 정리될 무렵인 1637년 1월 하순, 드디어 청군은 배로 인천 앞바다를 건넜다.

강화도가 함락되었다는 비보는 남한산성 임시정부의 행보를 더욱 빠르게 만들었다. 주전론을 굽히지 않았던 김상헌과 정온鄭蘊은 자결하려다 실패했고(청 태종이 주전론자들을 보내라고 했으므로 그들은 어차피 적에게 끌려갈 운명이었다), 나라보다 가족들 걱정이 먼저인 인조는 적의 요구를 무조건 수락하고 항복을 결정했다. 1637년 1월 30일, 인조가 세자와 함께 삼전도에 나가 청 태종에게 항복의 예를 올림으로써 두 달 동안의 전란은 끝났다.

항복의 조건은 기본적으로 정묘호란 때와 다르지 않다. 명과의 관계를 단절하고 앞으로는 청에 사대하라는 것이라든가, 왕족과 조정 대신들의 자제를 인질로 보내고 조공을 바치라는 것은 전과 똑같은 요구다. 추가된 사항은 형제 관계를 군신 관계로 바꾸고, 청나라가 중국을 공격할 때 지원군을 파견하라는 것인데, 정묘호란 이후 청이 줄곧 주장하던 내용이다. 조선은 애초부터 청의 모든 요구를 들어줄 수밖에 없는 처지였는데도 쓸데없이 난리만 불러들인 격이다.

청의 중원 정복은 오히려 후방 다지기보다 쉬웠다. 그만큼 명의 국운이 다했다는 이야기다. 홍타이지는 중원 정복을 보지 못하고 1643년에 죽었지만 그의 꿈은 곧바로 실현되었다. 청은 군이 명을 공략할 전략을 세우느라 고심할 필요도 없었다. 제국에서 내란이 일어나 그에게 초청장을 보냈으니까.

중화 제국이 멸망하는 공식은 어느 시대에나 똑같았다. 중앙 정치가 실종되고 경제가 문란해지는 게 근본 원인이지만 직접적 계기는 그로 인한 반란이었다. 명 제국 말기에 그 역할을 맡은 것은 지방 관리였던 이자성李自成이다. 1630년대부터 반란을 일으킨 그는 금세 세력을 키워 수권 후보로 나섰다. 급기야 1644년에는 베이징을 점령하고 대순大順이라는 왕조를 세워 천자로 자칭했다. 청이 진출하는 것을 막기 위해 동북 방면에 가 있던 오삼계吳三桂는 명의 마지막 황제인 숭정제의 명을 받고 반란을 진압하러 오다가 그 소식을 들었다.

정부군으로 파견되었다가 졸지에 반란군의 신분이 된 오삼계는 아예 청에 붙기로 결심했다. 청은 오삼계의 군대를 길잡이로 삼아 순조롭게 중국으로 들어왔고, 손쉽게 이자성의 반란군을 제압했다. 몇 개월 동안 베이징의 국기 게양대에 걸려 있던 대순의 깃발은 곧 청으로 바뀌었다. 이후 걸출한 군주인 강희제康熙帝가 등장해 필요가 없어진 사냥개 오삼계를 제압함으로써 청은 중국 대륙의 주인공이자 중국 역사상 마지막 제국이 되었다.

만주에서 탄생해 중원의 제국이 된 청은 몽골의 원에 이어 두 번째로 들어선 이민족 통일 왕조다. 주목할 것은 북방 민족이 중원의 주인으로 컴백하는 시기가 점점 짧아지고 있다는 점이다. 북중국을 지배했던 남북조시대에서 몽골 지배기까지는 700년의 시차가 있었지만, 몽골 지배기에서 만주족의 대륙 정복까지는 300년의 간격에 불과했다.

청 제국은 처음부터 중원을 겨냥했다는 점에서 수백 년 전의 선배인 몽골과는 성격이 달랐다. 몽골은 쿠빌라이 칸이 국호를 원으로 정하고 베이징에 눌러앉기 전까지는 중국식 제국을 염두에 두지 않았고, 중원보다 서역을 중시했다. 나중에 중국식 제국으로 노선을 바꾼 계기도 몽골 세계 제국이 분할되면서 쿠빌라이에게 할당된 몫이 중국이었기 때문이다. 반면 만주족은 만주를 통일하면서부터 곧바로 중국 대륙을 최종 목적지로 삼았다.

출발과 의도가 다른 만큼 이후의 행보에서도 청 제국은 몽골 제국과 달랐다. 청은 중국의 안방을 차지한 뒤 더 이상의 정복 활동을 중단하고 즉각 안정을 도모했다. 물론 오삼계 세력을 소탕한 것을 비롯해 이후에도 서쪽 방면으로의 정복은 계속되었다. 하지만 청의 정복 활동은 어디까지나 중국 본토를 중심으로 변방의 영토를 확장하는 것이었을 뿐 몽골처럼 다른 세계를 정치적·경제적으로 통합하거나 개척하려는 의도는 아니었다.

마침 중국에 정착할 만한 조건은 좋았다. 무엇보다 만주를 고향으로 하는 이민족 왕조였으므로 대륙을 통일한 역대 한족 제국들이 언제나 첫 사업으로 설정한 북변 정리에 따로 신경을 쓰지 않아도 되었다. 그

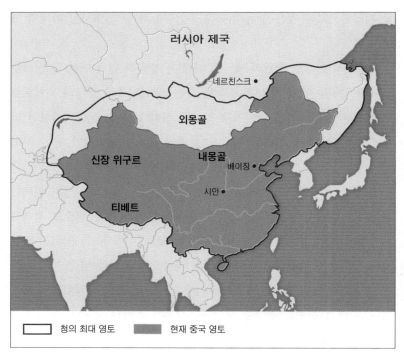

러시아 제국

네르친스크 ●

외몽골

신장 위구르

내몽골

베이징 ●

시안 ●

티베트

☐ 청의 최대 영토   ■ 현재 중국 영토

| 오랑캐의 선물 한족에게 오랑캐의 지배는 물론 달갑지 않았겠지만, 적어도 영토의 면에서는 만주족 지배자들에게 감사해야 한다. 오늘날 우리에게 익숙한 중국의 지도를 만들어준 것은 바로 그들이기 때문이다. 건륭제 치세에 중국의 영토는 서쪽으로 더욱 확대되어 역사상 최대의 규모가 되었다. 하지만 오늘날 티베트를 비롯한 독립을 주장하는 소수민족의 문제는 이 시기에 뿌리를 두고 있다.

점만 제외하면 청 제국은 오히려 여느 한족 왕조와 거의 다를 바 없었다. 청이 몽골의 원보다 훨씬 오래 존속할 수 있었던 장수의 비결은 바로 여기에 있다.

지금의 한족 중국인들은 '오랑캐'들이 중국을 지배한 것을 고마워해야 할 것이다. 청 제국이 아니었다면 오늘날 만주는 중국의 영토가 되지 않았을 테니까. 만주만이 아니라 청대에 중국은 역사상 최대의 영토를 보유하게 되었다. 명 제국 때만 해도 중원과 강남에 국한되었던 중국의 영토는 청대에 이르러 크게 확대되었다. 강희제의 정복으로 북만주를 손에 넣었고, 건륭제 치세에는 중국의 오랜 골칫거리였던 서역, 즉 지금의 신장과 시짱까지 중국의 영토로 병합되었다. 18세기 말에 중국의 영토는 명대에 비해 3분의 1이 더 늘어나 유럽 대륙 전체를 능가하는 광대한 면적이 되었으며, 현대의 중국과 거의 같은 지도를 이루었다.

변방 출신의 왕조답게 청 황실은 자신들의 고향인 만주 일대를 특별 관리하면서 성역화하고 함부로 출입하지 못하게 했다. 이것을 봉금책封禁策이라고 부르는데, 이에 따라 중국인이나 조선인의 이주가 금지되었다. 이 때문에 고구려의 옛 근거지는 영영 한반도 왕조와 이별하게 되었고, 장수왕이 414년에 세운 광개토왕릉비는 무려 1500년이나 지난 19세기 말에야 '발견'되었다. 봉금책이 아니었다면 압록강 바로 북변에 세워진 6미터가 넘는 거대한 비석을 고구려의 것으로 확인하지 못했을 리없다. 봉금책으로 만주 통행이 어려웠던 조선시대에는 심지어 이 비석을 금나라 시조의 비로 오해하기도 했다.

청 제국의 전성기인 강희-옹정-건륭, 세 황제의 치세(1662~1795년) 동안 중국 문명은 역사상 가장 화려한 번영기를 맞았다. 중원을 위협하는 세력도 없었고, 농업을 비롯한 산업도 발달했으며, 무엇보다 인구가 크게 늘었다. 문화적 르네상스는 양념이다. 비슷한 시기 프랑스에서 편찬된 《백과전서Encyclopédie》를 능가하는 방대한 백과사전인 《고금도서집성古今圖書集成》과 《사고전서四庫全書》가 편찬된 것은 이 태평성대의 성과였다 (이 시기에 유럽에서는 계몽주의가 발달했고, 한반도의 조선에서도 영·정조 시대의 문예부흥을 누렸다).

그러나 그 번영은 중화 제국의 한계를 극복한 결과가 아니었다. 오히려 청은 남북조시대의 북조 왕조들이나 몽골처럼 황실이 앞장서서 한화 정책을 추구했다. 이민족 왕조가 늘 그렇듯이 소수의 지배층이 다수의 백성들을 다스리기 위한 불가피한 조치였다. 하지만 청은 그 측면에서 다른 이민족 왕조에 비해 훨씬 산뜻하게 연착륙할 수 있었다. 변방이 안정되었다는 호조건도 있었지만, 그것은 덤이고 실은 그보다 더 근본적으로 유리한 배경이 있었다. 한 제국 시절 이래로 한족 왕조의 고질적 병폐인 환관 정치와 송대 이래로 국정을 좀먹던 당쟁이 자취를 감춘 것이다.

환관 정치와 당쟁이 긴밀한 상호 관계에 있다는 사실은 명대에 확연히 입증된 바 있다. 황제의 카리스마가 강하면 환관들을 직속 부대로 활용하게 되고, 따라서 사대부들이 죽어난다(영락제의 경우). 반면 황제가 무능하면 환관들이 밀려나고 사대부 세력이 득세한다(신종의 경우). 환관이 권력을 장악하면 전제적인 공포정치가 들어선다. 반면 사대부는 환관과 달리 정식 관료이므로 권력이 커지면 자기들끼리 패거리를 이루어 치열하게 싸우게 마련이다. 이렇게 환관 정치와 당쟁이 번갈아 국정을 파탄시킨 게 명대의 정치다.

이런 폐해를 잘 아는 강희제는 환관의 수를 크게 줄이고 정치에 관여하지 못하도록 억눌렀다. 사실 환관은 황제의 수족이나 다름없으므로 고개가 빳빳한 사대부보다는 황제가 마음먹기에 따라 권력을 주거나 빼앗는 일이 얼마든지 가능하다. 이렇게 해서 권력이 누수되는 한쪽 구멍은 틀어막았다. 그럼 사대부 세력은 어떻게 손봐줄까?

적을 제압하려면 우선 무기를 빼앗아야 한다. 사대부들의 무기는 유학 이데올로기다. 조선의 동료들이 잘 보여주듯이, 사대부들은 늘 권력을 탐하지만 동시에 명분을 논하고 정당성을 따진다. 속으로는 이득을 노리면서 겉으로는 이치를 논한다. 유학은 본성적으로 권력 지향적이면서도 다른 한편으로는 허식적인 예를 숭상하기 때문이다. 강희제는 이런 유학의 속성을 형질 변경하기로 한다.

비록 중국식 내각을 도입하고 유학을 장려했지만, 이민족이 지배하는 제국이었으므로 유학 이데올로기가 정치에까지 침투하는 것만은 경계할 수밖에 없다. 유학의 핵심은 중화사상이며 중화사상의 핵심은 한족만이 문명인이고 다른 이민족은 모두 오랑캐라는 데 있다. 이런 유학 이데올로기를 거세하지 않으면 제국의 존립이 위태로워진다. 탄압하지 않으면서도 정치적 성격을 탈색시키는 방법은 유학을 순수하게 학문적인 연구로만 허용하는 것이다. 그래서 강희제는 '가장 학문적인 유학'인 고증학考證學을 장려하기로 했다. 고증학은 관념적이고 철학적인 이치를 주로 논하는(그런 외피 아래에서 정치적 이득을 노리는) 전통적 유학에 비해 경험 과학적 성격이 강했고, 실제로 실사구시의 정신을 바탕으로 지리학·금석학·천문학 등 과학의 여러 분야를 수용했다.

그 방법은 효과 만점이었다. 전통적 유학이 정치적 힘을 잃자 관료들도 제 본분을 찾아 훨씬 관료다워졌다. 당쟁을 일삼으며 정치가로 자부했던 관료들은 이제 행정가 혹은 공무원으로 바뀌었다. 이로써 중앙과 지방에서 두루 정치 안정이 이루어졌다.

강희제는 정복군주이면서도 책을 손에서 놓지 않았고, 한편으로 한화를 추구하면서도 다른 한편으로는 가톨릭 신앙까지 허용한 노회한 황제였다. 청 황실의 그런 이중성을 잘 보여주는 사례는 강희제의 총애를 받았던 손자 건륭제의 치세에 편찬된 《사고전서》다. '사고'란 경(經, 고전 문헌), 사(史, 역사), 자(子, 각종 사상), 집(集, 문학과 예술)의 네 부문을 가리키는데,《사고전서》의 발간은 단지 몇 권의 문헌을 간행했다는 의미가 아니라 당대의 문헌들을 총정리하는 대규모 출판 사업이었다. 여기에는 학문적인 목적 이외에 정치적인 의도가 상당히 담겨 있다. 우선 편찬 과정에서 후금 시절의 야만성과 후진성이 드러나는 부분에는 임의로 수정을 가했고, 중국 역사서들 가운데 요·금·원 등 북방 민족의 제국들에 관한 부분도 여러 가지 첨삭을 거쳤다. 또 각 지방 관청에 보관되어오던 문헌들 중 만주족에 부정적인 것들은 모두 압수했다.

정전이 생기면 나머지는 모조리 외전으로 취급해 탄압할 수 있게 된다.《사고전서》의 편찬을 기점으로 건륭제는 대대적인 금서 정책을 단행했다. 청 황실의 중국 지배가 100년이 넘어 확고한 뿌리를 내린 상태였으므로 건륭제의 사상 교화는 더 이상 한족 지식인층이 딴마음을 먹지 못하도록 종지부를 찍는 셈이 되었다.

또 한 가지 주목할 만한 청대의 제도 개혁은 황태자 밀건법密建法이다. 강희제는 무려 61년이나 제위에 있었던 탓에 그의 아들들은 수도 많았고 장성해 나름대로 세력을 구축하기도 했다. 따라서 오랜만에 이루어지는 권력 승계에 문제가 없을 수 없었다. 강희제의 넷째 아들로 형제간의 치열한 음모와 암투 끝에 제위를 차지한 옹정제는 권력 불안을 해소하기 위해 제위 계승 방식을 개혁하기로 했다(그것은 강희제의 유시이기도 했다).

소수의 만주족이 다수의 한족을 지배하는 상황에 승계 문제를 확실하게 정리하지 못하면 제국의 안정이 불가능해진다. 그래서 그는 동서고금을 통틀어 매우 독창적인 계승 제도를 만들었다. 동양식 왕조에서는 재위 시에 미리 후계자(태자나 세자)를 책봉하는 게 관례다. 이것도 역시 권력 불안에 대비한 조치이기는 하지만 큰 단점이 있다. 만약 후계자에게 불만을 품은 세력이 있을 경우 반란을 초래할 수 있다. 이런 현상을 예방하기 위해 옹정제는 황태자를 책봉하되 자신이 죽을 때까지 비밀에 부치기로 했다. 평소에 자질을 눈여겨보아둔 황태자의 이름을 써서 상자에 밀봉해두었다가 현임 황제의 사후에 개봉하는 것이다. 이 황태자 밀건법 덕분에 옹정제의 다섯째 아들로서 안정적으로 제위를 계승한 건륭제는 할아버지의 재위 기록을 조금 갱신해 중국 역사상 가장 오랜 기간 재위했다.

옹정제의 치세에는 세제의 측면에서도 중요한 발전이 이루어졌다. 그전까지 제국의 세제는 명대의 일조편법을 그대로 이용했다. 그러나 명대에도 중기 이후 실효를 거두지 못했던 일조편법이 청대에 제대로 기능할 리 없다. 동서고금을 막론하고 세금은 언제나 사람과 땅에 매겨진다(이 점은 인류 역사가 지속되는 한 앞으로도 영원히 변하지 않을 것이다). 그런데 땅은 개간지가 늘어나지 않는 한 고정된 과세의 표준이 될 수 있지만 인구는 수시로 달라진다. 청대의 문제는 사람에게 매기는 세금, 즉 정은丁銀이었다.

토지가 없는 가난한 농민들은 인두세를 내기가 쉽지 않았다. 예전처럼 요역 위주라면 몸으로 때우겠지만 은납제에서는 그것도 여의치 않았다. 더구나 지주나 관료, 부호 상인들은 갖가지 교묘한 방법으로 자신이 부담해야 할 정은마저 요리조리 탈세했다. 여기서 빚어진 정은의 손실분은 가난한 농민들에게 전가되었으므로 백성들은 이중삼중의 고통을 겪었다.

그동안 이런 모순을 알고도 고치지 못한 이유는 따로 있었다. 정은은 인구를 대상으로 하므로 제대로 부과하려면 반드시 상세한 인구조사가 선행되어야 한다. 그런데 이게 쉬운 일이 아니었다. 몇 차례 인구조사를 해보았으나 워낙 넓은 지역에 워낙 많은 인구라 성과는 영 신통치 않았다. 이 문제를 해결한 게 바로 1712년 강희제의 성세자생인정盛世滋生人丁이다. 그에 따라 1713년 이후의 인구에 대해서는 정은을 부과하지 않기로 했으므로 사실상 전국의 총 정은액을 고정시키는 결과를 가져왔다. 정은이 상수화되면 변수는 인구에 비해 덜 가변적인 토지만 남게 된다. 그래서 옹정제는 아예 정은을 토지에 부과하는 세금인 지은地銀에 통합시켜버렸다. 이것이 바로 지정은제地丁銀制다. 이 새 제도는 강희제가 도입했으나 본격적으로 시행한 사람은 옹정제였다.

혁신적인 세제 개혁 덕분에 가난한 농민들은 부당한 정은으로 겪던 고통을 한층 덜게 되었다. 그러나 지정은제는 그런 단기적인 성과 이외에 역사적인 의미도 지닌다. 중국 역사상 세법의 개정은 무수히 있었지만, 토지와 사람을 세금의 부과 대상으로 삼는다는 기본 내용은 변하지 않았다(그런 의미에서 당 제국 시대의 조용조租庸調가 모든 세금 제도의 기본 틀이었다. 598~599쪽 참조). 그러나 지정은제로 '땅'과 '사람'이 통합됨으로써 근대적인 단일 항목의 세제가 출현하게 된 것이다.

이런 여러 가지 혁신을 보면 청은 과거와 질적으로 다른 새로운 제국처럼 여겨지기도 한다. 청대에는 늘 골칫거리였던 변방의 문제도 없었고, 환관과 사대부도 얌전하게 본연의 위치를 지켰다. 이민족 지배에 대한 한족의 반발은 끊이지 않았으나 여기에는 적절한 강경책과 온건책이 있었다. 강경책은 한족이 들고일어나지 못하도록 감시하고(이를테면 한족과 만주족의 관료 수를 동일하게 한다), 한족 지식인들이 만주족 지배에 반대하는 이데올로기를 생산하지 못하도록 탄압하는 방법이다(옹정제가 강행했던 문자옥, 즉 필화사건이 그 예다). 또 온건책은 유학을 장려하고(물론 정치적 색채가 탈색된 유학이다), 한족의 습속을 인정하며(이를테면 변발을 강요하지 않는다), 관리 임용에서 한족을 차별하지 않는 방법이다(몽골의 업그레이드다).

유리한 환경과 용의주도한 지배 전략 덕분에 청 제국은 예상외로 오랫동안 아주 잘나갔다. 중국에서 건국 이후 200년 동안이나 번영을 누린 제국은 없었다. 통일 왕조의 평균 수명이 300년이라고 치면, 대부분 건국하고 대륙을 통일한 이후 두 세대쯤 지나면 썩는 냄새가 나기 시작하고, 한 세기쯤 지나면 이미 나라의 꼴이 나지 않으며, 반환점을 돌면 곧장 말기적 증상을 보이는 게 상례였다. 청 제국은 그런 굴욕의 전통을 깼다. 앞으로 얼마나 더 번영할 수 있을까? 아니, 얼마나 더 존속할 수 있을까? 그런데 문제는 제국의 시대가 종말을 고해간다는 점이다. 그것도 세계적인 차원에서.

정치가 안정되자 명대에 기지개를 켜기 시작한 경제도 더욱 활발해졌다. 하지만 이런 번영도 다른 세계와 비교하면 낙관할 게 못 된다. 같은 시기 서양의 발전 속도에 비하면 중국은 현저하게 처지고 있었다. 명대 초기만 해도 엇비슷했던 두 문명의 힘은 유럽이 르네상스와 국민국가 시대를 거치면서 격차가 크게 벌어졌다. 단적인 예로, 산업혁명의 시대를 맞은 유럽에서는 각종 동력기계가 발명되었으나(최초의 증기펌프가 발명된 것은 1699년이다), 중국에서 주요 산업인 농업의 생산력을 증대시킨 동력은 기계가 아니라 여전히 인력과 축력이었다.

더욱이 초기의 안정기 동안 중국은 영토도 늘었지만 인구는 훨씬 더 빠른 속도로 증가했다. 1700년 당시 6000만 명이던 인구는 1800년에 무려 3억 명으로 늘어났다. 이 많은 인구를 제대로 관리할 수 있는 단일한 정치체제나 행정제도는 사실상 없다. 아니, 그 정도 규모라면 애초부터 관리한다는 것 자체가 불가능하다. 이미 중국은 그 넓은 영토와 그

많은 인구를 하나의 제국으로 묶을 수 없는 상태로 접어들었다(제국의 시대는 갔다!). 강희제는 1712년 즉위 50주년을 맞아 이듬해부터 출생하는 백성들을 성세자생인정이라 부르고 이들에게 인두세를 면제해주면서 인구 증가를 자축했으나, 중국은 오히려 맬서스의 인구 법칙("인구는 기하급수적으로 늘지만 식량은 산술급수적으로 는다")에 꼭 들어맞는 사례가 되어버렸다.

근본적인 문제는 정체 현상이다. 청 제국은 양적으로 팽창했으나 질적인 개선이 없었다. 몸은 자라는데 옷은 어릴 때 그대로다. 아니나 다를까. 유리했던 초기 환경의 약발이 떨어지면서 번영의 흐름이 점차 역류하기 시작했다. 경제적 어려움이 심해지자 중국의 모든 왕조에 만연했던 부정부패가 다시 고개를 치켜들었다. 심지어 옹정제는 관리의 부패를 막기 위해 관리들에게 '청렴을 배양하는 수당', 즉 양렴은養廉銀까지 주는 제도를 시행했지만 지는 해를 다시 뜨게 할 수는 없었다(양렴은제는 지방관들이 중앙으로 오는 조세를 착복하는 관행을 근절하기 위해 미리 착복할 만큼의 급료를 올려주는 제도였으니 개선책이라기보다는 전형적인 고육지책이다. 603쪽 참조).

제국 실험은 또다시 실패다. 변방에 아무런 문제가 없었는데도, 인구가 '기하급수적'으로 증가했는데도, 환관과 당쟁의 폐해를 근절했는데도, 심지어 제국을 운영하는 주체가 낡은 중화적 전통으로부터 자유로운 만주족으로 바뀌었는데도, 제국은 여전히 실패다. 그렇다면 이제 제국 체제는 명백히 시대착오적이라고 볼 수밖에 없다.

아닌 게 아니라 당시에는 이미 범세계적으로도 제국이 쇠퇴하는 시대였다. 15세기에 비잔티움 제국을 정복하고 서남아시아와 이집트의 옛 오리엔트 문명권과 동유럽 일대를 지배한 오스만 제국은 전통적인 텃밭이었던 동부 지중해 세계에서조차 서유럽 국가들에 밀려나고 있었으며, 북유럽에서 러시아 제국은 신흥 강국 스웨덴에 발트 해를 빼앗기고 부동항을 찾아 멀리 동쪽으로 시베리아 벌판까지 헤집고 다니는 처지였다 (그 와중에 1689년 러시아와 청 두 제국은 네르친스크 조약을 맺고 헤이룽 강을 국경으로 정했다).

어차피 제풀에 쓰러질 판인 청 제국의 명맥을 끊은 것은 서유럽 국가들이다. 제국의 면모를 근근이 유지하던 건륭제의 치세가 끝나자마자, 중국의 동해상에는 서양의 군함들이 출현하기 시작한다. 종교개혁 이후 가톨릭 선교사들만 오던 동아시아에 웬일로 함대까지 왔을까? 동양사에서는 이 변화를 서세동점西勢東漸이라고 말하지만, 서양사에서는 제국주의적 침략이라고 부른다. 막상 제국인 것은 동양인데, 제국주의라는 말이 서양에서 나온 이유는 무엇일까?

16

자본주의-민주주의:
영국의 경우

자본과 국가 / 국민의 존재와 부재 / 영국과 일본의 닮은꼴 / 근대의 진통 : 영국의 시민혁
명 / 세계 최초의 의회민주주의 국가

러시아 사회주의혁명의 지도자인 레닌은 제국주의를 가리켜 '자본주의
의 최고이자 최후의 단계'라고 말한 적이 있다. 자본주의는 자유경쟁에
서 출발하지만, 끝없는 이윤 추구의 경향으로 결국 독점화되고 생산과
자본의 집적이 최고조에 달하게 된다. 이것이 자본주의의 최고 단계인
제국주의다. 그런데 새로운 시장 개척, 즉 식민지의 획득은 세계 분할이
완료되면서 중단되고, 독점자본주의는 결국 더 이상 이윤을 획득할 수
없는 한계에 이르러 붕괴하게 된다. 따라서 제국주의는 자본주의의 최
후 단계가 된다.

　레닌의 이론이 사실이든 아니든, 적어도 제국주의가 성립하기 위해서
는 먼저 자본주의가 충분히 발달해야만 한다는 것은 분명하다. 한 나라
의 자본주의가 완전히 성숙해 더 이상 나라 안에 머물지 않고 대외로 진
출할 단계에 이르러야만 제국주의라고 부를 수 있다. 그런데 서양의 역

사에서는 로마 제국이 무너질 때 이미 제국 체제가 사실상 끝났다. 따라서 제국주의란 제국이라는 말이 들어 있어도 제국과는 무관하다. 즉 정치적인 의미가 아니라 경제적인 의미를 지니는 개념이다. 레닌은 원래 정치적 개념인 제국주의를 경제적 개념으로 전용한 것이다. 그렇다면 그 뜻은 분명해진다. 제국은 여러 나라(속국)를 휘하에 거느린 체제를 가리키므로, 제국주의란 한 나라의 경제가 국경을 넘어 다른 나라들의 경제를 지배하는 것을 의미한다.

사실 '한 나라의 경제', 즉 국민경제national economy라는 말을 사용하려면 여러 나라가 서로 독립적인 관계, 즉 국민국가nation-state를 이루고 있는 질서가 전제되어야 한다. 바꿔 말하면, 서유럽 세계에 제국주의라는 개념을 적용하기 위해서는 서유럽 각국이 정치적·경제적으로 분립하고 있어야만 한다. 그 발단이 어느 시기인지는 알기 쉽다. 근대 서유럽의 밑그림이 그려진 17세기 중반 베스트팔렌 조약이 성립되었을 때다.

30년 전쟁은 종교를 구실로 삼아 시작되었으나 끝에 가서는 영토가 초미의 관심사로 떠올랐다. 그 사건을 계기로 서유럽 세계는 각국이 영토와 그에 딸린 인구를 놓고 각축전을 벌이는 무대로 변했다. 제국주의의 전 단계, 즉 자본주의는 이때부터 시작된다. 아울러 자본주의의 정치적 버전인 민주주의(자본주의를 민주주의의 경제적 버전이라고 해도 마찬가지다)의 역사도 함께 시작된다.

자본주의는 경제제도이고 민주주의는 정치제도이지만 사실 둘은 같은 뿌리에서 나왔다. 각 나라가 영토를 기준으로 저마다 독립적인 주권을 설정하면서 생겨난 필연적인 경제적·정치적 결과다. 바꿔 말해, 자본주의와 민주주의는 둘 다 한 나라를 단위로 하는 일국적인 현상이다. 그런데 민주주의가 일국적이라는 것은 상식적으로 이해할 수 있지만 자본주의가 일국적이라는 것은 무슨 뜻일까? 자본주의는 처음부터 정치적 국경과 무관하게 성립된 제도가 아닌가? 그랬기에 19세기에 자본주의를 분석한 마르크스도 《공산당 선언Manifest der Kommunistischen Partei》에서 "만국의 노동자여, 단결하라!"고 외쳤던 게 아닌가?

물론 자본에 국적이 없듯이 자본주의는 정치와 무관하다. 자본주의가 만개한 오늘날에도, 정치에는 국경이 있으나 경제에는 국경이 없다는 원칙이 통한다. 하지만 자본주의는 민주주의와 마찬가지로 철저하게 일국적인 데 기원을 두고 있다. 자본주의와 민주주의는 서양 문명의 최대 성과로서 역사적인 산물이다. 자본주의와 민주주의가 발생한 과정을 살펴보면 그 점이 드러난다.

자본주의의 기본 발상은 간단하다. 자본주의란 쉽게 말해 사유재산이 인정되고 누구나 이윤을 추구할 자유와 권리를 가지는 제도를 가리킨다. 따라서 사유재산과 이윤의 개념이 있는 사회라면 일단 자본주의의 토양은 갖추어진 셈이다. 그렇다면 역사상 존재했던 모든 인류 사회는 자본주의사회일까? 그렇지는 않다.

물론 사유재산의 개념이나 이윤에 대한 욕구와 추구는 인류가 도시를 이루고 사회를 형성한 시절부터 있었다. 아무리 원시공동체 사회라 해도 어느 정도의 사유재산은 보장되었고(무기, 집, 노예, 가재도구 등), 공동체 내의 각 개인은 나름대로 영리를 추구했으며(원시적 상업과 산업 활동), 심지어 초보적인 분업과 마르크스가 자본주의의 특징으로 꼽은 잉여가치도 존재했다. 그런 요소들은 서양의 역사만이 아니라 일찍부터 정치가 사회 전반을 지배했던 동양의 역사에서도 발견할 수 있다. 그러나 그것들은 모두 '자본주의적 요소'일 뿐 자본주의는 아니다.

자본주의적 요소가 인류 역사만큼 오랜 전통을 가지고 있다면, 인간의 삶 자체에 자본주의적 요소가 내재해 있는 것이나 마찬가지다. 그런데 그렇게 보면 사회주의적 요소도 마찬가지다. 인간은 사회를 이루어 살게 된 초기부터 집단적 생산의 중요성을 깨달았다. 이집트의 파라오와 중국에서 가장 오래된 왕조인 하나라의 건국자로 알려진 우 왕은 농사에 필수적인 치수의 기술로 지배자가 되었는데, 치수는 개인의 힘으로 가능한 일이 아니다. 또한 인간은 사회의 존속을 위해 누구나 개인적 가치를 어느 정도 포기할 수밖에 없다는 점도 알고 있었다. 모든 인류 사회가 초기에는 사회를 유지하기 위한 가장 기본적인 틀로 종교의 통합력을 이용했다는 사실은 사회주의적 요소가 아주 오래전부터 존재했다는 것을 말해준다. 이렇듯 자본주의와 사회주의의 근본 요소들은 인류 사회에 처음부터 거의 본능처럼 내재해 있었다.

그러나 자본주의 본능이 자본주의 제도로 탈바꿈하기 위해서는 국가라는 인위적인 조건이 필요하다. 유럽이 일종의 거대한 공동체였던 시대, 즉 중세까지는 그냥 그 본능이 자연스럽게 발현되는 것으로 충분했다. 중세에는 영토의 개념이 미약했고 국가의 바탕이 도시와 성곽들 위주였기에 물자의 유통과 같은 경제적 흐름에는 아무런 장벽이 없었다. 하지만 17세기 베스트팔렌 조약 이후 각국이 국경을 엄밀히 확정하고 작은 촌구석들까지 일일이 영토화하게 되면서 경제의 흐름은 군데군데 막히기 시작한다.

그것이 바로 국가 지배자들의 의도다. 막히면 고이게 마련이다. 고인 물은 국가 단위의 부로 축적된다. 국경선은 수자원을 보관하는 댐과 같다. 이리하여 국민국가와 국민경제가 탄생한다. 그에 따라 도시 거주자들만이 아니라 촌락의 농민들까지도 '국민'이라는 개념으로 국가에 편입된다. 물론 당사자의 의사와 무관하게 단지 국가 지배자들의 의도에 따른 변화다. 예를 들어, 알자스-로렌의 주민들은 늘 변함없이 고향 땅에 살고 있는데, 어느 날은 프랑스 국민이 되었다가 다음 날은 독일 국민이 된다. 프랑스어 수업은 졸지에 마지막 수업이 된다.

동양의 역사에서는 국가 체제가 아주 일찍부터 발달했으나 묘하게도 '국민'이라는 개념이 부재했다. '백성'은 언제나 있었어도 '국민'은 20세기의 산물이자 서양식 근대화의 결과다. 그 이유는 통치의 룰이 달랐기 때문이다. 동양의 지배자는 권위를 기반으로 국가를 경영한 반면 서양의 지배자는 거래와 계약을 기반으로 국가를 경영했다.

그 차이를 보여주는 한 가지 예는 지대(地代, rent)의 개념이다. 서양에서는 중세부터 지대의 개념이 발달했지만 동양에서는 지세地稅가 있을 뿐 지대는 없었다(지대는 땅이라는 말이 들어 있지만 엄밀히 말하면 토지나 시설을 이용한 대가를 그 '임자'에게 지불하는 것이고 지세는 '국가'에 무조건 의무적으로 납부하는 세금이므로 의미가 상당히 다르다). 지대의 개념을 적용하면 세금 제도는 아주 쉽게 해결된다. 땅의 이용자(농민)는 땅의 소유자(지주)에게 이용료를 내고, 지주는 또 그것으로 국가에 세금을 내면 되기 때문이다(현물이든 화폐든 상관없다).

동양 사회에 그런 방식이 적용될 수 없었던 이유는 '지주'라는 개념이 없었기 때문이다. 물론 사전적인 의미에서의 지주, 즉 '땅 주인'이라는 개념은 오래전부터 있었으나 동양 사회에서 모든 땅은 원칙적으로 왕(국가)의 것이었다. 지주라는 용어는 존재해도 서양과 달리 동양의 지주는 단지 '수조권자'일 뿐이다(156~157쪽 참조).

동양식 왕조의 농민과 유럽 중세의 농노는 처지가 비슷했지만 지세와 지대의 차이만큼 달랐다. 동양의 농민은 '나라님의 땅을 갈아먹는 한' 무조건 지세를 내야 했다. 지주는 토지의 실제 소유자인 국가를 대리해 '세금'을 받는 역할이었다. 그에 반해 유럽의 농노가 봉건영주에게 지불하는 것은 세금이 아니라 엄연히 이용료, '대가'였다. 농노는 봉건영주가 소유한 시설(토지, 방앗간, 양조장, 대장간, 부두 등)을 이용하고 그 대가를 지불했다. 물론 어느 편이 더 가혹했는지는 또 다른 문제다. 여기서 중요한 것은 개념의 차이다. 정치적·종교적 권위에 입각해 농민의 생산물을 수취하는 동양식 제도와 토지와 시설을 제공한 대가로 농노의 생산물을 수취하는 서양식 제도는 근본이 달랐다.

이런 차이가 국민의 존재와 부재를 갈랐다. 똑같이 농민의 생산력을 착취하는 지배 체제였으나 착취의 명분이 다르기에 사회 진화의 방향이 달라진 것이다. 동양 사회에서 'nation'이라는 단어가 '국가', '민족', '국민' 등 여러 가지로 번역되는 것은 명확한 의미의 국민이 부재했다는 것을 말해주는 단적인 증거다. 서양에서는 왕조시대에도 국민이 있었으나 동양에서는 공화정이 도입되면서 비로소 국민의 시대가 열렸다.

엄격히 말하면 명확한 의미의 국민은 서양에서도 근대에 탄생한 역사적 개념이다. 초기 자본주의의 발생과 발전 과정을 다룬 애덤 스미스 Adam Smith 의 《국부론國富論》은 원제목이 '국부의 본질과 원인에 관한 연구 An Inquiry into the Nature and Causes of the Wealth of Nations'다. 그가 이 책을 쓴 18세기 말에는 'nation'이라는 개념이 상당히 정착되어 '국부'라는 용어로도 전용되었다.

기원으로 보면 서양의 역사에서 국가의 골간을 구성한 것은 '국민'보다 '시민'이 먼저였다. 역사에서는 늘 국가보다 도시가 시기적으로 앞섰다는 점을 기억하면 이해하기 쉽다(다만 동양의 역사에서는 국가가 성립하기 이전에 도시가 발달한 시기가 서양의 경우보다 훨씬 짧았다는 차이가 있다). 그런 전통 때문에 지금도 서양 사회에서는 시민과 국민을 거의 같은 의미로 사용한다. 예를 들어, 선거 연설에서 외치는 '시민 여러분!'이라는 말은 '국민 여러분!'과 같은 뜻이다.

17세기부터 생겨난 유럽의 국민국가들은 즉각 경쟁에 돌입한다. 중세의 서열을 떨쳐버린 이상 모두 다 같은 주권국가의 입장이므로 어느 나라나 힘센 국가가 되기 위해 애쓴다. '힘'이라면 맨 먼저 떠오르는 게 군사력이다. 하지만 군사력의 토대가 경제력임은 군주라면 다 아는 사실이다. 각국의 군주들은 새로 생긴 국경을 이용해 관세로 짭짤한 수입을 올린다. 이것이 중상주의다. 관세의 개념은 고대부터 있었지만 본격적으로 국민경제에서 중요한 역할을 하는 것은 이 무렵부터다. 각국은 관세를 보호 장치로 삼아 국내 경제를 키우는 데 주력한다. 부국강병의 논리가 모든 것에 우선한다.

그러나 산업의 뒷받침이 없이 무역을 감독하고 통제하는 것만으로 국민경제를 키우는 데는 한계가 있다. 제조업이 없고 유통업만 있다면 유통업자 개인은 부를 쌓을 수 있어도 국부는 쌓이지 않는다. 그러므로 중상주의는 근본적이고 장기적인 국부 육성책이 되지 못한다. 이 문제를 해결하기 위한 첨단의 제도가 바로 자본주의다.

초기 자본주의의 진화 과정을 가장 일찍, 그리고 가장 첨예하게 보여주는 예는 영국이다(지금까지 잉글랜드라는 말을 주로 썼지만 이 시기에 스코틀랜드와 통합되어 영국을 이루게 되므로 이제부터는 영국이라고 불러도 되겠다). 애덤 스미스와 카를 마르크스는 둘 다 영국을 모델로 자본주의를 분석했다. 그런데 왜 하필 영국일까? 영국은 중세 유럽의 '오지'였고 봉건제도 가장 늦게 도입되지 않았던가? 사실이다. 그러나 영국이 오지에서 중심으로 비약할 수 있었던 이유는 오히려 중세에 후진 지역이었기 때문이다.

여기에는 지정학적 요인이 크게 작용했다. 영국은 섬이라는 환경 덕분에 고대에는 울었고 중세 이후에는 웃었다. 고대에 켈트족의 나라였던 영국의 '알려진 역사'(기록에 의한 역사)는 기원전 1세기에 카이사르가 브리튼 섬의 남부를 정복해 로마 제국의 브리타니아 속주로 만들면서 시작된다. 그래서 영국의 초기 문명사는 로마와의 관계를 기점으로 형성된다.

이 점에서 영국의 초기 역사는 한반도와 닮은 데가 있다. 한반도에는 아주 옛날부터 토착 문명이 있었으나 알려진 역사는 중국의 한 제국이 랴오둥과 한반도 북부에 4군을 설치하면서 시작되었다. 이 한사군과 토착 민족이 교류하고 갈등하면서 한반도 문명은 서서히 중화 세계의 변방으로 포섭되었다. 마찬가지로 영국의 초기 역사도 로마와 싸우면서 로마의 영향을 받아들이는 양상으로 진행된다.

하지만 브리타니아는 로마 속주가 된 뒤에도 로마 문명의 혜택을 크게 받지 못했다. 이탈리아는 물론이고 갈리아에서도 멀었고 해협을 건너야만 갈 수 있는 오지였기 때문이다. 게다가 원주민들의 반란이 자주 일어나자 로마는 브리타니아에 방어용 요새를 설치하고 군대를 주둔시키는 것 이외에 속주를 본격적으로 경영하려는 의지를 보이지 않았다.

로마 제국이 멸망한 뒤부터 섬이라는 조건은 영국에 장점으로 작용하기 시작한다. 독일 북부에 살던 게르만족의 일파인 앵글족과 색슨족, 유트족이 북해를 건너와 브리튼 섬에 고대 국가들을 수립했다. 전설에 전하는 아서 왕의 시대다. 고트족이 훈족에게 쫓길 때도 반달족이 고트족에게 밀려날 때도 브리튼은 대륙을 휩쓴 혼돈으로부터 한 발자국 떨어져 있었다. 그러다 11세기에 노르망디의 윌리엄이 섬을 정복했을 때, 대륙에서 여러 차례 시행착오를 거치며 정제된 봉건제가 영국에 도입되었다.

30년 전쟁으로 유럽 세계가 분열하기 이전에도 영국은 대륙의 국가들로부터 분리되어 있었다. 베스트팔렌 조약은 각국의 국경선을 확정했지만, 섬나라인 영국은 지리적으로 애초에 영토국가였으므로 달라질 게 없었다. 굳이 선택하지 않아도 영국은 자연스럽게 대륙의 탈봉건화 추세를 받아들여 일찌감치 국민국가를 이루고 일찍부터 국민경제를 꾸릴수 있었다. 유럽 대륙 전체가 전란에 시달리는 동안에도 영국은 그 영향을 받지 않았으며, 대륙의 영토에 욕심을 낼 필요가 없었으므로 굳이 전쟁에 개입할 이유도 없었다. 그동안 마냥 놀고먹은 게 아니라면 영국이 30년 전쟁이 끝난 뒤 근대적 국제 질서에서 유럽의 강국으로 등장하는 것은 지극히 당연한 일이었다.

예나 지금이나 산업의 근간은 먹고 입는 것에 있다. 그래서 가장 중요한 상품은 단연 곡물과 양모다. 전통적으로 곡물 생산량이 남부럽지 않았던 영국에서는 16세기부터 산업 발달이 국가적 과제로 떠오르면서 봉건영주들이 앞다투어 양모 산업에 뛰어들었다. 다만 투자 방식이 좀 별났다. 영주들은 농민들이 경작하던 농토에 울타리를 두르고 양을 기르는 목장으로 개조했다. 토머스 모어Thomas More는 '인클로저 운동'이라 부르는 그 현상을 개탄하면서 《유토피아Utopia》라는 책을 썼지만, 만약 영국의 미래를 알았다면 뭐라고 했을까? 영주들의 그 천박하고 부도덕한 행동 덕분에 영국은 유럽에서 맨 먼저 자본주의국가로 발돋움하고 장차 19세기의 빅토리아 시대에는 '해가 지지 않는 나라'라는 별명을 지닌 세계 최강국으로 군림하게 된다. 역사적 평가가 당대의 평가와 달라지는 게 역사적 시공간의 의미다.

자본주의의 선두 주자였던 만큼 초기 민주주의의 발달 과정에서도 영국은 선도적인 역할을 했다. 그 이유는 영국에서 자본주의가 먼저 꽃 피웠던 이유와 다르지 않다. 영국은 섬이었기에 대륙에서와 같은 복잡한 봉건 정치의 굴레(예컨대 영주들 간의 복잡한 서열·혈연·통혼 관계)에 얽매이지 않았고, 대륙 국가라면 시도하기 어려운 새로운 정치 실험도 시도할 수 있었다. 서로 비슷한 시기에 생겨났으면서도 프랑스의 삼부회와 달리 영국의 모델 의회가 제 기능을 할 수 있었던 것은 그 때문이다. 삼부회와 모델 의회는 둘 다 국왕의 재정적·정치적 필요성을 충족시키기 위해 소집되었지만, 삼부회는 소기의 목적(왕실 재정의 강화)을 달성하고 나서 곧 사라졌고(수십 년에 한 번꼴로 소집되었다가 프랑스 혁명기에 폐지되었다), 모델 의회는 계속 존속해 의회로 발전했다.

오늘날 영국인들은 이 모델 의회를 자랑스럽게 여기면서 영국 의회 민주주의의 역사를 700년으로 잔뜩 늘려 잡지만, 알고 보면 그리 자랑스러워할 만한 역사는 아니다. 중세의 질서가 강력했던 13세기에 의회의 원형이 탄생할 수 있었다는 것은 영국이 그만큼 대륙으로부터 동떨어진 유럽 문명의 후진 지역이었음을 말해줄 따름이다. 특히 로마 교황청의 입김으로부터 상당히 자유로울 수 있었다는 것은 영국에 커다란 행운이었다(그것 역시 교황이 보기에 영국이 큰 비중을 차지하지 않았기 때문이다). 그래서 프랑스의 삼부회에서 가장 중요한 한 '부'였던 성직자가 영국의 모델 의회에는 참여하지 못했다. 16세기에 헨리 8세가 영국식 종교개혁을 통해 쉽게 교회를 장악할 수 있었던 것도 그 덕분이다.

지리적 조건에서 서유럽의 영국은 동아시아의 일본과 상당히 닮은 데가 있다. 두 나라는 섬이라는 환경으로부터 막대한 이득을 얻었다. 영국과 일본의 경우에 섬이라는 조건은 마치 그물처럼 필요 없는 물을 빼내고 원하는 고기만 얻게 해주는 역할을 했다. 이참에 일본의 경우를 살펴보고 넘어가자.

일반적으로 섬의 조건은 양면적인 가치를 가진다. 섬의 차단성과 폐쇄성은 섬나라에 좋게도, 나쁘게도 작용할 수 있다. 그 여부를 결정하는 것은 섬 주체의 역량이다. 일제 강점기의 이데올로기였던 식민사관에서는 그 주체적 역량을 이른바 '민족성'이라고 말하면서 일본은 민족성이 우수했기 때문에 섬이라는 조건을 유리하게 만들 수 있었다고 주장하는데, 배후에 숨은 불순한 의도를 굳이 밝히지 않더라도 그 주장은 엉터리다. 수많은 개인으로 이루어진 하나의 민족을 단일한 민족성으로 동질화할 수 있는 근거는 전혀 없기 때문이다. 설령 민족성이라는 추상적인 성질의 존재를 가정할 수 있다 해도 민족성이 어떻다고 말하려면 그것을 결정하는 또 다른 요인이 필요해지게 된다.

섬나라의 향방을 가늠하는 주체적 역량은 '민족성'의 논리보다 훨씬 단순하다. 그것은 바로 섬의 크기, 즉 땅의 넓이와 인구의 규모다. 영국과 일본은 어지간한 넓이를 가진 섬이며, 대륙의 문명이 전해지기 전부터 상당한 규모의 자체 인구를 보유하고 있었다. 그래서 선진 문명이 도입되기 이전에도 원시적인 독자 문명을 유지했다(영국의 켈트 문명과 일본의 조몬 문명). 대륙과의 알맞은 거리와 더불어 주체적 역량이 있었기 때문에 영국과 일본에 섬의 조건은 유리하게 작용했다.

일본은 고대에 대륙의 선진 문명이 한반도를 통해 서서히 유입되면서 대륙과의 접촉을 시작했다. 이런 흐름은 중국에 당 제국이 들어서면서 동북아시아의 새 질서가 수립되던 시절에 더욱 강화되었다. 그때 일본 최초의 고대 국가인 야마토 정권은 당에 정기적으로 견당사遣唐使를

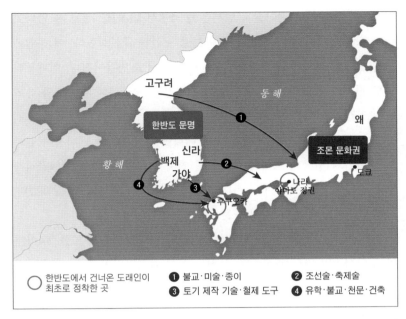

○ 한반도에서 건너온 도래인이 최초로 정착한 곳
❶ 불교·미술·종이
❷ 조선술·축제술
❸ 토기 제작 기술·철제 도구
❹ 유학·불교·천문·건축

| 문명이 전해진 궤적 일본은 영국처럼 어지간한 규모의 섬이었으므로 자체의 토착 문명이 있었다. 그러나 대륙으로부터 한반도를 거쳐 선진 문명을 물려받았다는 사실은 고대사에서부터 여실히 드러난다. 최초의 고대국가를 수립한 야마토 정권은 일본의 서부인 교토 일대를 근거지로 삼았다. 도쿄 부근은 12세기 가마쿠라 바쿠후가 성립한 이후에 일본의 중심지가 된다.

보내 중국의 선진 문물을 적극적으로 받아들였다. 그 결실은 645년의 다이카 개혁이다. 이 무렵 일본은 중국식 체제를 취해 연호를 제정하고 당 제국의 조용조를 본뜬 조세제도를 시행했다. 곧이어 701년에는 율령을 제정했으며, 이 무렵부터 일본이라는 명칭을 국호로 사용하기 시작했다.

여기까지는 섬이라는 조건이 특별한 역할을 하지 않았다. 섬의 차단성이 장점으로 작용하는 것은 이 시기부터다. 8세기 중반 당 제국이 당말오대의 혼란기로 접어들자 일본은 중국에서 더 이상 배울 게 없다고 여겨 당풍唐風에서 주체적인 국풍國風으로 노선을 급선회한다. 이 무렵에 일본 고유의 문화가 생겼고, 일본 문자인 가나도 만들어졌다. 이때부터 열도 전체가 통일되는 16세기 말까지 일본은 중국이나 한반도와 유리된 독자적인 역사를 전개하게 된다.

그 축적된 힘을 모아 국제 무대에 데뷔했고(임진왜란), 데뷔전이 실패로 돌아가자 일본은 또다시 대륙과의 연계를 끊었다. 17세기부터 시작된 도쿠가와 바쿠후의 에도 시대 내내 일본은 외부와 차단된 상태였다. 그렇게 따지면 일본의 '쇄국기'는 무려 1000년이 넘는다.

물론 그 과정은 특정한 개인이나 집단이 의식적으로 주도한 게 아니라 무의식적인 역사 과정이다. 하지만 섬이 아니었다면 좋은 영향을 받아들이고 나쁜 영향을 차단하는 선택이 쉬웠을까?

섬이라는 조건이 일본에 장점으로 작용한 대표적인 사례는 13세기의 몽골 침략이다. 몽골 제국의 명패를 원으로 바꾼 쿠빌라이(세조)는 일본에 사신을 보내 수교를 청했다가 거절당하자(그때까지도 일본은 중국과 거래해서 이득을 볼 게 없다고 믿고 있었다) 본때를 보여줘야겠다고 결심한다. 1274년 원정군은 900척의 함대와 3만 3000명의 병력으로 현해탄의 쓰시마와 이키를 순식간에 정복하고 큐슈에 상륙했다(당시 몽골에 정복된 고려는 병력을 제공했을 뿐 아니라 수만 명의 인력이 몽골에 징발되어 원정에 필요한 함선을 만들었다).

당대 세계 최강을 만나 일본의 사무라이들이 실력으로 물리쳤다면 지정학적 조건 따위는 운운할 필요가 없을 것이다. 그러나 단 하루 만의 교전으로 승부는 판가름이 났다. 개인 전투에 능숙한 일본의 무사들은 몽골의 정규군 앞에 속수무책이었고, 더구나 생전 본 적이 없는 철포라는 신무기는 가히 경악의 대상이었다. 몽골군의 공격이 단 하루만 더 계속되었더라도 일본이 견뎌낼 수 있었을까? 날이 저물자 몽골군은 공격을 멈추고 배로 돌아갔는데, 그날 밤 이번에는 몽골군이 생전 본 적도 없는 신무기가 등장했다. 북태평양 남서부 열대 해상에서 발생해 폭풍우를 동반하고 북상하는 강력한 저기압, 쉽게 말해 태풍이다. 태풍은 산더미 같은 해일을 동반하면서 정박해 있던 몽골군의 선박을 궤멸시켜버렸다.

뜻하지 않은 이유로 뜻을 이루지 못한 쿠빌라이는 1280년에 고려에 정동행성(征東行省: 여기서 '東'이란 일본을 가리키므로 말 그대로 일본을 정복하기 위한 임시 기구였으나 원정이 끝난 뒤에도 폐지되지 않고 오히려 고려의 내정에 간섭하는 기구로 변질되었다)을 설치하고 2차 침략을 준비했다. 이번에는 병력을 증강해 4만 명의 몽골과 고려 연합군을 선발대로 하고 남송군 10만 명을 후발대로 삼아 다시 하카타에 상륙했다. 그런데 이번에도 하늘은 일본을 도왔다. 또다시 불어닥친 태풍과 폭풍우로 4000척의 함선 중 200척만 남고 모조리 침몰되어버린 것이다. 결국 1294년 쿠빌라이가 사망함으로써 일본 원정은 완전히 포기되었다. 세계 제국 몽골이 정복하지 못한 곳은 인도네시아의 자와와 더불어 일본이 유일했다. 둘 다 섬이었기 때문이다.

현해탄이 육지였다면 일본이 멀쩡하지 못했을 것은 당연하다. 몽골 침략 때 목숨을 구해준 태풍을 일본인들은 신풍神風이라고 부르며 신이 일본을 돕는다고 믿었다. 신풍의 일본식 발음은 가미카제다. 그 역사적 효과를 잊지 못한 일본 제국주의는 20세기의 제2차 세계대전에서 자살 전투기 공격대에 가미카제라는 명칭을 붙였다. 하지만 이때는 일본을 돕는 가미카제 따위는 없었다.

브리튼 섬은 일본의 혼슈와 비슷한 규모다. 상당한 규모와 자체 인구가 있었기 때문에 영국도 일본처럼 섬이라는 조건에서 큰 이득을 누렸다. 11세기 중반 윌리엄이 잉글랜드를 정복한 이후 영국은 전보다 훨씬 더 직접적으로 대륙의 영향을 받았으나, 일본과 마찬가지로 무의식적 취사선택이 가능했다. 대륙에서 봉건제는 중세 초기부터 온갖 진통을 겪은 끝에 가까스로 자리를 잡았지만, 영국은 봉건제의 결실만을 도입해 사회 발전을 이루면서 부작용을 최소화할 수 있었다. 봉건제가 대륙에서 더 이상의 발전을 가로막는 후진적 요소가 되자 영국은 신속하게 변신을 꾀했다. 그 결과가 최초의 의회로 나타난 것이다.

의회가 생겨났다고 해서 곧바로 민주주의가 성립된 것은 아니다. 정의상으로 민주주의는 왕정이 아니라 공화정(적어도 입헌군주정)과 궁합이 잘 맞는다. 실제 역사적으로도 고대 그리스 민주주의나 현대 민주주의나 그 점에서는 마찬가지다. 영국의 민주주의가 안착하기 위해서는 또한 차례의 전기가 필요했다.

13세기 말에 의회가 탄생한 이후 의회의 권한은 꾸준히 강화되었다. 강력한 절대군주 헨리 8세의 결혼 문제까지 간섭하던 의회는 헨리의 딸 엘리자베스 1세의 치세(1558~1603년)에 왕권과 바람직스런 조화를 이루었다. 이 40여 년간의 정치 안정으로 국력을 한껏 키운 영국은 에스파냐를 물리치고 일약 서유럽 국제사회에 신흥 강국으로 등장한다.

이때까지 의회와 왕권은 적절한 조화를 이루었으나, 의회는 차세대의 정치기구였고 왕정은 점점 구체제가 되어가고 있었다. 의회와의 관계를 조율하고 종교 문제를 다루는 데 탁월한 능력을 보였던 엘리자베스가 죽자 균형이 흔들리기 시작했다. 더구나 여왕이 독신으로 살면서 후사를 남기지 못한 탓에 왕통(튜더 왕조)이 끊기자 영국 의회는 의회민주주의 노선을 본격적으로 추구할 기회를 얻었다. 그러나 민주주의는 피를 먹고 자라는 나무라고 했던가? 영국 민주주의가 발달하는 과정은 결코 순탄치 않았다.

엘리자베스를 계승한 스튜어트 왕조는 절대주의로 치닫는 대륙의 트렌드에 맞춰 왕권을 강화하는 데 목숨을 걸었다. 17세기 초 대륙에서는 바야흐로 30년 전쟁의 전운이 감돌던 때였다. 유럽의 군주들은 종교의 외피를 벗고 처음으로 실력대결을 준비하고 있었다. 이런 분위기에 힘입어 제임스 1세는 왕권신수설을 주창하는 논문까지 쓰면서 왕권 강화가 부국강병의 길임을 역설했다. 왕의 권력을 신에게서 받았다고 주장하려면 일단 교회의 지위를 강화해야 한다. 그래서 그는 신교 탄압을 피해 영국으로 온 칼뱅교도들을 교회의 적으로 규정하고 가혹하게 짓밟았다. 이들을 청교도Puritan라고 불렀는데, 제임스의 치세에 종교의 자유를 위해 메이플라워호를 타고 신대륙으로 간 102명의 청교도들은 장차 미국 건국의 아버지들Pilgrim Fathers로 추앙받게 된다.

왕권과 의회의 대립, 영국교회와 청교도의 대립, 정치와 종교에서 팽팽히 맞선 이 두 가지 대립은 점차 넓은 전선으로 확대되었다. 왕과 주교는 더욱 밀착되었고, 그에 따라 의회와 청교도도 한 몸이 되기 시작했다. 제임스에게는 다행히도 사태는 그의 치세에 터지지 않았다. 대립의 끝장을 보자고 덤빈 것은 모든 정책을 아버지와 같이, 그러나 그 강도는 아버지보다 높게 구사한 그의 아들 찰스 1세다.

프랑스, 에스파냐, 스코틀랜드와 크고 작은 전쟁이 끊이지 않는 상황에서 왕실에서는 무엇보다 전쟁을 수행할 자금이 필요했다. 귀족들에게서 반강제로 돈을 빌려 충당하던 찰스는 마침내 재정 문제를 근본적으로 해결하기 위해 1628년에 의회를 소집했다. 의회에서도 바라던 바였다. 찰스가 돈을 요구하자 의회는 권리청원을 들이밀었다. "국왕이 의회의 동의를 구하지 않고 마음대로 세금을 징수할 수 없도록 한다." 이 요구 앞에 찰스는 일단 무릎을 꿇을 수밖에 없었다. 당장 특별세를 얻어내는 게 시급했다. 그러나 이듬해 의회가 관세의 징수를 거부하고 나서자 그는 골치 아픈 의회를 아예 해산해버리기로 마음먹었다. 이후 10여 년 동안 그는 마음껏 전제정치를 펼쳤다. 의회의 감시 기능이 마비되었으므로 세금을 마음대로 매겼고 불법 과세도 서슴지 않았다.

그러나 스코틀랜드에 영국교회를 강요하려다 반발을 사서 전쟁이 벌어지자 찰스는 다시 전비가 필요해졌다. 찰스는 오랜만에 의회를 소집하고 의회의 요구를 최대한 수용하겠다는 다소곳한 자세를 보였으나 국왕에게서 한 번 물먹은 경험이 있는 의회는 전보다 훨씬 강경했다. 의회가 왕의 사법권과 종교재판권을 제한하자 찰스는 고분고분 따를 수밖에 없었다.

영국교회에서는 국왕이 곧 '교황'이므로 왕권의 약화는 교회의 약화를 의미했다. 정치적 쟁점이 소강상태에 접어드는 틈을 타 종교 문제가 떠올랐다. 하지만 그 발단은 청교도가 아니다. 1641년 전통적인 가톨릭권인 아일랜드에서 가톨릭 연맹이 결성되면서 독립의 기치를 높이 치켜올렸다(대륙에서는 신교와 구교의 갈등만 일어난 데 비해 영국에서는 국교회가 신교인 청교도와 구교인 가톨릭을 모두 배척했으므로 종교 갈등의 양상이 복잡했다). 불안한 밀월 관계였던 찰스와 의회는 아일랜드 반란을 진압하는 문제를 놓고 결정적으로 갈라섰다. 의회가 진압군의 지휘권을 찰스에게 내주지 않자 찰스는 독자적으로 군대를 편성했다. 국왕과 의회가 별도의 군대를 거느렸으니 군사적 충돌은 필연이다.

양측은 1642년부터 충돌의 계기가 된 아일랜드 문제는 아랑곳하지 않고 서로를 상대로 전쟁에 돌입했다. 이것을 청교도혁명이라고 부르지만, 실상 혁명이라기보다는 내전이었다. 대륙에서 30년 전쟁이 막바지에 이를 무렵부터 영국은 내전의 소용돌이에 휩싸였다. 대륙의 전쟁이나 영국의 전쟁이나 모두 종교가 개입되어 있었으니 유럽 세계 전역이 종교전쟁을 벌인 셈이다.

개전 초기에 왕당파는 연승을 거두면서 곧 그간의 세력 약화를 만회할 듯했다. 그때 의회파에 크롬웰Oliver Cromwell이라는 인물이 혜성같이 등장했다. 의회 시민원의 의원이었던 그는 청교도들을 모아 강력한 철기군을 조직하고 전세를 역전시켰다.

혁명은 절정으로 치달았다. 1648년 크롬웰은 찰스를 포로로 잡았고 이듬해에 그를 처형했다. 이제까지 유럽 역사에서 국왕이 암살되는 경우는 있었어도 혁명 세력에게 공개적으로 처형되는 경우는 없었다. 그만큼 강도 높은 혁명이었다. 크롬웰은 무력으로 의회를 해산하고 스스로 호국경Lord Protector이라는 지위에 올라 국정을 맡았는데, 사실상 왕이나 다름없었다. 굳이 왕정이라는 말을 쓰지 않는다면 때 이른 '군사독재'라고 할까?

독실한 칼뱅주의 청교도였던 크롬웰은 청교도 이념에 입각해 20세기의 군사독재를 방불케 하는 철권통치를 펼쳤다. 건전하고 검소한 생활을 엄격하게 강조하고 음주와 도박을 금지하는 등 국민 생활을 철저하게 압박하는 공포정치였다. 특히 아일랜드의 가톨릭교도들을 군홧발로 짓밟은 것은 두고두고 분쟁의 불씨가 되었다. '크롬웰의 저주'라는 말로 아일랜드인의 뇌리에 깊이 각인된 그 만행은 오늘날 북아일랜드 독립운동에까지 이어지게 된다.

'크롬웰 왕조'는 크롬웰이 죽으면서 끝났다. 공포정치에 신물이 난 사회 분위기에 힘입어 다시 의회가 소집되었고 찰스 1세의 아들이 왕으로 옹립되었다(찰스 2세). 크롬웰은 왕과 같은 권력을 행사했으나 정식 왕은 아니었기에 영국사에서는 이것을 왕정복고라고 부른다.

왕이나 의회나 피차 한 번씩 체면을 구긴 상황이다. 양측은 살얼음판을 걷듯 조심스럽게, 그러나 확고하게 입지를 굳혀나갔다. 하지만 근원이 해소되지 않은 문제는 사라진 게 아니라 잠복할 뿐이다. 그런데 찰스 2세의 동생으로 왕위를 이은 제임스 2세는 기억력이 부족한 탓인지 다시 반동으로 돌아섰다. 그는 형보다 한술 더 떠 노골적인 가톨릭으로 선회했다.

그의 성향을 익히 알고 있었던 의회는 그의 즉위부터 반대하고 나섰으나 안타깝게도 찰스 2세에게 후사가 없었다. 또 쉰둘의 노인네가 하면 얼마나 하랴 싶었다. 지긋지긋한 내전의 경험이 아직도 생생한 판에 조심스럽게 다져온 평화의 기조를 해치고 싶지도 않았다. 그런데 아들이 없던 제임스 2세가 1688년 쉰다섯에 아들을 보게 되자 상황은 급변했다. 의회는 아연 긴장했다. 제임스의 아들을 왕위 계승자로 삼으면 안된다! 의회는 비밀리에 대륙으로 사람을 보내 새로운 왕위 계승자를 모셔오기로 했다. 바로 제임스의 사위인 네덜란드 총독 오라녜공 빌렘이었다.

당시 빌렘은 프랑스 루이 14세의 강력한 패권주의에 맞서 싸우고 있었다. 그런 판에 영국 왕위를 제의받았으니 호박이 넝쿨째 굴러들어온 격이다. 그는 즉각 군대를 거느리고 바다를 건너 런던을 향해 진군했다. 갓난아기를 안고 싱글벙글하던 제임스는 사위가 쳐들어온다는 소식에 프랑스로 내뺐다. 이듬해인 1689년 1월 의회는 영국 왕위가 공석이 되었음을 공식 선언하고 빌렘과 그의 아내인 메리를 새 왕으로 옹립했다

(영국 의회는 왕위 계승의 정통성 문제 때문에 스튜어트 가문의 혈통만큼은 유지하고 싶었다). 영국의 왕이 되었으니 이름도 영국식으로 표기해야 한다. 빌렘은 역사에 윌리엄 3세로 기록되었고 메리는 메리 2세가 되었다.

피 한 방울 흘리지 않은 혁명이었으므로 이 사건에는 명예혁명이라는 이름이 붙었다. 생각지도 않았던 영국 왕위를 얻은 윌리엄 3세로서는 영국 의회의 위력을 새삼 실감하지 않을 수 없었다. 의회 덕택에 왕이 되었으니 의회에 순응할 수밖에 없는 처지였다. 반면 의회는 스튜어트 왕실의 피가 섞이지 않은 외국인 왕을 전적으로 믿을 수는 없었다. 그래서 의회는 의회를 무시하지 말라는 보장 각서를 내밀었고 윌리엄은 기꺼이 서명을 보냈다. 이것이 〈마그나카르타〉, 〈권리청원〉과 함께 영국 의회사의 3대 문서로 간주되는 〈권리장전〉이다.

〈권리장전〉은 가톨릭교도를 왕위 계승자로 삼지 말고 의회를 자주 소집하라고 규정한 것을 제외하면 그 내용은 사실 앞서의 두 문서와 크게 다를 바 없다. 그러나 내용보다 중요한 게 형식이다. 국왕의 선택과 즉위에 결정적인 영향력을 행사한 영국 의회는 〈권리장전〉을 성립시킴으로써 왕권의 한도까지 통제하는 권한을 얻었다. 이제 의회는 왕권보다 우위에 있음이 여실히 증명되었다. 대륙의 모든 나라가 하나같이 왕권을 강화해가는 절대주의 시대에 영국은 거기서 탈피해 의회주의의 방향으로 나아갔다. 그 결과 유럽은 물론 세계적으로도 최초인 근대적 입헌 국가가 생겨났다. 이후 오늘날까지 영국의 왕들은 국가를 상징하는 '꽃'의 역할만 했을 뿐 실제 정치에 관여하지 않았다. "왕은 군림하되 통치하지 않는다."라는 입헌군주제의 원칙이 확립된 것이다.

절대주의의 경제적 파트너가 중상주의라면, 민주주의의 파트너는 자본주의다. 새 옷을 갈아입은 영국은 18세기부터 바깥나들이를 시작했다. 대항해시대에 에스파냐와 포르투갈이 길을 닦고 그 이후 플랑드르의 후예인 네덜란드가 그 길을 포장했다면 그 고속도로를 신나게 달린 것은 영국이다. 서쪽으로는 대서양을 건너 신대륙까지, 동쪽으로는 아프리카를 돌아 인도까지, 영국은 막강한 함대를 앞세워 전 세계를 자기 마당처럼 누비고 다녔다. 대륙 국가들은 이런 영국의 행보에 아연 긴장하는 한편으로 영국을 본받아 중상주의와 절대주의를 버리고 앞다투어 자본주의와 민주주의의 길에 동참했다.

여기서 서유럽과 동유럽은 다시 한 번 갈렸다. 동유럽의 동쪽에는 여전히 러시아 제국과 오스만 제국이 도사리고 있고, 서유럽에서 밀려난 합스부르크 제국은 유럽의 한복판 오스트리아와 헝가리, 보헤미아를 장악하고 있다. 아직도 느슨한 제국 체제를 고집하는 동유럽과 영국에 이어 뒤늦게나마 제정신을 차린 서유럽, 어느 측이 유럽 문명의 적자가 될지는 명백하다. 그러나 서유럽 세계는 이제 유럽 대륙에만 머무르려 하지 않는다. 유럽 문명을 세계 문명으로! 그 수단이 바로 제국주의다.

17

침략인가, 전파인가: 제국주의

야만을 정복한 야만: 유럽의 신세계 정복 / 아메리카에 메이저 문명이 발달하지 못한 이유 / 라틴계와 게르만계의 차이 / 등 떠밀려 인도를 정복한 영국 / 아편이라는 신상품 / 불평등조약의 선례 / 중국에 '조약'이란 / 조선에 '조약'이란 / 중국의 마지막 저항 / 제국주의와 서세동점

●

같은 시대를 놓고 가리키는 용어가 다른 경우가 흔히 있다. 앞에서 말했듯이, 18세기부터 시작된 유럽 문명의 동양 진출을 동양사에서는 서세동점西勢東漸이라 부르고, 서양사에서는 제국주의라 부른다. '서양 세력이 동쪽으로 밀려온다.'는 개념과 '힘센 나라가 약한 나라를 지배한다.'는 개념 중에 더 강력한 의미를 지니는 것은 물론 후자다. 정작 서양의 제국주의적 침략을 당한 동양의 표현이 온건한 반면 침략 주체인 서양에서 더 격한 표현을 쓴다는 건 아이러니다. 하지만 표현에 속으면 안 된다.

제국주의 노선을 주도한 서유럽 세계는 중앙집권적 속성을 지니는 제국 체제와 전혀 무관한 분권적 국제 질서와 민주주의의 정치제도를 취하고 있었다. 그런 점에서 보면 제국주의 시대에 서양 열강이 동양으로 밀려온 현상을 과연 '침략'이라고 규정할 수 있을지는 의문이다. 일반적으로 한 국가의 행위를 침략이라고 부르려면 국가 주체의 정치적인

의도가 담긴 행위여야만 한다. 그러나 다른 세계들에 대한 서유럽 국가들의 행위에는 정치적인 색채가 거의 없었고, 심지어 침략한다는 의식도 별로 없었다. 제국주의와 짝을 이루는 식민지colony라는 말 자체도 원래는 사람들의 '이주'를 나타낼 뿐 땅을 빼앗거나 차지한다는 뜻과는 무관하다(심지어 식민지라는 말이 도시의 이름으로 정착된 사례도 있다. 독일의 쾰른은 로마 시대의 '콜로니아'라는 말에서 생겨난 명칭이다). 그러므로 제국주의적 진출이라는 현상을 정확히 규정하는 용어는 침략이 아니라 '무의식적인 문명의 전파'다.

제국주의 이전의 일이지만, 14~15세기에 대항해시대를 주도한 에스파냐와 포르투갈도 이교도의 다른 세계를 침략하려는 의도에서 항로를 개척한 것은 아니었다. 잘 알려져 있듯이, 그들이 적극적으로 모험에 나선 의도는 두 가지다.

먼저 하나는 그리스도교다. 유럽에서 신교에 밀려 힘을 잃은 가톨릭을 부활시키려면 아시아의 막대한 인구를 대상으로 새 종교 시장을 개척해야 했다. 그 시도는 대성공이었다. 동아시아까지 선교사들이 몰려왔을 뿐 아니라 오늘날 라틴아메리카가 가톨릭 일색이 된 것은 주요한 성과다. 또한 중국에 온 가톨릭 선교사들이 동아시아에 진출하려는 유럽 열강에 충직한 길잡이 노릇을 한 것은 부산물이다.

다른 하나는 통상, 특히 향료 무역이다. 지중해 무역은 이미 이탈리아와 아라비아의 상인들이 독점하고 있었다. 지중해 해도에 독점 항로가 그려져 있는 것은 아니니까 남들이 못 뛰어들 것도 없지만, 아무래도 기득권을 뚫고 들어가려면 무리가 따르게 마련이다. 게다가 지중해도 작은 바다가 아닌 만큼 제대로 항해하려면 경험을 가진 노련한 선원이 필요했다. 다른 방면으로 향료 무역에 동참하려면 서쪽의 대서양밖에 없다. 그런데 마침 이베리아는 대서양에 면해 있다는 지리적 이점이 있으므로 포르투갈과 에스파냐는 대서양으로 나가 향료 산지인 인도와 동남아시아에 가고자 했다. 그 과정에서 포르투갈 상인들이 일본에 들러 화승총을 전해준 게 임진왜란에서 일본이 초기에 승승장구할 수 있는 원동력이 되었다.

포교와 무역은 침략이라는 말과 어울리지 않는다. 공격적인 포교, 침략적인 통상이기는 했으나 정치적 의도와는 무관했다. 유럽의 상인들과 선교사들은 시장(경제적 시장과 종교적 시장)을 찾으려 했을 뿐 다른 세계를 정치적으로 지배하려 들지는 않았다. 그들을 파견한 군주와 국가도 마찬가지였다. 한 가지 예외는 아메리카 신대륙의 정복이다. 라틴아메리카는 16세기에 에스파냐와 포르투갈에 정복된 이래 19세기 초까지 식민지 지배를 받았다. 그러나 이 경우도 전형적인 정치적 지배와는 다르다.

에스파냐와 포르투갈의 신세계 정복은 자본주의 이전 시대이기 때문에 제국주의로 규정할 수는 없다. 하지만 서양 세계가 다른 세계로 진출했다는 측면에서는 제국주의의 전 단계로 간주할 수 있다. 또한 정복의 과정은 서양 문명이 다른 문명을 처음 접할 때 어떤 행동 패턴을 보이는지 말해준다. 아메리카의 마이너 문명을 다루는 것을 보면 3세기 뒤 동아시아의 메이저 문명을 접했을 때 서양 열강이 어떻게 나올지 예측할 수 있을 것이다.

콜럼버스는 서쪽으로 대서양을 횡단해 인도로 가는 항로를 찾으려다가 아메리카를 발견했지만, 이 우연은 오랜 아랍 지배를 종식시키고 유럽 세계의 막내로 동참한 에스파냐에 엄청난 부를 가져다주었다. 신대류의 금과 은은 경제적 시장을 충족시켜주었고, 생각지도 않은 원주민 인구는 풍부한 종교적 시장이 되어주었다. 하지만 만만한 시장은 아니었다. 초기 탐험가들이 본국에 전한 보고에 따르면, 아메리카에는 제법 힘깨나 쓰는 원주민 국가들이 존재한다는 것이었다. 그래서 에스파냐는 곧바로 탐험대 간판을 내리고 대신 '원정대' 깃발을 세우기로 했다. 이들을 정복자, 즉 콩키스타도르conquistador라고 부른다.

당시 멕시코의 고원지대에는 200년 전부터 아스테카 제국이 테노치티틀란(지금의 멕시코시티)에 자리 잡고 주변의 도시국가들을 지배하고 있었다. 그리스도교 이외에는 문명의 개념을 부여하지 않았던 에스파냐인들은 아스테카 제국을 문명국으로 간주하지 않았으나, 아스테카인들은 문명의 가장 명백한 증거인 문자와 달력을 사용했으며, 찬란한 고대 문명인 마야 문명을 계승하고 있었다. 그들의 약점은 문명의 수준에 비해 군사력이 취약하다는 것이었다.

1519년 에스파냐의 코르테스Hernán Cortés는 함선 11척, 대포 14문, 병력 660명을 거느리고 쿠바의 기지를 떠났다. 그들이 닿은 곳은 오늘날 멕시코시티의 외항이라 할 베라크루스, 이곳에서 에스파냐군은 무려 4만 명의 원주민 군대와 싸워 이겼다. 아스테카의 결정적인 약점과 에스파냐의 우수한 화력이 한데 어우러져 낳은 '어처구니없는' 전과였다. 말을 본 적이 없는 아스테카인들은 말을 탄 에스파냐 병사를 하나의 생물로 여길 정도였다(이 '켄타우로스'를 보고 그들은 말을 뜻하는 에스파냐어 카바요caballo를 변형해 카바호kabajo라고 불렀다). 코르테스는 이곳을 베이스캠프로 삼고 테노치티틀란의 공략에 나섰다.

원주민 군대의 실력을 충분히 파악한 코르테스는 손쉽게 테노치티틀란을 점령했다. 이교도의 문명은 문명이 아니라는 그의 생각은 문명이라는 이름 아래 지극히 야만적인 행위로 이어졌다. 수천 년을 내려오던 멕시코의 고대 문화를 군홧발로 짓밟고, 아스테카 원주민들을 대량으로 학살한 것이다. 아스테카 궁전을 장식했던 수많은 황금 장식물은 순전히 본국으로 수송하기 편리하도록 하기 위해 현지의 가마에서 녹여졌으며, 피라미드를 비롯한 테노치티틀란의 많은 신전은 최우선적인 파괴 대상이 되었다. 이렇게 이교도 문명에 대한 적개심을 부추긴 것은 본국에서 파견되어 정복 전쟁 때마다 군대를 따라다닌 가톨릭 사제들이었다.

또 하나의 아메리카 토착 문명인 잉카 문명은 더 보잘것없는 동기에서, 더 어처구니없는 과정을 거쳐 무너졌다. 신세계가 발견된 이후 에스파냐에서는 탐험가를 자처하는 수많은 건달이 대서양을 건넜다. 대부분은 남아메리카 어딘가에 있다는 엘도라도라는 황금의 땅을 찾으려는 꿈을 가지고 있었다. 그중 하나가 피사로_{Francisco Pizarro}라는 자였다. 한동안 수색하고 탐험한 결과 그는 페루의 잉카 제국이 바로 엘도라도라고 확신했다.

10세기 이후 안데스 고원지대의 쿠스코에 자리 잡은 잉카 제국은 사실 에스파냐가 침략해올 무렵 전성기를 맞고 있었다. 더욱이 잉카는 아스테카와 달리 군사력도 상당한 국가였다. 수백 년에 걸쳐 인근 민족들을 차례로 정복했고 15세기부터는 멀리 북쪽의 에콰도르까지 손에 넣은 정복 국가였다. 그러나 국력이 크게 일어나자 잉카의 지배층은 쿠스코파와 에콰도르파로 양분되어 다툼을 시작했다. 결국 두 세력은 치열한 내전을 벌여 에콰도르파가 승리했지만, 조개와 새의 싸움에서 이득을 보는 쪽은 어부뿐이다. 그 어부가 바로 피사로였다.

자칭 탐험가, 타칭 건달이었던 피사로는 그간의 탐험 공로로 1531년

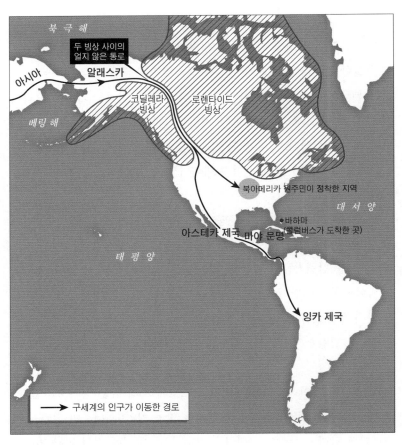

북극해

두 빙상 사이의
얼지 않은 통로

알래스카

아시아

베링 해

코딜레라
빙상

로렌타이드
빙상

북아메리카 원주민이 정착한 지역

대 서 양

•바하마
(콜럼버스가 도착한 곳)

아스테카 제국 마야 문명

태 평 양

잉카 제국

──▶ 구세계의 인구가 이동한 경로

| 문명의 자연사   마이너 문명은 메이저 문명과 접촉하면 붕괴하거나 흡수된다. 그런 점에서 문명의 발전 과정은 큰 틀에서 보면 의외로 자연사적 과정과 비슷하다. 원래 아메리카는 인류가 자생한 곳이 아니라 아시아인들이 건너가 문명을 일군 대륙이었기 때문에 인구가 워낙 희박해 마이너 문명으로 발달할 수밖에 없었다. 그러나 유럽인들이 수백 년 늦게 들이닥쳤더라면 아메리카 토착 문명도 쉽게 무너지지 않았을 것이다.

180명의 병력을 인솔하게 되어 지휘관이라는 명함을 하나 더 만들었다. 그는 새 명함을 에콰도르의 실력자인 아타우알파에게 내밀었다. 쿠스코

세력과 한창 전쟁 중이던 아타우알파로서는 강력한 무기를 가진 에스파냐군이 지원을 약속하니 반갑기 그지없었다. 그러나 이듬해 내전에서 승리하고 황제가 된 아타우알파에게 피사로는 명함 대신 성서를 내밀었다(물론 그 자리에는 에스파냐 사제가 있었다). 태양신을 비롯한 자연의 신들을 믿는 잉카인들에게 성서가 웬 말인가? 아타우알파는 성서를 내던지고 개종을 거부했다. 그러나 그것은 겨우 180명의 카바호들에게 제국을 송두리째 내주는 결과를 빚고 말았다. 1533년 마지막 잉카 황제 아타우알파는 문명의 얼굴을 한 야만인들의 손에 처형되었고, 그 반인반수 야만인들은 쿠스코에서 멀찌감치 떨어진 태평양 연안 산기슭에 리마라는 신도시를 세워 본격적인 식민지 지배에 나섰다.

졸지에 본토의 수십 배에 달하는 해외 식민지를 얻게 된 에스파냐 본국은 무척 분주해졌다. 이를 관리하기 위해 왕실 직속기구가 편성되었다. 처리해야 할 중요한 문제는 얼추 세 가지였다. 첫째는 식민지 통치구조의 확립인데, 본국과의 업무 연락을 위해 가장 시급한 과제였다. 둘째는 탐험가와 콩키스타도르에 대한 보상이었다. 현지에서 흘린 에스파냐 군대의 피와 땀을 보상해주지 않으면 금세 반란이라도 터질 분위기였다. 셋째는 이교도의 개종이었다. 이것은 가장 어려운 문제였지만 천천히 해나가면 되니까 시급하지는 않았다. 이 문제들에 대한 해결 방법은 간단했다. 에스파냐 왕실에서는 믿을 수 있는 인물로 식민지 총독을 파견했고, 현지의 콩키스타도르에게는 각자 정복한 영토를 관할하게 했으며, 정복지마다 교회를 짓게 하고 사제들을 대량으로 파견했다. 이렇게 해서 세 가지 문제는 모두 쉽게 해결되었다. 단, 에스파냐의 입장에서.

정복 과정에서 살아남은 원주민들은 즉각 강제 노동에 동원되었다.

농장을 소유하고 전권을 움켜쥔 콩키스타도르는 그 토지에 살던 원주민들을 그대로 노예로 삼았다. 콩키스타도르의 입장에서는 본국에 세금도 내야 하고 이익도 거두어야 하지만 무엇보다도 먼저 그동안 들인 본전을 뽑아야 했다. 정복 과정에 들어간 경비는 대부분 자비였던 것이다(식민지 정복에서도 서양 세계의 특징인 '민간 주도'의 원칙을 볼 수 있다). 오늘날까지 이어지는 남아메리카의 플랜테이션은 이때부터 시작되었다.

플랜테이션의 주요 작물은 담배와 목화, 쌀 등 다양했는데, 그 가운데 특히 유럽인들에게 직접적인 수요를 촉발한 것은 설탕이었다. 농장주들은 동남아시아와 인도가 원산지인 사탕수수를 아메리카로 가져다 노예 노동력으로 재배했다. 유럽은 예로부터 사탕수수와 설탕을 알고 있었으나 기후와 토질이 맞지 않아 재배가 불가능했다. 그래서 감미료로는 꿀을 썼는데, 전량 수입할 수밖에 없는 설탕은 지금과 달리 꿀보다 훨씬 고가품이었다. 사탕수수의 재배에서 재미를 본 농장주들은 커피와 홍차, 고무도 아메리카로 가져다 재배해 유럽으로 수출했다.

뒤늦게 아라비아의 지배에서 벗어나 한동안 서유럽의 후진국 신세를 면치 못했던 에스파냐는 신세계를 밑천으로 일약 비약적인 신분 상승을 이루었다. 특히 엘도라도까지는 못 되었어도 멕시코에서 대량으로 발견된 은광과 금광은 에스파냐의 경제에 결정적인 기여를 했다. 현금을 땅에서 캐내는 셈이니까 이탈리아 상인들이 지중해에서 거두는 무역 이득과는 비교할 수도 없었다. 에스파냐로 흘러드는 금과 은은 서유럽 경제 전체를 쥐고 흔들 정도였다. 뒤늦게 신세계의 위력을 깨달은 서유럽의 전통적 강국들은 당연히 여기에 주목했다.

그러나 당시 서유럽인들은 미처 실감하지 못했겠지만 그들이 신대륙에서 얻은 보물은 따로 있었다. 그것은 유럽만이 아니라 구세계 전체가 신세계 덕분에 누리게 된 혜택이다. 오랫동안 구세계와 단절된 역사를 지녀왔기에 신세계 원주민들은 구세계에서 볼 수 없는 새로운 작물들을 재배하고 있었다. 옥수수, 감자, 강낭콩, 호박, 면화, 토마토 등 신세계에서 유입된 이런 작물들은 단순히 식탁을 풍요롭게 만든 것을 넘어 구세계, 특히 유럽에 만연된 빈민의 기아 문제를 해결하는 데 크게 기여했다 (물론 초콜릿처럼 식탁을 풍요롭게 만들어준 작물도 있었다). 근대 유럽 세계가 경제적으로 비약적인 발전을 이룰 수 있었던 데는 감자 같은 구황작물의 역할이 결정적이었다. 하지만 호사다마일까? 만병의 근원이라는 담배도 신세계가 원산지였으니 말이다.

에스파냐인들의 신대륙 침략은 물론 심각한 역사적 범죄다. 그러나 개인적 침탈 행위는 전부 의도적이었어도 전체적으로 보면 그것은 역사적 무의식의 발동이다. 물이 높은 데서 낮은 데로 흐르듯이 인구밀도가 높고 문명의 빛이 밝은 곳에서 인구가 희박하고 어두운 곳으로 자연스럽게 문명이 흘러간 것이다. 그런데 아메리카 대륙은 왜 문명의 빛이 약했을까? 근본적으로 보면, 외부에서 이식된 문명의 한계다.

아메리카 원주민은 3만~4만 년 전에 베링 육교를 건너 신대륙으로 넘어간 북아시아 몽골인의 후예다. 처음부터 인간이 살았던 곳이 아니라 다른 대륙의 인간이 이주해 문명을 일구었기 때문에 수만 년이 지났어도 대규모 문명으로 발달하지는 못했다. 메이저 문명이 발달하기 위해서는 지리적 여건과 어지간한 규모의 인구가 필요하다. 이 지역은 지리적 여건이 좋았으나 인구는 적을 수밖에 없었다. 더구나 빙하기가 끝나고 베링 육교가 해협으로 변해 아시아와 아메리카가 갈라지면서부터는 구세계로부터의 이주도 끊어졌다.

만약 아메리카에 원래부터 인간이 살았고 원시시대의 토착 문명이 존재했다면 당연히 북아메리카의 넓은 평원지대를 무대로 대규모 문명이 성장했을 것이다. 지금의 미국이 자리 잡은 평원은 기후도 좋고 사냥할 짐승도 많았다. 하지만 인구가 적을 경우 평원지대는 오히려 위험성만 클 뿐 문명의 좋은 터전이 되지 못한다. 유입 인구의 일부는 평원지대에 남았지만 대다수는 더 남쪽으로 내려갔다. 전자는 오늘날 북아메리카 원주민의 조상이 되었으며, 후자는 산악지대로 들어가 국소적인 도시 문명을 일구었다. 그들이 곧 멕시코의 아스테카인들과 안데스의 잉카인들이다. 그나마 그들은 제국의 얼개를 갖추는 데까지 나아갔지만 시기적으로 더 앞선 마야인들은 멕시코의 유카탄 반도 일대에서 고립된 도시 문명을 이루는 데 그쳤다.

신세계 문명권이 어마어마한 땅덩이에 비해 초라할 정도로 미약했고 인구도 대단히 적었다는 것은 어차피 다른 문명권에 의해 멸망당하거나 합쳐질 운명이었음을 뜻한다. 흔히 유럽 문명이 아메리카 토착 문명을 정복한 것에 대해 분개하고 고발하는 것을 진보적인 역사관이라고 여기지만, 마이너 문명이 메이저 문명에 무너지는 것은 어느 시대에나 필연적인 흐름이었다. 역사와 전통에서 유럽에 결코 뒤지지 않는 구세계의 한 지역, 즉 동북아시아에서는 에스파냐가 그렇게 무력을 동원한 정복의 양태로 포교와 통상을 관철하려 하지 않았다는 게 그 점을 반증한다. 아마 하려 해도 할 수 없었겠지만.

자본주의와 민주주의라는 새 옷으로 갈아입고 나선 2차 세계 진출에서도 정치적 의도가 앞서지는 않았다. 대항해시대 이후 한 세기 동안 극심한 종교전쟁을 거쳐 국민국가로 분립한 서유럽은 17세기부터 다시 유럽 바깥으로 진출하기 시작했다. 2~3세기 전에 에스파냐와 포르투갈이 다른 세계를 알기 위해 '탐험'했다면, 그 바통을 이어받은 영국과 네덜란드, 프랑스는 처음부터 다른 세계를 '착취'하려는 목적을 분명히 가지고 있었다. 실제로 그들은 세계 각지에서 식민지를 개척했으므로 의도로만 보면 예전의 진출보다 훨씬 더 침략적이었다. 그러나 폭력성과 야만성, 정치적 지배의 야심은 1차 진출에 비해 더 적었다. 한 가지 예외는 노예무역이다.

아프리카 원주민들을 노예로 부리기 시작한 것은 아프리카 항로를 맨 처음 개척한 포르투갈이다. 포르투갈 상인들은 아메리카의 사탕수수 플랜테이션에 필요한 노동력을 공급하기 위해 아프리카 서해안에 사는 흑인들을 닥치는 대로 잡아다 노예로 삼았다. 이때까지만 해도 노예가 필요하면 잡아오는 방식이었으므로 일종의 '주문생산'에 불과할 뿐 노예무역이라고 부를 만한 규모는 아니었다. 그러나 2차 진출이 시작될 무렵에는 노예시장이 형성되고 본격적인 노예무역이 전개되었다.

영국과 프랑스, 네덜란드의 무역선들은 면포 수출품을 싣고 목적지인 아메리카로 곧장 가지 않고 중간에 아프리카 서해안에 들러 직접 노예를 사냥하거나 현지 왕국들이 모아놓은 노예들을 면포와 바꿔 신대륙으로 향했다. 신대륙에 도착하면 상인들은 싣고 온 면포와 노예를 현지 산물과 교환했다. 그 산물은 주로 설탕과 담배, 면화 등의 농작물이었으므로 결국 서유럽 국가들은 노예를 무역의 매개체로 삼아 원료를 수입하고 완제품을 수출하는 이중의 성과를 거둘 수 있었다. 이것이 악명 높은 삼각무역이다(교역이 삼각형 구조이기도 하고, 서유럽 – 아프리카 – 아메리카를 거치는 무역로의 모양도 삼각형이다).

수세기 동안 서유럽 국가들이 아프리카에서 신대륙으로 운송한 노예의 수는 최대 4000만 명에 달했다. 더욱이 신대륙에 도착한 노예들은 병에 걸리거나 기후와 환경에 적응하지 못해 무려 3분의 1이 사망했으므로 노예무역은 '품목'으로 보나 과정으로 보나 역사상 가장 참혹한 무역이었다. 이렇게 노예무역이 성행했던 자취는 노예제가 폐지된 지 100년이 훨씬 넘은 오늘날까지도 남아 있다. 월드컵 대회에 참여하는 서유럽 국가들의 축구 대표선수들 중에 영국과 네덜란드, 프랑스의 흑인 선수 비율이 높고 독일과 이탈리아, 동유럽 국가들에 흑인 선수가 별로 없는 이유는, 운동 능력의 측면을 배제한다면 노예무역의 역사 때문이다.

노예무역으로 가장 큰 혜택을 본 도시는 영국의 리버풀이었다. 여기서 내륙 방면으로 50킬로미터쯤 떨어진 곳에는 면직물 공업이 발달한 맨체스터가 있는데, 리버풀은 맨체스터에서 생산된 면포를 이용한 삼각무역으로 18세기에 영국에서 가장 번영하는 도시로 발돋움했다. 맨체스터가 산업혁명의 중심지로 발돋움한 것, 1830년에 리버풀-맨체스터 사이에 세계 최초의 철도가 건설된 것은 노예무역의 직접적인 결과다(스티븐슨이 증기기관차 실험에 성공한 지 불과 5년 뒤였다). 비틀스가 리버풀에서 탄생했고 맨체스터 유나이티드 축구팀이 세계적인 명성을 얻은 것도 멀리 보면 그 때문이 아닐까?

대항해시대와 제국주의 시대의 차이는 민족적 구성에서도 확인할 수 있다. 1519년 코르테스는 멕시코의 베라크루스를 정복하고 원주민 여자 노예와 결혼했는데, 이것은 장차 중남미에 새로운 인종이 생겨나는 계기를 보여주는 상징적인 사건이다. 에스파냐의 군인들은 원주민 여성들을 닥치는 대로 강간했고 마음에 들면 첩실로 삼았다. 가톨릭에서는 예나 지금이나 축첩을 엄격히 금지했으므로 당시 콩키스타도르의 자질이 어땠는지 잘 보여주는 증거다. 게다가 초기 정복이 끝난 이후에는 포교를 위해 에스파냐의 가톨릭 선교사들이 병사들과 함께 신대륙으로 파견되었다는 사실을 감안하면, 당시 구교의 도덕성이 얼마나 해이했는지 짐작할 수 있다.

앞에서 보았듯이, 아메리카 원주민의 조상은 3만~4만 년 전에 베링해를 통해 이주한 몽골계 인종이다. 콜럼버스가 아메리카를 인도로 착각한 탓에 지금도 '인디언'의 에스파냐어인 '인디오'로 불리지만 원래는 아시아인이었다. 그런데 에스파냐의 정복자들의 성적 문란으로 원주민과 라틴계 백인의 피가 섞여 메스티소mestizo라는 새로운 인종이 생겨났다. 그로부터 불과 500년 만에 메스티소가 중남미 최대의 인구로 자리 잡은 것은 그들의 '맹활약' 덕분이다.

라틴계 백인이 아메리카 원주민과 대량으로 혼혈을 이룬 것에 비해 후대에 진출한 게르만계의 백인(영국, 프랑스)은 큰 차이를 보인다. 신교도인 이들은 현지 주민들을 노예처럼 거느리기는 했으나 그들과 결혼하거나 성적으로 관계하는 경우가 드물었다. 왜 그랬을까? 그런 차이가 빚어진 원인은 몇 가지로 볼 수 있다. 우선 당시 가톨릭교회가 그만큼 타락했다는 사실을 간접적으로 말해준다. 그랬기에 종교개혁이 일어난 것이겠지만. 둘째, 에스파냐와 포르투갈이 지배한 중앙아메리카나 남아메리카와 달리 북아메리카의 경우에는 가톨릭에 비해 비교적 도덕적이었던 청교도들을 중심으로 이주가 이루어졌다. 셋째, 가족 단위로 이주했기 때문에 군인들이 위주였던 에스파냐와는 달랐다. 하지만 가장 중요하고도 근본적인 원인은 앞에서 본 것처럼 아메리카의 다른 지역에 비해 북아메리카에 워낙 원주민 인구의 수가 적었다는 점이다. 아메리카의 문명 전체가 마이너 문명이었지만, 광활한 면적에 비해 인구가 희박한 북아메리카 평원에는 더 작은 규모의 부족 문명밖에 발달하지 못했다.

유럽 세계의 1차 진출과 2차 진출의 차이가 가장 명확하게 드러나는 부문은 식민지 통치다. 에스파냐와 포르투갈은 아메리카 대륙을 정복한 뒤 19세기 초까지 300여 년 동안이나 정치적으로 지배하면서 오로지 식민지 착취로만 일관했다. 그에 비해 2차 진출의 주역인 서유럽 국가들은 정치적 침략이나 정복의 의도가 훨씬 약했다. 자본주의 이전의 시대와 자본주의가 경제제도로 확고히 뿌리 내린 시대의 차이다. 18세기에 인도를 놓고 격돌한 영국과 프랑스의 전략에서 그 점을 확인할 수 있다.

오늘날 인도는 하나의 나라로 되어 있지만 원래 이곳은 '아대륙'으로 불릴 만큼 넓은 지역이었고 역사도 단일하지 않았다. 20세기 이전까지 인도는 지역의 명칭일 뿐 역사적으로나 민족적으로나 종교적으로나 하나의 나라를 가리키는 명칭이 아니었다. 크게 구분하면 북인도와 중부 데칸 고원, 남인도의 셋으로 나눌 수 있는데, 우리에게 잘 알려진 인도의 역사는 북인도의 역사다. 그 북인도도 제2차 세계대전이 끝난 뒤 종교적 갈등 때문에 인도와 파키스탄으로 나뉘었다.

고대부터 인도는 유럽에 공급되는 향료의 주요 생산지였으므로 유럽 상인들에게는 늘 동경의 대상이었다. 하지만 중세 내내 북이탈리아와 아라비아 상인들이 지중해 무역을 독점한 탓에 유럽의 다른 나라들이 향료 무역에 뛰어들려면 대서양 항로를 개척하는 수밖에 없었다. 바르톨로뮤 디아스Bartolomeu Dias가 희망봉을 발견한 것도, 바스쿠 다 가마Vasco da Gama가 아프리카 항로를 개척한 것도, 콜럼버스가 아메리카를 발견한 것도 모두 지중해를 피해 향료 원산지인 인도로 직접 가려는 염원의 소산이었다.

영국과 프랑스가 인도에 왔을 무렵 북인도의 주인은 무굴 제국이었다. 16세기부터 이 지역을 지배한 제국은 한때 크게 번영했지만 18세기 초에는 눈에 띄게 쇠퇴하고 있었다. 그러나 영국과 프랑스는 허약한 무굴 제국을 공략하지 않고 제국의 동쪽 변방에 위치한 벵골을 무역 거점으로 삼았다. 아무리 이빨 빠진 공룡이라 해도 제국의 명맥을 아예 끊을 의도는 없었다. 두 열강이 인도에서 원한 것은 정복과 지배가 아니라 오로지 무역 이득뿐이었다.

오히려 두 나라는 인도를 무대로 삼아 자기들끼리 치열한 다툼을 벌였다. 같은 무대에서 같은 의도가 부딪히자 충돌은 불가피했다. 인도의 향료를 독점하고 인도를 자본주의적 시장으로 개척하려는 의도였던 만큼 두 나라는 구사하는 전략도 똑같았다. 영국과 프랑스는 인도 현지의 부족들과 연합하기 위해 필사적으로 구애의 손길을 뻗쳤다. 여기서 한발 앞선 영국이 1757년 플라시 전투에서 프랑스를 누르고 인도에 대한 독점권을 따냈다.

하지만 인도를 독차지하게 되었어도 영국은 여전히 정치적으로 지배하고자 하는 욕심을 보이지 않았다. 당시 벵골을 관장하는 영국 '세력'은 기껏해야 동인도회사였다. 물론 동인도회사는 정부가 지원하는 국책회사였고 자체의 군대도 거느리고 있었지만, 어디까지나 정치적 주체가 아니라 일개 기업에 불과했다.

영국이 인도를 정식 식민지로 삼고 정치적으로 지배하게 된 과정은 역사적 무의식의 전형을 보여준다. 영국은 사실 프랑스를 내쫓고 벵골의 기반을 확고히 다지는 데만 욕심이 있었다(그것으로 무역은 충분히 가능했으니까). 1773년 영국 의회는 노스 규제법을 통과시켜 동인도회사의 인도 경영권을 환수했지만, 그것 역시 정치적 지배의 의사를 표명한 게 아니라 동인도회사가 계속 적자를 냈기 때문이다. 국책회사가 제 임무를 제대로 수행하지 못하자 정부가 나서기로 한 것이다.

그런 자세로 일관하던 영국을 끝내 인도의 정치적 지배권자로 만든 것은 오히려 인도인들이었다. 무굴을 대신해 북인도의 맹주 역할을 하고 있던 마라타 연합에 내분이 일어나면서 권력 다툼에서 밀린 세력이 영국군에게 도움을 요청했다. 초대를 받은 영국은 인도의 내정에 자연스럽게 간섭하게 되었고, 마침내 마라타 연합을 해체하고 북인도 전역을 손에 넣었다.

영국에 원래 정치적 의도가 없지는 않았을 것이다. 그러나 인도는 영국이 정치적으로 지배하기에는 너무 넓고 본국과의 거리가 너무 멀었으며, 부족들 간의 세력 관계도 매우 복잡했다. 따라서 설령 정치적으로 지배할 마음이 있다 해도 실행하기란 결코 쉽지 않았다. 무엇보다 영국에는 그럴 필요가 없었다는 점이 가장 큰 이유다. 어차피 단일한 권력체가 없는 지역, 게다가 강력한 경쟁자인 프랑스를 인도차이나로 쫓아버린 마당에 영국이 굳이 골치 아프게 인도의 정치까지 떠맡을 이유는 전혀 없었다.

울며 겨자 먹기로 본국의 몇 배나 되는 거대한 식민지를 얻은 영국은 이후에도 인도를 정치적으로 지배한다기보다는 행정적으로 관리하는 전략을 구사했다. 그 기간이 향후 200년이나 지속되리라고는 당시 영국인들도, 인도인들도 알지 못했을 것이다. 그 기간 동안 영국은 식민지 지배에 걸맞은 탄압 정책도 취했지만, 인도의 각종 악법, 예를 들면 남편이 죽었을 때 아내도 순장시키는 수티 같은 전근대적 관습을 폐지하고 근대화 정책을 병행했다. 물론 인도에 시혜를 베풀려는 조치는 아니었으나, 그렇다고 해서 인도를 완전히 복속시키려는 것도 아니었다.

20세기 초반 제1차 세계대전이 터지면서 전쟁 수행을 위한 자원의 총동원이 필요해지기 전까지 영국은 기본적으로 인도의 '관리자'와 같은 역할을 수행했다. 착취의 강도도 식민지를 말려버릴 만큼 지독하지는 않았다. 그랬기에 오늘날 인도는 영국연방의 일원으로 남아 있고 인도인들은 영국에 대해 우호적인 감정을 품고 있다. 심지어 인도의 상류층은 영어 사용을 마치 고상한 관습처럼 거부감 없이 받아들인다.

그 점에서 영국의 인도 지배는 20세기 일본의 한반도 지배와 비슷하면서도 다르다. 두 나라 모두 제국주의 열강이었고 해외 식민지를 절실하게 필요로 했다. 식민지를 획득하는 과정에서 식민지 내부의 '초청'이 있었다는 점에서도 닮은꼴이다(조선의 경우 을사5적으로 대표되는 친일파가 그 역할을 담당했다). 그러나 영국은 경제적 수탈(시장이자 원료 공급지)의 목적이 거의 전부였지만, 일본은 경제적 목적보다 한반도를 영토화하려는 의도가 더 컸다는 점이 커다란 차이다.

좁게 보면 그 차이는 당시 영국과 일본의 내부 사정에서 비롯된다. 하지만 더 넓게 보면 정치적 지향성이 강한 역사에서 비롯된 동양식 제국주의의 특징과 관련된다. 영국이 억지로 떠맡은 인도 지배를 놓고 골머리를 앓은 것과는 정반대로 일본은 19세기 중반 메이지 유신 이후부터 조선을 병합할 속셈을 가지고 있었다. 같은 제국주의적 침략이라 해도 일본은 영국과 달리 애초부터 정치적 지배가 최종 목적이었다(421~422쪽 참조). 영국의 인도 지배에 비해 일본의 한반도 지배가 훨씬 혹독했던 이유는 거기에 있다.

서양 제국주의가 인도에서보다 더 침략적인 행위로 이어진 사례는 19세기 초반 중국에서 볼 수 있다. 그러나 이 경우에도 서양 열강은 중국을 소유하거나 지배하려는 의도보다 중국으로부터 철저히 단물을 빼먹겠다는 경제적 의도가 강했다. 그래서 식민지 지배가 어느 정도의 근대화를 빚은 인도의 경우와는 달리 중국에서는 제국주의의 침략적인 효과만 두드러진다. 나중에 인도인들보다 중국인들이 제국주의에 대해 더욱 큰 거부감을 보인 것은 중화적 전통과 더불어 그런 이유 때문이다. 실제로 서양 제국주의는 어느새 늙은 공룡이 된 중국의 청 제국을 집요하게 공략했다.

청 제국이 예상외로 오래 버틸 수 있었던 데는 일단 황제들이 오래 재위한 덕이 컸다. 강희-옹정-건륭의 세 황제 지배기를 합치면 무려 130년에 이른다. 그 덕분에 중국식 제국의 고질병 가운데 하나인 권력의 승계에 아무런 무리가 없었다. 하지만 체제 자체가 질적으로 달라진 게 아닌 이상 그 약발도 영원할 수는 없다.

건륭제 말기인 18세기 후반에 이르자 오랜 번영기가 갑작스레 끝나면서 중국 왕조의 전형적인 말기적 증상이 되풀이된다. 관리들이 부패하고, 군대의 기강이 해이해지고, 각지에서 반란이 잦아진다. 정상적인 역사 과정이라면 중국 왕조의 평균 수명을 채운 이 시기에 어느 반란 세력이 일어나 권력을 획득하면서 자연스럽게 청 제국은 다른 왕조로(아마 한족 왕조로) 대체되었을 것이다. 공교롭게도 이 무렵 끝장났어야 마땅할 제국의 수명을 20세기 초반까지 100년씩이나 더 늘려준 것은 바로 서양의 제국주의 열강이다.

열강이 중국에 들이닥친 계기는 인도의 경우와 마찬가지로 무역 역조였고, 과정도 인도의 경우처럼 군사적·정치적 의도와는 무관했다. 18세기 후반 인도를 경제적·정치적으로 완전히 장악한 영국은 이곳을 단지 시장으로만이 아니라 무역 거점으로 활용하고자 했다. 그 타깃은 4억 명에 달하는 엄청난 인구와 방대한 땅을 가진 중국이다.

영국은 전통적 수출품인 모직물과 인도에서 생산된 면화와 시계, 보

| 정복하되 지배하지 않는다 영국이 원래 인도에 정치적 욕심을 품지 않았다는 것은 무굴 제국의 중심에서 먼 동쪽의 벵골에 근거지를 마련한 것에서도 증명된다. 어찌 보면 영국은 인도를 억지로 떠맡은 감이 있다. 그러나 이 지역은 18세기 말에 인도산 아편을 중국에 수출하는 중요한 무역 기지가 된다. '정복은 오케이, 지배는 노'라는 영국의 전략은 아편전쟁에서도 되풀이된다.

석 등의 잡화를 중국에 수출하고 중국에서 차와 도자기, 비단을 수입했다. 무역과 거래에서 가장 중요한 것은 수출과 수입의 양이다. 문제는 모직물이었다. 사람이 많으면 옷이 많이 필요할 것이다. 영국의 구상은 넘쳐나는 영국산 모직물을 중국에다 팔자는 것이었다. 하지만 이 구상은 애초부터 어긋나 있었다. 양모를 재료로 하는 모직물은 기본적으로 양복에나 어울릴 뿐 품이 풍성한 동양식 의복에는 맞지 않았다.

당시 중국과 조선, 일본 등 동아시아의 여러 민족은 면화와 베로 만든 옷을 주로 입었고, 귀족이나 부자들은 비단을 입었다. 추운 북쪽에서만 가죽과 모직 옷을 입었을 뿐이므로 중국에 수출하는 모직물의 양은 예상치를 훨씬 밑돌 수밖에 없었다. 여기에 한술 더 떠서 중국과의 거래량이 많아질수록 중국으로부터 수입하는 물자의 양이 크게 늘었다. 중국산 차와 비단, 도자기의 수입이 급증하자 무역 이득은커녕 적자 현상이 완연해졌다. 특히 차는 영국에서 금세 기호품이 아니라 필수품으로 자리 잡았다.

예상치 못한 무역 역조를 개선하기 위해 영국이 내세운 '신상품'은 바로 인도산 아편이었다. 맛만 한 번 보게 해주면 광고 한 번 하지 않아도 저절로 팔리는 게 마약이라 했던가? 그 전략은 적중했다. 중국인들이 아편에 맛을 들이자 순식간에 중국은 거대한 아편 시장으로 변했다. 스스로 시장을 개척하는 특성을 지닌 상품인 데다 동인도회사의 활발한 '영업' 덕분에 중국의 아편 밀수입은 점점 늘었다. 아편은 원래 약용 이외에 수입이 허가되지 않았으나 밀무역까지 막을 도리는 없었다. 18세기 후반까지 매년 200상자가량이 약용으로 중국에 수출되던 아편은 1830년에 이르러 무려 100배나 되는 신장률을 보였다. 세계 최강국이 마약 밀무역으로 무역 역조를 극복하려 했다면 치졸하기 짝이 없는 전략이지만(당시 20대의 열혈 청년이던 마르크스도 "아편무역은 노예무역보다 비인간적"이라고 주장했다), 예나 지금이나 경제에는 국경이 없다.

중국의 아편 유저들은 기하급수적으로 증가했다. 19세기에 접어들어 아편 수출량이 차 수입량을 넘어서자 이제 무역 역조는 거꾸로 중국의 발등에 떨어진 불이 되었다. 몸 버리고 돈 뺏기는 아편 밀수입을 제한하지 않으면 국제수지의 악화에 허덕일 뿐 아니라 국민들이 모조리 마약 환자가 될 판이다. 드디어 청 조정은 아편과의 전쟁을 선언했다. 1839년 정부는 영국 상인들이 득시글거리던 광저우에서 아편 2만 상자를 압류해서 불태워버리고 영국 상인들에게 마카오로 철수하라는 명령을 내렸다.

영국의 입장에서는 꿀맛 같은 무역 흑자가 단명으로 그칠 위기였다. 사실 밀수출로 무역수지를 맞춘다면 강국의 체면이 서지 않을뿐더러 어차피 법으로 금해진 거래이므로 언제든 중단될 수 있었다. 그래서 영국은 아편 자체보다 중국의 전근대적인 무역 관행을 문제 삼고 나섰다. 앞에서 보았듯이, 중국은 전통적으로 감합을 이용한 조공무역 체제가 고작이었다. 청 제국은 명대에 시행했던 감합을 변형해 공행公行이라는 상인조합에 대외무역을 독점하게 하고, 항구도 광저우 한 곳만 개방했다. 가뜩이나 이런 제도에 불만이었던 영국 정부는 중국 정부가 표방한 아편과의 전쟁을 실제의 전쟁으로 비화시키기로 마음먹었다. 이리하여 '신사의 나라'와 '양반의 나라'가 맞붙게 되었다.

영국 의회는 정부의 결정을 쉽게 비준해주지 않았다. 인도의 경우에서도 그랬듯이 영국은 전쟁이라는 정치적 행위에 대해 그다지 적극적이지 않았다. 경제적 이득을 얻을 수만 있다면 굳이 전쟁이라는 수단을 통해 정치적 지배를 꾀할 필요가 없다는 생각이다. 인도 하나만 해도 버거운 마당에 중국까지 지배한다면 오히려 골칫거리다. 정작 영국이 경제력을 성장시켜 군사력으로 써먹으려는 무대는 인도나 중국이 아니라 바로 유럽 세계였다.

글래드스턴William Gladstone을 위시한 소장파 의원들은 일제히 반대 의견을 표명했고, 자유주의 이념에 젖은 시민단체들도 무력의 사용에 반대했다. 하지만 순전히 그런 이유로 정치권과 시민사회가 전쟁에 반대한 걸까? 혹시 섣불리 전쟁을 벌였다가 패배할 것을 우려하지는 않았을까? 아무리 '해가 지지 않는 나라'라는 영예로운 별명을 얻은 영국이라 해도 수천 년 역사를 지닌 동아시아의 거대 제국을 쉽게 제압하지 못하리라는 비관론이 사람들의 마음 한구석에 자리 잡고 있었던 것은 아닐까? 불과 아홉 표의 차이로 전쟁을 가결한 데는 아마 검증되지 않은 중국의 군사력에 대한 의구심이 작용했을 것이다.

아편전쟁은 13세기 몽골의 유럽 침략 이래 수백 년 동안 별개로 진행되어온 두 메이저 세계 문명이 실로 오랜만에 정면충돌한 사건이다. 특히 서양의 입장에서 보면 역사상 처음으로 동아시아 세계에 직접 진출한 것이었다. 영국이 처음부터 전쟁을 도발할 마음을 먹지 못한 데는 틀림없이 그런 경외감도 작용했을 것이다.

그런데 막상 뚜껑을 열자 승패는 너무도 쉽게 갈렸다. 불과 수십 년 전까지 태평성대를 누렸던 중국은 알고 보니 제국은커녕 왕국의 면모도 찾아볼 수 없을 만큼 부패하고 쇠락한 상태였다. 1840년 초 전쟁이 시작된 지 겨우 몇 주일 만에 영국의 함대는 중국의 동해안을 완전히 장악했다. 청 제국은 한동안 시간을 끌며 버티다 항복하고 말았다. 2000년 제국의 역사에서 최초로 오랑캐에게 공식적으로 무릎을 꿇은 것이다! 남북조시대와 5대10국 시대의 북방 민족들, 그리고 10세기 이후 거란의 요, 여진의 금, 몽골의 원, 만주족의 청은 모두 중국을 패배시킨 '오랑캐' 왕조였지만, 기존의 중화 제국을 대체해 중원을 차지하고 중화 세계의 주인이 된 것이지 제국을 굴복시킨 것은 아니었다. 그런 점에서 이 '서양 오랑캐[洋夷]'는 확실히 달랐다. 하지만 더욱 다른 점은 전후 처리였다.

동북아시아 세계에서 정복이란 곧 정치적 복속을 의미했다. 전쟁에서 패배한 나라와 민족은 영토를 잃고 승전국의 일부가 되거나 서열 관계를 정해 속국이나 보호국으로 전락하는 것이 곧 동양식 전후 질서였다. 동양에서는 서열이 있었을 뿐 대등한 국제 관계는 한 번도 있어본 적이 없었다. 그 서열의 표현이 정치적으로는 군주의 책봉이고 경제적으로는 조공이었다. 그러나 유럽 세계의 전쟁과 정복은 달랐다. 영토국가의 시대로 접어든 17세기 이후 유럽에서는 대규모 국제전이 끝날 때마다 국제조약을 통해 전후 질서를 재편했다.

아편전쟁에서 승리한 영국은 그런 유럽식 전통에 따랐다. 영국은 압도적인 승리를 거두었지만, 전쟁 전과 마찬가지로 전후에도 중국을 정치적으로 지배하려 하지 않았다. 서양식 전후 처리는 조약의 방식이었다. 그러나 중국은 영토 조정을 위한 조약의 경험은 있었어도(1689년의 네르친스크 조약) 전후 질서를 결정하는 국제조약은 처음이었다. 조약 이전에 국제 관계 자체가 생소했다. 조약에 임하는 양측의 차이는 아무리 패전국이라 해도 심하다 싶을 만큼 터무니없는 내용의 조약을 낳았다. 이것이 세계 최초의 불평등조약인 난징 조약이다. 중국으로서는 시련에 찬 국제 무대 데뷔였다.

조약의 내용은 황당했다. 먼저 홍콩을 영국에 할양하고(홍콩은 이때부터 150년 뒤인 1997년 7월 1일에야 중국에 반환되었는데, 조약을 맺을 당시 그 약속이 그토록 오랜 기간 유효하리라고 믿은 사람이 과연 있었을까?), 다섯 항구를 개항하며, 평등한 외교 관계를 수립하고, 전쟁 배상금을 지불한다는 내용이었다. 전쟁의 원인인 아편 밀수 문제는 완전히 누락되었고, 싸움을 건 측은 영국인데도 중국은 패전국이라는 이유로 막대한 배상금을 지불해야 했다. 무엇보다 치명적인 것은 관세 결정권을 영국이 가지기로 한 점이었다. 형식적으로는 수출입 품목에 관한 관세율을 양국이 협의해 결정한다는 내용이었으나 실제로는 영국의 재량권이 훨씬 컸다.

국민국가 체제가 완전히 자리 잡은 서유럽 세계에서는 관세가 초미의 관심사였다. 중상주의 시대 이래 각국의 군주들은 국가를 운영하고 전쟁 비용을 마련하기 위해 관세 제도를 최대한 활용했다. 치열한 국제적 경제 경쟁 속에서 자국의 산업을 보호하고 국익을 유출하지 않으려면 관세의 장벽을 적절히 이용하는 게 매우 중요했다. 그러나 관세의 관념조차 없었던 청 제국 정부는 난징 조약의 관세 조항이 얼마나 독소적이었는지 살필 안목이 없었다. 중국의 지배자들이 통감한 것은 그저 배상금을 지불하는 데 따르는 손실, 그리고 서양 오랑캐와 평등한 관계(사실은 불평등한 관계였지만)를 맺어야 한다는 굴욕감뿐이었다.

그런 점에서 보면, 아편전쟁에서 결과보다 더 중요한 것은 국난에 대처하는 중국인들의 태도다. 역사상 중국이 그런 수모를 당한 경험은 없었다. 역사상 중화 세계를 그토록 심하게 다룬 오랑캐도 없었다. 허약한 송 제국 시절 전연의 맹약을 맺을 때도, 또 정강의 변을 당할 때도 거란과 여진은 중국을 '형님 나라'로 인정하고 중국이 동아시아 질서의 축이라는 사실 자체를 부정하지는 않았다. 몽골도 나중에는 원 제국을 세워 중국식 체제로 돌아섰고, 만주족의 청 제국도 중화 질서를 존중하고 유지했다. 그랬기에 중국은 그때까지 단 한 번도 주권국가 대 주권국가의 '조약'이라는 것을 맺어본 적이 없었다.

그런 경험 부족이 관세 조항보다 더욱 극명하게 드러난 예는 최혜국대우라는 기묘한 조항이다. 관세만 해도 난징 조약 하나에만 관철되는 불평등이지만, 최혜국대우는 장차 중국이 맺게 될 모든 국제조약에 악영향을 주는 치명적인 조항이었다. 그 내용은 조약 당사국의 한 측이 나중에 다른 나라와 다른 조약을 체결할 경우 그와 동등한 조건을 상대국에도 부여한다는 것이다. 따라서 좋은 조건의 조약이라면 유리하지만 불평등조약에 최혜국대우가 삽입된 것은 절대적으로 불리하다.

영국이 난징 조약에 영악하게 최혜국대우를 끼워 넣음으로써 이후 중국은 유럽의 어느 나라와 어떠한 조약을 맺든 간에 영국에 이익이 되는 조항은 별도의 약정 없이 영국에도 적용해야 했다. 장차 서양의 다른 열강이 중국으로 몰려들 것을 미리 예상한 영국은 중국이 그 열강과 불평등조약을 맺을 경우 손해를 보지 않기 위한 예비 장치를 해둔 것이다. 지금의 국제법 관념에 따르면 말도 안 되는 악법이므로 그 자체로 무효라고 할 수 있지만 제국주의 시대에 국제법이란 제국주의 열강의 침탈을 정당화해주는 역할이었다. 영국의 예를 좇아 다른 열강도 이후 중국과 조약을 체결할 때 최혜국대우의 조항을 잊지 않았다.

과연 그 장치는 곧 효력을 발휘했다. 난징 조약을 체결할 당시 영국은 조약의 개정에 관한 조항을 두지 못했다. 사정이 달라지면 조약의 일부 조항을 개정할 필요가 생겨날 텐데, 그 점을 미처 고려하지 못한 것이다. 그러나 1844년에 미국이 중국과 맺은 통상조약에 개정 조항이 있는 것을 알고 영국은 쾌재를 불렀다. 최혜국대우라는 장치가 있으므로 그것을 적용하면 난징 조약을 개정할 수 있다. 영국은 바로 그 장치를 이용해 난징 조약을 (물론 더 불평등한 조약으로) 개정할 권한을 갖게 되었다.

관세 조항과 최혜국대우 조항은 터무니없는 조약을 수용할 만큼 중국이 국제 정세에 어두웠다는 것을 말해준다. 당시 청 제국 정부는 그게 얼마나 위험한 조항인지 깨닫지 못했으나, 실제로 그 조항들은 이후 중국이 근대적인 산업을 일으키는 데 큰 걸림돌로 작용했다. 제국 전체가 위기에 처한 마당에 여전히 정신을 차리지 못하고 중화 이데올로기에만 집착한 중국의 자세에는 단순한 국제 관계의 경험 부족을 넘어 수천 년간 유지하고 안주해온 우물 안 개구리의 역사가 있었다.

전쟁의 패배와 국제조약, 중국으로서는 전혀 익숙하지 않은 이 경험이 드디어 중국에 '바깥'의 의미를 진지하게 고려하는 계기를 주었다.

큰 코를 다친 청제국은 뒤늦게 자신의 처지를 깨닫고 서양의 문물을 적극적으로 수입하는 노선으로 전환했다. 그에 따라 1861년부터 정부의 주도 아래 양무운동 洋務運動이 전개되었다. '양무'라는 명칭 그대로 서양의 모든 것을 받아들이자는 운동인데, 서양의 학문과 기술, 제도를 도입하는 것과 더불어 특히 군사 부문의 강화를 강조했다.

그러나 강국의 반열에 오르는 평가전에서 패한 중국은 아직 본선 멤버가 되지 못했다. 중국이 경쟁해야 할 상대는 서양 열강이 아니라 지역 예선 멤버, 같은 동북아시아 세계에 속하면서도 일찍부터 비중화 노선을 걸었던 일본이다. 중국이 아편전쟁의 후유증에서 벗어나지 못하고 있던 1854년에 미국에 의해 개항되어 즉각 근대화의 길에 나선 일본은 중국이 양무운동의 기치를 높이 올렸을 때 이미 제국주의 노선을 걷고 있었다. 메이지 유신으로 힘을 키운 일본은 이윽고 동북아시아의 전통적인 맹주인 중국에 도전장을 내밀었다. 이것이 1894년의 청일전쟁인데, 일본으로서는 임진왜란 이후 300년 만의 재도전이다.

역사는 가혹하게 되풀이된다. 중국과 일본이 300년 전에 보지 못한 승부를 가리자고 나선 무대는 300년 전과 똑같이 한반도의 조선이었다. 16세기 일본이 열도를 통일하고 대외 침략에 나설 채비에 분주할 때 조선은 무익한 당쟁으로 세월을 허송했듯이, 19세기 동아시아 세계가 서양 열강의 진출로 격변기를 맞고 있을 때도 조선은 60년 동안 황폐한 세도정치로 시간을 죽였다.

중국은 전통적으로 조선에 대한 종주권을 주장했지만, 일본은 1876년 강화도조약으로 조선을 먼저 개항시켜 기선을 점했다. 두 나라는 조선을 놓고 뭔가 약정을 체결해야 할 상황에 이르렀다. 마침 그 계기가 조선에서 발생했다. 1884년의 갑신정변이다. 친일 개화파가 정권을 잡으려 했다가 청의 개입으로 좌절된 사건이므로 양국의 이해관계가 얽혀 있는 사건이다. 그 이듬해 두 나라는 톈진 조약을 맺었는데, 3개 조항으로 이루어진 이 조약에서 가장 중요한 것은 마지막 조항, 즉 조선에서 이후 중대한 사건이 발생해 두 나라 중 어느 한 나라가 조선에 파병할 때는 먼저 상대방의 허가를 구해야 한다는 내용이다.

제 나라를 두고 남의 두 나라가 멋대로 저울질을 하는데도 조선은 속수무책이다. 게다가 중앙 권력도 개화파와 수구파로 갈려 내홍을 빚고 있다. 하지만 모두가 일치단결했다 해도 톈진 조약이 어떤 의미인지는 알지 못했을 것이다. 50년 전 중국이 그랬듯이, 조선도 국제 관계에 관한 역사적 경험이 전혀 없었기 때문이다.

톈진 조약은 일단 조선을 중국의 종주권에서 떼어내 독립국의 위상으로 만들었다. 그 점을 환영하는 것은 독립국이 된 조선보다 일본이다. 그것은 일본의 의도가 관철된 결과였다. 조선을 통째로 집어삼키려면 먼저 중국으로부터 독립시켜야 하니까. 이 조약의 효과는 10년 뒤에 드러난다.

1894년 1월, 전라북도 고부 군수인 조병갑의 온갖 학정을 견디다 못한 농민들이 반란을 일으켰다. 반란의 리더가 동학 접주인 전봉준이었고, 봉기에 농민들과 더불어 동학교도와 조직이 참여했기에 이 사건을 동학농민운동이라 부르기도 하고, 갑오년에 일어났기에 갑오농민전쟁이라 부르기도 한다. 명칭 따위는 아무래도 좋다. 중요한 것은 30년 동안 맥이 끊겼던 민란이 어느 때보다도 큰 규모로 일어났다는 사실이다. 농민군은 점점 수가 불어났고, 봉기는 점점 다른 지역으로 확산되었다. 마침내 5월 말에는 전주성이 함락되었다.

지방의 중심 도시가 농민 해방구로 바뀐 뒤에야 조선 정부는 사태의

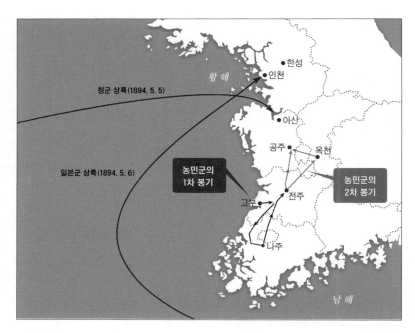

| 순진한 중국과 교활한 일본 조선에 내란이 일어났다는 한국발 통신에 흥분한 일본은 톈진 조약을 빌미로 즉각 군대를 파병했다. 청군이 내란 발생지에 가까운 아산으로 온 것과 달리 일본군이 한성에 가까운 인천으로 들이닥친 것은 일본의 속내가 무엇인지 분명히 말해준다. 그런 점에서 청 제국은 일본에 비해 훨씬 '순진'했다.

위중함을 깨달았다. 그러나 무능한 정부가 할 수 있는 일은 단 한 가지, 중국에 SOS를 치는 것뿐이다. 제 나라 백성들이 일으킨 사건을 가지고 다른 나라에 도움을 청했다면 무능함을 넘어 후안무치한 정부라고 비난할 수도 있겠지만 실은 그렇지 않다. 당시 조선과 중국은 '다른 나라'가 아니었다.

특히 조선 지배층의 관점에서 중국은 모국이자 본국이나 다름없었다. 비유하자면 집안의 가족들 간에 싸움이 벌어지자 가장이 이웃집에 사는 형님을 불러온 격이다. 물론 이웃의 형님도 남의 집안일에 참견한다는 생각 따위는 없었을 테고.

　동북아시아에 근대적 국제 질서가 도입되는 시기에도 두 나라는 전통적인 질서에 매몰되어 있을 뿐 다른 생각을 하지 못한다. 이것은 곧 교활한 일본 제국주의에 사태에 개입할 빌미를 제공한다. 조선 정부가 국제 관계의 개념을 알았다면 중국에 구원을 요청하기 전에 톈진 조약을 떠올려야 했다. 또한 중국도 조선에 군대를 보내기 전에 일본의 양해를 구해야 한다는 형식적인 절차를 따라야 했다. 그러나 조선의 민비 정권은 아무 생각도 없이 제 발등에 붙은 불을 끄고자 남의 손을 빌렸고, 청 제국의 실권자인 리훙장李鴻章은 일본 측에 문서로 간단히 통보만 하고 즉각 군대를 파견했다.

　일본 총리 이토 히로부미伊藤博文는 그 소식을 전해 듣고 하늘이 도운 것이라며 기뻐했다. 메이지 정부의 대응은 말 그대로 전광석화였다. 이틀 만에 의회를 해산하고 조선에 군대를 파견했다. 정작 파병을 요청받은 청군은 충청도 아산에 상륙한 6월 초에 일본군은 남해와 황해를 빙 돌아 인천에 상륙할 정도였으니, 일본이 얼마나 잽싸게 움직였는지 알 수 있다. 또한 청군이 전주에 가까운 아산으로 온 반면 일본군은 한양에 가까운 인천으로 왔다. 이는 일본이 톈진 조약을 맺을 때부터 이런 사태를 예감했음을 말해준다. 톈진 조약은 일본이 놓은 덫이었다. 그 덫에 조선과 청은 보기 좋게 걸려들었다.

　농민 반란은 일본군에 쉽게 진압되었고, 이참에 일본은 중국을 확실히 제압하기 위해 한판 붙기로 했다. 그것이 바로 청일전쟁이다. 리훙장은 내심 자신감을 가졌을지도 모른다. 30년간의 양무운동으로 이룩한 성과를 보여주겠다는 야심도 있었을 것이다. 실제로 당시 중국은 물론 서양 열강의 여론도 일본이 이기지 못하리라고 예측했고, 심지어 일본 내에서조차 비관론이 우세했다. 그러나 막상 뚜껑을 열어본 결과는 아편전쟁의 완벽한 재판이었다. 일본은 리훙장이 직접 조련한 청의 해군을 황해에서 격파했고 육군을 평양에서 무찔렀다. 오히려 랴오둥까지 진출해 중국 본토까지 노렸다. 놀란 청 조정은 급히 화의를 신청했고, 1895년 또 하나의 불평등조약인 시모노세키 조약이 체결되었다.

이로써 중국은 아편전쟁 이후 벌어진 모든 국제전에서 전패하는 기록을 남겼다. 그 전쟁 배상금만 모았어도 근대화의 밑천으로 삼을 수 있었을지 모른다. 그나마 아편전쟁의 상대는 당대 세계 최강이었으나 이제는 동양의 꼬마 제국주의에도 졌다. 한없이 초라해진 중국을 서양 열강은 다시 거세게 물어뜯기 시작했다. 영국, 프랑스, 러시아, 일본에다 유럽의 후발 제국주의 국가인 독일까지 이권 다툼에 끼어들었다. 청일전쟁의 배상금을 물 능력이 없어 차관을 도입하자 이것을 계기로 서양의 자본이 무차별적으로 중국에 영입되었다.

"네 시작은 미약하였으나 네 나중은 심히 창대하리라." 성서의 이 구절을 거꾸로 뒤집으면 중국의 마지막 제국이 몰락하는 과정에 대한 가장 압축적인 묘사가 된다. 기원전 221년 진시황의 대륙 통일도, 그리고 17세기 중반에 중원을 장악한 청 제국도 출발은 심히 창대했다. 그러나 제국 시대의 마지막 조종은 소리조차 들리지 않을 만큼 미약했다.

양무운동은 군사적인 부문을 근대화하는 데 치중했다. 그런데도 일본에 졌다면 더 근본적인 개혁이 필요하다는 뜻이다. 광둥 출신의 학자 캉유웨이康有爲는 그 개혁을 변법變法, 즉 법을 바꾸는 것이라고 해석했다. 서양의 선진 문물을 받아들여야 한다는 문제의식은 양무운동과 같았으나 캉유웨이는 서양의 무기나 제도보다 그것들을 낳은 과학기술 자체를 도입해야 한다고 보았다. 또한 무조건적인 수입이 아니라 중국적인 중심을 바탕으로 하고 서양의 것을 접목시켜야 한다고 믿었다. 일본 메이지 정부와 같은 인식을 한 세대 뒤늦게 깨우친 셈이다.

그가 말하는 중국적인 중심이란 무엇일까? 서양에 그리스도가 있다면 중국에는 공자가 있다. 캉유웨이는 공자를 개혁가로 간주하고 유학을 역동적인 사상으로 재해석하고자 했다. 그의 주장은 마침내 청년 황제인 광서제를 움직였다. 광서제의 적극 지원으로 캉유웨이는 1898년에 무술변법戊戌變法을 시행했다.

중국판 메이지 유신이었다. 개혁 세력은 민족자본의 육성을 최우선의 과제로 삼고 추진하면서 정치제도, 과거제, 관제와 법제, 군사제도, 교육제도, 화폐의 통일, 철도의 부설, 특허제도의 도입 등 거의 모든 부문에 걸쳐 광범위한 개혁을 계획했다. 그러나 세계 어느 곳의 역사에서도 기존의 지배층이 급진적인 개혁을 받아들인 사례는 없다. 황제가 지원하는 개혁이었지만 당시 광서제는 명함상으로만 황제였을 뿐 실권은 큰어머니 서태후가 가지고 있었다(그랬기에 캉유웨이의 제안을 더욱 매력적으로 받아들였을 것이다). 개혁이 단행된 지 불과 100여 일 만에 서태후의 보수 세력은 쿠데타를 일으켜 광서제를 연금하고 개혁 세력을 체포했다.

양무운동과 무술변법은 서로 초점은 달랐으나 서양의 선진 문명을 받아들여 중국의 근대화를 이루자는 방침은 같았다. 하지만 양무운동은 실효가 없음이 입증되었고, 무술변법은 지나치게 이상에 치우쳤음이 드러났다. 개혁이 실패하면 편협한 민족주의밖에 남지 않게 된다. 서양의 것을 본받으려는 자구책이 모두 실패로 돌아갔으니 이제 남은 것은 한 가지, 애오라지 자기 것을 지키는 길밖에 없었다.

서양의 정신적 힘이 그리스도교에 있다고 본 캉유웨이의 생각은 옳았다. 그러나 그리스도교는 단순히 '정신적 힘'만이 아니었다. 청대에 파견된 서양의 선교사들은 포교의 목적만 가진 게 아니었다. 명대의 선교사들은 종교개혁 이후 약화된 구교의 입지를 강화하기 위해 동양에 왔으므로 비교적 순수한 종교적 색채를 띠고 있었으나 19세기의 선교사들은 그렇지 않았다. 이들은 오랜 기간 중국에 머물면서 중국의 사정과 관습, 지리 등에 밝은 '중국통'이 되었다. 중국에 진출하려는 제국주의 열강의 입장에서 보면 그들은 상당히 중요한 '가이드'였다. 중국의 상황을 파악하는 데도 큰 도움이 될 뿐 아니라 통상조약을 맺을 경우 통역으로 기용할 수 있었다.

선교사들 스스로도 제국주의의 앞잡이 역할을 자임하고 나섰다. 1857년의 톈진 조약(영국-프랑스와 중국이 맺은 조약으로, 앞에서 말한 일본-중국 간의 톈진 조약과는 다르다)으로 포교의 자유가 허락되자 선교사들은 기다렸다는 듯이 각자 자기 모국의 경제적 이익을 위해 백방으로 뛰었다. 이들은 각종 이권 다툼에 개입했고, 간첩 행위나 다름없는 짓도 서슴지 않았다. 그리스도교 자체가 중국의 전통적인 가치관을 파괴하는 것으로 간주되는 터에 선교사들의 그런 행위는 어느 중국인이 보아도 눈살을 찌푸리지 않을 수 없는 것이었다.

"서양 귀신의 침투를 물리치고 유교적 전통과 질서를 지키자!" 더 이상 무능한 정부를 믿을 수 없었던 중국인들은 스스로 조직적인 저항운동에 나섰다. 대도회과 가로회, 의화권 등의 비밀단체들이 결성되어 반그리스도교 운동을 전개했고, 폭동을 일으키기도 했다. 그 과정에서 중국 민중의 항쟁은 점점 반외세, 반제국주의 경향을 명확하게 띠게 되었다. 그 절정이 1899년의 의화단 사건이다.

의화권은 산둥을 근거지로 활동하던 단체였다. 당시 산둥은 유럽의 후발 제국주의 국가인 독일이 세력을 뻗치던 곳이었다(독일은 유럽 열강 중에서 유일하게 중국의 영토 분할을 주장할 정도로 후발 제국주의의 티를 냈다). 독일의 행패가 심해지자 의화권은 조직을 확대해 의화단으로 개명했다. 반그리스도교 운동이 거세지면서 그리스도교도들이 살해당하는 사태가 터지자 독일보다 먼저 급해진 것은 중국 정부였다. 서태후의 지원을 등에 업고 정부의 실권자로 군림하던 위안스카이袁世凱는 군대를 보내 의화단을 진압하려 했으나 그것은 불에 기름을 끼얹은 격이었다. 의화단의 세력은 톈진 지역까지 확대되었고, 민중의 호응을 얻어 단원들도 철도를 파괴하고 교회를 불태우고 관청을 습격했다.

폭동이 걷잡을 수 없이 번져나가자 서양 열강은 하루빨리 의화단 사건을 진압하지 못하면 직접 군대를 보내 해결하겠다고 으름장을 놓았다. 조정에서는 의견이 분분했다. 서태후는 한동안 갈피를 잡지 못하다가 열강이 광서제에게 권력을 맡기려 한다는 소문을 듣고 오히려 의화단의 편으로 돌아섰다. 그러나 민중의 지원까지 등에 업고서도 중국은 열강을 당해낼 수 없었다. 유럽 8개국 연합군은 톈진과 베이징을 손쉽게 점령하고 자금성을 약탈했다. 대영 박물관과 루브르 박물관에 소장된 중국 문화재들은 대부분 이때 가져간 것들이다. 1901년 중국은 베이징 의정서를 체결하고 전쟁 배상금을 물어야 했다.

서양의 문물을 본받으려는 자구책(양무운동과 변법)이나 서양의 것을 배척하려는 자구책(의화단 운동)이나 모조리 실패하고 말았다. 이제 중국에는 남은 카드가 없다. 마지막으로 시도해볼 수 있는 실험은 양자를 절충하는 것뿐이다. 결국 서태후 보수 정권은 '신정新政'이라는 이름으로 뒤늦은 개혁에 착수했다.

군사제도를 개혁하고 서양식 군관학교를 세운다. 근대식 상업을 육성하기 위해 상부라는 기구를 설치한다. 교육제도를 개혁해 서양식 학교를 세운다. 이로써 수 문제가 만든 이래 1400년간 관리 임용 제도의 근간을 이루었던 과거제가 완전히 폐지되었다(조선에서는 그보다 몇 년 앞서 1894년 갑오개혁으로 과거제가 폐지되었다). 하지만 이미 통치 능력을 상실한 정부의 개혁이 효과를 볼 리 없다. '새로운 정치', 신정이 별무신통이자 서태후는 극약 처방을 내린다. 그것은 입헌군주제의 도입이다.

마침 그 무렵 일본은 러일전쟁에서 승리를 거두었다(424~425쪽 참조). 10년 전 일본에 패했던 중국은 새삼 일본의 힘에 감탄했다. 일본이 전통적인 전제군주국인 청 제국과 러시아 제국을 이겼다는 것은 입헌군주제가 전제군주제를 이겼다는 뜻이다. 입헌군주제를 시대의 흐름으로 여긴 서태후 정권은 서둘러 헌법을 제정하고 의회를 갖추고 내각을 구성했다. 그러나 형식만 갖춘다고 해서 수천 년 동안 지속되어온 제정, 그것도 강력한 중앙집권적 제정이 하루아침에 공화정으로 바뀔 수는 없었다. 설령 훨씬 유능한 정부가 추진했다 해도 마찬가지였을 것이다.

사태는 엉뚱하게 흘러갔다. 과거제가 없어지자 학생들은 새로 도입한 중국의 학교 제도를 외면하고 일본으로 유학을 떠났다. 밖에서 객관적인 시각으로 바라보는 조국의 실상은 안에서와는 또 다르게 눈 뜨고 볼 수 없을 만큼 참담했다. 도쿄의 중국 유학생들은 정부가 주도하는 모든 개혁을 불신하고 점차 혁명적인 방향으로 나아갔다. 1905년 그들은 중국동맹회라는 통합 조직을 구성했는데, 그 대표자는 쑨원孫文이라는 유학생이었다. 동맹회는 중화민국이라는 새로운 국호를 정하고 삼민주의를 강령으로 채택했다.

여기에 자극을 받아 중국 내부에서도 혁명운동이 일어나기 시작했다.

이제 혁명은 지식인들만의 구호가 아니었다. 몇 차례 봉기가 실패하고 난 뒤 1910년 10월 10일 드디어 우창에서 지식인과 군대가 봉기를 성공시켜 행정을 장악하고 최초로 중화민국 군정을 수립했다. 이것이 바로 신해혁명으로, 오늘날 10월 10일을 '쌍십절'이라는 건국 기념일로 기념하게 된 기원이다. 우창 봉기가 성공했다는 소식은 즉시 전국으로 퍼져 나가 각 지방에서 독립을 선언하는 사태가 잇달았다.

그 무렵 유럽과 미국을 순방하고 있던 쑨원은 혁명이 발발했다는 소식을 듣고 즉각 귀국해 1912년 1월 1일자로 중화민국 임시정부를 선포했다. 수도는 난징으로 정해졌고, 쑨원은 임시 대총통에 올랐다.

한 나라에 두 개의 정부가 들어섰다. 청 조정에서는 위안스카이에게 전권을 맡겨 이 문제를 해결하도록 했다. 그러나 위안스카이는 그 기회를 이용해 오히려 쑨원 측과 협상했다. 정치적 욕심보다는 조국에 공화정이 들어서는 것을 우선시했던 쑨원은 선뜻 위안스카이에게 대총통 자리를 양보했다. 이제 위안스카이는 거꾸로 청 황실의 문제를 처리하기 위한 해결사가 되었다. 그의 압력에 굴복해 결국 어린 황제 선통제가 재위 4년 만에 퇴위했다. 이로써 청 제국은 267년의 사직을 끝으로 문을 닫았고, 동시에 진시황 이래 2000여 년간 변하지 않았던 중국의 제국 시대도 종말을 고했다.

수천 년 동안 별다른 교류 없이 독립적으로 역사를 진행해온 동양 문명과 서양 문명은 19세기에 이르러 처음으로 직접 맞닥뜨렸다. 고대의 흉노나 돌궐이 유럽 세계를 침략한 것은 수백 년에 걸쳐 서서히 이루어졌고 중앙아시아와 소아시아를 경유한 것이었으므로 직접적인 조우라 할 수 없고, 13세기에 몽골은 동유럽만 파괴했을 뿐 서양 문명의 본산인 서유럽은 건드리지 못했다. 또한 당 제국 시대에 동방의 문물을 유럽에 전달한 것은 아라비아의 상인들이었고, 16세기에 중국에 서양의 문물을 전하고 일본에 총포를 판 유럽인들은 가톨릭 선교사들과 포르투갈의 상인들이었다. 유럽과 동아시아가 정면으로 힘겨루기를 벌인 것은 아편전쟁이 처음인 셈이었다. 이 전쟁에서 동아시아의 맹주인 중국이 힘없이 무너졌다는 것은 향후 이 지역의 판도를 예고할 뿐 아니라 과거 이 지역의 역사에서 심각한 문제점이 있었다는 것을 시사했다.

아편전쟁 이후 19세기 내내 전개되는 서양 열강의 동아시아 진출은 제국주의적 침략이라고 통칭된다. 개별적 사건들로 보면 명백한 침략이고, 그로 인해 동북아시아 민족들(특히 중국과 한반도)은 크나큰 고통의 시절을 보내야 했다. 하지만 냉정하게 말한다면 올 게 온 것이고 치를 대가를 치른 것이다. 역사에는 지름길은 있어도 비약이나 생략은 없다.

서유럽 세계가 게르만과 노르만의 새 문명권을 수용하면서 문명의 확장에 따른 진통을 겪을 때, 십자군의 시행착오로 몸살에 시달릴 때, 중세의 오랜 지배 기간 동안 썩을 대로 썩은 종교 때문에 홍역을 치를 때, 수백만의 인명이 희생된 30년 전쟁으로 어렵사리 근대의 문턱에 기어오를 때, 중화 세계는 너무나 오랫동안 안이하게 침잠해 있었다. 중국은 과거의 영화만을 믿고 같은 성격의 체제 실험을 몇 차례나 반복했으며, 인위적이고 중앙집권적인 제국이 가져다주는 체제의 안정에 만족하고자 했다. 또한 한반도 왕조들은 642년 신라의 김춘추가 당 태종 앞에서 무릎을 꿇고 원군을 요청하면서 중국의 제도와 복식을 따를 것을 서약한 이래 고려와 조선에 이르기까지 내내 중국적 질서 속에 스스로 안주함으로써 한 번도 자주적이고 주체적인 사회체제를 꾸리지 못했다.

이 점에서 일본은 큰 대조를 보인다. 일본은 당풍을 국풍으로 바꾼 9

세기 이후로 내내 중국을 중심으로 하는 동아시아의 중화 질서에 따르기를 거부했으며, 일본 열도 자체를 독립적인 문명권으로 삼았다. 비록 그 때문에 16세기 말 도요토미 히데요시가 통일을 이루기까지 수백 년 동안 격렬한 내전에 시달려야 했지만 일본은 피의 대가를 얻었다. 1854년 미국의 군함에 의해 문호가 강제로 개방되었어도 불과 20년 뒤 동양의 제국주의 국가로 발돋움할 수 있었던 저력은 일찌감치 중화 세계에서 벗어나 독자적인 문명을 꾸려온 역사가 있었기에 가능한 일이다.

물론 험한 역사가 좋은 것도 아니고 힘센 국가가 바람직스러운 것도 아니다. 그러나 힘이 있어야 자체 문명을 보존하고 발전시킬 수 있으며, 그 힘을 키우는 과정에서는 다소 험한 역사도 필요한 법이다. 아무런 노력과 운동도 하지 않으면서 건강을 유지하고 싶다면 욕심일 것이다. 그렇게 본다면 중국과 한반도의 중화 문명은 베짱이처럼 좋은 시절을 놀면서 보내다가 궂은 시절을 만나 호되게 된서리를 맞은 경우에 해당한다.

이제 제국주의적 침략이라는 표현에 관해 분명히 말할 수 있다. 앞서 보았듯이, 서양 문명은 목적의식을 가지고 제국주의로 노선을 전환한 것도 아니고, 침략적 의도를 가지고 동양으로 밀어닥친 것도 아니다. 무엇보다 하나의 문명을 마치 단일한 의도를 지닌 하나의 사람처럼 의인화할 수는 없는 노릇이다.

정치 중심적이고 인위적인 색채가 강한 동양 문명에 비해 서양 문명은 모든 게 물 흐르듯 자연스럽게 이루어졌다. 분열도 필연이고 통합도 필연이며 전쟁도 터질 수밖에 없는 조건에서 터졌다. 중국의 경우에는 동양식 제국의 완성태인 송 제국 시절부터, 사실상 제국 체제가 부자연스러워진 시점에 이르렀어도 모든 것을 예전처럼 중앙집중형 편제에 따라 억지로 그러모으려는 인위적인 통합이 계속되었으나, 서양의 경우에는 중세의 통합력이 깨지자 지극히 자연스럽게 여러 개의 중심이 생겨나면서 다원적인 환경에서 근대 국가들이 출현했다. 그 국가들은 당연히 서로 치열하게 다툴 수밖에 없었고, 그 와중에서 해외로 방향을 돌리는 것은 필연이었다.

따라서 제국주의 서양이 동양으로 밀려든 것은 침략이라기보다 자연스러운 진출이며 거의 무의식적으로 이루어진 문명의 전파이자 확산이다. 물이 차면 넘치는 것처럼 문명의 밝기가 점점 강해진 결과 더 어두운 곳으로 흘러넘친 것에 해당한다.

그러나 문명의 밝기는 고정되어 있는 것이 아니기에 그 한복판에서도 다툼은 끊이지 않는다. 서양 문명은 아직 완성되지 않았고 더 밝은 광도를 향해 발전한다. 그 발전 과정은 여전히 순탄하지 않으며, 서양 문명의 진통은 여전히 계속된다. 이러한 내부의 진통은 서양 문명의 최종적인 성과물을 낳기 위한 산고다. 어떤 성과물일까? 그것은 바로 시민사회civil society다. 서양의 근대사는 국가state가 주도하는 양상을 취했지만, 실은 그 이면에서 시민사회가 성장했다. 시민사회는 때로 국가 정책을 지원하고 때로는 국가의 지나친 드라이브에 제동을 걸어 사회적 균형을 유지하는 역할을 했다. 서유럽에 시민사회가 어떻게 발달했는지 보기에 앞서, 처음부터 시민사회가 없는 상태로 출발한 동아시아의 제국주의 일본의 경우를 먼저 살펴보자.

18

동아시아의 독자 노선: 일본의 경우

쇄국 속의 번영 / 위로부터의 개혁 / 도약하는 후발 제국주의 / 결론은 군국주의

저수지에 물이 너무 많이 차면 둑이 터지듯이, 오랫동안 축적된 서양의 에너지는 제국주의의 형태로 분출되었다. 에너지가 쌓이는 과정도 맹목적이었기에 분출하는 방향은 누구도 예측할 수 없었다. 제국주의 열강 각각은 부국강병과 식민지 개척을 목적의식적으로 지향했으나, 총체적인 제국주의적 진출은 무의식적이었다. 그러나 제국주의가 다 그런 식으로 활동한 것은 아니다. 처음부터 침략을 위해 힘을 모으고, 사회의 모든 부문을 의식적으로 편제하고 집중한 제국주의도 있었다. 마치 어린아이가 일기장에 내일의 할 일을 쓰고 그 계획에 따라 실천하는 것처럼 체계적이고 의도적으로 움직인 제국주의도 있었다. 그것은 바로 일본 제국주의다.

부모에게서 재산을 상속받았거나 평소에 근면하고 검소하게 산 덕분에 돈을 모은 사람이라면 굳이 돈을 더 불리거나 부를 과시하려고 하지

않을 것이다. 하지만 특정한 목적을 염두에 두고 의도적으로 돈을 모은 사람이라면 그렇게 모은 돈을 부지런히 굴려 재산을 더욱 늘리려 할 것이다. 이런 사람에게는 욕망의 한계가 없다. 목표액이 정해진 게 아니라 오로지 부를 늘리는 것 자체가 삶의 목표다. 마르크스는 수전노와 자본가의 차이를 "수전노는 미친 자본가이고 자본가는 합리적인 수전노"라고 말했는데, 일본 제국주의는 바로 욕망에 사로잡힌 폭주 기관차였다.

1854년 미국에 의해 강제로 개항된 일본은 즉각 자신이 나아갈 길을 깨달았다. 아편전쟁을 겪고서도 전혀 교훈을 깨닫지 못한 중국과 달리 일본은 처음부터 기민하게 움직였다. 비록 미국의 페리 제독이 이끄는 증기군함 4척의 무력시위에 놀라 엉겁결에 통상조약을 체결했지만, 오랜 바쿠후의 지배를 순식간에 무너뜨린 서양 제국주의의 위력은 과연 대단했다. 모방은 창조의 어머니라고 했던가? 늦었다고 생각할 때가 가장 이르다고 했던가? 서양 열강은 무의식적이고 자연스러운 과정을 거쳐 제국주의로 변모했지만, 이 과정을 목적의식적으로 추진한다면 시간을 훨씬 앞당길 수 있을 것이다.

사실 일본의 변화가 하루아침에 이루어진 것은 아니다. 근대화 자체는 개항 이후 수십 년 동안에 속사포처럼 이루어졌어도 길게 보면 그전까지 에도 시대 수백 년 동안 누렸던 번영이 밑거름의 역할을 했다.

임진왜란이 끝난 뒤 17세기 초 일본에서는 도쿠가와 가문의 에도 바쿠후가 중앙 권력을 확고히 장악했다. 바쿠후는 다이묘들의 영지를 바쿠후의 직할 영지로 편입시켜 지방 권력을 위축시켰다. 또한 봉건시대의 자취인 사적인 화폐 주조를 금지함으로써 경제적 통일을 실현하고 중앙정부의 재정을 크게 강화했다. 집권 후 수십 년이 지난 17세기 중반에도 바쿠후의 직할 영지에서 생산되는 쌀 생산량은 전국 총생산량의 4

분의 1에 달했으며, 직속 병력만도 8만 명에 이르렀다. 이제 에도 바쿠후는 어느 누구도 넘볼 수 없는 명실상부한 일본의 최고 권력체가 되었고, 도쿠가와 가문에서 세습되는 쇼군은 최고 권력자가 되었다(천황은 상징적 절대자로 군림할 뿐 현실 정치에는 영향력을 발휘하지 못했다).

누울 자리가 생겼으니 발을 뻗자. 일확천금을 노리고 섣불리 '해외투자'에 나섰다가 된통 당한 임진왜란 이후 바쿠후 정권은 무모한 대외 진출을 완전히 포기하고 나라의 문을 걸어 잠그기로 했다. 이렇게 해서 시작된 쇄국기가 19세기 중반까지 250년가량 지속되었는데, 어차피 일본은 동아시아에서 독자 노선(비중화 노선)을 걷고 있었으니 굳이 쇄국이라 말할 것도 없었다. 섬이라는 지리적 조건이 일본에 유리하게 작용한 경우다.

쇄국 속의 번영을 누린 이 시기를 에도 시대라고 부른다. 엄밀한 의미에서의 쇄국은 아니었다. 바쿠후가 쇄국정책을 단행한 계기는 그리스도교의 전파를 막기 위해서였으므로 종교와 무관한 대외 접촉은 비공식적으로 허용되었다. 그 시기에 일본이 유일하게 교류한 나라가 네덜란드였던 것도 그 때문이다. 그전까지 일본과 교역한 나라는 주로 포르투갈이었으나 에도 시대에는 파트너가 바뀌었다. 포르투갈은 구교 국가였고, 네덜란드는 신교 국가였던 것이다(구교가 공격적인 포교 전략으로 나왔다는 사실은 앞에서 살펴본 바 있다).

네덜란드라는 창문을 하나 열어둔 것은 무척 요긴했다. 18세기 초반부터 일본에서는 네덜란드를 통해 서양의 과학과 군사학, 세계의 지리와 역사를 연구하려는 학문이 크게 성행했는데, 이것을 란가쿠(蘭學: '蘭'은 네덜란드를 가리키므로 '네덜란드학'이라는 뜻이다)라고 불렀다. 조선으로 치면 북학에 해당하지만, 조선에서는 북학이 실권자인 사대부 세력의 배척을 받고 비주류 학자들이 연구한 데 비해 일본의 란가쿠는 정부의 정책적 지원을 받았다는 차이가 있다. 두 나라의 근대화가 달라진 데는 그 차이도 중요한 역할을 했을 것이다.

바쿠후 정권은 네덜란드에 대해서만큼은 각별한 호의를 베풀었고, 네덜란드 역시 그 호의에 충실히 부응했다. 1844년에 네덜란드 국왕은 일본의 쇼군에게 친서를 보내 세계정세의 변화를 설명하고 개국을 충고한 일이 있으며, 1853년 페리 제독이 일본을 강제로 개항시키기 몇 년 전부터 네덜란드에서는 미국이 곧 일본에 함대를 보내 통상을 요구할 것이라는 정보를 몇 차례 전해주었다.

1854년 페리는 미·일 화친조약을 맺고, 2개 항구의 개항과 무역 개시, 영사 주재 등의 조건을 얻어냈다. 이로써 250여 년에 걸친 일본의 쇄국기는 끝났다. 그런데 쇄국은 자의에 의한 결정이었으므로 국내의 안정을 가져왔지만, 개국은 타의에 의한 것이었으니 문제가 없을 수 없었다. 과연 미국이 문을 열자 곧바로 러시아, 네덜란드, 영국, 프랑스 등 열강들이 바쿠후 정권을 강압해 차례로 통상조약을 맺었다. 뒤숭숭한 국제 정세를 맞아 미련스럽게 쇄국만 고집하던 바쿠후는 강제 개항으로 결정타를 입었다. 바쿠후의 권위가 추락하자 그동안 쇼군에 눌려 지내던 옛 봉건영주, 다이묘들의 발언권이 커졌다. 이들은 대외 정책에서 쇄국파와 개화파로 나뉘었고, 정치적으로는 바쿠후파와 반바쿠후파로 갈라섰다.

반바쿠후파가 내건 기치는 놀랍게도 존왕양이였다. 왕을 받들고 오랑캐를 물리친다. 수천 년 전 주나라 시대부터 중국 한족 왕조들이 전가의 보도처럼 내세워온 이데올로기가 아니었던가? 일본은 중국 중심의 중화 세계에 속하지는 않았으나 자체적으로는 독자적인 소중화 세계를 이루었던 것이다. 중국과의 한 가지 중요한 차이는, 천자의 관념을 통해 완벽한 정교일치 사회를 구축했던 중국과 달리, 일본에서는 에도의 쇼군이 정치적 지배자였고 교토의 천황이 종교의 수장으로 존재했다는 점이다. 이렇게 보면 일본의 봉건시대는 신성과 세속이 분업 체제를 이룬 유럽의 중세 사회와 닮은 점도 있다.

그러나 유럽의 교황과 달리 일본의 천황은 이제 세속의 권력도 얻었다. 존왕양이에 힘입어 천황은 다시 일본 역사에 화려하게 컴백했다. 존왕파는 천황이 있는 교토에서 비밀결사를 이루고 적극적인 정치 활동에 나섰다. 그들의 목표는 바쿠후를 정점으로 하는 구체제를 타도하고 천황을 중심으로 개혁의 새 시대를 이끌어가는 것이었다. 갑자기 가지게 된 권력을 감당할 자신이 없었던 천황 고메이는 자신을 떠받들겠다는 존왕파를 외면하고 바쿠후 측으로 붙었으나 1866년 그가 죽고(독살설이 유력하다) 14세 소년 메이지 천황이 즉위하자 사태는 달라졌다.

1868년 1월 드디어 존왕파는 쿠데타를 일으켜 꿈꾸던 바쿠후 타도에 성공했다. 왕정복고가 선언되고, 쇼군과 바쿠후가 폐지되었다. 수백 년간 유지되어왔던 일본 정치의 골간이 완전히 사라졌다. 수백 년 동안 바쿠후의 중심지였던 에도는 이때부터 도쿄로 이름이 바뀐다. 그보다 더 큰 변화는 천황의 이름을 내걸고 단행한 메이지 유신이다.

개혁의 대상과 목표는 경제에 있지만 개혁의 엔진은 정치다. 메이지 정부는 우선 중앙 정치를 중앙집권형으로 재편한 뒤 근대화를 통한 부국강병 작업에 착수했다. 1871년 유신 정부는 최고 수뇌부의 절반에 달하는 48명의 대규모 사절단을 편성해 미국과 유럽으로 파견했다. 겉으로 표방한 목적은 그때까지 체결된 불평등조약들을 수정하기 위한 것이었으나 속내는 달랐다. 유럽 열강의 선진 문물을 현지에서 시찰하고 새 일본의 건설에 적용하려는 것이었다.

사절단은 약 1년 반에 걸쳐 미국은 물론 영국, 프랑스, 벨기에, 네덜란드, 독일, 러시아, 덴마크, 스웨덴, 이탈리아, 오스트리아, 스위스의 순서로 거의 모든 유럽 국가를 순방했다. 유신 정부가 내세운 구호는 화혼양재(和魂洋才: '和'란 일본을 뜻한다), 즉 일본의 정신에 서양의 기술을 접목시킨다는 것이었으나 실은 서양의 완벽한 모방이었다. 심지어 일각에서는 "일본에 유럽적 섬나라를 건설하는 것"을 최고의 목표로 삼기도 했으며, 학교에서 일본어를 폐지하고 영어를 가르치자는 주장까지 제기되었다.

유신 정부는 서유럽 각국의 여러 가지 제도를 저울질하면서 가장 적절한 것들을 취사선택했다. 예를 들면, 교육제도는 프랑스, 해군은 영국, 육군은 프랑스, 체신과 철도는 영국, 대학은 미국을 따랐으며, 법 제도는 헌법과 민법은 독일, 형법은 프랑스를 모방하는 식이었다. 구체적인 개혁 작업에서 정부가 취한 대표적인 정책은 신분제 철폐, 징병제 실시, 의무교육제 실시였다. 서유럽에서는 수십, 수백 년씩 걸린 일들을 메이지 정부는 불과 십수 년 만에 압축적으로 이룬 것이다. 일본의 의무교육제는 영국에 이어 세계에서 두 번째였다.

이렇게 단기간에 뚜렷한 성과를 낼 수 있었던 데는 무엇보다 유신 지도부의 청렴결백이 한몫을 했다. 아래로부터의 개혁이 아니라 위로부터의 개혁이었던 만큼 정권의 도덕성은 개혁의 성패에 중요한 영향을 미쳤다. 유신 정권은 신생 정권답게 도덕적이었고, 중추 세력의 나이도 '부패 연령'에 이르지 않고 젊었다. 최고 수뇌부의 최고 연장자라고 해봐야 40대 중반이었고 주로 30대의 소장파가 실무를 담당했다. 훗날 조선의 안중근에게 암살당하는 이토 히로부미도 당시 서른의 젊은 나이로

메이지 정부에서 일한 인물인데, 우리의 관점에서 볼 때는 한일합병의 원흉이지만 일본의 관점에서 보면 구국의 영웅이다(그래서 이토는 한동안 일본 고액권 지폐에도 등장했다).

젊은 그들의 '신세대적' 감각은 내정 개혁과 대외 관계에서도 뚜렷이 드러난다. 이들은 옛 바쿠후가 불평등조약을 통해 열강에 빼앗겼던 각종 이권을 하나씩 회수했다. 조약에 규정된 내용이라 해도 거부할 것은 단호히 거부했으며, 토지 조차권이나 탄광 운영권 등은 위약금을 물어주고서라도 이권을 돌려받았다. 또한 요코하마에 주둔하던 영국과 프랑스 군대의 철수를 줄기차게 요구해 관철시켰다. 난징 조약 이래 무수한 불평등조약을 맺으면서도 빠져나가는 실익과 이권은 무시한 채 '오랑캐에게 굴욕을 당한다'는 생각밖에 없었던 중국의 관리들에 비해, 일본의 메이지 정부는 뛰어난 대세 감각을 선보였다.

그러나 메이지 유신은 처음부터 군사적 성격이 강한 근대화였다. 산업뿐 아니라 과학과 기술도 군사 부문이 최우선이었다. 산업체들을 국영기업화해 경제 발전을 주도하는 방식이었다. 예나 지금이나 국가가 개혁과 경제성장의 총지휘자로 나설 경우에는 공동체의 추상적 이익이 강조되게 마련이다. 따라서 사회가 나아가는 방향은 민족주의의 허울을 쓴 군국주의가 된다.

19세기 중반부터 일본 내에서 조선을 정벌하자는 정한론征韓論이 노골적으로 대두된 것은 그런 분위기의 반영이다. 메이지 유신을 주도한 세력이 정신적 지도자로 여겼던 요시다 쇼인吉田松陰은 이런 논리를 펼친 바 있다. "러시아, 미국과 화의가 맺어지면 우리로서는 비록 오랑캐와의 약속일지라도 신의를 지켜야 한다. 우리는 그사이에 국력을 배양하여 손쉬운 상대인 조선, 만주, 중국을 취함으로써 러시아와 미국과의 교역에서 잃은 것을 보충해야 한다." 기존의 제국주의 열강에 당한 설움과 손해를 다른 약소국에서 만회한다는 아제국주의적 노선이다. 그 첫 성과가 1876년 조선의 개항이다. 이후의 과정을 보면 일본의 제국주의는 처음부터 정치적 의도를 가지고 출발했다는 것이 확실히 드러난다.

사실 강화도조약으로 조선의 문호를 강제 개방한 이래 일본의 대조선 무역 성적표를 보면, 조선이 일본 상품의 수출 시장이라고 말하기는 어렵다. 일본의 자본주의 발전도 불충분했지만 그보다 조선의 시장적 가치가 충분히 성장하지 못했기 때문이다. 1890년경 일본의 대조선 수출량은 일본 수출 총액의 2퍼센트도 되지 못했다. 더구나 수출 품목도 일본의 기계공업 제품이 아니라 수공업과 가내공업에서 생산되는 잡화에 불과했다. 일본에 조선은 자본주의적 시장도, 원료 공급지도 되지 못했던 것이다. 그런데도 일본이 조선을 침략하려 한 것은 조선에서 경제적 이득을 얻기 위해서가 아니라 조선을 정치적으로 지배하기 위해서다. 즉 일본은 조선을 아예 통째로 소유하고자 한 것이다. 그런 다음에는 더 나아가 중국 대륙을 정복해 아시아 전체를 호령하겠다는 게 일본의 최종 목표였다.

그것은 임진왜란을 일으킨 300년 전과 전혀 다름없는 자세였다. 그렇게 보면 일본이 메이지 유신 이후 서양 열강과 달리 약소국의 정치적 병합을 노리는 군사적 제국주의의 길로 나선 데는 무척 오랜 전통이 있다고 할 수 있다. 근대화 과정의 모든 측면에서 서양을 추종하고 모방한 메이지 정부였으나 최종 목표는 달랐다. 그것을 창조적 모방이라고 할 수 있을까?

후발 제국주의가 더욱 탐욕스러운 자세를 취하는 것은 유럽에서만

볼 수 있는 현상이 아니다. 당시 유럽의 독일과 이탈리아도 뒤늦게 제국주의 레이스에 뛰어든 탓에 식민지에 지나친 욕심을 부렸지만, 동아시아의 일본도 결코 그들에게 뒤지지 않았다. 게다가 이 지역의 유일한 토착 제국주의였다는 점은 일본에 매우 유리하게 작용했다. 아무도 손대지 않은 '먹잇감'이 충분했으니까.

청일전쟁의 승리로 일본은 300년 만에 중국과의 대회전에서 이겼을 뿐 아니라 1000여 년 동안 꿈꾸어오던 동양의 패자가 되었다. 이제 일본은 중국과 대등한 관계를 넘어 중국을 압박하는 위치에 올랐다. 그러나 아직 유럽 열강과 같은 반열의 제국주의 국가에 오른 것은 아니었다. 후발 제국주의의 서러움은 승전 직후에 현실로 나타났다.

일본의 모방은 전쟁과 조약의 유럽식 전통을 받아들인 데서도 드러난다. 그러나 승리의 결실로 시모노세키 조약을 맺고 랴오둥 반도를 할양받았지만, 조약이 체결된 지 불과 엿새 만에 취소되고 말았다. 러시아와 프랑스, 독일이 랴오둥을 반환하라고 요구하고 나섰기 때문이다. 이 삼국간섭을 주도한 나라는 러시아였다. 겉으로 내세운 명분은 '동양의 평화'였으나 기존의 제국주의 국가들이 기득권을 수호하기 위한 '텃세'인 것은 분명했다.

새로 이사 온 동네의 텃세를 물리치려면 토박이 하나를 골라 한판 붙는 수밖에 없다. 대상은 바로 러시아다. 그런데 러시아는 후발 제국주의에 속하지만 일본이 맞장을 뜰 수 있는 체급이 아니다. 고민하던 일본에게 다행히도 체급 차이를 해소해준 것은 영국이었다. 1870년대부터 비스마르크 체제의 독일이 힘을 키워가는 상황에서 영국이 수수방관한 이유는 바로 러시아 때문이었다. 유럽 각국이 활발하게 이리저리 동맹을 맺고 협상을 벌이는데도 영국은 19세기 말까지 어느 나라와도 동맹

관계를 맺지 않았다. 최강국의 자부심에서 비롯된 영국의 자세를 '명예로운 고립splendid isolation'이라고 부르는데, 그토록 오만했던 영국이 1902년 드디어 동양에서 러시아의 진출을 견제하기 위해 일본과 동맹을 맺었다.

이것으로 일본은 삼국간섭의 치욕을 만회할 수 있는 멍석을 마련했다. 청일전쟁에서처럼 상대방은 눈치 채지 못하고 있었으나 일본은 이미 완전한 태세를 갖추고 있었다. 그리고 청일전쟁에서처럼 일본은 1904년 인천과 뤼순의 러시아 함대를 먼저 기습하고 열흘이 지나서야 선전포고를 했다.

러일전쟁은 10년 전의 청일전쟁과 달리 조선과 만주의 지배권을 놓고 벌인 전형적인 제국주의 전쟁이었다. 그러나 유럽 열강은 물론이고 멍석을 깔아준 영국조차 일본이 러시아의 상대가 되기는 어렵다고 생각했다. 그래도 일본은 예상외로 선전했다. 랴오둥에서 러시아의 뤼순 요새를 함락시킨 뒤 만주 심장부에서도 적의 주력군을 격파했다. 일본 해군 역시 러시아의 극동함대를 격파하고 황해의 제해권을 확보했다.

하지만 개전 후 1년이 지나자 일본은 더 이상 전쟁을 수행할 능력이 고갈되었다. 전 국민이 전시 체제에 동원된 데다 흉작까지 겹쳤다. 일본은 전투에서 연승을 거두고도 전쟁이 더 지속될 경우 패배할 수밖에 없는 처지였다. 그때 러시아에서 예상치 않은 낭보가 날아들었다.

러시아에서는 19세기 후반부터 차리즘에 반대하는 혁명운동이 활발했는데, 이 분위기는 러일전쟁으로 더욱 고조되었다. 러시아의 차르 니콜라이 2세는 국내의 정정 불안을 전쟁으로 타개하려 했으나 전쟁은 혁명운동을 위축시키기는커녕 오히려 차리즘 정부의 무능함만 드러냈다. 급기야 1905년 1월 22일 수도 상트페테르부르크에서 경찰이 시위 군중에게 발포하는 '피의 일요일' 사태가 일어나자 러시아 내부 정세는 걷잡을 수 없는 상태로 빠져들었다(519쪽 참조).

군국주의 일본의 성장보다 러시아의 혁명적 분위기에 더 큰 위협을 느낀(러시아는 같은 유럽이었고, 일본은 먼 '극동'이었으니까) 서양 열강은 미국의 주선으로 일본과 러시아의 강화를 유도했다. 1905년 9월의 강화회담에서 러시아는 한반도와 만주의 모든 권리를 일본에 양도하고, 애써 얻은 사할린마저 일본의 소유로 넘겨주는 굴욕적인 조약을 맺었다.

새끼 제국주의에서 성숙한 제국주의로 발돋움한 일본은 아무런 거리낌 없이 '양도받은 권리'를 행사했다. 러일전쟁의 최대 전리품, 그것은 바로 조선이었다. 청일전쟁으로 수천 년 동안 한반도를 지배해온 조선의 전통적 종주국을 물리치고, 러일전쟁으로 새로운 종주국을 물리친 다음(당시 조선 정부는 친러파가 집권하고 있었다), 일본은 새로운 종주국의 지위를 누리는 데 그치는 게 아니라 아예 한반도를 소유하는 방법을 택했다. 그것이 바로 1910년의 한일합병이다.

청과 러시아 두 제국을 격파한 뒤 일본은 대외적 지위가 크게 상승했을 뿐 아니라 내부의 권력 구조에서도 중대한 변화가 생겨났다. 두 차례의 대역전승으로 일본 정치에서는 군대의 위상이 더없이 높아졌다. 이제 군대는 행정부보다 우월한 위치를 점했고, 정부의 대내외 주요 정책에 대해서도 결정적인 영향력과 발언권을 행사하게 되었다. 러일전쟁에서 승리한 직후 일본의 궁극적 목표를 중국 정복으로 정한 것도 군대였다.

조선을 병합하고 나서는 '군부軍部'라는 말이 스스럼없이 사용되기 시작했다. 군대가 아닌 군부라는 말은 군대가 정부에 못지않은, 아니 그이상의 위치에 있음을 뜻한다. 더구나 군부라는 말은 군대 내부에서 만들어 사용한 것이니 이미 군 기구 자체가 스스로의 위상을 정치 세력으로 탈바꿈했다는 의미다.

바로 이 점이 동양식 제국주의의 특성이자 한계였다. 일본 제국주의는 독일이나 이탈리아, 러시아처럼 세계적으로 보면 후발 제국주의에 속했으나 그 경쟁자들과 달리 군대가 정치를 좌우하는 군국주의 노선으로 치달았다. 19세기에 전 세계를 주름잡았던 영국 제국주의를 뒷받침한 것은 막강한 해군력이었으나 군대 스스로가 대외 정책의 결정권을 틀어쥔 적은 없었다. 프랑스와 미국 등 선발 제국주의 국가들도 그 점은 마찬가지였다. 그에 비해 일본은 인류 역사상 처음으로 제국주의와 군국주의를 결합시킨 새로운 '일본식 제국주의'를 선보였다.

일본이 유럽 열강과 같은 제국주의 노선을 취했으면서도 전혀 다른 새로운 길로 나아간 이유는 무엇일까? 유럽 열강에는 있으나 일본에는 없는 게 있었다. 즉 같은 제국주의라 해도 일본의 역사에는 빠진 게 있었다. 그것은 바로 시민사회. 서양 문명의 최종적인 역사적 성과물은 시민사회였다. 서양에서는 어떻게 시민사회가 발달할 수 있었을까?

19

시민의 등장

유럽식 관료제 / 정략결혼의 제왕 막시밀리안 / 합스부르크 '누더기' 제국 / 왕위 계승을 빙자
한 영토 다툼 / 영국이 프랑스를 이긴 원동력 / 프랑스 혁명을 반동으로 몰아간 나폴레옹

30년 전쟁 이후 선보인 서양의 근대 국가는 권력 구조가 모호하다. 국왕
이 있는가 하면, 관료도 있고, 의회도 있다. 그럼 왕국일까, 관료 국가일
까, 공화국일까? 그 체제는 흔히 절대왕정이라고 불리듯이 겉모습을 보
면 왕국이다. 그러나 '절대'라는 말에 현혹되면 안 된다. 다른 시대에 비
하면 왕권이 강력한 시대였으나 말 그대로 국왕이 절대 권력자였던 것
은 아니다(유럽의 역사가들이 일찍부터 군주가 신과 같은 절대 권력을 가졌던 동
양의 역사를 알았다면 '절대주의'라는 용어를 함부로 쓰지 못했을 것이다).

오늘날에도 대통령이나 총리가 모든 국사를 처리하지는 않듯이 아무
리 왕정이라 해도 국왕 밑에는 반드시 나라의 대소사를 관장하는 행정
인력이 있었다. 동양식 왕조의 경우에는 국가고시(과거)를 통해 임용된
관료들이 그런 인력이다. 그럼 서양의 경우에는 누가 그 역할을 맡았을
까? 바로 귀족이다.

동양에도 귀족은 있다. 하지만 동양의 귀족과 서양의 귀족은 같지 않다. 전통적인 유력 가문 출신에 특권을 지닌 계급이라는 사전적인 정의는 서로 같지만 두 귀족은 성격이 다르다. 동양의 귀족은 본래부터 황제나 왕을 섬기는 신분으로 정해져 있는 데 반해, 서양의 귀족은 힘에서 처진다는 것을 알기 때문에 자신의 의사에 따라 왕을 섬길 뿐이다.

동양에서는 일찍부터 영토국가가 성립하고 통일적인 지배 체제가 발달했으나, 서양에서는 중세 내내 분권적 정치체제를 유지하다 종교전쟁이 끝난 17세기 이후에 영토국가가 생겨났다. 따라서 동양의 귀족은 (반역을 일으켜 성공하지 않는 한) 죽었다 깨어나도 황족이나 왕족이 될 수 없지만, 서양의 귀족은 언제든 실력만 기른다면 딴살림을 차릴 수도 있고 섬기는 주군이 싫어지면 다른 주군을 찾아갈 수도 있다(동양과는 달리 반역이 아니라 '계약관계'가 깨어진 것일 뿐이다). 왕과 귀족이 서로 단절된 체제와 연장 선상에 있는 체제, 이런 차이가 있으므로 동양과 서양은 귀족의 위상도 서로 다르다(굳이 동양에서 서양의 귀족과 비슷한 신분을 찾는다면 중앙 귀족보다는 지방 귀족, 즉 호족이 더 가깝다).

중세 서양의 왕이란 귀족들 가운데 가장 서열이 높은 자라는 의미에 불과했다. 상위 귀족은 하위 귀족에게 군주였고, 동시에 더 상위의 귀족에게는 가신이었다. 또한 하위 귀족도 누구나 자기 영지에서는 독립 군주였다. 중세를 배경으로 한 서양의 동화에서 왕자와 공주가 자주 등장하는 이유는 그만큼 군주가 많았고 왕자와 공주도 흔했기 때문이다(동양의 동화에서는 왕자와 공주 대신 몰락한 양반집 자제와 고래등 같은 기와집에 사는 처자가 주인공이다). 도시의 지배자는 중세 서열에 따라 대외적으로는 공작이나 백작 같은 귀족의 칭호로 불렸지만 자기 도시 내에서는 다 왕이었다. 도시의 지배자가 공작인 국가는 공국, 백작인 국가는 백국이라고 불렸는데, 전부 다른 군주의 지배나 영향을 받지 않는 독립국이었다.

하지만 근대적 영토국가가 생겨난 이후에는 사정이 달라진다. 이제 점 개념의 국경(도시국가)은 사라지고 선 개념의 국경이 생겼다. 그에 따라 같은 나라 안에 있는 귀족들은 자연히 한 명의 최고 귀족, 즉 국왕을 모시면서 국사를 처리하는 관료 집단으로 자리 잡게 된다. 절대주의 시대에 그 국왕은 절대군주가 되었고 귀족들은 재상이 되었다(중세가 끝나고 절대주의로 접어드는 것을 보면, 어떤 측면에서 유럽의 군주들은 중세에 교회와 분점하던 권력을 독점하게 된 것이라고 할 수도 있다).

그렇다면 이제 서유럽 국가들도 동양식 왕조처럼 일사불란한 서열 구조와 관료제를 갖추게 된 걸까? 물론 절대군주들은 그렇게 되기를 간절하게 바랐을 것이다. 하지만 역사와 배경이 다르니 같을 수 없다. 같은 왕국이라 해도 한 성씨의 왕가만을 북극성처럼 붙박이로 여기고 섬겨온 동양의 왕조에 비해 서양의 왕실은 고만고만한 귀족 가문들 간에 잠시 서열 1위라는 의미만 가질 뿐이므로 전통과 권위가 약할뿐더러 군주를 지지해주는 귀족들의 입김을 무시할 수 없다.

그래서 '절대'라는 수식어가 붙었음에도 불구하고 절대군주는 동양식 왕조에서만큼 절대적인 권력을 지니지 못했다(절대주의의 개념을 동양의 왕조에 적용한다면 기원전 3세기의 진시황 또는 춘추전국시대까지 소급해야 한다). 그저 중세의 왕에 비해 권력이 커졌다는 의미다. 또한 귀족들 역시 단지 왕보다 서열이 뒤진 탓에 왕을 섬기는 처지가 되었을 뿐이므로 동양의 관료들처럼 왕에 대한 충성심이 사무치지 않고 나름의 발언권도 컸다. 실제로 절대주의 시대에는 왕권만이 아니라 귀족의 정치적 권한도 어느 때보다 컸다. 절대 권력이 없는 절대군주, 그리고 군주를 자신들의 '보스' 정도로 여기는 힘센 귀족들, 이런 분위기에서 자연스럽게 성장한 게 의회다.

알다시피 의회란 모든 국민이 정치에 직접 참여할 수 없기 때문에 대표자들을 뽑아 국정을 담당하게 하는 기구다. 그러나 오늘날과 같은 시민국민의 정치적 권리가 인정되지 않는 시대였으므로 의회는 선거 과정이 없는 의회, 곧 신분제 의회다. 영국은 특수한 환경이었기에 13세기 말에 의회가 생겨났고, 그것도 성직자가 빠진 '2부'만으로 구성될 수 있었지만, 서유럽 근대 국가의 보편적인 의회는 17세기부터 일반화되며, 성직자와 귀족, 시민 대표의 3부를 기본 골격으로 한다. 영국의 모델 의회보다 몇 년 늦게 생겨난 프랑스의 삼부회가 실제로 제 기능을 하기 시작하는 시기도 17세기부터다.

마침 의회를 구성하는 세 계급은 서양 역사의 세 시대를 상징하고 있어 흥미롭다. 우선 성직자는 중세에 전성기를 누렸던 계급이므로 서열상으로는 1신분이지만 중세가 지나면서 지는 해의 처지다. 또 귀족은 절대주의 시대를 맞아 한창 물이 오른 계급이며 당대의 실력자다. 마지막으로 시민 대표는 아직까지 말석이지만 곧 다가올 새 시대를 대표한다. 절대왕정은 동양의 왕조와 가장 비슷한 체제를 이루었으나, 신분제 사회면서도 의회가 존재했다는 점에서 차이가 있다. 달리 말하면 의회가 있었기에 절대왕정은 동양식 전제군주 체제로 빠져들지 않을 수 있었다고 할까?

절대주의는 역사적인 시대 구분이기는 하지만, 그 자체로 별개의 시대를 이룬다기보다는 과도기적인 성격이 강하다. 서유럽 역사상 처음으로 국가가 행동 주체로 나선 근대 초기에는 절대왕정이 자연스러운 체제 진화였고 사회의 다른 부문들과도 잘 어울렸다(동양에서도 영토국가의 개념이 처음 형성되었을 때 전제군주 체제가 생겨났다). 그러나 유럽 세계에서 절대왕정은 영토국가를 장기적으로 운영해나가기에 적합한 장치가 되지 못했다. 무엇보다 중국의 과거제 같은 공식적인 관리 임용 제도가 없었던 탓에 관리를 충원하는 메커니즘이 부재했다.

그런 점에서 절대주의는 곧이어 다가올 의회민주주의의 시대를 예고하는 체제다. 각국 간의 영토 문제가 어느 정도 정리되고 나면 곧바로 국내 체제를 정비하는 문제가 대두될 테고, 결국 의회가 말을 하게 될 것이다. 영토 문제가 일찌감치 정리된(섬이니까!) 영국이 가장 먼저 의회민주주의의 길로 들어선 것도 그 때문이다. 물론 영국의 경우에서 보듯이 그 과정은 결코 순탄하지 않다. 험난한 내전과 반동적인 왕정복고, 때로는 국왕까지 처형되는 유혈 사태를 거칠 수도 있다.

원래 없던 것을 만들려면 어려움이 따르게 마련이다. 오랜 중세를 거치면서 영토와 주권의 문제를 별로 고민하지 않았던 유럽 세계에서는 근대적 개념의 영토와 주권을 정립하는 데 예상보다 큰 진통을 겪는다. 그 진통은 여러 차례의 왕위 계승 전쟁으로 나타났다.

유럽의 근대에 왕위 계승이 복잡했던 이유는 크게 두 가지다. 우선 앞에서 본 바 있듯이, 유럽 세계에서는 동양식 왕조와 달리 축첩이 허용되지 않았다는 점이다. 게르만법에 따르면, 왕권은 아들에게만 이어져야 했는데, 왕실이라고 해서 반드시 아들이 있으리라는 보장은 없다. 후사가 끊어질 경우에는 형제의 아들, 즉 조카에게 왕위가 계승되어야 하므로 계승 과정이 복잡해질 수밖에 없다. 유럽 각국에서 나라는 그대로 가는데도 왕조의 교체가 잦은 이유는 그 때문이다.

둘째 이유는 중세 이후 유럽 각국의 왕실 간에 복잡한 정략결혼이 맺어진 데서 찾을 수 있다. 앞서 15세기 말 이사벨-페르난도의 결혼이 유럽 각국의 왕실과 어지러이 연관되는 측면을 보았지만, 그보다 더 큰 정치적 의미를 가지는 것은 비슷한 시기에 신성 로마 황제 막시밀리안이 적극적으로 추진한 정략결혼이다. 여기에는 영토 문제가 개재되어 있었다. 17세기 이전까지는 전쟁을 통한 영토 획득이 일반적이지 않았기 때문에 영토를 늘리고 재편하는 데 왕실 간의 통혼이 무척 중요했다.

지극히 사적인 일이어야 할 결혼을 공적인 외교 수단으로 이용하기 시작한 것은 14세기에 신성 로마 황제를 배출한 룩셈부르크 가문이었다. 이 '첨단' 전략으로 14세기에 제국은 보헤미아를 합병할 수 있었다. 그 뒤를 이은 합스부르크 가문에서는 아예 정략결혼을 가장 중요한 외교 수단으로 삼았다. 합스부르크 가문에서 제위를 세습하는 전통을 연 프리드리히 3세는 자신의 가문이 신의 은총을 받았다면서 '오스트리아 가문'이라고 불렀다. 1453년에 그는 오스트리아 공령을 설치했는데, 이것이 훗날 오스트리아의 기원이 된다. 그 역사적 업적보다 당장에 필요했던 더 큰 공적은 아들 막시밀리안을 정략결혼의 '상품'으로 내놓은 것이다. 막시밀리안은 가문과 제국을 함께 부흥시키는 방책으로 통혼을 활용해 대성공을 거둔 대표적인 사례다. 우선 그는 자신의 결혼 선물로 부르고뉴라는 한 나라를 통째로 받았다. 피 한 방울 흘리지 않고 유서 깊은 한 나라를 차지한 것이다.

오늘날 프랑스-독일의 접경지대와 베네룩스 3국 일대에는 15세기까지 부르고뉴라는 나라가 있었다. 공작이 지배자였기 때문에 보통 부르고뉴 공국이라고 부르지만, 중세의 유럽 국가들이 대개 그렇듯이 그것은 작위에 불과하고 사실상 독립 왕국이었다. 부르고뉴는 서쪽의 프랑스나 동쪽의 신성 로마 제국에 별로 뒤질 게 없는 강국이었다. 스칸디나비아의 바이킹을 조상으로 하는 부르고뉴는 중세 중기까지 서유럽의 요지를 차지하고 번영을 누렸다. 그러나 백년 전쟁에서 잉글랜드를 지원했다가 전후 프랑스로부터 혹독한 보복을 당했고 당시 유럽을 휩쓴 페스트의 피해를 심하게 입은 탓에 15세기 중반에는 국력이 크게 약화된 상태였다.

프랑스와 신성 로마 제국은 당연히 부르고뉴에 욕심을 냈을 법하다. 그런데도 두 나라가 부르고뉴를 차지하지 못한 것은 서유럽 왕조 특유의 이중성 때문이다. 부르고뉴는 형식적으로 제국의 아래 서열인 제후국이었고 실제로는 독립 왕국이었다. 동양의 중화적 질서와 달리 중세 유럽의 질서에서는 어떤 강국도 무력을 동원해 다른 나라를 병합할 수 없었다. 물론 교황이 중세의 국제연합으로 버티고 있었던 것도 그 질서를 유지하는 데 한몫했다.

부르고뉴가 역사의 지도에서 완전히 지워지게 된 원인은 전쟁도 아니고 내부의 부패도 아니다. 마지막 지배자인 샤를 공작이 아들을 두지 못했기 때문이다. 그의 치세에 부르고뉴는 다시 예전의 명성을 회복하고 재도약하는 중이었지만, 1477년에 그가 죽자 곧바로 위기가 닥쳤다. 일단 스무 살의 딸 마리가 공작의 지위를 계승했으나 중대한 시기에 중앙 권력이 약화된 상태로는 위기를 헤쳐 나가기 어려웠다. 결국 몇 개월 만에 마리는 막시밀리안의 청혼을 받아들였다. 서쪽 프랑스의 집요한 공세에 반발해 동쪽 제국과 결탁한 것이다.

막시밀리안으로서는 손대지 않고 코를 푼 격이었다. 그 결혼으로 그는 지금의 네덜란드와 프랑스 서부의 영토를 손에 넣었다. 이것만 해도 일확천금이지만, 그의 처복은 거기에 그치지 않았다. 5년 뒤 마리가 죽자 그는 자신을 '신상품'으로 만들어 다시 정략결혼의 시장에 내놓았다. 과연 그의 상품 가치는 아직 퇴색하지 않았다. 막시밀리안은 서른다섯 살이던 1494년에 밀라노 공국의 지배자인 스포르차 가문의 딸과 재혼했다.

막시밀리안의 눈부신 통혼 정책은 대를 이어 계속되었다. 그의 딸과 아들은 에스파냐의 왕자, 공주와 결혼했고, 손자들은 헝가리의 왕자, 공주와 결혼했다. 이로써 합스부르크 가문은 에스파냐에서 헝가리에 이르는 방대한 영토를 지배하는 유럽 최대의 왕가로 떠올랐다. 정작 막시밀리안 자신은 프랑스의 강력한 반발을 받아 통혼의 효과를 보지 못했으나, 그의 손자로 제위를 이은 카를 5세는 독일 황제이자 에스파냐 왕이라는 두 개의 공식 명함을 가지게 되었다. 카를의 시대에 합스부르크 가문은 오스트리아, 보헤미아, 시칠리아, 네덜란드 등의 방대한 영토를 지배했다. 콜럼버스의 발견으로 신대륙까지 획득한 것도 그 무렵이다. 중세의 유명무실한 제국이었던 신성 로마 제국은 이제 위풍당당한 합스부르크 세계 제국으로 발돋움했으며, 19세기의 대영제국보다 300년이나 앞서 '해가 지지 않는 나라'라는 영광스러운 별명을 얻었다.

정략결혼을 통한 영토 확장과 국가 발전! 적어도 피를 흘리지 않았다는 점에서는 나름대로 좋은 정책이었다. 그러나 땀마저 흘리지 않았다는 점에서는 지나치게 안이하고 느슨했다. 유럽의 군주들이 영토에 눈을 뜨기 전, 교황이 중재자로서 힘을 지니고 있던 15세기까지는 그런 정책이 통했다. 하지만 이미 당시에도 프랑스가 합스부르크의 행보에 사사건건 제동을 걸고 있었다는 사실은 그 방식이 오래가지는 못하리라는 것을 예고하고 있었다. 아니나 다를까, 종교개혁으로 교황권이 실추되고 각국이 이해관계를 전면에 내세우게 되는 16세기에 접어들자 합스부르크 제국의 한계도 금세 노출되었다.

우선 지리적으로 '누더기' 제국이었다. 제국의 영토는 에스파냐에서 헝가리까지 이르렀으나, 동서로 2000킬로미터가 넘는 엄청난 넓이도 감당하기 어려웠을 뿐 아니라 영토가 한 덩어리를 이룬 게 아니라 중간에 프랑스 같은 적대적인 강국에 의해 끊어져 있었으므로 제국이라는 명칭에 걸맞은 중앙집권 체제를 취할 수 없었다.

그래도 누더기를 이루는 조각들 중에는 괜찮은 부분도 있게 마련이다. 그런 곳이 바로 에스파냐였다. 신대륙에서 쏟아져 들어오는 막대한 부를 바탕으로 에스파냐는 한창 서유럽 세계의 경제적 중심으로 발돋움하고 있었다. 그래서 카를 5세는 제위에 오른 뒤부터 수시로 제국의 본거지를 떠나 에스파냐에 장기 체류하는 일이 잦았다.

방대한 영토를 차지한 만큼 제국에는 적이 많았다. 우선 카를 5세와 제위를 놓고 다투었던 전통의 숙적 프랑스가 있고, 종교개혁으로 제국에 등을 돌린 북독일의 신교 영방군주들이 있으며, 동방 진출로 오스트리아를 위협하는 당대 세계 최강인 튀르크의 오스만 제국이 있다. 합스부르크 제국은 오로지 에스파냐의 경제력만을 바탕으로 이 세 강적과 싸워야 했다. 결과는 비참했다. 1529년에 빈을 포위한 튀르크군은 간신히 물리쳤으나 1538년에 지중해에서는 튀르크 함대에 패배했고, 1555년 아우크스부르크 종교화의에서는 루터파 군주들에게 양보해야 했다. 북이탈리아의 영향권을 놓고 벌이던 프랑스와의 다툼에서도 제국은 승리하지 못했다. 1559년 카토캉브레지 조약에서 북이탈리아를 유지하는 대신 라인 강변의 요지들을 모두 프랑스에 내주고 말았다(이 문제는 훗날 알자스-로렌 분쟁으로 이어져 19세기 말까지 두고두고 프랑스-독일 간의 대립을 야기한다).

카를 5세는 아우크스부르크 화의가 끝나자 곧바로 동생인 페르디난

| 누더기 같은 합스부르크 영토　합스부르크 왕가는 중세 유럽 최대의 가문답게 모든 면에서 중세와 운명을 같이했다. 교황과 더불어 중세적 질서의 한 축을 이룬 황제의 가문이었고, 중세 국제 질서의 중요한 수단인 정략결혼을 고수했으며, 교회가 현실 정치에서 힘을 잃어갈 때도 끝까지 가톨릭의 수호자로 남았다. 신대륙을 잠시 소유한 것은 중세가 합스부르크 가문에 준 마지막 선물이었다.

트 1세에게 제위를 물려주고, 에스파냐의 왕위는 아들인 펠리페 2세에게 물려준 다음 은퇴해버렸다. 보잘것없는 황제의 권력에 신물이 난 그는 당시 예수회가 보고하는 동방의 소식, 무소불위의 권력을 자랑하는 중국 명 제국의 황제가 부러웠을지도 모른다. 카를의 퇴장으로 한동안 엉성하게나마 세계 제국을 이루었던 합스부르크 제국은 사라지고, 오스트리아와 에스파냐는 다시 별개의 나라가 되었다.

그의 아들 펠리페는 황제가 될 뻔했다가 왕에 그쳤지만 노른자인 에스파냐를 차지했기에 아무런 불만도 없었다. 유럽 최대의 부국이라는 좋은 조건을 바탕으로 삼아 그는 가문과 제국을 일으키는 데 특효약이던 정략결혼을 다시 추진했다. 그런데 아무리 가문의 내력이라 해도 펠리페의 통혼 정책은 정도를 지나친 감이 있다. 그는 포르투갈 왕녀, 영국 여왕, 프랑스 왕녀, 합스부르크 왕녀와 네 차례나 결혼했다.

하지만 통혼이 유력한 전략이던 시대는 가고 있었다. 펠리페의 결혼 중에서 그나마 결실이 따른 경우는 포르투갈을 상속받아 합병한 것뿐이다(수십 년 뒤에는 에스파냐의 관리 소홀로 포르투갈이 다시 분리된다). 특히 1554년에 영국 여왕 메리 1세와 결혼한 것은 현대의 시각으로 보면 쇼킹한 사건이다. 메리는 시대착오적인 신교 탄압으로 '피의 메리'라는 별명을 얻은 데다, 펠리페의 아버지 카를 5세의 이모인 캐서린(이사벨 - 페르난도의 딸이자 헨리 8세의 첫 아내인 아라곤의 캐서린)의 딸이었으니, 펠리페에게는 이모뻘이 되고 나이도 아홉 살이나 연상이었다.

막대한 자금력은 펠리페에게 돈을 흥청망청 쓰는 재미를 주었지만 그에 못지않게 기강의 해이를 가져왔다. 1571년 레판토 해전에서 동생 돈 후안Don Juan을 시켜 튀르크 함대를 무찌를 때까지는 좋았다. 순전히 자신의 권위를 과시할 목적으로 엘 에스코리알이라는 화려한 궁전을 지을 때까지도 행복했다. 레판토에서는 세르반테스Miguel de Cervantes가 참전했다가 왼손을 평생 못 쓰게 되는 장애를 입었으나 그 덕분에 훗날《돈 키호테Don Quixote》라는 걸작을 남길 수 있었고, 엘 에스코리알은 실용성이 전혀 없어 건축될 당시에도 지나친 사치라는 비난을 받았으나 지금은 에스파냐의 주요한 관광 명소가 되었다. 역사적 평가는 시대에 따라 얼마든지 달라진다.

그러나 펠리페의 전성기, 아니 에스파냐의 전성기는 그게 마지막이었다. 1588년 막강한 에스파냐 무적함대가 영국 함대에 패한 것을 계기로 펠리페와 에스파냐는 기나긴 추락의 길을 걷기 시작했다. 당시 에스파냐는 유럽에서 가장 보수적인 왕국이었으므로, 어찌 보면 프랑스 혁명으로 무너지기 훨씬 전에 유럽의 앙시앵 레짐은 이미 힘을 잃고 있었다고 볼 수 있다.

부자는 망해도 3년은 간다는 말처럼 에스파냐 합스부르크 가문은 전성기를 허송한 뒤에도 한 세기나 버텼다. 하지만 전가의 보도인 통혼 전략이 힘을 잃은 뒤부터는 과거의 영화를 회복하지 못했을 뿐 아니라 통혼의 심각한 부작용도 나타났다. 주걱턱이야 어쩔 수 없는 가문의 유전적 특징이라지만 근친혼이 지속된 탓에 신체에 이상이 있거나 정신착란에 걸린 후손들이 늘어났다(펠리페의 아들부터 몸이 성치 않았고 정신착란이 있어 아버지를 암살하려 했다가 스물세 살에 옥사했다). 열성형질의 유전이 누적되자 결국 가문의 대가 끊기는 사태가 일어났다.

1700년 카를로스 2세가 자식 없이 죽었다. 유럽 각국은 갑자기 에스파냐 왕실에 촉각을 곤두세웠다. 특히 대륙 국가들 중 맨 먼저 절대주의를 구현한 프랑스의 시선이 탐욕스러워졌다. '태양왕'이라고 자칭하는 루이 14세는 마침 외가가 합스부르크 가문이었다. 이 혈연을 이용해 그는 손자인 필리프를 에스파냐 왕으로 앉히고(펠리페 5세) 합스부르크 왕실을 프랑스계의 부르봉 왕실로 바꾸는 데 성공했다.

그런 왕위 도둑질에 후유증이 따르지 않을 리 없다. 영토와 주권에 눈을 뜬 다른 나라들은 프랑스의 검은 의도를 잠자코 지켜보지 않았다. 영국과 네덜란드, 오스트리아의 세 나라가 들고일어나 대프랑스 동맹을 맺었다. 이렇게 해서 에스파냐 왕위 계승 전쟁이 벌어졌다. 30년 전쟁 이후 중세의 국제연합(교황)은 완전히 무력화되었으므로 이제 국제 분규의 해결책은 오로지 육탄전밖에 남지 않았다. 오스트리아는 에스파냐의 합스부르크 왕실이 단절되는 것을 참을 수 없고, 영국과 네덜란드는 대륙의 강국 프랑스의 발언권이 커지는 것을 두고 볼 수 없다.

　근대 유럽사의 특징인 전쟁과 조약의 시대가 화려하게 개막되었다. 네 나라가 14년 동안 박 터지게 싸운 결과 위트레흐트 조약이 맺어졌다. 결국 프랑스는 에스파냐의 왕실을 부르봉 가문으로 교체하는 데 만족할 수밖에 없었고, 영국과 네덜란드, 오스트리아는 영토를 늘려 실익을 얻었다.

　바야흐로 유럽 세계는 본격적인 진통기를 맞았다. 전쟁의 후유증이 채 가시기도 전인 1740년에 이번에는 합스부르크 가문의 본산인 오스트리아에서 왕통이 끊겼다. 황제인 카를 6세는 아들을 두지 못하고 죽게 되자 유언을 통해 딸인 마리아 테레지아Maria Theresia에게 후사를 잇게 했다. 그런데 이 경우에는 에스파냐의 경우와 다른 점이 있다. 수십 년 전 에스파냐의 카를로스 2세는 자식이 전혀 없었으므로 왕위 계승을 둘러싼 다툼이 벌어질 수 있지만, 카를 6세는 딸에게 제위를 계승시켰는데 왜 문제가 되는 걸까?

　물론 유럽 왕실에 여왕이 없었던 것은 아니다. 에스파냐에는 15세기에 이사벨 여왕이 재위했고, 영국에서도 16세기에 메리와 엘리자베스 두 여왕이 차례로 아버지 헨리 8세의 왕위를 계승했다. 17세기 스웨덴에는 크리스티나 여왕이 있었고, 마리아 테레지아와 같은 시대 러시아에는 예카테리나라는 이름의 여제가 있었다. 혹시 제국의 위상이 다른 나라들보다 한층 높기 때문일까? 유럽의 중심이라서 그럴까? 마침 제국과 더불어 유럽의 양대 기둥이던 프랑스에도 역사 전체를 통틀어 여왕이 재위한 적은 단 한 번도 없었다. 중국 역사에도 측천무후라는 여제가 있었지만, 프랑스의 왕위는 여성을 전혀 받아들이지 않았고 신성 로마

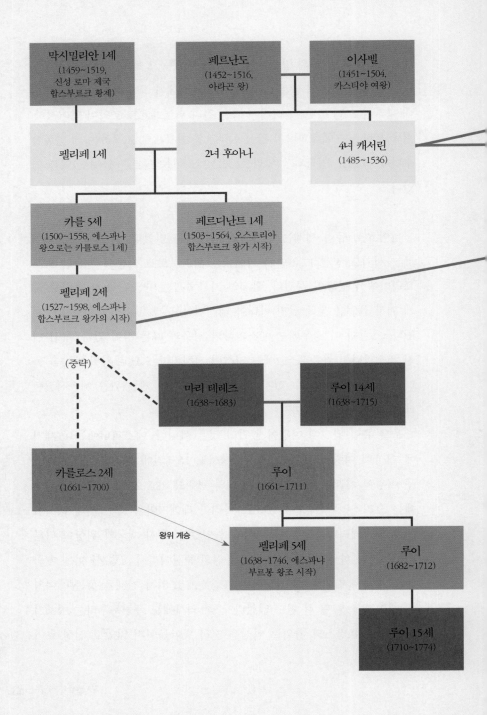

막시밀리안 1세
(1459~1519,
신성 로마 제국
합스부르크 황제)

페르난도
(1452~1516,
아라곤 왕)

이사벨
(1451~1504,
카스티야 여왕)

펠리페 1세

2녀 후아나

4녀 캐서린
(1485~1536)

카를 5세
(1500~1558, 에스파냐
왕으로는 카를로스 1세)

페르디난트 1세
(1503~1564, 오스트리아
합스부르크 왕가 시작)

펠리페 2세
(1527~1598, 에스파냐
합스부르크 왕가의 시작)

(중략)

마리 테레즈
(1638~1683)

루이 14세
(1638~1715)

카를로스 2세
(1661~1700)

루이
(1661~1711)

왕위 계승

펠리페 5세
(1638~1746, 에스파냐
부르봉 왕조 시작)

루이
(1682~1712)

루이 15세
(1710~1774)

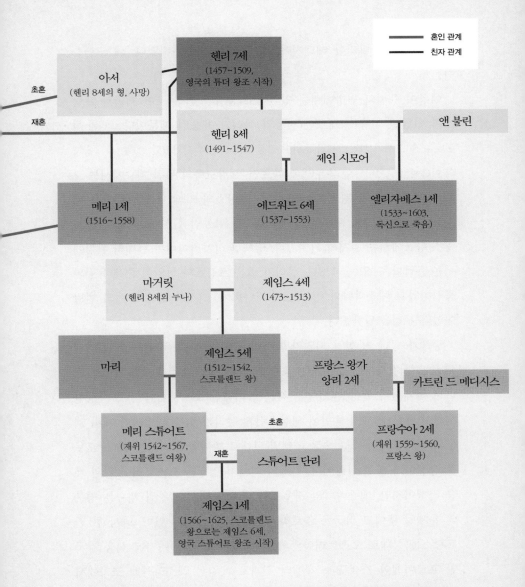

| 혼인 관계
| 친자 관계

아서
(헨리 8세의 형, 사망)

헨리 7세
(1457~1509,
영국의 튜더 왕조 시작)

초혼

재혼

헨리 8세
(1491~1547)

앤 불린

제인 시모어

메리 1세
(1516~1558)

에드워드 6세
(1537~1553)

엘리자베스 1세
(1533~1603,
독신으로 죽음)

마거릿
(헨리 8세의 누나)

제임스 4세
(1473~1513)

마리

제임스 5세
(1512~1542,
스코틀랜드 왕)

**프랑스 왕가
앙리 2세**

카트린 드 메디시스

메리 스튜어트
(재위 1542~1567,
스코틀랜드 여왕)

초혼

재혼

스튜어트 단리

프랑수아 2세
(재위 1559~1560,
프랑스 왕)

제임스 1세
(1566~1625, 스코틀랜드
왕으로는 제임스 6세,
영국 스튜어트 왕조 시작)

┃ 혼맥으로 엮인 합스부르크와 영국 막시밀리안으로 시작된 합스부르크 가문의 정략결혼은 오랜 기간이 지나면서 복잡해졌다. 오스트리아 - 에스파냐 - 영국의 세 나라는 왕실 간의 혼인이 어지러이 얽히면서 중세 후기 유럽 정계를 이끌었다. 어떤 의미에서는 유럽의 왕실 전체가 친척이나 다름없었다.

제국의 제위도 마리아 테레지아 이전까지는 마찬가지였다. 왜 그랬을까?

여왕이 유럽의 변방에서는 있었어도 중심인 신성 로마 제국과 프랑스에 없었던 이유는 게르만 전통의 살리카 계승법 때문이다(살리카 법 Salica Law은 11세기부터 12세기 초까지 신성 로마 제국의 황가였던 잘리어Salier 왕조의 이름에서 나왔다). 살리카 법에 따르면, 프랑크족의 왕위 계승에서는 모계가 배제된다. 이 원칙은 14세기 초 프랑스의 카페 왕조가 끝났을 때 처음 적용되었으며, 이후에도 프랑크족의 적통인 신성 로마 제국과 프랑스 왕국에서는 철저히 지켜졌다. 명백한 성차별이니까 현대의 관점에서는 용납할 수 없는 제도다. 살리카 법은 프랑스와 독일이 중세 유럽의 중심이었고 에스파냐와 영국, 스칸디나비아, 러시아 등은 유럽의 변방이었다는 것을 말해준다.

중세가 끝난 지 한참 되었지만 마리아 테레지아의 즉위는 유럽 사회의 중요한 질서이자 오랜 전통을 어긴 결과였다. 결국 그것을 빌미로 또다시 국제전이 벌어졌다. 물론 각국이 이해관계로 분립한 지도 상당한 세월이 흐른 18세기 중반에 새삼스럽게 살리카 법을 들먹이며 제위 계승의 원칙을 세우자는 주장을 액면 그대로 받아들일 바보는 없다. 모두들 꿍꿍이가 빤한 상황이다. 전쟁의 역사적 명칭은 오스트리아 왕위 계승 전쟁이지만, 에스파냐의 경우처럼 이 전쟁에서도 왕위 계승은 명분의 문제일 뿐이고 각국은 영토라는 잿밥에만 관심이 있다. 다시 한 번 프랑스를 상대로 오스트리아와 영국이 힘을 합쳤고, 여기에 신흥 강국인 프로이센이 가세했다. 전쟁의 결과로 체결된 엑스라샤펠 조약에서 프랑스는 또다시 대륙의 패자가 되려는 꿈을 접어야 했고, 영국은 실익을 챙기며 유럽 최강국으로 떠올랐다.

그러나 유럽의 사정은 여전히 피를 요구한다. 두 차례의 왕위 계승 전쟁에서 충분히 알 수 있듯이 이제 왕위 계승은 상징적인 쟁점에 불과하다. 전쟁의 빌미는 될지언정 참전국들의 진의와는 무관하다. 오스트리아 왕위 계승 전쟁의 포연이 채 가라앉기도 전인 1756년에 발발한 7년 전쟁에서는 각국이 처음부터 내놓고 실익을 목표로 정한다. 지난 전쟁에서 프로이센은 마리아 테레지아의 제위 승계를 인정하는 대가로 광물자원이 풍부한 슐레지엔을 차지했는데, 이게 다른 나라들에 눈엣가시가 되었다. 프로이센을 일약 군사 강국으로 끌어올린 야심가 프리드리히를 그대로 놔두면 장차 제후국의 껍데기마저 벗어던지고 유럽을 제패하려 들 것이다.

두 차례의 왕위 계승 전쟁에서 프랑스와 싸웠던 오스트리아는 실지 회복을 위해 체면 불구하고 프랑스에 손을 내밀었다. 이제 동맹의 규칙도 없고 이합집산의 원칙도 없다. 오스트리아와 마찬가지로 한창 뻗어나가는 프로이센에 위협을 느낀 러시아와 스웨덴도 이 동맹에 참가한다. 프로이센은 졸지에 동쪽의 러시아, 서쪽의 프랑스, 남쪽의 오스트리아, 북쪽의 스웨덴에 완전 포위된 처지가 되었다. 그러자 프리드리히는 재빨리 영국에 구원을 요청한다.

이리하여 영국이 서부전선의 프랑스를 맡고 프로이센이 동부와 남부 전선에 집중하는 양상으로 전쟁이 전개되었다. 초반전은 직접 군대의 총지휘를 맡은 프리드리히의 독무대였다. 당시 그가 프랑스, 오스트리아, 러시아를 격파하면서 보여준 기동력과 공격적인 전술은 수십 년 뒤 나폴레옹에게서 '걸작'이라는 평가를 받았다(그래서 그는 일개 '프로이센 공국'의 왕일 뿐인데도 훗날 '프리드리히 대왕'이라고 역사에 기록된다). 그러나 전쟁이 길어지자 단기전의 전술은 장기전에서 한계에 부딪혔다. 3년째로 접어들면서 프로이센은 차츰 패배가 많아졌고 수도 베를린마저 풍전등화의 위기에 처했다.

그런 상황에 처한 프리드리히를 살린 것은 러시아다. 1762년 러시아의 제위에 오른 표트르 3세는 마침 프리드리히의 열렬한 숭배자였다. 즉위하자마자 그는 프로이센과 강화를 맺고 군대를 철수시켜버렸다. 이렇게 동맹 관계가 와해되자 다른 동맹국들도 더 이상 전쟁을 수행할 여력을 잃게 되었다. 그 이듬해 후베르투스부르크 조약이 체결되면서 7년 전쟁은 끝났다.

하마터면 국가가 사라질 뻔했던 프로이센은 자원의 보고인 슐레지엔의 영유권을 승인받아 전쟁의 막심한 피해를 보상받았다. 게다가 대외적으로는 유럽의 강국으로 확고한 인정을 받았으니 크게 남는 장사를 한 셈이다. 이후 프리드리히는 단기간에 전후 복구에 성공하고 뒤이어 1772년에는 폴란드 분할을 주도해 영토와 인구를 더욱 늘렸다. 프로이센이 최단 기간에 유럽의 강대국 반열에 오른 것은 중대한 시기에 걸출한 군주를 둔 덕분이다.

몇 차례의 국제전에서 드러난 것처럼 대륙의 주도권을 놓고 싸우는 대표 주자는 단연 프랑스와 영국이었다. 이제 유럽 세계의 중심은 중세의 이탈리아와 독일에서 서유럽으로 확실히 이동했다. 두 나라는 근대 유럽의 모든 사태에 개입했으며, 늘 서로의 반대편에 섰다. 어떤 의미에서는 17세기 후반에 프랑스의 팽창 정책을 영국이 저지하면서 시작된 두 나라의 경쟁이 18세기 내내 지속된 것으로 볼 수도 있다. 더구나 경쟁의 무대는 유럽만이 아니라 전 세계의 식민지로 확대되었다.

유럽의 맹주 자리를 놓고 겨룬 두 나라의 패권 다툼에서 최종 승자는 영국이었다. 프랑스는 늘 공세를 취했으나 매번 실패했다. 영국은 방어 태세에 충실하면서도 매번 실익을 거두었다. 영국이 거둔 두 가지 중요한 승리가 바로 동쪽에서는 인도를 지배하게 된 것이고, 서쪽에서는 북아메리카를 차지하게 된 것이다. 그런데 영국은 어떻게 전통적인 대륙의 강호인 프랑스를 이긴 걸까?

사실 군사력에서 프랑스는 언제나 영국을 능가했다. 육군에서는 말할 것도 없고 고비마다 프랑스의 발목을 잡은 해군에서도 프랑스는 영국보다 전력상 우위였다. 그런데도 결국 프랑스가 무릎을 꿇을 수밖에 없었던 이유는 영국이 체제상의 우위를 지니고 있었기 때문이다. 그 핵심에는 바로 의회로 대표되는 시민사회가 있었다. 프랑스가 과도기의 역할에 그쳤어야 할 절대주의 체제를 고집한 데 비해, 영국에서는 17세기에 이미 그 단계를 극복하고 진보적인 의회민주주의 체제를 구축했던 것이다.

시대는 변했다. 절대주의처럼 왕과 귀족들이 야합하고 타협하는 독선적인 정치로는 국제사회에서 더 이상 성공을 거둘 수 없다. 무엇보다 낡은 체제를 고집하면 당장 시급한 전쟁 비용을 확보할 수 없다. 이 사실은 국가 재정에서 왕실과 귀족들이 큰 몫을 차지하던 시대가 지났음을 말해준다. 그렇다면 뭔가 새로운 세력이 국부의 담당자로 떠올랐다는 이야기다. 바로 제3신분이던 시민계급, 즉 부르주아지 bourgeoisie다.

절대주의의 경제적 표현인 중상주의는 중농주의를 기반으로 한다. 왕실과 귀족들이 전통적인 부의 수단인 토지에만 집착하고 있을 때, 부르주아지는 토지에 등을 돌리고 산업을 장악했다. 절대주의 시대에 왕과 귀족들이 국익 증진을 위해 밀어붙였던 중상주의는 그들의 의도와 무관하게, 또 그들이 의식하지도 못한 사이에 부르주아지를 장차 국가 발전을 주도할 핵심 세력으로 키웠다. 마치 의회민주주의라는 새 정치제도가 절대주의라는 낡은 정치제도 속에서 성장했듯이, 그리고 자본주의라는 새 경제제도가 중상주의라는 낡은 경제제도 속에서 자라났듯이, 부르주아지는 왕과 귀족들의 무의식적인 보호 아래 점점 힘을 키워 이제 새 시대를 준비하는 주역의 지위에까지 올랐다.

영국의 부르주아지는 기존의 체제와 큰 마찰을 빚지 않고 성장한 탓에 어느 순간 갑자기 역사의 주역으로 떠오르지는 않았다. 17세기 내내 벌어진 영국 내전이 영국 부르주아지가 성장하는 과정이었다. 그 최종 결과는 앞에서 보았듯이 1688년의 명예혁명과 뒤이은 입헌군주제다. 하지만 영국보다 더 선명하게 부르주아지의 극적이고 화려한 데뷔를 볼 수 있는 곳은 18세기 후반의 프랑스다. 절대주의 시대에 성장 이데올로기에 희생되어온 프랑스 부르주아지는 프랑스가 영국에 연이어 패하자 그간 삭여온 불만을 목청껏 터뜨렸다. 드디어 근대 초기를 이끈 절대주의 체제가 구체제, 즉 앙시앵 레짐이 되어버렸음을 만천하에 알리는 사건이 터졌다. 바로 1789년의 프랑스 혁명이다.

영국은 이미 17세기에 의회민주주의 체제를 낳는 산고를 겪었으므로 프랑스는 영국보다 무려 한 세기나 늦게 새 체제의 실험에 들어간 셈이 된다. 시기를 놓친 혁명은 폭력성이 더한 법이다. 게다가 그 무대가 영국처럼 대륙의 중심으로부터 거리가 있는 나라가 아니라 유럽의 전통적인 심장부였기에 프랑스에서의 혁명은 더욱 파괴적인 양상을 취했다. 파리 시민들이 1789년 7월 14일 바스티유 감옥을 습격한 것을 기화로 혁명의 불길은 삽시간에 프랑스 전역으로 퍼져나갔다.

이런 분위기를 틈타 부르주아지는 초기에 쉽게 권력을 장악했다. 그들이 취할 정치적 노선은 당연히 공화정이다. 영국의 경험이 말해주지 않아도 이제 누구의 눈에도 뻔하다. 절대주의든 상대주의든 왕정 체제를 계속 유지한다면, 이미 치열한 약육강식의 질서로 접어든 유럽 세계에서 발전은커녕 생존조차 위협을 받게 될 것이다. 문제는 다만 영국처럼 입헌군주정이라는 외피를 두를 것이냐, 처음부터 노골적인 공화정으로 갈 것이냐 하는 것뿐이다. 입헌군주정으로 가면 갓 태어난 공화정을 보호할 수 있지만 구체제를 뒤집어엎은 혁명의 성격이 약해지고, 공화정으로 가면 혁명의 성과는 뚜렷하지만 자칫하면 다른 나라들의 몰매를 맞을 가능성이 있다. 당시 유럽 세계에서 공화국은 네덜란드나 베네치아 등이 있었지만, 프랑스만 한 규모의 나라에서 공화정이 성립되면 옛 로마 공화정이 수천 년 만에 부활하는 것이나 다름없는 일대 사건이 될 터였다.

고민할 수밖에 없는 상황, 혁명의 지도부는 좀처럼 결정을 내리지 못한다. 그도 그럴 것이 프랑스 부르주아지는 한 색깔이 아니었다. 구체제를 타도하는 데 만족한 온건파 지롱드당은 신체제를 만들어가는 과정에서 숨을 좀 고르는 편이 낫다고 믿었고, 급진파 자코뱅당은 이참에 아예 공화국을 수립하는 데까지 밀고 나가야 한다고 믿었다. 이럴 때 노선을 결정하는 것은 대개 분위기다. 혁명적 분위기가 높아질수록 급진파의 발언권이 커지게 마련이다.

그러나 구체제가 너무 오래 지속되었던 탓일까? 분위기는 너무 빠른 속도로 달아올랐고, 결국 자코뱅은 일을 치고 만다. 루이 16세 부부를 처형해버린 것이다. 국왕이 없으니 입헌군주정은 이미 논리적으로 모순이다. 물론 영국에서도 내전의 초기에 국왕 찰스 1세를 처형한 적은 있다. 그러나 그때는 아직 유럽 각국이 종교 문제를 중시하던 150년 전의 일이었다. 더구나 영국 왕과 프랑스 왕은 국제적으로 현격한 위상의 차이가 있다. 절대주의가 절정에 달한 시점에 프랑스에서 국왕이 처형되었다는 뉴스는 일파만파로 번지며 서유럽 각국의 군주들을 바짝 긴장시켰다. 프랑스의 내전으로 시작된 사태는 유럽의 국제전으로 비화되었다.

영국 혁명에서도 혁명 주체의 조급증은 크롬웰 반동과 왕정복고를 불러 하마터면 혁명 전체를 망쳐버릴 뻔하지 않았던가? 속도 조절 능력을 잃은 자코뱅은 사회 혼란을 공포정치로 해결하고자 했고, 결국 그 조급증은 왕정복고를 넘어 제정을 성립시키고 만다. 왕정만 해도 수구적인데 제정이라면 최악의 결과다.

1794년에 자코뱅의 지도자인 로베스피에르Robespierre가 실각하면서 온건 공화파가 재집권했으나 이미 프랑스의 공화정은 물 건너갔다. 12·12쿠데타를 성공시키고 1980년 '서울의 봄'을 끝장낸 게 전두환을 중심으로 한 신군부라면, 1799년 브뤼메르 쿠데타를 통해 '파리의 봄'을 끝장낸 건 나폴레옹이 이끄는 '신군부'다. 그나마 나폴레옹은 전두환이 생략한 국민투표를 거쳐 황제가 되었으니 좀 더 양심적이라고 할까? 하지만 프랑스 혁명의 성과를 완전히 무산시키고 수구적 패권주의로 나아간 나폴레옹이 오늘날 어린이들이 즐겨 읽는 위인전에 주요 인물로 수록되는 것은 어떻게 봐야 할까?

사태는 걷잡을 수 없는 방향으로 흐른다. 갓 태어난 프랑스 제국은 출생신고만 하는 데 그치려 하지 않았고, 황제 나폴레옹은 신성 로마 황제처럼 허울만의 황제에 만족하려 하지 않았다(오히려 중세 이후 이름만 남아 있던 신성 로마 제국은 1806년 나폴레옹에 의해 최종적으로 해체된다).

처음에는 탄탄대로였다. 프랑스가 제정을 선언하기 전에 이미 나폴레옹은 북이탈리아를 오스트리아에게서 빼앗았고, 네덜란드와 벨기에를

혼자 공부하는 이들을 위한 최소한의 지식: 역사

점령했다. 특히 멀리 이집트까지 원정한 것은 다분히 옛 로마 시대에 황제를 꿈꾸었던 카이사르를 연상시키는 제스처다. 그 뒤의 행보는 더욱 카이사르를 닮았다. 1799년의 쿠데타로 집권한 그는 곧장 제정으로 가지 않고 일단 통령정부를 구성했는데, 그 통령의 원어는 바로 콘술consul, 즉 로마 공화정 말기에 카이사르가 맡았던 집정관이다.

고대 로마의 대머리 콘술은 황제를 꿈꾸다가 암살되었지만 근대 프랑스의 꼬마 콘술은 끝내 그 꿈을 이루었다. 나폴레옹은 '카이사르 플러스 옥타비아누스'인 셈이다. 황제가 되기 위한 단계로 카이사르가 종신 독재관을 거쳤듯이 1802년 나폴레옹은 다시 헌법을 개정해 종신통령이 되었다가 2년 뒤에는 꿈에 그리던 제위에 올랐다. 로마의 시민들이 옥타비아누스에게 아우구스투스라는 존칭을 바쳤다면, 프랑스의 국민들은 국민투표로 새 황제에게 전폭적인 지지를 보냈다. 당시 로마 시민들은 공화정의 경험이 풍부했고 18세기의 프랑스 국민들은 혁명기에 잠시 공화정의 맛만 보았을 뿐이지만, 고대 로마와 근대 프랑스가 처한 상황은 똑같이 '영웅의 출현'을 필요로 하고 있었다.

로마 제국의 부활일까? 프랑스 혁명이 반동화되는 것을 넘어 유럽 전체가 제국 체제로 반동화되는 걸까? 나폴레옹은 프랑스 혁명의 성과를 유럽 전역으로 확산시키고 싶다고 공언했으나 사실 그의 행보는 명백한 역사적 반동이었다. 그는 스스로를 진보적이라고 여겼지만 실은 극단적인 보수주의자였다. 개인의 의식과 역사의 무의식이 상충한다. 결국 그 반동은 당시 가장 진보적인 체제에 의해 제동이 걸렸다.

영국이 아니었다면 아마 프랑스 제국은 유럽 전체를 손에 넣을 수 있었을지도 모른다. 그러나 그에 못지않게 명백한 가정은 설령 그랬다 해도 그 체제가 오래가지는 못했으리라는 것이다. 프랑스 함대가 트라팔 가르 해전에서 넬슨Horatio Nelson에게 패배하지 않았다 해도, 프랑스의 70만 대군이 러시아에서 동장군을 만나 궤멸하는 사태가 없었다 해도, 엘바 섬을 탈출한 나폴레옹이 워털루에서 웰링턴에게 승리해 재기에 성공했다 해도, 유럽이 제국으로 돌아가는 사태는 일어나지 않았을 것이다. 유럽 사회를 움직이는 동력은 이미 부르주아지라는 시민계급으로 완전히 넘어와 있었으니까.

이들 시민은 중세의 제1신분인 성직자, 근대의 초기를 이끈 왕이나 귀족처럼 단지 새로운 시대를 주도할 '제3세력'에 불과한 존재가 아니었다. 시민이 주도하는 시대를 맞아 역사상 처음으로 자유와 개인권이 지고한 가치로 받들어지는 새 세상이 열렸다. 인류 문명이 시작된 이래 모든 지배계급은 이념과 수단을 달리했을 뿐 소수가 다수를 지배하는 체제 자체가 바뀐 적은 없었다. 그러나 시민계급은 다수가 국가의 주인으로서 주권을 행사하는 새로운 체제를 제시했다. 현대 민주 사회에서는 너무도 당연한 원칙이라서 그 중요성을 실감하기 어렵지만 선거를 통해 지배자를 뽑는다는 발상이 처음 나왔을 때는 얼마나 혁명적이고 충격적이었을까? 고대 그리스의 정신을 부활시킨 게 르네상스라면 그로부터 500년이 지나 이제 유럽은 고대 아테네 시민사회의 본질을 부활시키는 데 성공한 것이다.

물론 시민이 '정치 세력화'하는 길은 아직 평탄하지 않았다. 나폴레옹 전쟁을 결산하는 빈 체제를 주도한 것은 시민계급이 아니라 여전히 유럽 각국의 군주들과 그들을 대리하는 재상들이었다. 특히 회의를 주재한 오스트리아의 노회한 외무장관 메테르니히Metternich는 당시에도 악명 높은 수구의 대명사였다. 그러나 새 시대가 눈앞에 성큼 다가왔음을 감지한 각국의 시민들은 빈 체제에서 귀족들이 파티나 벌이면서 밀실에서

협상한 땅 나누어 먹기에 만족하지 않는다.

유럽의 군주들은 아직 시민의 힘을 알지 못하고 있거나 무시하고 있었다. 무도회를 자주 곁들였기에 '춤추는 회의'라는 혹평을 받은 빈 체제는 모든 것을 프랑스 혁명 이전으로 돌리는 데만 급급했다. 시대착오적인 신성동맹을 맺은 러시아와 오스트리아, 프로이센은 나폴레옹 독재를 무너뜨린 승자이면서도 자신들이 주장하는 앙시앵 레짐이 바로 프랑스 혁명을 낳았다는 사실을 외면하려 했다.

흥미로운 것은 그렇게 수구적인 빈 체제 역시 유럽 세계의 고유한 조약의 정신에 충실했다는 점이다. 다른 나라들이 원치 않는 혁명이 발발한 프랑스, 나폴레옹이 제국으로 만들려다가 실패한 프랑스는 명백한 패전국이었는데도 승전국들에 의해 해체되거나 특정한 나라에 병합되기는커녕 전후 질서를 수립하는 빈 체제에 당당한 일원으로 참여했다. 국제조약이 신생국을 탄생시킨다는 원칙도 어김없이 실현되었다. 더구나 이번에는 신생국들이 예전보다 훨씬 많았고 유럽 이외의 곳에서도 탄생했다.

빈 체제가 낳은 신성동맹에 대항해 영국과 프랑스, 에스파냐, 포르투갈의 서유럽 4개국은 4국동맹을 맺고 시대적 추세인 자유주의를 수용하고자 했다. 자유주의는 곧바로 민족주의를 탄생시켰다. 자유주의와 민족주의가 결합되면 국민국가가 생겨난다. 그 과정을 가장 직접적으로 보여준 곳은 라틴아메리카였다.

수십 년 전 미국의 독립을 가까이에서 목격한 라틴아메리카의 민족들은 미국이 강대국인 영국과 싸워 승리한 데서 큰 자극을 받았다. 이런 분위기에 프랑스 혁명의 이념이 유럽의 대서양 상선들을 타고 멀리 이곳까지 전해졌다. 유럽에서는 자유주의로 불리는 이념이지만 아직 국가

조차 성립되지 않은 라틴아메리카에서 그것은 곧 독립과 건국의 이념이었다.

마침 조건도 유리했다. 빈 체제가 수구적으로 흐르는 것, 특히 오스트리아의 주도하에 복고로 향하는 것을 날선 눈으로 바라보고 있는 나라가 있었다. 당대 세계 최강 영국이었다. 영국은 유럽의 질서에 관한 한 오스트리아에 굳이 제동을 걸려 하지 않았으나 신대륙에 관한 문제에서는 양보할 필요도 없고 그럴 입장도 아니었다. 이리하여 미국의 독립을 막기 위해 싸웠던 영국이 라틴아메리카의 독립을 적극 지원하는 기묘한 사태가 벌어졌다.

라틴아메리카의 종주국인 에스파냐는 이미 오래전에 종이호랑이로 전락했고, 오스트리아도 라틴아메리카에까지 무력으로 간섭하기에는 힘이 부쳤다. 게다가 신대륙의 맹주로 등장한 미국은 1823년 20세기 초 윌슨의 민족자결주의를 예고하는 먼로 선언으로 신대륙과 유럽 간에 분명한 선을 그어 라틴아메리카의 독립을 간접 지원했다. 그 바람을 타고 1816년 아르헨티나를 필두로 불과 몇 년 동안에 칠레, 콜롬비아, 멕시코, 브라질, 페루, 볼리비아 등 라틴아메리카의 주요 국가들이 탄생했다.

바야흐로 신생국의 시대였다. 독립의 물결은 유럽 대륙에도 넘실거렸다. 비록 신생국은 아니지만 동유럽의 발칸 반도에서도 오랜 식민지 시대를 청산하려는 움직임이 거세게 일었다. 동유럽의 주인 오스만 제국은 나폴레옹 전쟁에서 승전국 측에 끼었으나, 서유럽 국가들은 늙고 병든 튀르크를 더 이상 두려워하지도 않았고, 따라서 이교도 국가와 행동을 같이할 이유도 없었다.

이런 상황이었으니 비잔티움 제국이 무너진 이래 300년 가까이 튀르크의 지배를 받아온 그리스에서 독립운동이 일어났을 때 서유럽 국가들이 어디를 지원할지는 뻔했다. 그런데 국가들만이 아니라 일반 국민들까지 그리스를 위해 발 벗고 나선 데는 한 가지 흥미로운 요소가 있다.

유럽의 자유주의자들은 그리스의 독립을 열렬히 지지했다. 그 이유는 무엇일까? 그들은 자신들의 이념적 뿌리가 가까이는 르네상스, 멀리는 그리스의 고전 문명에 있다고 믿었다. 특히 당시 유럽을 휩쓸던 낭만주의 계열의 지식인들은 그리스를 모국처럼 사랑했고 그리스 독립전쟁에 개별적으로 참전하기도 했다. 영국의 시인 셸리가 "우리는 모두 그리스인"이라고 외친 것이라든가, "어느 날 아침 깨어나 보니 유명해졌다."라는 말로 유명해진 셸리의 친구 바이런이 불편한 다리를 이끌고 그리스로 달려간 것은 오로지 그리스가 유럽 문명의 뿌리라는 생각 때문이었다(결국 바이런은 서른여섯의 한창 나이에 그리스에서 죽었다).

물론 실제로 그리스의 독립에 도움이 된 것은 그들이 아니었다. 동방정교의 적통이자 '제3의 로마'로 자처하던 러시아는 이교도를 물리치기 위해 새로운 십자군을 선동했고, 종교로 포장한 러시아의 태도 이면에서 지중해 진출의 의도를 읽은 영국과 프랑스는 기선을 제압하기 위해 튀르크에 대한 합동 공격에 나섰다. 결국 1829년 오스만 제국은 그리스의 독립을 승인할 수밖에 없었다. 이후 이 제국은 19세기 내내 발칸에 대한 영향력을 점차 잃으면서 약소국으로 전락하는 운명에 처하게 된다.

그러나 서유럽의 지배자들과 지식인들이 연대한 것은 그리스라는 특수한 경우에만 국한되었다. 자유주의의 물결은 서유럽의 지배자들이 생각하는 것보다 훨씬 거셌다. 원래 위정자는 기득권층을 대표하는 만큼 보수적이게 마련이므로 당대의 지배자가 미래의 체제를 예측하기는 어렵다. 더구나 어느 개인의 의지와도 무관한 역사적 흐름이라면 누가 상상할 수 있을까?

1830년 5월, 프랑스 왕 샤를 10세가 의회를 일방적으로 해산해버렸을 때 유럽의 군주들은 그게 얼마나 시대착오적인 조치인지 깨닫지 못했다. 두 달 뒤 자유주의 지식인과 언론인, 학생, 소시민이 일제히 들고 일어나 불과 수십 년 전에 성립된 프랑스 왕정을 무너뜨렸을 때도, 그들은 혁명과 전쟁의 실패가 빚은 '프랑스적 현상'이겠거니 여겼다. 그러다 말겠지! 하지만 1848년 2월에 다시 프랑스에서 자유주의 시민혁명이 일어나자 비로소 유럽의 군주들은 프랑스만이 겪는 후유증만은 아닐지도 모른다고 생각했다.

　　정작 2월 혁명을 일으킨 프랑스 시민들은 나폴레옹의 조카인 루이 나폴레옹Louis Napoleon을 프랑스의 초대 대통령으로 뽑고 곧이어 그를 황제(나폴레옹 3세)로 만들어주는 반동의 길로 나아갔으나, 혁명의 여파는 이웃 나라인 독일에서 오히려 더 큰 파고를 몰고 왔다. 3월에 빈과 베를린에서 시민혁명이 일어나자 이에 견디지 못한 프로이센의 왕 프리드리히 빌헬름 4세는 헌법 제정과 의회 소집을 시민들에게 약속해야 했다.

　　바로 그 무렵 '파리의 독일인' 카를 마르크스는 프리드리히 엥겔스Friedrich Engels와 함께 《공산당 선언》이라는 소책자를 펴냈다. 두 사람은 혁명의 와중에 있던 독일을 염두에 두고 그 책자를 집필했으나 실제로 그것이 널리 활용되고 유명세를 탄 것은 20세기 러시아에서였다.

　　프랑스에서 일어난 자유주의 시민혁명의 물결을 계승한 독일, 그리고 마르크스와 엥겔스의 《공산당 선언》, 이 두 가지 사실은 유럽 세계의 마지막 진통을 예고하고 있었다. 이 시점에서 유럽 세계의 정세는 일정한 스펙트럼을 이룬다. 시민혁명을 거치며 시민계급이 사회의 중추로 확고하게 자리 잡은 영국과 프랑스, 시민사회는커녕 국가의 통일조차 이루지 못하고 있는 독일과 이탈리아, 아직도 로마가톨릭의 본산인 데다 아메리카 식민지마저 몽땅 잃어 졸지에 유럽의 후진국으로 전락한 에스파냐, 옛 제국의 영화를 잊지 못하고 있는 오스트리아, 제국 체제의 후진성을 심각하게 느끼고 있는 러시아, 역시 제국 체제의 사슬에 묶여 있는 이슬람 제국 터키_{튀르크}와 그 식민지인 발칸, 이렇게 유럽 세계는 서쪽에서 동쪽으로 일정한 계열성을 드러내고 있었다.

초점은 시민사회다. 우선 시민사회의 경험은 부재하면서도 국가적 잠재력이 큰 탓에 언제 터질지 모르는 시한폭탄 같은 나라가 있다. 반면 시민사회로 진화하는 타이밍을 놓친 탓에 그것을 뛰어넘어 더 진일보한 체제로 비약하고자 하는 나라도 있다. 전자는 독일이고, 후자는 러시아다. 서양 문명의 마지막 진통은 이들이 차례로 촉발시킨다.

그 결과가 바로 파시즘과 사회주의다. 흔히 파시즘과 사회주의는 서양 역사의 주류에서 샛길로 빠진 일탈쯤으로 생각하지만(물론 서양 학자들은 그렇게 생각하고 싶어 한다) 실은 서양 역사의 필연적인 산물이며, 서양 문명을 최종적으로 검증하는 불가피한 테스트다. 양자의 배경은 달랐다. 파시즘은 시민사회가 부재한 데서 빚어진 현상이었고, 사회주의는 시민사회를 생략하고 시도한 체제 실험이었다.

20

시민사회의 부재: 파시즘

예술은 정치적 변방에서 / 떠오르는 프로이센 / 시대착오적인 독일제국 / 인위적인 이탈리아 통일 / 브레이크 없는 자동차 / 선발 제국주의에 도전한 후발 제국주의: 제차 세계대전 / 제국 체제의 동시 몰락 / 독일 역사상 가장 건강한 공화국 / 파시즘이라는 신무기 / 또 다른 세계대전의 예고편: 에스파냐 내전 / 민족주의와 파시즘 / 히틀러의 계획 / 나폴레옹의 전철을 밟은 히틀러 / 파시즘에 관한 몇 가지 오해

근대 유럽을 낳은 17세기 초반의 30년 전쟁에서 독일 지역은 전쟁터를 제공했으면서도 전쟁의 대가는 얻지 못했다. 다른 나라들은 전쟁을 도약의 계기로 삼은 반면, 독일은 전쟁의 막심한 피해만 고스란히 떠안았을 뿐 전쟁 이전과 전혀 달라진 게 없었다. 프로이센이 신흥 강국으로 떠올랐다지만 아직은 독일 지역 전체를 대표하는 국가가 되지 못하고 북동부에 자리 잡은 영방국가의 위상에서 벗어나지 못했다(장차 프로이센을 중심으로 통일 독일이 형성되지만 그건 19세기 후반의 일이다).

서유럽 각국이 저마다 국민국가를 이루고 치열하게 영토 다툼을 벌이면서 활발하게 해외 식민지 개척에 나선 18세기에도 독일에서는 여전히 각지의 무수한 봉건영주들이 소규모 제후국들을 이룬 채 서로 출혈적인 경쟁과 이합집산을 거듭하고 있었다. 제국 자체가 허깨비처럼 된 판에 아직까지도 제후국이라는 봉건적 체제를 유지한다는 것은 명백

한 후진성의 발로였다.

한 가지 위안이 있다면, 그런 체제는 예술의 발전에 매우 유리했다. 바흐, 베토벤, 멘델스존, 슈베르트 등 오늘날까지 위명을 떨치는 수많은 음악가는 그런 환경 덕분에 탄생할 수 있었다. 이런 사정은 몇 세기 전 북이탈리아에서 르네상스 미술이 발달한 것과 같은 맥락이다.

중세와 르네상스 시대에 화가와 조각가들은 흔히 생각하는 것처럼 순수한 예술혼에 의해 작품 활동을 하지 않았다. 예술가 이전에 그들은 가족을 부양해야 하는 생활인이었다. 미술관이나 화랑, 전시회 같은 미술품 전문시장이 형성된 것은 19세기 후반의 일이므로 그 이전에는 예술품을 팔기 위한 공개적 시장이라는 게 없었다. 그렇다면 예술가/생활인들은 어떻게 먹고살았을까? 그들의 작품을 사준 것은 시장이 아니라 의뢰인 혹은 후원자였다.

최고의 의뢰인은 교회였고, 그다음으로는 군주와 귀족 들이었다. 교회를 하나 짓기로 결정하면 우선 건축가를 고용해야 했고, 제단화를 비롯해 각종 성상 등 교회 안팎을 장식할 여러 가지 예술품이 필요했다. 건축가와 화가, 조각가에게 교회만큼 재력이 풍부한 의뢰인은 없었다. 게다가 교회의 주문을 맡으면 커다란 명예가 되므로 그 명성으로 후속 주문을 수월하게 맡을 수 있었다. 부와 권력을 가진 군주와 귀족의 주문을 받는 것도 재정적으로 큰 보탬이 되었다. 그보다 명성이 처지는 사람들은 부유한 일반 시민들, 즉 신흥 부르주아지를 주요 고객으로 삼았다.

예술가들은 자신의 예술관을 내세우기에 앞서 고객의 취향과 주문에 맞추는 것을 우선으로 삼았다. 예를 들어, 레오나르도 다 빈치는 〈암굴의 성모〉라는 작품을 의뢰받았을 때 주제는 물론 성모 옷의 색상, 완성 날짜, 수선 보증 등을 꼼꼼히 명시한 계약서에 서명했다. 예술 창작이라기보다는 양복을 맞추는 것 같은 느낌이다. 의뢰인이 요구할 경우 성화를 그릴 때 한구석에 의뢰인의 초상을 작게 그려 넣는 것도 필수였다. 미켈란젤로처럼 의뢰인의 요구를 수용하면서도 자신의 예술성을 견지하려 애쓴 사람도 있었으나, 예술가도 자신의 예술을 수단으로 먹고살아야 했기에 대부분은 예술가 이전에 '공예가'의 자세를 가질 수밖에 없었다.

그런 점에서 르네상스 화가들의 공방은 예술의 산실이라기보다 오늘날의 할리우드 스튜디오와 닮은 데가 있다. 화가들은 공방에서 여러 직제로 나뉜 일꾼들을 거느리고 있었다. 유명 화가일수록 공방의 규모가 컸고 더 많은 인력을 고용했다. 또한 재능 있는 일꾼은 환영을 받았으며, 실력자는 고속으로 승진할 수 있었다(레오나르도는 베로키오의 공방에서, 미켈란젤로는 기를란다요의 공방에서 도제로 실력을 쌓았다). 당시의 거장 Master 은 문화 권력을 가진 사회 엘리트였다.

사진이 없었던 시절에 유럽의 군주와 귀족, 부유한 시민 들은 초상화를 증명사진이나 기념사진으로 삼았다. 영정이나 초상이 증명사진이라면 군주가 대관식을 치를 때, 왕자나 공주가 생일을 맞을 때, 결혼할 때는 기념사진이 있어야 제격이었다. 힘깨나 쓰는 군주들은 아예 궁정에 화가를 거느리고 증명사진과 기념사진을 찍었다. 유화기법을 발명한 반에이크Van Eyck 형제는 부르고뉴와 홀란트의 궁정화가였고, 레오나르도는 만년에 프랑스 왕실의 초청을 받아 궁정화가로 일했다. 크라나흐는 작센의 궁정화가였고, 반 데이크Van Dyke 는 영국의 궁정화가였다. 벨라스케스Velázquez 는 에스파냐 왕실에 아직 전대의 재력이 남아 있던 시절에 궁정화가로 일했는데, 그때의 작품들이 지금도 그의 대표작으로 남았다.

근대 음악은 근대 미술보다 늦게 발달했지만 그런 예술적 메커니즘은 마찬가지였다. 오늘날처럼 음반이 발매되지도 않았고 고가의 레슨비를 받을 만큼 과외 열풍도 없었는데, 어떻게 직업적 음악가가 존재할 수 있었을까? 지금 같은 음악 시장은 없었지만 음악을 사주는 고객은 있었다. 지금은 콘서트를 열어 티켓을 팔고 TV나 영화에서 음악을 사주지만, 음악의 초창기에는 귀족과 성직자 들이 그 역할을 맡아주었다. 음악가는 교회에서 종교음악을 의뢰받으면 명성과 부를 얻을 수 있었고, 운 좋게 궁정음악가라도 되면 평생 생계 걱정은 하지 않아도 되었다.

그렇다면 근대 유럽 문화의 중심지였던 프랑스보다 독일과 오스트리아에서 음악이 발달한 이유를 이해할 수 있다. 경제에서나 예술에서나 수요가 공급을 낳는 게 철칙이므로 음악 역시 시장이 큰 곳에서 발달할 수밖에 없다. 근대 유럽에서 예술의 의뢰인이 되는 군주와 귀족이 가장 많은 곳은 단일한 지배 체제가 자리 잡지 못한 지역이다. 영국은 부유했으나 입헌군주국이 된 이래 의회가 중앙 권력을 담당했고, 프랑스는 유럽의 정치·문화적 중심지였으나 전통적인 절대주의 왕국이었다. 그런 중앙집권화된 나라들보다는 수많은 영방국가로 나뉘어 있는 독일과 제후들이 많은 오스트리아에 음악의 '소비층'이 훨씬 많은 것은 당연했다.

근대 독일과 오스트리아에서 음악이 발달한 것은 중세 후기에 북이탈리아와 플랑드르가 르네상스 예술의 본산이 된 것과 마찬가지 맥락이다. 정치적 짜임새가 느슨한 곳에서는 문화적 변화를 수용하기 쉬운 법이다. 그렇다면 독일에서 음악이 만개하던 시기에 옛 르네상스 미술의 무대였던 이탈리아의 사정은 어땠을까?

여러모로 독일과 쌍둥이 같은 나라가 이탈리아다. 이탈리아 역시 서유럽 세계가 각개약진을 하는 동안 북부는 한 시대를 이끄는 진보적인 도시국가들로, 중부는 낡아빠진 교황령으로, 남부와 시칠리아는 아라비아의 냄새가 물씬 풍기는 에스파냐의 식민지로 삼분된 상태였다(이탈리아의 이런 판도는 오늘날까지도 지방색의 차이로 남아 있다). 사실 독일과 이탈리아는 중세를 이끈 황제와 교황의 텃밭이었으니 중세 체제가 해체된 후유증을 가장 심하게 앓을 수밖에 없었다. 문명의 중심이 서유럽으로 옮겨간 뒤 중세의 옛 중심은 이제 문명의 변방이 되었으니까.

유럽 세계를 문화적으로 선도했던 독일과 이탈리아는 정치적으로 후진을 면치 못했다. 네덜란드처럼 작은 나라도 아니고 폴란드처럼 약소국도 아닌 데다 역사와 전통이라면 어느 나라에도 뒤질 게 없는 두 나라가 마냥 후진적인 체제에 머물러 있다는 것은 나머지 유럽 세계에도 일종의 시한폭탄을 장치해놓은 것이나 다름없다. 장차 두 나라가 국내 통일을 이루고 유럽의 신흥 질서에 합류하게 되면 일대 회오리바람이 불어닥칠 것이다.

아니나 다를까? 1848년 프랑스 2월 혁명의 여파로 바로 다음 달에 독일에서도 자유주의 혁명이 일어났다. 다만 아쉽게도 이 3월 혁명이 곧바로 통일로 이어지지는 못했다. 만약 이때 독일이 통일되었다면 독일은 현실의 역사, 즉 20세기 초의 바이마르 공화국보다 70년 앞서 자유주의 공화국이 되었을 테고, 더 낙관적으로 상상하면 제1차 세계대전도 일어나지 않았을지 모른다.

그러나 자유주의의 역사가 미천한 독일의 시민계급은 힘이 약했고, 또 저만치 앞서가는 영국과 프랑스에 비해 뒤처졌다는 조바심이 가득한 독일의 지배층은 국내의 자유주의를 허용할 만큼 여유가 없었다. 들불처럼 번지는 혁명의 분위기 속에서 독일의 영주들은 '이제 우리도 뭉쳐 국민국가를 이루어야 한다.'고 판단했다. 백번 옳은 판단이고, 때마침 결집의 중심도 있었다. 17세기 이래로 북독일의 리더로 성장한 프로이센이 그 중심이다. 과연 프로이센 왕 빌헬름 1세는 즉위하자마자 곧바로 독일 통일의 이념에 투철한 비스마르크Otto von Bismarck를 재상으로 임용했다.

당시 독일의 정치적 환경은 무척 열악했다. 영국과 프랑스처럼 절대주의의 과도기를 거치지 않고 근대 시민사회의 질서에 뛰어든 탓으로 자유주의 세력은 역사적 경험에서나 실력에서나 새 사회를 주도할 만한 역량을 갖추지 못했다. 게다가 독일은 경쟁국들이 국가 발전에 나선 시대에 우선 그 토대가 되는 국민국가부터 이루어야 한다는 어려운 과제를 안고 있었다. 이래저래 독일의 통일과 발전은 왕과 귀족들이 주도할 수밖에 없었다. 그 과정은 시민사회의 견제를 받지 않은 국가가 어떤 길로 나아가는지를 잘 보여주는 역사적 사례가 된다.

통일을 주도한 프로이센은 7년 전쟁에서 탁월한 기량을 보인 프리드리히 대왕 이래 전통적으로 군사력이 사회의 여타 부문보다 특별히 강한 국가였다. 한마디로 불균형한 체제였다. 배운 게 없고 힘만 쓸 줄 아는 동네 깡패라면 무섭지 않지만 이런 깡패가 잔머리까지 굴릴 줄 알게 되면 무서워진다. 비스마르크가 재상으로 들어앉은 프로이센이 그런 격이다.

독일의 통일을 저해하는 가장 큰 견제 세력은 오스트리아와 프랑스였다. 하지만 두 나라는 독일이 통일 국가를 이루는 것을 두려워하면서도 서로 견원지간인 탓에 보조를 함께하지 못한다. 이 점을 익히 알고 있던 비스마르크는 러시아와 프랑스, 이탈리아로부터 차례로 중립을 약속 받은 뒤 1866년 오스트리아와 전쟁을 벌여 승리했다. 여기에 맛들인 비스마르크는 이후에도 계속 '외교+전쟁'으로 재미를 보았다.

그다음 목표인 프랑스는 유럽에서 자유주의 세력의 입김이 가장 강한 나라니까 선제공격을 하기보다는 먼저 상대를 자극하는 편이 좋다. 1870년 비스마르크는 온천장에서 휴양 중이던 프로이센 왕 빌헬름 1세에게 프랑스 대사가 결례를 범했다는 소문을 퍼뜨렸다. 사실 대사는 빌헬름에게 친척인 레오폴트 대공을 에스파냐의 왕위에 앉히려는 공작을 포기하라고 요청한 것이었지만, 비스마르크는 그 사건을 조작해 전통적으로 프랑스에 적의를 가진 프로이센 국민의 분노를 유발했다. 자기편을 단결시키고 적을 자극하는 삼류 수법이지만 과도한 민족주의의 시대에는 그 수법이 통했다(이 수법은 20세기 나치 독일의 선전장관 괴벨스의 손에서 화려하게 부활했으며, 민족주의가 불균형적으로 팽배한 현대사회의 일부 국가에도 여전히 통한다). 과연 프로이센 국민은 흥분했고, 그것에 자존심이 상한 프랑스 황제 나폴레옹 3세는 선전포고로 응수했다. 걸려들었다!

자유주의자들이 장악하고 있는 프랑스 의회는 당연히 전쟁에 반대할 것이다. 비스마르크의 예상대로 프랑스 의회는 황제를 비판하고 나섰다. 적은 분열되었고 프로이센은 군관민 일체로 무장한 데다 적국의 선전포고까지 받은, 일종의 '정당방위'다. 비스마르크는 프로이센에 여러모로 유리한 분위기에서 전쟁을 시작하는 데 성공했다. 관례적으로 전쟁의 명칭은 먼저 선전포고를 하거나 선제공격을 한 국가의 이름을 앞에 놓기 때문에 그 전쟁은 프랑스-프로이센 전쟁으로 불리지만 실은 프로이센이 도발한 사건이다.

프랑스는 국민이 지지하지 않는 전쟁을 황제가 독단으로 밀어붙인 꼴이었으나, 프로이센은 전 국민의 지지에 힘입어 총력전을 펼치는 입장이었다. 여기서 승부는 이미 결정되어 있었고 비스마르크는 승리를 확신하고 있었다. 선전포고가 무색하게도 개전 직후부터 프랑스는 연패를 거듭했다. 오히려 프랑스군은 프랑스 영내의 메스에서 프로이센군에게 포위되어버렸다. 이를 구하러 나폴레옹 3세가 직접 군대를 이끌고 달려갔으나 구하기는커녕 적의 포로가 되어 항복하고 만다. 선전포고를 한 지 채 두 달도 되지 않은 시점이다.

황제가 항복했다는 소식이 파리에 전해지자 프랑스는 그제야 비로소 전쟁 준비를 하기 시작한다. 의회는 서둘러 제정의 종식을 선언하고 새로 구성된 임시정부는 제3공화정을 선포했다. 그러나 전황은 이미 기울어졌고, 칼자루가 바뀌어 프랑스는 공격전이 아니라 '항전'을 벌여야 하는 처지였다. 프랑스군의 주력을 격파한 프로이센군은 거칠 것 없이 진군했다. 10월까지 메스와 스트라스부르 등 프랑스 동부 지역의 도시들이 모조리 프로이센군에게 함락되었다. 급기야 1871년 1월에는 파리마저 함락되었다.

빌헬름 1세는 적지의 한복판, 그것도 루이 14세가 세운 베르사유 궁전에서 당당하게 대관식을 치렀다. 그의 명함에는 카이저_{Kaiser}라는 직함이 찍혔는데, 그것은 바로 옛 로마의 황제를 뜻하는 카이사르의 독일식 명칭이다(러시아의 차르_{Czar}도 같은 어원이다). 드디어 독일제국이 수립되었다. 그러나 독일 최초의 국민국가가 '제국'을 표방했다는 것은 이후 독일의 행보, 나아가 유럽 세계의 진로에 짙은 암운을 드리우는 사건이었다. 60여 년 뒤 아돌프 히틀러_{Adolf Hitler}는 신성 로마 제국을 제1제국, 빌헬름과 비스마르크의 합작품인 독일제국을 제2제국이라고 부르고, 자신의 나치 제국을 제3제국_{Third Reich}이라고 부르게 된다. 무늬만 제국인 제1제국은 중세 질서의 한 축을 담당했으나 두 번째와 세 번째 제국은 주변국들에 심각한 위협을 안겨주었고 역사적 비극을 일으켰다.

전통적인 라이벌 독일에 황제를 체포당하고 수도까지 빼앗기는 수모를 겪은 프랑스에서 새로운 개념의 정치체제가 선보인 것은 바로 그때다. 프랑스 임시정부는 공화정을 표방했으나 급히 구성된 국민의회에는 보수적인 왕당파 의원이 다수를 차지했다. 당연히 파리 시민들은 왕정이나 제정이 부활하는 게 아닌가 하고 우려했다. 파리 포위전에서 결사적으로 수도를 방어하던 시민들은 군대를 해산하라는 국민의회의 명령을 따르지 않았다. 오히려 그들은 3월에 독자적인 정부를 수립하고 저항하는데, 이것이 파리 코뮌Paris Commune이라고 알려진 역사적 경험이다.

코뮌 정부를 주도한 세력은 사회주의자들이었다. 이들은 놀랍게도 파리 코뮌이 프랑스 혁명의 과업을 계승해야 한다고 주장했다. 실제로 코뮌은 노동자의 권익을 보호하고 종교의 지원을 폐지하는 조치를 취했으며, 프랑스 혁명기처럼 혁명력을 채택했다. 그러나 그것은 프랑스 혁명의 축소 모방에 그쳤고, 결국 프랑스 혁명처럼 허무하게 무너졌다. 파리의 본보기를 따라 지방에서 구성된 코뮌들이 차례로 붕괴하자 파리 코뮌도 71일 만에 정부군에 의해 진압되었다. 정부는 직접 가담자 2만 명을 살해하고, 그 뒤에도 4만여 명을 가혹한 징벌로 다스렸다.

당시 마르크스는 파리 코뮌이 비록 짧은 기간이지만 사회주의사회의 전형을 보였다며 찬양했다. 노동자와 사회주의자가 구성한 자치 정부야말로 프롤레타리아 혁명의 최종 목표였으니까 그의 심정은 이해할 수 있다. 그러나 불과 4년 전에《자본론Das Kapital》을 출간한 그가 단지 정치혁명으로만 사회주의가 성립될 수 없다는 사실을 왜 잊었을까? 조급증 때문이었을까? 그렇다면 그 조급증은 50년 뒤 러시아에서도 더 큰 규모로, 더 파괴적으로 재연된다.

전쟁의 승리로 프로이센은 프랑스로부터 막대한 배상금을 받았고 알자스-로렌을 얻었다. 그러나 그보다 더 큰 수확은 독일의 통일을 이루었다는 사실이다. 프로이센의 실력을 목격한 독일 내의 영방국가들은 자원해 프로이센이 영도하는 독일제국에 합류했다. 프로이센은 발전적으로 해체되었고, 프로이센의 왕이던 빌헬름 1세는 재상 하나 잘 둔 덕분에 독일제국의 초대 황제로 등극했다.

프랑스의 몰락은 독일과 같은 병을 앓고 있던 이탈리아에도 좋은 약이 되었다. 사실 프랑스에 대한 나쁜 감정은 프로이센 국민보다 이탈리아인들이 결코 덜하지 않았다. 프로이센이 프랑스를 적대했다면 이탈리아는 프랑스에 그 정도가 아니라 원한이 사무친 상태였다. 프로이센의 적은 나폴레옹 3세였지만, 이탈리아의 적은 바로 그의 큰아버지이자 '원조' 나폴레옹이었기 때문이다. 나폴레옹이 프랑스 국민에게 인기를 얻고 제위에 오르는 데 발판이 된 것은 바로 1796년의 이탈리아 원정이었다(639~641쪽 참조).

나폴레옹이 몰락한 뒤 빈 체제에서도, 메테르니히는 복고의 상징적 지역인 이탈리아를 독립시키려 하지 않고 오스트리아의 지배 아래 두었다. 그러나 이미 시대의 흐름이 된 통일 국가의 열망은 이탈리아인들에게도 예외가 아니었다. 오히려 다른 유럽 국가들에 비해 한참 늦었기 때문에 그 열망은 더욱 강렬했다. 안타깝게도 열망에 비해 통일의 꿈을 실현하기 위한 환경은 독일보다 더 나빴다. 독일의 경우에는 프로이센이라는 통일운동의 정치적 구심점이 있었지만, 이탈리아에는 중세 이래 교황령 이외에 국가다운 국가가 있어본 적이 없었다. 그래서 이탈리아의 통일운동은 전적으로 민간이 주도할 수밖에 없었다.

궁하면 통한다. 목표가 확고하면 수단은 생기게 마련이다. 1832년 마치니 Giuseppe Mazzini 는 잠재된 국민적 에너지를 구체적인 정치 행동으로 결집하기 위해 청년이탈리아당을 창립하고 이탈리아 통일운동을 이끌었다. 역사적 명칭은 리소르지멘토Risorgimento, 즉 '부흥'이지만 이탈리아의 역사에는 원래 제후국도 없었으니 부흥이라는 명칭도 약간 사치스럽다.

리소르지멘토는 독일의 통일운동보다 목적의식성이 한층 분명했으나 현실적인 전개 과정은 무척 더뎠다. 무엇보다 주체의 역량이 튼튼하지 못했기 때문이다. 마치니 자신은 철저한 공화주의자였고, 끝까지 그 정치적 신념을 잃지 않았다. 그러나 현실적인 통일운동은 이념만으로는 부족하다. 특히 공화주의는 국민이 정치의 주체로 나서야 한다는 이념이므로 핵심 세력이 공고해지기 어렵다. 1848년 프랑스와 독일을 휩쓴 자유주의 혁명의 물결은 이탈리아에도 불어닥쳤지만, 그해에 마치니의 청년이탈리아당은 잠시 밀라노에서 세력을 떨쳤을 뿐 결국 힘의 기반을 잃었다.

독일과 이탈리아의 큰 차이는 바로 그 점에 있었다. 독일은 공화주의를 지향하지 않았고 프로이센 왕국이 군소 영방국가들을 결집시키는 핵심의 역할을 했다. 그러나 이탈리아 통일운동은 공화주의를 지향했고 독일과 같은 핵심이 부재했다. 이념적으로 보면 이탈리아가 더 진보적이고 건강한 경우지만 이념을 현실화할 토대가 취약했다. 이런 환경에서 통일운동은 어떻게 나아가야 할까?

공화주의의 이념 아래 국민을 결집한다는 마치니의 생각은 공염불에 가깝다. 진정한 리소르지멘토를 위해서는 구심점이 필요하다. 마치니와 달리 이념에 앞서 통일을 현실적인 과정으로 이해한 사람은 가리발디Giuseppe Garibaldi였다. 젊은 시절 남아메리카에서 에스파냐의 지배를 받던 민족들이 차례로 독립을 이루는 것을 지켜보았고 또 그 운동에 직접 참여했던 그는 1848년에 60명의 부하들을 거느리고 귀국하자마자 곧바로 통일의 구심점을 찾았다. 독일의 프로이센에 해당하는 주체가 필요하다.

가리발디가 맨 처음 두드린 문은 교황청이었다. 그러나 이탈리아가 통일되든 말든 자신의 안위와는 무관하다고 여긴 교황은 거절했다. 하긴, 종교 지도자가 세속의 구심점이 되던 시대는 오래전에 이미 지나갔다. 그렇다면 세속에서 대안을 찾아야 한다. 그때 가리발디의 제안을 받아들인 것은 피에몬테-사르데냐를 지배하고 있는 이탈리아 지역의 최대 주주인 사보이 왕가였다.

통일의 이념이 드디어 현실의 정치 세력을 얻었다. 사보이의 카보우르Cavour 백작과 가리발디는 사보이 왕 비토리오 에마누엘레의 지원 아래 역할을 분담하고 외교와 군사 두 방면으로 본격적인 리소르지멘토를 전개했다. 마치니와 달리 이번에는 결실이 있었다. 1861년, 그들은 오스트리아를 반도에서 몰아내고 이탈리아 대부분의 지역을 통일했다.

마지막 남은 문제는 이탈리아의 역사적·상징적 중심 도시인 로마가 나폴레옹의 시대 이래로 프랑스의 손아귀에 남아 있다는 것이다. 그 때문에 갓 탄생한 이탈리아 왕국의 수도는 로마가 아니라 피렌체였다. 이 문제는 엉뚱하게도 프로이센이 해결해주었다. 얼마 뒤에 벌어진 프랑스-프로이센 전쟁에서 프랑스가 프로이센에게 패하고 프랑스 군대가 로마에서 철수한 것이다. 마침내 이탈리아 반도 전체가 통일되고 신생국의 수도는 로마로 옮겨졌다.

독일과 이탈리아가 국내 통일과 국민국가를 이룬 것까지는 전혀 나무랄 데가 없다. 두 나라는 뒤늦게나마 유럽 역사의 주요 흐름에 동참할 수 있게 되었다. 다만 문제는 그 과정에서 생략된 것에 있다. 두 나라는 단지 시기적으로만 늦은 게 아니라 한 가지 단계를 생략하고 넘어갔다. 그게 무엇일까?

두 나라는 절대주의 체제를 거치지 않고 곧바로 국민국가로 직행했다. 지름길일까? 역사의 행정을 단축한 걸까? 그렇다면 좋겠는데 아쉽게도 그것은 반대로 오버페이스였다. 말하자면 독일과 이탈리아는 중세에서 곧장 현대의 국제 질서의 한복판으로 뛰어든 셈이었다. 이런 정치체제의 비약은 경제에도 영향을 미쳤다. 경제적인 측면에서 보면 두 나라는 국민경제(국부)를 일구는 경험이 없이 곧장 열띤 제국주의 경쟁에 참여한 격이었다.

영국과 프랑스의 절대주의 시대에는 왕과 귀족들이 지배하는 가운데서 (그들의 의도와는 무관한 역사적 무의식에 따라) 부르주아지가 성장했고, 이 시민계급이 새 시대의 주역으로 자연스럽게 떠올랐다. 프랑스가 두 차례의 제정을 거치면서도 황제의 전제 체제를 이루지 못한 이유는 자유주의 이념으로 무장한 시민계급이 의회를 장악하고 견제했기 때문이다. 영국이 19세기 전반 곡물법과 선거법, 차티스트 운동 등 자칫 심각해질 수 있는 산업혁명의 후유증을 슬기롭게 극복할 수 있었던 이유도 바로 시민계급이 두텁게 형성되어 있었기 때문이다. 근대 국가가 현대 국가로 진화하기 위해 꼭 필요한 역사적 요소가 독일과 이탈리아에는 결여되어 있었다.

시민사회는 국가를 견제하는 역할을 하며, 사정에 따라 국가와 화합하기도 하고 대립하기도 한다. 자동차는 빠른 속도로 이동하기 위한 도구지만 그렇다고 해서 엔진만 갖추고 있어서는 안 된다. 브레이크가 없는 자동차는 달리는 제 기능을 하지 못하게 되며, 결국에는 어딘가에 부딪쳐 사고를 낼 수밖에 없다. 영국과 프랑스는 국가라는 자동차를 제작할 때부터 엔진과 브레이크가 함께 장착되었지만, 후발 주자인 독일과 이탈리아는 남보다 늦었다는 조급함에 일단 달리는 데 필요한 엔진만을 장착했다. 그것도 아주 고성능 엔진으로!

독일산 벤츠와 이탈리아산 페라리가 고속도로에 진입했다. 강력한 힘과 빠른 속도를 자랑하지만 자전거용 수동 브레이크조차 없다. 질주 본능에 사로잡힌 그들은 제동의 필요성을 느끼지 않았다. 물론 두 나라에도 시민들은 있지만 시민사회는 없다. 오히려 두 나라의 시민들은 국가의 질주에 박수를 보낼 뿐 자신들이 제동장치의 기능을 해야 한다는 것을 자각하지 못한다. 프로이센과 독일의 시민들, 이탈리아 반도의 시민들은 그동안 자동차가 없어 설움을 받았다는 생각뿐이다. 통일국가가 수립되자 이제 우리도 고속도로에 뛰어들 수 있게 되었다는 자부심에 국가를 견제하기는커녕 전폭적으로 밀어준다. 레이스에서 한참 뒤떨어져 있어 조급한 마음뿐이다. 초조한 레이서들은 조만간 대형 사고를 칠 게 뻔하다.

19세기 후반 서유럽 열강의 식민지 쟁탈전은 아프리카로 무대를 옮겼다. 신대륙은 이제 볼 장 다 보았고, 인도는 영국이, 인도차이나는 프랑스가 먹었다. 또 동북아시아는 전통 문명이 강력한 탓에 식민지화할 수 없다는 게 드러난 데다 일본이라는 아시아의 신흥 제국주의를 위한 몫으로 남겨두어야 한다. 따라서 열강의 시선은 별로 마뜩하지 않아도 아프리카로 쏠릴 수밖에 없다.

뒤늦게 남은 몫을 찾으려고 혈안이 된 독일과 이탈리아는 아프리카 분할에 유독 그악스럽고 게걸스럽게 군다. 사실 독일은 다른 열강이 식민지화를 포기한 중국에도 욕심을 부린다. 산둥을 조차한 독일은 중국을 아예 공동 분할하자고 제안했다가 다른 열강의 반대는 물론 중국인들에게도 반발을 산 적이 있다.

아프리카는 하나의 대륙이지만 지리가 아닌 문명의 관점으로 보면 둘로 나뉜다. 사하라 사막을 기준으로 북부와 남부의 역사가 크게 다르다. 북부는 인류 문명이 태동할 무렵부터 오리엔트와 유럽에 잘 알려진 세계였으며, 고대 로마 시대에는 로마 제국의 일부였고, 그 뒤에는 이슬람 문명권으로 발달했다. 쉽게 말해 북아프리카는 지중해 문명권의 일부로서 이 지역의 역사와 늘 맞물려 돌아갔다고 보면 된다. 인종적으로도 북아프리카인들은 전형적인 아프리카인으로 알려진 흑인과 전혀 무관하다. 베르베르인 같은 소수의 토착민들이 있고 대다수는 서남아시아인, 즉 셈족과 같은 계열이다. 반면 사하라 이남은 중세까지 외지인들에게는 거의 미지의 세계였고, 이후 아프리카 항로와 노예무역이 발달하면서 서아프리카가 서양 세계에 널리 알려지게 되었다.

따라서 일찍 아프리카에 눈을 뜬 영국과 프랑스, 네덜란드, 벨기에 등 서유럽 국가들은 주로 사하라 이남의 서아프리카의 경략에 주력했다. 이는 곧 뒤늦게 나선 독일과 이탈리아의 몫은 아프리카 중에서도 가장 영양가가 없는 동부밖에 남지 않았다는 뜻이다.

당연히 두 나라는 불만이다. 그런 판에 이탈리아는 19세기 말에 동아프리카를 얕보고 에티오피아 정복을 서두르다가 원주민들에게 크게 패하는 수모마저 당했다(유럽 국가의 군대가 다른 대륙의 군대에 패한 거의 유일한 사례였다). 잔뜩 입이 부은 독일과 이탈리아는 점차 유럽의 시한폭탄으로 떠오른다. 그렇게 보면 제1차 세계대전은 19세기 말에 터질 수도 있었다. 대규모 국제전의 발발을 지연시킨 것은 거의 전적으로 비스마르크 덕분이다.

잔머리의 대가인 비스마르크가 재상으로 앉아 있을 때는 그의 치밀

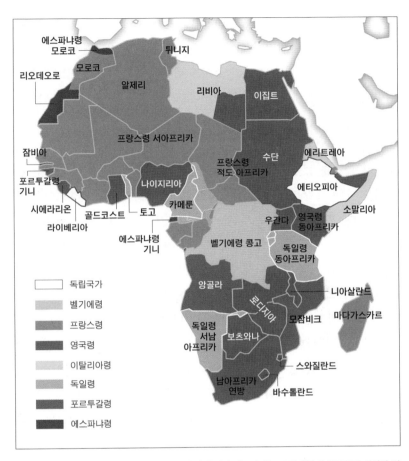

지도 내 라벨:
에스파냐령 모로코 · 튀니지 · 리오데오로 · 모로코 · 알제리 · 리비아 · 이집트 · 잠비아 · 프랑스령 서아프리카 · 수단 · 에리트레아 · 포르투갈령 기니 · 프랑스령 적도 아프리카 · 에티오피아 · 시에라리온 · 나이지리아 · 카메룬 · 소말리아 · 골드코스트 · 토고 · 우간다 · 영국령 동아프리카 · 라이베리아 · 에스파냐령 기니 · 벨기에령 콩고 · 독일령 동아프리카 · 앙골라 · 니아살란드 · 로디지아 · 모잠비크 · 마다가스카르 · 독일령 서남아프리카 · 보츠와나 · 스와질란드 · 남아프리카 연방 · 바수톨란드

| 수난의 아프리카　고대부터 유럽인들이 익히 알던 아프리카는 로마 제국의 영토였던 사하라 이북의 북아프리카와 서해안 일대였다. 희망봉 항로가 개척된 16세기에는 동해안까지 알려졌으나 노예와 자원, 시장 등 유럽인들이 필요로 하는 모든 것은 여전히 서아프리카에 있었다. 그런 탓에 뒤늦게 해외 식민지 개척에 나선 후발 제국주의 국가들에게 남겨진 몫은 진짜 검은 대륙인 내륙과 동아프리카뿐이었다.

한 외교술 덕분에 그런대로 유럽의 평화가 유지될 수 있었다. 그러나 1888년 스물아홉 살의 나이로 할아버지 빌헬름 1세를 계승한 젊은 황

제 빌헬름 2세는 그런 어정쩡한 평화에 만족하지 못했다. 이런 상태가 지속된다면 독일은 희망이 없다. 모름지기 평화란 기득권자의 모토다. 태평성대가 지속된다면 기존의 질서가 바뀌지 않는다는 뜻이므로 역전이란 없다. "내 팔자에 무슨 난리야?" 그렇다. 없는 놈 팔자에는 난리라도 나야 한다. 그래야 인생 역전이 가능하니까.

난리를 일으키기 위해 그는 맨 먼저 비스마르크를 해임한다. 비스마르크가 평화를 도모한 이유는 자신의 활약으로 프랑스를 물리치고 난 뒤에도 내내 프랑스를 두려워한 탓이 컸다. 두려움은 패권주의의 가장 큰 적이다. 후발 주자가 두려움을 떨치지 못한다면 영원히 후발 주자의 처지를 만회하지 못할 것이다. 젊은 황제의 야심이 드러나면서 독일이 서서히 패권주의의 길로 나서자 유럽 대륙에는 전운이 감돌기 시작한다.

사실 프랑스-프로이센 전쟁을 '기획'한 것에서 보듯이, 비스마르크도 평화주의자라고는 할 수 없는 인물이었다. 다만 현재로서는 서유럽 국가들의 힘에 대항할 자신이 없기에 외교를 통해 국제 질서의 현상 유지를 꾀한 것뿐이었다. 서유럽 국가들의 특징은 자유주의를 용인할뿐더러 시민 세력이 장악한 의회를 국가 발전의 원동력으로 삼는다는 데 있다. 그럼 독일로서는 서유럽과 반대의 체제를 가진 나라들과 협력하는 편이 좋을 것이다. 자유주의와 의회, 시민의 정치 세력화를 용인하지 않는 체제라면 무엇일까? 바로 제국 체제가 아닌가?

당시 유럽에서 제국 체제를 취하고 있는 나라는 오스트리아(1867년부터 오스트리아는 헝가리와 합병을 이루므로 정식 명칭은 오스트리아-헝가리 이중제국이지만, 여기서는 그냥 오스트리아로 부르기로 하자)와 러시아, 그리고 신생 제국인 독일이다. 여기에 착안한 비스마르크는 1873년에 세 황제를 베를린에 불러 모아 동맹을 맺었는데, 이름도 그에 걸맞게 '삼제동맹'이다. 이후 오스트리아와 러시아가 반목하는 바람에 그 동맹은 오래 가지 못했지만, 유럽에 남아 있는 세 제국이 동맹을 이룬다는 발상은 유럽에서 수구적인 제국 체제가 전체적으로 위기에 처했음을, 아울러 제국들이 그 위기를 인식하고 있었음을 분명히 보여주는 사례다.

1882년 삼제동맹은 러시아 대신 이탈리아를 가입시켜 삼국동맹으로 발전한다. 이탈리아는 제국이 아니지만 독일과 같은 처지이고 이해관계도 같다. 이것으로 유럽의 세력 판도는 더욱 분명해졌다. 선발 제국주의 대 후발 제국주의의 대립이 가시화된 것이다. 두 그룹 모두 경제적으로는 자본주의 체제를 취했지만 정치적으로는 다르다. 전자는 시민사회를 브레이크로 장착한 의회민주주의 체제이고, 후자는 시민사회가 부재한 국가주의 체제다. 대진표가 짜였으니 이제 싸우는 것밖에 남지 않았다. 패싸움의 기미가 농후하다. 빌헬름이 비스마르크를 해임한 것은 이 시점이었다. 토끼를 잡은 뒤에 사냥개 따위는 필요 없으니까.

전의에 불탄 빌헬름은 유럽의 동쪽 끝에서 또 하나의 제국을 동맹자로 맞아들였다. 아시아계에 속하지만 수백 년 동안 동유럽의 주인으로 군림해온 터키 제국_{오스만 제국}이다. 이로써 베를린-비잔티움-바그다드를 연결하는 이른바 3B 라인이 실현되었다. 새삼스럽지도 않은 현상이지만, 이제 '이교도'와도 선뜻 동맹을 맺을 만큼 유럽에서 종교 문제는 무의미해졌다. 적의 적은 나의 친구, 이 조악한 논리가 원칙과 이념이 실종된 19세기 말, 20세기 초의 복잡한 유럽 세계를 관철하고 있었다.

오스트리아와 터키는 같은 제국 체제였어도 종교가 다르기 때문에 원래는 가까운 사이가 아니었다. 불과 수십 년 전만 해도 두 제국은 서로 으르렁대는 앙숙이었다. 그러나 이해관계가 얽히면서 두 제국은 훨씬 친밀감을 느꼈다. 그런 상황에서 때마침 두 제국이 더욱 가까워질 계기가 생긴다. 터키는 명분상으로 발칸의 관리자였으나 실제로는 관리할 힘을 잃은 지 오래다. 19세기 초부터 터키를 괴롭히던 세르비아는 1878년 독립을 얻으면서 터키 대신 발칸의 관리자로 나설 야망을 품었다. 발칸이라면 터키로서는 골칫거리이고 오스트리아로서는 욕심나는 지역이다. 서유럽이 활발하게 해외 식민지 개척에 나설 동안 오스트리아가 그러지 못한 이유는 바로 해외로 진출할 항구가 없기 때문이지 않은가? 지중해에만 진출할 수 있어도 된다. 마침 얼마 전인 1869년에는 수에즈 운하가 개통되었다.

터키의 묵인 아래 오스트리아가 세르비아를 집적거렸다. 당연히 세르비아는 분노한다. 늑대를 간신히 쫓아냈는데 호랑이가 마당에 들어오니 반길 집주인은 없다. 모든 갈등이 누적되었고 온갖 불화가 쌓였다. 이런 상황을 가리켜 후대에 '발칸은 유럽의 화약고'라고 불리게 되었다. 이제 방아쇠만 당기면 폭발할 판이다. 이 화약고가 폭발하면 발칸만이 아니라 전 유럽이 다칠 것이다. 결국 1914년 6월 28일 오스트리아 황태자 페르디난트 부부가 사라예보를 방문했다가 암살되는 사건이 제1차 세계대전의 방아쇠가 된다.

전쟁의 낌새는 서유럽 국가들도 이미 눈치를 채고 있었다. 1904년 영국과 프랑스는 협상을 타결했다. 그 내용은 영국이 이집트를 지배하고 프랑스가 모로코를 차지한다는 것이었지만, 그저 영토상의 쟁점을 처리하기 위한 의의만 가진 게 아니다. 수백 년 동안 세계 각지에서 치열한 경쟁을 벌이며 반목해온 서유럽의 양대 축이 실로 오랜만에 손을 잡은 것이다(19세기 중반 러시아의 남하를 막기 위해 크림 전쟁에서 영국과 프랑스가 손잡은 적이 있지만 그것은 일시적인 제휴에 불과했다). 전운의 근원으로 떠오른 독일을 견제해야 한다는 공동의 목표가 낳은 결과였다. 3년 뒤 영국은 러시아와도 협상을 성립시켰다. 이로써 독일-오스트리아-이탈리아의 삼국동맹에 대항해 영국-프랑스-러시아의 삼국협상이 결성되었다. 전쟁의 양 진영이 만반의 준비를 갖추었다. 이번 전쟁이 그때까지의 인류 역사상 최대 규모가 되리라는 예상은 아무도 못했겠지만.

오스트리아가 세르비아에 선전포고를 하자 발칸의 정정에 안테나를 곤두세우고 있던 러시아가 즉각 반응을 보였다. 낌새를 눈치 챈 독일이 러시아에 먼저 선전포고를 했고, 프랑스가 군대에 동원령을 내렸다. 그것을 본 독일이 방향을 바꿔 프랑스로 진격하자 영국이 독일에 선전포고를 했다. 1914년 7월 28일부터 8월 4일까지 불과 일주일 만에 삼국동맹과 삼국협상에 속한 6개국 중 이탈리아를 제외한 5개국이 전쟁을 선언하고 나섰다.

전선은 영국을 중심으로 한 연합국과 독일을 중심으로 한 동맹국으로 갈렸다. 그러나 그 기본 편제 이외에 개전 초기부터 삼국협상과 삼국동맹은 명분을 쌓고 세력을 늘리기 위해 각자 중립국들을 '영입'하려는 활발한 외교전을 병행했다. 그 결과 일본이 연합국 측으로, 터키 제국이 동맹국 측으로 참전했다. 이듬해인 1915년에는 이탈리아가 삼국동맹을 배반하고 연합국으로 돌아섰으며, 발칸에서도 불가리아는 동맹국에, 루마니아와 그리스는 연합국에 가담했다. 바야흐로 전쟁은 명실상부한 세계대전으로 변모했다.

전쟁은 오스트리아가 일으켰으나 삼국동맹의 리더는 독일이었으므로 처음부터 동맹국 세력은 독일이 주도했다. 애초에 독일의 전략은 속전속결이었다. 그럴 수밖에 없었다. 독일은 서쪽의 프랑스와 동쪽의 러시아를 모두 상대해야 했을 뿐 아니라, 독일에게 이번 전쟁은 방어전이 아닌 공격전이었으니까. 독일은 전력을 분산시키지 않고, 먼저 프랑스를 제압한 다음 동쪽으로 이동해 러시아를 상대하기로 했다. 하지만 러시아의 진격이 예상외로 빨랐다는 사실이 독일의 전략 수행에 중요한 차질을 빚었다. 독일은 서부전선에서 영국과 프랑스의 연합군과 싸우면서 병력의 일부를 빼돌려 동부전선에서 러시아군을 맞지 않을 수 없었다. 속전속결 구도는 깨지고 전쟁은 장기전으로 바뀌었다. 전선 전체가 무수한 참호의 라인으로 바뀌었고, 인류 역사상 가장 비참한 전쟁이 지루하게 지속되었다.

역사상 그 어느 전쟁도 이렇게 양측이 명확한 전선을 이루고 장기전으로 대치한 경우는 없었다. 장기전은 단기전과 달리 총력전일 수밖에 없다. 그전까지는 아무리 규모가 큰 전쟁이라 해도 군사력으로만 승부했지 전 국민이 동원되는 전면전을 펼치지는 않았다. 그런 전쟁이 가능했던 이유는 각국의 지배층만이 아니라 국민들까지도 국민국가의 개념을 확실히 체득하고 있었기 때문이기도 했다. 실제로 참전국들의 정부는 자국민들에게 애국심과 자발적 동원을 적극적으로 선전하고 호소했다. 나폴레옹 전쟁에서 나타나기 시작했고 프로이센-프랑스 전쟁에서 더욱 분명하게 드러난 '민족주의 이념에 바탕을 둔 국민전'의 양상이 제1차 세계대전에서는 확고히 자리 잡았다.

장기전이 되자 새삼스럽게 중요해진 것은 보급로, 그중에서도 해외 식민지로부터 필요한 군수 물자를 수송해올 수 있는 해상 보급로다. 장기전으로 전화한 뒤 1917년까지 전선이 교착되면서 팽팽하게 맞서던 전황이 깨지게 된 계기는 바로 바다에서 발생했다. 독일 해군은 전통에 빛나는 영국 해군의 상대가 되지 못했다. 제해권을 빼앗긴 독일은 물자 수송은커녕 그동안 획득한 해외 식민지마저 차츰 잃기 시작했다. 궁지에 몰리자 독일은 비상 카드를 빼어들었는데, 결과적으로 이게 패착이 되고 말았다.

독일이 개발한 신무기인 잠수함 U보트는 북해를 장악한 영국 해군만이 아니라 민간 상선들에까지 무차별적으로 공격했고, 나아가 중립국의 상선과 여객선마저도 침몰시키는 만행을 저질렀다. 가뜩이나 동맹국 측에 불리하던 세계 여론은 이것을 계기로 결정적으로 등을 돌렸다. 거기에 그쳤다면 모르겠지만, 악화된 여론은 예상치 못한 '거인'을 불러들였다. 개전 후 그때까지 군수품 수출로 재미를 보면서 중립을 지키고 있던 미국이 1917년 4월에 참전을 선언한 것이다. 그해 10월 러시아에서 사회주의혁명이 일어나 이듬해 초 러시아가 브레스트리토프스크 조약으로 독일과 단독 강화를 맺고 철수를 선언했다. 결과적으로 연합국 측은 러시아와 미국이 맞교대한 셈이다.

1918년 미국의 육군이 유럽 전선에 투입되면서 독일은 지상전에서도 연합국에 밀리기 시작했다. 승패의 윤곽은 금세 뚜렷해졌다. 원래 동맹국 측은 독일의 전력에 거의 의존하고 있었다. 오스트리아는 독일군의 지원을 받지 못하고 독자적으로 전개한 전투에서는 한 번도 이긴 적이 없었다. 전쟁이 막바지에 이르면서 승패의 명암이 확연해졌다.

종전 역시 개전에서처럼 발칸에서 시작되었다. 1918년 9월에 불가리아가, 10월에 터키가 항복했다. 발칸 전선이 붕괴하자 더 이상 버틸 힘이 없어진 오스트리아도 11월에 항복했다. 일주일 뒤 독일은 동맹국의 우두머리답게 휴전을 제안하는 형식으로 항복했다.

17세기 이래 유럽 세계에서는 세기마다 한두 차례씩 대규모 국제전이 벌어졌다. 그러나 제1차 세계대전은 그전까지의 전쟁들과는 차원이 달랐다. 참전국의 수와 동원된 병력, 투입된 무기의 양도 유례가 없었지만, 무엇보다 인류 역사상 처음으로 유럽만이 아니라 아시아와 아메리카까지 연관된 '세계대전'이었다. 하지만 국제전이 끝난 뒤 조약으로 전후 질서를 재편하는 유럽 역사 특유의 법칙은 이 전쟁에서도 관철된다.

물론 전쟁이 워낙 대규모고 피해가 막심한 만큼 전후 질서를 결정하는 베르사유 조약은 패전국에 몹시 가혹했다. 특히 독일은 천문학적인 배상금을 떠안았고, 공식적인 전범으로 규정되어 실리와 명분을 모두 잃었다. 게다가 알자스-로렌을 프랑스에 내준 것을 비롯해 벨기에와 덴마크에까지 영토의 일부를 떼어주어야 했다. 오스트리아는 제국이 해체되고 작은 공화국으로 재편되었다. 또한 오스트리아에서 헝가리가 분리되고, 보헤미아와 모라비아, 슬로바키아가 결합해 체코슬로바키아를 이루었다. 국제조약이 신생국을 양산한다는 역사적 원칙은 이번에도 통용되었다.

그러나 연합국은 전쟁의 주범인 독일을 무장해제하는 데 그쳤을 뿐 국가 자체를 해체하거나 분할하거나 식민지로 만들려 하지는 않았다. 독일을 고사시켜 자연사하도록 만들고 싶은 생각이 전혀 없지는 않았겠지만, 그러기 위한 인위적인 정치적 재편은 없었다. 심지어 가장 주요한 전범인 독일 황제 빌헬름 2세를 처형하지도 않았다(그는 네덜란드의 시골로 피신해 1941년까지 평온하게 살았다).

제1차 세계대전의 화약고였던 발칸에서도 그 원칙은 마찬가지였다. 패전국인 불가리아 역시 제재를 받았으나 국가는 존속했고, 오히려 알바니아 같은 나라가 터키의 지배에서 해방되어 독립국을 형성했다. 그런 분위기에서 발칸의 슬라브 민족이 연합해 세르비아-크로아티아-슬로베니아 왕국을 이루었다. 이 왕국은 1929년 유고슬라비아로 명칭을 변경했고, 제2차 세계대전이 끝난 뒤에는 유고슬라비아 공화국이 된다.

그런데 이 전쟁에서 주목할 것은 또 있다. 묘하게도 이탈리아와 동아시아의 일본이 연합국 측에 붙었다는 사실이다. 신구 제국주의의 대결 구도에 따르면 당연히 신흥 제국주의인 이탈리아는 동맹국의 일원이 되었어야 한다. 이 두 나라가 연합국이 된 이유는 무엇일까?

사실 당시의 이탈리아는 국력에서나 군사력에서나 워낙 미약했으므로 어느 측에 붙든 대세에 별 지장이 없었다. 또한 이탈리아는 통일 이후 내내 프랑스, 오스트리아와 비슷한 관계를 유지했으므로 연합국과 동맹국 어디에도 붙을 수 있었다. 그러나 연합국 측은 승전할 경우 이탈리아에 아드리아 해 건너편의 달마치야를 주겠다는 미끼를 던져 끌어들이는 데 성공했다. 결과적으로 보면 이탈리아가 처음에 동맹국에 가담하려다가 중간에 말을 바꿔 탄 것은 행운이었다. 훗날 제2차 세계대전에 전범국이 되는 것까지 고려한다면 불행이겠지만.

또한 일본은 비록 동양에서는 선진 제국주의지만 세계적으로 보면 후발 제국주의에 불과했다. 게다가 일본은 정치적으로도 제국 체제였다. 따라서 일본도 역시 동맹국 측에 가담해야 옳았다. 그러나 동아시아를 주도하는 일본이 굳이 유럽의 첨예한 문제에 직접 관여할 필요는 없었다. 때마침 일본은 1902년에 영국과 영일동맹을 맺은 바 있으므로 족보상으로는 연합국 측이었다. 사실 승전국과 패전국을 가리지 않고 제1차 세계대전을 통해 어느 나라보다 큰 이득을 얻은 나라는 일본이었다. 일본은 전쟁 중에 유럽 전선에는 아무런 관심도 보이지 않고(따라서 아무런 기여도 없었고) 그 대신 아시아에서 제 몫을 꾸역꾸역 챙겨나갔다. 특히 베르사유 조약을 통해 일본은 독일이 소유하고 있던 중국의 조차지와 태평양 섬들을 합법적으로 차지했다.

바로 이 이탈리아와 일본의 사례에서 중요한 사실을 예감할 수 있다. 제1차 세계대전으로 전쟁이 끝나지는 않으리라는 것이다. 그때까지의 인류 역사상 가장 큰 규모였고 피해의 정도도 단연 최대였지만 이 전쟁으로 유럽 근대사의 누적된 모순을 모두 해소할 수는 없었다. 전쟁을 유발한 근본적 원인이 아직 사라지지 않고 남아 있었기 때문이다.

패전국인 독일과 오스트리아, 터키와 마찬가지로 시민사회의 역사가 없는 이탈리아와 일본이 승전국 측에 끼었다는 사실은 아직 유럽 근·현대사의 갈등과 모순을 낳은 진정한 불씨가 꺼지지 않았다는 의미다. 그러나 종전 후 베르사유에 모인 연합국 정상들 중 누구도 그 점을 깨닫지 못했다. 그들은 두 번 다시 이런 대규모 비극이 일어나지 않도록 한다는 취지로 국제연맹을 창설했지만, 국제적 친목 단체에 그쳤을 뿐 아무런 권한도 가지지 못했고, 따라서 전혀 실효를 거두지 못했다.

전형적인 제국주의 전쟁인 제1차 세계대전으로 제국주의 열강은 자체의 서열을 확정했고, 지구상의 모든 땅에 대한 구획과 분할을 완료했다. 문제는 그것이 최종적인 질서가 아니라는 데 있다. 유럽 세계의 질서가 영구적으로 안정되려면 또 하나의 고개를 넘어야 했다. 그 험준한 고개의 이름은 바로 파시즘이다. 17세기 30년 전쟁으로 시작된 서양 문명의 진통은 시민사회와 파시즘의 대결이라는 마지막 위기를 앞두고 있었다.

물론 제2차 세계대전의 원인은 여러 가지로 볼 수 있다. 제1차 세계대전의 승전국들이 패전국들을 너무 박대했다는 것도 그중 하나다. 독일은 그때까지 어렵사리 얻은 해외 식민지를 모조리 빼앗기고 무기 생산이 금지된 데다 막대한 배상금을 물어야 했다. 또 오스트리아와 터키는 제국 체제가 해체되어 초라한 공화국으로 전락했다. 빠져나갈 구멍도 주지 않고 몰아치면 쥐도 고양이를 무는 법이다. 무엇보다 그런 상황에서는 패전국 지도자들이 자국민들에게 변명할 구실도 찾을 수 없게 된다. 점점 쌓여가는 패전국 국민들의 불만은 파시즘의 싹이 자라나는 좋은 거름이었다.

제국의 시대가 갔다는 사실을 여실히 보여주는 시기는 바로 제1차 세계대전이 일어난 1910년대다. 1911년에 중국에서 신해혁명으로 청 제국이 해체된 것을 필두로, 전쟁의 와중인 1917년에는 러시아 제국에서 혁명을 통해 사회주의 공화국이 들어섰다. 오스트리아와 터키 두 제국의 해체는 구체제가 최종적으로 몰락하는 상징적 사건이다. 이제 '자칭 제국'인 일본만 빼고 전 세계에서 제국 체제는 일거에 사라졌다.

패전국들은 정치와 경제 구조가 붕괴하고 심각한 재정난에 시달렸지만, 단순히 패전국들의 어려운 처지가 또 다른 세계대전을 낳았다고 볼 수는 없다. 패전국의 핵심이자 가장 형편이 딱한 독일의 경우를 보면 반드시 파멸의 위기로 치달을 수밖에 없는 사정은 아니었다.

독일에서는 종전 직후인 1918년 공화주의 혁명이 일어나 빌헬름 황제가 쫓겨나고, 독일 역사상 최초이자 유럽 역사상 가장 건강한 공화정인 바이마르 공화국이 등장했다. 온건 좌익의 사회민주당이 집권한 바이마르 공화국은 다방면의 정치 개혁을 단행하고, 승전국들과의 적극적인 협상을 통해 배상금을 경감시켰으며, 국제연맹에도 가입해 신생 독일 공화국의 밝은 미래를 제시했다. 비록 경제적으로는 어려운 처지였으나 마침 전쟁을 통해 세계 최강국으로 등장한 미국의 전폭적인 지원을 업고 있었으므로 복구가 불가능한 것도 아니었다.

그렇다면 독일로 하여금 다시 전쟁을 선택하도록 몰아간 직접적인 원인은 무엇일까? 1929년 미국에서 발생한 대공황일까? 실제로 대공황은 엄청난 재앙을 몰고 왔다. 미국 경제가 일거에 휘청하면서, 그렇잖아도 전쟁의 피해가 막심한 유럽 경제는 일어날 힘을 잃어버렸고, 회생의 기미를 보이던 독일 경제도 막다른 골목에 봉착했다. 게다가 아시아의 일본도 대공황으로 대미 수출로가 막히자 노선을 전환해 만주를 영토화할 욕심을 구체화하게 되었다. 그렇게 보면 대공황은 가히 제2차 세계대전의 '역사적 주범'이라고 할 만하다.

하지만 대공황도 현상적인 원인 혹은 사회과학적 원인은 될지언정 더 근본적인 역사적 원인은 되지 못한다. 더 깊이 들여다보고 더 멀리 내다보면 시민사회의 문제가 놓여 있다. 냉정하게 따져보면, 제1차 세계대전으로 해결된 것은 전혀 없다. 단지 먼저 식민지를 독차지한 선진 제국주의가 늦게 나서서 자기 몫을 떼어달라고 투정을 부린 후진 제국주의에 따끔하게 한 수 가르쳐준 것일 뿐이다. 후진 제국주의가 왜 '후진적'이 되었는지를 선진 제국주의 열강은 알지 못했다. 그저 두 번 다시 전쟁을 도발하지 못하도록 힘으로 억누르고 단속하면 그것으로 될 줄 알았다.

후발 제국주의라는 성격이 전범국들의 공통점이라는 것은 분명했으나, 그보다 중요한 공통점은 시민사회의 역사가 없다는 것이었다. 독일의 시민계급은 사회 전반을 주도할 만한 힘이 부족했으며, 맹목적으로 치닫는 국가의 드라이브를 제어하기는커녕 오히려 가속화시켰다. 왜 그랬을까?

그 원인은 역사에서 찾아야 한다. 독일은 중세에 신성 로마 제국의 제후국들로 분열되어 있었고, 중세 후반에는 종교개혁의 진원지면서도 제국의 그림자가 짙게 드리워져 있었던 탓에, 서유럽 세계가 종교개혁의 바람을 타고 영토국가로 궤도를 변경하는 동안에도 내내 구체제를 유지했다. 실은 프랑스보다 더 심한 '앙시앵 레짐'이 독일이었다. 서유럽 국가들이 거친 절대주의 단계가 없었기에 독일의 부르주아지는 양적으로나 질적으로나 성장하지 못했다.

또 다른 패전국인 오스트리아도 마찬가지다. 오스트리아는 신성 로마 제국의 전통적인 본산인 데다 18세기 초 에스파냐에 부르봉 왕조가 들어서면서부터는 합스부르크 가문의 유일한 적통이 되어 유럽 구체제의 리더로 군림했다. 나폴레옹 전쟁 이후 빈 체제를 오스트리아의 재상 메테르니히가 주도한 이유는 그 때문이다. 그 뒤에도 오스트리아는 제국의 향수를 잊지 못하고 헝가리와 결합해 오스트리아-헝가리 이중제국 체제를 유지했으니, 시민계급이 성장할 역사적·정치적 공간이 있을 리 없었다(독일과 이탈리아마저 통일국가를 이루는 무렵인 1867년 오스트리아는 헝가리와 합체해 최악의 노선으로 치달았다).

마지막 패전국인 터키는 말할 것도 없다. 15세기 중반 콘스탄티노플의 동로마 제국을 멸망시키고 들어선 오스만 제국은 유서 깊은 오리엔트식 전제군주 체제로 일관했다. 더욱이 이슬람권이었으므로 서유럽처럼 종교개혁의 영향도 입지 않았다. 동양식 제국답게 일찍부터 영토국가의 위상이 확고했던 덕분에 한때 서유럽을 위협할 정도로 세를 떨친 적이 있었지만, 17세기 이후로는 서유럽 국가들에 밀려 지중해 무역권을 잃고 국력이 나날이 약화되어갔다.

이제 유럽 국가가 중세 이후 취해야 할 노선의 정답이 드러났다. 그것은 바로 '종교개혁→영토국가(절대주의)→시민혁명→제국주의'의 역사 행정을 고루 거치는 것이다. 이 행정에서 한 가지라도 빠지거나 건너

뛰면 정답이 아니며, 정답을 찾지 못하면 곧바로 엄청난 피바람을 부르게 된다. 영국은 가장 정답에 가까운 답안을 낸 모범생이었고, 다른 나라들은 약간씩 시차를 두고 정답을 찾아갔다. 프랑스는 17세기 루이 14세 절대주의 시대에 각종 전쟁을 일으키며 시행착오를 겪은 끝에 뒤늦게 시민혁명(프랑스 혁명)을 거쳐 본래의 행정으로 돌아왔다. 네덜란드와 벨기에, 스칸디나비아 국가들은 모두 18세기에 절대주의를 거치고 19세기 중반에 자유주의 이념이 도입되어 의회민주주의를 바탕으로 한 입헌군주국으로 연착륙했다.

제1차 세계대전은 시한폭탄으로 남은 독일과 이탈리아가 마침내 폭발한 결과였다. 불행히도 제1차 세계대전으로 문제가 완전히 해결되지는 않았지만 이제는 끝이 보일 지점에 이르렀다. 17세기 초반 30년 전쟁으로 분립의 길을 걷기 시작한 유럽의 국제 질서는 막바지 완성 단계에 접어들었다. 단 한 차례의 전쟁만 더 필요할 뿐이다. 그 전쟁은 300년 전 30년 전쟁으로 시작된 유럽 세계의 진통을 총결산하는 한바탕 한풀이가 될 터였다. 이 전쟁이 끝나면 다시는 유럽 국가들이 치고받는 국제전은 없을 것이다.

그렇다면 마지막 전쟁의 주역이 파시즘인 이유는 알기 쉽다. 시민사회라는 제동장치가 없는 자동차는 질주할 수밖에 없다. 제1차 세계대전의 원인인 제국주의적 경쟁은 그런 질주가 현실로 드러난 하나의 양상에 불과했다. 질주 본능 자체가 제거되지 않는 한 질주는 어떤 양상으로든 재연될 것이며, 점차 폭주로 변할 게 분명했다. 실제로 이번에는 예고편부터 예전에 없던 파괴력을 선보였다. 민주주의 세력과 국제 파시즘의 마지막 결전, 그 예고편은 1936년의 에스파냐 내전이다.

19세기 초에는 본국의 수십 배에 달하는 라틴아메리카를 잃었다. 19

세기 말에는 아메리카의 맹주로 떠오른 미국에 아시아의 식민지인 필리핀을 빼앗겼다. 영국보다 몇 세기 앞서 '해가 지지 않는 나라'라는 별칭으로 불렸던 에스파냐의 처지다. 가진 것을 모두 잃었는데도 에스파냐는 여전히 보수와 수구의 중심으로 남았다. 가톨릭의 본산은 변함없이 에스파냐였으며, 19세기 후반의 '공화국 실험'을 진압하면서 실력자로 나선 군부는 가톨릭과 결탁해 에스파냐의 부패를 총지휘하고 있었다. 게다가 에스파냐는 전통적으로 지방색이 강한 탓에 제대로 된 국민국가의 모습조차 취하기 어려웠다(에스파냐 특유의 지역 분리주의는 오늘날까지도 이어지고 있다).

나라가 힘을 잃으면 국민이 일찍 자각하게 마련이다. 에스파냐의 '시민사회'는 변형적으로 성립되었다. 뒤늦게 산업화가 이루어지면서 에스파냐에도 노동계급이 성장했다. 이들은 여러 차례에 걸쳐 입헌군주제와 의회민주주의, 정치와 교회의 분리 등을 요구했다. 다른 나라에 비해 크게 뒤늦은 요구였지만, 그나마도 수구적 지배층(왕당파와 교회)은 군대를 동원해 진압했다. 이 과정에서 자연히 수구 세력과 군부는 공생 관계를 유지하며 파시스트로 변했고, 이에 맞서 지식인과 상인 들을 대표하는 공화주의자와 노동계급을 대표하는 사회주의자도 연대의 움직임을 보였다. 그 연대의 결과로 성립한 인민전선은 1936년 2월 선거에서 승리했다.

그러나 갓 태어난 공화국 정부의 진로는 순탄치 않았다. 졸지에 야당 신분이 된 우익 세력은 집요하게 저항했고 곳곳에서 테러도 서슴지 않았다. 반면 인민전선 정부보다 더욱 급진화되어 있는 노동자와 농민 들은 정부의 토지개혁안에 만족하지 못했다. 이런 판에 과거의 군부 독재자였던 리베라의 아들이 창당한 팔랑헤당은 아예 노골적으로 이탈리아식 파시즘을 모방하고 나섰다.

결국 올 것이 왔다. 1936년 7월, 군부 지도자 프랑코Francisco Franco는 몇 개월 동안 은밀히 반정부 음모를 획책한 끝에 쿠데타를 일으켰다. 그러자 미리 준비하고 있던 국내의 왕당파와 군부, 교회 세력이 일제히 반란에 동참했다. '이념상의 친척들'인 독일과 이탈리아도 즉각 쿠데타를 지지하고 나섰다.

프랑코는 준비가 철저한 만큼 단기전으로 쿠데타를 성공시킬 수 있다고 믿었으나 무력하고 불안하게만 보이던 인민전선 정부는 막상 위기에 처하자 예상외로 만만치 않았다. 맨 먼저 쿠데타에 대처한 것은 정부보다 노동자와 시민 들이었다. 이들은 마드리드와 바르셀로나의 무기고와 총포점을 습격해 무장하고 반란군과 맞서 싸웠다. 이들의 활약으로 국내의 파시즘 세력은 어렵지 않게 진압되었다. 문제는 에스파냐의 마지막 식민지인 모로코에 주둔한 프랑코의 반란군이었다. 해군의 지지를 얻지 못해 지브롤터 해협을 건너지 못하고 발만 동동 구르던 프랑코에게 구원의 손길이 다가왔다. 초록은 동색, 프랑코와 같은 색깔의 독일과 이탈리아가 수송기를 모로코로 보냈다. 이들 원조 파시즘은 에스파냐에서 자란 파시즘의 파릇한 새싹을 보호하기 위해 반란군에 경제원조와 더불어 지원 병력까지 파견했다. 이들의 개입으로 전세는 순식간에 역전되었다.

독일과 이탈리아가 직접 개입함으로써 에스파냐 내전은 내전이 아니라 국제전으로 비화되었다. 그러나 묘하게도 파시스트 반란군을 파시스트 국가들이 지원하고 있는데도 공화주의의 정부군은 서유럽 공화국들의 지원을 받지 못했다. 영국은 처음부터 불간섭 정책을 취했고, 마침 에스파냐와 같은 시기에 인민전선 정부가 들어서 있던 프랑스도 영국의 압력을 받아 불간섭을 선언했다. 유럽의 양대 중심이 이런 태도였으니 다른 나라들도 침묵을 지킬 수밖에 없었다. 하지만 정부는 침묵해도 양심은 침묵하지 않았다. 프랑스를 위시해 영국과 미국, 벨기에 등 서유럽 국가에서 온 의용군들은 국제 파시즘에 맞서 국제여단International Brigades을 결성하고 인민정부를 사수하는 데 동참했다. 소련은 정규군을 파견해 국제여단을 지원했다.

해협을 건넌 프랑코군은 순식간에 에스파냐 전 지역을 손에 넣고 수도인 마드리드를 포위했지만 시민들은 쿠데타군에 포위된 가운데서도 2년 이상이나 버텼다. 그러나 장기전이 될수록 전황은 시민들에게 불리해졌다. 반란군은 목표도 하나였고 성격도 파시즘이라는 하나의 이념으로 묶인 통일체를 내내 유지할 수 있었으나, 공화국 측은 처음부터 구성 요소가 다양한 탓에 전쟁이 장기화되면서 내분이 발생했다. 뒤처지는 전력을 보완해주던 통일성에 균열이 가면서 마침내 공화국 정부는 무너지고 말았다. 1939년 1월에는 바르셀로나가, 3월에는 마드리드가 함락되었다. 결국 에스파냐 민중의 정부는 국제 파시즘 앞에 무릎을 꿇었다. 그제야 유럽 각국의 정부는 이것이 곧 다가올 커다란 위협의 예고편이라는 것을 깨달았다.

에스파냐 내전에서 보듯이 파시즘과의 마지막 일전은 총력전일 수밖에 없었다. 제1차 세계대전에서도 경험한 바 있지만, 이제 전쟁은 군대만 싸우는 게 아니다. 국가와 국민 전체가 일치단결해 온몸으로 부딪쳐야 한다. 무엇보다 파시즘 체제 자체가 전 국민을 아우른다. 흔히 파시즘과 독재를 같은 것으로 여기지만, 양자는 큰 차이가 있다. 독재는 정부가 다수 국민들의 반대를 무력으로 억누르는 체제인 데 반해, 파시즘은 다수 국민들이 정부를 지지하고 정부가 표방하는 이념에 자발적으로 일체화된 체제를 가리킨다.

국민의 자발성을 유도하려면 무엇보다 국민의 애국심이 필요한데, 애국심을 진작시키는 데 가장 효과적인 수단이 바로 파시즘이다. 실제로 파시즘이라는 말을 낳은 이탈리아어 '파쇼fascio'는 결속이라는 뜻이다(파쇼의 어원인 파스케스fasces는 고대 로마인들이 막대기 다발에 도끼날을 끼워 권력의 상징으로 사용하던 물건이다).

파시즘은 극단적 민족주의의 한 형태다. 민족주의의 이념은 19세기 초 나폴레옹 전쟁을 계기로 서유럽에서 생겨났다. 나폴레옹에게 정복된 국가들에서 처음 싹텄지만, 더 넓은 역사적 관점에서 보면 민족주의는 중세적 통합성이 사라진 이후 유럽 세계가 국민국가로 분립하고 각국이 치열한 각개약진을 벌이는 과정에서 성립한 이념이다. 호전적이고 광신적인 애국주의를 뜻하는 쇼비니즘chauvinism과 징고이즘jingoism이 바로 19세기 프랑스와 영국의 민족주의를 대표한다. 쇼비니즘은 나폴레옹을 숭배하던 쇼뱅이라는 병사의 이름에서 비롯되었고, 징고이즘은 1870년대 러시아의 남하를 막으려 싸운 영국군이 부른 노래에 나오는 'by jingo'라는 후렴구에서 비롯되었다.

언뜻 보면 민족주의 이념은 각국이 저마다 국익을 추구하는 제국주의 시대에 무척 어울릴 듯하다. 그러나 서유럽 세계에서 민족주의는 한때의 유행, 혹은 주변적인 역사적 역할에 그쳤을 뿐 지속적이고 주도적인 이데올로기는 되지 못했다. 이념이나 이데올로기의 기능을 하려면 강령이나 정책과 연관되어야 하는데, 민족주의는 국민 대중의 추상적인 감정에만 호소하는 데 그쳤기 때문이다.

물론 민족주의를 낳은 영국과 프랑스 두 나라의 지배층은 국민들에게 광신적이거나 호전적인 애국주의를 깊이 심어주고 싶었을 것이다.

하지만 두 나라에는 국가의 무한 질주를 용인하지 않는 시민사회의 메커니즘이 작동하고 있었으므로 민족주의나 애국주의가 사회 전반을 주도하는 게 애초에 불가능했다. 중요한 것은 역시 균형이다. 국가와 시민사회는 서로 협력하기도 하지만 때로는 바람직스러운 대립 관계를 이루며 전반적으로 균형을 지향한다. 균형이 잡힌 사회는 쉽게 한 방향으로 쏠리지 않으나, 불균형한 사회는 일단 노선이 정해지면 모든 무게중심이 그쪽으로 향하게 마련이다.

히틀러나 무솔리니Benito Mussolini가 없었다 해도 독일과 이탈리아는 파시즘 국가가 되었을까? 물론이다. 오늘날 두 나라의 국민들에게는 미안한 말이지만, 20세기 초 독일과 이탈리아는 지배층만이 아니라 일반 국민들조차 대부분 자신과 조국의 처지에 불만과 분노를 품고 있었으며, 언제든 기꺼이 파시즘으로 무장할 태세를 갖추고 있었다. 심지어 균형잡힌 사고를 해야 할 지식인들조차 크게 다를 바 없었다(예를 들어, 독일의 대철학자인 하이데거는 지도자가 곧 독일의 실체라고 주장했고, 미래파의 창시자로 유명한 이탈리아 작가 마리네티는 파시즘이 미래파의 연장이라고 주장했다). 당시 독일과 이탈리아는 시민사회가 없고 국가만이 존재하는—시민사회를 이끌어야 할 시민이 국가와 일체화되어 있으므로—불균형한 체제였으며, 따라서 사회 전체가 파시즘으로 쏠릴 수 있는 상태였다. 그 점을 보여주는 좋은 사례가 독일의 반유대주의Anti-Semitism다.

사실 유대인들이 유럽인들에게 미움을 살 만한 이유는 있었다. 종교적으로 유대인은 예수 그리스도를 배신한 유다와 같은 민족이었다. 실제로 중세 초기에는 그런 이유로 큰 미움을 받았다. 그래서 중세 내내 유대인들은 종교의식을 위해 살인을 저지른다든가, 아이를 납치한다는 헛소문에 시달렸다(나중에는 집시들에게 그 불똥이 튀었다). 또한 어느 곳에 가서 살든 특유의 선민의식을 버리지 않고 자체의 고유한 관습과 문화를 배타적으로 유지하는 전통도 유대인들이 박해를 당한 이유가 되었다. 그래서 그들은 근대에 이르기까지 재산권, 특히 부동산을 소유할 권리를 갖지 못했다. 허리에 전대를 두른 샤일록 같은 수전노가 유대인의 전형이 된 것은 장사밖에 할 수 없고 현금밖에 가질 수 없었던 유대인의 처지를 말해준다. 중세의 봉건영주들은 전쟁 비용이 필요하면 구역 내의 유대인 상인들에게서 돈을 빼앗고 추방한 뒤 전쟁이 끝나면 다시 불러 돈을 모으게 했다. 이런 악순환이 유대인의 고달픈 삶이었다.

그러나 싫은 것과 박해하는 것은 전혀 다르다. 특정한 사람을 싫어하는 것은 개인의 마음일 수 있어도 차별과 탄압을 가하는 것은 잘못이다. 그런 점에서, 유대인에 대한 부정적 인식이 20세기의 독일에서 대대적인 유대인 탄압으로, 또 체계적인 반유대주의로 분출된 것은 명백한 범죄였다. 더구나 여기에는 정부 차원의 '조장'이 있었다. 1933년 총리로 취임한 히틀러—합법적 선거를 통해 집권했기 때문에 독재가 아니라 파시즘이다—는 자신의 집권이 독일 국민의 불만에 힘입은 것이라는 사실을 누구보다 잘 알고 있었다. 그 불만을 궁극적으로 해소하려면 전쟁을 거쳐야 하지만 단기적으로는 속죄양이 필요하다. 그 타깃이 바로 유대인이었다.

게르만 민족의 조상인 아리아인은 고대에 서남아시아를 지배하던 유대인의 조상인 셈족을 물리치고 우수한 인류 문명을 건설했다. 게르만 민족이 역경에 처한 현재, 다시 과거의 위대한 역사를 재현해야 한다. 프로이센을 절대정신의 구현이라고 믿은 헤겔의 철학, 계몽주의와 자유주의의 허구성을 논박하고 강자의 도덕을 설파한 니체의 사상, 게르만 신화를 통해 독일 민족의 위대함을 강조한 바그너의 악극이 기묘하게 뒤틀린 채 결합된 히틀러의 나치 이데올로기는 반유대주의의 모토를 당시 독일 국민들에게 심정적으로 호소했다.

명칭은 같은 세계대전이지만 제2차 세계대전은 제1차 세계대전과 성격이 달랐다. 제1차 세계대전은 후발 제국주의 국가들이 선발 제국주의 국가들에 도전한 것이었고, 따라서 정상적인 힘의 대결로 기존의 판도를 깨려 한 것이었다. 그러나 제2차 세계대전은 파시즘이라는 비정상적인 수단을 동원해 국제 역학의 변화를 꾀한 것이었다. 후발 제국주의 국가들이 제2차 세계대전에서도 같은 편으로 뭉친 것을 고려하면, 파시즘은 제1차 세계대전에서 패배한 그들이 새로 장착한 신무기라고 볼 수 있다.

그래서 제2차 세계대전은 출발점부터 제1차 세계대전과 달랐다. 전형적인 제국주의 전쟁인 제1차 세계대전은 전쟁의 객관적 조건이 성숙한 상태에서(즉 언제 전쟁이 터질지 모르는 일촉즉발의 상태에서) 극히 우연적인 사건을 계기로 발발했다. 그러나 파시즘을 '의식적으로' 수용한 제2차 세계대전의 도발국들은 치밀하고 체계적인 준비를 갖춘 다음 계획적으로 전쟁을 일으켰다. 따라서 사라예보 사건 같은 방아쇠는 필요 없었다.

1937년 말 히틀러는 군 수뇌부를 모아놓고 오스트리아와 체코슬로바키아를 합병하겠다는 계획을 밝혔다. 거기서 그 자신이 밝힌 이유는 아직 취약한 독일의 군대를 강화하기 위해서이며, 또 군대를 강화하는 이유는 '독일의 생존권'을 위해서다. 그러나 말하는 그도, 듣는 참모들도 생존권 따위를 염두에 두지는 않았다.

이듬해 3월, 히틀러는 계획대로 오스트리아를 합병했다. 어제의 용사들, 제1차 세계대전의 패전국들이 다시 뭉쳤다. 이교도 동맹국이던 터키는 빠졌으나, 그 대신 제1차 세계대전에서 연합국이던 아시아의 또 다른 이교도 파시즘 국가인 일본이 그 자리를 채웠고 당시 겉모습만 연합국이던 이탈리아까지 가세했다. 오히려 전력은 제1차 세계대전 때보다 훨씬 강해진 셈이다. 적어도 이번에는 독일 혼자서 전쟁을 감당하지는 않을 터였다. 체코슬로바키아를 병합하는 일은 더 쉬웠다.

이미 에스파냐 내전에서 또다시 밀려오는 대규모 국제전의 어두운 그림자를 감지한 유럽의 지식인들은 독일의 움직임을 예의 주시하면서 여러 차례 경고를 보냈다. 그러나 당시 세계 정치의 우두머리인 영국은 평화 유지만을 주장하며 독일의 동태에 대응하지 못했고, 세계 경제의 우두머리인 미국 역시 대공황의 치유에 부심하고 있던 터라 유럽의 변화에 관심을 보이지 않았다.

그 틈을 타서 히틀러의 행보는 갈수록 빨라졌다. 1939년 5월에는 파시즘 형제인 이탈리아와 군사동맹을 맺어 추축樞軸을 완성하고(베를린과 로마가 같은 경도상에서 유럽의 남과 북에 있었기에 '추축'이라는 말이 생겨났다), 8월 23일에는 소련과 불가침조약을 맺었다. 소련의 중립을 약속받았다는 것은 곧 독일과 소련의 사이에 있는 폴란드를 점령하겠다는 뜻이다. 과연 독일은 불과 일주일 뒤인 9월 1일 전격적으로 폴란드 침공에 나섰다. 이틀 뒤 영국과 프랑스가 독일에 선전포고를 함으로써 비로소 제2차 세계대전이 공식적으로 개막되었다.

독일군이 개전 2주일 만에 폴란드 주력군을 격파하자 동쪽의 소련도 폴란드 내의 러시아인을 보호한다는 구실로 폴란드 공격에 나섰다. 급기야 9월 말에는 두 나라가 폴란드를 분할하기에 이르렀다. 비운의 폴란드 국민은 나라를 잃은 설움에서 해방된 지 겨우 20년 만에 또다시 나라를 잃었다. 그것도 역사적으로 폴란드 분할의 원흉인 독일과 소련

| 구세계 전체가 전장이 된 전쟁 시민사회의 단계를 생략한 히틀러의 독일은 수백 년의 역사 행정을 통해 다져진 근대적 국제 질서마저도 생략했다. 선전포고도 없었고, 자신이 맺은 불가침조약도 우습게 여겼다. 역사적으로 형성된 조약과 약속의 관념은 광신적 민족주의 앞에 여지없이 무너졌다. 그 결과는 역사상 최대의 전쟁으로 나타났는데, 지도에서 보듯이 서유럽 세계와 나머지 유럽 세계의 대결 구도가 확연하다.

에 의해서 말이다.

이후 한동안 독일이 더 이상의 행동을 취하지 않았기에 폴란드의 희생만으로 전쟁은 그치는가 싶었다. 적어도 독일은 선전포고를 한 영국, 프랑스와는 아직 맞붙지 않은 상태였다. 오히려 소련이 내친김에 발트 3국을 점령하고 핀란드와 이듬해 봄까지 악전고투를 벌이느라 세계의 이목을 집중시켰을 뿐이다.

하지만 소련은 아직 국제 질서 재편의 주역이 아니었다. 겨우내 침묵하던 독일은 1940년 4월 느닷없이 중립국을 선언한 덴마크와 노르웨이를 공격하고 나섰다. 여기서 독일군은 영국, 프랑스와 처음으로 충돌했다. 첫 접전은 독일의 완승이었다. 독일이 손쉽게 덴마크와 노르웨이를 손에 넣자 영국에서는 그동안 줄기차게 평화만을 외치던 체임벌린 내각이 사퇴하고 강경파인 처칠Winston Churchill을 중심으로 한 거국적 연립 내각이 들어섰다. 히틀러와 처칠, 이제야 비로소 전쟁의 적수가 제대로 맞붙게 되었다.

처칠 내각이 성립한 바로 그날(1940년 5월 10일) 독일은 서부전선에서 본격적인 작전을 개시했다. 공군과 긴밀한 공조 체제를 취한 독일의 기계화 부대는 간단히 벨기에와 네덜란드를 접수하고 프랑스 국경에 다가섰다. 코앞에까지 접근한 독일군을 두고도 영국과 프랑스는 아직 정신을 차리지 못하고 있었다. 프랑스가 믿은 것은 육군장관 앙드레 마지노 André Maginot의 건의로 1938년에 완공한 마지노선이었다. 참호전으로 전개된 제1차 세계대전의 경험으로 건설된 마지노선은 독일과의 접경지대를 따라 두꺼운 콘크리트 벽을 쌓고 중화력을 구비하고 공기 조절 장치와 주거 시설, 휴게 시설, 보급 창고까지 갖춘 시설이었다. 그러나 이 완벽한 요새에 대한 독일의 대응 방식은 지극히 단순하고도 효과적이었다. 강하면 피하라. 독일군은 마지노선을 굳이 돌파하려 하지 않고 벨기에 쪽으로 우회해버렸다. 마지노선을 지키던 프랑스군은 닭 쫓던 개의 꼴이 되어버렸다.

게다가 독일의 우회 작전은 영국군과 프랑스군을 단절시키는 효과를 낳았다. 독일군이 밀려오자 벨기에에 고립된 영국군은 서둘러 본토로 철수했고, 프랑스 영내로 진군한 독일은 6월 14일 마침내 파리를 점령했다. 이로써 프랑스 영토의 3분의 2가 독일로 강제 편입되었으며, 나머지 지역은 '자유지대'라는 이름으로 페탱Philippe Pétain이 이끄는 괴뢰정권이 관할하게 되었다. 에스파냐의 프랑코 파시즘 정권과 더불어 이제 국제 파시즘은 영국을 제외한 서유럽 전역을 장악했다(남유럽은 이탈리아의 담당이었다). 전쟁이 시작된 지 불과 9개월 만의 일이었으니 150년 전 나폴레옹의 유럽 정복보다도 빠른 기록이었다.

그러나 문제는 영국이었다. 서유럽을 손에 넣었어도 영국이 존재하는 한 유럽의 패권은 없다. 이 점은 루이 16세의 시대나, 나폴레옹의 시대나, 히틀러의 시대나 마찬가지였다. 히틀러는 프랑스를 정복한 즉시 영국과 타협을 모색했다. 처칠은 예상대로 거절했으며, 히틀러는 1940년 7월 영국 본토를 공격하기로 결심했다. 먼저 독일 공군이 제공권을 장악하기 위해 영국의 공군기지와 전투기들에 대한 공습에 나섰고, 9월에는 런던 시내를 폭격하기 시작했다. 같은 달에 독일, 이탈리아, 일본은 삼국 동맹을 체결했다. 이로써 전 세계 파시즘이 한 덩어리가 되었다. 전쟁은 바야흐로 점입가경으로 접어들었다.

영국을 최대이자 최후의 적수로 본 독일의 판단은 옳았다. 독일 공군은 런던만이 아니라 영국 주요 도시들에까지 무차별 공습을 시작했으나 좀처럼 승기를 잡지 못했다. 작전의 변화가 필요한 시점에서 독일은 전선을 더욱 넓히기로 결정했다. 나폴레옹도 영국 공격에 실패하자 대륙 전체의 정복에 나서 대륙 봉쇄령을 내리지 않았던가? 히틀러는 영국에 대한 공세를 늦추지 않으면서 다른 한편으로 대륙의 완전한 정복을 꾀했다. 그러자면 유럽 세계에서 유일하게 파시즘의 지배에서 벗어나 있는 소련을 공격해야 한다. 독소불가침조약 따위는 휴지에 불과하다. 하지만 나폴레옹이 못다 이룬 꿈을 실현하려는 계획은 나폴레옹의 결과까지 답습하고 말았다.

1941년 6월, 독일은 보병사단 118개, 기계화사단 15개, 전차사단 19 개, 병력 300만 명, 전차 3600대, 항공기 2700대를 동원해 소련에 대한 대대적인 공격에 나섰다. 나폴레옹처럼 히틀러도 서너 달이면 소련의 주력군을 격파하고 자원 지대인 우크라이나를 손에 넣을 수 있으리라 여겼다. 개전 초기 파죽지세로 모스크바까지 밀고 나간 것도 나폴레옹 전쟁과 똑같았다. 그러나 좋은 측면의 모방은 거기까지였다. 나폴레옹 이 그랬듯이 독일군은 초겨울 무렵인 10월에 모스크바 공략을 개시했 고, 소련 역시 옛 러시아처럼 후퇴 전략으로 대응했다. 혹독한 추위를 견디지 못한 독일군이 더 이상 진군하지 못하자 소련군은 12월부터 반 격에 나섰다. 역사의 시계추는 가혹하게 되풀이되었다.

　모든 것을 속전속결로 끝낸다는 독일의 의도는 여기서 비로소 꺾였 다. 또한 제2차 세계대전의 클라이맥스는 여기서 시작되었다. 이때부터 유럽의 전황은 장기전의 양상을 띠게 되었다. 제1차 세계대전과의 차이 는 공군이 발달했기 때문에 참호전이 불가능해진 것뿐이었다. 미국을 개입시킨 것도 똑같았다. 독일이 소련 전선에서 헤매고 있던 1941년 12 월 7일 일본은 하와이의 진주만을 기습하면서 태평양전쟁을 일으켰다. 그때까지 연합국 측에 군수품만을 공급하던 미국도 참전하지 않을 수 없게 되었다. 이제 명실상부한 세계대전이었다. 제1차 세계대전에서는 사실상 전선이 유럽에만 구축되었으나 1941년부터의 제2차 세계대전 은 유럽과 아시아, 아메리카까지 전선이 퍼진, 명실상부한 세계대전이 었다. 형세는 자연히 아시아에서 미국과 일본이 맞서고, 유럽과 아프리 카에서 영국과 소련이 독일과 이탈리아에 맞서는 양상을 취했다.

　진주만 기습부터 1942년 봄까지 몇 개월간은 추축국의 세력이 절정 에 달한 시기였다. 그러나 원래 공격자는 단기전이 유리한 법이다. 장기전이 되면서 불리해지는 쪽은 그들이었다. 더욱이 제1차 세계대전도 그 랬지만 개전 초기에 참전하지 않았던 미국을 전쟁에 불러들인 것은 장기전으로 가면 승산이 희박해진다는 것을 뜻했다. 과연 역전의 계기는 태평양에서 먼저 생겨났다.

1942년 2월, 영국 극동군의 항복을 받아 제해권을 장악하고, 필리핀과 인도네시아, 미얀마를 손에 넣을 때까지 일본의 활약은 눈부셨다. 이로써 그들이 구호로 내세운 '대동아공영권'은 달성된 듯했다. 그러나 미국이 정신을 차리면서 전황은 서서히 달라지기 시작했다. 5월 남태평양의 코랄 해전에서 일본군은 개전 후 첫 패배를 맛보았고, 다음 달에는 미드웨이에서 미국에 결정적인 패배를 당하면서 해군의 주력을 상실했다.

역전의 바통은 아프리카에서 이어받았다. 롬멜Erwin Rommel의 전차부대에 밀리던 영국군은 10월부터 반격에 나섰으며, 11월에는 아이젠하워 Dwight Eisenhower가 이끄는 미군이 북아프리카에 상륙하면서 전세를 뒤집기 시작했다. 동부전선에서도 독일군은 전선의 교착을 깨고 다시 대규모 공세를 취했다가 소련군의 반격을 받아 병력 30만 명이 궤멸되었다. 같은 달 태평양의 솔로몬 제도에서는 미군이 격전 끝에 과달카날을 점령함으로써 태평양전쟁의 주도권을 완전히 장악했다. 제2차 세계대전의 승부는 이 시점에 결정되었다.

1943년은 1년 내내 연합국이 우세했다. 공군력에서 앞선 연합국은 지중해 일대의 제공권을 완전히 장악했고, 7월에는 육군 50만 명이 시칠리아에 상륙했다. 그 결과로 이탈리아 파시스트들이 무솔리니를 탄핵해 권좌에서 몰아냈다. 무솔리니는 북부로 달아나 새로 파시스트당을 결성하고 히틀러의 휘하로 들어갔다. 10월부터 소련이 공세로 나서자 독일군은 오랫동안 포위하고 있던 레닌그라드(지금의 상트페테르부르크)에서 물러났다.

이후 추축국은 특별한 전과를 올리지 못했다. 전황은 그들에게 점점 악화되었다. 1944년 6월, 미군과 영국군은 노르망디 상륙작전에 성공하면서 프랑스로 진격했고, 이어 8월에는 파리 시민들의 투쟁으로 프랑스가 독일의 손아귀에서 해방되었다. 또 7월에 태평양에서는 미군이 사이판을 점령하면서 일본 본토의 폭격에 나섰다.

1945년 초부터 승리를 확신한 연합국은 전후 처리에 관해 협상을 시작했다. 나머지는 마무리에 불과했다. 3월에 연합군은 독일의 영내로 진격했다. 4월에는 무솔리니가 스위스로 도망치려다 이탈리아 유격대의 손에 피살되었고, 소련군이 베를린에 진입하자 히틀러가 자살했다. 일주일 뒤인 5월 7일 독일이 항복했다. 끝까지 저항하던 일본은 8월에 두 차례의 원자폭탄 공격을 받은 끝에 항복했다.

20여 년 전 제1차 세계대전이 끝났을 때 유럽 세계는 사상 처음 겪는 규모의 전쟁과 엄청난 참극에 경악했다. 그런 만큼 이것으로 전쟁은 끝인 줄 알았다. 그러나 그렇지 않았다. 한 번만으로 족할 줄 알았던 세계대전은 겨우 20년 뒤에, 그것도 훨씬 더 큰 규모로 터졌다. 사망자의 수만도 제1차 세계대전의 두 배가 넘었다. 그제야 세계는 얼마든지 더 큰 전쟁도 가능하다는 사실을 실감했다. 또한 그럴 경우 세계는 공멸하리라는 것도 실감했다.

유럽인들은 중세에 대규모 전쟁이 없었던 이유를 새삼 생각해보았다. 최소한의 통합성이 없으면 전쟁은 필연적이다. 300년 전에 홉스_{Thomas Hobbes}라는 철학자가 말하지 않았던가? 법과 제도에 묶이지 않은 '자연 상태'에서는 '만인의 만인에 대한 투쟁'만 있을 뿐이다! 그는 일국 내의 개인과 사회를 말한 것이지만 그 논리를 국제 무대로 연장하면 국가가 곧 개인이고 국제 질서가 곧 사회다. 중세에는 로마 교황청이 그런 투쟁을 조정하는 '법과 제도'의 역할을 했다.

전쟁이 끝나자마자 연합국은 중세의 교황청과 같은 역할을 담당할 기구를 만들었다. 1945년 10월에 결성된 국제연합이 그것이다. 제1차 세계대전 후에 탄생한 국제연맹의 결정적인 단점은 강제력이 없다는 것이었으므로 국제연합은 그 점을 보강했다. 참가국의 군사력을 동원해 국제연합군을 편성할 수 있도록 한 것이다.

대규모 국제전은 많은 신생국을 만든다. 제2차 세계대전은 사상 최대의 신생국들을 낳았다. 우선 독일의 지배 아래 있던 지역은 모두 이전 상태로 되돌아갔다. 엉겁결에 독일에 합병된 오스트리아는 다시 분리되어 중립국이 되었으며, 이탈리아가 점령했던 동유럽의 국가들도 모두 다시 독립했다. 아시아에서도 일본이 점령했던 한반도가 독립했고, 인도차이나와 인도네시아가 다시 옛 주인인 프랑스와 네덜란드에게 귀속되었다가 결국에는 여러 나라로 독립을 이루었다. 제1차 세계대전이 끝난 뒤 영국이 약속을 어기고 독립을 허가하지 않던 인도는 제2차 세계대전에 다시 피를 쏟아 붓고서야 2세기에 걸친 식민지 시대를 끝냈다. 하지만 곧이어 벌어진 종교 분쟁으로 이슬람국가 파키스탄이 인도로부터 분리되었다.

파시즘의 힘은 놀라웠다. 파시즘은 파탄 지경에 이른 국가를 불과 20년 만에 더 큰 전쟁의 주역으로 일으켜 세웠다. 하지만 그것은 광기의 힘이었다. 파시즘의 광기에 사로잡힌 국가는 생산과 건설의 방향으로 나아가지 않고 전란과 파멸의 방향으로 나아갔다. 그 엄청난 광기의 에너지는 어디서 나온 걸까?

파시즘에 대한 대표적인 오해는 두 가지가 있다. 첫째는 파시즘을 서양 문명의 주류에서 일탈한 이단으로 보는 것이다. 여기에는 서양의 역사가 합리적이라는 전제가 숨어 있다. 비록 근대의 문턱에 들어서면서 중세적 통합성이 깨지고 유럽 각국이 피비린내 나는 전쟁을 벌였지만, 전쟁의 주체는 늘 국가였고 전쟁의 수행은 군대들이 맡았다. 그랬기에 아무리 비참한 전쟁에서도 나치의 유대인 대학살 같은 참극은 없었다. 아무리 노골적인 탐욕에서 전쟁이 빚어졌어도 전쟁이 끝나면 각국 대표들이 한자리에 모여 이성적인 분위기에서 조약을 맺고 전후 질서를 수립했다. 그런데 독일이 독소불가침조약을 일방적으로 깬 것에서 보듯이 파시즘 정권은 국가 간의 약속을 헌신짝처럼 버리고 늘 예측할 수 없는 방식으로 처신했다.

둘째 오해는 독일과 이탈리아에서 집권한 파시즘 정권이 선전선동을 통해 국민들에게 파시즘을 심어주었다는 주장이다. 파시즘은 역사적 배경도 없고 필연성도 없다. 다만 히틀러나 무솔리니 같은 소수의 미치광이들이 대중을 조작해 권력을 획득하고 역사를 잠시 농락했을 따름이다. 제2차 세계대전은 단지 광기 어린 전쟁일 뿐 어떤 법칙성도 없다. 그저 역사적 우연이 빚어낸 대참화다.

두 가지 주장은 다른 내용이지만 공통점이 있다. 둘 다 파시즘이 없어야 했고 없을 수도 있었던 일종의 '부작용'으로 본다는 점이다. 특히 서양의 학자들이 그렇게 여기고 싶어 한다. 그래야만 일부 광적인 파시스트들에게 역사적 책임을 몽땅 지울 수 있고 서양 문명의 도덕성에 흠집이 가지 않을 테니까.

그러나 파시즘에 관한 올바른 평가는 역사에서 찾아야 한다. 파시즘은 우연의 산물이 아니라 시민사회의 경험이 결여된 국가들에서 필연적으로 생겨난 체제다. 그 국가들은 제1차 세계대전에서 실패를 겪었으나 그때는 제국주의의 모순만이 해소되었을 뿐 시민사회가 부재했다는 역사의 행정 자체가 바로잡히지는 않았다. 게다가 당시 독일과 이탈리아 국민들 자체가 파시즘을 원하고 있었으므로 파시즘은 정권의 선동이나 강요에 의해서 퍼진 게 아니다(수많은 대중을 상대로 한 이데올로기 조작이라는 게 가능한 일일까?).

요컨대 파시즘은 서양 문명의 부산물이거나 일탈적인 현상이 아니라 역사적이고 필연적인 산물이며, 서양 문명이 세계 문명으로 자라나는 과정에서 반드시 거칠 수밖에 없는 마지막 진통이었다. 짧게 보면 파시즘은 서유럽 세계가 제국주의화되면서(19세기) 싹트기 시작한 것이지만, 길게 보면 중세의 질서가 해체되는 근대 초기(17세기)부터 그 씨앗을 찾을 수 있다. 그랬기에 파시즘의 문제가 해결된 제2차 세계대전 직후 유럽 세계는 다시 중세와 같은 통합적 질서를 되찾을 수 있었던 것이다(물론 유럽 이외의 세계에서는 그 뒤에도 군부독재 같은 '유사' 파시즘에 시달려야 했다). 앞서 로마 교황청을 '중세의 국제연합'이라고 부른 것과 같은 맥락에서 종전 후 결성된 국제연합은 '현대의 교황청'이라 할 수 있다. 국제연합 사무국은 교황청이고 국제연합군은 교황군이다. '교황령'은 뉴욕의 39층짜리 빌딩으로 축소되었지만.

그러나 파시즘을 서양 문명의 마지막 진통이라고 할 수는 없다. 제2차 세계대전의 종전 직후부터 서양 문명은 곧바로 또 하나의 진통에 시달리기 때문이다. 바로 사회주의의 문제다. 파시즘이 사회주의보다 시간적으로 앞서기는 하지만 논리적인 순서를 따진다면 파시즘과 사회주의는 같은 역사적 시간대에 속한다. 둘 다 서양 문명이 완성되기 위해 넘어야 할 걸림돌일 뿐 아니라 시민사회와 밀접한 관련이 있다.

파시즘이 시민사회의 '부재'가 빚어낸 산물이라면, 사회주의는 시민사회의 경험을 건너뛰려 했다는 점에서 시민사회의 '생략'이 빚어낸 산물이다. 이제 서양 문명의 진짜 마지막 진통을 살펴보자.

21

시민사회의 생략: 사회주의

성직자가 지배한 중세, 왕과 귀족이 지배한 절대주의를 거쳐, 17세기 영국과 18세기 프랑스에서 시민이 전면에 등장하는 역사의 흐름을 보면 그다음 단계가 무엇일지 예상하게 한다. 지배계급의 수로 보면 그 흐름은 소수의 지배에서 다수의 지배로 향한다. 또한 인간 해방의 관점에서 보면 억압자의 지배에서 피억압자의 지배로 향한다. 그 두 가지 방향을 종합하면, 최종 결론은 다수의 피억압자가 사회의 지배 세력으로 등장하는 체제다.

시민혁명은 인류 역사상 처음으로 신분제를 무너뜨리는 커다란 성과를 가져왔다. 하지만 그 혁명을 통해 권력을 장악한 자유주의 시민 세력은 왕과 귀족들이 누렸던 정치적 특권을 폐지하는 데는 성공했어도 자신들이 새로 지니게 된 경제적 특권마저 폐지하지는 못했다. 그렇다면 인류 사회의 최종 단계는 모든 특권이 폐지된 완전한 평등 사회가 될 것이다.

이것이 사회주의의 기본 이념이며 역사관이다. 1848년 2월과 3월에 프랑스와 독일에서 자유주의 시민혁명이 일어났을 때, 마르크스와 엥겔스는 자유주의 지식인들과 더불어 크게 고무되었으나—그해에 《공산당 선언》이 나왔다—사태를 바라보는 시각은 달랐다. 자유주의자들은 시민혁명을 최종 혁명으로 알고 만족했지만 두 사람은 다음 단계를 예감하고 있었다.

자유주의 시민혁명 다음에는 사회주의혁명이 일어날 것이다. 자유주의 혁명으로 부르주아지가 권력을 장악한 뒤에는 산업 부르주아지와 프롤레타리아, 즉 자본계급과 노동계급 간의 모순이 첨예해질 것이다. 이싸움에서 노동계급이 최종 승리를 거둠으로써 전 인류의 해방이 가능한 사회체제가 이루어질 것이다. 프롤레타리아의 해방은 프롤레타리아만이 아니라 부르주아지의 해방이기도 하다(피억압자가 해방되면 억압자도 해방된다는 논리다). 이 예측은 옳은 걸까, 그른 걸까?

20세기에 세계의 반쪽을 지배했던 현실 사회주의를 마르크스가 주장한 사회주의와 같다고 가정한다면 그 예측은 완전히 오류다. 인류의 해방은커녕 20세기 말에 소련과 동유럽의 사회주의는 몰락했고, 동아시아 사회주의의 기둥인 중국도 사회주의의 명패만 내리지 않았을 뿐 사실상 자본주의화되었다. 그러나 그 현실 사회주의가 마르크스의 사회주의와 다르다고 본다면, 나아가 그 왜곡이라고 본다면, 그 예측은 아직 검증되지 않은 것이 된다. 지금까지도 시민혁명의 경험이 부재한 나라들은 많이 있으므로 앞으로 다른 지역에서 마르크스의 이론에 제시된 과정을 거쳐 사회주의 실험이 성공할 가능성을 배제할 수는 없다. 그렇다면 현실 사회주의와 마르크스의 사회주의는 어떻게 다를까?

파시즘의 경우처럼 사회주의를 바라볼 때도 역시 초점은 시민사회에 있다. 마르크스는 분명히 시민사회가 충분히 성숙한 이후에 사회주의혁명이 일어나리라고 예견했다. "어떠한 사회 질서도 그 내부에서 발전할 여지가 있는 모든 생산력이 발전하기 전까지는 결코 멸망하지 않는다. 또한 그 물질적 존재 조건이 낡은 사회 자체의 태내에서 충분히 성숙하기 전까지는 새롭고 고도한 생산관계가 결코 나타나지 않는다." 이것이 마르크스의 주장이다. 곧 다가올 혁명을 예감했기 때문에 그는 시민혁명의 물결이 거세지던 무렵에 공산주의자동맹을 결성하고서, 그 강령 격인 《공산당 선언》을 발표하고 혁명의 달력을 앞당기기 위한 정치 활동에 들어갔다. 그러나 알다시피 현실 사회주의는 그의 사후 30여 년이 지난 20세기 초에, 그것도 시민사회의 단계가 생략된 러시아에서 발생했다.

마르크스는 이에 대해 어떻게 생각했을까? 여기서 잠시 그의 행적을 훑어보자. 독일의 자유주의 부르주아 혁명이 실패로 돌아가자 프로이센 정부의 가혹한 탄압을 받은 마르크스는 당시 정치적 망명객들의 집결지인 파리로 갔다가 거기서도 추방 명령을 받고 런던으로 옮긴 뒤 다시는 독일로 돌아오지 못했다. 런던에 머물면서도 그는 사회주의 정치 활동을 중단하지 않았으며, 《자본론》을 저술하는 등 이론과 실천을 겸하는 치열한 삶을 살았으나, 서유럽에서 사회주의혁명이 일어날 가능성이 갈수록 희미해져가는 조짐을 보이자 초조함을 감추지 못했다.

그래서 그는 부르주아 혁명 이후에 사회주의혁명이 일어난다는 자신의 혁명론을 수정할 마음을 품었고, 그 때문에 동료 사회주의자들과 치열한 논쟁을 벌이기도 했다(그는 서유럽 사회주의자들이 혁명의 단계론을 인정함으로써 기회주의, 수정사회주의의 함정에 빠졌다고 공격했지만, 실은 그들이 오히려 마르크스의 원래 혁명론에 더 충실했다). 그렇다면 19세기 말 러시아에서 나타난 혁명적 분위기를 그가 어떻게 여겼을지는 충분히 짐작할 수 있다. 이제 혁명의 무대는 독일이 아니라 러시아다. 혹시 부르주아 혁명과 시민사회를 생략하고 사회주의혁명을 앞당길 수도 있지 않을까?

마르크스는 예순이 넘은 나이에도 러시아어를 배우는 등 러시아의 혁명적 분위기에 큰 기대와 열정을 품었다. 그러나 그것은 조급증의 발로였다. 역사에는 결코 비약이 없다. 젊은 시절에 그는 필연의 왕국 위에 자유의 왕국이 선다고 말했다. 다소 도식적인 해석임을 감수하고 그 말을 쉽게 풀이한다면, 자본주의로 생산력의 성장을 어느 정도 이룬 뒤에야 사회주의사회가 실현될 수 있다는 의미다. 그렇다면 부르주아 혁명과 시민사회는 사회주의로 이행하기 위해 결코 생략할 수 없는 역사적 단계가 된다. 마르크스는 만년에 (아마도 자신의 시대에 혁명의 성공을 보기 위해?) 사회주의의 조건을 완화했지만, 역사적으로 올바른 것은 청년 시절에 구상한 혁명론이었다. 하지만 그 점이 현실로 입증되는 것은 그로부터 100년 이상이나 지난 뒤의 일이다.

1917년의 러시아 사회주의혁명은 어떤 문제점이 있었을까? 시민사회의 단계를 생략한 것은 인류 최초의 사회주의혁명에 어떤 영향을 주었을까?

사실 러시아 제국에서는 시민혁명의 조짐조차 없었으니 19세기 중반의 독일보다도 한층 반혁명적인 조건이었다. 그러나 먼저 따져볼 게 있다. 17세기에 서유럽이 각개약진의 길로 나설 때 러시아 역시 통일국가를 이룬 상태였다. 19세기 후반에는 통일을 이룬 독일보다 훨씬 앞선다.

그런데 왜 시민층이 두터워지지 못했을까?

결론부터 말하면 러시아와 독일은 역사적 환경이 크게 달랐다. 러시아의 차르 전제 체제는 서유럽 국가들의 절대주의처럼 과도기적인 성격을 가진 게 아니라 러시아 역사 전체를 관류하는 뿌리 깊은 것이었다. 바로 제국의 역사 자체에서 비롯되었기 때문이다.

러시아의 스타트는 좋았다. 러시아는 서유럽의 어느 국가보다도 앞선 15세기에 강력한 중앙집권 체제의 근대적 국가를 이루었다. 서유럽의 절대주의와 비교하면 적어도 2~3세기는 앞선 셈이다. 그러나 겉모습은 비슷해 보여도 알맹이는 크게 달랐다. 어찌 보면 첫 단추부터 잘못 꿴 것인지도 모른다. 겉으로 보기에는 좋은 출발, 속으로는 잘못 꿴 첫 단추, 이것이 러시아 근대사의 시작이다.

비잔티움 제국의 영향으로 유럽 그리스도교 문명권에 포섭된 키예프는 한때 남러시아의 중심이었으나 몽골 침략으로 완전히 몰락했다. 이후 한동안 지역 질서의 주축을 이루었던 몽골 제국의 킵차크한국은 14세기에 유럽을 휩쓴 페스트의 타격과 자체의 내분으로 힘을 잃었다. 그 뒤 러시아의 중심은 모스크바 공국으로 이전되었다.

원래부터 키예프의 계승자임을 자처한 모스크바는 1453년 비잔티움 제국이 멸망하자 정치적으로나 종교적으로나 자연스럽게 비잔티움 제국을 모델로 삼았고 중앙집권 체제를 확립했다. 게다가 16세기 후반 이반 4세('차르'의 호칭을 만든 황제다)의 치세에는 젬스키 소보르 zemsky sobor 라는 신분제 의회도 탄생했다. 물론 근대적 의회와 달리 황제의 자문기관이었지만 영국과 프랑스의 초기 의회도 기능이나 위상으로 보면 오십보백보였으므로 제도상으로는 서유럽 세계에 그다지 뒤진 게 아니었다. 더욱이 당시 영국이 종교개혁의 진통에, 프랑스가 위그노 전쟁에 휘말려 있었던 것을 감안하면, 그 무렵 유럽 전역에서 의회가 제 기능을 하는 곳은 러시아가 유일했다.

이반 4세는 그 시대의 러시아가 요구하는 걸출한 군주였다. 법전을 편찬하고, 중앙과 지방의 행정제도를 완비하고, 군제와 교회를 개혁한 그의 눈부신 업적은 모스크바 공국을 일약 러시아 제국으로 격상시켰다(러시아라는 이름을 공식적인 국호로 삼게 되는 것은 1721년의 일이지만 골조는 이때 형성되었다). 그러나 그 과정에서 그는 봉건 귀족들을 압박하고 대거 처형하는 강력한 공포정치로 '뇌제雷帝'라는 무시무시한 별명을 얻었다. 넓은 지역에 여기저기 산재해 있는 귀족들의 영지를 강력한 제국 체제로 묶기 위해서는 어쩔 수 없었을 것이다. 하지만 차르와 뇌제라는 호칭의 황제로 제국의 역사가 개막되었다는 것은 장차 러시아가 걷게 될 운명을 예고하고 있었다.

실제로 이반 4세가 확립한 대내외 정책의 기틀은 이후 20세기 초까지 러시아 제국이 존속하는 500년 동안 불변의 공식적인 노선이 되었다. 우선 대내적으로는 공포정치가 제도적으로 정착되었다. 심지어 이반은 봉건 귀족들의 반란을 예방하기 위해서 비밀경찰까지 조직했다. 이 비밀경찰과 더불어 러시아 특유의 전제정치인 차리즘tsarism이 시작되었다.

일개 공국(모스크바 공국)이 제국(러시아 제국)으로 격상되려면 무엇보다 영토가 필요하다. 그래서 대외적인 정책은 무조건 팽창이었다. 이반은 당시까지 남아 있던 옛 몽골 지배 지역들을 차례로 정복하고 멀리 중앙아시아로 러시아의 세력권을 넓혔다. 그러나 서쪽에서는 발트 해로 진출하려 시도했다가 스웨덴과 폴란드의 방어망을 뚫지 못해 실패했다. 이반의 구도에 따라 이후에도 러시아는 끊임없이 동쪽으로 팽창하면서 서쪽에서는 발트 해로 진출하려다가 실패하는 경험을 되풀이하게 된다.

그 덕분에 수백 년에 걸쳐 동진하면서 무주공산이나 다름없었던 시베리아를 얻어 오늘날 러시아는 세계 최대의 영토를 보유하게 되었다.

대내적인 전제정치와 대외적인 팽창 정책 이외에 이반이 러시아에 남긴 마지막 '선물'은 로마노프 왕조다. 강력한 카리스마를 발산했던 이반이 죽자 제위 계승을 둘러싸고 귀족들 간에 치열한 다툼이 벌어졌다. 한동안 혼란이 거듭되다가 1613년 젬스키 소보르에서 이반의 황후 아나스타샤의 가문 사람인 미하일 로마노비치를 황제로 선출했는데, 이것이 로마노프 왕조의 시작이다. 이반이 초안을 잡은 대내외 정책과 더불어 로마노프 왕조는 20세기 초 러시아 제국이 멸망할 때까지 러시아 역사를 이끌어나가게 된다. 여러 면에서 이반 4세는 러시아 제국의 틀을 놓은 인물이며 차리즘의 원조다.

하지만 러시아 제국이 이반의 틀에서 전혀 이탈하지 않은 것은 아니다. 서유럽에 비해 상대적으로 변화의 폭이 작지만 러시아 역사에도 18세기 초에 중요한 매듭이 있었다. 표트르 대제의 대대적인 개혁이 그것이다. 러시아의 근대를 이끈 표트르는 시베리아 동쪽까지 영토를 개척해 1689년 중국과 네르친스크 조약을 맺고 국경을 확정했으며, 서쪽으로는 1713년 새 수도 상트페테르부르크('표트르의 도시')를 건설해 유럽 무대에 진출하고자 하는 열망을 불태웠다.

표트르의 구상은 단순 명쾌하다. 서유럽 국가들을 모델로 삼고 모방하는 것이다. 그는 1696년 러시아의 단독 황제가 되자마자 곧바로 이듬해 250명의 사절단을 이끌고 서유럽 순방에 나섰다. 공식 목적은 서유럽 국가들의 국제 관계를 조사하고 이교도인 튀르크에 대항하는 동맹을 맺으려는 데 있었으나, 실은 서유럽의 경제와 문화에 대한 정보를 수집하는 게 더 큰 목적이었다. 적어도 표트르 개인의 의도는 그랬다. 심지어 그는 사절단이 공식 활동을 수행하는 동안 신분을 감추고 네덜란드 동인도회사의 조선소에서 목수로 일하기도 했으며, 영국에서는 군수 공장과 학교, 박물관, 의회를 참관했다.

왜 그래야 했을까? 러시아는 당시 서유럽의 절대주의보다 더욱 중앙 권력이 확고한 체제였고 독자적인 의회도 갖추고 있었는데, 왜 서유럽을 모방해야 했을까?

군주의 권력과 중앙집권의 정도에서만 본다면 러시아의 제정은 서유럽의 절대왕정에 결코 뒤지지 않았다. 오히려 지나칠 정도로 군주의 전제 체제가 견고했다. 그러나 서유럽의 절대주의는 단지 왕권 강화에만 기여한 게 아니다. 왕권이 강력해지고 국력이 성장하는 이면에는 신분제 사회가 해체되고 부르주아지가 사회의 주역으로 나서는 과정이 숨어 있다. 그와 달리 러시아의 사회구조는 기형적이었다. 서유럽의 사회적 피라미드는 건강한 삼각형을 이루는 데 비해 러시아는 아래와 위가 크고 가운데가 잘록한 장구형이었다(물론 피지배층이 훨씬 더 많았다). 지배층인 군주와 귀족 아래 국민과 시민의 층이 없었고, 피지배층은 노예나 다를 바 없는 농노뿐이었다. 서유럽 사회와 러시아는 포장지만 닮았을 뿐 내용물은 크게 달랐다.

그래도 이왕 서유럽을 모방하기로 했다면 제대로 모방해야 할 것이다. 표트르는 모방의 욕구만 간절할 뿐 정작 무엇을 모방해야 하는지 알지 못했다. 대내적으로 러시아 귀족들에게 긴 수염을 자르게 하고(심지어 역사상 유례가 없는 '수염세'까지 도입했다), 서유럽의 복식과 달력을 도입하고, 각급 학교를 세워 학문을 장려했지만, 그것은 알맹이가 없는 개혁이었다. 또 대외적으로 북방전쟁에서 스웨덴을 물리치고(당시 스웨덴은 30년 전쟁을 계기로 성장한 강국이었다) 발트 해 연안을 영토화한 것은 눈부신 업적이었지만, 늘 숙원이던 부동항을 확보한 것은 아니었다(유럽 지도를 보면 쉽게 알겠지만 발트 해를 통해 대서양이나 지중해로 진출하기란 어렵다).

하긴 그것은 표트르의 잘못이 아니다. 서유럽과 러시아는 역사적 차이가 크기 때문이다. 제도와 체제는 모방할 수 있어도 역사는 모방할 수 없다. 역사는 오랜 기간에 걸쳐 자연스럽게, 무의식적으로 누적된 과정이므로 제도만 모방한다고 해서 한 지역의 역사를 단기간에 다른 지역으로 옮겨다놓을 수는 없다. 그 점은 20세기에도 마찬가지다. 1948년 한반도에 공화정이라는 정체와 자본주의라는 경제제도가 이식되었다고 해서 우리 사회가 금세 민주주의와 자본주의에 익숙해진 것은 아니다(1950년대에 이승만 정권의 실정이 거듭되어도 상당수 국민이 "나라님을 바꾼다는 게 말이 되느냐?"라고 말한 것은 왕조시대의 정치문화가 강력하게 잔존해 있었음을 말해준다). 로마가 하루아침에 이루어지지 않았듯이 역사는 단기간에 형성되지 않는다.

기본적인 방향으로 보면, 표트르가 근대화를 위해 서유럽을 모델로 삼은 것은 옳았다. 잘만 모방한다면 서유럽 국가들보다 더 비약적인 발전을 이룰 수도 있을 만큼 러시아의 잠재력은 컸다. 그러나 진정 모방할 것은 서유럽의 겉모습이 아니라 그 안의 핵심 내용이어야 했다. 절대주의 시대에 서유럽 각국에서는 시민층이 서서히 성장하고 있었다. 표트르가 서유럽에서 모방할 게 있다면 그것은 시민층을 육성하는 일이었다. 그가 서유럽에서 모방하고자 하는 것은 바로 시민층이 성장하면서 만들어낸 결과였다. 그는 드러난 것만 보았을 뿐 숨은 것을 보지는 못했던 것이다.

당시 서유럽의 군주들도 신흥 부르주아지가 장차 새 시대의 주역이 될 줄은 미처 몰랐을 것이다. 하지만 때로는 바깥에서 보는 게 더 정확한 법이다. 서유럽 세계에서 한 걸음 떨어진 러시아에서라면, 그리고 표트르처럼 열린 정신을 가진 재기 넘치는 군주라면 그 점을 꿰뚫어볼 수도 있지 않았을까? 어쨌든 서유럽의 산업 발전에 지대한 관심을 기울이고 직접 체험해볼 만큼 열성을 보인 표트르였다면, 서유럽에서 산업 부르주아지가 어떤 역할을 하고 있는지 어느 정도 알아야 했다.

적어도 당시 서유럽에는 이미 농노가 사라졌다. 그러나 표트르는 오히려 러시아의 농노제를 강화하고 봉건지주의 역할을 더욱 끌어올렸다. 그렇다고 해서 사회 발전의 동력을 지주들에게서 구할 수는 없었으므로, 그의 방침은 결국 국가 주도의 성장 전략을 채택한 것이다. 그런데 그것은 당시 서유럽 국민국가들이 구사한 절대주의·중상주의 국가 발전 전략과 일치한다고 볼 수도 있지 않을까? 절대주의 시대에 서유럽 군주들도 부국강병을 모토로 삼지 않았던가? 단기적으로 보면 닮은 데가 있다. 다만 문제는 시민계급이 없었던 탓에 러시아는 서유럽이 절대주의 시대를 탈피한 이후에도 내내 기존의 전략으로만 초지일관할 수밖에 없었다는 점이다.

표트르의 시대부터 러시아는 '제국'이라고 불리게 된다. 러시아의 황제, 즉 차르는 15세기의 이반 4세부터 있었으나 이 시기부터 러시아는 정식 제국이 되었다. 러시아를 제국으로 끌어올린 표트르의 의도는 명확하다. 강력하고 효율적인 중앙집권적 체제로 서유럽의 절대왕정을 어서 따라잡겠다는 심산이다. 차세대의 주역인 시민계급이 러시아에 존재하느냐의 여부는 그의 관심사가 아니다. 그의 눈에 보이는 것은 오로지 서유럽 국민국가들이 국가를 주체로 한 발전 전략을 추진해 성공을 거두고 있다는 '현상'뿐이다(정치가의 안목은 늘 단기적일 수밖에 없다. 정치가에게 인문학적 마인드가 필요한 이유다). 그의 견해가 옳다면 러시아 제국은 서유럽 세계의 몇 가지 제도만 성공적으로 이식하면 서유럽을 금세 따라잡을 수 있을 것이다.

다른 나라에 비해 늦었다고 생각할수록 지배자는 국가를 도구화하게 된다. 국가를 하나의 유기체로 간주하고 힘을 집중시켜야만 따라잡을 수 있다고 생각한다. 사회의 생래적인 다양성이나 다원성 따위는 안중에 없다. 지배자는 독재자가 되어 강력한 중앙집권을 이루고 국가를 일사불란한 기계처럼 운전하려 한다. 설사 권력욕이 아니라 애국심에서 나온 의도라 해도 결과는 마찬가지다. 20세기의 히틀러가 그랬고, 박정희가 그랬다. 17세기 후반 러시아 제국의 표트르처럼 계몽군주로 자처한 지배자도 다를 바 없었다.

중국식 제국이 언제나 그렇듯이 대외적으로는 그만한 체제가 없다. 국력을 한 방면으로 결집하는 것은 시급한 국가적 당면 과제를 달성하는 데 유리하다. 영토를 늘리고 국위를 떨치는 데는 최선이며, 국제전에서 승리할 가능성도 커진다. 서유럽 국가들도 절대주의 시대에 식민지를 개척하는 대외적인 성과를 많이 거두지 않았던가?

그러나 이미 세계적으로 제국 체제는 시대의 조류에 뒤진다는 것이 드러나고 있었다. 표트르가 시대를 앞서간다고 믿은 전략은 오히려 시대착오적이었다.

표트르가 뿌린 제국의 씨앗은 이후 악명 높은 차리즘으로 발달해 19세기에까지 이르게 된다. 그동안 러시아의 체제 모순은 켜켜이 쌓였다. 더욱이 표트르 같은 우국충정에 불타는 차르들만 있었던 게 아니다. 예카테리나 2세와 같은 문화적 계몽군주가 등장해 어느 정도의 개혁을 실시하기도 했으나, 대다수 차르들은 탐욕에 가득 차 있었고, 자신의 권력에만 신경을 썼으며, 제국에 어울리는 전제군주 체제를 초지일관 밀어붙였다.

바깥이 화려해질수록 안은 더욱더 곪아만 간다는 게 중화 제국에서 확연히 드러난 제국 체제의 맹점이다. 더구나 19세기는 제국주의의 시대였다(제국주의가 제국과 무관한 것은 앞에서 본 바 있다). 서유럽 국가들이 노골적인 제국주의 전략으로 나오자 러시아는 그에 뒤질세라 더욱 바깥에만 주력한다. 그래서 뒤늦은 해외 진출을 위해 부동항을 찾아 여기저기 쑤셔보는데, 성과를 거두기는커녕 그 과정에서 한 번 호되게 당한다. 흑해를 놓고 벌어진 크림 전쟁이다.

유럽에서 부동항을 얻을 수 없다면 러시아에 남은 카드는 단 하나, 흑해를 거쳐 발칸 반도로 나가는 것뿐이다. 흑해 북쪽의 크림 반도는 이미 18세기 후반 예카테리나의 시절에 확보해두었다. 영국과 프랑스가 오스트리아 왕위 계승 전쟁, 7년 전쟁, 미국 독립전쟁으로 연이어 치열하게 싸우는 틈을 타서 오스만 제국에서 빼앗은 것이었다. 남은 것은 발칸이다.

15세기부터 발칸의 주인이었던 튀르크는 19세기 들어 힘이 현저히 약해졌다. 게다가 그리스가 독립한 이래 발칸에서는 세르비아, 불가리아, 루마니아에도 독립의 물결이 거세졌다. 러시아를 위해 좋은 조건이지만 나쁜 조건도 있다. 한 세기 전과 달리 영국과 프랑스가 다툼을 멈추고 냉정을 되찾았다는 점이다. 이미 그리스 독립전쟁을 지원할 때부터 두 나라는 러시아의 견제를 공동의 목표로 삼고 있었다.

발칸에 시선을 고정시킨 러시아에 이내 침략의 명분이 생겼다. 그것은 이미 오래전에 세계사의 변수에서 탈락한 종교 문제였다. 해묵은 종교를 구실로 삼을 만큼 러시아의 사정은 다급했다.

빌미를 제공한 것은 프랑스의 나폴레옹 3세였다. 1852년 그는 튀르크에 압력을 가해 성지 예루살렘의 관리를 동방정교가 아닌 가톨릭 사제에게 맡기도록 했다. 15세기 이반 3세 이래로 동방정교의 수장을 자처해온 러시아 차르로서는 참을 수 없는 일이다. 차르 니콜라이 1세는 그리스도교 성지의 관리권이 프랑스에 넘어갔다면 콘스탄티노플의 관리권은 러시아가 가져야 한다고 주장했다. 말하자면 제3의 로마(모스크바)가 제2의 로마(콘스탄티노플)를 달라는 셈이었다. 일단 오스만 측에 철회를 요구했다가 보기 좋게 거절당하자 니콜라이는 전쟁으로 문제를 매듭짓기로 했다. 종교의 문제와 더불어 흑해 진출의 문제가 걸려 있으니 잘되면 일석이조다.

국민국가의 시대에 종교 분쟁이라니! 조잡하고 케케묵은 구실이었으나 어쨌든 구실은 생겼다. 1854년, 러시아는 러시아정교를 보호한다는 명분으로 오스만 제국에 선전포고를 했다. 전장이 흑해 연안의 크림 반도였으므로 이 전쟁은 크림 전쟁이라고 불리게 된다.

한때 서유럽을 위협하던 강국이었으나 이제는 이빨 빠진 호랑이가 된 튀르크가 러시아를 막아낼 수는 없었다. 니콜라이 역시 튀르크쯤은 손쉽게 제압할 수 있으리라 믿었다. 그러나 그가 미처 생각지 못한, 혹은 간과한 문제가 하나 있었다. 그것은 바로 영국이다. 프랑스야 전쟁의 빌미를 제공한 만큼 어떤 식으로든 전쟁에 개입하겠지만 영국은 프랑스와 적대 관계에 있는 만큼 상관하지 않으리라. 이게 니콜라이의 판단이었으나 그의 기대 섞인 예상과는 달리 두 나라는 즉각 참전했고, 더욱이 언제 적대적이었냐는 듯이 서로 손을 잡고 러시아에 맞섰다. 그리스도교 국가를 막기 위해 이교 국가인 튀르크를 지원하는 격이지만, 이미 종교는 현실적 이해관계를 제어하지 못하는 시대였다. 아니면 가톨릭교회와 동방교회가 서로 정면 대결을 벌일 만큼 멀어졌다고 할까?

이렇게 해서 30년 전 그리스의 독립을 위해 힘을 합쳤던 세 나라가 이제는 편을 갈라 또다시 튀르크의 영토에서 싸우게 되었다. 어차피 붙은 전쟁, 니콜라이는 30년 전에 미처 뜻을 펴지 못한 흑해 진출을 이루겠다는 각오였고, 영국과 프랑스는 수백 년간 유럽인들의 눈엣가시로 남아 있는 튀르크를 응징하는 한편 러시아의 남진을 가로막는다는 의도였다. 나폴레옹 전쟁 이후 수십 년 만에 벌어진 대규모 국제전이므로 크림 전쟁은 수십 년 동안 각개약진을 통해서 쌓은 유럽 주요 국가들의 힘을 점검하는 기회이기도 했다.

그러나 군사적으로 볼 때는 최악의 전쟁이었다. 영국과 프랑스 동맹군은 선박으로 병력을 직접 흑해의 세바스토폴 항구에 상륙시켜 러시아를 공격하려 했지만, 수심이 너무 얕은 쪽으로 접근하는 바람에 처음부터 차질을 빚었다. 러시아나 동맹국이나 제대로 된 전략을 구사하지 못했고, 보급망도 극도로 엉성했다. 이전투구의 전형이었다. 이런 상황에서 3년이나 지속된 전쟁은 엄청난 인명 피해를 가져왔다.

나이팅게일Florence Nightingale이라는 백의의 천사를 낳은 전쟁에 걸맞게 전투로 죽은 병사보다 질병으로 죽은 병사가 더 많았다. 양측을 합쳐 병사자가 무려 25만 명이나 되었다. 참혹하면서도 지루한 전투가 이어지던 전황을 결정지은 것은 오스트리아였다. 개전 초기부터 러시아와 동맹국 사이에 양다리를 걸치면서 전망하던 오스트리아가 동맹국에 가담하겠다고 위협하자 러시아는 강화를 제안했다.

최악의 전쟁에서 패배한 러시아는 정말 최악이었다. 1856년 파리 조약으로 러시아는 흑해의 중립을 약속하고 더 이상 남하를 기도하지 못하게 되었다. 러시아 내부에 산적한 모순은 제국주의적 대외 진출을 통해 밖으로 유출되지 못하면 결국 곪아터지는 길밖에 없었다.

아무리 객관적인 조건이 혁명을 예고하고 있다 해도 혁명을 담당할 주체적 역량이 없다면 혁명은 일어날 수 없다. 온갖 모순의 도가니인 러시아에도 19세기 초부터 변화의 바람이 불었다. 유럽을 뒤흔든 자유주의의 물결은 러시아에도 흘러들었다.

사실 자유주의 세력의 무장 봉기라면 1848년의 프랑스와 독일보다 러시아가 먼저다. 1825년 12월 차르 알렉산드르 1세가 죽은 뒤 정치적 혼란을 틈타 귀족 출신의 청년 장교들과 그들이 지휘하는 사병 3000명이 반란을 일으켰다. 이들은 데카브리스트('데카브리'는 12월이라는 뜻이다)라고 불렸는데, 농노제를 폐지하고 입헌군주제를 도입하는 것은 물론 황족과 지주들을 대우하는 문제까지도 논의할 만큼 러시아의 근대화를 위한 급진적이고 포괄적인 개혁안을 내놓았다. 그러나 형보다 훨씬 반동적인 알렉산드르의 동생 니콜라이 1세는 더욱 철저한 차리즘으로 대응했다.

러시아 역사상 차리즘에 대해 최초로 일으킨 항거였던 만큼 데카브리스트 반란은 이후 러시아 지식인인텔리겐치아들에게 한 가지 커다란 고민거리를 안겼다. 러시아에서 자유주의 개혁, 즉 시민혁명은 가능한가? 러시아에는 서유럽에서 볼 수 없는 혹독한 전제 체제가 있는 반면 서유럽에서 볼 수 있는 시민 세력이 없다. 그렇다면 러시아의 혁명은 서유럽과 다를 수밖에 없고 또 달라야 하지 않을까? 러시아에서는 뭔가 새로운 혁명이 필요하다. 그 답이 무엇일까? 그들이 찾은 활로는 먼저 테러였고 그다음에 혁명이었다. 혁명의 길을 테러로 열었다는 사실은 러시아 혁명의 향후 진로를 암시한다.

전쟁 직후 사망한 니콜라이에 이어 차르가 된 알렉산드르 2세는 아버지에 비해 한결 계몽된 군주였다. 최소한 그는 내부의 문제를 바깥으로 옮기려 한 니콜라이의 정책을 답습하지는 않았다. 1861년, 그는 오랜 숙제인 농노제를 폐지하고, 러시아 최초의 의회에 해당하는 젬스트보 zemstvo를 설립했으며, 행정과 사법, 군사 제도에 관해 대대적인 개혁에 나섰다.

그러나 뒤늦은 자유주의적 수술로는 중병을 앓고 있는 러시아를 되살릴 수 없었다. 적어도 인텔리겐치아들은 차르의 개혁을 애초부터 믿지 않았다. 그들은 무엇보다 차르 체제가 전복되지 않는다면 모든 노력이 소용없다고 판단하고, 1881년 마침내 알렉산드르를 암살하는 데 성공했다. 테러의 길이다.

이제 사태는 돌아올 수 없는 강을 건넜다. 뒤이은 알렉산드르 3세와 니콜라이 2세는 단호하게 체제 수호에 나섰고, 인텔리겐치아들은 다음 단계인 혁명의 길로 나아갔다. 그것은 바로 사회주의혁명이다. 그들은 러시아 사회민주노동당을 결성해 노골적인 사회주의 이념으로 무장하고 맞섰다. 마르크스가 '새로운' 사회주의혁명의 가능성을 발견한 러시아는 바로 이런 상황이었다.

혁명적 분위기인 것은 사실이다. 그러나 모든 게 부자연스럽다. 한 측은 오랜 제국 체제의 역사를 가졌고 혹독한 차리즘으로 일관한다. 그에 맞서 다른 측은 테러와 지하 정치 활동을 통해 혁명을 기도한다. 이런 구도에서 빚어진 혁명적 분위기는 설사 혁명이 성공한다 해도 자연스러운 과정으로 진행되지 못할 가능성이 크다. 그만큼 심한 부작용이 따르리라는 이야기다. 혁명 주도 세력을 인텔리겐치아, 즉 지식인이라는 모호한 명칭으로 부를 수밖에 없다는 것이 러시아 혁명의 부자연스러운 성격을 단적으로 말해준다.

1905년 러시아 제국의 수도 상트페테르부르크 시민들은 아시아의 신흥 강호인 일본에 전쟁에서 밀리고 있다는 사실 따위에는 개의치 않았다. 15만 명의 엄청난 군중이 겨울궁전으로 행진하고 있었다. 혹독한 탄압에 시달리는 노동자들이 불만 사항을 황제에게 탄원하러 가는 것이었다. 리더는 종교 사제였고 군중은 황제의 초상화와 성상들을 들고 있었으니 분명한 평화 시위였다. 그러나 그들이 광장에 이르렀을 무렵 경찰이 발포를 시작했다. '피의 일요일'이라고 기록된 이 사태로 100여 명이 현장에서 숨지고 수백 명이 부상했다.

아마 니콜라이는 그전까지 그래왔듯이 힘으로 억누르면 잠잠해질 것으로 생각했던 모양이다. 그러나 러시아의 변화를 요구하는 군중은 과거처럼 사상과 이념을 추종하는 지식인들이 아니라 노동자를 비롯한 일반 시민들이었다. 폭력적인 진압의 소식은 즉각 러시아 전역으로 퍼져 이후 수개월 동안 전국 각지에서 노동자들의 파업 시위가 잇달았다. 결국 니콜라이는 국민들에게 근대식 의회의 창설을 약속하고 간신히 사태를 무마했다. 그에 앞서 일본에 만주와 한반도의 지배권을 양도하는 굴욕적인 강화를 맺었으니, 피의 일요일 사건은 러시아 민중에게는 승리였으나 조선 민중에게는 큰 악영향을 미친 셈이다.

그런데 일단 위기를 넘기고 나자 차르는 다시 반동으로 돌아섰다. 약속을 일방적으로 깰 수 없어 의회를 구성하고 농지를 개혁하는 등 몇 가지 정치·사회적 개혁 조치를 시행했으나, 수백 년간 유지되어온 러시아 제국의 기본 틀은 바꾸려 하지 않았다. 하지만 차리즘이 건재했듯이, 혁명 세력도 여전히 건재했다. 정부의 혹독한 탄압 속에서도 사회민주노동당은 오히려 단단해졌고, 1912년의 당 대회에서는 볼셰비키 급진파가 당을 완전히 장악하면서 레닌이라는 뛰어난 정치 감각과 카리스마를 갖춘 리더를 탄생시켰다.

무릇 혁명이라면 환경과 조건, 주체의 역량, 리더십, 계기가 필요하다. 사회주의혁명만이 아니라 모든 혁명이 마찬가지다. 예를 들어, 프랑스혁명은 구체제가 오랫동안 지속되면서 모순이 누적되었고(환경), 절대주의 시대를 거치면서 시민계급의 힘이 커졌으며(주체), 계몽사상가들이 개발하고 보급한 자유주의 이념이 있었고(리더십), 시민들이 자발적으로 바스티유 감옥을 파괴한 사건(계기)이 있었기에 가능했다. 다만 리더십을 담당한 세력이 권력을 장악하는 데 실패했기 때문에 나폴레옹이라는 '괴물'이 등장해 혁명의 시계추를 되돌려놓는 반동으로 치달았다.

그런 점에서 보면 러시아 사회주의혁명은 프랑스 혁명과 정반대다. 혁명의 환경과 주체는 그다지 성숙하지 못한 데 비해 리더십은 무척 강력했다.

사회주의혁명이 일어날 수 있는 환경은 일단 경제적인 측면에 있다. 즉 자본주의적 발전이 최고도에 달해야 한다. 이제 막 자본주의적 요소가 도입된 러시아의 상황에서 사회주의혁명에 필요한 환경이 조성되려면 상당한 기간이 필요했다. 실은 혁명에 어울리는 자본주의적 발전이 후발 자본주의국가인 러시아에서 가능할지도 의문이지만.

사회주의혁명의 주체는 노동자, 즉 프롤레타리아다. 1905년 혁명의 주역이 노동자들이었으니 주체의 역량은 충분한 걸까? 안타깝게도 그렇지 않다. 러시아 프롤레타리아는 수도 많고 정치의식도 높았으나 사회주의혁명에 필요한 '자본주의적 노동자'는 아니었다. 서유럽 세계의 경우 노동자는 자본가, 즉 부르주아지에게 고용된 존재이므로 역사적으로 부르주아지와 더불어 성장한 세력이다. 부르주아지가 차세대의 사회를 이끌 주역이라면 프롤레타리아는 그 이후의 주역이다. 그런데 러시아의 경우에는 서유럽의 절대주의·중상주의 시대처럼 부르주아지가 사회의 전면에 나설 기회조차 없었으니 프롤레타리아는 말할 것도 없었다.

이렇게 사회주의혁명의 환경과 주체가 모두 취약한 사정에서도 혁명이 감행된 것은 혁명의 리더십이 대단히 강력했기 때문이다. 레닌이 이끄는 러시아 볼셰비키는 일찌감치 혁명을 겨냥한 조직과 구성을 취했으며, 혁명에 필요한 권력을 장악하는 활동에 주력했다. 다른 관점에서 보면 러시아 사회주의혁명은 처음부터 정치혁명 일변도로 전개될 가능성이 농후했던 것이다.

그렇다 해도 어느 정도의 혁명적 환경은 필요했다. 혹독한 차르 체제가 러시아에 혁명적 분위기를 숙성시킨 것은 사실이지만, 그 체제가 계속 강고하다면 혁명적 분위기만 지속될 뿐 정작 혁명이 발발하기는 어려워질 수 있다. 그런 환경과 계기를 제공한 것은 바로 제1차 세계대전이다.

제1차 세계대전은 연합국으로 참전한 차르 정부에게 크나큰 고통이었다. 발칸에서 오스트리아만 저지하면 될 줄 알았던 정부는 전쟁이 장기화되자 속절없이 무너졌다. 국가 재정은 곤두박질쳤고, 국민 총동원으로 식량마저 부족해졌다. 그에 비례해 러시아 국민들의 분노는 천정부지로 치솟았다. 전쟁의 캄캄한 터널이 끝을 보이지 않고 있던 1917년 2월, 마침내 그 분노가 현실로 터져 나왔다. 수도 페트로그라드(제1차 세계대전 중에 상트페테르부르크는 페트로그라드로 이름이 바뀌었다)의 노동자들이 다시 시위를 일으켰다. 이번에도 12년 전처럼 군대는 시위대를 향해 발포했으나 이제는 군대마저도 한 몸이 아니었다. 군대의 발포는 오히려 다른 병사들의 분노를 불러 '무장한 시위대'를 만들어냈다.

불과 한 달 만에 시위는 혁명으로 발전했다. 10월 혁명의 예고편인 2월 혁명이다. 그제야 사태의 심각성을 깨달은 니콜라이는 황급히 제위를 동생 미하일에게 물려주려 했으나 그런 상황에서 쥐약을 받아먹을 바보는 없었다. 이리하여 로마노프 왕조는 300년 만에 문을 닫았다. 더 중요한 변화는 러시아 제국이 사라지고 공화국이 새로 탄생했다는 사실이다. 그것도 전혀 새로운 공화국이.

차르가 물러남에 따라 일단 러시아의 정권은 의회에 넘겨졌다. 의회는 서둘러 임시정부를 구성해 사태를 수습하고자 했다. 그러나 러시아 민중은 이번 혁명을 1905년 혁명처럼 타협으로 끝내려 하지 않았다. 혁명을 완성하려면 혁명정부가 필요하다. 민중은 노동자, 농민, 병사가 함께 참여하는 소비에트('평의회')라는 새로운 민중 권력기구를 만들었다. 이제 러시아는 임시정부와 소비에트 정부가 공존하는 이중권력기를 맞았다.

1905년의 상황과 달라진 것은 소비에트만이 아니다. 당시에는 군중이 자발적으로 혁명을 주도했으나 이제는 볼셰비키라는 혁명의 지도 세력이 존재한다. 제1차 세계대전이 발발한 이후 스위스에 망명해 있던 볼셰비키의 지도자 레닌은 1917년 4월에 러시아로 귀국하면서 "모든 권력을 소비에트로!"라고 외쳤다(그는 독일과 비밀리에 제1차 세계대전에서 발을 빼겠다는 밀약의 대가로 독일이 제공한 봉인열차를 타고 귀국했다). 이는 임시정부를 인정하지 않겠다는 자세였으나, 이미 볼셰비키와 동맹을 맺고 있던 사회주의자들 중 상당수가 임시정부에 참여하고 있는 상황에서 그의 주장은 다분히 모험적인 것이었다.

승산이 없는데 승부수를 던지는 바보는 없다. 레닌은 임시정부와의 힘겨루기에서 충분히 이길 수 있다고 믿었다. 그의 '믿는 도끼'는 바로 전쟁을 중단한다는 것이었다. 러시아 국민 중 누구도 애초에 러시아의 참전을 원치 않았고 전쟁의 지속을 바라지도 않았다. 그러나 임시정부는 그런 사실을 잘 알면서도 러시아의 국제적 지위를 높이려면 전쟁을 계속해야 한다고 생각했다. 사실 국가 간의 약속은 그때나 오늘날이나 대단히 중요한 것이므로 임시정부의 노선은 명분에서 앞섰다. 하지만 한 국가가 혁명적 상황에 처했을 때 대외적인 대의명분이란 쓰레기나 다름없다.

6월에는 또다시 페트로그라드에서 수십만 명의 군중이 모여 러시아의 전쟁 중단을 소리 높이 외쳤고, 7월에는 병사들마저 무력시위에 나섰다. 볼셰비키는 이 기회를 통해 임시정부를 타도하려다가 그만 사전에 발각되어 실족했다. 임시정부로서는 그게 마지막 찬스였다. 그때 볼셰비키와 레닌을 제압했으면 사회주의혁명은 불발로 끝났을 것이다. 하지만 대외적으로는 전쟁에, 대내적으로는 혁명적 분위기에 온통 신경을 빼앗긴 임시정부는 볼셰비키를 과소평가했다. 오히려 임시정부 최고사령관인 코르닐로프Lavr Georgyevich Kornilov는 명목상의 정부 수반인 케렌스키Aleksandr Fyodorovich Kerensky를 무시하고 군사독재를 실시하려 들었다. 결국 코르닐로프의 조급함은 또 한 차례의, 그리고 마지막이 될 혁명을 불렀다.

8월 말, 코르닐로프는 휘하 군대에게 수도 진격을 명령했다. 임시정부마저도 무시한 반란 행위다. 볼셰비키는 이제 합법적인 자격으로 '반란군'을 막았다. 코르닐로프가 체포됨으로써 볼셰비키는 드디어 임시정부를 제치고 단독으로 권력을 장악했다. 10월 23일, 이미 껍데기만 남은 임시정부는 뒤늦게 볼셰비키의 공격에 나섰으나 볼셰비키는 역공으로 맞서 손쉽게 임시정부를 타도했다. 인류 역사상 최초의 사회주의 정권을 성립시킨 러시아 10월 혁명은 대성공으로 끝났다.

이듬해 3월 레닌은 볼셰비키당을 러시아 공산당이라는 이름으로 바꾸었으며, 수도를 모스크바로 옮기고 새 헌법을 제정했다. 아울러 그는 앞서 주장했고 또 약속했던 대로 독일과 브레스트리토프스크 조약을 맺고 러시아 단독으로 강화를 이루었다. 처음에 그는 제1차 세계대전에서 발을 빼겠다는 약속만으로도 독일이 충분히 만족하리라 여기고 어떤 조약도 맺지 않으려 했다. 그러나 적의 약점을 포착한 독일은 동부전선에 공격을 재개하면서 사흘 안에 협정을 체결하라고 최후통첩을 보냈다. 신생 소비에트 정권은 굴복할 수밖에 없었다.

굴욕적인 강화의 대가는 참담했다. 러시아는 독일에 핀란드와 발트해 연안, 우크라이나를 내줘야 했다. 표트르 대제의 영토 확장은 200년 만에 무효화되었고, 러시아는 또다시 해상 진출로가 완전히 막혔다. 갓 탄생한 사회주의 정권이 안정을 찾기 위해 출혈을 감당했지만 피해가 너무 컸다.

레닌으로서는 아마 전쟁이 너무 일찍 끝난 게 아쉬웠을지도 모른다. 러시아가 전선에서 발을 뺀 지 불과 몇 개월 만에 제1차 세계대전이 끝나버렸던 것이다. 그럴 줄 알았더라면 아무리 국내의 혁명적 상황이 위급했다 해도 독일과의 강화조약으로 국제적 명분을 잃는 어리석은 짓은 하지 않았을 것이다. 종전 자체는 러시아에도 좋은 환경이다. 그러나 연합국 측은 러시아를 배신자로 규정하고 응징에 나섰다. 게다가 서유럽 모든 정부에서 혐오하는 사회주의 정권이 러시아에 들어섰기에 연합국들은 더욱 분노했다(자유주의 공화국이었다면 당연히 박수로 환영을 받았겠지만).

연합국들의 기세에 힘입어 러시아 내에서도 소비에트 정부에 반대하는 무장봉기가 곳곳에서 일어났다. 소비에트 정부는 안팎에서 혁명의 적들을 상대로 힘든 싸움을 치러야 했다. 1920년, 마침내 정권을 안정시키는 데 성공했지만 그야말로 상처뿐인 영광이었다. 당시 러시아에 간섭한 연합국 군대들 가운데 가장 늦게까지 남아 있던 것이 바로 일본군이다. 하지만 그때까지 국제전에서 한 차례도 패한 적이 없던 일본군은 러시아 간섭 전쟁에서 처음으로 패배하고 비참하게 철수했다.

차르 제정을 무너뜨리고 집권한 혁명정부가 과거 정부의 의무를 계승해야 하는지에 관해서는 논란의 여지가 있다. 그러나 러시아가 제1차 세계대전에서 적국과 조약을 맺고 일방적으로 발을 뺀 것은 분명한 국제적 약속의 위반이다. 일단 권력의 장악이 급한 볼셰비키는 그 점을 별로 중요하게 여기지 않았겠지만 국가의 대외적 이미지는 국내적 변화와 무관하게 연속된다. 일본이 지금 입헌군주국으로 바뀌었다고 해서 과거 제국 시대에 저지른 국제적 범죄가 용납되지 않는 것과 마찬가지다. 아무리 국가 체제가 근본적인 형질 변화를 일으켰다 해도 밖에서 보는 관점은 얼마든지 다를 수 있다. 소비에트 정권이 차르 정부의 국제적 약속을 쉽게 파기한 것은 곧 러시아가 서유럽 세계와 달리 국제조약의 경험을 가지지 못했다는 것을 말해준다. 이것 역시 제국 체제의 공통적인 현상이다.

종전 후 연합국이 소련을 승전국으로 간주하지 않은 것은 당연한 일이었다. 그런 탓에 새로 태어난 사회주의 공화국은 대내적으로 부자연스런 혁명 과정을 거쳤을 뿐 아니라 대외적으로도 국제사회의 축하는 커녕 인정조차 받지 못했다. 연합국의 가혹한 간섭 전쟁을 이겨낸 소련 정부와 국민들의 용기는 대단한 것이었지만, 인류 역사상 최초의 사회주의국가가 그렇게 대내외적으로 비정상적인 방식을 통해 등장했다는 사실은 향후 현실 사회주의의 진로를 암울하게 만드는 중대한 요인이었다.

사회주의 신생국이 전후 즉각 신경제정책NEP으로 자본주의적 요소를 도입할 수밖에 없었던 것은 경제적 난국을 타개하려는 고육지책이었다. 그러나 장기적으로 보면 그것은 (소비에트 지도자들의 의지와 무관하게) 역사적 생략을 만회하려는 무의식적 노력이다. 정상적인 사회주의사회로 진입하려면 자본주의 단계를 통한 생산력의 발전이 필요했던 것이다. 혁명이 끝난 뒤에 비로소 역사적 생략을 보완하기 위해 노력한다면 그것은 역사 행정이 거꾸로 되었다는 고백이나 다름없다.

그런데 신경제정책이라니? 자본주의를 겪지 못한 역사에서, 부르주아지가 없었던 역사에서 자본주의적 경제정책이 웬 말일까? 마르크스도, 레닌도 완강한 반反자본주의자였고, 소비에트 사회주의 이념 역시 자본주의적 착취의 근절을 근본으로 삼지 않았던가? 무엇보다도 부르주아지가 주도하지 않는 자본주의가 있을 수 있을까?

일단 그 정책은 어느 정도 효과를 보았다. 1921년부터 1928년까지 국가는 중공업과 운송, 은행 등 기간산업만 국유화하고 기타 산업 전반에서는 사적 소유와 경영을 허용했다. 또한 전쟁 기간 중 폐지되었던 화폐제도를 부활시켜 전후 피해 복구와 경제 안정을 도모했다. 그 기간에 개인적으로 신흥 부자가 된 기업가들도 많이 생겨났다. 경제적으로는 자본주의사회와 별로 다를 바 없었다.

그러나 혁명 지도부는 신경제정책을 어디까지나 임시적인 방편으로 여겼다. 하긴, 효과가 있다고 해서 자본주의적 요소를 마냥 놔둔다면 국가의 정체성이 흔들릴 터였다. 어차피 언젠가는 끝내야 할 신경제정책이 예정보다 일찍 끝난 이유는 인위적인 경제성장의 문제점이 터져 나왔기 때문이다.

1928년에 곡물 파동이 시작되었다. 단순한 흉년이나 작황의 문제가 아니었다. 신경제정책의 일환으로 수년간 도시의 산업을 부양시키기 위해 곡물 가격을 잡아둔 게 한계를 드러냈다. 레닌의 사후 권력을 장악한 스탈린losif Stalin은 그 대책으로 농촌의 자본주의화를 포기했다. 농업을 국유화하지 않으면 도시의 산업 노동자들에게 식량을 공급할 수 없었다. 불과 몇 년 사이에 농촌의 부농들이 몰락하고 신경제정책은 끝났다.

그래도 혁명 직후 붕괴 직전에 있었던 소련 경제는 신경제정책이 끝날 무렵 상당히 건강을 되찾았다. 신생국 소련은 일약 미국과 어깨를 나란히 하는 강국으로 급성장했다. 하지만 그 이면에는 바깥이 화려해질수록 안은 더욱더 곪아가는 옛 '제국 체제'의 망령이 도사리고 있었다. 소련이 이룬 경제성장은 제국 체제를 연상시키는 중앙집권, 국가 성장 이데올로기와 자본주의적 경제정책이 결합된 소산이었다.

제국 체제라면 당연히 황제가 있어야 한다. 혁명을 성공시킨 레닌은 그 권력을 행사하지 못하고 병사했지만, 그의 뒤를 이어 30년간 철권통치를 한 스탈린을 비롯해 흐루쇼프Nikita Khrushchov, 브레즈네프Leonid Brezhnev 등 소련의 최고 지도자들은 사실상 '사회주의적 황제'였다. 서유럽의 경우 절대주의 시대에도 의회가 제 기능을 한 사실에 비추어보면, 사회주의적 황제가 권력을 독점한 20세기의 현실 사회주의는 정치에 관한 한

300년 전으로 되돌아갔다. 역사의 진보를 기치로 내건 사회주의가 가장 보수적인 체제를 취했다는 것은 아이러니다. 이런 현상은 20세기 중반에 탄생한 또 다른 사회주의국가인 중국에서도 마찬가지였다.

1949년에 사회주의 공화국이 된 중국은 소련과 다른 행정을 거쳐 같은 체제로 돌아갔다. 1950년대에 중국은 소련과 함께 현실 사회주의의 양대 축을 이루면서도 소비에트 사회주의와 대립각을 세웠다. 그러나 정치적으로 공산당 서열상 일인자(주석)가 모든 권력을 독점하는 구조는 소련과 다를 바 없었다. 사회주의혁명의 리더인 마오쩌둥毛澤東이 혁명 후 수십 년간 권력의 정점에 있었고, 그 뒤로 화궈펑華國鋒, 덩샤오핑鄧小平, 장쩌민江澤民으로 이어지는 권력 승계는 명백한 제국 체제의 유산이다.

하지만 제정러시아에서 곧장 혁명을 통해 사회주의 공화국으로 변모한 소련과 달리 중국의 경우에는 1911년에 신해혁명으로 청 제국이 붕괴되고 나서 40년가량 지난 1949년에야 사회주의 중화인민공화국이 성립되었다. 그런 시간 차가 있는데다 사회주의라는 전혀 새로운 체제를 이루었는데도 중국에서 옛 제국 체제의 망령이 되살아난 이유는 무엇일까? 사실 중국 사회주의는 애초에 마르크스주의와 무관했고, 따라서 자본주의의 단계를 고민할 필요도 없었다.

제1차 세계대전이 끝난 뒤 연합국들은 러시아의 배신에 치를 떨었고 최초의 사회주의국가가 성립된 데 두려움에 떨었지만, 전 세계 대다수 사람들은 해방의 희망에 몸을 떨었다. 그것은 당연했다. 연합국들은 대부분 제국주의 국가였고, 대다수 민족들은 제국주의의 지배를 받는 식민지·종속국의 처지에 놓여 있었으니까.

사회주의는 현실적인 사회체제 이전에 피억압 민족의 해방을 약속하

나라	지배자	지배 기간
소련	레닌	1917~1924
	스탈린	1924~1953
	흐루쇼프	1953~1964
	브레즈네프	1964~1982
중국	마오쩌둥	1949~1976
	화궈펑	1976~1981
	덩샤오핑	1981~1993
	장쩌민	1993~2005
루마니아	차우셰스쿠	1968~1989
유고슬라비아	티토	1945~1980
쿠바	카스트로	1959~2008
북한	김일성	1948~1994
	김정일	1994~2011

│ 사회주의의 1인 지배자들 이념적으로나 이론적으로나 사회주의는 공화국임에도 현실의 사회주의국가들은 거의 다 왕조나 다름없었다. 공산당 총서기, 국가주석, 대통령 등의 직책으로 사실상 1인 지배 체제를 취했다. 그나마 왕국과 다른 점은 일인자의 지위가 세습되지 않는다는 것뿐인데, 북한은 그것마저 깨고 권력을 3대째 세습했다. 특히 라틴아메리카와 아프리카 등 제3세계 국가들 중에는 사회주의를 표방하면서 독재로 일관한 자들이 많았다.

는 희망찬 이념이었다. 1917년 러시아 혁명 이후 불과 몇 년 만에 약소국과 식민지에서 속속 공산당이 창건되었다. 소련은 전후 서유럽 국가들의 집중 공략을 피하기 위해, 또 프롤레타리아 국제주의의 정신에 따라 1919년에 제3인터내셔널(코민테른)을 창설해 각국의 공산당 창건을 전폭적으로 지원했다.

코민테른의 도움으로 1921년 7월 상하이에서 제1회 전국대표대회가 개최되어 중국공산당이 창당되었다. 전국대표대회라고 해보았자 각지에서 온 지식인 열세 명이 모인 것에 불과했지만, 참가자들 중에는 농민 출신의 마오쩌둥도 있었다. 아마 그조차도 이 초라한 모임이 30년 뒤 중화인민공화국의 주체가 될 줄은 몰랐을 것이다.

1911년 신해혁명으로 제국이 붕괴한 뒤 실권자인 위안스카이는 원래 새로운 제국을 세울 생각이었다. 한 제국이 멸망하면 다른 제국으로 대체하는 것, 이것이 2000년 제국사의 기본 틀이었으니 그의 생각은 고루하지만 상식적이었다. 그러나 시대는 더 이상 제국을 요구하지 않았다. 중국인들은 그가 제안한 입헌군주제조차도 받아들이지 않았다. 쑨원의 세력이 민중의 지지를 얻자 위안스카이는 결국 제위에 오를 꿈을 접었고, 얼마 뒤 병사했다.

독재자가 죽으면 분열이 온다. 위안스카이가 죽은 뒤 곧바로 그의 지배 아래 있던 북양군벌들이 각지에서 독립을 주장하고 나섰다. 이들은 왕조시대의 번진처럼 사병 조직을 거느린 것은 물론 자기 지역에서 독자적으로 세금을 징수할 정도로 독립국처럼 행세했다. 중국은 형식적으로는 하나의 '공화국'이었으나 실은 각 지역마다 군벌들이 할거하는 20세기의 '춘추전국시대'를 맞았다. 군벌은 서로 다투고 경쟁했으며, 때로는 세력 확장을 위해 제국주의의 하수인이자 앞잡이 노릇도 마다하지 않았다.

그러는 가운데 유럽에서 최초의 세계대전이 터졌고 1917년 러시아에서 사회주의 공화국이 수립되었다. 피지배층이 지배층을 무너뜨린 이 소식은 순식간에 전 세계로 퍼져나갔다. 특히 제국주의의 침탈로 식민지·반식민지 상태에서 신음하던 전 세계의 피억압 민중에게 그 소식은 해방의 빛줄기였다. 중국공산당이 창당된 것은 바로 이런 분위기에서다.

과연 소비에트러시아는 중국을 침탈하던 제국주의 제정러시아와는 전혀 달랐다. 코민테른은 제정러시아가 그전까지 중국에서 얻어냈던 모든 이권을 조건 없이 포기하고 중국 민중에게 반환한다는 성명을 발표했다. 아울러 의화단 사건 때 발생한 배상금(20년 전의 것이 아직 지불되지 않고 남아 있었다)도 받지 않겠다고 했다. 그런데 그 무렵 동북아시아 무대에 새로운 변수가 생겨났다. 유럽의 제국주의 열강은 제1차 세계대전 중에 중국에서 손을 뗐지만, 전쟁이 끝나면서 새로운 제국주의가 데뷔했다. 한반도를 집어삼키고 대륙 정복을 노리고 있는 일본이다.

제국주의라면 치를 떠는 중국인들은 1919년 5·4운동을 기폭제로 반일의 기치를 높이 올렸다. 코민테른의 적극 지원에 힘입어 금세 세력을 확장한 중국공산당은 쑨원이 결성한 민족주의적 국민당과 손을 잡고 일본 제국주의를 몰아내기 위해 공동전선을 펼쳤다. 이것이 1924년에 이루어진 제1차 국공합작인데, 여기서 중국식 사회주의의 뿌리를 볼 수 있다(당시에는 아직 공산당의 세력이 미약해 국민당에 흡수되는 방식의 합작이었다).

원래 사회주의는 민족이나 국가보다 계급을 우선시하는 이념이다. "만국의 프롤레타리아여 단결하라!"《공산당 선언》의 이 마지막 문구는 바로 그 점을 말하고 있다. 경제에는 국경이 없다. 자본주의적 착취는 자본가-노동자의 계급 모순에서 비롯되는 것이지 민족이나 국가 같은 정치적 요소와는 무관하다. 그러나 중국 같은 식민지·종속국이나 약소국의 사정은 달랐다. 여기서는 자본가-노동자 관계에서 생기는 계급 모순보다 제국주의-식민지 관계에서 생기는 민족 모순이 더 중요했고 힘이 있었다.

러시아식 사회주의는 시민사회의 생략을 바탕으로 성립했지만, 중국식 사회주의는 시민사회의 문제를 논하기 이전에 민족문제가 핵심이 되었다. 그런 만큼 사회주의의 원형으로부터 더욱 멀어질 수밖에 없었다. 20세기에 현실 사회주의의 양대 축을 이룬 두 나라의 차이는 러시아가 '제국→사회주의'의 노선을 걸은 데 비해, 중국은 '제국→반식민지→사회주의'의 노선을 걸었다는 점이다.

그런 탓에 중국 사회주의에서는 혁명의 주체, 기본 동력도 달라진다. 마르크스주의에서 사회주의혁명의 주체는 프롤레타리아, 즉 산업 노동자다. 자본주의적 착취를 통해 이윤의 원천인 잉여가치를 생산하는 것은 그들이다. 따라서 그들이 사회주의사회의 골간이 되어야 한다. 러시아의 경우는 그 일차적 변형이다. 자본주의 발전이 미약한 러시아에서는 노동자에 농민과 병사가 가세해 소비에트를 이루었다. 그럼 전통적 농업국가인 중국은 어떨까? 나중에 사회주의의 리더가 되는 마오쩌둥이 빈농 출신이라는 사실은 중국 혁명의 주력이 무엇인지 말해준다. 그것은 바로 농민이다! 러시아의 프롤레타리아에 해당하는 중국의 혁명 세력은 농민이다.

변형일까, 변용일까? 정통 사회주의로부터의 이탈일까, 창조적 수용일까? 자본주의국가에서는 자본가가 노동자를 착취하므로 마르크스는 프롤레타리아를 혁명의 주력으로 내세웠지만, 중국에서는 노동자가 아니라 농민이 착취를 당하므로 농민이 혁명의 주력인 게 마땅하다. 이런 마오쩌둥의 인식은 사회주의 이론을 중국의 상황에 적용한 것일 수도 있다. 그러나 그가 말하는 착취는 사회주의에서 말하는 착취와 근본적으로 다르다. 중국에도 착취의 현상은 있지만 착취자가 없는 것이다. 굳이 말하면 중국 역사에서 늘 착취자의 역할을 했던 것은 바로 '국가'인데, 제국은 이미 수십 년 전에 사라지고 없다.

중국 사회주의혁명에서는 타도해야 할 경제적인 적이 없었다. 농민의 적은 관, 즉 정부인데, 농민은 프롤레타리아처럼 정부에 고용된 구조에서 착취당하는 게 아니라 정치적 예속으로 인해 착취당할 뿐이었다(자본가가 없기 때문에 중국공산당은 국민당과 일본 제국주의를 타도 대상으로 삼은 것이다). 이런 착취에서 벗어나기 위한 혁명은 굳이 사회주의혁명이어야 할 필요가 없고 그냥 '인간 해방을 위한 혁명', 혹은 새로운 국가를 수립하는 혁명으로 족했다. 중국 사회주의는 사회주의의 원형(마르크스주의)과 변형(러시아 사회주의)으로부터 멀어져 있었다. 그렇기 때문에 중국 혁명은 전체를 관철하는 원칙이 부재하고 임시변통의 전략과 전술로 진행된다.

국민당과 공산당은 항일이라는 공동의 과제로 뭉쳤으나 이념과 노선이 워낙 다른 탓에 공생 관계는 처음부터 불안정했다. 1925년에 국민적 지도자이자 좌우의 조정자였던 쑨원이 사망하면서 두 세력의 대립은 더욱 노골화되었다. 불리할 때는 단결이 생존의 길이지만 유리할 때는 쉽게 분열하게 마련이다. 국민당이 반제국주의 정서에 힘입어 북양군벌들을 누르고 정치적 입지가 크게 강화되자 내부 분열이 더욱 가시화되었다. 좌파는 왕징웨이汪精衛를 중심으로 결집하고 우파는 장제스蔣介石를 중심으로 뭉쳤다. 타고난 반공주의자인 장제스는 영국과 프랑스, 미국, 이탈리아, 일본의 5개국이 공산당을 반대한다는 공동성명을 발표하자 더욱 힘을 얻었다. 그런 마당에 공산당이 후베이와 후난에서 급진적인 토지개혁을 실시하려 하는 것을 보고 국민당 좌파와 공산당도 대립하게 되었다. 결국 1928년 기회주의자인 왕징웨이는 장제스와 손을 잡았고 공산당은 국민당에서 이탈해 지하로 숨어들었다.

이제 공식적으로 국민당의 최고 실력자가 된 장제스는 북벌에 전념할 수 있었다. 그 결과 20년간 중국 북부를 지배했던 북양군벌들을 모조리 무찌르고 베이징을 점령했다. 통일 직후 장제스는 난징을 수도로 삼고 새로운 중앙정부를 구성했으므로 이것을 난징 정부라고 부른다.

한편 지하로 들어간 공산당은 국민당 정부의 노골적인 탄압을 받기 시작했다. 1927년에 그들은 몇 차례 봉기를 일으켰지만, 정부군의 공격을 받아 곧 실패했다. 버티기 전략으로 방침을 바꾼 마오쩌둥은 불과 1000여 명의 병력을 이끌고 징강산井岡山으로 들어가 소규모 소비에트를 건설하고, 훗날 중국 인민해방군으로 발전하게 될 홍군紅軍을 창설했다. 이 군대의 주력은 바로 농민들이었다.

일본이 대륙 침략을 암중모색하고 있던 1930년대 중반까지 국민당과 공산당은 항일의 부담에서 벗어나 서로 치열하게 싸웠다. 전세는 당연히 병력과 화력에서 크게 앞선 국민당이 공산당을 일방적으로 몰아붙이는 형국이었다. 국민당의 극심한 탄압에 잔뜩 움츠러든 공산당은 이제 근본적인 노선을 재정비해야 할 상황에 처했다. 코민테른의 지원을 받는 '정통' 사회주의자들이 공산당 내에서 몰락한 것은 이 무렵이다. 반면 '토착' 사회주의를 주창한 마오쩌둥의 영향력은 상당히 커졌다. 마침내 1931년에 개최된 제1차 전국공농병工農兵대표대회에서 마오쩌둥은 공

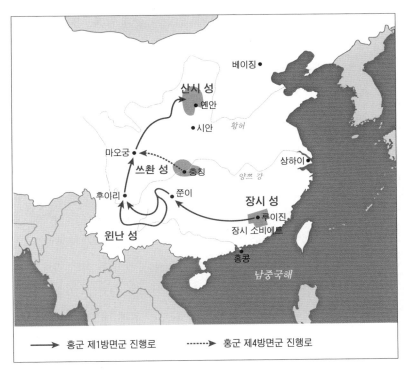

베이징 ●

산시 성
● 옌안

● 시안   황허

마오궁 ● ◄┈┈┈
쓰촨 성
●충칭   상하이 ●

후이리 ●   ● 쭌이   양쯔 강   장시 성

윈난 성   루이진 ●
장시 소비에트

홍콩 ●

남중국해

──────► 홍군 제1방면군 진행로   ┈┈┈┈► 홍군 제4방면군 진행로

| 대중 속으로 장제스의 군대가 홍군의 근거지인 장시 소비에트에 대대적인 공격을 퍼붓자 1934
년 10월 15일 마오쩌둥은 남은 병력을 이끌고 근거지를 옮기기로 결심했다. 자신의 고향이자 공산
주의 운동의 출발점이던 중국 동남부에서 대각선으로 북서부까지 1년에 걸쳐 고난의 행군을 한 결과
병력은 줄어들었으나 정예화되었고, 무엇보다 농민 대중으로부터 지지를 얻어내는 성과를 거두었다.

산당 주석의 자리에 올랐다.

마오쩌둥의 공산당이 세력을 확장하는 데 위협을 느낀 장제스는 탄
압을 넘어 본격적인 토벌로 방침을 변경했다. 그러나 1930~1933년에
대규모의 토벌작전이 전개된 결과는 장제스의 예상과 정반대였다. 공격
이 계속될수록 홍군은 약화되기는커녕 오히려 병력과 무기가 증가했다.

홍군은 병력과 화력에서 열세였으나 '인민의 군대'답게 사기에서 크게 앞섰을 뿐 아니라 전략과 전술에서도 앞섰다. 전력이 우세한 정부군과 전면전을 피하고 기습전으로 맞서는 한편 적에게 승리를 거둘 때마다 무기를 노획하고 투항자를 홍군으로 만들었다. 마오쩌둥의 유명한 유격전과 지구전 전술이 효력을 발휘했다.

1934년 장제스는 마음먹고 총공세를 펼쳤다. 정부군이 한 지역을 점령할 때마다 경제봉쇄 조치를 내리면서 진격해오자 홍군의 유격전도 이내 무력화되었다. 그해 10월 마오쩌둥은 중대한 결심을 한다. 근거지를 버리고 탈출하는 것이다. 8만여 명의 홍군은 비교적 느슨한 서쪽의 포위망을 뚫고 이후 꼬박 1년 동안 산시의 새 근거지로 이동하는데, 이것이 중국공산당사에 대장정大長征이라고 기록된 사건이다. 적의 집요한 추격을 뿌리치며 열여덟 개의 험준한 산맥과 열일곱 개의 큰 강을 건너며 근 1만 킬로미터를 행군한 결과 홍군의 규모는 원래 병력의 10분의 1로 줄어들었다. 그러나 고난에 찬 대장정을 이끈 마오쩌둥은 소련 유학파를 물리치고 당권을 확고히 잡았으며, 1975년 사망할 때까지 어느 누구에게도 당권을 위협받지 않았다.

장제스가 홍군의 토벌에 여념이 없던 1931년 9월 18일 만주에서 한밤중의 정적을 뚫고 느닷없이 포성이 울렸다. 만주에 주둔하고 있던 일본의 관동군이 남만주철도 폭파사건을 조작하고 그것을 구실로 삼아 만주의 중국군을 기습한 것이다. 이 9·18사건으로 만주사변이 시작되었다. 당시 관동군은 본국 정부의 승인도 없이 독자적으로 전쟁을 시작했으며, 선전포고 같은 절차도 없었다. 동양식 전쟁에 익숙한 동양식 제국주의의 특징이다. 일본은 이미 군부가 전권을 장악한 상태였다.

청일전쟁에서 승리한 이후 일본은 지리적으로도 가깝고 서구 열강이 소홀히 여기는 만주를 중점적으로 개발했다. 1920년대에는 만주에 투자된 외국 자본 중 70퍼센트 이상이 일본의 자본이었을 정도로 일본은 만주 경영에서 톡톡히 재미를 보고 있었다. 그러나 1929년에 미국에서 발발한 세계 경제 대공황으로 성장 일로에 있던 일본의 경제는 큰 타격을 입었다. 특히 에너지 수입을 미국에 의존한 일본은 장기 플랜이 불가능한 상태였다. 다른 에너지원이 필요하다고 느낀 일본의 군국주의자들은 만주를 송두리째 점령하는 것만이 일본의 유일한 활로라고 주장했다.

일본의 관동군이 베이징 인근까지 진격해오자 장제스는 응전이 아니라 굴복을 택했다. 일본 측과 탕구 정전협정을 맺고 일본의 만주 점령을 양해하기로 한 것이다. 그에게는 항일보다 자신의 권력을 안정시키는 게 급선무였다. 그와 달리 잃을 게 없었던 공산당은 항일을 최우선 과제로 들고 나왔다(이념적으로도 그게 옳았지만 전략적으로 그래야만 공산당이 살아남을 수 있었다). 마오쩌둥은 대장정 중이던 1935년 8월 1일 내전을 중지하고 항일 민족통일전선을 수립하자는 선언을 발표해 중국 민중의 전폭적인 지지를 받았다. 결국 여론에 굴복한 국민당 지도부에서도 그 요구를 받아들이기로 결정했다. 이로써 국민당과 공산당은 9년 만에 2차 국공합작을 이루었다.

애초에 일본은 자신감으로 가득했다. 만주사변 이후 6년간 국지전을 벌인 결과 중국의 실력은 백일하에 드러났다. 문제는 전쟁이 몇 개월이나 갈 것이냐 하는 것뿐이었다. 멀리 유럽 세계는 에스파냐 내전과 파시즘의 진출로 온통 뒤숭숭했으므로 일본은 가급적 단기전으로 끝장내고자 했고 또 그럴 수 있다고 믿었다. 그들은 3개월이면 화북 전체를 점령할 수 있을 테고 그러면 난징의 국민당 정부도 항복할 수밖에 없으리라고 여겼다. 1937년, 중일전쟁은 이런 일본의 낙관 무드에서 시작되었다 (이 전쟁이 자연스럽게 태평양전쟁과 연결되었기에 중국에서는 8년 전쟁이라고도 부른다).

그러나 일본은 합작의 힘을 과소평가했다. 장제스도 전과 달리 단단히 각오하고 전면적인 대일 항전을 선언했고, 홍군은 화북의 팔로군, 화남과 화중의 신사군으로 나뉘어 특유의 유격전으로 일본군에 맞섰다. 베이징과 톈진의 함락까지는 그런대로 일본군의 일정에 들어맞았다. 그러나 산둥과 산시에서 팔로군의 거센 공격을 받았고 상하이에서는 국민당 정예군의 완강한 저항에 부딪혔다. 이미 예정된 '3개월'은 넘어섰고, 일본 측의 희생도 엄청났다. 전쟁 개시 5개월 만에 간신히 난징을 점령한 일본군은 그 분풀이로 무려 30만 명의 양민을 살해하는 난징 대학살로 피의 파티를 벌였다.

단기전의 구상은 물 건너갔지만 일본은 역시 강했다. 일본군은 난징을 점령한 뒤 광저우까지 함락시켜 황해에 면한 중국의 요지를 모두 차지했다. 중국은 미얀마와 윈난을 거쳐 육로로 미국의 군수품을 보급받기 시작했다. 하지만 이때부터 일본의 취약점이 드러나기 시작한다. 단기전의 문제점이 나타난 것이다. 무엇보다 전선이 너무 넓어져버렸다. 베이징에서 광저우까지 남북으로 무려 2000킬로미터에 달하는 중국의 동해안 지역을 일일이 관할하기란 불가능했다.

그 반면 중국은 구석에 몰린 덕분에 근거지만을 집중 방어했으므로 일본군이 더 이상 진격하지 못하도록 막을 수 있었다. 단기전의 구상으로 일본군은 처음부터 도시와 철도, 도로, 통신선을 중심으로 점령했을 뿐이다. 서부의 산악지대로 갈수록 일본군이 장기로 삼은 기동성은 현저하게 떨어졌다. 반면 중국은 전면전을 피하고 홍군의 특기인 초토화 작전과 치고 빠지는 유격전으로 맞섰다.

1938년 말부터 1941년 말까지 3년간 전쟁은 전형적인 지구전과 소모 전의 양상으로 전개되었으며, 전선은 내내 교착상태를 벗어나지 못했다. 그 무렵 멀리 유럽에서 제2차 세계대전이 발발했다. 이제 일본으로서도 장기전을 준비하지 않으면 안 되었다. 정복에 그칠 게 아니라 통치도 해야 했다. 그래서 일본은 주요 점령지마다 괴뢰정권을 세우는 방침으로 전환했다. 마침 비슷한 시기에 독일도 프랑스에 비시 괴뢰정권을 수립했으니, 파시즘의 발상은 비슷한 걸까?

그런데 교착상태가 지속되자 중국 측에도 문제가 생겼다. 다시 국민당과 공산당이 분열된 것이다. 장제스는 상황에 밀려 어쩔 수 없이 합작했을 뿐 공산당의 근절이 가장 중요하다는 신념은 결코 굽히지 않았다. 1939년부터 그는 공산당의 활동을 감시하기 시작했고, 한동안 멀리 한사상 통제도 재개했다. 이 점은 마오쩌둥도 마찬가지였다. 그는 당 간부들에게 근거지 확대에 70퍼센트를 주력하고 국민당을 대하는 데 20퍼센트, 대일 항전에는 10퍼센트의 역량을 할애하라고 지시했다. 그리고 전쟁 초기와는 달리 일본군과의 정면 대결을 피하고 후방에 해방구를 건설하는 데 총력을 기울였다.

결국 장제스가 먼저 도발했다. 1941년 10월, 그는 황허 이남에 있던 홍군에게 황허 이북으로 이동하라는 명령을 내렸다. 홍군이 마지못해 이에 따를 때 장제스는 8만 명의 대병력을 동원해 홍군을 습격했다. 7일 간의 전투 끝에 신사군의 7000 병력이 궤멸되었다. 이 사건을 계기로 2차 국공합작이 결렬되었다. 세계대전의 와중에서, 그것도 일본군이 도사린 상황에서 아군을 대대적으로 공격한 것은 장제스의 광적인 반공주의 혹은 권력욕을 말해준다.

이렇게 적정이 내분되어 있을 때 만약 일본군이 총공세에 나섰더라면 어떻게 되었을까? 그러나 일본은 중국 점령이 여의치 않게 된 데다 1940년 9월에 독일, 이탈리아와 3국 군사동맹을 맺으면서부터 미국이 석유 수출을 중단하자 노선을 전면 수정했다. 이른바 '대동아공영권'이라는 기치 아래 중국에서 기수를 돌려 동남아 정복에 나선 것이다. 여기에 미국이 걸림돌이라는 판단에서 일본은 1941년 12월 진주만 기습으로 태평양전쟁을 터뜨렸다. 이제 아시아에서도 세계대전이 시작되었다.

태평양전쟁이 발발하자 중국은 자연히 연합국의 반파시즘 국제 통일전선의 일부로 편입되었고, 중일전쟁은 제2차 세계대전의 일부가 되었다. 이에 따라 중국은 미국과 영국, 소련 등 연합국 측의 직접적인 군사 원조를 받기 시작했다. 게다가 미국의 주선으로 중국이 연합국 4대 강국에 포함되어 1943년 12월 장제스는 카이로 선언에 루스벨트, 처칠과 함께하는 '영광'을 누리게 된다.

그러나 전황은 크게 호전되었어도 한 번 금이 간 국민당과 공산당의 관계는 전혀 회복되지 않았다. 회복은커녕 제2차 세계대전이 종전을 향해 치달을수록 '전쟁 이후'를 염두에 둔 양측의 대립은 더욱 첨예해졌다.

1945년 8월 15일, 일본의 항복으로 종전이 이루어지자 양측의 갈등과 경쟁은 순식간에 수면 위로 떠올랐다. 전쟁 중에도 장제스와 마오쩌둥이 '전쟁 이후'를 준비하는 방식은 서로 판이하게 달랐다. 마오쩌둥은 해방구 건설에 주력하면서 후방의 농촌 지역을 장악하는 데 주력한 반면, 장제스는 휘하의 군사 조직을 유지하면서 서양 열강과의 외교에 주력했다. 그 성과로 장제스는 미국으로부터 종전 후 국민당 정부를 지원한다는 약속을 받아냈다. 병력에서나 외교에서나 마오쩌둥에 비해 압도적인 우위에 있던 장제스는 종전 즉시 미루어둔 내전을 재개한다는 방침이었으며, 이 내전에서 손쉽게 승리한다는 자신감을 가지고 있었다.

그런 자신감에서 장제스가 또다시 먼저 도발했다. 1946년 6월, 그는 공산당의 근거지인 해방구들을 향해 총공격 명령을 내렸다. 일본이 물러갔으므로 이제는 앞뒤를 재고 말고 할 것도 없이 무조건 전면전이었다. 당시 국민당의 군대, 즉 국부군은 총병력 430만 명에 미국의 지원까지 등에 업었으므로 120만 명의 병력에 일본군에게서 노획한 구식 무기로 무장한 홍군과는 비교도 되지 않았다. 초반에는 당연히 국부군의 압승지세였다. 국부군은 상하이, 난징 등 강남부터 착실하게 땅따먹기를 시작하더니 1947년 3월에는 마침내 홍군의 수도에 해당하는 옌안까지 손에 넣었다.

그러나 그것은 홍군의 전략이었다. 모든 면에서 열세인 홍군은 처음부터 전략적 후퇴를 거듭했다. 전면전을 피하고 유격전으로 임했을 뿐아니라 도시를 포기하고 농촌을 확보했다. 국부군은 전투마다 승리했으나, 도시와 교통로만 점령한 탓에 병참선이 늘어지면서 병력이 분산되었다. 게다가 점령지마다 특유의 독재와 철권통치로 일관하는 바람에 지역 민중에게서 지지를 얻지 못했다. 그 반면 홍군은 점령지마다 농민들을 입대시키면서 병력을 확대해 오히려 전투에서 패배할수록 병력이 증가했다.

옌안이 적의 수중에 들어간 시기에 마오쩌둥은 홍군을 인민해방군이라는 이름으로 바꾸었다. 이때부터 국면은 거짓말처럼 급변했다. 인민해방군은 소도시부터 착실하게 수복하기 시작했다. 국민당이 장악한 대도시들은 고립 상태에 빠졌다. 1948년부터 인민해방군은 대대적인 공세로 나왔다. 병력은 이미 비등해졌고, 전투의 주도권은 인민해방군으로 넘어왔다. 그해 말에는 만주 전체를 수중에 넣었고, 쉬저우에서 벌어진 내전 사상 최대 규모의 전투에서 한 달간의 혈전 끝에 국민당의 정예군을 격파했다. 그리고 이듬해 1월에는 드디어 베이징을 점령했다.

장제스는 서양 열강에 도움을 청하고 공산당에 강화를 제의했으나 양측으로부터 아무런 회신도 받지 못했다. 그것은 곧 국제 여론의 하야하라는 압력이나 다름없었다. 결국 그는 총통의 직위에서 물러나 대만 철수를 준비했다. 1949년 4월, 인민해방군은 양쯔 강을 넘어 강남 일대를 차례로 점령했다. 8월에 장제스는 대만으로 도망쳤고, 다음 달에 인민해방군은 중국 본토를 모조리 손에 넣었다. 1949년 10월 1일, 드디어 베이징을 수도로 중화인민공화국이 정식으로 수립되었다. 수천 년 만에 '새로운 중국'이 탄생했다!

러시아식 사회주의도 변형인데, 그것과 또 다른 변형 사회주의가 생겨났다. 사회주의혁명의 환경과 조건, 주체가 모두 달랐으므로 어차피 변형은 불가피했지만, 1차·2차 사회주의혁명이 다 변형이고 '정상적' 행정의 사회주의가 실현되지 않았다는 것은 사회주의 이론에 큰 문제점을 제기했다. 그 두 가지 변형은 공통점도 있다. 우선 경제적 필연성에서 혁명이 비롯된 게 아니라 특정한 정치 세력이 혁명을 주도했다는 인위적인 성격에서 닮은꼴이다. 하지만 그보다 더 중요한 공통점은 혁명 이후의 과제다.

러시아와 중국은 사회주의혁명이 일어나기 전까지 오랜 제국 체제를 유지했다. 바꿔 말하면, 두 나라는 자본주의 단계에서 생산력을 충분히 발달시키는 과정을 건너뛰고 사회주의사회를 성립시켰다(그 역사적 표현이 시민사회의 생략이다). 그런 탓에 혁명 이후 두 나라는 무엇보다 경제성장을 최우선의 정책적 과제로 삼게 되었다. 그 정책이 자본주의적 요소를 도입하는 것이라는 점에서도 두 나라는 공통적이다. 자본주의는 역시 사회주의로의 이행 과정에서 생략할 수 없는 단계일까?

그래도 중국의 경제정책은 1920년대의 소련에 비하면 훨씬 '사회주의적'이다. 적어도 신경제정책처럼 자본주의적 요소가 노골적이지는 않다. 예를 들어, 사적 소유는 결코 용납되지 않았다. 오히려 현상적으로는 철두철미하게 사회주의 노선을 추구하는 것처럼 보였다.

혁명 직후 발발한 한국전쟁에 참전하느라 중국의 정식 사회주의 건설은 1950년대 후반부터 전개된다. 자본주의든 사회주의든 경제의 바탕은 생산이다. 생산의 동력은 물론 노동자다. 그러나 문제는 생산의 단위가 '기업'이어야 한다는 점이다. 국유화를 기본으로 하는 제도가 사회주의지만 국가가 생산의 단위로 경제 일선에 나설 수는 없다. 이런 문제점 때문에 신경제정책에서도 사적 경영을 도입한 바 있다. 중국에서 '기업'의 역할을 맡을 주체는 무엇일까?

처음에 중국 정부는 소련식 모델로 경제성장을 이루고자 했다. 그러나 환경의 차이가 워낙 컸다. 중국은 소련에 비해서 농업의 편중이 심하고 인구가 많아 농업 생산에서 잉여가 발생하기 어려웠다. 그래서 1958년에 정부는 소련식 모델을 완전히 폐기하고 그 대신 인민공사人民公社라는 조직을 만들었다. 이것이 국가를 대신해 '기업'의 역할을, 아울러 자본주의적 착취를 담당할 조직이었다.

중국에서 가장 주요한 산업은 농업이었으므로 혁명 이후 중국 각지에 집단농장이 설립되었다. 하지만 이것은 노동을 조직하는 기구일 뿐 생산을 위한 조직은 아니었다. 집단농장을 생산 단위로 업그레이드한 게 인민공사다. 정부는 농업 생산의 기초 단위로 생산대를 조직하고, 그 상급 단위로 생산대대를 구성했으며, 생산대대를 모아 인민공사로 편제했다. 이 세 가지가 중국식 사회주의에서 생산의 단위로 기능했으며, 이런 구조가 공업 분야까지 확산되면서 대약진운동이 전개되었다.

사적 소유가 허용되지 않고 국가가 모든 생산을 조직한다. 취사와 육아 등 일상생활을 공동으로 처리한다. 그렇다면 중국은 완벽한 사회주의 체제를 갖춘 걸까? 게다가 능력에 따라 일하고 일한 만큼 분배를 받는 사회주의의 원리를 넘어, 능력에 따라 일하고 필요에 따라 분배를 받는 공산주의의 원리가 강조된다. 그렇다면 중국은 사회주의를 넘어 이상적인 공산주의사회로 접어든 걸까?

하지만 그렇지 않다. 비록 사유 기업은 아니라 해도 인민공사는 그 자체로 하나의 '거대한 기업'이다. 자본주의국가에서 수많은 사유 기업을 운영하는 수많은 사적 자본가가 중국에서는 국가라는 단일한 경영자/자본가로 바뀐 것이다. 다수든 하나든 자본가가 있다면 반드시 '자본주의적 착취'도 있다. 중국에도 드디어 '착취자'가 생겼다! 따라서 중국식 사회주의 건설은 기형적인 자본주의적 성장 정책에 불과했고, 인민공사는 거대한 사유 기업에 불과했다. 그런데 그 사유 기업은 자본주의국가의 많은 사유 기업들에 비해 이윤율이 크게 뒤졌다.

결국 인민공사를 토대로 한 대약진운동은 1960년대 중반부터 노선이 수정되고 후퇴하기 시작했다. 마오쩌둥의 지도력은 심각한 위기에 처할 수밖에 없었다. 1966년부터 전개된 문화대혁명은 그런 상태를 만회하기 위한 정치적 대응이었다.

잘못 꿰어진 사회주의의 첫 단추는 프롤레타리아 국제주의의 원칙에 따라 다른 지역의 신생 사회주의국가들에도 이식되었다. 체제의 모순은 더욱 증폭되었다. 그 결과 소련과 중국을 비롯해 20세기에 사회주의국 가를 이루었던 동유럽과 쿠바, 북한 등의 나라들은 예외 없이 경제문제에 시달렸고, 정치적으로는 '사회주의적 황제'가 절대 권력자로 군림했다(심지어 북한 사회주의에서는 권력의 세습까지 이루어졌다).

그 지역들이 모두 20세기 초까지 시민사회의 경험이 없는 제국 체제 혹은 왕조시대의 역사를 가졌다는 것은 우연이 아니다. 사회주의가 성립된 이후에라도 시민사회가 생략된 데 따르는 후유증을 심각하게 앓는 것은 당연하다.

사회주의의 원형은 현실 역사에 존재하지 않았다. 적어도 현재까지는 그렇다. 현실 세계에서 사회주의에 가장 가까운 형태를 꼽는다면, 한때 소련과 중국 공산당에 의해 기회주의라고 매도당한 유럽 공산주의다. 유럽 공산당들은 지금 근근이 명맥을 유지하는 데 불과하지만, 프롤레 타리아 국제주의를 포기하고 각국의 사회주의·공산주의 정책은 각국의 전통과 환경에 따라 달라질 수밖에 없다는 데 공감하고 있다. 또한 사회주의사회를 실현하는 수단으로 혁명 대신 합법적인 정치 과정과 선거를 제안한다. 자본주의 경제와 의회민주주의 정치가 최선의 제도는 아닐지라도 최소한 사회주의·공산주의로 향하는 사회 진보의 필수적인 조건이라는 합의다. 이것은 현실에 존재하는 가장 원형에 가까운 사회주의일까? 아니면 사회주의의 정체성을 완전히 잃어 더 이상 사회주의라는 명칭을 붙일 수 없는 기형적 체제일까? 사회주의는 실현될 수 없는 꿈일까?

러시아와 중국은 제국 체제의 모순을 극복하기 위해 사회주의를 실험했지만, 서양 문명은 오히려 제국을 역사의 최종 결과물로 제시했다. 다만 그것은 인류 역사의 중요한 시기를 수천 년 동안 지배했던 제국이 아니라 새로운 개념의 제국이다. 신개념의 제국에 걸맞게 이 제국은 구세계와 분리된 신세계에서 탄생했다.

22

신개념의 제국 : 미국의 경우

식민지답지 않은 식민지 / 1차 시민혁명: 독립전쟁 / 이중 잣대의 미국식 영토 확장 / 2차 시민혁명: 남북전쟁 / 인도주의와 무관한 노예해방 / 전혀 다른 제국

●

서양 문명은 오리엔트에서 맹아가 생겨난 이후 내내 서진을 계속하면서 발달했다. 서남아시아에서 소아시아로, 소아시아에서 크레타로, 또 그리스로, 로마로 이동했고, 중세에 들어 서유럽으로 중심이 옮겨가면서 나머지 유럽 대륙 전체를 단일한 문명권으로 포섭했다. 거기서 더 서쪽으로 가면 어떨까? 유럽의 서쪽에는 대서양이 있고 대서양을 건너면 북아메리카다.

18세기 말 그곳에서 탄생한 미국은 오늘날 세계 최강국으로 성장했다. 미국에서 다시 서쪽으로 가면 태평양이고, 이 바다를 건너면 동쪽에서부터 일본, 한국, 중국으로 이어지는 동북아시아 세계가 나온다. 이곳에는 고대부터 현대까지 이어지는 토착 문명이 자리 잡고 있지만 이미 상당히 서양 문명이 침투했다. 동아시아에서 한 번 더 서진하면 서양 문명의 발상지인 서남아시아가 있다. 지구를 한 바퀴 돈 것이다.

동북아시아부터 서양 문명은 기존의 토착 문명과 합쳐져 혼합 문명이 된다. 그렇다면 그 이전에 서양 문명이 순수하게 이식된 미국은 서양 문명의 종착지이자 최종 결실에 해당한다. 실제로 미국이 걸어온 200여 년의 역사에는 5000년 서양 문명의 성과물이 농축되어 있다. 미국의 역사는 시민혁명, 시민사회, 내전, 의회민주주의, 공화정, 제국주의 등 봉건시대 이후 유럽 근·현대사의 모든 요소가 등장하는 서양사의 축소판이자 결정판이다.

1776년 영국에서 독립하면서 생겨났으므로 드러난 역사는 짧지만, 미국은 고대와 중세를 거치며 줄기가 굵어져온 수천 년 유럽사의 우듬지에 해당하므로 감춰진 역사는 결코 짧지 않다. 우선 미국의 탄생 자체가 하나의 시민혁명이다. 시민혁명이 오랜 역사적 산물이라는 것은 앞에서 본 바 있다.

18세기 후반에 영국은 자타가 공인하는 세계 최강이었다. 원래 일인자의 지위를 유지하려면 돈이 필요하게 마련이다. 유럽 대륙의 복잡한 국제 정세에 개입하고 해외 식민지에서 프랑스와 사사건건 충돌하느라 돈 쓸 곳이 많아지자 영국의 왕 조지 3세는 자연히 식민지를 떠올렸다. 모국보다 훨씬 더 큰 북아메리카 식민지가 있지 않은가? 당시 신대륙의 경쟁자였던 프랑스는 이미 북쪽의 캐나다로 내몬 상태였다.

세금을 많이 거두는 방법으로 흔히 세금의 액수를 올리는 것을 생각하지만, 그것은 초보 지배자나 범하는 서툰 짓이다. 노회한 조지는 과세 항목을 많이 신설하는 편이 더 유리하다는 것을 안다. 납세자들의 저항을 줄이는 데도 그 방법이 좋다. 그래서 그는 1765년에 인지세법을 제정했다. 하지만 메이플라워호가 북아메리카에 도착한 지도 어언 한 세기 반, 이민의 역사가 제법 된 만큼 식민지인들도 조지의 의도쯤은 충분히 읽고 있었다.

인지세법은 무척 황당한 법이었다. 모든 인쇄물에 인지를 부착하라는 것인데, 그 인지는 물론 돈을 주고 사야 했다. 이에 따라 신문과 책자는 물론 공문서, 증서, 심지어 오락용품인 카드와 학위 증서에까지 세금이 붙었다. 식민지와의 교역에 관세를 매기는 것도 이상한 일이었지만, 그래도 관세까지는 식민지인들도 본국의 고유 권한으로 인정하고 있었다. 하지만 이런 직접 과세, 그것도 터무니없는 과세 항목을 설정한 것은 전횡을 넘어 만행이며 모욕이다.

더 큰 문제는 본국에서 세법을 마음대로 개정해도 식민지인들은 법적인 발언권이 없다는 점이다. 본국 의회에 식민지 대표가 참여하지 못했던 것이다. 식민지인들은 "대표 없이 과세 없다."라는 원칙을 내세우면서 거센 항의에 나섰다.

그동안 고분고분하던 식민지가 갑자기 날을 꼿꼿이 세우자 영국 의회는 놀랐다. 그런데 그 항의는 법리적으로 충분한 근거가 있었다. 본국은 오래전부터 불법을 저지른 셈이다. 좋다, 절차를 문제 삼는다면 우선 그걸 정리해주마. 영국 의회는 인지세법을 폐지하고 더 교활한 선언법을 제정했다. 그 내용은 식민지에 관한 법을 제정하는 권리를 본국이 보유한다는 것이었다. 물론 식민지인들의 정치 참여를 원천 봉쇄하려는 뻔한 의도다.

곧이어 의회는 후속 법안을 제정했다. 1767년의 타운센드법은 식민지에 대한 정치적·경제적 압박의 의도를 노골적으로 드러냈다. 식민지 대표기구를 인정하지 않고(정치적 봉쇄), 유리나 납, 페인트, 종이, 차에 대해 과세한다(경제적 봉쇄). 이쯤 되면 순한 사람도 펄쩍 뛸 만한 상황이다. 식민지인들이 더욱 강력하게 반발하자 영국은 1770년부터 차에 대한 세금만 남기고 나머지를 없앴다. 그러나 이미 타오르기 시작한 식민지인들의 분노마저 없앨 수는 없었다.

1773년, 식민지인들은 보스턴 항구에서 차를 가득 실은 영국 동인도회사의 상선을 습격해 수백 상자의 차를 바다에 던져버렸다. 영국은 이 보스턴 차사건을 '명백한 반란 행위'로 규정하고 즉각 응징에 나섰다. 지금까지 본국과 식민지가 정치적으로 싸웠다면 이제부터는 물리적 충돌을 피할 수 없게 되었다. 식민지의 결의는 확고했다. 총 13개 주 가운데 조지아를 제외한 12개 주 대표들이 대륙회의를 구성해 강경 대응의 카드를 뽑아들었다.

1775년, 드디어 영국군과 식민지 민병대가 최초로 충돌했다. 사실상 식민지 정부가 된 대륙회의는 워싱턴George Washington을 총사령관으로 임명하고 임전 태세를 갖추었다. 민병대는 그대로 정규군이 되었다. 선전포고는 1776년 7월 4일 독립선언으로 대신했으니, 여러모로 식민지답지 않은 세련된 식민지다. 실제로 식민지 시민들은 자신들의 땅을 식민지로 여기지 않고 '뉴잉글랜드'로 불렀다. 말하자면 신구 잉글랜드의 싸움이다. 유럽 최강이자 세계 최강인 영국으로서는 더 이상의 적수가 없어 자국민끼리 전쟁을 벌이는 셈이 되었다.

이 '변형된 내전'의 상태는 오래가지 못했다. 전쟁이 시작된 지 2년 만에 프랑스를 필두로 에스파냐, 네덜란드가 속속 식민지 편에 가담한 것이다. 사실 그들은 처음부터 영국과 식민지의 갈등에 개입하고 싶었으나 명분이 없던 터였다. 그 명분을 제공한 것이 바로 식민지의 독립선언이다. 독립을 선언했으니 식민지는 독립국이 되었고, 전쟁은 '내전'이 아니라 '국제전'이 되었다. 대륙회의가 독립선언부터 서두른 이유는 바로 외부 원조를 끌어들이려는 데 있었으니 서로 손발이 잘 들어맞은 결과였다.

특히 프랑스의 노력은 매우 헌신적이었다. 개전 초기부터 대륙회의는 자금난에 시달렸다. 독립전쟁이 시작되자 식민지인들은 독립을 지지하는 애국파와 본국을 지지하는 충성파로 갈렸는데, 수적으로 보면 애국파가 다수지만 재력가들은 전부 충성파였다. 전쟁 비용을 충당하기 위해 대륙회의는 일종의 국채라 할 수 있는 종이돈_{paper dollar}을 발행했으나 그것도 여의치 않았다. 그때 재정 문제를 해결해준 게 바로 프랑스였다. 프랑스는 참전을 선언하기 전부터 비밀리에 식민지군에 의복과 장비 등 군수품과 막대한 양의 화약을 공급해주었는데, 이것을 바탕으로 식민지군은 1777년 사라토가 전투에서 중요한 승리를 거둘 수 있었다. 물론 프랑스의 진의는 식민지를 돕기보다 영국을 견제하는 데 있었다. 그렇지 않고 순수한 의도의 지원이었다면 독립 후 미국의 국어는 영어 대신 프랑스어가 되었을지도 모른다.

식민지 측의 또 다른 문제는 해군이었다. 육지에서는 그런대로 대등하게 버틸 수 있었으나 해군력에서는 세계 최강의 영국 해군에 미치지 못했다. 이 문제는 다른 유럽 국가들이 해결해주었다. 세계 일인자인 영국은 이미 유럽에서 왕따였다. 러시아와 프로이센, 덴마크, 스웨덴 등은 직접 참전하지는 않았으나 무장 중립을 선언하고, 중립국의 지위를 이용해 자기들의 선박으로 식민지군에 군수 물자를 실어다주었다.

국제적 지원에 힘입어 식민지군은 1781년 요크타운에서 대승을 거두면서 승부에 쐐기를 박았다. 영국은 1783년 파리 조약으로 식민지의 독립을 승인할 수밖에 없었다. 18세기 내내 거의 전승을 거두었던 영국은 오히려 식민지와의 전쟁에서 패했으니 아이러니다. 혹은 같은 영국의 군대에 유일하게 패배할 만큼 영국이 세계 최강이었음을 말해주는 것일 수도 있다. 어쨌든 미국은 홀로서기에 성공했다.

반란으로 시작해 독립으로 끝난 미국의 건국은 그 자체로 시민혁명이다. 따라서 미국의 독립혁명은 17세기 영국의 시민혁명, 그리고 미국이 독립하고 몇 년 뒤인 1789년에 일어난 프랑스 혁명과 같은 성격이다. 유럽의 근대를 낳은 시민혁명이 북아메리카에서 일어났다는 것은 이 지역이 서유럽 중심의 서양 문명권에 정식으로 포함되었다는 의미다.

물론 북아메리카에 토착 문명이 전혀 없었던 것은 아니지만, 미국은 그 토착 문명과 전혀 무관하게 유럽 문명이 이식되어 생겨났다. 흔히 미국은 역사가 짧다고 말한다. 실제로 미국의 역사에는 고대와 중세가 없다. 그러나 현존하지 않는 미국의 역사적 뿌리는 바로 유럽 대륙에 있다. 미국은 모태인 유럽 대륙과 지리적으로 분리되어 있기 때문에 구대륙의 여러 가지 모순으로부터 자유로울 수 있었다. 그런 점에서 미국은 섬이라는 유리한 여건을 최대한 활용한 영국과 일본의 확대판이다. 그 지리적 이점은 20세기의 양차 대전에서 극명하게 드러난 바 있다.

독립 당시 미국은 5대호에서 미시시피에 이르는 북아메리카 대륙의 동해안을 따라 남북으로 길게 뻗은 나라였다. 인구도 400만 명이 채 되지 않았다. 그러나 건국 이후 한 세기도 지나지 않은 19세기 중반에 이르러 미국의 영토는 태평양 연안까지 닿았고 인구는 3000만 명으로 급증했다. 이 팽창 과정은 유럽에서 수세기에 걸쳐 서서히 진행된 제국주의 과정의 압축, 요약, 확대, 증보다.

영국의 굴레에서 벗어난 뒤 북아메리카에서 신생국의 앞길을 가로막는 것은 없었다. 유럽 대륙 전체보다 훨씬 넓은 땅(독립 당시의 13개 주만

넓어지는 미국 지도 18세기 말 독립 당시 미국의 영토는 북아메리카의 동해안을 따라 길게 뻗은 13개 주에 불과했다(현재 미국 국기에 그려진 13개 줄은 바로 13개 주를 뜻한다). 그러나 한 세기가 못 되어 미국 영토는 독립 시기에 비해 다섯 배 이상 늘었다. 화룡점정은 1867년 러시아에서 불과 720만 달러에 알래스카를 사들인 것이다.

해도 서유럽 지역과 맞먹는 면적이다)에다가 국경을 맞대고 있는 나라도 없어 모든 게 마음대로였다. 북아메리카 원주민의 소규모 부족들은 유럽 출신 이주민들의 조직적인 공략을 당해낼 수 없었으므로 서부는 말 그대로 미국의 독무대였다.

19세기 초반부터 미국은 적극적으로 영토 확장에 나섰다. 신생국이지만 외부로부터 성숙한 문명을 이식받아 출발했기에 처음부터 구사하는 수단이 노련했다. 유럽 국가들이 200년 전부터 즐겨 사용하던 특기를 구사한 것이다. 방법은 크게 두 가지, 매입과 강탈이다. 유럽 강대국이 소유한 땅은 매입하고, 북아메리카 원주민과 19세기 초에 생겨난 약소국 멕시코가 소유한 땅은 강탈한다. 루이지애나, 플로리다, 알래스카는 각각 프랑스, 에스파냐, 러시아에게서 사들였고, 텍사스와 캘리포니아를 비롯한 서부의 주들은 멕시코, 북아메리카 원주민들과 전쟁을 벌여 빼앗았다.

문제는 새로 얻은 땅에 사람들을 이주시키는 것인데, 이것도 두 가지 유리한 조건으로 쉽게 해결되었다. 우선 미국이 독립하면서 유럽 각국에서 이민자가 신대륙으로 몰려들었다. 건국 이후 서유럽(프랑스, 이탈리아, 독일, 아일랜드)과 동유럽(폴란드, 헝가리)에서 수많은 사람이 미국으로 이주했고, 그 뒤에는 아시아와 라틴아메리카 이민자들이 크게 늘어 미국의 인구는 수적으로나 문화적으로나 매우 다양해졌다. 이주민들은 기존의 토지 소유자들과 경쟁을 피하기 위해 '말뚝만 박으면 내 땅'이 되는 서부로 떠났다. 또한 19세기 초반 캘리포니아에서 대규모 금광들이 잇달아 발견된 것도 서부 개척을 부추겼다. 이들 덕분에 얼마 안 가 미국의 서부 경계선은 태평양에 이르렀다.

오랜 전통의 정수를 물려받은 신생국의 호조건은 여기에 그치지 않았다. 때마침 유럽에서 불어온 산업혁명의 바람으로 미국은 영토만이 아니라 산업도 크게 발달했다. 철도와 운하, 공업이 단기간에 크게 성장했다. 막상 산업혁명의 주역인 영국은 혜택과 더불어 노동 조건의 악화라는 심각한 부작용을 겪었으나 미국에서는 거의 그 열매만 따먹고 혜택만 누렸다. 명백한 후발 주자의 베네핏이다.

하지만 풍부한 노동력이 없으면 산업혁명은 성공할 수 없다. 북부의 산업 노동력은 유럽의 이주민들이 충당했지만, 남부의 넓은 평야를 경작하려면 훨씬 막대한 노동력이 필요했다. 이 노동 수요를 충당해준 것이 바로 아프리카에서 잡아온 흑인 노예다. 이들은 남부의 대농장에서 식량 생산과 면화 재배에 투입되었는데, 남부의 농업은 북부의 공업 발달을 위한 중요한 배경이 되었다.

흑인 노예들을 제외한다면 당시 모든 게 풍요로운 미국에서 불만을 품은 사람은 극소수였을 것이다. 그러나 북부와 남부의 협력 관계는 오래가지 못했다. 양측의 사회체제는 갈수록 차이가 심해졌다. 북부는 서유럽식 자본주의를 취했고, 남부는 바로 아래 라틴아메리카처럼 노예제를 바탕으로 한 대농장 중심 체제였다. 북부와 남부의 차이가 심화되면서 양측은 사사건건 대립했다.

새로 개척된 서부의 땅을 놓고도 북부는 조그만 구획으로 나누어 이주민들에게 분배하는 정책을 취했는데, 남부 대농장 소유주들은 그런 조치에 반발했다. 새로 생긴 서부의 주마다 상원의원이 두 명씩 배정되었으므로, 서부 개척을 주도한 북부에 비해 남부는 정치적으로 계속 밀리게 되었기 때문이다. 관세 문제에서도 양측의 이해관계가 대립했다. 북부는 국내 공업의 보호를 위해 관세를 높이려 했으나 남부는 면화를 유럽으로 수출하기 위해 낮은 관세를 주장했다.

두 나라로 갈라선다면 모를까, 더 이상 한 나라로 아우르기가 어려워졌다. 적어도 남부는 드러내놓고 말은 못해도 차라리 갈라서기를 원했다. 미국은 독립 이후 최대의 위기를 맞았다. 그러나 남부에 비해 인구도 두 배인 데다(더욱이 남부 인구의 3분의 1 이상은 노예였다) 철도나 광산은 물론 산업체의 90퍼센트를 소유하고 있던 북부는 남부의 분립을 용납하려 하지 않았다. 여기에 나폴레옹 전쟁 이후 유럽에서 성장한 계몽주의의 외피가 씌워지면서 북부는 남부에 비인간적인 노예제를 폐지하라고 요구하고 나섰다.

그러나 400만 명의 노예를 거느린 남부에서는 노예가 없으면 사회의 기반 자체가 송두리째 마비될 형편이었다. 그런대로 북부의 요구를 버텨내던 남부에 드디어 더 이상 견딜 수 없는 상황이 닥쳤다. 노예제에 반대하는 공화당의 링컨Abraham Lincoln이 대통령으로 당선된 것이다. 이제 북부의 요구는 인도주의 같은 비공식적인 게 아니라 정식 국가 시책으로 확정될 것이다.

사실 링컨은 노예 문제를 과격하게 해결하려는 입장이 아니었고, 다만 '장기적으로' 노예제는 폐지되어야 하지 않겠느냐는 정도의 온건파였다. 링컨의 목적은 애초부터 노예해방에 있지 않았다. 그는 당시 북부의 정치적 논리인 연방제의 전일적인 지배를 추구했고, 북부의 경제적 논리인 보호관세와 세금으로 특정 산업을 지원하는 경제정책을 일관적으로 추진했다. 노예제는 그런 북부의 정치·경제 노선에 반대하는 남부의 경제적 근간이었으므로 링컨은 노예해방을 통해 남부에 경제적 타격을 가하려는 것뿐이었다.

링컨과 북부의 공화당 정권에 더 큰 우려는 노예제보다 연방제가 깨지는 것, 즉 미국이 둘로 나뉘는 것이었다. 그럴 만큼 남부의 반발은 거셌다. 북부의 바람과는 반대로 일찍부터 분립을 준비하고 있던 남부는 즉시 홀로서기에 나섰다. 1862년, 남부의 7개 주는 연방을 탈퇴해 독자적으로 아메리카 연방을 구성했으며, 헌법도 별도로 제정하고 대통령으로 데이비스Jefferson Davis를 선출했다. 이제 미국은 두 개의 국호와 헌법, 대통령이 존재하는 두 개의 나라로 나뉘었다.

이런 상태가 오래 지속되었더라면 이후의 역사에서 실제로 그렇게 되었을지도 모른다. 만약 미국이 그때 두 개의 나라로 갈라지고 더 나중에는 더 잘게 쪼개졌다면, 북아메리카는 유럽처럼 여러 국가가 분립한 형세가 되었을 테고, 20세기에 세계 질서가 미국 중심으로 재편되는 과정도 없었을 것이다. 세계 평화를 위해서는 그 편이 훨씬 낫지 않았을까? 그러나 대세가 북부의 논리로 기운다고 판단한 남부가 먼저 도발했다. 1861년, 남군이 섬터에 주둔하던 북군의 요새를 공격함으로써 남북전쟁이 시작되었다.

양측의 전력으로 보면 이 전쟁의 승부는 보나 마나였다. 모든 면에서 압도적인 우위에 있던 북부는 남부의 도발을 내심 환영했다. 그런데 뚜껑을 열어보니 의외로 전황은 만만치 않았다. 미리 전쟁을 준비해온 남부는 리_Robert Lee_를 총사령관으로 임명하고 조직적인 작전을 전개했다. 반면 북부는 남부를 얕잡아본 데다 수시로 사령관이 바뀌며 자중지란을 빚었다. 단기전의 전망은 사라지고 양측은 이후 2년 가까이 팽팽한 균형을 이루며 맞섰다.

형세가 변화하기 시작한 계기는 1863년 1월 링컨의 노예해방 선언이다. 남부의 노예들이 즉각 환영의 봉기를 일으킨 것은 아니었지만 노예해방은 상징적인 조치만이 아니었다. 그동안 미국의 내전을 가만히 지켜보던 유럽의 여론이 전쟁의 '선한 측'과 악한 측'을 판단하고 방향을 잡게 되었기 때문이다. 이로써 남부가 내심으로 바라던 영국의 개입은 불가능해졌다.

또한 이 무렵 북부는 자체의 장점을 충분히 깨달았다. 그것은 바로 해군력이었다. 북부는 모든 전력에서 앞서 있었으나 그중에서도 해군이 절대적 우위였다. 남부에는 해군이라 할 만한 것도 없었다. 북부의 함선들이 남부의 해안을 완전 봉쇄하자 남부는 면화를 유럽으로 수출하는 길이 막혀버렸다. 이는 곧 남부의 자금력이 고갈될 수 있다는 이야기였다. 더욱이 남부의 수도인 리치먼드는 해안에서 수십 킬로미터밖에 떨어져 있지 않았으므로 제해권을 빼앗긴 것은 전략적으로 남부에 치명적이었다.

걸핏하면 여론에 밀려 갈아치우던 북군 총사령관도 붙박이가 생겨났다. 1863년 7월, 게티즈버그 전투에서 북군이 승리하자 북부의 승리가 거의 결정되었다. 남부는 2년 가까이 버티다가 1865년에 항복했다.

링컨은 만약 전쟁이 끝난 직후 암살당하지 않았더라면 오늘날 미국인들의 존경을 받는 대통령으로 남지 못했을지도 모른다. 그는 실상 그다지 노예해방에 투철한 신념을 지닌 인물이 아닐뿐더러 정치적 리더십도 그리 강력하지 못했다. 설령 그가 살아남아 계속 집권했다 해도, 그가 이야기한 '국민의, 국민에 의한, 국민을 위한 정부'에서 흑인과 여성은 그 '국민'에 포함되지 않았을 가능성이 크다. 해방된 흑인과 여성이 선거권과 시민권을 가지려면 상당한 기간이 더 필요했다.

18세기 후반 영국의 지배에서 독립한 이래 미국의 역사는 유럽의 근대사를 압축한 듯한 진행을 보여준다. 독립을 이룬 미국은 유럽 각국과 동등한 선상에서 근대적 영토국가로의 출발점을 마련했다. 이런 점에서 미국의 독립전쟁은 유럽 역사에 비교하면 유럽 각국이 영토국가로 정립하는 계기가 된 종교전쟁과 같은 위상이다. 하지만 유럽에서 종교전쟁은 각개약진을 위한 출발점을 제공했을 뿐이고, 본격적인 국민국가가 들어서기 위해서는 나폴레옹 전쟁이 필요했듯이, 미국도 국민국가를 이루기 위해서는 또 한 번의 진통이 필요했다. 그것이 곧 남북전쟁이다. 독립전쟁과 남북전쟁을 통해 미국은 불과 100년 만에 유럽 각국이 거친 역사 행정을 따라잡고 어느 유럽 국가 못지않은 제국주의 열강의 하나로 자리 잡았다.

다른 측면에서 보면, 독립전쟁과 남북전쟁은 둘 다 유럽식 시민혁명이 북아메리카에 응용된 결과다. 또한 둘 다 미국이 세계적 강국으로 거듭나는 데 반드시 필요한 진통이었다. 하지만 두 사건의 의미는 다르다. 독립전쟁이 유럽의 전통에 따르는 미국이라는 신생국을 낳았다면, 19세기 중반의 남북전쟁은 미국을 역사상 일찍이 존재하지 않았던 새로운 개념의 제국주의 국가로 만들었다.

사실 북군이 승리하는 계기가 된 노예해방은 인도주의 같은 도덕의 산물이 아니라 순전히 정치적인 산물이었다. 그렇기 때문에 유독 미국에서만 노예해방이 피비린내 나는 대규모의 내전을 동반했던 것이다. 19세기에는 세계 각국에서 노예해방이 이루어졌고 심지어 러시아 같은 낡은 제국 체제에서도 미국의 남북전쟁이 한창인 1861년에 농노해방령이 내려졌다. 그러나 미국처럼 유혈과 폭력으로 얼룩진 '해방'은 어디에서도 없었다. 이 점은 미국이 유럽 문명의 적자이면서도 특별한 성격을 가진 나라임을 말해준다.

전쟁 이전 북부의 정책에는 근본적인 정치적·경제적 모순이 내재해 있었다. 정치적으로 북부가 주창한 연방제는 미국이 건국될 무렵의 참된 연방제, 특히 건국의 브레인이었던 제퍼슨Thomas Jefferson의 입장과는 크게 달랐다. 원래 주들의 연합으로 출범한 미국은 각각의 주가 연방에 동의하지 않을 경우 언제든 개별적으로 탈퇴할 권리를 가지고 있었다(많은 사람이 잊고 있지만, 이 권리는 오늘날까지도 법적으로 유효하다. 쉽게 말해 만약 플로리다 주가 독립하려면 연방과 무관하게 주민들의 결의만으로 가능하다. 물론 플로리다 주민들이 실제로 그런 일을 벌이지도 않겠거니와, 설령 그런 조짐이 보인다고 해도 연방정부가 비공식적으로 집요하게 방해하겠지만). 그러나 연방주의를 내세운 북부가 남부의 분리주의를 무력으로 짓밟은 것을 계기로 연방제에서 중요한 탈퇴의 권리는 이후 두 번 다시 논의조차 되지 않을 정도로 유명무실화된다. 오히려 링컨 이후 미국은 탈퇴권을 헌법의 사문화된 조항으로만 남겨두고, 당시 유럽에서도 시대에 뒤처진 체제인 강력한 중앙집권형 국가로 발돋움하게 된다.

중앙집권이라면 제국 체제의 기본이 아닌가? 그러나 미국의 체제는 동서양 역사에서 자주 본 중앙집권적 제국과는 달랐다. 그 덕분에 미국은 같은 시기 유럽의 러시아 제국이나 오스만 제국, 동양의 청 제국처럼 낡은 제국 체제의 모순에 시달리지 않았던 것이다. 그 차이는 무엇일까? 황제가 존재하지 않는 제국이라는 것도 하나의 특징이다. 그러나 미국을 신개념의 제국이라고 부를 수 있는 근거는 중앙집권화와 분권화의 조화에 있다.

미국은 대통령제를 취하는, 즉 중앙집권적인 단일한 국가이지만 다른 한편으로는 연방제를 통해 분권화를 수용하는 나라다. 비록 주의 탈퇴권은 (아무도 행사하려 하지 않는다는 점에서) 유명무실해졌어도 연방제는 적어도 각 주가 상대적인 자율을 유지하고 자치를 행할 수 있는 법적 근거가 된다. 오늘날 미국이 국제사회에서 하나의 '국가'로 행동하면서도 역사적으로는 국가의 범주를 넘어 하나의 '문명권'을 이루는 이유는 거기에 있다. 바로 이 점이 미국 제국주의의 가장 큰 특징이다.

로마 제국이 무너진 뒤 1000여 년 동안 유럽 문명권에서는 고만고만한 유사 제국들, 예를 들면, 신성 로마 제국, 비잔티움 제국, 러시아 제국, 나폴레옹의 프랑스 제국이 생겨났다가 사라졌지만, 어떤 의미에서 최초의 진정한 제국은 미국이다. 유럽 문명의 적자이면서도 미국은 유럽에 절대주의의 흔적이 남아 있던 시대에 대서양 건너편 북아메리카에서 탄생했기에 처음부터 절대주의의 굴레를 벗고 공화국으로 출범할 수 있었으며, 유럽 세계가 국민국가로 나뉘어 민족주의 이념으로 무장하고 서로 치열하게 다툴 때 신개념의 제국을 건설할 수 있었다. 그렇게 보면 오늘날 미국이 강조하는 패권주의는 유럽 제국주의의 최종적인 결과가 아닐까?

세계 역사의 양대 메이저 문명은 독립적으로 발생해 수천 년을 거치면서 서로 교류하고 융합되었다. 지금은 단일한 세계 문명으로 나아가고 있지만, 오랜 기간 별도의 발전 과정을 거쳐왔기 때문에 두 문명의 차이에서 비롯된 흔적이 여전히 남아 있고, 이것이 두 문명의 행보에 큰 영향을 주고 있다.

여기서는 두 문명, 두 역사가 낳은 차이를 되짚어보고, 오늘날의 시사에 그 역사적 차이가 가한 영향을 테마별로 나누어 살펴볼 것이다. 모든 시사적 사건의 근저에는 장기간에 걸친 역사가 작용하고 있다. 그렇다면 모든 시사 문제를 대할 때 역사적 측면을 고려하고 감안해야만 근본적인 해법을 찾을 수 있을 것이다.

4부

역사가 낳은 차이

23

계약의 개념과 금융

IMF 사태의 진짜 교훈 / 신용을 경제적 개념으로 이해하기까지 / 용병의 역사 / 은행이 탄생한 배경 / 동양 특유의 정치적 지향성

1997년 10월 이른바 'IMF 사태'가 일어나기 직전에 국내의 여러 신문에서는 외환 위기가 다가오고 있다는 보도를 낸 적이 있다. 실제로 곧이어 외환 위기가 닥쳤으므로 그 보도는 정확했다. 그런데 문제는 후속 보도다. 언론에서는 일제히 해외 국적의 단기자본(속칭 hot money)이 위기의 원인이라고 진단했다. 국내에 머물러 있던 외국의 단기자본들이 일거에 빠져나감으로써 우리나라에 극단적인 외화 부족 현상이 초래되었다는 것이다. "우리 경제의 펀더멘털은 튼튼하다. 조금 있으면 사태가 가라앉을 것이다." 재무부 장관은 이렇게 호언했다. 그것을 사실로 믿은 국내 언론은 심지어 동남아시아와 한국에 연이어 닥친 외환 위기가 미국의 어느 기관, 이를테면 CIA가 의도적으로 만들어낸 '작품'이 아니냐는 추측까지 보도했다. 그러나 이 보도는 일주일쯤 지속되다가 슬그머니 꼬리를 내리고 말았다. 그 이유는 무엇일까?

말할 것도 없이 그것이 잘못된 보도라는 걸 알았기 때문이다. 어디가 잘못되었을까?

단기자본이 빠져나간 탓으로 외환 위기가 온 것은 사실이다. 하지만 그렇다면 단기자본이 일제히 빠져나간 이유를 또 설명해야 한다. 그 이유를 언론에서는 완전히 잘못 파악하고 있었다.

단기자본은 개인들 간의 경제활동에서 흔히 주고받는 고리 사채와 같다. 환율이나 금리를 좇아 수시로 이동하는 생리를 가진 자본이다. 따라서 손실이 발생할 조짐이 보이면 여지없이 다른 곳으로 옮겨가게 마련이다. 그렇다면 사태의 핵심은 분명하다. 외국의 단기자본들은 한국에 더 이상 머물러 있으면 손해를 보거나 이득을 볼 수 없다고 판단했기 때문에 빠져나간 것이다. 당시 한국 경제는 한보나 기아 같은 굴지의 대기업들이 무너지면서 거의 파탄 지경에 있었다. 이런 상황에서 어느 자본주가 한국에 자금을 그대로 두려 할까?

결론은 이렇다. 1997년 한국에 외환 위기가 닥친 것은 단기자본이 한국에서 빠져나갔기 때문이 아니라 그 반대로 단기자본이 한국에서 빠져나갈 만큼 이미 한국 경제가 위기에 봉착해 있었기 때문이다. 언뜻 보면 그게 그거 아니냐고 생각할지도 모르지만 그 차이는 크다. 단기자본이 빠져나간 것은 경제 위기의 원인이 아니라 결과이기 때문이다. 원인과 결과가 뒤바뀌면 당연히 그에 따른 처방도 완전히 달라야 한다.

여기서 그 사태를 사회과학적으로 정밀하게 분석하려는 것은 아니다. 구체적인 정책을 내놓아야 할 위치에 있는 사람들은 사회과학적 인식을 필요로 하겠지만, 그 사태의 본질을 꿰뚫어보기 위해서는 사실 그렇게 치밀한 분석이 필요하지 않다. 그저 역사에 관한 기본 소양만 갖추었어도 당시 재무부 장관은 그런 엉뚱한 믿음을 갖지 않았을 테고, 한국의 언론은 그런 터무니없는 보도를 내보내지 않았을 것이며, 신문의 독자들도 그런 엉터리 보도를 믿지 않았을 것이다.

한 지역에서 비교적 동질적인 민족 집단을 이루며 붙박이로 오랫동안 살아온 우리는 막연히 다른 나라, 다른 민족도 우리와 비슷하리라고 생각하는 경향이 있다. 그러나 동아시아의 역사는 그럴지 몰라도 서양의 경우는 다르다. 서양의 역사에서는 정치가 경제를 좌우한 시기가 거의 없었고 오히려 경제의 흐름에 의해 정치 형태가 결정되는 경우가 많았다. 서양사에 등장하는 정치 형태는 자연스럽게 발생하는 다양한 경제 현상을 따라잡기 위해 탈중심적이고 분권적으로 발전해왔으며, 오늘날에도 그 본질은 같다.

반면 인위적인 정치로 (특히 각종 '제도'를 만들어) 경제를 묶어온 동양의 역사에서는 모든 현상의 배후에 늘 정치적인 세력과 특정 집단의 의도가 있었다. 단기자본이 갑자기 빠져나간 현상에 대해서도 그 '배후'를 추측하는 습관은 지극히 한국적인 사고다. 역사적으로 보면 우리 역사, 특히 조선의 역사에서는 늘 실제의 권력자(사대부 세력)와 상징의 권력자(왕)가 나뉘어 있었기에 모든 정치 행위와 사회현상에서 '배후'를 가정하는 후각이 발달했다.

한 가지 가정을 해보자. 우리보다 경제력이 약한 어느 나라에 우리 국적의 여러 대기업이 소유주인 단기자본들이 들어가 있다고 하자. 마침 우리 정부가 그 나라에 영향력을 행사하고 싶은 상황이 발생했다. 정부가 명령을 내리면(물론 비밀 명령이겠지만) 우리의 단기자본들은 일제히 그 나라에서 빠져나와 그 나라를 곤경에 빠뜨릴 수 있게 된다. 경제가 정치에 예속된 나라에 속한 단기자본이라면 그런 일이 충분히 가능하다. 그러나 미국의 경우에는 아무리 막강한 권력을 가진 비밀기관이라 해도 자국의 기업들을 그렇듯 일사불란하게 지휘할 수 있는 능력은 없다. 서양 문명의 역사와 본질을 파악하고 있다면 그 점은 자명해진다. 따라서 앞에 말한 것과 같은 언론의 해프닝은 없었을 것이다(하지만 당시 동남아시아 일부 국가들의 지도자도 황당한 미국의 음모론을 믿었다).

사실 IMF 사태로부터 우리가 정작 배워야 할 교훈은 따로 있다. 외환위기 사태 이후 IMF의 구제금융을 받던 시절에 우리의 정부와 국민은 남에게서 돈을 빌렸다는 것 이외에도 또 한 가지 수모를 겪어야 했다. 외국의 민간 기업에 불과한 신용평가회사들이 우리나라의 경제적 신인도를 마치 학교에서 성적을 주듯이 등급을 매기고 있는 것이다. 실은 예전에도 그 회사들은 늘 그렇게 등급을 매겨왔지만 IMF 사태 이후 한동안 그들의 '성적 발표'는 (주가, 환율, 금리와 함께) TV 9시 뉴스의 첫 번째 소식으로 자리 잡았다.

신인도라면 쉽게 말해 신용이 아닌가? 그런데 신용 없는 나라와 국민이 어디 있을까? 장사꾼은 신용이 있어야 한다는 게 우리 조상들의 가르침이 아니던가? 하지만 그게 아니었다. 우리는 신용을 하나의 '덕목'으로 알고 있었지만, 서양에서는 그것을 곧 '돈'으로, 다시 말해 경제 요소의 하나로 이해하고 있었다. 국가 신인도에 따라 외국에서 빌리는 돈의 이자율이 달라지고 국부의 가치 전체가 오르락내리락하는 사건을 겪고서야 비로소 우리는 신용이 경제학의 한 개념이자 용어라는 것, 바로 '돈'이라는 사실을 뼈저리게 깨달았다(영어 단어 credit은 신용과 더불어 돈을 뜻한다).

또 한 가지 우리가 깨달은 사실은 자본주의에서 가장 자본주의적인 요소란 산업·상업 자본주의가 아니라 금융자본주의라는 점이다. 물건을 싸게 만들어 비싸게 판다는 산업자본주의, 싼 곳에서 사서 비싼 곳에서 판다는 상업자본주의의 원리는 이윤의 개념만큼이나 오래다. 즉 인류가 도시를 이루어 살 때부터 있었다. 그것을 자본주의라고 말한다면 인류 역사 전체가 자본주의 시대라고 해야 할 것이다. 그렇다면 자본주의의 고유한 특징은 무엇일까? 그것은 바로 금융이다. 그 금융자본주의를 낳은 게 신용이다.

서양인들이라고 해서 특별히 도덕적이라거나 정신적으로 높은 경지에 있을 리는 만무하다. 말하자면 그들의 유전자에 신용이 각인되어 있는 것은 아니다. 서양의 역사와 사회에도 악덕 상인이나 사기꾼은 수두룩하다. 하지만 그들의 경제 메커니즘에는 신용이 기본 요소로 포함되어 있다. 왜 그럴까? 그건 오랜 기간을 두고 숙성된 역사적인 문제이기 때문이다. 신용의 출발점은 계약이었다.

서양의 역사에서는 오래전부터 '계약'의 개념이 존재했다. 그 점을 잘 보여주는 고대의 사례는 용병이다. 서양에서 용병의 역사는 문명이 탄생할 무렵까지 거슬러 올라간다.

기원전 3000년경의 고대 이집트에서도 용병을 사용했다. 당시 이집트는 나일 강 유역의 기다랗고 좁은 지역을 문명의 터전으로 삼았으므로 지리적 여건상 변방의 수비에 문제가 있었다. 이 점을 보완하기 위해 이집트 파라오는 누미디아(지금의 리비아와 알제리)의 기병들을 자주 용병으로 고용했다. 그런데 이집트 파라오가 누군가? 지상의 절대 권력자를 넘어 '하느님과 동급'으로 간주되는 지배자가 아닌가? 고대 이집트인들은 파라오가 죽으면 신이 된다고 믿었다. 파라오는 이집트의 주요 신인 오시리스와 이시스의 아들 호루스의 환생으로 여겨졌다. 신을 대신해

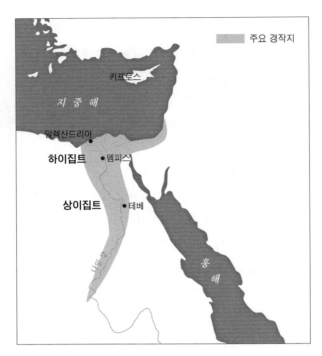

주요 경작지

키프로스

지중해

알렉산드리아

하이집트 ●멤피스

상이집트 ●테베

홍해

나일강

| 용병을 써야 하는 이유 신분이 지배 – 피지배의 의미를 가지는 동양과 달리 서양의 역사에서는 신분이 사회적 역할을 규정했다. 고대 이집트에서 용병을 고용한 이유는 좌우의 폭이 좁은 나일 강변의 영토 때문이기도 하지만, 그보다는 '농사는 농민에게, 전쟁은 병사에게'라는 역할 구분이 확실했기 때문이다.

지상의 세계를 위탁 관리하는 역할이었으니 일반적인 지배자와는 차원이 달랐다. 그런 파라오가 왜 직접 군대를 조직해 막중한 국토의 방위를 명하지 않고 용병에게 맡겼을까?

중국의 황제였다면 차라리 누미디아를 정복해 영토화했을 법하다. 그러면 누미디아 군대를 휘하에 군사로 거느리고 부릴 수 있다. 그러나 이집트의 파라오는 그렇게 하지 않았고 그럴 수도 없었다. 폭은 평균 5킬로미터밖에 안 되지만 길이는 남북으로 수백 킬로미터나 뻗어 있는 영토를 중국의 천자처럼 중앙에서 일사불란하게 지배할 수는 없었다. 따라서 파라오는 인근의 비적대적인 민족들에게 일정한 대가를 주고 영토의 방어를 맡기는 방식을 취했다. 넓은 지리적 중심이 없는 문명권에서는 그 편이 훨씬 더 합리적인 방식이다. 사실 세계 대부분의 문명권은 넓은 지리적 중심을 가지고 있지 않다. 일찍부터 특정한 지리적 중심을 가지고 발달한 중국 문명이 오히려 특이한 경우다.

이런 용병의 전통은 자연스럽게 후대에 계승된다. 기원전 13세기의 유명한 파라오인 람세스 2세(모세가 이스라엘인들을 이끌고 이집트에서 탈출할 무렵의 파라오다)는 현재 시리아에 위치한 카데시에서 소아시아 출신의 강력한 히타이트군과 싸우다가 하마터면 적의 포로가 될 뻔한 적이 있었다. 다행히 그는 때마침 도착한 가나안 용병 부대의 결정적인 도움으로 위기에서 탈출한다. 가나안 용병들이 위기에 처한 파라오를 구한 것은 파라오를 존경해서도, 두려워해서도 아니다. 단지 그들은 대가를 받고 약속을 지킨 것뿐이다. 파라오가 고용한 용병 덕분에 전쟁은 무승부로 끝났고, 이집트와 히타이트 양측은 기록에 전하는 인류 역사상 가장 오래된 강화조약을 맺었다.

물론 용병이라고 해서 마냥 평등한 관계는 아니었고 이집트와 인근 민족들 간에 서열의 관념이 전혀 없었던 것도 아니다. 하지만 그것은 동양식 지배-복종 관계와는 전혀 달랐다. 용병이 주어진 임무에 따라 변방을 잘 지켰을 경우 그것은 고용주와 피고용자 사이의 계약이 매끄럽게 이행된 것이다. 그러나 계약관계가 아니라 군대의 '지배자'가 휘하 병사들에게 방어나 전투를 맡겼다면 그것은 무조건 따라야 하는 명령이다. 그래서 중국의 황제는 임무를 제대로 수행한 병사들에게 '상'을 내릴지언정 '대가'를 지불할 필요는 없었다.

이후에도 오리엔트 세계에서는 용병을 고용하는 관습이 널리 일반화된다. 이 지역의 국가들은 영토국가가 아니었기 때문에 적이 침략해온다든가 하는 특별한 상황에서 용병을 썼으나, 페니키아의 상인들은 아예 용병을 상시 고용하는 방식을 취했다. 일찍부터 지중해 무역을 장악한 페니키아 상인들은 남유럽과 북아프리카에 식민시를 건설할 때마다 현지 민족들을 용병으로 모집했다. 북아프리카의 대표적 식민지가 카르타고인데, 페니키아의 용병들이 지킨 카르타고도 역시 용병을 고용했고 에스파냐를 식민지로 만들어 용병으로 방어했다. 오늘날의 기업 용어로 말한다면 외국에 진출한 기업이 '현지 고용 효과'를 극대화한 것과 마찬가지다.

오리엔트 문명을 이어받은 그리스에서도 용병의 전통은 지속된다. 역사에 잘 알려진 페르시아 전쟁도 어떤 의미에서는 용병 전쟁이나 다름없다. 기원전 480년의 2차 원정에서 페르시아의 황제 크세르크세스는 자기 영토 내에서는 물론 멀리 인도, 리비아, 에티오피아에서도 병력을 동원해 그리스 원정에 임했다. 이에 맞서 그리스의 대표 주자인 아테네도 역시 인근 폴리스들의 병력을 긁어모아 대응했다. 전쟁이 끝나자 양측의 병력이 모두 해산되었다는 점은 용병 전쟁의 성격을 분명히 보여준다.

물론 용병이 고용주에게 반드시 충성한 것은 아니다. 어원에서도 알수 있듯이(용병을 뜻하는 'mercenary'와 상인을 뜻하는 'merchant'는 어원이 같다) 용병은 고용주가 바뀌면 충성의 방향도 달라질 뿐 아니라 주인이 급료의 지불 능력을 잃으면 오히려 주인을 공격할 수도 있다. 로마 제국이 게르만 용병을 널리 활용했다가 결국 용병대장인 오도아케르의 손에 멸망당한 것은 잘 알려진 사실이다.

중국에서라면 그런 경우는 반란이라 불러야 마땅할 사건이다. 그러나 용병은 애초부터 충성심이나 주인의 권위를 인정한 게 아니라 돈을 받고 고용된 것이므로 반란이 아니라 '계약 위반'을 저지른 것이다. 주인의 입장에서 보면 계약을 위반할 가능성이 있는 유능한 '직원'보다는 주인의 권위에 복종하는 충성스런 '하인'이 낫다. 직원을 부리려면 재산만 있어도 되지만 하인을 거느리려면 주인은 재산과 권위를 다 갖추어야 한다. 중국의 황제가 로마의 황제와 달리 하늘의 아들임을 내세우면서 제국 내의 '모든 것'을 소유하는 지위를 얻으려 한 것은 그 때문이다. 또한 서양의 역사보다 중국 역사에서 훨씬 더 일찍 영토국가의 개념이 생겨난 이유도 그 때문이다.

이런 계약의 관념은 신분제에도 통용되었다. 서양의 노예와 동양의 노비가 다른 점은 거기에 있다. 서양의 노예나 동양의 노비는 다 상하 관계의 신분제에 묶인 처지였으나 노예는 노비와 달리 주인과 계약관계였다. 서양의 노예주는 휘하 노예들을 먹여살릴 능력이 없으면 노예를 해방해야 했다. 예를 들어, 흉년이 들어 노예를 거느릴 형편이 못 되면 노예를 풀어주었고, 풀려난 노예는 다른 마을의 노예로 갔다가 다시 돌아오거나 아예 전 주인을 떠났다. 링컨의 노예해방이 있기 전에도 서양 역사에서는 소규모로, 수시로 노예해방이 이루어졌다.

이렇게 쌍무적이었던 서양의 노예주/노예 관계에 비해 동양의 노비는 주인과 생사를 같이해야 했다. 주인의 형편이 어려워지면 주인의 식솔을 먹여살리기 위해 다른 집에 가서 일하고 품삯을 받아올 정도였다. 물론 노비의 입장에서 나쁜 것만은 아니다. 주인이 부와 권세를 누릴 경우 그의 노비도 덩달아 유세를 떨고 거들먹거릴 수 있었으니까.

용병과 노예에서 보는 것과 같은 계약의 전통에서 신용이 제도화되는 메커니즘이 생겨났다. 신용의 제도화라면 곧 금융이다. 실제로 금융은 본격적인 자본주의 시대에 앞서 13~14세기의 북이탈리아에서 신용을 기반으로 형성되었다.

당시 북이탈리아에서는 사상 최초의 은행이 생겼다. 단순히 돈을 다루는 업무로서의 은행이라는 개념의 기원은 훨씬 이전으로 거슬러 올라갈 수 있다. 고대 오리엔트의 대금업자나 성서에 나오는 그리스-로마 시대의 환전상도 은행의 먼 기원이며, 동양의 역사에서도 고대부터 있었다. 그러나 제도와 기관으로서의 은행은 13~14세기 북이탈리아에서 처음 발생했다. 왜 하필 그 시기의 그 지역이었을까?

중세 초기부터 북이탈리아는 남쪽의 교황과 북쪽의 황제가 치열하게 다툼을 벌이는 접점이었던 탓에 영토국가가 형성되지 못하고 군데군데 도시국가들이 균점했다. 밀라노, 피렌체, 베네치아, 피사, 제노바 등 현재 이탈리아의 대표적인 도시들이 대부분 그 무렵에 발달했다. 11세기에 들어서면서부터 그 도시들은 아라비아 세력이 약화되는 틈을 타 지중해 무역을 장악하고 경제적으로 번영하면서 자치도시로 발돋움한다.

황제와 교황의 다툼이 절정에 달한 13~14세기에 자치도시들은 두 열강 중 어느 한 측으로 붙기 위해 촉각을 곤두세우고 암중모색했다. 각 도시 내에서도 황제파와 교황파로 나뉘어 치열한 다툼이 벌어졌다. 경제력은 막강하지만 정치력은 제로나 다름없는 상황이다. 이런 난세를 맞아 북이탈리아의 상인들은 자연히 자신의 재산을 안전하게 보관할 장치를 필요로 하게 된다. 그것이 바로 은행이다.

은행이 탄생한 데는 돈을 안전하게 보관한다는 것 이외에 다른 이유도 작용했다. 당시 북이탈리아의 도시들은 한 마을에도 지중해 무역에 종사하는 상인들이 많았다. 같은 마을에서 마르코, 안젤로, 파울로가 다 무역을 하다 보니 이내 굳이 그럴 필요가 있겠느냐는 생각이 든다. 그래서 마르코와 안젤로는 그대로 무역을 하고 파울로는 친구들이 벌어오는 돈을 관리하는 업무로 역할 분담이 이루어진다. 은행이 정부 지침으로 생겨난 게 아니라 민간에서 자연스럽게 생겨난 것이다.

그러나 은행이 생겼다고 해서 당장 자기 돈을 갖다 맡길 사람은 없다. 은행은 아직 신용을 전혀 얻지 못했다. 처음에는 몇몇 상인들끼리 금고를 설치하고 군대를 고용해 경비하는 식으로 은행의 맹아가 생긴다. 말하자면 금융조합의 수준이다. 그러다 차츰 그 은행이 연혁을 쌓으며 신용을 얻게 되고 대규모화되면서 다른 상인들의 자금을 흡수한다. 나중에는 그 돈으로 자금이 필요한 신흥 상인들에게 대출해주고 이자를 받는 기능도 자연스럽게 생겨난다.

물론 공적 신용 제도가 확립되지 못한 시기이므로 파산하는 은행도 적지 않다. 현대사회에서 자주 운위되는 도덕적 해이moral hazard도 많다. 상인들이 맡긴 돈을 떼어먹고 달아나는 은행주가 있는가 하면 투자가 잘못되어 자금 회수가 불능인 상태에 빠지는 은행도 있다. 하지만 그런 경험은 새로 생겨난 은행의 싹을 짓밟기는커녕 오히려 시행착오의 밑거름이 되어 은행의 업그레이드에 기여한다. 처음에 파울로는 마르코와 안젤로가 맡긴 돈을 떼어먹고 달아나기도 했지만, 점차 그러기보다 차라리 은행 일을 자신의 업무로 삼아 가업으로 자식에게도 물려줄 생각을 하기 시작한다(서양에서 은행에 앞서 은행가가 먼저 생겨난 이유다). 설령 파울로가 부도덕한 사람이라 해도 일확천금을 노리고 도덕적 해이를 저지르기보다 자신에게 주어진 신용의 업무에 충실한 편이 자신에게 더 이득이라고 생각하면 그 문제는 자연스럽게 해결된다. 예나 지금이나 도덕적 해이는 도덕의 문제가 아니라 제도와 역사의 문제다.

드디어 15세기에 이르면 일부 자치도시들에 공립 은행이 생겨난다. 민간에서 탄생한 금융 관행이 공적 제도가 되었고 신용이 덕목의 차원을 벗어나 공적 인정을 얻게 된 것이다.

일반인들의 예금을 받아 장부에 기록하는 오늘날의 은행 업무까지 생겨난 것은 17세기 초 플랑드르에서다. 1609년에 설립된 암스테르담 은행을 필두로 함부르크, 로테르담 등 플랑드르와 북독일의 자치도시들에 속속 근대식 은행이 세워졌다. 이 지역에는 13세기부터 한자동맹이라는 상인 조직이 활동했고, 1602년에는 네덜란드 동인도회사가 설립되었다. 이렇게 은행은 역사적으로 반드시 필요한 지역에, 필요한 시기에 탄생했다.

르네상스도 그랬지만 역시 새로운 제도의 발상지는 북이탈리아와 플랑드르였다. 중세부터 무역이 발달하고 단일한 정치권력이 부재한 이 지역에서 은행이 생겨나고 발달한 것은 필연적인 현상이다. 달리 보면, 은행이란 정치권력과 무관하게, 순전히 경제적인 필요와 환경에서 민간에 의해 자연스럽게 생겨난 제도라는 점을 알 수 있다.

경제가 없는 인간 사회는 없다. 동양 사회 역시 다르지 않으므로 은행이 자연발생적인 제도라면 동양에도 있었을 것이다. 동양의 역사에서도 경제적 신용의 개념은 찾아볼 수 있다. 예를 들어, 우리나라의 계契는 최소한 신라시대까지 거슬러 올라가며, 그 밖에 사적인 금융제도들도 여러 가지가 있었다. 고려시대에는 유명한 개성상인들이 멀리 중국에서까지도 통용되는 국제적 '사금파리 어음'을 사용하기 시작했고, 조선시대에는 객주와 여각을 중심으로 대출과 어음이 성행했다.

그 숙박업소들은 동양식 은행의 기원이 될 수도 있었을 것이다. 더구나 북이탈리아나 플랑드르에 비해 유리한 여건도 있었다. 도시가 곧 국가나 다름없었던 중세 유럽에서는 각 도시마다 사용하는 화폐가 달라 초기 은행이 무척 애를 먹었다. 그러나 동양 사회는 일찍부터 통일적인 정치와 행정이 자리 잡았다. 기원전 3세기에 진시황이 처음으로 중국 대륙을 통일했을 때도 맨 먼저 시행한 조치는 각 제후국마다 달리 사용하던 도량형과 문자, 화폐를 통일한 것이었다.

그러나 고려와 조선의 다양한 사금융의 관행들은 끝내 공적 금융기관을 수립하는 데까지 이르지 못하고 개인들 간의 유통 방식에 그치고 말았다. 신용은 있었으나 제도화되지는 못한 것이다. 왜 그랬을까?

그 원인은 동양 사회 특유의 강력한 정치적 지향성에 있다. 고려와 조선의 지배층(귀족과 사대부)은 경제를 정치적 과제나 행정의 요소로 여기지 않았으며, 사농공상의 신분 차별에서 보듯이 상업을 가장 천시했다. 특히 조선은 고려에 비해서도 국가 무역이 크게 퇴보했기 때문에 경제의 역동성이 거의 없었다. 물론 개인적으로 돈을 많이 번 부자들은 있었다. 그러나 이들은 상업의 분야에서 더 큰 규모의 성공을 거두려 하기보다 어느 정도의 경제적 성공에 만족하고 다음에는 정치적 신분을 획득하는 데 주력했다. 조선 초기만 해도 인구의 1퍼센트도 안 되던 양반층이 중기 이후 급증한 것은 그런 풍조를 말해준다.

새로운 제도가 도입되어도 그것을 둘러싼 문화가 변하지 않으면 그 제도는 안착되지 않는다. 1897년 재계의 거물들이 출자해 국내 최초의 근대식 은행인 한성은행이 세워졌지만 경제 문화는 여전히 달라지지 않았다. 돈을 예탁하면 이자를 지급한다고 아무리 홍보해도 사람들은 '피 붙이도 없는' 은행에 자기 돈을 맡기려 하지 않았다. 일제 강점기에도 지주와 상인들은 토지문서나 돈을 은행에 보관하지 않고 집안의 돈궤에 넣어두었다. 서로를 믿지 못하는 불신 풍토 때문이 아니라 신용이 제도화된 역사가 부재했던 탓이다.

문제는 그 뒤에도 우리 역사에서는 내내 그런 식으로 은행이 설립되고 운영되었다는 점이다. 일제 강점기에 자본주의 제도가 도입되었으므로 은행은 반드시 필요한 기관이었으나, 신용의 역사가 부재한 문제점은 짧은 기간에 해소될 수 없었다.

앞에서 말한 IMF 사태로 돌아가 보자. 이 사건은 20세기 말에 일어났지만 그 뿌리는 멀리 보면 한반도에 근대 국가가 들어선 50년 전으로 소급된다.

1948년 의회민주주의 정치와 자본주의 경제를 표방한 대한민국이 수립된 뒤에도 은행은 서양식 신용 제도로서 기능하지 못했다. 1958년에는 국영은행으로 농업은행이 설립되었고, 그 이듬해에는 민영은행인 서울은행이 설립되었으나 이름만 민영일 뿐 사실상 국가기관이나 다름없었다. 정부도, 은행도, 심지어 은행을 이용하는 사람들도 그렇게 여겼다. 1961년 군사 쿠데타로 집권한 박정희는 국가 주도의 경제성장 전략을 관철하기 위해 서울은행을 전국은행으로 개편하고 중소기업은행을 신설해 금융을 산업·상업 자본주의의 보조기관으로 전락시켰다. 쉽게 말해 은행이 대기업의 자금 유통을 담당하는 일종의 '심부름꾼' 역할을 하게 된 것이다.

그 덕분에 사람들은 은행을 신뢰하게 되었으나 그 바탕에는 시중은행의 실제 주인이 정부라는 인식이 깔려 있었다. 즉 사람들은 정부가 은행을 지원하기 때문에 은행을 믿게 된 것이다. 은행은 정부가 운영하는 기관이므로 부도가 난다거나 망할 수 없다는 게 일반적인 믿음이었다.

은행도 하나의 기업이라는 사실은 정부도, 국민도 인정하지 않았다. 이런 인식은 심지어 은행을 운영하는 주체도 마찬가지였다. 이런 풍토에서는 신용 사회가 발달하기 어렵다.

은행은 돈을 불리는 게 주 업무인 기관이다. 예금주들에게서 예금을 받아 투자에 성공함으로써 예금주 금리와 은행 주주의 이득을 보전해주고, 나머지로 임직원들의 인건비나 기타 운영비를 충당해야 한다. 그러나 국내 은행들은 그런 투자에 대한 관점이 없었다. 투자에 자신이 없으니 자연히 대출 업무는 담보와 보증을 기반으로 움직이게 된다. 하지만 담보라는 안전장치가 있는 만큼 투자 수익률은 떨어질 수밖에 없다(리스크가 없으면 수익률이 낮다는 것은 자본주의의 기본이다). 예나 지금이나 가장 확실한 담보는 부동산이다. 따라서 은행은 투자 수익률을 무시하면서까지 부동산을 장악하고 있는 대기업들에 거의 모든 돈을 대출해주게 된다.

1980년대까지는 그래도 아무 탈이 없었다. 대기업이 망할 리는 없었고, 부동산 가격이 떨어지는 일도 없었다. 그러나 저유가, 저금리, 저달러가 지속된 '3저 호황'의 약발이 떨어지자 사정은 달라진다. 제법 굴지의 기업으로 알려진 기업체들이 이른바 '유동자금'을 확보하지 못해 부도의 조짐을 보였다. 게다가 부동산 시장의 침체로 부동산 가격이 떨어졌다. 담보로 받아둔 부동산의 가격이 떨어지자 은행은 점차 수익률이 하락하면서 부실화된다(외환 위기의 직접적 원인이 된 한보와 기아 사태는 바로 그 담보 부동산의 가격이 떨어지면서 은행과 기업이 함께 부실화된 사례다). 그래도 아직까지는 끄떡없다. 허울만 민간은행이요 시중은행일 뿐 실은 국가에서 경영하는 국영기업이나 다름없으니까. 은행이 부실화되면 언제든 한국은행에서 현찰을 찍어 공급해주면 된다.

하지만 그런 식의 해결책은 임기응변일 뿐이다. 내재되어 있던 문제는 결국 겉으로 드러나고 만다. 한국 경제의 규모가 세계 11위권에 올랐다고 자부하던 1997년, 드디어 그동안 곪아왔던 고름이 밖으로 터져 나온다. 재계 10위권 안에 있는 대기업이 실제로 부도가 난다. 이번에는 예전처럼 중앙은행에서 막아줄 수 없는 상황이다. 부도 규모도 엄청날뿐더러 국가 경제의 규모가 커졌기 때문에 더 이상 그런 편법을 쓰면 그 악영향이 어디에까지 미칠지 모른다. 바이러스가 경제의 모세혈관을 타고 곳곳에까지 스며들어 국가 경제 전체를 중증 환자로 만들지도 모른다. 새삼 금융이라는 의미가 크게 다가온다. 우리는 그동안 자본주의를 정상적으로 운용해왔는가?

앞에서 말했듯이 산업·상업 자본주의의 개념은 삼척동자라도 이해할 수 있다. 수요공급의 법칙? 물건의 수요가 늘어나면 공급이 늘어난다는 것은 굳이 경제학의 법칙이라 할 것도 없이 생활상의 기본 원칙이다. 한계효용체감의 법칙? 소비자라면 누구나 자기 효용을 극대화하는 방식으로 소비할 줄 아니까 법칙 축에도 못 든다. 비교 우위? 자기가 싸게 만들 수 있는 물건을 그렇지 못한 사람에게 파는 게 이익이라는 것을 모르는 사람은 없다. 그런 법칙과 원칙들은 누구나 이해하고 있으며, 누구나 현실에서 운용하고 있다.

정작 어려운 것은 자본주의의 가장 농밀하고 섬세한 부문, 즉 금융이다. 그리고 금융이 어려운 이유는 자본주의의 역사가 짧기 때문이다. 신용이 곧 '가치'라는 간단한 경제적 화두마저도 뜻은 금세 이해하지만 오랜 신용의 역사가 없으면 깊이 체득하기란 어렵다. 산업자본주의에서는 세계 최강에 속하는 일본도 금융에서만큼은 후진성을 탈피하지 못하는 이유는 바로 그 점에 있으며, 기업의 구조 조정보다 금융의 구조 조정이 어려운 이유도 바로 그 때문이다.

역사는 단선적으로 진화하지 않는다. 어떤 지역, 어떤 나라가 거친 행정을 다른 지역, 다른 나라가 반드시 그대로 따라갈 필요는 없다. 그러므로 금융의 역사가 부재한 나라라고 해도 꼭 서양이 걸어온 수백 년 금융의 역사를 그대로 답습해야 하는 것은 아니다. 하지만 행정의 압축과 단축은 있어도 생략은 없다. 후발 주자의 베네핏은 단계를 생략하는 데 있는 게 아니라 기간을 줄이고 후유증을 최소화하는 데 있다. 적어도 서양의 역사에서 탄생한 제도를 올바로 이식해 운용하려면, 서양이 걸어온 '정상적인 궤도'를 기본 축으로 삼고 어떻게 하면 고통과 부작용을 줄이면서 그 행정을 단축할 수 있느냐에 모든 노력을 집중해야 한다. 역사에는 지름길은 있어도 결코 비약은 없다.

24

대항해와 벤처정신

대서양으로 시선을 돌린 이유 / 헝그리 정신으로 무장한 모험 / 주식과 보험의 자연스러운 탄생 / 자본주의의 먼 뿌리

벤처기업이라는 말은 현대사회에서 익숙한 용어다. 모험이라는 뜻에서 나왔듯이, 벤처기업이란 고도의 전문 능력과 창조적 재능, 첨단의 기술, 기업가 정신을 살려 대기업에서는 착수하기 힘든 특수한 부문에 도전하고 있는 연구 개발형 신규 기업을 가리킨다. 하지만 '벤처'라는 말의 의미에 더 충실을 기한다면 벤처기업이란 투자에 대한 이익이 불확실한 상황에서 모험심과 결단력, 기동력을 바탕으로 새로운 분야에 뛰어드는 모든 기업을 지칭하는 뜻으로 생각할 수 있다. 그렇다면 벤처기업이라고 해서 반드시 현대의 기업만 있는 것은 아니다. 역사 속에서도 그런 모델을 찾아볼 수 있다. 모험이 필요한 시대, 미지의 세계가 있는 시대에는 언제나 벤처정신이 있었다.

지금은 전 세계 거의 모든 문명권이 알려진 상태지만 옛날에는 그렇지 않았다. 지구 곳곳에서 문명들이 개별적으로 탄생할 무렵에는 대부

분의 '문명인'들이 자신들의 문명만 이 세상에 존재하는 줄로 알고 있었다. 기원전 5세기 그리스의 헤로도토스가 생각하는 전 세계는 유럽, 아시아, 이집트, 리비아의 네 '대륙'이었다. 또 7세기 일본의 지배자인 쇼토쿠聖德 태자는 하늘의 해가 일본에서 떠서 중국에서 지는 줄로 알았다. 그가 중국의 수 문제에게 보낸 서신에는 "해가 뜨는 곳의 천자가 해가 지는 곳의 천자에게 편지를 보냅니다."라고 되어 있었다.

그러나 문명의 빛이 밝아지면서 서로 무관했던 문명권들이 자연스럽게 섞이기 시작한다. 그에 따라 각 문명은 지구상에 다른 문명들이 존재한다는 사실을 알게 된다. 이 세상에 우리만 있는 건 아니구나! 다른 문명에 대한 호기심은 오늘날 외계 문명에 대한 호기심과 마찬가지였다. 비슷한 시대에 속했던 유럽의 로마 제국과 중국의 한 제국은 직접 교류하지는 않았어도 서로의 존재를 알고 있었다. 당시 로마인들과 중국인들은 아마 지금 우리가 외계 문명을 생각하는 것처럼 상대방을 상상했을 것이다.

이후에도 수백 년 동안 동서양의 두 메이저 문명권은 만나지 않다가 10세기가 넘어가면서 원정을 한 차례씩 주고받는다. 유럽에서 동쪽으로 간 것은 십자군 전쟁이고, 아시아에서 서쪽으로 간 것은 몽골 원정이다(십자군은 서남아시아까지만 왔으나 몽골은 서유럽의 관문까지 갔다). 이 과정이 지난 뒤 14세기 무렵이 되자 이제 동서양의 두 문명은 서로 상대방의 존재만이 아니라 정체까지 어느 정도 인식하게 되었다. 이때까지 두 문명권에 알려지지 않은 세계는 아메리카밖에 없었다. 이 무렵 유럽 세계는 세계 진출에 나섰다.

유럽 대륙의 서쪽 끝에 있는 포르투갈과 에스파냐는 15세기 중반에야 800년간의 오랜 이슬람 지배에서 벗어났다(에스파냐 남부까지 완전히 해방되는 것은 1492년이다). 무거운 짐을 벗나 싶었지만 정작 중요한 시기는 이때부터다. 오랜 레콩키스타를 벌이는 동안 서유럽 국가들은 멀찌감치 앞서가고 있었다. 레이스에서 한참 뒤처진 신생 독립국이 경쟁자들을 따라잡으려면 무엇보다 필요한 게 돈이다. 돈을 벌려면 어떻게 해야 할까?

서유럽의 끝자락, 대서양에 면한 이베리아 반도의 지리적 여건상으로는 당연히 무역에 뛰어들어야 한다. 고대부터 향료와 비단, 도자기를 수입하는 동방무역은 수익성이 좋았다. 그러나 지중해와 서남아시아를 경유하는 전통적인 무역로는 이미 이탈리아와 아라비아 상인들이 독점하고 있었다. 이베리아인들은 자연히 서쪽의 대서양을 바라본다. 서쪽으로 가도 동방에 갈 수 있다는 사실은 어느 정도 알려져 있었다. 2세기부터 유럽을 지배해온 프톨레마이오스의 천동설이 붕괴하고 고대 그리스의 지동설이 코페르니쿠스에 의해 부활하기까지는 아직 좀 더 세월이 필요하지만, 학자들은 몰라도 선원들은 이미 오래전에 지구가 둥글다는 사실을 잘 알고 있었다. 항구로 다가오는 배의 선체보다 돛대가 수평선 위에 맨 먼저 모습을 드러낸다는 것은 상식이었으니까.

지중해 무역에 참여할 방법이 없는 이베리아의 두 나라는 가장 위험한 수단을 강구한다. 대서양으로 나가 서쪽으로 향료 원산지인 인도로 가는 길을 찾는 것이다. 그러나 미지의 세계는 두렵다. 당시 선원들이 사용하던 해도에는 바다 곳곳에 무시무시한 괴물들이 도사리고 있었다. 바람이 심한 곳, 소용돌이, 암초 등이 있는 해역을 괴물로 표시한 것이다. 사람들은 바다 건너 세상에 머리가 없고 가슴에 눈이 달린 기괴한 생물들이 살고 있다고들 믿었다(아마 유럽인들이 상상한 이교도의 모습일 것이다). 18세기에 간행된《걸리버 여행기》에서도 거인과 소인과 야후들이

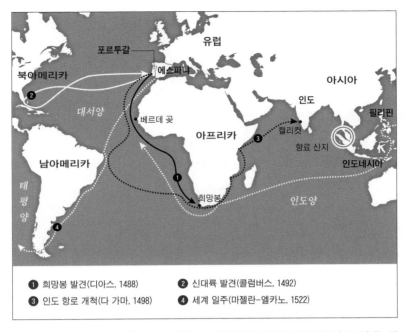

유럽
포르투갈
에스파냐
북아메리카
아시아
대서양
인도
필리핀
베르데 곶
아프리카
캘리컷
❸
향료 산지
남아메리카
인도네시아
태
평
양
❹
희망봉
인도양

❶ 희망봉 발견(디아스, 1488)   ❷ 신대륙 발견(콜럼버스, 1492)
❸ 인도 항로 개척(다 가마, 1498)   ❹ 세계 일주(마젤란-엘카노, 1522)

| 벤처기업의 원조   15세기의 장비와 항해술로 유럽에서 아프리카 남단을 돌아 인도로 간다는 것은 목숨을 건 모험이었다. 실제로 항로를 개척하는 과정에서 수많은 선박이 침몰하고 무수한 선원이 목숨을 잃었으니, 명실상부한 '벤처'였다. 더 중요한 것은 국가의 명령에 의해서가 아니라 사람들이 자발적으로 모험을 택했다는 진취성이다. 항로 개척을 통해 서양 문명이 얻은 최대의 성과는 향료 무역이나 신세계의 발견이 아니라 참된 벤처정신일 것이다.

사는 나라가 나올 정도였으니 15세기에는 말할 것도 없다.

헝그리 정신이 아니었다면 그들이 대항해시대의 문을 여는 일은 불가능했을 것이다. 아직 아무도 가보지 못한 곳, 아무도 하지 못한 일이었기에 그것은 완벽한 벤처였다. 단지 두려움을 극복하는 차원이 아니다. 그 시대에 미지의 세계를 찾아 뱃길을 떠날 때는 목숨을 건다는 말이 오늘날처럼 각오를 다지는 수식어가 아니라 말 그대로의 의미였다. 실제로 무수한 선원과 모험가 들이 돌아오지 못하고 목숨을 잃었으니까.

그러나 그 대가는 컸다. 한 걸음 차이지만 대서양에 바로 면해 있어 에스파냐보다 조금 먼저 출발한 포르투갈은 아프리카 남단을 도는 해로를 개발했다. 아프리카의 동해안을 따라 북상하다가 동쪽의 인도양으로 뛰어들면 향료의 낙원 인도와 인도네시아의 섬들이 나온다. 1488년 바르톨로뮤 디아스는 아프리카 최남단의 희망봉까지 항해했고, 9년 뒤 바스쿠 다 가마는 그 희망봉을 돌아 인도까지 갔다. 이후 아프리카를 돌아 인도로 가는 동쪽 항로는 선발 주자인 포르투갈 선원들이 독점했다.

그렇다면 후발 주자 에스파냐가 선택할 수 있는 길은 하나뿐이다. 대서양으로 나간 뒤 아프리카를 돌아 동쪽으로 가는 게 아니라 서쪽으로 계속 가는 것, 즉 대서양을 가로질러 지구를 한 바퀴 빙 도는 항로다. 디아스가 희망봉을 발견했다는 소식을 들었을 때 에스파냐는 아직 아라비아 세력을 반도에서 다 몰아내지 못한 상태였다. 이윽고 1492년 마지막 남은 이슬람의 거점인 그라나다를 정복하고 레콩키스타를 완료했을 때, 이사벨–페르난도 국왕 부부는 그 기념으로 제노바에서 온 이탈리아 선원 콜럼버스의 요청을 받아들여 서쪽 항로의 개척에 투자하기로 했다.

그해 10월 두 달간의 항해 끝에 아메리카에 도착한 콜럼버스는 이후 죽을 때까지 그곳을 인도라고 믿었다고 한다(아마 얼마 안 가 사실을 알았겠지만 인정하지 않았을 것이다). 그의 생각이 옳다면 그는 신대륙이 아니라 새로운 인도 항로를 발견한 것이 된다. 그러나 신대륙은 에스파냐에 인도보다 훨씬 더 막대한 이득을 가져다주었다. 향료를 수입해 돈을 버는 정도가 아니라 아예 멕시코의 은광에서 돈(은)을 캐낼 수 있었으니까. 게다가 에스파냐는 새로 개척한 해로에 관한 권리와 항해의 노하우를 이용해 멀리 필리핀까지 식민지로 거느릴 수 있었다. 유럽의 후진국

혼자 공부하는 이들을 위한 최소한의 지식: 역사

에서 한두 세대 만에 일약 '해가 지지 않는 나라'로 발돋움했다는 것만
으로도 대항해의 성과로 역사책에 기록되기에 충분하다. 하지만 유럽인
들이 항로 개척으로 얻은 성과는 그것만이 아니다. 그보다 더 역사적인
의미가 큰 제도상의 이득이 있었다. 그것은 바로 훗날 자본주의를 예고
하는 각종 장치다.

대서양이라는 대양을 항해하는 것은 지중해를 항해하는 것과 비교할
수도 없을 만큼 철저한 준비가 필요하다. 지중해는 고대 그리스 시대부
터 사용한 전통적인 갤리선으로 노를 저어 항해할 수 있지만 대서양은
범선이 아니면 안 된다. 지중해에서는 해안을 따라 항해할 수도 있고 어
디서 길을 잃는다 해도 한쪽 방향으로 계속 항해하면 뭍이 나오지만 대
서양은 그렇지 않다. 또한 범선이기 때문에 풍향에 관해서도 잘 알아야
한다. 따라서 뛰어난 항해술과 고도의 관측 장비는 필수다. 포르투갈과
에스파냐가 이탈리아의 노련한 선원들을 불러들여 항로 개척에 나선 이
유는 거기에 있다.

게다가 끝을 알지 못하는 바다를 항해하는 심정이 어땠을까? 바르톨
로뮤 디아스가 희망봉을 발견하기 전 아프리카의 서해안을 따라 남하할
때는 이 검은 대륙이 대체 어디까지 뻗어 있는지 아무도 알지 못했다.
대서양은 더 말할 것도 없다.

대양의 항해가 그렇게 어렵다면 당연히 돈도 많이 들 것이다. 그래서
대항해 벤처사업에 먼저 뛰어든 것은 부자들이었다. 이를테면 포르투갈
왕자 엔리케 Henrique가 그런 사람이다. 주앙 1세의 아들로서 이슬람 세력
을 몰아내는 데 큰 전공을 세웠던 엔리케는 조국을 해방시킨 뒤부터 사
재를 털어 항로 개척에 주력했다. 결국 그는 신대륙을 발견하는 것까지

보지 못하고 죽었으나 대양 항해를 위한 중요한 초석을 놓았다. 아프리카의 서쪽 끝 베르데 곶을 개척한 것은 그의 공로다. 그곳에 중간 기지가 설치된 덕분에 대서양 항해는 한결 쉬워졌다.

그래도 엔리케는 왕자라는 신분이었으므로 막대한 사재를 동원할 수 있었다. 그렇지 못한 사람들은 어떻게 했을까? 바로 여기서 벤처기업의 맹아가 싹튼다. 항로가 개척되자 우선 동방무역으로 큰 이익을 얻은 사람들이 속속 생겨났다. 물론 커다란 위험이 따르지만 대가는 무척 짭짤하다. 당시에는 선박 여섯 척을 보내 항해하는 과정에서 다섯 척이 침몰한다 해도 한 척만 향료를 싣고 귀환할 수 있으면 투자자들은 큰돈을 벌었다.

향료는 같은 무게의 금보다 훨씬 값이 비쌌다. 후추·육두구·계피·생강 등의 향료는 유럽의 약국에서 팔았는데, 손님이 사러 오면 약국 주인은 아무리 무더운 날이라 해도 우선 창문부터 닫았다. 향료의 무게를 달고 갈아줄 때 바람에 가루가 날려가지 않도록 하기 위해서였다.

향료를 찾으러 떠나는 항해 선단을 꾸리자면 최소한 세 척 이상(보통 대여섯 척)의 선박과 한 척당 스무 명 이상의 선원이 필요했다. 게다가 항해 기간도 왕복 1년 가까이 걸렸다. 한마디로 수익성은 좋지만 막대한 돈이 든다는 이야기다. 따라서 어지간한 부자가 아니면 단독으로 출자하기 어려웠다. 왕실이 부럽지 않을 만큼 부자인 투자자는 직접 선장을 고용해 독자적으로 선단을 꾸렸으나 그럴 만큼 재력이 충분하지 않은 상인들은 다른 방식을 고안해야 했다. 그게 무엇일까? 상식적으로 생각하면 아주 쉽다. 몇몇씩 모여 공동 투자로 항해 선단을 구성하는 것이다. 예컨대 총비용이 100이라면 10을 가진 투자자 10명이 모여도 되고 5를 가진 투자자 20명이 모여도 된다. 아니, 가진 돈을 되는대로 투자해도 된다. 투자금에 따라 수익을 분배하면 되니까.

현대 자본주의사회에서도 적절한 투자 아이템이 생기면 자본금을 조성하기 위해 투자자들을 모집한다. 기술과 아이디어는 있으나 자본이 부족할 경우 사업 계획을 투자 자원으로 삼아 투자하려는 금융기업이 나서게 마련이다. 이것을 창업투자회사라고 부른다.

대항해시대 포르투갈과 에스파냐의 상인들은 자연스럽게 창업투자회사를 결성한 셈이다. 동방무역에서 누가 떼돈을 벌었다는 소문이 퍼지자 너도나도 벤처에 투자하려 든다. 사업 계획이 믿을 만하면 전주나 투자자들만이 아니라 항해에 직접 참가할 선장과 선원들도 자기가 받을 급료의 일부를 미리 투자했는데, 이것은 지금의 종업원 지주제 또는 스톡옵션에 해당한다. 예를 들어, 콜럼버스는 자신의 탐험으로 발견되는 지역에서 거두게 될 예상 수익의 10퍼센트를 취득하고 향후의 무역에 8분의 1의 자본을 투자하는 권리를 보장받는 조건으로 대서양 항해를 떠났다. 모든 배경과 조건이 오늘날의 벤처기업과 다를 바 없다.

정부 보조금 같은 것은 없다. 국가가 중대사를 독점하는 동양 세계와는 달리 민간 부문이 발달한 서양 세계에서는 정부도 투자자는 될지언정 사업의 독점적 주체는 되지 못했다. 정부를 포함해 누구도 보증과 보장을 할 수 없는 순전한 벤처였다. 만약 항해에 참여한 모든 선박이 침몰해 돌아오지 못할 경우 당연히 그 사업은 실패한 것이고, 투자금은 전액 날린 것이 된다.

처음에는 그렇게 일확천금을 노리다 패가망신하는 사람들도 있었다. 그런 경우가 잦아지자 자연히 그 손실을 보전하려는 수단이 생겨났다. 이것이 바로 보험이다. 이리하여 14~15세기에 해상보험이 최초의 보험 제도로 탄생했다.

동방무역은 최소한 몇 개월, 자칫하면 1년이 넘게 걸리는 장기간의 항해였다. 선장이나 선원이 사망하는 경우가 비일비재했을 뿐 아니라 항해가 끝나기 전에 투자자가 죽는 경우도 있었다. 그럴 때를 대비하려면 투자에 대한 권리를 가족들에게 상속시킬 수 있는 제도가 필요했다. 또한 투자자가 항해 기간에 다른 사업으로 돈이 궁해질 경우 투자금의 일부를 중간에 회수할 수 있는 제도도 필요했다. 이런 필요성에서 투자의 권리를 남에게 양도할 수 있는 방식이 자연스럽게 모색되었다. 그것이 바로 증권이다.

증권의 수단이 생겨나자 투자액에 따른 지분을 정하는 문제도 점차 엄밀한 계산을 바탕으로 집행되기 시작했다. 위험성의 정도, 즉 리스크도 당연히 그 계산에 포함되었다. 항해의 경험이 쌓이면서 계산 결과는 점점 더 정밀해졌다. 예를 들어, 경험 많은 노련한 선장이면 투자금을 모으기 쉬웠고, 그렇지 못하면 리스크가 크므로 투자자가 몰리지 않았다. 물론 후자의 경우 리스크만큼 수익성이 좋을 수도 있었다. 그렇게 정밀하게 계산된 지분은 점차 투자 규모가 커지고 투자가 공개되면서 주식으로 발달했다.

이런 자연스러운 과정은 자본주의의 속성을 확연히 보여준다. 물론 진짜 자본주의는 대항해시대보다 300년쯤 뒤에 생겨나지만, 자본주의의 기본 요소와 정신은 이미 그 무렵에 자발적인 과정을 통해, 무엇보다 민간 영역을 통해 갖추어진 것이다. 대항해시대의 경험이 없었다면 18세기 유럽에서 자본주의가 연착륙하기란 불가능했을 것이다.

자본주의의 바탕에는 처음부터 벤처정신이 흘렀다. 시기적으로도 '벤처기업'은 현실의 자본주의에 앞선다. 벤처정신은 자본주의를 낳는 원동력이었다. 거꾸로 말하면, 벤처정신의 역사가 부재한 곳에 자본주의의 제도와 절차만 이식한다고 해서 자본주의가 제대로 구현되지는 않는다. 20세기에 자본주의가 이식된 동아시아 국가들의 경제제도가 아직도 난항을 겪고 있는 근본적인 이유다.

자본주의가 정상적으로 발달하려면 상당한 기간의 자본주의 이행 과정이 필요하다. 바꿔 말하면 역사가 쌓여야 한다. 오늘날 자본주의를 채택한 나라에서 예외 없이 도입하고 있는 주식 제도만 해도 서양의 역사에서는 이미 대항해시대에 무의식적인 과정을 통해 싹튼 제도였다. 그런 역사가 없으면 주식 제도가 정상적으로 기능하기 어렵다. 주식은 원래 투자의 개념에서 비롯된 것이고, 오늘날에도 정상적인 자본주의사회라면 주식의 그런 본래의 기능이 유지되고 있다.

금리가 낮은 선진 자본주의 나라에서 일반 투자자들은 주식 배당금으로 낮은 금리를 보전하는 것이 일반적인 투자 방식이다. 당연히 그들은 주가가 안정된 주식을 선호한다. 실제로 주식시장 자체도 주식 투자로 일확천금을 벌기 어려울 만큼 안정되어 있어 변동의 폭이 적다. 물론 모험적인 투자자들도 있지만 이들이 주식시장을 움직이는 대세를 이루지는 못한다.

그러나 자본주의의 역사가 짧고 비정상적으로 운영되고 있는 나라에서는 주식의 원래 의미가 유지되지 못한다. 예를 들어, 오늘날 우리 사회에서는 이른바 '개미군단'까지 포함해 아무도 배당금을 목적으로 주식을 투자하지 않는다. 모두들 오로지 주가의 상승과 하락에 따른 시세차익만을 투자의 목표로 삼고 있다. 내가 오늘 사는 주식이 내일 오를 것이냐, 떨어질 것이냐가 가장 중요하다. 그렇기 때문에 주식 투자는 전형적인 천민자본주의적 게임이 되고, 이른바 '작전'이라고 불리는 주가 조작 범죄가 끊이지 않는다. 주식 투자의 별칭도 그에 걸맞게 money game, 즉 '돈놀이'다.

투자자는 자신이 주식을 산 기업이 어떤 사업 계획을 가지고 있으며 재무제표가 어떤지에 대해서는 거의 관심도 없고 매일 공개되는 주식 시세표에 울고 웃는다. 또한 기업 활동 자체보다 증권가에 떠도는 '소문'과 '투자 심리'가 주가에 더 큰 영향을 미친다. 투자자들은 기업 분석에 관한 정보보다 주가지수 변동에 관한 정보를 투자의 기준으로 삼는다.

이런 주식 투자는 경마장에서 마권을 사는 것과 똑같은 도박의 개념이다. 경마에서 중요한 것은 오로지 잘 달려 우승할 것 같은 말을 찍는 일이니까. 천민자본주의는 천박한 사회를 낳는다. 일확천금이 가능하다는 것 자체가 사회의 천박성을 말해준다. 주식 투자로 돈을 날리고 범죄의 구렁텅이에 빠져드는 사건이 뉴스 보도에서 늘 빠지지 않는다.

엔리케가 대서양을 바라보고 모험의 꿈을 키우는 어린 왕자였을 무렵, 그러니까 서유럽의 서쪽 끝에서 대서양으로 진출하기 수십 년쯤 앞서 중국에서도 대규모 항해가 시도되었다. 바로 영락제의 명령으로 출발한 정화의 남해 원정이다. 항해의 규모로 보면 에스파냐 선단은 명 제국의 남해 원정대에 비할 바가 못 된다. 더구나 에스파냐인들은 향료 무역을 통해 이득을 취하려는 지극히 세속적인 목적(그리스도교의 포교도 있었지만 그것은 명분에 불과하다)을 지닌 데 반해, 정화의 남해 원정은 새 제국의 위용을 만천하에 과시하려는 고결한 동기에서 비롯되었다.

그러나 그 명령에 따라 진행된 인위적인 동양의 항해는 사람들이 자연스럽게 뛰어든 서양의 항해와 달리 결정적인 결함을 가지고 있었다. 유럽인들은 세계를 알기 위해 대서양으로 뛰어든 반면, 중국인들은 자기 세계를 알리기 위해 남해로 출발한 것이다. 건강한 기백에서 모험을 출발한 서양과 불순한 정치적 목적으로 원정대를 보낸 중국, 어느 쪽이 더 진취적인지는 명백하다. 동기가 그랬던 만큼 유럽인들은 처음부터 벤처정신이 충만했으나, 중국인들은 외교사절로서 거드름만 피웠을 뿐 다른 세계에 대한 관심이 없었고, 심지어 자신들이 지나간 항로조차 제대로 기록에 남기지 않았다. 그 결과가 후대에 유럽의 중국 정복으로 나타났다고 해도 과언이 아니다.

25

법과 제도의 망령

동양의 법 개념과 서양의 법 개념 / 제도에 대한 맹신: 조용조와 양세법 / 양렴은의 비극

"악법도 법이다."

소크라테스의 유명한 말이다(소크라테스가 그런 말을 한 적이 없다는 설도 있으나 그것은 중요하지 않다). 신에 대한 불경죄로 재판을 받게 된 그는 탈옥하라는 제자들의 권유를 거부하고, 악법을 지키기 위해 독배를 마셨다. 그의 행동에 관해서는 여러 가지 평가와 견해가 있을 수 있겠지만, 어쨌든 고대 그리스 시대에 이미 법과 제도에 대한 존중이 상당했음을 말해주는 에피소드다.

서양의 역사에서는 일찍부터 법 개념이 존재했고, 이후에도 로마법과 중세의 교회법을 거쳐 근대적 법 개념에 이르기까지 다양한 법과 제도가 발달했다. 오늘날에는 세계 대부분의 나라들이 서양식 법 제도를 채택하고 있어 법과 제도라고 하면 일단 서양의 것을 연상하는 게 자연스럽다.

그러나 역사적으로 보면 법과 제도는 서양보다 동양이 훨씬 앞선다. 서양에서는 19세기에서야 비로소 법치국가의 개념이 생겨났지만, 동양의 역사에서는 이미 수천 년 전부터 법치국가의 면모를 찾아볼 수 있다. 최초로 중국을 통일한 진 제국의 지배 이데올로기는 법가사상이었고, 당 제국은 처음으로 율령 체제를 확립한 왕조였다. '법대로 하자!'는 말은 서양보다 동양이 더 어울리는 셈이다. 오히려 동양의 역대 왕조들은 모든 일을 법과 제도에 의존한 탓에 화를 초래하곤 했다.

서양의 법과 동양의 법은 커다란 차이가 있다. 가장 근본적인 차이는 고대 서양의 법이 주로 민법인 데 반해 고대 동양의 법은 형법이 중심이었다는 점이다. 민법은 주로 사람들의 생활과 관련된 법이고 계약의 관념을 바탕으로 하는 데 비해, 형법은 행정과 국가 운영에 필요한 법이고 명령을 기반으로 한다. 그렇다면 일찍부터 국가 체제가 확립된 동양에서 형법이 먼저 발달한 것은 당연하다. 이런 차이는 바로 두 문명의 역사적 성격에서 비롯된다.

로마 제국이 서양의 역사에 미친 영향은 엄청나지만 정치나 군사 같은 하드웨어에 비해 문화나 예술 등 소프트웨어에 남긴 흔적은 많지 않다. 하지만 소프트웨어 중에서도 독보적인 것은 단연 법이다. 로마법은 제국의 실체가 붕괴한 후에도 서양식 법체계의 토대가 되었다. 기원전 5세기의 원시적인 12표법을 필두로 6세기에 편찬된 유스티니아누스 법전에 이르기까지 단계적으로 발달한 로마법은 국가의 운영에서 시민권의 개념까지 제국 전체를 관장하는 기본 틀로 자리 잡았다.

로마법은 원래 상거래를 원활히 하려는 의도에서 생겨났다. 왜 그랬을까? 로마 제국의 한가운데에는 지중해가 있고 그 주변에는 문화와 관습이 제각각인 다양한 속주민이 살고 있었다. 언어도 라틴어가 공용어이기는 하지만 동부 지중해권에서는 주로 그리스어가 쓰였고 서남아시아에서는 셈어 계열의 여러 토착어가 사용되고 있었다. 이 이질적인 여러 민족이 정치와 행정에서 하나의 제국을 형성하고 지중해를 통해 서로 무역과 교류를 했다. 그러므로 제국의 중앙정부로서는 각기 다른 관습과 언어를 가진 민족들 간에 통일된 상거래 방식을 정하는 게 필요했다. 그 내용이 법제화된 게 로마법이다.

그와 달리 일찍부터 통일적이고 중앙집권적인 제국 체제가 성립한 동양에서는 경제 행위보다 더 중요한 게 정치적 지배였다. 따라서 법과 제도 역시 정치적 지배에 도전하거나 사회 혼란을 일으키는 자들을 처벌하는 데 초점을 맞추었다. 당 제국의 율령격식에서 형법을 뜻하는 율이 가장 우선시된 이유는 그 때문이다. 당률唐律을 제정한 관리들은 범죄 행위를 객관적으로 규정하기 위해 무척 노력했으며, 그 덕분에 적어도 율에 관한 한 당 제국의 법은 거의 1000년 뒤에 생긴 서양의 근대 형법에 못지않을 만큼 정교했다.

서양에서는 중세에 교회법이 발달하면서 형법의 기능이 생겨나게 된다(교회법에는 민법의 요소와 형법의 요소가 다 있다). 왜 그런지는 알기 쉽다. 중세에는 세속의 권력을 수많은 봉건군주가 분할 점유했으나 신성의 권력은 교회가 독점했다. 바꿔 말해 세속의 세계가 분열되어 있는 상태에서 그리스도교라는 종교가 그 세계의 통합력을 담당했다. 재산이나 가족 관계를 다루는 민법은 지역과 관습에 따라 달라질 수 있고 또 그래야만 하지만, 형법은 지역과 관계없이 보편적이고 일률적으로 적용되어야만 법적 권위가 설 수 있고 공정성을 기할 수 있다. 동양의 경우에는 일찍부터 통합적인 사회체제를 구축했으므로 형법도 일찍 발달할 수 있었던 데 반해, 서양의 경우에는 중세에 이르러 신성의 영역에서 통합적인 세계를 이루면서 비로소 형법이 발달할 수 있는 조건이 생겼다.

그런데 동양 사회의 경우에는 형법이 발달한 정도를 넘어 법체계가 지나치게 형법에 치중되어 있었다. 형법의 행사에는 권력이 필요하다. 아무리 죄인이라 해도 사람을 붙잡아 가두거나 매질하는 데 공권력의 뒷받침이 없다면 자의적인 처벌이 된다. 물론 그런 처벌이 횡행한다면 문명사회가 아니다. 그러나 동양 사회는 '지나칠 만큼' 고도의 문명사회였다.

법은 합리성을 바탕으로 한다. 법의 행사에는 공권력의 뒷받침이 필요하다. 그러나 이 말을 뒤집으면 지배자가 지배를 위해 법을 이용할 수 있다는 의미가 된다. 공권력을 행사하기에 알맞도록 법을 제정하면 되기 때문이다. 합리성은 객관적인 개념인 듯하지만 누가 합리성을 규정하느냐에 따라 얼마든지 달라질 수 있다.

형법의 강력하고도 통일적인 맛에 매료된 동양 사회의 지배층은 다른 법과 제도 들도 모조리 권력을 바탕으로 제정했다. 그럴 수 있는 권력이 존재한다면 나라를 운영하는 데 그보다 더 쉬운 방법은 없다. 원래 국민이 아닌 사직을 국가의 정체성으로 삼은 동양식 왕조에서는 지배층만 무사하면 만사 오케이다. 예를 들어, 체벌이 제도적으로 허용되면 교사는 학생을 통제하기가 편해진다. 학생들의 입장은 배려되지 않는다. 교사는 굳이 체벌보다 더 합리적이고 효과적인 교습법을 개발할 필요가 없어진다.

마찬가지로, 권력의 뒷받침이 있으면 만사가 쉽게 처리된다. 성가시게 꼼꼼하고 엄밀한 규칙을 만들려 애쓰는 대신 모든 사람에게 명령하기만 하면 된다. 그래서 동양의 역사에서는 일찍부터 중앙 권력의 명령에 따라 무차별적으로 법과 제도가 정해지는 전통이 생겨났다. 모든 일을 법과 제도로 해결하려는 발상, 그리고 그에 따른 문제점을 대표적으로 보여주는 사례는 토지와 세금을 둘러싼 법과 제도다.

  북위에서 만들어진 균전제가 이후 중국식 제국의 기본적 토지제도로 자리 잡았고, 뒤이은 당 제국 시대에 율령제와 과거제를 지탱하는 경제적 토대의 역할을 했다는 것은 앞에서 본 바 있다. 그리고 그 균전제가 무너짐으로써 제국 체제 전반이 흔들리게 되었다는 것도 보았다. 사실 균전제 자체는 대단히 훌륭한 제도였다. 다만 어떤 제도라도 그 넓은 중국 대륙 전역에 고르게 적용되기란 어려웠던 게 문제일 뿐이다. 당 제국 정부는 균전제를 기본 틀로 하면서 각 지역의 사정을 반영해 탄력 있게 운용하려는 노력을 했어야 한다. 하지만 강력하고 통일적인 권력을 가진 지배 세력이 굳이 그런 신경을 쓸 의지는 없다. 균전제가 무너진 데는 제국 정부의 현상 유지status quo, 무사안일주의가 큰 몫을 했다.
  더 한심한 것은 균전제가 붕괴하자 국가 재정의 압박을 해소하기 위해 제정한 양세법兩稅法이라는 세금 제도다. 경제의 펀더멘털이 무너졌는데, 제국의 정부는 그것을 또다시 새로운 제도로 해결하려 한다. 국가의 경제를 바라보는 기본적인 관점 자체가 부재한 것이다.
  8세기까지 당의 기본적인 세금 제도는 조용조였다. 이것은 고도로 발달한 제국의 정치나 법체계에 비하면 대단히 후진적이었다. 조용조란 쉽게 말해 먹을 것(租), 입을 것(調: 원래는 특산품을 뜻하지만 주로 베나 비단 같은 옷감으로 대납했다), 국가에서 필요할 때 부리는 것(庸: 요역을 물납으로 대신하면 그것으로 국가에서 사람을 고용해서 쓴다는 의미다)이 세금의 주요 항목이라는 취지다. 고대의 세금은 모두 현물이거나 인력이었다(중국의 경우 일찍부터 화폐도 발명되었고 통일 정부도 있었으므로 화폐경제를 발달시키는 데 서양보다 유리했지만, 경제에 대한 몰인식 때문에 한 번도 제대로 된 화폐경제를 실현하지 못했다). 따라서 조용조는 오로지 농민들만을 세원으로 겨냥한 제도다.

균전제의 붕괴는 곧 세금을 납부할 농민들이 줄어들었다는 것을 뜻한다. 그러므로 이제 조용조는 더 이상 유지할 수 없고, 세금 제도를 개혁해야 할 필요성이 명백하다. 어떻게 개혁할까? 여기서 제국 정부는 위기감을 충분히 느껴야 했다. 바꿔 말해, 단순히 국가 재정의 위기가 닥친 것만이 아니라 제국 체제 자체가 파탄에 이르렀음을 뚜렷하게 인식해야 했다. 그러나 정부는 장기적인 관점이 없다. 방대한 통일 제국의 운영 주체로서는 자격 미달이다. 단기적으로 보면 우선 발등에 떨어진 불을 꺼야 한다. 그러기 위해서는 줄어든 세원을 늘려야 한다. 그래서 채택된 게 바로 양세법이다.

양세법의 배경은 크게 두 가지다. 첫째, 사회가 다변화됨에 따라(농민층이 줄었다는 사실도 포함된다) 백성들 중에는 농민만이 아니라 상업이나 서비스업에 종사하는 사람도 많아졌다. 조용조를 계속 고집한다면 그런 백성들에게서 세금을 거둘 방법이 없다. 둘째, 사실상 토지가 사유화되었음을 인정해야 한다. 농민들이 토지를 버리고 떠남으로써 그 토지는 이미 지주들이 차지해버렸다. 조용조 중에서도 조調는 가구[戶]를 기준으로 부과된 것이므로 가구의 수가 줄어버렸다면 더 이상 과세 항목으로 적절하지 않다. 따라서 토지에 관해 재산세를 물리는 방식으로 바뀌어야 한다.

양세법은 그런 시대적 변화를 수용하려는 의도에서 생겨났다. 조용조의 세 가지를 비롯해 여러 가지 잡세로 구분되던 세금을 하나로 단일화하고, 이것을 수확기인 여름과 가을 두 차례에 걸쳐 납부하도록 한 제도다(양세법이라는 명칭은 '두 차례 납부한다'는 뜻이다). 획기적인 법안일까? 어쨌든 당장의 효과는 있었다. 상인이나 숙박업자 등 유통과 서비스 부문에서 세금을 받을 수 있게 되었을 뿐 아니라 토지가 많은 지주들에게는 세금의 액수를 늘릴 수 있었으므로 누진세의 의미도 있다. 그러나 그 개혁은 전형적인 대증요법에 불과하다. 사회적 변화를 무시한 채 오로지 어떻게든 국가 재정을 확보하려는 시각에서만 문제를 바라본 한계다.

잠시 재미를 맛보자 곧 크고 긴 후유증이 닥친다. 차라리 조용조에서는 토지와 가구라는 과세의 표준이나마 확실했다. 그러나 양세법에서는 그런 게 없다. 처음에는 얼떨결에 새로 바뀐 제도에 속수무책으로 당하던 상인들은 곧 간단한 대응책을 찾아낸다. 장부에 기록된 거래량을 줄이면 된다. 또 지주들은 새로 늘린 토지를 대장에서 누락시켜 탈세를 저지른다. 그렇게 획득한 돈의 일부는 부패한 세리들에게 입막음용 뇌물로 투입된다. 세금을 회피하는 고전적 수법인데, 오늘날에도 흔히 볼 수 있다.

한편 농민들은 현물로 납부하던 세금이 은납제로 바뀌자 예기치 못한 어려움에 맞닥뜨린다. 화폐경제가 아닌 시대에 돈으로 세금을 내라면 곧 곡식을 팔아 돈을 사야 한다는 이야기다. 화폐경제를 촉진하기는커녕 화폐가 오히려 거래의 걸림돌이 되어버린다. 이 과정에서 농민들은 또다시 피해를 입을 수밖에 없다. 총체적 난국! 잘못된 개혁은 오히려 부패를 재촉한다는 고금의 진리가 힘을 얻는다.

그런데도 국가 재정의 확충이라는 정부의 당면한 목표를 달성한 덕분에 양세법은 이후로도 송과 명대 중기까지 중국의 세금 제도로 유지된다. 처음 시행된 당 제국 시절부터 문제점을 확연히 드러낸 제도였으니 제대로 기능할 리 없다. 송대에는 거란과 여진의 위세에 눌려 지냈으므로 제도 개선의 여유가 없었고, 원대에는 이민족 지배기였으므로 개선의 의지가 없었다. 그래서 양세법에 개혁의 칼날을 들이대는 시기는 명 제국 후기인 16세기다.

앞서 보았듯이, 명은 한족 왕조의 복귀라는 것 말고는 아무런 존재의 의의도 없으며, 과거의 문제 많은 체제를 고스란히 답습한 제국이다. 그런 탓에 명대에 이르러 과거의 모든 문제는 최대한으로 증폭된다. 균전제가 당의 초기를 지탱했다면 명의 초기를 지탱한 것은 이갑제다. 균전제의 붕괴가 당의 몰락을 재촉했다면 이갑제의 붕괴는 명의 몰락을 재촉한다. 균전제가 붕괴된 사태를 개선하기 위해 양세법이 등장했다면 이갑제가 붕괴된 사태를 개선하기 위해 등장한 제도는 일조편법이다.

이처럼 여러모로 닮은꼴인 상황이었으니 일조편법도 양세법과 마찬가지 내용일 것은 뻔하다. 중국사가 늘 과거의 반복이라는 점은 여기서도 드러난다. 다른 점이 있다면 명대 중기에 들어 화폐 사용량이 상당히 늘었으므로 세금의 은납화가 확고히 자리 잡았다는 사실이다. 일조편법은 여러 가지 세금을 단일화한 양세법에서 한 걸음 더 나아가 '양세'를 단일화하고 요역마저 돈으로 내도록 했다(그래서 이름이 일조편법이다).

그러나 이것 역시 양세법의 경우처럼 반짝 효과를 보았을 뿐 근본적인 문제를 전혀 해결하지 못했다(일조편법의 편법은 '鞭法'이 아니라 '便法'에 불과했던 걸까?). 과세의 기준이 명확해진 덕분에 세리들의 농간이 일시적으로 사라지는 듯했지만, 그 대신 관리하기 편한 돈으로 세금이 납부되었으므로 세금을 빼돌리기가 더 쉬워졌다. 게다가 사회 전체가 아직 화폐경제로 접어들지 못한 상태에서 은납제가 전면적으로 실시되니 농민들은 여전히 곡식을 팔아 돈을 사야 하는 형편이다.

양세법과 일조편법은 후대의 역사가들에 의해 중국사의 양대 개혁으로 불린다. 하지만 배경과 내용을 보면 그 두 제도는 서로 다를 게 없으며 개혁이라 할 만한 요소도 없다. 굳이 역사적 비중을 둔다면 제국 체제의 일시적인 유지에 기여했다는 점이다. 전형적인 '지배층 중심의 행정'인데, 이런 방식이 늘 통하는 게 동양의 역사였다. 또한 그 제도들은 지역과 관습의 차이를 불문하고 모든 일을 중앙에서 획일적으로 밀어붙이려 한 행정편의주의의 소산이다. 양세법에서 일조편법에 이르기까지 무려 800년이나 되는 시차를 두고서도 중국 사회는 별로 달라진 게 없었다.

모든 일을 법과 제도로 처리하려는 발상은 언뜻 대단히 합리적으로 보인다. 법대로 하자는 데야 누가 뭐랄까? 하지만 그 발상이 합리적이려면 적어도 두 가지 전제가 필요하다. 첫째, 법과 제도의 내용이 타당해야 한다. 사회 구성원 모두가 법과 제도의 조항들에 충분히 공감할 때에야 비로소 그 법과 제도는 보편적이고 현실적인 타당성을 지닌다. 그러나 중국 대륙은 하나의 법과 제도로 묶이기에는 너무 넓고 인구도 많다. 따라서 보편타당한 법이나 제도라는 것은 지배자의 영원한 꿈일 뿐 애초부터 불가능했다.

그런데도 그런 법과 제도를 추진한 이유는 모든 일이 정부, 즉 관의 관점에서 집행되었기 때문이다. 지배층은 백성들의 삶이나 사회의 미래 같은 것에 개의치 않았다. 당장 국가 재원이 있어야 제국을 굴릴 수 있고 재원을 마련하려면 백성들을 어떻게든 쥐어짜야만 한다. 백성이란 국가의 존립을 위해서 얼마든지 희생될 수 있는 존재다. 국가가 먼저고 국민은 다음이다. 조국과 민족의 무궁한 영광을 위해 개인들은 몸과 마음을 바쳐 충성을 다해야 한다는 엄숙한 맹세는 실로 오랜 역사적 뿌리를 지니고 있다.

법과 제도가 제대로 통용되기 위한 둘째 전제는 법과 제도를 적용하는 데서 일탈의 여지가 없어야 한다는 점이다. 쉽게 말하면 관리들의 부패가 없을 정도로 사회적 기강이 올바로 서 있거나, 아니면 부패를 근절할 수 있는 별도의 법과 제도가 있어야 한다. 그런데 어느 사회도 모든 구성원이 도덕군자일 수는 없으므로 부패를 막는 법과 제도가 필요해진다. 즉 법과 제도를 부작용 없이 시행하기 위해 또 다른 법과 제도가 필요해지는 셈이다. 그런 악순환이 제대로 통할 리 없지만 실제로 그런 사례가 있었다.

18세기 초 청 제국의 옹정제는 중국의 역대 왕조들을 붕괴시키는 데 늘 일등공신이던 관리들의 부패를 방지하기 위해 양렴은제를 시행한 바 있다. 여기에는 불가피한 배경이 있다. 당시 지방관들은 정해진 세액이 있고 자신이 받는 녹봉이 있는데도 미리 알아서 추가 세금을 거두어들여 그것으로 생활하고 치부했다. 전국의 각 지역이 모조리 그런 판이니 그것은 이미 탈법이 아니라 엄연한 현실(지금도 책임을 회피하려는 의도로 관리들이 흔히 내세우는 '관행')이 되어버렸다.

그래서 옹정제는 아예 관리들에게 세금의 추가 징수를 허용하고 그 재원으로 '청렴을 배양하는 돈', 즉 양렴은養廉銀을 주도록 한다. 옹정제는 극약 처방의 심정으로 그런 조치를 추진했겠지만, 그것은 사실상 탈법과 부패를 별도의 제도로 용인한 결과다. 부패를 방지하기 위해 부패를 허용하는 제도를 만든다는 터무니없는 역설이다.

중국 역사에서 민법보다 형법이 먼저 발달한 사실에서 알 수 있듯이 모든 일을 법과 제도로 해결한다는 발상에는 역시 권력의 뒷받침이 필요하다. 그 내용이야 어떻든 법과 제도를 제정해 밀어붙일 수 있다는 것 자체가 이미 강력한 권력의 존재를 전제로 한다. 그렇게 보면 중국 역대 왕조마다 관리들의 부패가 성행한 이유는 일찍부터 중앙집권적 제국 체제가 이루어진 데 따른 필연적인 결과다. 말하자면 법과 제도의 망령이 랄까?

역사적으로 동양식 왕조는 법과 제도로 모든 문제를 해결하려다가 오히려 법과 제도 때문에 부패를 양산하는 악순환에서 벗어나지 못했다. 그런 점은 아직 역사의 멍에를 벗지 못한 지금도 마찬가지다. 법과 제도의 허울을 뒤집어쓴 정부의 각종 규제는 부패한 공무원들이 푼돈을 착복하고 목돈을 만드는 주요 창구다. 예를 들어, 건축 용적률이나 건물의 소방 설비를 법으로 정하면 그 제재 사항을 악용해 공무원의 부패가 저질러지는 식이다. 이런 상황에서는 부패를 방지하려는 법과 제도가 오히려 또 하나의 그런 창구를 제공하는 역할을 할 수도 있다.

법이란 형평성을 토대로 하지만 현실에서는 그렇지 못하게 마련이다. 텍스트보다 중요한 것은 콘텍스트, 즉 텍스트를 둘러싼 맥락이다. 법규 자체의 내용(텍스트)에는 아무런 하자가 없다 해도 법을 누가 어떤 의도로 제정하고 운용하느냐(콘텍스트)에 따라 천양지차가 생긴다. 동양 역사에서 법은 생활상의 필요를 해결하기 위해 만들어진 게 아니라 '위로부터'의 통치를 위해 만들어진 것이기 때문에 현실의 여러 측면을 반영하지 못했고 변화를 수용하지 못했다. 이럴 경우 법조문은 사문화되고 법을 둘러싼 '의지'만이 중요해진다. 예를 들어, 국가보안법의 첫머리에는 법의 취지를 이렇게 규정하고 있다. "이 법은 국가의 안전을 위태롭게 하는 반국가 활동을 규제함으로써 국가의 안전과 국민의 생존 및 자유를 확보함을 목적으로 한다." 언뜻 보면 명백하고 객관적인 듯싶지만, 실은 모호한 내용이다. 국가의 안전이나 반국가 활동, 자유 같은 개념들은 법을 적용하는 자의 의도에 따라 얼마든지 해석을 달리할 수 있다. 그래서 국가보안법은 실제로 국가 안보에 기능한 것보다 독재정권의 사회 통제에 기능한 측면이 컸다.

행정 문서에서 흔히 사용하는 용어로 '관련 근거'라는 게 있다. 원래는 행정상의 명령이나 조치를 취할 때 법적 근거를 고려해야 한다는 의미를 가지지만, 현실적인 용도는 그 반대다. 대부분의 시행령에서 관련 근거는 행정 관청이 먼저 의도하는 명령이나 조치를 정한 뒤 그것을 정당화하는 용도로 사용한다. 이 정도라면 명백한 본말의 전도다. 법의 목적이 현실 생활의 편익을 위한 게 아니라 행정 조치를 정당화하기 위한 것이기 때문이다. 이렇게 법의 본말이 전도되고, 법과 현실이 전도되는 현상은 늘 관이 민을 지배했던 역사에 뿌리를 두고 있다.

26

노블레스 오블리주의 뿌리

신분과 사회적 역할 / 그리스와 페르시아 / 예술을 낳은 노블레스 오블리주

역사적 시공간에는 보편성과 특수성이 있다. 보편성은 어느 시대, 어느 사회에서나 공통적으로 존재하는 것이고, 특수성은 각 시대와 각 사회마다 고유한 특징이다. 동양사와 서양사는 여러 가지 차이가 있지만 공통점도 있다. 예를 들면, 신분제가 그렇다. 신분제는 동양사와 서양사만이 아니라 전 세계 어느 지역의 역사에서도 보편적으로 발견되는 공통점이다.

역사를 해석할 때 흔히 저지르기 쉬운 잘못은 오늘의 관점에서 과거 역사를 바라보는 태도다. 오늘날 신분제라고 하면 인간의 기본적인 권리를 짓밟고 자유를 구속하는 비인간적인 제도라고 생각한다. 하지만 과거에는 신분제가 사회의 기본적인 틀이었고 오히려 사회의 존립을 가능케 했다. 지금은 자유와 평등이 인간의 기본권이라고 간주되지만, 그것은 18세기의 계몽주의와 19세기의 자유주의를 거치면서 생겨난 관념

이다.

근대적 자유의 관념이 생겨나기 전까지 자유는 즐겁고 유쾌한 것이라기보다 부담스럽고 두려운 것이었다. 서유럽의 중세에 봉건영주가 지배하는 장원에 사는 농노들은 영주에게서 정치적·경제적 억압을 받았으나 동시에 생존이 보장되었다. 반면에 장원을 박차고 도시로 모여든 초기 시민들은 앞날을 전혀 예측할 수 없는 상황에서 뿌리 뽑힌 자들로 살아야 했다. "도시의 공기는 자유롭다."라는 말은 초기 시민들 전부의 처지를 대변한 것은 아니었다. 적어도 그들은 처음부터 자유를 누릴 목적으로 스스로 원해서 자치도시를 만든 것은 아니었다.

평등의 관념 역시 인류 역사에서 언제나 보편타당한 가치는 아니었다. 신분제가 지배하는 시대에는 모든 사람이 평등하다는 생각이 오히려 터무니없는 것이었다. 누구나 태어날 때부터 신분이 정해져 있었고 신분을 뛰어넘는다는 생각을 하지 않았다. 보편적 평등은 사회 질서를 심각하게 위협하는 가치관이었다. 모든 사람이 법 앞에서 평등하다는 생각은 근대 이후의 산물이다.

지금의 사고방식에 따르면 옛날 사람들은 신분제에 대해 큰 불만을 품었을 것으로 생각되지만 실은 그렇지 않다. 신분제는 자연스러운 것이었으며, 자유를 구속하기는커녕 자유를 가능케 해주었기 때문이다. 신분제는 비합리적인 억압이 아니라 시대의 합리성에 부합하는 것이었으며, 삶의 질곡이 아니라 반대로 삶의 주어진 조건이었다. 마르크스가 '고대 프롤레타리아의 대표'라고 찬양한 고대 로마의 스파르타쿠스, "왕후장상의 씨가 따로 있더냐?"라고 부르짖은 고려의 노비 만적, 백정 출신으로 신분 해방을 꿈꾼 조선의 의적 임꺽정은 모두 실제 그 시대의 인물이 아니라 후대에 각색된 인물이다.

신분제는 모든 역사에 공통적으로 존재했으나 어디서나 같은 의미였던 것은 아니다. 동양의 신분제와 서양의 신분제는 성격이 달랐다. 사회의 기틀이고 차별적인 성격을 지닌 점은 마찬가지였지만, 동양의 신분제는 지배층이 피지배층을 지배하기 위한 서열의 의미가 강했던 반면 서양의 신분제는 사회적 역할과 기능을 규정했다. 서양 중세의 신분을 흔히 기도하는 자(사제), 싸우는 자(기사), 일하는 자(농노)로 삼분하듯이 서양의 신분제는 각자 맡은 일이 달랐다. 물론 신분제인 이상 엄격한 서열은 있어도 신분과 역할이 뒤섞이지는 않았다.

동양의 신분제는 상위 신분과 하위 신분, 지배자와 피지배자의 위상으로만 나뉠 뿐 신분이 사회적 기능이나 역할을 규정하지는 않았다. 양반은 양반의 일이 있고 노비는 노비의 일이 있듯이 개략적으로 정해진 역할은 있었으나 각 신분에 따라 확고히 정해진 것은 아니었다. 동양 사회 특유의 병농일치 개념이 그 점을 보여준다. 당 제국의 골간이었던 부병제는 농민이 전시에 병사로 복무하는 병농일치의 제도였으며, 고려와 조선의 군사 제도도 기본적으로 병농일치의 성격이었다. 농민과 병사는 엄연히 역할이 다른데도 신분은 서로 다를 바 없다.

그와 달리 서양의 역사에서는 고대부터 농민과 병사가 확실히 구분되었다. 농민들은 국가의 경제적 토대를 담당하는 역할이었고, 병사는 국가를 방어하거나 적을 정복해 영토를 늘리는 역할이었다. 이집트의 파라오는 용병을 고용할지언정 농민을 병사로 부리지 않았다. 로마 제국에서도 농민은 언제나 농사를 지었으며, 로마 군단이 정복을, 게르만 용병이 변방의 방어를 맡았다. 이런 차이 때문에 로마 시대에 존재했던 상비군은 동양 사회의 경우 근대 이후에야 생겨난다. 동양의 역사에 용병이 존재하지 않았던 이유도 마찬가지다.

높은 신분은 그 신분에 어울리는 사회적 역할을 가진다. 이런 발상이 서양 역사 특유의 노블레스 오블리주noblesse oblige, 즉 '귀족의 의무'라는 관념을 낳았다. 쉽게 말해 사회의 지도층이나 상류층은 그 신분에 어울리는 사회적 책임과 의무를 수행해야 한다는 의미다.

노블레스 오블리주의 기원은 보통 기원전 3세기~기원전 2세기에 벌어진 포에니 전쟁에서 찾는다. 지중해의 패권을 놓고 카르타고와 싸운 이 전쟁에서 당시 로마의 귀족들은 스스로 전쟁 비용을 부담했을 뿐 아니라 평민보다 먼저 전장에 나가 싸우다 죽는 것을 명예로 여겼다. 어찌 보면 당연한 듯하지만 이 개념에는 서양사 특유의 신분제가 녹아 있다.

흔히 노블레스 오블리주는 도덕적 개념으로 여기지만 그 원천은 도덕이 아니라 역사에서 찾을 수 있다(도덕이라면 서양에만 있고 동양에는 없을 리가 없다). 귀족이라고 해서 죽음이 두렵지 않을 리는 없다. 죽음을 각오하고 전장에 나가는 자세는 단순히 개인적 용기에서 나온 게 아니다. 물론 노블레스 오블리주를 실천하는 참다운 귀족은 높이 찬양을 받아 마땅하지만, 근원을 보면 그 고귀한 정신은 귀족 개인의 용기에서 비롯된 게 아니라 신분에 따라 사회적 역할이 주어진 역사에 바탕을 두고 있다. 거꾸로 말하면, 동양 사회에서 지금까지도 노블레스 오블리주의 실천이 부족한 원인은 도덕성이 모자라기 때문이 아니라 그런 역사가 부재했기 때문이다.

노블레스 오블리주가 역사적인 개념이라면 포에니 전쟁 이전에도 그 뿌리를 찾아볼 수 있을 것이다. 기원전 5세기에 동방의 대제국 페르시아가 그리스를 침공해왔을 때 양측 군대 지휘관들의 자세는 확연히 달랐다. 그리스 연합군의 총사령관 밀티아데스는 마라톤 전투에 직접 참전했고 스파르타의 장군 레오니다스도 300명 전사들과 함께 싸우다 전사했지만, 전쟁을 기획한 페르시아 황제 크세르크세스는 살라미스 해협에서 바다에 빠져 죽어가는 페르시아 병사들을 아이갈레오스 산꼭대기에서 지켜보고만 있었다(페르시아는 지금까지 우리가 말한 동양에 속하지는 않지만, 유럽 문명과는 고대부터 차이가 있었으므로 동양과 서양의 중간쯤으로 볼 수 있을 것이다).

기원전 1세기에 카이사르는 로마 최고의 권력자로 폼페이우스, 크라수스와 함께 삼두 체제를 이루었다. 그러나 그에게는 전쟁에서 세운 공로가 없다는 '결격사유'가 있었다. 이 약점을 만회하기 위해 그는 직접 군사를 거느리고 험난한 갈리아 정복에 나섰다. 심정적으로 보면 당시 카이사르가 스스로 원해서 위험한 전장에 나갔을 가능성은 적다. 순수한 애국심의 발로일 수도 있겠지만 그가 애국심을 발휘할 영역은 전장이 아니라도 달리 있다.

그런데 카이사르는 왜 그랬을까? 굳이 그런 제스처를 취하지 않아도 삼두 중 한 명의 지위는 충분히 유지했을 텐데, 왜 그래야 했을까? 이유는 간단하다. 그는 로마의 황제가 되고자 하는 야심을 품었기 때문에 그 야심에 어울리는 리스크를 치러야 한다고 믿었을 따름이다. 즉 그가 그런 결심을 굳히게 된 이유는 개인적 용기가 아니다. 그보다는 당대 로마의 사회적 메커니즘이 그런 지도자상을 요구했기 때문이다. 뒤집어 말하면 로마 시민들은 전장에서의 공훈이 없으면 로마의 최고 지배자가 될 수 없다고 생각했고, 카이사르는 그런 사회적 분위기를 익히 알았던 것이다.

기원전 4세기의 알렉산드로스에서 18세기의 나폴레옹에 이르기까지 수천 년간 서양의 역사에 등장하는 지배자들은 군사 원정이 계획되면 거의 예외 없이 직접 군대를 이끌고 원정에 나섰다. 그에 비해 동양의 지배자들은 몸소 전장에 나가는 경우가 거의 없었고 늘 장수와 군대를 파견했다(페르시아의 크세르크세스나 중국의 수 양제와 당 태종처럼 직접 원정군을 이끈 적은 있었어도 전장에서 무용을 과시하지는 않았다). 한 무제의 업적으로 잘 알려진 서역 원정과 흉노 정벌도 황제가 직접 이룬 게 아니라 '명령'만 내렸을 뿐이다.

중국 역대 한족 왕조의 수많은 황제 가운데 친히 군사를 거느리고 고비 사막을 넘은 황제는 명대 초기의 영락제가 유일하다. 동양식 룰에서는 지배자가 전장에 나가는 '위험'을 감수하려 하지 않았고, 실제로 그렇게까지 하지 않아도 되었다. 그래서 동양의 역사에서는 전장에서의 노블레스 오블리주가 거의 전무했다. 이 점 역시 개인적 용기의 차원이 아니라 사회적 신분이 그런 역할을 요구하지 않았기 때문이다.

예외적인 경우는 1950년 한국전쟁이 발발했을 때 참전한 마오쩌둥의 아들 마오안잉毛安英이다. 국가주석의 장남이라는 귀한 신분이었던 그는 주위의 만류를 무릅쓰고 한국전쟁에 자원 참전했다가 평안도에서 스물여덟 살 한창 나이에 미국 공군의 폭격을 받아 전사했다. 사회주의 이념이 수천 년 중국사의 전통을 얼마나 단호하게 끊었는지 보여주는 사례다.

노블레스 오블리주의 관점에서 보면 우리 역사는 대단히 심각하다. 우리 역사에서는 삼국시대 이후 원정은커녕 방어전에서조차도 국가의 최고 지도자가 친히 군대와 생사를 함께한 사례가 없다. 고려 초기의 왕 현종은 자신이 거란에 대해 강력한 압박 정책을 추진했으면서도 막상 거란이 남침하자 남쪽 멀리 전라도 나주까지 도망쳤다. 비슷한 시기에 잉글랜드 왕 리처드와 프랑스 왕 필리프가 왕의 신분으로 십자군 전쟁에 참전했던 것과는 크게 비교되는 지배자의 자세다.

고려 말인 13세기에 몽골군이 침략하자 당시 무신정권의 수장이자 실권자였던 최우는 왕인 고종을 데리고 강화도로 수도를 옮겼다. 우리 역사에서는 그것을 대몽항쟁이라고 부르지만 백성들이 전란에 고통을 겪는 판에 국토와 백성을 버리고 섬으로 도망친 망명정부를 항쟁의 주역이라고 치켜세우는 것은 역사 왜곡에 가깝다. 이렇게 국난을 맞아 지배자가 먼저 내빼는 슬픈 역사는 조선에서도 되풀이된다.

임진왜란이 일어나자 조선의 왕 선조는 남쪽에서 북진하는 일본군의 위세에 놀라 잽싸게 북쪽 끝단의 의주까지 피신했다. 당시 선조는 부끄러움을 알았던지 가족과 측근들만 거느린 채 한밤중에 폭우를 뚫고 몰래 야반도주했다. 그랬으니 전란이 끝난 뒤 논공행상(303~304쪽 참조)이 터무니없었던 것도 당연하다. 그러나 비슷한 시기에 스웨덴 왕 구스타프는 유럽 대륙의 혼란기를 틈타 자신의 왕국을 선진국의 대열에 합류시키기 위해 군사를 거느리고 발트 해를 건너 30년 전쟁에 뛰어들었다가 뤼첸 전투에서 전사했다.

이런 사례는 현대사에서도 얼마든지 볼 수 있다. 20세기의 양차 세계대전에서는 영국의 명문 이튼 학교 출신의 사회 엘리트 2000여 명이 참전해 전사했다. 그러나 1950년 한국전쟁이 발발한 지 겨우 사흘이 지났을 때 대통령이던 이승만은 수도 서울을 사수하겠다던 약속을 헌신짝처럼 팽개치고, 수백 명의 피난민들을 희생시키며 한강 인도교를 끊고 남쪽으로 도망쳤다.

그래도 고려의 현종과 조선의 선조는 궁색하게나마 변명이 가능하다. 왕조시대에 왕국의 주인은 왕이었고 가장 중요한 일은 사직을 보존하는 것이었다(동양식 왕조의 정체성은 영토나 국민이 아니라 왕실 조상에 대한 제례, 즉 사직의 보존에 있었다). 수많은 백성이 희생되어도 사직만 보존하면 국가가 멸망하지 않고 존속하는 것이었다. 국민주권의 원칙이 확립된 지금이라면 이해할 수 없는 것이지만, 당시에는 국가의 성격이 그랬던 만큼 어쩔 수 없었다고 치부할 수 있다.

그러나 이승만의 경우는 다르다. 1950년은 엄연히 공화국 정부가 존재하고 의회도 있었던 시기다. 명색이 공화국 체제인 대한민국에서 국정의 최고 지도자가 대국민 약속을 어기고 국민들을 희생시켜 제 목숨을 보존한 것은 엄연한 범죄 행위다. 하지만 전쟁이 끝나고서도 이승만은 처벌을 받기는커녕 거뜬히 대통령으로 재선되었고, 지금까지도 우리 사회의 일각에는 이승만을 국부國父로 섬기자는 세력이 있다.

노블레스 오블리주는 전쟁을 기원으로 하지만 전쟁에만 국한되지 않는다. 평화 시에 권력과 부를 지닌 사회의 상류층이 공공의 이득을 위해 봉사하는 행위도 크게 보면 노블레스 오블리주다. 상류층이 주어진 사회적 역할을 담당한 것이기 때문이다.

아무리 15세기 북이탈리아의 도시들이 경제적 번영을 누렸다 해도 각 도시를 지배하던 유력 가문의 노블레스 오블리주의 정신이 없었다면 르네상스 예술은 발달하지 못했을 것이다. 물론 그들이 모두 예술을 발전시키겠다는 고결한 각오에서 예술가를 후원한 것은 아니었다. 그들은 대부분 개인적인 미학적 취향이나 권위를 과시하려는 세속적 욕망에서 예술을 장려했다. 그러나 역사적으로 볼 때 각 도시의 지배자들이 예술 후원에 적극적으로 나서지 않았다면 르네상스 미술의 걸작들이 그렇게 대량으로 생산되어 후대까지 전해지지는 못했을 것이다.

근대 음악이 발달한 17~18세기 독일의 경우도 마찬가지다. 음악가도 자신의 음악을 사주는 팬들이 없으면 먹고살 수 없다. 지금과 같은 방송

매체나 오디오 장비가 없었던 시절의 음악 팬은 군주와 귀족들이었다. 수많은 영방국가로 나뉘어 있는 독일 지역의 군주들이 음악의 '소비자'로 나서지 않았다면 바흐나 모차르트, 베토벤은 탄생하지 못했을 것이다. 비록 목적의식적으로 예술 발전에 기여하겠다고 의도한 것은 아니라 해도 그들은 역사적 무의식에 따라 노블레스 오블리주를 실천한 것이다.

이렇게 문화와 예술 분야에서 상류층이 공헌하는 것은 메세나_{Mecenat}라는 별도의 용어로 부르기도 한다. 메세나란 로마 제국 초기의 부호였던 마이케나스의 이름에서 연원하는데, 그는 베르길리우스나 호라티우스 같은 문인들을 적극적으로 후원했다. 최근에는 기업이 이미지를 제고하기 위해 예술을 후원하는 것을 메세나라고 부른다. 의도가 순수하지는 않지만, 그나마도 실천하지 않는 기업들이 많다고 보면 결과적으로는 노블레스 오블리주라고 규정할 수 있다.

제2차 세계대전에서 유럽 미술품의 상당수가 오늘날 미국의 미술관에 다수 소장된 데는 당시 파시즘의 손아귀에서 유럽 예술을 구출하려한 미국 예술계의 공로가 크다. 1940년 프랑스와 독일이 잠시 휴전을 맺은 틈을 타서 미국에서는 응급구조위원회가 조직되어 당시 유럽 예술의 메카인 파리에 머물고 있던 여러 나라의 예술가들을 나치의 손아귀로부터 구해내는 작전을 펼쳤다. 위원장인 배리언 프라이_{Varian Fry}와 마르세유 주재 미국 부영사인 하이럼 빙엄_{Hiram Bingham}은 뉴욕 현대미술관의 후원을 받아 1940년대에 마티스, 피카소, 샤갈, 칸딘스키 등 많은 화가에게 초청장을 보냈다. 위원회는 우선 200여 명의 이주민 예술가와 지식인 들에게 임시 미국 방문 비자를 주어 미국으로 탈출시키고 그 밖에 2000여 명의 난민들을 안전하게 대피시켰다. 국제적 차원에서 벌어진 문화적 노블레스 오블리주의 사례다.

　미국의 기업가인 록펠러가 뉴욕 시에 수도시설을 기부하고 2010년까지 시민들의 수도료를 면제해준 것이라든가, 전도가 유망한 젊은 연주자들에게 고가의 명품 바이올린을 무료로 대여해주는 스트라디바리 협회의 활동은 박애나 도덕에서 나온 것이기도 하지만, 더 넓게 보면 도덕이라기보다 노블레스 오블리주의 역사와 전통에 따른 행위다(그래서 개인적 도덕심이 부족한 사회 엘리트도 노블레스 오블리주를 실천할 수 있다). 반면 오늘날 동양 사회의 상류층에서 기부 문화를 찾아볼 수 없는 것이라든가, 높은 사회적 신분을 누리면서도 그에 상응하는 책임과 의무를 다하려는 의식이 부족한 것은 도덕의식의 결여라기보다 노블레스 오블리주가 사회 발전에 기여했던 역사가 부재한 탓이다.

27

관료제의 두 얼굴

어릴 적 꿈이 대통령이었던 사람은 많다. 한 나라의 최고 지도자라면 누구나 매력을 느낄 법한 지위다. 하지만 좀 더 자라서 사춘기 나이쯤 되면 대통령이 되기란 하늘의 별 따기보다 어렵다는 것을 깨닫는다. 그래서 더 현실적인 목표로 수정하는데, 이때 흔히 떠올리는 게 법관이다. 그래, 사법시험에 합격해 판검사가 되자! 개인의 명예요 가문의 영광이다. 출세의 길이 뻥 뚫릴 거다. 하지만 뚫리기 전에 꽉 막히는 게 있다. 그러려면 공부를 열심히 해야 하니까.

지금도 우리 사회에서는 공부를 열심히 해서 어려운 시험에 합격하고 국가기관에서 일하는 것을 최고로 친다. 대학에서 적성과 무관하게 법학과가 최고의 인기를 누리는 것은 어제 오늘의 일이 아니다. 법관은 공무원이고 공무원은 공복公僕이라는데 왜 그렇게 국가의 하인이 되지 못해 안달일까? 봉급이 많기 때문이 아니다. 단순히 안정된 직업이어서도 아니다. 나라를 위해 일한다는 명분만도 아니다. 멀리 보면 그런 심리에는 과거제의 유산이 있다.

587년 수 문제가 처음 시행한 과거제는 중국에서 20세기 초까지 시행되었고, 한반도에서도 958년 고려 광종 때 도입되어 1894년 갑오개혁으로 폐지되기까지 가장 권위 있는 관리 임용 제도로 기능했다. 무려 1000년 동안이나 시험을 통해 관리를 선발하는 제도가 유지된 것이다. 과거에 합격하면 관리가 될 수 있었고, 관리는 국록을 받는 안정적인 직업일 뿐 아니라 권력과 명예를 누릴 수 있었다.

과거제의 역사가 그렇게 오래라면 공화국 시대 50년에 불과한 우리 사회의 현재 공무원과 관리의 개념에도 그 유구한 전통이 반영되어 있을 것이다. 물론 고려나 조선 시대에 사법시험이 있었던 것은 아니다(당시에는 법학이 잡학으로 분류되어 중시되지 않았다. 동양 사회에서 형법은 국가가 직접 담당했고 민법은 전통적으로 중요하지 않았다). 사법시험을 비롯한 국가고시는 일제 강점기의 유산이다. 그러나 해방 이후에도 국가고시가 최고의 권위와 인기를 유지하는 원인은 일제 강점기를 넘어 오랜 과거제의 역사에서 찾아야 한다.

과거제의 흔적은 국가고시에 앞서 현재의 대학입시에서도 찾아볼 수 있다. 오늘날 대학입시 과목은 과거의 과목과 전혀 다르지만, 성격은 서로 닮은 데가 있다. 과거의 과목은 시대에 따라 약간씩 달라지지만 크게 보면 명경과 제술, 잡과로 나뉜다. 명경은 말 그대로 경전을 얼마나 읽었느냐, 제술은 글을 얼마나 잘 쓰느냐를 테스트하는 것이며, 기타 수학·의학·법학·점술·기술 같은 것들은 잡과로 망라된다. 앞으로 대학입시가 어떻게 달라진다 해도 '시험'으로 인원을 선발한다는 발상에서 벗어나지 않는 한 이런 기본적 구성은 영원히 변치 않을 것이다.

대학입시와 비교하면 과거의 명경은 수능, 제술은 논술에 해당한다. 결국 책을 열심히 읽고 글을 잘 쓰는 게 시험의 요체다. 이렇게 책과 글을 존중하는 태도는 언뜻 보면 학문을 숭상하는 것처럼 생각되지만, 실은 사회의 각 부문에 작용하는 다양한 가치관을 문헌에 의거한 전통적 가치관으로 획일화하고 집중시키는 결과를 낳는다. 특히 지식을 습득하는 데 문헌에 못지않게 중요한 '경험'을 무시하는 풍조를 만들어낸다. 오늘날 문학과 문인에 대한 지나친 엄숙주의, 또 책과 글이 존중되면서도 정작 인문학이 등한시되는 기묘한 현상은 그런 전통의 소산이다.

더 직접적인 과거제의 흔적은 인재를 시험으로 발탁한다는 발상이 여전히 지배적이라는 데 있다. 시험을 치르고 점수를 매기는 것은 객관적인 방식인 듯싶지만, 실은 인재를 객관적으로 공정하게 평가하는 시스템이 없다는 뜻이다. 과거제의 역사적 기원 자체도 오랜만의 통일 제국이 성립된 뒤 기득권을 지닌 기존의 관료층을 배제하려는 목적에서 도입된 것이었다(이 점은 과거제를 도입한 수 문제나 고려의 광종이나 마찬가지였다).

여기서 비롯된 시험 만능주의는 왕조시대가 끝난 지 오랜 세월이 지난 현재도 우리 사회를 지배하고 있다. 오히려 시험제도는 한 세대 만에 사회적 신분을 수직으로 상승시킬 수 있는 좋은 기회라는 게 일반적인 인식이다. 그래서 지금도 우수한 학생들은 여전히 법과대학의 문을 두드리고 우수한 인재들은 국가고시의 문을 두드린다. 지나치다 싶을 만큼 높은 우리 사회의 교육열, 대학입시의 과목이 변동되거나 심지어 수학의 미적분을 입시에 포함시킨다는 것도 뉴스거리가 되는 괴상한 풍토는 시험으로 관리를 임용하는 역사를 오래 지녀온 탓이다.

시험으로 인원을 선발하는 제도의 근본적 문제점은 '결과 지상주의'

에 빠지게 된다는 점이다. 시험제도에서는 과정이 무의미하고 결과만이 중요하다. 어떤 공부를 어떻게 했든 간에 시험관의 기준에 맞는 답을 제출하면 점수를 얻고 합격할 수 있다. 시험의 본래 취지는 응시자의 학문적 능력을 테스트하는 데 있지만 시험으로 합격 여부를 가름하는 방식에서는 본말이 전도되어 성적만이 중요한 요소가 된다. 결국 원치 않아도 행복은 성적순이 될 수밖에 없다.

또한 시험은 그 본성상 '줄 세우기'를 기본으로 한다. 지원자들의 성적을 단일한 등수로 매겨 상위자부터 합격시키는 것이다. 예를 들어, 이번 해에 임용할 관리가 50명으로 책정된다면 지원자가 아무리 많다 해도, 혹은 이번 지원자들의 실력이 특별히 우수하다거나 개성과 창의성이 뛰어나다 해도 고려의 대상이 되지 않는다. 무조건 시험 성적에 따라 한 줄로 세우고 50명을 가려낼 뿐이다. 지금도 대학입시, 입사시험, 국가고시에서 통용되는 단순무식한 줄 세우기는 멀리 보면 과거제에 뿌리를 두고 있다.

동양과 달리 서양의 역사에서는 근대 시민사회 이전까지 특별한 관료층이 발달하지 않았고 국정의 운영을 왕과 귀족들이 맡았다. 그렇다면 동양 사회는 서양보다 신분제의 굴레가 약했던 걸까? 공정한 시험제도가 있었으니 출신보다 실력이 우선시되는 공평한 사회였다고 해야 할까? 하지만 오늘날의 동서양을 비교해보면 그 반대에 가깝다. 시험 만능주의의 동양 사회에서는 오히려 주관적인 정실과 연고가 더 중요하고, 추천으로 인재를 발탁하는 서양에서는 능력 위주의 객관적 기준이 중시된다. 왜 그럴까?

역사적으로 동양 사회는 과거제가 있음에도 강력한 신분제를 유지해왔다. 원칙적으로는 누구나 과거에 응시할 수 있었으므로 평등의 이념이 강조되는 듯싶지만, 현실적으로는 응시 자격이 크게 제한되었다. 적어도 응시자가 생업을 가지지 않고 공부에 전념할 수 있는 경제적 환경이 되어야 할 뿐 아니라 과거를 준비하기 위한 문헌(교과서)은 누구나 가질 수 있는 게 아니었다. 게다가 과거에 합격한다 해도 출세를 위해서는 연고나 학맥, 가문의 배경이 필요했다. 따라서 과거제는 평등을 구현하기는커녕 반대로 신분제를 강화했다.

서양 사회에서는 시민의 시대에 접어들면서 공직이 곧 선출직이라는 관념이 자연스럽게 자리 잡게 된다. 무릇 국가의 일을 하는 자는 누구나 선거를 거쳐 국민의 선출을 받아야 한다는 관념이 당연해진다. 하위 공무원들까지 일일이 선거를 통해 임용되지는 않지만 적어도 시장이나 경찰서장, 소방서장 등의 중·고위 공직자들은 예외 없이 해당 주민들의 추천을 받거나 선거를 치러 당선되어야 한다. 서양의 경우에는 근대 초기에 귀족이 공직자가 되었고 근대 후기, 즉 시민사회에서는 시민들의 선거를 통해 공직자가 임용되었으므로, 정부에서 통일적으로 실시하는 시험을 통해 관리를 선발하는 경우보다 훨씬 부패가 적었다.

동양의 역사에서 시험을 통하지 않고 인재를 발탁한 경험이 전혀 없었던 것은 아니다. 조선 초기에 개혁을 이끌었던 조광조趙光祖가 잠시 시행한 현량과賢良科가 그 사례다. 국가를 위해 일할 만한 자질과 능력을 갖춘 인물들을 천거해 관직에 등용시킨다는 내용의 제도다. 제대로만 된다면 과거에 합격한 뒤에도 '라인'을 타야만 출세할 수 있었던 폐단을 없앨 수 있었지만, 실은 기존의 권력층인 훈구파를 견제하고 자파의 세력을 구축하려는 의도에서 시행된 제도였다. 조광조의 오버드라이브로 개혁파가 몰락하자 현량과도 곧 폐지된다. 조광조는 사약을 받고 죽었으나 현량과는 1552년 명종 때 정초庭招라는 이름으로 부활한다. 재야 유림에서 유능한 인재를 천거받아 관직에 임용하는 제도였으므로 기본 정신은 현량과와 다를 바 없다. 하지만 정초는 비정규적으로 간혹 시행되었을 뿐 과거제를 대체하거나 보완할 만한 비중에까지 오르지는 못했다.

국가가 제대로 기능하기 위해 관료제가 필수적이라는 점은 동양이나 서양이나 마찬가지다. 그러나 정부가 주관하는 규격화된 시험을 통해 관료를 선발하는 동양식 관료제와 각 지역의 귀족들이 관료가 된 서양식 관료제는 성격이 크게 다를 수밖에 없다. 동양식 관료제에서는 처음부터 끝까지 모든 것을 정부, 즉 관이 주도했다. 반면 서양의 관료제는 동양보다 훨씬 느슨했고 시민사회 이후에는 민간이 주도하는 체제를 취했다.

관리는 권력을 행사한다. 하지만 권력의 소유자는 아니다. 관리의 권력은 인물 자체에서 나오는 게 아니라 직위에서 나오기 때문이다. 직위에서 물러나면 관리의 권력은 사라진다. 현대의 공화국은 관리의 권력이 국민에게서 위임받은 것이라고 법으로 규정한다. 그렇다면 왕조시대에는 어떨까? 당연히 왕국의 오너인 군주에게서 권력을 받는다. 바로 여기서 동양 사회에 특유한 권력의 이중성이 생겨난다.

이런 권력의 이중성은 근본적으로 유학 이념에다 특유한 학자 - 관료 개념에 뿌리를 두고 있다. 이것은 세계 어느 곳의 역사에서도 볼 수 없고 오로지 중화 세계에만 있으며, 그중에서도 특히 조선 사회의 중요한 조직 원리였다. 흔히 유학을 현실과 유리된 추상적 학문으로 여기지만 실은 그 반대다. 유학은 탄생할 때부터 정치 이데올로기의 속성이 강했으며, 대단히 현실적이고 실천적인 이념이었다. 그런 탓에 조선 사회에서는 학자와 관료의 구분이 없거나 무의미했다. 유학의 본성 자체가 국가 경영을 목적으로 하는 학문인 데다 조선은 처음부터 유교왕국을 표 방하고 나섰으므로 학자와 관료는 이념적으로나 신분적으로나 거의 일 치했다.

조선 초기에 사림파가 정치적 힘을 얻은 것은 바로 학자 - 관료 체제 가 있었기에 가능한 일이다. 사림파는 대부분 현직 관료가 아닌데도 현 실 정치에 관여하고 훈구파와 맞서 승리할 수 있었다. 또한 16세기에 조 식曹植은 단 한 번도 관직에 진출한 적이 없지만, 그가 길러낸 제자들은 학맥을 이루어 이황李滉의 제자들과 치열한 당쟁을 벌였다. 더 인상적인 예는 17세기의 유학자 송시열이다. 그는 유명세에 걸맞지 않게 만년에 불과 몇 년 동안 정승직을 지낸 것 이외에는 별다른 관직 생활을 하지도 않았다. 그러나 그는 재야에 있으면서도 당시 당쟁의 최대 쟁점이던 예 송논쟁禮訟論爭(657~661쪽 참조)에 깊숙이 관여했으며, 고위 관직에 있는 제자들을 통해 막강한 정치적 영향력을 행사했다.

권력의 실제 소유자와 대리자가 구분되는 현상을 분명하게 보여주는 사례는 왕과 관리의 관계다. 왕은 모든 권력의 원천이자 유일한 소유자 다. 그러나 그 권력의 행사는 왕 자신이 아니라 그가 기용한 각급 관리 가 담당한다. 물론 전쟁이나 외교 같은 국가의 중대사를 결정할 때는 왕 이 직접 참여하지만, 국가 운영의 세세한 부분까지 일일이 관여하지는 못한다. 그 영역에서 왕의 권력을 위임받아 행사하는 게 관리다. 관료제 가 발달할수록 왕과 관리의 권력은 이중 구조를 가지게 된다. 이런 현상 이 심해지면 왕, 왕의 권력, 나아가 왕의 존재조차 상징화된다. 그 점을 잘 보여주는 게 조선 사회다.

조선은 1392년부터 1910년까지 500여 년을 존속한 왕조지만 실은 단 일한 성격의 왕조가 아니다. 크게 구분하면 첫 한 세기 동안은 왕정이었고, 16세기 초 중종의 치세부터 18세기 초 경종 때까지 200년 동안은 사대부들이 권력을 장악한 과두정이었으며, 영·정조 시대에 잠시 왕정복고가 이루어졌고, 그 뒤 19세기의 한 세기 동안은 사실상 국가가 아니었다. 여기서 왕권의 상징성이 가장 두드러지게 나타난 시기는 과두정 시대다.

고려 말부터 정계에 진출한 사대부 세력은 사실 처음부터 조선을 사대부 국가로 만들고자 했다. 조선의 '기획자'인 정도전은 이성계를 얼굴 마담으로 내세우고, 자신이 이상으로 삼은 성리학적 이념에 입각한 새 왕조를 구상했다. 그러나 그 의도를 알아챈 이방원이 정도전을 제거하고 조선을 중앙집권적 왕국으로 만들었다. 이 체제는 왕위 계승의 경로가 약해졌던 단종 시대에 잠시 숨을 골랐으나 연산군 시절까지 대체로 유지되었다.

그러나 사대부들은 그 기간에도 늘 중앙권력을 노렸다. 세조의 쿠데타 이후에는 왕당파인 훈구파에 맞서 사림파를 형성하면서 사대부 국가의 꿈을 포기하지 않았다. 그 꿈을 실현할 계기를 준 것이 연산군이다. 그의 실정을 계기로 사대부들은 드디어 처음으로 왕을 자신들이 세울 수 있었다(중종반정). 원래 왕위 계승권이 없었던 중종은 당연히 재위 기간 내내 자신을 옹립한 사대부들의 뜻에 따를 수밖에 없었다.

중종부터 경종까지 열 명의 왕들은 대부분 사대부들의 꼭두각시와 같은 역할을 했다. 왕위와 인연이 없었다가 사대부들에 의해 왕위에 오른 왕만 해도 네 명—중종, 선조, 인조, 효종—이나 된다. 광해군이 임진왜란으로 국정이 문란해진 틈을 타 북인 중 일부를 왕당파로 포섭하고 왕정복고를 꾀했으나 곧 사대부들의 역공을 받아 실각했다(인조반정). 역사를 기록하는 것은 왕이 아니라 사대부였기에 이 사건도 반정反正, 즉 잘못

된 것을 바로잡은 사례로 기록되었다.

하지만 명색이 왕국인데 어떻게 사대부들의 과두정이 가능할까? 물론 원칙적으로는 불가능하지만 이중권력 체제라면 가능하다. 즉 왕은 상징 권력으로 남고 실권은 사대부들이 장악하는 방식이다.

과두정 시대에 사대부들이 왕권을 인정하지 않거나 왕따를 놓은 것은 아니다. 그들은 국가 대소사를 왕에게 착실히 보고하고 재가를 얻었으며, 왕도 옥새의 보유자로서 최종 결재권자의 위치를 잃지 않았다. 뿐만 아니라 사대부들은 국정을 운영하는 데서 늘 '성지(聖旨, 왕의 뜻)'라는 명분을 내세웠으며, 실제로 왕명을 결코 무시하지 않았다. 그러나 그 왕의 뜻과 왕명은 결국 사대부들이 배후에서 조종하고 기획한 것이었다. 때로는 의식적이고 때로는 무의식적이었지만, 궁극적으로 왕의 모든 조치와 명령에는 사대부들의 의지가 반영되었다. 왕은 기획자와 집행자로서 사대부들이 필요했고, 사대부들은 권력의 상징으로서 왕이 필요했다. 그런 탓에 왕도 사대부들도 잘못된 국정에 대해 책임을 질 필요가 없었다. 이 전통은 오늘날 만연되어 있는 '책임지지 않는 공무원상'에 기여한 바가 크다.

중종을 옹립한 이후 사대부들의 권력이 증대하자 그들은 자기들끼리 다투기 시작했다. 그전까지의 사화들이 왕권과 신권의 대립으로 빚어진 데 비해 이 시기부터 왕은 상징으로만 군림할 뿐 사대부들 내부에서 피비린내 나는 권력 다툼이 벌어진다. 이때부터 당쟁이 특별히 심화되는 것은 결코 우연이 아니다. 사대부들이 권력의 정점에 올랐으면 그다음에는 자기들끼리 다툴 수밖에 없다. 이 점은 과두정을 취한 모든 국가에서 볼 수 있는 역사다.

형태상으로만 보면, 조선의 사대부 체제는 17세기 말 영국에서 처음

혼자 공부하는 이들을 위한 최소한의 지식: 역사

으로 성립된 입헌군주제와 비슷하다. "왕은 군림하되 통치하지 않는다."라는 입헌군주제의 원리는 16~18세기 조선에도 통용된다. 영국은 명시적이지만 조선은 암묵적이라는 점만 다를 뿐이다. 그런데 왜 결과는 크게 달랐을까? 영국의 입헌군주제는 의회민주주의를 가져왔고 국력을 증강시키는 데 밑거름이 되었지만, 조선의 사대부 정치는 우물 안 개구리로 일관하다가 결국 나라를 파멸로 이끌었다.

그 이유는 입헌군주제의 경우 의회가 권력을 행사할 뿐 아니라 그 책임도 진 데 비해 조선의 사대부들은 항상 왕의 이름을 빌려 권력을 행사하고 책임은 지지 않았기 때문이다. 대표적인 사례가 임진왜란이다. 전란은 조선의 사회와 경제, 정치를 파탄으로 몰았다. 하지만 왕과 사대부의 이중권력 체제는 그런 대규모 전란이 끝난 뒤 책임을 물을 곳을 모호하게 만들었다. 껍데기는 왕국이었고 알맹이는 사대부 국가였으므로 정책의 오류에 대해 누구도 책임을 지려 하지 않았다. 엄청난 국란을 겪고서도 왕조가 교체되지 않은 것은 그런 모호한 성격 때문이다. 사실 임진왜란이 아니었다면 그런 이중 구조의 중앙 정치가 그렇게 오래도록 존속하지 못했을지도 모른다. 오히려 그 덕분에 한 호흡 쉬고 간 것이 기형적 과두정의 명맥을 더 길게 해주었을 것이다.

정치적 오리엔테이션이 강력하고 통일을 지향하는 사회에서는 흔히 이중권력 체제가 생겨난다. 중국 고대의 춘추전국시대에는 주나라 왕실이 상징 권력으로 존재했고 실권을 가진 제후들이 서로 중앙 권력을 놓고 쟁패했다. 한 제국과 당 제국 시대에 황실의 외척과 환관 들은 천자의 권위를 등에 업고 권력 다툼을 벌였다. 중화 세계만이 아니라 일본 같은 비중화 세계도 그런 역사를 가지고 있다. 12세기에 바쿠후가 탄생한 이래 쇼군은 바쿠후 정권의 우두머리로서 영주들을 휘하에 거느리고 국정을 운영했지만 교토의 천황이 일본 천하의 명분상 오너로서 상징 권력을 가지고 있다는 점을 부인하지 않았다. 이런 체제는 1868년 메이지 유신으로 바쿠후가 붕괴될 때까지 지속되었다.

동아시아 국가들의 이중권력 체제는 역사에만 남아 있는 게 아니라 현재에도 영향을 미친다. 서양식 민주주의 제도를 취하고 있는 현대 정치에서도 그 흔적을 확인할 수 있다. 한국과 일본의 정계를 얼룩지게 만드는 이른바 '보스 정치'가 그런 예다. 하나의 정권이나 정파에서 보스는 상징적인 우두머리로 군림하고, 실제의 정책은 보스의 심복들이 보스의 이름을 빌려 집행한다.

중요한 정치적 결정은 항상 막후에서 이루어진다. 골프장이나 룸살롱에서 정책이 채택되고 심의된다. 정작 의사당에서는 나중에 그 정책을 공식적으로 추인하거나 여야가 상징적인 정치 게임을 벌일 뿐이다. 그런 탓에 정계에는 항상 음모와 음모론이 판친다. 겉으로 내세우는 주장과 실제 속셈이 다르다. 정치적 발언이나 행위가 있을 때마다 배후와 막후를 추측하는 게 습관처럼 되어 있다. 텍스트와 콘텍스트가 완전히 분리되고 모든 정치적 발언은 늘 청취의 대상이 아니라 '해석'의 대상이 된다.

권력의 형식적 소유자와 실제로 권력을 행사하는 자 사이에 괴리가 생기면 그 틈에서 권력형 부패가 자라나게 마련이다. 동양의 관료제는 현실적 필요성에 의해 생겨난 게 아니라 지배자의 통치 행위를 용이하게 하기 위해 발달했기 때문에 관직은 언제나 커다란 이권이었다. 관리_{官吏}는 백성에게 봉사하는 게 아니라 백성을 관리_{管理}했고, 거기서 음성적인 이득을 챙겼다.

매관매직은 왕조시대에만 있었던 현상이 아니다. 오히려 지금은 법적으로 제도화되어 있다. 제도의 취지가 왜곡되면 제 기능을 하지 못한다. 국회의원의 비례대표제가 그런 예다. 원래는 직업적 정치인들이 모인 정당에 부재한 직능대표를 발탁한다는 취지였으나, 이 제도는 이른바 '공천 헌금'이라는 부정한 명목 아래 돈을 주고 의원직을 사는 통로로 활용되는 경우가 많다. 말하자면 매관매직이 합법화되어 있는 셈이다.

그런 역사를 가졌기 때문에 오늘날에도 동양 사회는 여전히 강력한 권력과 권위를 지니고 국민 위에 군림하는 국가, 그리고 그 국가 권력을 충실히 집행하는 관료제를 특징으로 한다. 그런 체제의 가장 큰 문제는 사회 발전의 과정이 자연스럽지 못하고 불균형할 수밖에 없다는 점이다.

1997년 우리 사회를 파국으로 몰아넣은 IMF 사태의 근원은 사실 1960~1970년대에 국가가 주도한 인위적인 경제성장 과정의 후유증이다. 당시 박정희 군사독재 정권은 모든 정책을 좋게 말해 정치적 명령으로, 나쁘게 말해 군대식으로 추진하고자 했다. '경제개발 ×개년 계획'이라는 목표를 내걸고 그 실현을 위해 사회의 모든 부문을 배치하는 구상은 전형적인 군대식 집행이다.

일사불란한 명령과 집행은 단기적인 목표를 달성하는 데는 힘을 발휘하지만 장기적인 발전의 동력으로 삼기에는 부적절하다. 더구나 무엇이든 위로부터의 명령을 통해 해결할 수 있다는 발상에서는 창의성이 발휘될 여지가 없을뿐더러 지표상의 실적을 올리는 전시적 성과 이상의 것을 기대하기 어렵다.

국가 주도의 성장 전략에서 구체적으로 드러난 문제는 그로 인해 우리 사회의 균형을 유지하는 능력이 심각하게 손상되었다는 점이다. 사회 발전이란 단순히 경제지표상의 문제도 아니고 수치로 기록하는 운동

경기 같은 것도 아니다. 그러나 개발독재 정권은 오로지 외형적 경제지표의 성장을 끌어올리는 데 주력했고, 그마저도 마치 교사가 성적표를 기록하듯이 정부가 민간 부문의 위에 군림하면서 지휘하고 감독하는 방식을 택했다. 그 와중에 다리가 무너지고 백화점 건물이 주저앉지 않으면 오히려 이상한 일이다.

더 심각한 불균형의 증상은 사회 전체가 실용적이고 현실적인 측면에만 치중한다는 점이다. 최고의 가치는 효율성이며, 다른 모든 가치는 효율성에 종속된다. 그것도 단기적인 효율성뿐이므로 어떤 일이든 속전속결로 빨리 성과를 내야 한다. 그런 태도는 일상생활에서 한국인 특유의 '빨리빨리'로 나타나며, 학문적으로는 실용적인 과학기술에 비해 기초과학이나 인문학을 경시하는 풍조로 나타난다.

28

관 주도와 민간 주도

4차 십자군의 자유분방함 혹은 무질서 / 몽골군의 일사불란한 원정 / 알렉산드로스와 나폴레옹의 임기응변

5000여 년에 달하는 인류의 역사 시대를 통째로 이해하기란 결코 쉽지 않다. 무엇보다 분량이 너무 방대하고 갈래도 너무 많다. 그렇다고 요령 있게 요약한다 해서 해결될 문제도 아니다. 요약은 압축을 필요로 하는데 압축은 추상도를 높이기 때문이다. 추상화된 역사에서는 정보를 얻기도, 재미를 구하기도 쉽지 않다. 시내를 건너기는 해야겠는데 발을 적시기는 싫다. 그러자면 징검다리가 필요하다. 그런 징검다리의 좋은 예가 전쟁이다.

하고 많은 것 중에 왜 하필 전쟁일까? 그 이유는 간단하다. 가장 작은 창문으로 가장 넓은 것을 보여주는 게 바로 전쟁이기 때문이다. 인류 역사 전체를 통틀어 전쟁은 끊이지 않았을 뿐만 아니라 중요한 사건마다 빠짐없이 관여한 약방의 감초였다. 전쟁은 모순을 해결하는 가장 주요한 수단인 것은 물론 역사적 사건의 원인을 이루기도 했고, 결과가 되기

도 했다.

전쟁은 고도의 정치 행위다. 대단히 비합리적인 것처럼 보이지만 실은 지극히 합리적이다. 아무리 사나운 정복자라 해도 미치광이가 아니라면 전쟁 자체를 즐기는 사람은 없다. 또한 아무리 패배를 모르는 타고난 맹장이라 해도 전쟁을 앞두고 긴장하지 않는 사람은 없다. 역사에서는 전쟁을 통해 여러 가지 사회적 갈등과 모순이 해소되는 경우도 흔하고, 전쟁에 의해 역사의 물줄기가 바뀐 사례도 많다.

전쟁 중에서도 특히 군사 원정은 일사불란한 지휘 체계를 바탕으로 전개되어야 한다. 원정군은 항상 정복할 지역의 방어군에 비해 규모에서 열세일 수밖에 없다. 소수의 군대로 다수의 군대를 물리치려면 평소에 훈련이 잘된 정예 병력이 파견되어야 하고, 현지에서도 모든 병력이 작전에 따라 기계처럼 정교하게 움직여야 한다.

목표를 정하고, 그에 맞게 병력을 편제하고, 전략과 전술을 수립하고, 그에 따라 기민하게 움직인다. 이것은 현대전의 방식이지만 동양의 역사에서는 고대부터 익숙한 원정이었다. 그러나 모든 원정이 그렇게 진행되는 것은 아니다. 서양의 역사에서는 근대 이후의 원정이 그러할 뿐 고대에서 중세까지의 군사 원정은 방만하고 엉성하며 느슨했다.

동양의 역사에서 군사 원정은 왕이나 황제의 결정에 따라 타깃이 정해진 뒤 그에 맞춰 군대가 편성되고 조직적으로 전개되는 체계적인 사업이었다. 그에 비해 서양의 역사에서 보는 군사 원정은 그런 강력하고 단일한 지휘 계통이 없었다. 동양의 원정은 관이 주도하는 전형적인 '위로부터의' 군사작전이고, 서양의 원정은 민간이 주도하는 '아래로부터의' 군사작전이었다. 이 차이를 잘 보여주는 사례는 비슷한 시기에 있었던 서유럽의 십자군 전쟁과 몽골의 서방 원정이다.

1095년 클레르몽 공의회에서 교황 우르바누스 2세의 선동으로 시작된 십자군은 단일한 권력이 조직한 군대가 아니었다. 교회가 지배하는 중세였지만 전쟁은 사제가 아니라 군대가 하는 일이다. 그런데 중세 유럽의 세속 권력은 하나가 아니었다. 그래서 원정군의 구성과 성격은 무척 잡다했다. 예를 들어, 은둔자 피에르가 조직해 맨 먼저 출발한 민중 십자군은 병력이 무려 4만 명이나 되었지만 정규군이 아니었고 실상은 도둑 떼에 가까웠다. 이들은 엉뚱하게도 예루살렘으로 가기는커녕 헝가리로 쳐들어가 무고한 주민 4000명을 살해했다. 그 뒤에도 약탈과 방화를 일삼다가 오히려 비잔티움 제국과 충돌을 빚고 극히 일부만 성지까지 가는 데 성공했다. 이 오합지졸들은 결국 예루살렘에서 이슬람군에 의해 박살났다.

십자군의 무질서와 자유분방함, 아울러 서양식 원정의 전형적인 모습을 극명하게 보여주는 사례는 13세기의 4차 십자군이다. 1차 십자군 이후 원정에서 별다른 성과를 얻지 못하자 초조해진 서유럽의 군주들은 잉글랜드 왕 리처드의 주장에 따라 이번에는 해로를 이용해 이집트를 먼저 원정하기로 결정했다. 그러기 위해서는 군대를 수송할 선박들이 필요한데, 그 정도의 많은 배를 보유한 곳은 서유럽에서 베네치아 공화국밖에 없다. 당시 베네치아는 제노바, 피사 등과 더불어 지중해 무역을 완전히 장악하고 있었다. 아무도 예기치 못한 드라마가 벌어지는 것은 이때부터다.

1201년 나이가 이미 아흔넷이던 베네치아의 맹인 도제 엔리코 단돌로Enrico Dandolo는 병력 수송비로 8만 4000마르크의 돈을 받는 조건으로 서유럽 군주들의 제의를 수락했다. 아울러 그는 원정이 성공할 경우 정복지의 절반을 받는다는 조건으로 50척의 무장 갤리선을 무상으로 제공했다. 말하자면 베네치아는 십자군과 병력 수송 계약을 맺는 동시에 직접투자도 한 것이다.

문제는 1년이 지나 1202년 6월 24일 출발 날짜가 되었을 때다. 3만 명 이상이 모일 것이라는 서유럽 군주들의 호언장담과는 달리 원정에 참여하기 위해 베네치아에 모여든 병력은 1만 명도 채 되지 않았다. 따라서 십자군 측은 처음에 약정한 금액을 베네치아 측에 지불할 수 없는 상황에 처했다. 분노한 도제는 십자군을 부두에서 나오지 못하게 하고 식량 공급마저 끊겠다고 으름장을 놓았다. 그 서슬에 놀란 십자군 지휘관과 병사 들이 현장에서 부랴부랴 사재를 털어 모금했으나 겨우 5만 마르크 정도만 만들 수 있었다.

남은 빚을 받아내기가 어려워지자 노회한 단돌로는 십자군에게 묘한 제안을 한다. 연전에 헝가리에 함락된 베네치아의 도시 차라를 수복해 달라는 것이다. 십자군은 졸지에 빚쟁이 베네치아의 용병이자 해결사가 되어버린다. 약속대로 차라를 점령해 베네치아에 넘겨주자 이번에는 교황이 분노했다. 이교도와 싸우고 성지를 탈환하기는커녕 원정을 출발하지도 않고 같은 그리스도교권을 침략한 것이기 때문이다. 화가 치민 교황 인노켄티우스 3세는 십자군 전체를 파문해버렸다.

그러나 4차 십자군의 해프닝은 거기서 끝나지 않는다. 용병으로 전업한 그들에게 다시 '의뢰'가 들어온다. 아직 받을 돈이 남아 있는 단돌로는 아예 십자군의 '매니저'로 나섰다. 마침 콘스탄티노플에서 반란을 일으킨 세력이 단돌로에게 십자군의 경비를 대납하겠다면서 비잔티움 제국을 정복해달라고 부탁했다. 연예인에게 출연 의뢰가 왔으니 매니저 단돌로는 당연히 대환영이다. 묵은 빚도 받아낼 수 있을 뿐 아니라 제국

러시아 제국

헝가리 정복

라틴 제국
수립(1204)

대 서 양

영국

폴란드

신성 로마 제국

프랑스

헝가리

베네치아

흑 해

카스티야

교황령

비잔티움 제국

콘스탄티노플

포르투갈

로마

나폴리

셀주크튀르크

사르데냐

시칠리아

십자군의 4차 원정로

크레타

키프로스

지 중 해

| 추악한 십자군 십자군 자체가 악명이 높지만, 그중에서도 가장 악명 높은 것은 4차 십자군이
다. 그 무질서한 원정이 유럽적 질서를 가장 잘 보여준다는 것은 역사의 흥미로운 역설이다. 베네치
아 항구에 갇힌 수천 명의 병력은 노회한 단돌로에게 이리저리 이용당해 범죄에까지 동원되는데, 그
배경에는 약속을 이행해야 한다는 관념이 있었다.

을 손에 넣으면 지중해 무역의 경쟁자인 제노바와 피사를 멀리 따돌릴
수 있다.

1203년 십자군을 태운 베네치아 함대는 이집트도, 팔레스타인도 아
닌 비잔티움 제국의 수도 콘스탄티노플에 입항했다. 제국은 거세게 저
항했으나 쇠락기에 접어든 국력으로 강성한 서유럽 연합군을 막아내기
는 어려웠다. 십자군은 교전 끝에 이듬해 도시를 점령했다. 이교도를 정
벌하러 모인 군대가 그리스도교 제국을 정복한 것이다.

그 결과 동로마 제국의 수도 콘스탄티노플에 라틴 제국이라는 기묘
한 십자군 왕조가 수립되었다. 원래의 제국은 에피루스, 니케아, 트레비
존드의 세 곳으로 도망쳐 세 개의 망명 제국으로 분립했다. 동방에 자리

잡은 서유럽 제국은 반세기 이상을 존속하다가 베네치아의 경쟁자인 제노바와 동맹을 맺은 니케아 제국의 공격을 받고 멸망했다.

예루살렘 근처에는 한 발자국도 딛지 못하고 엉뚱한 곳에서 눈부시게 활약한 4차 십자군은 역사적으로 십자군 중에서도 가장 수치스러운 전쟁이라는 오명을 가지고 있다. 그러나 다른 각도에서 보면 4차 십자군은 당시 서유럽 세계의 특징을 가장 잘 보여주는 사건이기도 하다. 4차 십자군이 구성되고 활동한 경위는 동양 사회에서는 도저히 있을 수 없는 현상이다.

우선 무계획의 절정을 보여준다. 3만 명의 병력이 예정되었는데 실제로 모인 병력이 1만 명에 그쳤다는 사실은 원정이 얼마나 주먹구구식으로 계획되었는지 짐작하게 한다. 더구나 그들은 성지 탈환이라는 단일한 목적으로 구성되었으면서도 전혀 일사불란한 행동을 보이지 못했다. 헝가리를 공략한 것도, 동방 제국을 멸망시킨 것도 애초의 일정표에는 없었다. 그저 되는대로 행동한 것뿐이다.

베네치아의 처신도 이해하기 어렵다. 베네치아 역시 그리스도교권의 공화국인데도 왜 십자군은 베네치아에 돈을 주기로 하면서 배를 계약해야 했을까? 또 단돌로는 왜 그것을 당연히 여겼을까? 베네치아에 모인 십자군은 왜 1만 명이나 되는 대규모 병력이면서도 무력으로 도시를 짓밟아버리지 않고 스스로 인질처럼 부두에 갇혀 지냈을까? 약정된 금액을 다 주지는 못했지만 어쨌든 절반 이상이나 지불했는데도 왜 십자군은 이후 명분과 실리를 모두 팽개치고 빚쟁이 베네치아의 요구에 고분고분 따라야 했을까?

동양적 관점에서 보면 그런 군대를 원정군이라 부를 수 있을까 싶을 정도다. 과연 4차 십자군과 비슷한 시기에 전개된 동양식 원정은 전혀 다른 양상을 보인다. 도대체 군사 원정에 무슨 계약이 따르고 돈을 주고받는 절차가 필요하단 말인가? 그냥 황제의 명령만으로 충분하다!

몽골의 서방 원정은 십자군과는 비교도 안 될 만큼 강력한 규율과 탁월한 스피드를 보여준다. 몽골군은 십자군의 목적인 성지 탈환보다 훨씬 명분도 약하고 비중도 덜했지만 십자군보다 훨씬 질서정연하고 일사불란하게 행동했다.

여진족의 금을 정복한 이듬해인 1235년 새 수도 카라코룸에서 열린 쿠릴타이에서 몽골 제국의 2대 황제 오고타이 칸은 역사적인 서방 원정을 결정했다. 불세출의 정복군주인 아버지 칭기즈 칸이 손에 넣고자 했던 서역(중앙아시아)은 이미 손에 넣었다. 오고타이는 더 서쪽의 '땅끝'까지 가보려 한다. 대칸의 명령이 떨어지자 20만 명의 몽골 대군은 이미 몽골의 영토가 된 중앙아시아까지 한달음에 달려간 다음 유목민족 특유의 뛰어난 기동력을 바탕으로 동유럽부터 유린한다.

1236년이면 벌써 몽골군은 볼가 강 상류의 킵차크를 접수했고, 이어서 랴잔, 블라디미르, 로스토프 등 남러시아 일대를 손에 넣었다. 그다음 중앙아시아 방면으로 방향을 바꿔 카프카스를 정복하고 다시 서쪽으로 가서 우크라이나의 키예프를 공략했다. 좌충우돌이요 무인지경이다. 어디 한 군데 흠잡을 수 없는 완벽한 원정이다. 1241년 오고타이가 연회 도중에 예기치 않게 사망하는 바람에 서유럽 세계는 무사했지만(총사령관인 바투는 오고타이의 조카로 제위 계승에 발언권이 있었으므로 급히 철군할 수밖에 없었다), 그때까지 정복한 남러시아에는 킵차크한국이 세워졌다. 이 때문에 이후 수백 년 동안 러시아는 '타타르의 멍에'에 묶여 있었다.

같은 군사 원정이라 해도 분방한 십자군과 조직적인 몽골군의 차이는 너무도 분명하다. 몽골군은 원정의 목적지가 정해지면 단숨에 달려가 신속히 임무를 완수한 반면, 십자군은 원정 도중에도 걸핏하면 샛길로 빠져들었다. 4차 십자군이 그 전형이지만 3차 십자군 때도 영국의 리처드와 프랑스의 필리프 2세가 다투면서 원정 도중에 각자 군대를 되돌렸다.

물론 십자군은 연합군의 성격이었고, 몽골군은 단일 국적의 군대였다. 그러나 그 사실만으로 차이를 완전히 설명할 수는 없다. 더 근본적인 차이는 명령으로 출발한 동양식 원정군과 약속으로 출발한 서양식 원정군의 차이다.

이런 차이는 군대 내부에서도 확인된다. 몽골군은 황제의 명령으로 파견되었고 정복지에서도 지휘관의 명령에 따라 조직적으로 움직였다. 물론 병사들은 곳곳에서 개인적으로 약탈과 방화, 살인 행위를 일삼았으나 전체적으로는 원정의 임무에 충실했다. 그러나 십자군은 애초부터 지휘관과 병사들의 이해관계가 달랐다.

유럽의 군주들은 주로 성지 탈환이라는 명분에 충실하려 했지만 병사들은 원정에서 전리품과 노획물을 거두어 개인적인 이득을 취하는 것을 목적으로 삼고 있었다. 대규모 전쟁이 벌어지면 나름대로 조직과 편제를 갖추어 싸웠지만 정복지에서 병사들은 '각자 알아서' 제 몫을 챙기는 데 주력했다. 사실 이것은 로마 시대부터 내려온 약탈의 전통이다. 로마 군단이 어느 도시를 정복하면 지휘관은 휘하 병사들에게 일정 기간(보통 사흘) 공식적으로 도시를 약탈할 수 있도록 허가했다. 5세기에 로마를 점령한 고트족도, 또 15세기에 콘스탄티노플을 정복한 튀르크도 그런 약탈의 관습을 따랐다.

서양의 분방한 원정은 역사가 무척 오래다. 여기서 서양식 전쟁의 특징을 말해주는 고대의 사례와 근대의 사례를 한 가지씩 살펴보자. 주인공은 위인전에 단골로 등장하는 잘 알려진 인물들인데, 기원전 4세기 마케도니아의 알렉산드로스와 18세기 말 프랑스의 나폴레옹이다. 두 사람은 역사에 전하는 위대한 전략가였으나 그들이 실전에 구사한 전략은 동양식 관점에서 보면 체계적이거나 조직적이라기보다 오히려 임기응변에 가까웠다.

　헬레니즘 시대를 연 유명한 동방 원정은 우리가 생각하는 엄정한 군사 원정과 거리가 멀다. 알렉산드로스는 그리스를 통합한 뒤 기원전 334년에 페르시아 원정길에 나섰다. 출발 당시 그가 이끄는 마케도니아와 그리스 연합군은 보병 3만 명과 기병 5000명에 함선 160척이었으니 장기적인 동방 원정을 감당하기에는 결코 대군이라 할 수 없었다. 하지만 알렉산드로스의 구상은 150년 전 페르시아가 그리스를 침략할 때 치밀한 계획으로 원정에 임했던 크세르크세스와는 전혀 달랐다. 스물두 살의 혈기왕성한 젊은이였던 그는 일단 소아시아를 정복하고 나서 다음 일을 생각하자는 자세다. 한 가지 다행스러운 것은 아버지 밑에서 기병대를 지휘한 풍부한 경험으로 젊은 나이에도 기동력에 대한 자신감이 충분하다는 점이다.

　과연 알렉산드로스는 그라니코스 강에서 벌어진 전투에서 페르시아군을 손쉽게 무찌르고 순식간에 소아시아의 서쪽 절반을 손에 넣었다. 그러나 그가 격파한 적군은 페르시아의 주력이 아니라 현지 부족과 그리스 용병을 꿰어 맞춘 임시 군대였다.

　그 점을 잘 알고 있었던 알렉산드로스는 우회 작전으로 돌아선다. 군대를 남하시켜 지중해에 면한 도시들을 차례로 정복한다. 그의 의도는 두 가지다. 하나는 페르시아의 물자 보급로를 차단하고, 또 하나는 지중해의 페르시아 함대를 격리시키는 것이다. 이로써 페니키아와 이집트, 특히 페르시아의 주요 자금 창고인 다마스쿠스가 알렉산드로스의 손에 들어갔다. 육군으로 해군을 차단한다는 구도는 전통적으로 해군이 강하고 육군이 약한 그리스로서는 생각하기 어려운 전략이었으며, 그동안 그리스가 페르시아 정복을 꿈꾸지 못한 이유이기도 했다.

페르시아의 수족을 자른 알렉산드로스에게는 이제 본체와의 마지막 승부가 남았다. 그는 기원전 331년 여름 유프라테스 강을 건너 메소포타미아의 심장부까지 진출했다. 이윽고 가우가멜라 평원에서 진을 치고 있는 페르시아의 대군을 만났다. 전투를 앞둔 날 밤 그는 부하들에게 이 전투가 아시아의 운명을 결정할 것이라고 말했다.

양측은 군대의 구성부터 국제적이다. 알렉산드로스는 여러 차례 전투를 치르면서 수천 킬로미터를 진군해오는 동안 그때그때 현지의 병사들을 징발해 군대를 보강했다. 또한 오리엔트의 통일 제국 페르시아 역시 남북으로 이집트에서 중앙아시아, 동서로 인도에서 소아시아에 이르는 광대한 영토 내의 온갖 부족으로 군대를 조직해 맞서고 있었다. 바야흐로 고대 역사상 최대의 국제전이 시작되었다.

페르시아는 병력의 수에서도 앞섰지만 믿는 도끼는 전차였다. 그리스를 침략했을 때는 지형상 전차를 제대로 사용하지 못했지만 평원에서는 고대의 탱크인 전차가 최고다. 그에 비해 알렉산드로스의 장기는 기병 전술인데, 기병으로 전차를 당할 수 있을까? 그러나 불행히도 그 도끼는 페르시아 황제 다리우스 3세의 발등을 찍었다.

기병 전술에 능하다는 것은 적재적소에 기병을 잘 활용한다는 뜻만이 아니라 고정된 전술로 일관하지 않고 그때그때 임기응변에 뛰어나다는 뜻이다. 전장에서 임기응변을 하려면 기병의 기동력이 반드시 필요하기 때문이다. 알렉산드로스는 기병을 내세우지 않고 보병으로 페르시아의 전차 부대에 맞섰다. 원래 그의 기병 전술은 기병이 전면에 나서는 게 아니라 보병들이 밀집대형으로 적을 막고 있는 동안 적의 취약한 측면을 겨냥해 기병을 투입하는 것이었다.

전차라는 강력한 무기를 바탕으로 조직력만 믿었던 페르시아군은 적이 예상과 다르게 느슨한 편제로 대응하자 크게 당황했다. 마치 곰이 모기의 공격에 쩔쩔 매는 것처럼 그들은 알렉산드로스의 자유로운 기병 전술에 농락을 당했다. 그런 전군 공조 전술은 자유로운 상상력이 없으면 불가능한 작전이었다. 다리우스는 알렉산드로스가 기병을 주력으로 삼는다는 것만 알았지 어떻게 기병 전술을 구사하는지는 알지 못했다.

가우가멜라 전투에서 대패한 페르시아는 결국 멸망했다. 알렉산드로스의 예언대로 그 전투는 아시아의 운명을 결정했다.

임기응변은 자유로운 상상력에서 나오며, 상상력은 조직력과 짜임새가 아니라 느슨한 체계에서 나온다. 18세기 프랑스의 나폴레옹도 고대의 알렉산드로스와 같은 자유로운 전술적 상상력을 보여준다. 혁명의 여파로 프랑스가 국제적 고립 상태에 처해 있던 1796년 전장에서 지휘관을 맡아본 경험도 없는 스물여섯 살의 포병 장교인 나폴레옹은 이탈리아와 오스트리아 연합군이 도사리고 있는 북이탈리아를 공략했다.

당시 프랑스는 병력의 3분의 2가 북부에서 독일군을 방어하고 있었으므로 나폴레옹에게 주어진 병력은 남부의 3분의 1밖에 없었다. 게다가 사기도 보급도 형편없는 오합지졸이었다. 그래도 나폴레옹이 이끄는 프랑스 군대는 국경을 넘어 이탈리아를 침공했다. 이탈리아와 오스트리아 연합군은 둘로 나뉘어 이탈리아군이 토리노를 맡고 오스트리아군이 밀라노를 방어했다.

이때 나폴레옹의 예상치 못한 작전이 전개되었다. 보통 하나의 군대로 두 곳을 공략하려면 약한 곳부터 선공하는 게 상식이다. 병력이 많다면 둘로 나누어 한꺼번에 공격할 수도 있겠지만 프랑스군의 병력으로는 불가능했다. 그런데 나폴레옹은 두 도시 중 한 곳을 선택하지 않고 그냥 두 도시 사이로 진격했다.

그러자 적들은 나폴레옹의 의도를 몰라 오히려 큰 혼란에 빠졌다. 당황한 이탈리아군은 황급히 추격에 나섰다. 하지만 나폴레옹은 그에 아랑곳하지 않고 여러 소도시 부근에서 이탈리아군과 되는대로 짧은 교전을 벌였다. 사실 그에게는 총체적인 원정 계획 자체가 없었다. 그냥 적을 맞아 싸우기 좋은 곳으로 여기저기 선택한다는 모호한 전략만 가졌을 뿐이다. 하지만 여러 전투에서 누적된 타격을 입은 이탈리아군은 항복했다.

예기치 못한 상황에 오스트리아군은 물러가 밀라노의 방어에 주력했다. 그러나 나폴레옹은 또다시 적을 놀라게 했다. 밀라노를 완전히 우회해버린 것이다. 오스트리아군이 당황했다. 그들은 나폴레옹이 오스트리아 본국을 치려는 것으로 생각하고 방어망을 풀고서 서둘러 프랑스군을 추격했다. 아다 강에 이르자 나폴레옹은 강의 건널목이 로디라는 소도시에 있다는 것을 알았다. 그는 여기서 적을 맞기로 결정했다. 이 응전의 장소는 미리 선택한 게 전혀 아니었다.

나폴레옹은 도시 한복판의 다리를 바라보는 곳에 포대를 설치했다. 얼마 뒤 적이 나타나자 대포들이 불을 뿜었다. 포병들은 오스트리아군이 강을 건너지 못하도록 막았다. 곧이어 나폴레옹은 보병들을 공격 대형으로 편성해 다리를 건너게 했다. 오스트리아군은 대오가 무너지며 후퇴하더니 급기야 방향을 돌려 마구 달아났다. 이렇게 데뷔전을 승리한 뒤 나폴레옹은 불과 한 달도 못 되어 병력과 장비에서 우세한 적군에게 다섯 차례나 연승을 거두었다.

군사 원정을 떠난다면 출발에 앞서 모든 것을 사전에 계획하고 만반의 준비를 갖추어야 한다는 게 상식이다. 그러나 알렉산드로스와 나폴레옹은 그 상식을 거스르고 마치 대충 짐을 꾸려 여행을 떠나듯이 원정을 시작했다. 대부분의 작전은 임기응변이었고, 자신의 직관에 의지해 상황의 변화에 대처했다. 물론 둘 다 뛰어난 지휘관이었기에 가능한 일이었으나 동양식 원정에서는 보기 드물고 용납되지도 않는 방식이다. 그런 자질을 갖춘 인물은 지휘관으로 삼기에 적절치 않다고 보는 게 동양식 사고다.

또 한 가지, 알렉산드로스와 나폴레옹이 성공을 거둔 데는 다른 이유도 있다. 설령 직관과 임기응변의 자질을 갖추고 있다 하더라도 전장에서 그 자질을 실제로 발휘하려면 직접 야전을 지휘해야만 한다. 본국에 왕이 원정의 총감독으로 남아 있다면 전장에서 직관이나 임기응변의 전술을 구사할 수 없다. 알렉산드로스와 나폴레옹은 군대의 총지휘관이면서도 직접 원정을 이끌었기 때문에 타고난 능력을 마음껏 발휘할 수 있었다.

그러나 동양의 지배자들은 군사 원정을 계획하고 결정만 했을 뿐 동참하지 않았다. 중국의 역대 황제들은 장거리 원정을 떠난 적이 아예 없었고, 단거리라 해도 직접 군사를 거느리고 원정한 적은 거의 없었다. 고구려를 원정한 수 양제와 당 태종, 그리고 고비 사막을 넘은 명의 영락제 정도가 고작이었으며, 그들도 모두 개국 초기에 시급히 변방을 안정시켜야 한다는 필요성 때문에 직접 군사 원정을 감행한 경우다.

명령에 따른 원정과 자발성에 따른 원정은 전쟁에서 승리해야 하는 이유도 서로 다르다. 나폴레옹은 이탈리아 원정을 출발하기 전 병사들에게 이렇게 말했다. "병사들이여! 그대들은 제대로 먹지도 못하고 헐벗은 상태다. 정부는 그대들에게 큰 빚을 졌으나 아무것도 해줄 수가 없다. 나는 그대들을 이끌고 이 세상에서 가장 기름진 평원으로 쳐들어갈 것이다. 거기에는 커다란 도시와 풍요한 시골이 있다. 거기서 그대들은 명예와 돈을 찾을 수 있으리라." 동양과는 반대로 논공행상이 사후에 이루어진 게 아니라 사전에 예고된 것이다.

29

세금, 도시, 시민

납세의 의무와 권리 / 지방자치의 역사 / 시민계급을 낳은 자치도시

"대표 없이 과세 없다."

18세기 미국 독립혁명의 이념이 집약된 슬로건이다. 영국이 아메리카 식민지에 정치적 권리는 주지 않으면서도 세금은 온갖 항목을 붙여 가혹하게 징수하던 폐해를 비난하는 뜻을 담고 있다. 직접세보다 간접세의 비중이 높아진 오늘날에는 실감하기 어렵지만, 민주주의의 초기 정신을 압축적으로 표현한다.

세금을 부과하려면 먼저 정치적 대표를 인정해야 한다. 이 말은 납세가 의무만이 아니라 권리이기도 하다는 뜻이다. 공화국의 국민은 국가에 세금을 납부하는 의무를 지지만 그에 따르는 혜택을 받을 권리도 누린다. 독립하기 이전의 미국은 식민지 상태였으므로 무엇보다 본국인 영국으로부터 식민지 대표를 인정받는 게 시급했다. 현대 국가에서는 그보다 국민의 권리가 훨씬 다양하다. 군대나 경찰력, 행정력의 유지, 사

회 간접 시설의 확충, 빈민이나 장애인 등에 대한 복지 등등이 모두 납세에 상응하는 혜택이다.

하지만 동양 사회의 일반 국민은 납세를 권리로 여기는 사고방식이 있지 않다. 왕조시대에 세금은 늘 의무일 뿐 권리인 적이 없었다. 그 흔적은 일상용어에도 남아 있다. 사람들은 흔히 의무적으로 내야 하는 모든 돈을 세금으로 총칭한다. 그래서 전기요금, 수도요금 같은 '이용료'를 세금의 한 종류인 것처럼 전기세, 수도세라고 부른다.

동양 사회에 익숙한 사고방식에 따르면, 관공서에서 하는 공무는 국민에게 편의를 제공하는 일이라기보다 국민을 '관리'하는 일이다. 이런 생각은 일반 국민만이 아니라 공무원도 마찬가지다. 경제 행위에 관한 각종 법령이나 조치의 본래 취지는 국민의 경제활동을 원활히 하기 위한 데 있지만, 공무원은 그것들을 국민을 관리하기 위한 도구로 이해한다. 경찰은 범죄를 막아 국민의 안전을 도모하는 것이 주요 업무지만, 늘 법적으로 규정된, 그것도 이미 일어난 범죄만을 수사하는 것으로 임무를 완수했다고 믿는다. 공무원이나 경찰과 마찬가지로 국민도 자신이 공화국 국민이라는 것을 확실히 각인하지 못하는 경우가 많다. 예를 들어, 파출소나 주민센터는 국민의 세금으로 유지되는 공공건물이므로 그 안의 화장실을 누구나 자유롭게 이용할 수 있지만 막상 볼일이 급할 때 그런 곳으로 선뜻 들어가는 사람은 많지 않다. 자신의 생리적 욕구를 해소하기 위해 관공서를 이용한다는 생각에 무의식적 거부감을 가지고 있기 때문이다.

여기에는 역사적인 원인이 있다. 동양식 왕조는 나라 안의 모든 땅이 군주의 소유라는 관념을 바탕으로 한다. 앞서 말한 왕토사상이 바로 그 이념적 토대다. 왕토의 개념을 처음으로 제시한 《시경》은 춘추시대의 문헌이므로 그 뿌리는 중국의 역사시대 초기까지 거슬러간다.

왕토사상에 따르면, 토지만이 아니라 백성들과 그들이 가진 모든 재산도 명분상으로는 왕의 것이다. 천자는 천하를 소유하고 왕은 왕국의 단독 오너다. 그런데 현실은 다르다. 실제로 왕이 나라 안의 모든 재산을 직접 관리할 수는 없다. 모든 농토의 공식적 임자는 왕이지만 사실상의 임자는 그 땅을 경작하는 농민이다. 여기서 토지 소유의 이중성이 생겨난다. 소유자와 경작자의 이중적 토지 소유는 왕조시대의 모든 토지제도를 왜곡시켰다.

고려의 전시과와 조선의 과전법은 바로 왕토사상을 바탕으로 했기 때문에 성립할 수 있는 제도였고, 또 그 때문에 실패할 수밖에 없는 제도였다. 전시과와 과전법은 정부가 임용한 관리에게 녹봉으로 토지의 소유권 자체를 내주는 게 아니라 조세를 수취할 권리(수조권)만을 내주는 방식이다. 이런 방식으로는 근대적 토지제도가 성립할 수 없다. 게다가 법과 제도의 측면과 관행적 측면이 공존하므로 이 틈에서 부패와 비리가 싹튼다. 예를 들어, 왕토사상에 따르면 토지의 매매가 불가능하지만 현실적으로는 매매가 이루어진다. 관리들은 이런 모호함을 악용해 사안에 따라 토지의 매매를 허용하거나 불허하는 농간을 부려 농민을 갈취할 수 있게 된다. 고려와 조선 중기부터 진행되는 황폐한 토지 겸병은 그런 배경에서 가능했다.

중국에서는 명대 후기에 자영농과 신흥 지주들이 성장하면서 근대적 의미의 토지 소유관계가 성립하기 시작했는데, 이때도 왕토사상의 근본은 변하지 않았다. 이 점은 당시에 시행된 일전양주제—田兩主制라는 제도의 명칭에서 드러난다. 일전양주라면 하나의 토지에 주인이 둘이라는 뜻이다. 한 명은 경작자이고 다른 한 명은 소유자를 가리킨다(소유자는 천자의 소유권을 위임받은 것으로 간주된다). 토지의 소유권은 그대로 두고 경작권을 공식화한 것이다. 일전양주제에 따라 경작자는 토지 소유자의 동의를 구하지 않고 자신의 경작권을 매매할 수 있고 저당도 잡힐 수 있었다. 경작권도 소유권에 못지않은 권리라고 규정한 것은 현실의 변화를 고려한 발전이라고 할 수 있지만, 왕토사상 자체를 부정하는 개념은 아니다. 왕토사상이 근절되려면 지주가 (천자의 소유권을 위임받은 게 아니라) 말 그대로 토지의 완전하고 유일한 소유자라는 관념이 성립해야 한다. 일전양주제에서는 소유권을 '땅 밑의 권리[田底權]', 경작권을 '땅 위의 권리[地面權]'라고 불렀으므로 여전히 소유권에 더 큰 비중을 두었다.

왕토사상이라는 근본적인 제약이 있었기 때문에 동양 사회에서 세금은 언제나 의무일 뿐 권리가 되지 못했다. 위정자는 말할 것도 없고 세금을 납부하는 백성들 스스로도 그렇게 여겼다. '나라님'의 땅을 갈아먹는 백성이라면 '당연히' 조세를 내야 하는 것이지 거기에 감히 권리 따위를 내세울 마음은 먹지 못했다. 간혹 흉년을 맞아 조세의 징수가 연기되거나 액수가 적어지면 나라님이 백성들을 어여삐 여겨 베푸는 시혜라고 고마워할 따름이었다.

우리 역사의 경우에는 그런 왕조시대가 수천 년 동안 이어지다가 일제 강점기를 거쳐 곧바로 공화국 시대로 접어든 탓에 정부도, 국민들도 예전의 관행과 관념을 떨쳐버리기 어려웠다. 세금이 권리가 아닌 순전한 의무일 뿐이라면 가급적 피하는 게 좋다. 세금은 곧 '버리는 돈'이라는 관념이 지배적이라면 누구나 세금을 피하고 싶은 마음이 들게 마련이다. 그래서 기업은 절세를 넘어 탈세를 꾀하고, 재벌은 상속세를 피하기 위해 자식들에게 편법으로 재산을 증여한다.

왕조시대의 사고방식이 강력하게 온존한 사례는 지방자치의 개념에서도 볼 수 있다. 우리 사회에서는 1991년 지방자치단체장과 지방의회 선거가 실시되면서 자치단체의 자율권이 확대되고 지방세가 강화되었으나 지방자치제가 제자리를 잡기까지는 앞으로도 상당한 기간이 필요하다. 지방자치제는 위에서부터 인위적으로 시행한다고 해서 정착되는 게 아니라 그 자체로 역사적인 산물이기 때문이다. 지역의회 의원들이 해외 연수와 관광을 착각한다든가, 자치단체장이 아무런 내용도 없는 지역 문화를 육성한다든가, 더 천박하게는 지방세를 늘린다는 명목으로 골프장이나 러브호텔 허가에 눈독을 들이는 지방자치제의 온갖 부작용은 지방자치의 역사가 일천한 것을 말해주는 증거다.

우리 역사에서 지방행정기관은 중앙정부의 명을 받아 그대로 집행하는 기관일 뿐 자체적으로 정책을 입안하는 권한과 능력이 거의 없었다. 지금도 자치단체장의 명칭으로 사용하는 도지사의 '지知'란 원래 중앙정부가 할당한 임무를 '대행한다'는 뜻이다. 고려와 조선에서는 왕이 즉위한 뒤에도 중국 황제의 책봉을 받기 전까지는 자신의 직함을 왕이 아니라 권지국사權知國事라고 불렀다. 여기서의 '지'도 도지사에서와 같이 '국사를 잠시 맡아서 처리하는 직책'이라는 의미다. 직책의 명칭에서 알 수 있듯이 지방 수령은 지방자치가 아니라 중앙의 명령을 그대로 따르는 게 미덕이었다. 정치는 없고 행정만 있었다.

지방자치제가 자연스럽게 발달하기 위해서는 무엇보다 도시가 '자치의 역사'를 가져야 한다. 하지만 동양 세계의 도시들은 고대 도시국가 시대를 제외하고는 한 번도 자치를 해본 적이 없고, 늘 중앙정부의 수직적인 지휘와 감독을 받는 행정 도시였다. 수도에는 왕궁이 있고 왕궁에는 왕이 있다. 왕은 왕국의 유일한 오너로서 나라의 구석구석까지 통제하고 지배할 권리를 가지고 있다. 따라서 지방도시란 왕의 명령을 위임 받아 지방민들을 관리하고 세금을 거두어 중앙으로 송달하는 에이전트 의 역할에 불과했다.

서양의 도시들은 기원과 개념이 반대다. 유럽의 도시들은 대부분 자 치도시로 출발했으며, 정치나 행정상의 필요보다는 주로 민간의 경제활 동에 대한 필요성에서 발생했다. 고대에 페니키아 상인들이 건설한 카 르타고, 그리스인들이 세운 네아폴리스(나폴리), 비잔티움(이스탄불) 등의 식민시들이 그런 경우다.

물론 정치와 행정의 목적으로 세워진 도시들도 있었다. 콜로니아(쾰 른)나 마실리아(마르세유) 같은 로마 시대의 식민시, 그리고 알렉산드로 스가 동방 원정 도중에 창건한 수십 개의 알렉산드리아는 원래 국경을 방어하는 용도였다(지금까지 그 명칭으로 남은 도시는 이집트의 알렉산드리아 하나뿐이지만 당시 알렉산드로스는 원정 도상에 퇴역 병사들을 곳곳에 남겨 도시 를 건설하게 했는데, 상당수가 알렉산드리아라는 명칭으로 불렸다). 이 도시들은 자연 발생적으로 생겨난 게 아니라 특정한 목적으로 창건된 행정 도시 다. 하지만 이 도시들도 나중에는 독립적이고 자립적인 성격을 지니게 된다. 그 이유는 동북아시아처럼 강력한 중앙정부가 존재하지 않았기 때문이다. 특히 로마 제국의 변방에 창건된 군사도시들에서는 총독이 거의 전권을 행사했는데, 이 직함이 훗날 시장市長의 모태가 된다.

이렇듯 발생과 기원이 자연스러웠기 때문에 서양의 도시에서는 시민 들이 내는 세금이 시정에 사용되는 것이 자연스러웠다. 그 점을 가장 분 명하게 보여주는 사례는 중세 후기에 본격적으로 생겨난 북이탈리아와 플랑드르의 자치도시들이다.

중세 중기까지 유럽의 도시들은 주로 봉건영주의 장원을 중심으로 한 성채 도시나 성당과 수도원 중심의 주교도시가 대부분이었다. 이런 도시들은 경제적으로 자급자족적이었고 정치적으로 독자적인 권한을 지녔다. 중국의 도시들처럼 수도의 지휘를 받는 행정 도시는 아니지만, 그래도 각각의 도시가 하나의 왕국처럼 수직적인 서열을 취했으므로 완전히 자치적이라고는 할 수 없었다. 그러다 12~13세기에 북이탈리아와 플랑드르에는 새로운 개념의 자치도시, 즉 코뮌이 생겨나기 시작한다.

"도시의 공기는 자유를 만든다." 자치도시들이 발달하자 자유로운 공기를 숨쉬기 위해 사방에서 전직 농노들이 모여들었다. 장원에서는 거의 '말하는 짐승'처럼 취급되면서 영주의 가혹한 수탈과 억압을 받았던 그들이다. 그러나 일단 도시에 오니 모두 다 같은 처지인 데다 자신의 과거 신분이 어땠는지 아는 사람이 아무도 없다. 게다가 장원의 닫힌 경제에 비해 모든 게 역동적이고 활발한 도시에서는 잘 만하면 일확천금을 꿈꿀 수도 있다. 이리하여 장차 시민계급으로 자라날 부르주아지의 맹아가 싹트기 시작했다.

자치도시의 초기에 영주들은 인근의 도시들에 흑심을 품었다. 중세의 장원에서 안락한 자급자족 생활에 만족하던 그들은 도시에서 큰돈을 벌었다는 상인들의 이야기에 가슴이 설레면서도 분통이 터졌다. 어쨌거나 그들은 비천한 신분이 아니었던가? 그러나 영주들의 권력은 도시에까지 미치지 못한다. 자치도시를 잘못 건드리면 경쟁 관계에 있는 다른 영주들의 질시와 견제를 받아 엉뚱한 타깃이 될 위험이 있다. 그래서 영주들은 자치도시를 정치적으로 복속시키기보다 차라리 도시의 상인들과 적절한 관계를 이루면서 떡고물이라도 받아먹는 전략으로 바꾼다.

사실 장원의 영주들이 신흥 자치도시를 건드리지 못한 이유는 다른 영주들 때문만이 아니었다. 진짜 이유는 미천한 '아랫것들'이 자발적으로 건설한 도시들이 의외로 만만치 않다는 데 있었다. 도시에 모여든 상인들은 봉건적 전통의 굴레에서는 상상할 수도 없는 혁신적인 자치체를 구성했다. 시민들은 공동체의 관점에서 사법제도와 행정제도를 운영했으며, 점차 외교까지도 독자적으로 진행할 만큼 강력한 결집력을 발휘했다.

그런 탓에, 봉건적 서열로 따지면 자치도시에 대해 어느 정도의 정치적 권한을 가졌다고 할 수 있는 황제나 교황도 감히 자치도시의 내정에 간섭할 처지가 못 되었다. 이 도시들이 나중에 유럽의 르네상스를 주도하게 된 것도 그런 위상을 지닌 덕분이었다. 따라서 중세 후반 유럽의 역사를 이해하기 위해서는 프랑스나 영국, 에스파냐 같은 전통적인 왕국과 더불어 자치도시들의 역할을 결코 무시할 수 없다. 플랑드르와 북독일의 자치도시들이 결성한 한자동맹은 동맹시들 내부의 자율과 자치를 인정하면서도, 뭉쳐야 할 사태가 벌어지면 일종의 수평적 질서를 지닌 단독 국가처럼 행동했다. 그런 체제로 그들은 발트 해의 무역을 독점했으며, 심지어 십자군 전쟁 과정에서 결성한 독일기사단을 용병으로 계약해 막강한 자체 군대까지 거느리기도 했다.

그렇다고 해서 자치도시를 근대적인 민주국가로 볼 수는 없다. 자치도시들 중에서 베네치아나 피렌체 같은 곳은 공화국의 형태를 취했으나 명색이 공화정일 뿐 실은 부유한 상인 가문이 권력을 독점하고 대대로 왕처럼 군림하는 경우가 많았다. 유명한 피렌체의 메디치 가문이나 밀라노를 지배한 스포르차 가문이 그런 사례다. 하지만 사회가 움직이는 메커니즘이나 사회 전반의 분위기는 봉건적 전통이 강한 왕국이나 공국과 크게 달랐다. 납세의 개념이 달라진 것은 그런 배경에서다.

동양식 왕국과는 성격이 달랐지만 유럽의 왕국에서도 원래 백성이 세금을 내는 것은 권리가 아니라 의무에 가까웠다. 동서고금을 통틀어 지배자는 언제나 물샐틈없이 잘 조직된 국가 체제를 원하게 마련이다. 봉건영주들은 장원의 영지뿐 아니라 농사에 반드시 필요한 방앗간이나 대장간 같은 시설들을 소유하고 그 이용료의 명목으로 농민들을 수취했는데, 이것은 거의 세금이나 다름없었다.

하지만 도시에서는 사정이 다르다. 우선 시민들은 농민이 아니므로 토지나 농사 시설을 빌미로 착취당할 여지가 적다. 또한 봉건적 질서에서 풀려난 그들은 자체로 조합을 이루어 모든 일을 결정했다. 그래서 시민들은 자기가 내는 세금이 왕국에서처럼 지배층에게 수탈당하는 게 아니라 시의 성장과 발전을 위해 요긴하게 사용된다는 것을 분명히 인식하고 있었다. 세금 부담액이 늘어날 경우에는 시를 방어하는 용병 군대의 규모가 커진다든가, 하수도 시설이 하나 더 생긴다든가, 하다못해 시청의 회랑을 장식하는 미술 작품이 하나 더 늘어나는 것과 같은 '세금의 효과'를 직접 눈으로 확인할 수 있었다.

이렇게 시민들이 내는 세금으로 시정이 운영되는 과정이 누구의 눈에도 명백했으므로 아무리 독재적인 권력자라 해도 시민의회나 시민법정을 함부로 무시할 수 없었다. 또한 시민들은 누구나 납세의 의무를 지니는 만큼 납세의 권리도 누렸다. 가장 중요한 권리는 바로 법과 정치권력 앞에서 평등을 보장받는 것이다. 자치도시가 발생하는 과정에서도 전통적 신분제에서 일탈한 평등의 개념이 중요했지만 도시를 운영해나가는 데서도 평등한 시민권은 중요한 역할을 했다.

시민들은 세금을 내는 이상 누구나 시정에 대한 발언권을 가졌다. 더욱이 도시국가의 규모가 작았으므로 잉글랜드나 프랑스처럼 신분제 의회를 구성할 필요도 없이 직접민주주의가 가능했다. 여기에 대의제의 개념과 선거제도만 덧붙이면 곧바로 근대 민주주의가 되는데, 이것들은 국가의 규모가 커지면 자연히 도입되는 요소다.

동양의 역사에 시민사회와 시민혁명의 경험이 부재하다는 사실은 앞에서 살펴본 바 있다. 오늘날 우리 사회에서 시민단체의 운동이 활발해지는 것은 역사적으로 보면 그 경험의 부재를 극복하려는 노력이다. 그러나 지금까지 보았듯이 서양의 역사에서도 도시와 시민의 개념이 싹트고 자란 과정은 인위적인 것도 아니고 단시일 내에 이루어진 것도 아니다. 물론 우리 사회의 시민운동이 반드시 서양이 걸어온 과정처럼 수백 년에 걸쳐 시민의 개념을 확립하고 그 와중에 숱한 시행착오를 겪고 피를 흘리는 과정을 되풀이할 필요는 없다. 그러나 적어도 서양의 제도를 채택하려 한다면, 서양의 역사가 거쳐온 행정을 단축할 수는 있어도 함부로 단계를 생략해서는 안 된다.

30

예법의 허와 실

중국사와 한반도사의 맞물림 / 중국에서 사라지고 조선에서 부활한 중화 / 예송논쟁의 숨은 의미 / 북벌론의 허망한 배경 / 왜 지금 진경산수화일까? / 영조의 왕정복고 / 수구로 돌아선 정조

이제는 한물간 말이지만 한때 우리 민족은 스스로를 동방예의지국이라고 부르며 큰 자부심을 가졌다. 좋게 해석하면 그만큼 역사적으로 온순하고(외침을 당할지언정 남을 먼저 침략하지는 않았다는 의미에서) 예의가 바른 민족이었다는 뜻일 것이다. 그러나 온순하다는 것도 지나치면 문제가 되지만 예절도 지나치면 문제가 된다. 자칫 형식적인 측면에 치우칠 수 있기 때문이다. 제사 한 번 지내보면 유교적 예법이 얼마나 쓸데없이 복잡한지 알게 된다. 지방마다 제사의 절차와 법도가 약간씩 달라서 장인과 사위가 말다툼을 벌이는가 하면 한 형제끼리도 아버지 제사상에서 과일 놓는 위치를 가지고 핏대를 올리는 경우가 자주 있다.

복고적인 취향을 가진 사람들은 그런 복잡다단한 예법을 자랑스럽게 여기기도 한다. 하지만 복잡할수록 발달한 것이라는 생각은, 시제가 수십 가지나 되는 프랑스어야말로 세계에서 가장 발달한 언어라는 보수적

인 프랑스인의 생각처럼 심각한 착각이다. 게다가 알고 보면 우리 사회의 전통적 예법은 대부분 우리 민족의 고유한 것도 아니고 그리 오랜 역사를 가진 것도 아니다.

유교 예법은 중국에서 발생한 유학 이념에 뿌리를 두고 있으며, 고려 말에 도입되어 조선 왕조의 국가 이데올로기로 자리 잡았다. 조선이 건국될 무렵까지만 해도 유학 이념은 국가 통치 이데올로기로 기능했으나 사대부 국가로 전환된 16세기부터는 일반 사회에까지 널리 퍼졌다. 16세기 초의 개혁가 조광조가 〈여씨향약〉을 전국에 보급하고 향촌까지 성리학적 질서로 편제하면서 유학과 유교 예법은 지배층만이 아니라 일반 백성들의 생활윤리가 되었다. 하지만 지금 우리 사회가 세계적으로 가장 유교적인 색채가 강한 국가가 된 발단은 17세기다. 이때부터 조선의 지배층은 유학 이념에 병적으로 집착하기 시작했다.

왜 하필 그 시기였는지를 따져보기 전에, 우선 유학에 관해 한 가지 오해를 짚고 넘어갈 필요가 있다. 오늘날 유학이라고 하면 보통 학문의 '한 갈래' 혹은 '철학사상' 쯤으로 생각하지만 과거에는 유학이 곧 학문의 전부였다. 특정한 이론이 아니라 이론을 가능케 하는 방법론에 해당한다. 철학은 물론 역사, 지리, 과학도 모조리 유학의 일부분이다. 쉽게 말해 그냥 학문과 동의어라고 보면 된다. 중세 유럽에서 그리스도교가 단지 하나의 종교나 신앙 체계에 불과한 게 아니라 사회의 모든 부문을 조직하고 관장하는 원리였듯이, 우리의 왕조시대에 유학은 단지 학문을 연구하는 틀이나 방법론을 넘어 국가와 국민의 전반적인 생활 원리였다. 지배층만이 아니라 온 백성이 자발적으로 따르는 이념이었으며, 따라서 사회의 구성원으로 살아가는 한 누구도 유학 이념을 거부할 수 없었다.

유학 이념이 한반도 왕조와 그토록 찰떡궁합이었던 이유는 무엇일까? 중국의 경우와 비교해보면 참고가 된다. 유학의 성립과 발달을 기준으로 보면 중국과 한반도 사이에는 분명한 시차가 확인된다.

중국의 역사에서는 1차 분열기인 춘추전국시대에 유학이 탄생했고, 기원전 2세기 한 제국 시절에 유학을 국가 이데올로기로 채택했다. 하지만 실제로 유학의 이념에 바탕을 둔 국가 체제를 만들려 했던 것은 수백 년 뒤의 통일 제국인 당 시대였다. 율령제와 과거제가 그런 노력의 일환이다. 그러나 당 제국은 관료제의 뒷받침이 없었던 탓에 그 목표를 구현하지 못하고 귀족 지배 체제의 한계를 넘어서지 못했다. 그래서 실제로 과거를 통해 등용된 사대부 세력이 권력을 장악한 것은 송 제국 시대였다. 중국 역사에서는 항상 이렇게 이념이 먼저 등장한 다음에 그 이념을 현실화하는 체제가 성립했다. 그래서 송 제국은 중국식 제국의 완성형이 되었다.

하지만 그 결과는 참담했다. 안정을 만고불변의 모토로 삼는 유학 제국답지 않게 송은 내외적으로 혼돈과 불안정에 시달렸고, 결국 중원을 수백 년간 이민족에게 내주는 수모를 당했다. 1000여 년 동안 서서히 진행된 중국의 제국 실험은 완전 실패였다. 몽골의 지배가 끝난 뒤 다시 이어진 한족 왕조인 명 제국은 그 실패를 총체적으로 증명해주는 사례였다.

이런 역사를 거친 중국의 왕조들과 한반도의 왕조들을 시대적으로 비교해보면 일정한 계열성이 드러난다. 시대적으로는 중국이 당 제국일 때 한반도에는 통일신라가 있었고, 중국이 송대일 때는 고려가 있었으며, 중국의 명대는 한반도의 조선에 해당한다. 그러나 유학을 기준으로 보면 그 시기는 하나씩 뒤로 밀린다. 즉 귀족 체제인 당 제국에 상응하는 한반도 왕조는 고려가 되고, 사대부 체제인 송 제국에 상응하는 것은 조선이다.

고려는 당 제국처럼 과거제를 도입했으면서도 관료 국가를 이루지 못하고 귀족(권문세가)이 지배하는 체제였으며, 사대부 정치가 꽃을 피운 조선에서는 송 제국처럼 당쟁이 만연했다. 송 제국이 가장 완벽한 유교 제국이라면 조선은 가장 완벽한 유교 왕국이다. 그렇다면 중국에서 명 제국을 끝으로 유학에 입각한 제국 체제가 종말을 고한 뒤 한반도는 어떻게 달라졌을까? 중국과 시간적 차이가 있음을 인정한다면 명 제국에 상응하는 한반도 버전이 있어야 할 것이다. 아무 짝에도 쓸모없고 역사적 존재 가치가 전혀 없는 명 제국은 한반도에서 어떤 형태로 나타났을까?

그 답은 바로 조선 후기다. 송 제국이 조선 전기에 해당한다면 명 제국은 조선 후기에 해당한다. 또한 명 제국이 중국 역사에서 완전한 실패작이었듯이, 조선 후기는 동양식 왕조, 유학에 기반을 둔 국가 체제가 완전히 실패했다는 점을 여실히 보여주는 사례다.

마침 그 시기에 조선이 속한 동북아시아 세계는 중대한 격변을 맞이했다. 임진왜란과 청의 중국 정복이다. 경제적으로 조선에 큰 변화를 유발한 사건은 임진왜란이지만, 조선의 정치적 지배 체제에 더 큰 영향을 준 사건은 중국 대륙의 지각 변동이다. 1644년 만주족의 청 제국이 베이징을 점령하면서 중원이 이민족 지배 아래 들어가자 이제 유학 이념과 중화 이데올로기는 갈 데가 없어졌다. 청 조정은 한화 정책의 일환으로 표면상 유학을 장려했지만, 그것은 체제 교체의 후유증을 완화하고 이민족 지배에 대해 한족이 느끼는 거부감을 줄이려는 제스처에 불과했다. 명대 후기에 나온 비교적 개혁적인 성격의 유학인 양명학을 억누르고 주자학(성리학)을 다시 정통으로 내세운 게 그 증거다. 그럼 유학의 완성형이자 중화 이데올로기의 근거인 성리학은 어디로 갈까? 바로 한반도의 조선이다.

한반도에 성리학이 처음 들어온 때는 고려 말이니까 유학의 역사는 400여 년을 자랑한다. 조선은 성리학을 국가의 이념적 근간으로 삼고 출발했으며, 그랬기에 개국 초부터 지극 정성으로 명 제국에 사대해왔다. 그러나 본국이자 모국인 중국이 오랑캐 세상으로 바뀐 이상 이제 성리학의 터전도 달라져야 하는 게 아닐까? 중화의 고향이 무너졌다면 이제부터 중화는 중국이 아니라 조선이 아닐까?

청 제국은 과거의 거란이나 몽골과 질적으로 달랐다. 소수의 만주족 지배층은 처음부터 다수의 한족을 노련하게 다스리면서 쉽게 자리를 잡았다. 다른 측면에서 보면 그만큼 한족의 명 제국이 부실하고 무력했다는 이야기다. 청 제국이 안정을 취하면서 중국의 이민족 지배가 단기간으로 끝나지 않고 오래갈 조짐을 보이자, 조선의 지배층인 사대부들은 조심스럽게 중화의 주인이 바뀌지 않았느냐는 의혹을 품기 시작했다.

중국은 여전히 대국이지만 이제 중화 세계는 아니다. 아무리 제국의 중앙정부에서 유학을 장려하고 과거제를 비롯한 한족의 제도와 풍습을 그대로 유지한다 해도 만주족은 어쨌든 중화 이념에서 '원칙적으로' 배제되고 배척되는 오랑캐가 아닌가? 비록 힘으로 중국을 지배할 수는 있다 해도 오랑캐가 중화의 정신마저 대신할 수는 없다. 그렇다면 이제 중화는 중국이 아니라 조선이다! 평소 같으면 혁명적인 발상이지만 중국의 정치적 주인이 바뀐 조건에서는 충분히 가능한 상상이다.

그런 자세 변화를 선명하게 보여주는 사례는 이른바 예송논쟁이라고 불리는 사건이다. 우선 이 사건의 내역을 보자. 발단은 1659년 조선의 17대 왕인 효종이 죽으면서 시작된다.

효종은 원래 왕위와 전혀 인연이 없는 인물이었다. 우선 그의 아버지부터 왕위와 무관했다. 사대부들(당시의 집권 세력인 서인)이 광해군을 폐위시킨 뒤 꼭두각시 노릇을 할 인물을 왕위에 앉히기 위해 발탁한 인물이 바로 인조였다. 인조는 할아버지가 선조였으나 아버지는 선조와 후궁 사이의 평범한 왕자였으므로, 광해군이 실각하는 예상치 못한 사태(인조반정)가 아니었다면 왕위를 꿈꿀 수 없는 처지였다. 게다가 그의 아들 효종은 맏이가 아니라 둘째 아들이었다. 인조의 맏아들은 17세기의 복잡한 동북아시아 국제 정세를 현명하게 헤쳐 나가려는 의욕과 자질을 갖춘 인물이었으나 사대부들의 모략과 책동으로 비운에 죽은 소현세자였다.

대대로 왕위와 무관했음에도 왕위에 오른 효종의 그 얄궂은 운명은 그가 죽은 뒤에도 사태를 복잡하게 만들었다. 그는 집안의 서열상으로 차남이지만 나라의 서열상으로는 군주다. 그래서 논란거리가 된다. 철저한 장자 상속주의를 채택하고 있는 유학 이념에 따르면 장남과 차남의 차이는 크다. 우선 효종의 계모인 자의대비의 복상 기간, 즉 상복을 얼마 동안 입을 것이냐가 논란의 대상이었다. 자신보다 다섯 살이나 위인 의붓아들이 먼저 죽는 바람에 대비는 까다로운 논쟁의 대상이 되었다. 하지만 그녀의 복상 기간은 그녀 자신이 결정할 수 있는 문제가 아니었다.

예법에 관한 성전에 해당하는 《주자가례朱子家禮》에 따르면 장남이 죽었을 때 부모는 3년상을 치르도록 되어 있다. 그러나 차남의 경우에는 복상 기간이 크게 줄어 1년이다. 그럼 집안의 차남이자 일국의 왕인 효종의 경우에는 어떻게 해야 할까? 여기서 의견은 둘로 갈린다. 죽은 사람을 추모한다는 예법의 본래 취지는 흔적도 없고 형식적 절차만이 산 사람들을 강력하게 옥죈다.

효종이 차남이라는 사실을 강조하는 일파는 자의대비가 1년간 복상해야 한다고 주장한다. 당대의 거물인 송시열을 우두머리로 삼은 서인의 주장이다. 반면 효종이 왕의 신분임을 강조하는 일파는 아무리 집안에서는 차남이라 하더라도 가장 지체 높은 왕을 사대부 집안의 차남과 같은 예법으로 취급할 수 있느냐고 따진다. 그래서야 국상의 격이 맞지 않는다. 마땅히 효종의 장례는 장남과 같은 예우로 치러져야 한다. 그렇다면 자의대비는 3년 동안 상복을 입어야 한다. 허목許穆이 대표하는 남인의 주장이다.

이 사건은 당시 '여당'인 서인의 승리로 일단락되었다. 여기까지는 그럴 수 있다고 치자. 문제는 15년 뒤에 똑같은 사안을 두고 정반대의 결론이 내려진다는 사실이다. 공교롭게도 또다시 자의대비의 복상 기간이 문제가 되었는데, 이번에는 효종의 아내인 인선왕후가 죽었기 때문이다. 대왕대비인 자의대비는 죽은 의붓아들 부부 때문에 퍽이나 시달렸겠지만 예법을 논하는 주체는 이번에도 그녀가 아니다. 예전처럼 조선의 사대부들은 두 파로 나뉘어 싸웠으나 효종의 경우와 달리 왕비의 상이므로 복상 기간은 각각 1년과 9개월로 줄었다. 물론 서인이 9개월이고 남인이 1년이다. 여기서 허목은 1년 복상설을 관철해 보기 좋게 역전승을 거두었고 드디어 여야가 바뀌어 남인이 권력을 쟁취했다.

이 1차와 2차 예송논쟁은 겉으로 보면 예법을 둘러싼 논쟁인 듯하다. 당시 유럽 세계의 나라들이 영토와 자원, 식민지를 놓고 피비린내 나는 전쟁을 벌였던 것과 비교하면 조선 사회의 다툼은 사뭇 점잖고 여유로워 보인다. 하지만 여기에는 모종의 흑막이 있다. 이 불순한 막을 걷어 내면 실은 예절 문제가 아니라는 게 드러난다. 하긴, 예절 문제였다면 15년 만에 예법이 정반대로 바뀌지도 않았을 것이다.

서인은 율곡학파를 따르고 있으며, 남인은 그와 반대되는 퇴계학파다. 그렇다면 학문적인 논쟁일까? 그것도 아니다. 공자의 시대부터 유학의 뿌리에는 늘 현실 정치에 대한 관심이 있었고 유학은 늘 국가 통치 이념이었다. 그렇다면 예송논쟁은 단순한 예법에 관한 분쟁이 아니다. 그것은 바로 예법을 빙자한 권력투쟁이다.

예나 지금이나 권력투쟁은 그 자체로 본모습을 드러내지 않고 언제나 명분이나 구실을 매개체로 한다. 그러므로 서인과 남인의 권력투쟁이 예법에 관한 논쟁의 양상을 취하는 것은 비록 조잡하기는 해도 이해할 수 없는 일은 아니다. 진짜 중요한 의문은 이것이다. 왜 하필 그때 예법이 권력투쟁의 명분이 되었을까? 조선은 처음부터 유학 국가였는데도 왜 17세기 중반에야 예법에 관한 논쟁이 벌어진 걸까? 예법이야 예전부터 있었던 것이고 장남이 아닌 신분으로 즉위한 왕들이 조선 초기부터 적지 않게 있었는데도 그때야 문제시된 이유는 무엇일까?

시기에 주목하면 예송논쟁이라는 사건에 내포된 의미를 두 가지로 해석할 수 있다.

첫째, 조선의 지배층은 오랑캐 세상으로 바뀐 중국을 과거에 사대했던 중화 세계의 연장으로 보지 않았다. 이제 중화는 조선으로 넘어와 소중화小中華가 되었다. 중화의 메이저리그가 사라졌다면 마이너리그가 오리지널이라는 생각이다. 중화 세계가 조선으로 옮겨왔으므로 이제부터 모든 예법을 조선에서 다듬어야 하고 새로 필요한 것은 새로 만들어야 한다. 서인과 남인이 비장한 자세로 예법을 두고 설전을 벌인 이유는 그 점에 있다. 그들은 바야흐로 조선이 전 세계에서 유일무이한 문명국이라고 믿었다. 시대착오를 넘어 정신착란에 가깝다.

둘째, 16세기부터 왕 대신 중앙권력을 장악해온 조선의 사대부는 이제 왕실의 복상 문제까지 결정하기에 이르렀다. 조선은 무늬만 왕국일 뿐 사실상 왕국이 아니다. 사대부들은 자신들의 입맛에 맞는 왕을 옹립하는 것을 넘어 왕실의 대소사까지 직접 챙기기 시작했다. 왕은 사대부들의 꼭두각시가 되었고, 왕권은 그야말로 상징에 불과한 권력이 되었다. 16세기까지는 중국이라는 상국이 있었으므로 신분적으로 조선의 왕은 황제의 제후였으나 명 제국이 사라진 뒤부터는 그런 형식적인 서열마저 고려할 필요가 없어졌다. 조선은 16세기부터 사대부들의 과두정이 지배하는 국가였지만 중국의 중화 세계가 지도에서 지워진 17세기 중반에 이르러 완벽한 사대부 국가가 되었다. 세계적으로 절대왕정이 자리 잡은 시대에 고대적 과두정이 들어섰다.

중화의 이념을 정신적 지주로 삼고 권력을 장악한 사대부들이 마음 놓고 자기들끼리 당쟁을 벌인다. 이것은 바로 중국 명 제국의 분위기다. 그런 이유에서 조선 후기는 중국의 명대에 비유할 수 있다. 그렇다면 그 결과는 보지 않아도 뻔하다. 중국에서도 수명을 다한 중화사상이 조선에서 마지막 불꽃을 피운 격이니, 조선은 결국 명처럼, 혹은 그보다 더 비참하게 최후를 맞이할 것이다. 현실의 역사는 그 점을 참담하게 증명했다. 세도정치와 개항, 개화를 거치며 외세의 침략으로 몰락해간 19세기는 그 최종적 결과물이다.

그런데 따져봐야 할 것은 또 있다. 중화사상은 천하의 중심이 중화 세계라는 이념이다. 따라서 조선은 천하의 중심이 되었다. 그렇다면 이제 조선의 지배층은 주체적인 국가관을 지니게 된 걸까? 그 지긋지긋할 만큼 오랜 사대주의에서 벗어난 걸까? 비록 다른 세계들이 분주하게 돌아가는 중대한 시점에서 소중화로 돌아선 것은 정신병적인 자기중심주의적 발상이기는 하지만, 그래도 그것으로 조선은 주체 노선을 걷게 되었다는 것을 위안으로 삼아야 할까?

안타깝게도 실은 정반대다. 조선은 사대주의를 떨치지 못했다. 오히려 사대주의는 안으로 깊이 스며들어 더욱 단단해진 동시에 눈에 잘 띄지 않게 되었다. 역사적으로 조선(나아가, 고려와 신라 모두)은 그냥 중국에 사대한 게 아니라 '한족이 지배하는 중국'에 사대한 것뿐이다. 따라서 한족이 없다면 사대의 대상도 없다. 중국을 만주족 오랑캐가 장악했다면 이제 중국은 사대의 대상이 아니다. 거꾸로 말하면, 한족 문명권에 대한 지순한 충성과 애정은 전혀 변하지 않았다. 따라서 소중화 이념은 희대의 정신병이자 사대주의의 극치다!

당시는 세계적으로도 지극히 엄중한 시기였다. 서쪽에서는 자본주의로 무장한 유럽 문명이 동양으로 거세게 밀어닥치고 있었으며, 동아시아의 전통적인 지배자인 중국마저도(한족 왕조든 오랑캐 왕조든) 무너지는 조짐을 보이는 상황이었다. 그런 시점에 자기들이 세상의 중심이라는 엄청난 착각이 조선의 지배층에게 뒤늦게 덮쳤으니 조선의 미래는 암담할 수밖에 없었다.

사회의 기본 성격이 그런 탓에 17세기 조선 사회는 모든 부문이 병적으로 흘렀다. 예법을 놓고 치열한 다툼을 벌인 것은 그래도 집안싸움이니까 별것 아니었지만, 사대부들은 거기서 더 나아가 국가의 운명을 놓고 도박을 벌였다. 이른바 북벌론이 그것이다.

북벌론은 북쪽을 정벌한다는 뜻인데, 여기서 '북'이란 물론 '청 제국'

을 가리킨다. 조선에게 청은 여러 가지로 불구대천의 원수다. 정묘년 (1627년)과 병자년(1636년)에 두 차례나 조선을 침략해 크나큰 피해를 입혔을 뿐 아니라 중화의 중심이자 사대의 대상이던 명 제국을 멸망시킨 나라였다. 게다가 북벌을 추진한 효종에게는 그럴 만한 개인적 동기도 있었다.

예송논쟁 때문에 죽어서도 곤욕을 치른 효종은 사실 셰익스피어의 비극에 등장할 법한 비극적인 인물이다. 리어 왕은 딸들 때문에 비극의 주인공이 되었으나 효종은 아버지와 형이 모두 비극적인 인물이었고 그 자신도 모든 배역 중 가장 비극적인 '비극 속의 희극배우' 노릇을 해야 했다.

그의 아버지 인조는 광해군을 제거한 서인 세력이 왕으로 옹립한 덕분에 팔자에도 없던 꼭두각시 왕 노릇을 했으며, 병자호란이 일어났을 때는 강화도로 도망치려던 계획이 실패하고 남한산성에 들어갔다가 결국 청 태종 앞에 무릎을 꿇고 신하의 예를 올리는 치욕을 당했다. 효종 자신도 인조처럼 원래 왕위와는 무관했으나 형이 죽는 바람에 왕이 된 경우다.

그의 형 소현세자는 병자호란이 끝난 뒤 만주의 심양에서 인질로 살던 중에 서양 문물, 즉 서학西學을 접했다(중국에서는 서학이지만 조선이 중국을 통해 접한 서학은 '북학北學'이라는 명칭으로 바뀌었다). 베이징까지 가서 독일인 사제를 만나고, 지구의를 처음으로 보고, 수학과 천문학을 비롯한 서양의 과학을 알게 된 소현세자는 조선이 그동안 얼마나 우물 안 개구리였는지를 깨닫는다. 장차 왕위에 오르면 청 제국, 서양 세력과 올바른 관계를 정립하고 선진 문물을 받아들여 조선을 근대화시키리라. 비슷한 시기 러시아의 표트르 대제와 같은 꿈이었으나 그 꿈은 광해군 이후 서인 정권의 반청복명 노선(한족 왕조에 대한 사대주의!)에 정면으로 위배된다. 사대부가 권력을 쥔 과두 체제에서 왕세자가 다른 마음을 먹는다면 파멸뿐이다. 결국 소현세자는 귀국 명령을 받고 돌아와 못난 아비의 냉대에 시달리다 의문의 죽음을 당했다.

여기까지가 효종이 원치도 않았고 어쩔 수도 없었던 비극이라면 그 다음부터는 그가 스스로 자초한 비극이 벌어진다. 아버지 대부터 왕위와 무관했다가 왕이 된 처지라 그는 처음부터 사대부들의 비위를 맞출 수밖에 없다. 게다가 그 자신도 아버지가 삼전도에서 당한 치욕을 잊지 못했다. 콤플렉스를 가진 왕과 중화의 정신병에 걸린 사대부들의 욕구가 서로 맞아떨어진 것이 바로 북벌이라는 허황한 기획이다.

일단 효종은 남한산성에 피신해 있을 때 열띤 논쟁을 벌였던 주전파와 주화파 가운데 주화파를 제거했다. 주화파는 청과 화친하자는 주장이니 곧 친청 노선을 뜻했기 때문이다. 그런 다음에 곧바로 북벌 계획에 들어갔는데, 처음부터 실제로 북벌을 겨냥하기보다는 제스처의 성격이 강했다. 기병대를 신설하고 화력 무기를 보강한 것은 그렇다고 치자. 전쟁 중에 남한산성을 방어하기 위해 창설했던 수어청이라는 군대를 강화한 이유는 무엇일까? 왕궁을 수비하는 친위대인 금군의 병력을 증강한 것은 또 무슨 뜻일까? 명백히 공격이 아니라 방어의 태세다. 그런데 북벌이라니? 효종과 사대부들의 의도는 뻔하다. 북벌을 시도하기보다는 오랑캐에게 다시 '남벌'을 당할 경우 오랑캐 앞에 무릎을 꿇는 치욕을 겪지 않겠다는 것이다.

그래도 공식적으로 내건 북벌의 구호는 10년 동안이나 철회되지 않았다. 당시 청 제국은 반청복명을 꾀하는 명 제국의 잔당을 소탕하느라 조선의 사태에까지 촉각을 곤두세우지 못했지만, 설령 알았다고 해도 별로 경계심은 품지 않았을 것이다. 애초부터 실현 불가능한 계획이라는 것을 그들도 잘 알고 있었을 테니까. 북벌론은 겉보기와 달리 결코 주체적인 계획이 아니었으며, 좋게 봐서 정치적 제스처였고 나쁘게 보면 대형 사기극이었다.

물론 북벌론의 지지자들 중에는 진심으로 북벌을 추진해야 한다고 믿은 사람들도 있었을 것이다. 적어도 중국에 끌려가 의로운 죽음을 맞은 삼학사의 충절을 의심할 수는 없다. 그러나 역사적 무의식은 때로 역사를 진행하는 개인들의 의지와 무관한 역사적 흐름을 낳는다. 일부 사람들의 충정과 무관하게 북벌론은 정신병적인 소중화주의의 산물이었고, 결국 얼마 못 가 흐지부지되어버렸다.

효종과 현종 대에 위장되고 변형된 상태로 잠복되었던 사대주의는 다음 숙종 대에 이르러 원형을 되찾고 명확하게 드러났다. 오히려 한 차례 변형을 거쳤기에 전보다 더욱 공고해진 느낌이 있다. 숙종은 아예 드러내놓고 존재하지 않는 명 제국을 추앙했다. 1704년에 송시열의 수제자인 권상하權尙夏는 숙종에게 건의해 궁궐 안에 대보단大報壇이라는 커다란 제단을 쌓았다. 대보단이라면 큰 은덕에 보은한다는 뜻일 텐데, 누구의 은덕일까? 바로 임진왜란 때 명의 황제였던 신종의 은덕이다.

임진왜란이 벌어졌을 때 신종이 조선에 어떤 '은덕'을 베풀었는지는 앞에서 본 바 있다(302쪽 참조). 그것을 '보은'하겠다는 숙종과 권상하의 생각도 터무니없지만 전란이 끝난 지 100년이 넘은 시점에서 새삼스럽게 그런 정치적 제스처를 취한 이유는 명백하다. 옛날의 중화 제국 명을 기림으로써 현재의 비중화 제국인 청을 받들지 않겠다는 알량한 반항의 표명이다. 덕분에 명 황제들 가운데 가장 무능하고 탐욕스러웠던 신종은 숙종의 지극한 정성으로 중국도 아닌 한반도에서 1894년까지 200년 가까이 해마다 2월이면 제삿밥을 얻어먹을 수 있게 되었다.

　대보단과 더불어 권상하는 신종을 섬기는 만동묘萬東廟라는 사당도 충청도 괴산에 건립했다. 숙종은 이 사당에 면세전과 노비를 주었는데, 말하자면 조선 백성들의 피와 땀으로 죽은 명 황제를 섬긴 셈이다. 어쨌든 숙종은 대보단과 만동묘를 지어놓고 마냥 뿌듯했던 모양이다. 《숙종실록》에는 소중화주의를 명백하게 보여주는 숙종의 발언이 기록되어 있다. "명에 대한 의리를 유독 우리 동방이 대대로 100년을 지켰으니, 뒷날 중국이 다시 맑아지면 길이 천하 후세에 말할 수 있는 것이 여기에 있지 않겠는가?"

　병적인 성격은 북벌론에 비해 덜하지만 주체적인 외양으로 은폐된 소중화의 산물이 또 있다. 17세기부터 조선 사회에 불어닥친 변화의 바람은 어느 것도 소중화의 영향에서 벗어나지 못했다. 예술의 분야도 예외가 아니다. 이른바 진경산수화는 미술에서 나타난 사례다.

　진경眞景, 즉 '진짜 경치'란 곧 조선의 경치를 가리키므로 진경산수화는 중국이 아닌 조선의 산수를 그린 그림이라는 뜻이다. 진경산수화는 18세기부터 그려지기 시작했다. 정선鄭敾을 필두로 심사정沈師正, 김홍도金弘道, 신윤복申潤福 등 조선의 잘 알려진 화가들은 모두 그 시대에 속한다. 화가들이 자기 지역의 풍경을 그리는 것은 당연한 일인데, 왜 18세기에야 진경산수화가 출현했을까?

　동서고금을 통틀어 회화는 인물을 그리는 초상화와 자연을 그리는 풍경화로 나뉜다(시기적으로는 초상화가 앞선다). 대체로 동양은 풍경화가 지배적이었고 서양은 초상화의 전통이 강세였다. 초상화는 주로 유명인사와 권력자의 의뢰와 명령을 받아 그린 것이므로 예술성보다는 기능성이 위주였지만 풍경화는 그에 비해 화가가 솜씨를 부릴 여지가 컸다. 그런데 풍경화에서도 예로부터 전통적으로 내려오는 양식이 있었다.

지금은 미술에서 사실성이 기본이라고 여기지만 과거에는 눈에 보이는 그대로의 모습을 포착하는 게 중요하지 않았다. 따라서 풍경화도 자연의 경치를 있는 그대로 묘사하는 게 아니라 이상화되고 표준화된 경치에 약간의 상상력을 섞어 표현하는 게 중요했다. 서양에서도 고대 로마 시대의 풍경화는 대부분 이상화된 경치를 담았다. 양식상의 한계도 있었지만 주로 귀족이나 부호의 의뢰를 받아 대저택의 벽을 장식한 프레스코화였으므로 그럴 수밖에 없었다.

서양 회화의 경우 이런 풍경화의 원칙에 변화가 생겨나는 것은 17세기 네덜란드와 플랑드르에서다. 그래서 미술사에서는 이 시기를 근대적 풍경화의 출발점으로 잡는다. 하지만 서양보다 풍경화의 역사가 오랜 동양의 회화에서는 늘 무릉도원처럼 이상적이고 관념화된 경치만을 묘사했다. 물론 그 이유는 중화 세계의 중심이 언제나 중국이었기 때문이다. 조선의 문인화가들이 중국의 풍경을 그린 것은 그런 양식과 이념을 반영하는 것이었다.

진경산수화가 탄생했다는 것은 바로 그런 고답적인 자세에서 탈피해 진짜 살아 있는 풍경화를 그리기 시작했다는 의미다. 그렇다면 일단 겉으로 보기에는 자주적인 모습이다. 또한 화가가 자기 눈으로 직접 본 풍경을 화폭에 옮기는 것이었으므로 예술적으로도 진일보한 형태다. 그런데 그런 변화가 왜 하필 그때 일어났을까? 한반도의 산수는 수백, 수천 년 전에도 늘 그대로였는데, 왜 18세기에 들어서야 화가들이 새삼스럽게 그림의 주제로 삼겠다고 나선 걸까?

그 이유는 명확하다. 진경산수화는 예송논쟁과 북벌론으로 이어지는 그 시대의 지배적 관념, 즉 소중화사상의 연장선이다. 중국이 중화의 중심일 때는 중국의 산수를 이상적인 풍경화의 주제로 여겼지만 이제 중화 세계가 조선으로 옮겨온 만큼 조선의 산수를 그려야 마땅하다는 것이다. 마침 자주화와 주체 노선이 찬미되던 때였으니 진경산수화를 그린 화가들은 잔뜩 자부심을 품었음직하다.

가히 국학의 시대라 할 만했다. 그런 시대의 추세는 미술만이 아니라 다른 예술 분야에도 영향을 미쳤다. 판소리, 탈춤 등 전통문화의 대표적인 예술들은 예외 없이 18세기에 확립되었다. 물론 그것들은 특별한 창안자가 있는 게 아니라 오랜 세월을 거치면서 자연스럽게 발달한 예술 장르였지만, 체계화되고 정리된 시기가 모두 18세기라는 사실은 결코 우연으로 볼 수 없다.

유학 이념이 마치 한반도 문명의 토착 문명인 것처럼 왜곡된 것도 바로 그 시기다. 예송논쟁에서도 보듯이 유학에서 말하는 예법은 매우 까다롭고 복잡하다. 그런 탓에 마치 유학이 동북아시아 특유의 고도로 발달한 사상 체계인 듯 여기는 사람들이 많다. 어쨌든 복잡하다는 것은 일단 수준이 높다는 것과 통하니까. 이른바 동방예의지국이라는 말도 거기서 나온 것일 게다. 하지만 예의라는 게 과연 동방에만 있을까?

사람 사는 곳에서는 어디서나 예법이 발달하게 마련이다. 흔히 유럽의 역사에서는 그런 예법을 보기 어렵다고 생각하지만, 중세 유럽에도 시시콜콜할 만큼 섬세하고 정교한 예법이 있었다. 프랑스의 왕비는 남편이 죽었을 때 그 소식을 전해 들은 방에서 1년 동안 바깥출입을 하지 말아야 했다. 제후의 부인들은 그 기간이 6주간인데, 가슴 수건을 두르고 두건과 망토를 입은 채 침대에 누워 지냈다. 방의 벽과 바닥은 커다란 검은색 천으로 둘렀다. 그 밖에 부친상과 모친상에는 아흐레 동안 침대에 누워 있다가 다음 6주 동안 검은 양탄자를 깔고 침대 앞에 앉아 있어야 했다.

조선에서 예송논쟁이 활발하던 17세기에 유럽 각국의 외교에서도 예법이 상당히 중요했다. 각국에서 파견하는 대사들은 그 직급에 따라 파견국의 왕이 탄 마차에 동승할 수 있느냐 없느냐가 결정되었다. 또한 마차에 커튼을 칠 수 있는지 없는지도 마음대로 결정하는 게 아니었다. 왕을 알현할 때 모자를 벗을 수 있는 대사가 있는가 하면, 황제 앞에서 모자를 쓰고 이야기할 수 있는 대사도 모두 법도로 정해져 있었다.

이렇듯 서양에서도 자질구레한 내용까지 예법과 절차를 따졌고, 그 과정에서 논쟁은 물론 분쟁까지 발생하기도 했다. 다만 동양 세계와 차이가 있다면, 서양에서는 그것이 한 시대의 문화적 관습에 불과했고 외교나 의전의 영역에만 국한되었던 데 반해, 동양에서는 그것이 사회 전반을 규제하는 강력한 정치적 힘을 발휘했고 그 때문에 사회 발전의 질곡으로 작용했다는 점이다.

여기서 짚고 넘어갈 게 있다. 예법, 북벌론, 진경산수화가 모두 17세기 중반에 조선이 병적인 소중화주의에 빠진 결과라면, 18세기 영·정조 시대는 어떻게 봐야 할까? 조선이 유학 이념에 골수까지 물든 사대부 국가라면 영·정조 시대의 강력한 왕권이 어떻게 가능했을까? 공식 용어는 아니지만 이 시대는 일종의 왕정복고라고 할 수 있다. 조선 역사상 가장 건강한 시기였지만, 결론부터 말하면 그것 역시 실패할 수밖에 없는 노선이었다.

조선 후기의 왕들이 대개 그렇듯이 영조 역시 사대부들(노론 세력)의 지원을 받아 즉위했다. 당쟁이 가장 극심하던 시대에 재위한 숙종은

1720년에 효종, 현종, 숙종(이른바 '삼종혈맥')의 소생으로만 왕위를 이으라는 유언을 남겼다. 그에 따르면 4년 동안 재위하고 죽은 경종 이외에는 연잉군, 즉 영조가 유일하게 남은 왕위 계승권자였다. 그런데도 왕세제(영조는 경종의 이복동생이었다) 시절에 암살의 위험까지 겪어야 했다. 당시 조선의 왕실은 구중심처가 아니라 바늘방석이었다.

그래서 영조는 즉위하자마자 소론 세력부터 처단했다. 그간 사대부 세력들끼리 치고받은 싸움은 많았어도 국왕이 직접 나서서 자신의 의지에 따라 하나의 세력을 숙청한 것은 처음이었다. 하지만 그가 처음부터 절대 권력을 가진 것은 아니다. 그는 왕권 강화를 위해 한 세기 전의 광해군과 똑같은 전략을 구사했다. 그것은 왕당파를 육성하는 방법이다. 그러나 영조는 광해군이 저지른 실수까지 답습하지는 않았다.

광해군은 대북을 왕당파로 삼기 위해 다른 세력을 모두 배척했고, 그 때문에 결국 왕당파마저도 제대로 꾸리지 못했다. 영조는 자신을 지지한 노론을 불러들였으나 그중에서 강경파는 제외했다. 동시에 적대 세력인 소론의 온건파를 등용해 균형을 맞추었다. 당쟁을 제어하기 위한 영조 나름의 노하우, 그것이 곧 탕평책萬平策이다.

조선 초에 세조가 그랬듯이, 그리고 100년 전의 광해군이 그랬듯이, 측근 세력을 키우면 왕은 강력한 왕권을 행사할 수 있게 된다. 하지만 세조와 광해군이 실패한 데서 보듯이 그것은 오히려 왕의 측근들이 훈구파를 형성해 권세를 휘두르는 또 다른 폐해를 가져왔다. 게다가 그 훈구파가 당쟁을 유발하는 기폭제가 되었다. 그나마 세조는 임기 내내 카리스마를 유지했지만 광해군은 재위 중에 사대부들의 역공을 받아 실각하지 않았던가?

그렇다면 다른 방법이 필요하다. 측근을 키우지 않으면서 당쟁을 막는 제3의 길은 무엇일까? 그것은 사대부들의 당파를 현실적으로 인정해 주되 각 당파 간의 세력 균형을 유도하는 방법이다. 영조의 탕평책은 바로 이런 배경에서 나왔다. 인사를 고르게 하고, 권력을 배분해 사대부 세력을 서로 견제하게 한다. 이것이 곧 쌍거호대雙擧互對다.

하지만 그것은 임시방편일 뿐 당쟁을 막는 근본적인 대책이 될 수는 없다. 게다가 인사의 요체란 적재적소에 인재를 기용하는 것이지 세력 안배에 따른 나누어 먹기가 아니다. 정국 운영에서 자신감을 얻은 영조는 탕평책을 한 단계 업그레이드하기로 마음먹는다. 거기서 재능에 따라 인재를 등용하는 유재시용惟才是用의 전략이 나왔다. 이것으로 탕평책은 당쟁의 치유책이라는 출발의 한계를 벗어나 적극적인 인재 등용 제도로 자리 잡게 되었다. 이 전략이 성공하면서 비로소 왕정복고의 길이 열렸다. 왕국이어야만 가능한 각종 개혁 조치가 추진되는 것은 그때부터다.

어떤 의미에서 영조의 왕정복고는 또 다른 건국이나 다름없었다. 조선은 실로 오랜만에 왕국으로서 거듭났다. 그 점을 상징적으로 보여주는 사례가 신문고다. 백성들이 직접 군주와 소통할 수 있게 해준다는 취지를 가진 신문고는 15세기 초 조선을 재건국한 태종이 만든 제도인데, 이후 수백 년간 폐기되었다가 영조 대에 이르러 부활했다. 300년 전에 편찬된 《경국대전經國大典》의 속편인 《속대전續大典》을 편찬한 것도 재건국의 상징이다(영조는 편찬 작업에 직접 참여했다). 그 오랜 기간 법전의 개정조차 없었다는 것은 사대부 체제의 일관성이 유지되었다는 뜻이다. 또한 균역법均役法도 이 시기의 중대한 개혁이다. 균역법은 원래 요역에 관한 제도였지만, 명의 일조편법, 광해군 시절의 대동법과 같이 세제를 단순화하고 은납화하는 시대의 추세를 따른 것이다. 이런 개혁은 모두 조선이 왕국으로 거듭났기에 가능한 조치들이다.

그러나 영조는 오랜 재위 기간(조선의 왕들 가운데 최장인 54년을 재위했다)을 거치면서 마음이 약해졌거나, 아니면 왕정이 확고히 부활했다고 소박하게 믿은 듯하다. 영조 자신은 노론을 왕당파로 간주했을지 모르지만, 그의 비호 아래 입지를 확고히 굳힌 노론은 자신들이 왕당파가 아니라 오랫동안 조선을 호령하던 본래의 사대부로 복귀했다고 믿었다. 이런 인식의 차이가 낳은 비극이 바로 사도세자의 죽음이다.

모난 돌이 정을 맞는다. 사대부 체제가 오래 지속된 조선에서는 왕이나 왕세자도 예외가 될 수 없다. 사도세자가 걸은 길은 한 세기 전 소현세자가 걸은 길과 너무도 닮은꼴이다. 조선의 근대화를 꿈꾸었던 소현세자가 개혁을 반대하는 서인 정권의 음모에 걸려 아버지 인조의 묵인 하에 죽었듯이, 개혁의지가 충만했던 사도세자도 노론의 책동에 몰려 아버지 영조의 손에 의해 뒤주에 갇혀 죽었다.

개인적으로도 불행한 일이지만, 이 사건은 정치적 함의도 대단히 크다. 영조는 왕국을 한 발 앞에 두고 갑자기 물러서버렸다. 세자가 죽은 직후 영조는 아들에 대한 미안함을 묘한 방식으로 달랬다. 서자로 퇴출시켰던 아들에게 사도思悼라는 시호를 내려 넋을 위로하고, 장례식을 직접 집전한 것이다. 그는 아들의 희생이 나라를 위해 어쩔 수 없는 일이었다고 자위했던 듯하다. 게다가 공석이 된 세자 자리를 세자의 아들인 세손에게 잇게 한 것은 세자가 희생양이었다는 사실을 영조 스스로 인정한 것이나 다를 바 없다.

그렇다면 영조의 의도는 확실해진다. 세자에게 가해진 고발이 사실이든 아니든 그것은 중요하지 않다. 또한 노론이 세자를 축출하는 데 음모를 동원했든 않았든 그것도 중요하지 않다. 중요한 것은 오로지 왕위 계승자를 '집권 여당'이 반대한다는 사실이다. 결국 영조는 노론이 배척하는 세자에게 왕권을 상속시킬 자신이 없었던 것이다. 그것은 왕정복고가 아직 정상 궤도에 오르지 못했다는 사실을 반증한다.

그러므로 새 계승자인 세손(정조)에게 주어진 역사적 사명은 할아버지가 중단한 왕정복고를 다시 추진하는 것이다. 게다가 그에게는 아버지의 억울한 죽음을 해원해야 한다는 사적인 숙제도 있다. 하지만 한 번 타이밍을 놓친 만큼 그 작업은 더욱 까다로워졌다. 이제는 둘 중 하나를 택할 수밖에 없다. 더 신중을 기해서 장기적인 호흡으로 추진하든가, 아니면 반대로 더 신속하고도 급진적으로 추진하든가. 1777년에 즉위한 정조는 처음에 후자의 노선을 택했다.

조선 역사상 유일하게 세자의 아들로서 세손으로 책봉되고 즉위한 희한한 기록을 보유하게 된 정조는 할아버지가 남긴 숙제를 완수해야 한다는 역사적 사명감과 더불어 아버지의 원한을 갚고 자신마저 정치적 제물이 되어서는 안 된다는 사적 동기를 가지고 있다. 이 양자가 결합되어 조선 역사상 가장 근본적이고도 급진적인 개혁이 추진된다. 조선 역사상 마지막 실험이 성공한다면 조선은 완전한 왕국이 되어 격변하는 세계정세에 주체적으로 대응할 수 있게 될 테고, 실패한다면 조선은 동북아시아로 밀려오는 서양 열강의 제물이 되고 말 터이다.

정조 역시 해법은 할아버지와 같았다. 왕당파를 양성해야만 왕권이 살 수 있다. 발상 자체는 새로울 게 없다. 세조도 그랬고, 광해군도 그랬고, 영조도 그랬다. 사대부들의 꼭두각시에 머물기를 거부했던 조선의 왕다운 왕들은 누구나 예외 없이 왕당파를 튼튼히 구축해 왕권을 강화하고자 했다. 그러나 정조가 구사한 수단은 확실히 특이한 데가 있다.

세조, 광해군, 영조는 모두 기존의 사대부 세력 가운데 일부를 구워삶아 왕당파로 삼았다. 세조는 자신의 집권을 도운 공신들을 측근으로 부렸고, 광해군과 영조는 각각 대북과 노론의 당파를 여당으로 삼았다. 하지만 정조는 그들이 실패한 이유를 바로 그 점에서 찾는다. 기존의 세력을 왕당파로 만들면 잘되어야 자기 대에만 유지될 뿐이고 못되면 오히려 반정을 부르게 된다. 세조와 영조가 전자의 경우라면 반정으로 실각한 광해군은 후자에 해당한다.

그래서 정조는 전례를 따르지 않고 새롭고 참신한 세력을 키우기로 마음먹었다. 즉위하기도 전인 1776년에 규장각이라는 기구를 설치한 목적은 바로 거기에 있었다. 원래 규장奎章이란 '임금이 쓴 글'을 뜻하니까 규장각도 새삼스러운 기구는 아니다. 일찍이 세조 때 설치되었다가 폐지되었고, 숙종 때도 환장각煥章閣이라는 이름으로 잠시 부활한 적이 있었다. 하지만 정조의 규장각은 다르다. 임금의 글씨나 그림을 보관한다는 기본 기능은 그대로 가져갔으나 규장각의 실제 기능은 그보다 훨씬 방대하고 야심 찬 것이었다. 말하자면 규장각은 문화의 탈을 쓴 정치기구였다.

정조는 규장각의 본래 임무를 확대해 도서관과 출판의 기능을 부여하고 비공식적으로는 비서실로 활용했다. 정부 도서관이라면 홍문관이 있고, 왕의 비서실이라면 승정원이 있다. 그러나 그 전통적인 기관들은 오랜 사대부 지배 체제를 거치면서 왕의 직속기구라는 본래의 형질을 잃었고, 매너리즘에 빠져 그나마 제 기능조차 하지 못하고 있었다. 정조가 직접 밝힌 규장각의 설립 취지는 이렇다. "승정원과 홍문관은 종래의 타성을 조속히 바로잡을 수 없으니 내가 바라는 혁신 정치의 중추 기관으로서 규장각을 설립했다." 그는 규장각에 홍문관과 승정원의 기능을 맡기고 아울러 앞으로 국왕 직속 정치기구로서의 역할까지 맡기겠다는 의지를 분명히 드러낸 것이다.

새 술은 새 부대에 담아야 하므로 정조는 인사 행정부터 파격적으로 가져갔다. 공식적 기능이 도서관인 만큼 규장각에서는 검서관이 중요한 실무 인력이다. 정조는 이 검서관에 과감히 서얼 출신의 북학파 학자들을 기용했다. 하지만 조정은 영조의 시대부터 노론이 장악하고 있었다. 그 중심 세력은 여전히 중화적 세계관에 물든 골수 성리학자이며, 호시탐탐 당쟁의 기회를 노리는 낡은 사대부 체제의 유물이었다. 세상이 달라지고 시대가 바뀌었는데도 그들은 성리학적 세계관을 전가의 보도처럼 간직하고 사대부가 지배하던 그때 그 시절의 영화를 꿈꾸며 가만히 때를 기다리고 있었다. 그들이 보기에 서얼 출신을 중앙 관직에 끌어들이는 정조는 기본적인 법도조차 모르는 무식한 왕이었고, 청에서 선진 문물을 도입하자고 줄기차게 주장하는 북학파 실학자들은 금수나 다름없는 자들이었으며, 거기에 부화뇌동하는 소장파 노론은 일부 철없는 젊은이들이었다.

이들에게 대항하기 위해서는 물리력이 필요하다. 물리력이 없는 개혁이 어떤 한계에 부딪혔는지는 정조도 잘 알고 있다. 사대부들이 왕권에 도전할 때 가장 우려할 사태는 단 한 가지, 반정뿐이다. 사대부들은 반정과 반란을 반대말로 생각하지만 실은 한 끗 차이다. 반정은 성공한 반란이고, 반란은 실패한 반정일 뿐이다. 그때까지의 조선 역사상 사대부들이 왕권에 정면으로 도전한 경우는 모두 세 차례가 있었다. 그중 이인좌의 난은 반란으로 끝났고 나머지 두 차례는 각각 중종반정과 인조반정으로 사대부가 승리했다. 따라서 정조가 대비할 것은 반정의 예방인데, 그러기 위해서는 물리력이 있어야 했다.

1785년 정조는 국왕을 특별히 수호하는 친위대를 만들고 이것을 장용위壯勇衛라고 불렀다(몇 년 뒤 장용위가 확대 개편되어 장용영으로 바뀐다). 그런데 이 시점에서 갑자기 군대를 신설한 이유는 무엇일까? 설사 군대가 필요하다 해도 국방용이 아닌 친위대를 굳이 신설할 이유는 없다. 그렇다면 정조가 장용영을 설치한 의도는 다른 데 있을 것이다. 그것은 바로 사대부들의 반란, 좁게 말하면 노론 벽파의 준동에 대비하기 위해서다. 말하자면 조선 역사상 '세 번째의 반정'을 예방하기 위한 조처다.

규장각을 정치 개혁의 실무자로 삼고, 실학자들에게는 전반적인 사회 개혁에 필요한 이론과 이데올로기를 만들게 한다. 만약에 있을지 모르는 보수파의 반동에 대비해 장용영을 설치한다. 정조의 이런 시나리오는 완벽했다. 그러나 시나리오가 좋다고 해서 영화가 흥행에 성공하는 것은 아니다. 대박이 터지려면 좋은 시나리오에 감독의 능력과 의지가 보태져야만 한다. 개혁 드라마의 모든 일을 도맡은 정조는 기획, 제작, 시나리오 작업까지 완벽하게 진행했으나 마지막 감독의 단계에서 무너졌다. 조선의 마지막 실험이 실패의 조짐을 보이는 것은 이때부터다. 공교롭게도 그 단초는 그리스도교가 제공했다.

실학자 이수광李晬光과 소현세자가 서양의 이 새로운 종교를 조선에 처음 소개한 이래 그리스도교는 학문적으로만 연구되었을 뿐 신앙으로서 믿어지지는 않았다. 그러나 영조 시대와는 달리 북학이 정부의 지원에 힘입어 적극적으로 장려되는 정조의 치세에서는 점차 그리스도교를 종교로서 대하는 움직임이 싹트게 되었다. 이런 분위기에서 최초의 정식 그리스도교도인 이승훈李承薰이 탄생했고 점차 정부 요직에도 개종자가 늘어났다.

정조는 북학을 장려했으나 그리스도교마저 허용할 의지는 없었다. 급기야 1791년 조선 역사상 최초의 그리스도교 박해사건인 신해박해가 일어났다. 이때부터 정조는 개혁 피로감을 느꼈다. 너무 오랫동안 진행된 조선의 병을 한 세대 만에 치유할 수는 없었던 걸까? 결국 정조는 개혁의 총기획자에서 복고로 선회하기 시작했다. 그는 1800년 마흔여덟에 병사했지만, 1794년 복고로 도는 순간부터 그의 정치적 생명은 끝난 셈이었다. 그러나 그 직후부터 조선 역사상 가장 노골적인 사대부 체제이자 가장 황폐한 세도정치 시대가 개막되는 것을 고려하면 정조는 사실상 조선의 마지막 왕이라고 볼 수 있다. 조선의 왕정복고는 허무하게 끝났다.

엄밀히 말해 영·정조 시대는 왕정복고가 아니라 왕정복고의 시도였다. 그리고 그 시도는 실패했다. 17세기 크롬웰의 독재가 끝난 뒤 영국의 왕정복고는 수구적이었지만, 18세기 조선의 왕정복고는 진보적이었다. 둘 다 그 자체로는 실패였으나 영국에서는 입헌군주제와 의회민주주의라는 새로운 체제를 낳는 밑거름이 되었고, 조선에서는 낡고 부패한 구체제가 부활해 나라의 멸망을 초래했다.

그 이유는 무엇일까? 영국에는 있었던 게 조선에는 없었기 때문이다. 영국의 의회와 조선의 사대부 체제는 둘 다 왕권을 제어하는 역할을 했고 궁극적으로 권력의 획득을 목표로 삼았다. 하지만 그 목적은 정반대였다. 영국의 의회는 국민들의 이익을 위해 권력을 장악하려 한 반면, 조선의 사대부들은 백성들을 지배하고 착취하기 위해 권력을 장악하려 했다. 그래서 영국의 의회는 민주주의를 성립시켰지만, 조선의 사대부들은 수구적이고 퇴행적인 과두 체제를 온존시켰다.

그렇다면 17세기 영국에는 있었고 18세기 조선에는 없었던 게 뭔지 알 수 있다. 그것은 바로 시민사회다. 영국의 의회가 조선의 사대부들보다 더 도덕적이었다거나 선견지명이 있었던 것은 결코 아니다. 다만 의회는 차세대의 권력층인 시민들의 의사를 대변하지 않을 수 없었던 데 비해 조선에는 시민층이 형성되지 못했기 때문에 사대부들이 오로지 수탈의 주체로만 남을 수 있었던 것이다.

31

애국심과 통일

정치 중심주의가 낳은 '국가 유기체'의 관념 / 민족주의와 애국주의 / 국경을 '장벽'으로 여기
는 사고 / 국사와 지역사

한 지역에서 아주 오래 살아온 단일민족이라는 자부심이 지나친 탓인지
우리는 우리 세계가 무척 다양하다는 사실을 흔히 잊는다. 어느 작가는
이런 글을 쓴 적이 있다.

"많은 사람이 그랬듯이 어릴 때 나는 스위스를 무척 좋아했다. 그 계
기는 달력이었다. 달력에 나오는 스위스의 풍경, 그림 같은 산등성이마
다 신록이 우거진 푸른 여름, 산타클로스가 맨 먼저 들를 듯한 새하얀
겨울, 그리고 마치 자연의 일부인 듯, 연극의 소품인 듯 보이는 아름다
운 집들. 이런 모습을 보고 스위스에 반하지 않을 사람이 있으랴. ……
그러나 중학교에 들어갈 무렵 난 이내 스위스가 싫어졌다. 이유는 단 하
나, 스위스에는 바다가 없는 것이다. 호수는 꽤 있어도 스위스에는 아무
데도 해변이 없다. 답답하기 그지없다. 삼면이 바다로 둘러싸인 우리나
라에 새삼 감사의 마음을 느끼게 된 것도 그 무렵이었다."

작가의 애국심은 그렇다 치더라도 그가 스위스를 싫어하게 된 이유는 터무니없다. 물론 스위스에는 해변이라는 게 없다. 그러나 그래서 스위스 사람들은 답답해할까? 천만의 말씀이다. 스위스의 청소년들은 중학생 시절의 그 작가처럼 마음껏 해수욕을 즐길 수 있다. 그것도 사시장철로. 그들은 자전거만 타고서도 유럽의 거의 모든 해변으로 갈 수 있는 것이다. 북쪽으로는 독일을 거쳐 발트 해나 북해로 갈 수 있고, 남쪽으로는 알프스를 넘어 지중해로 갈 수 있다. 비자나 여권 따위는 필요도 없다. 정작으로 답답한 나라는 스위스가 아니라 육로로는 아무 데도 갈 수 없는 우리나라다.

잘못된 애국심을 말해주는 또 하나의 사례를 보자. 국내의 어느 라디오 방송에서 유럽과 남아메리카의 클럽 대항 축구대회에 관련된 소식을 보도한 적이 있다. 영국과 브라질의 프로 축구팀이 벌이는 친선 경기였다. 라디오 방송국과 전화로 인터뷰한 브라질 특파원은 상파울루 시민들 중에 브라질 팀이 영국 팀에 지기를 바라는 사람들이 상당히 많다고 전했다. 이유인즉 상파울루에는 양대 라이벌 클럽이 있는데, 자기가 응원하는 클럽이 결승에 올라가지 못하고 그 맞수가 올라갔기 때문에 차라리 상대 팀인 영국의 클럽을 응원한다는 것이다. 문제는 그 소식을 전하는 특파원이나 라디오 진행자가 함께 어이가 없다는 듯이 웃었다는 점이다. 우리나라 국적을 가진 팀이면 무조건 응원하는 게 당연한 우리 풍토에서는 그게 웃을 일인지 모른다. 우리는 늘 개인 이전에 국가를 먼저 생각하는 습관이 있으니까.

스위스를 마음대로 사랑했다가 팽개친 작가나 축구대회 소식을 전한 특파원과 라디오 진행자는 국가를 마치 살아 있는 생물처럼 여긴다는 공통점이 있다. 나와 남이 다르듯이 내 나라와 남의 나라는 엄연히 다른

혼자 공부하는 이들을 위한 최소한의 지식: 역사

존재라는 사고방식이다. 이런 관점을 나라 안으로 투사하면, 무의식중에 한 나라의 국민은 대개 비슷한 생각을 가지고 있다고(혹은 가져야 한다고) 여기는 태도로 이어진다. 흔히 영국인은 어떻고 일본인은 어떻다는 식의 통속적인 이야기가 그런 배경에서 나온다.

국가를 유기체처럼 여기고 개인 위에 군림하는 것으로 받드는 생각은 역사적으로 형성된 사고다. 동양의 역사와 우리 역사에서는 늘 정치, 즉 나라의 경영이 모든 것보다 우선했고 일찍부터 관이 민을 지배하는 체제가 자리 잡았다. 그래서 구체적인 개인이 추상적인 국가에 목숨을 바쳐 충성하는 것이 미덕으로 간주되었다.

공화국 전통이 60년이 넘은 지금도 우리는 아직 그런 생각에서 자유롭지 못하다. 조선시대나 지금이나 사람들은 국가의 녹을 먹으며 국가의 부림을 받는 일을 가장 명예롭게 여긴다(조선시대의 과거 급제는 오늘날 '고시 패스'로 면면히 이어지고 있다). 조선시대의 상민들에게 사또가 부르는 게 가장 두려운 일이었듯이 지금도 경찰을 보면 왠지 가슴이 뜨끔해진다(청와대를 사칭하거나 경찰관복을 입고 저지르는 범죄가 늘 통하는 것도 그 때문이다). 지배계급의 이데올로기가 오랫동안 전 사회적으로 관철된 결과, 그 가치를 피지배계급이 내면화하게 되었다.

그 점에서 서양의 역사는 다르다. 유럽 문명에서는 항상 정치적 통합력이 약했고 늘 개인이 집단보다 우선했다. 국가 유기체의 역사를 오래 지속해온 우리로서는 여러 나라로 이루어진 서유럽이 어떻게 오늘날 유럽연합이라는 느슨한 공동체를 이룰 수 있는지 이해하기 어렵다. 하지만 유럽 세계에서는 오랜 '따로 또 같이'의 역사적 전통이 있었기에 그런 게 가능하다. 비록 국가 대항 축구대회가 열릴 때면 여전히 훌리건 같은 난봉꾼들이 난장판을 벌이지만, 또 영국인과 프랑스인은 걸핏하면

서로 헐뜯어대지만, 유럽인들은 모든 나라가 철도로 이어져 있고 같은 통화를 사용하는 데 거부감이 없다. 그에 비해 불과 세 나라, 북한까지 합쳐 겨우 네 나라가 오래도록 같은 한자문화권을 이루어왔음에도 불구하고 그런 공동체를 결성하지 못하는 이유는 국가 유기체적 관념이 오래도록 지배해온 탓이다.

국가 유기체의 관념이 그릇된 애국심으로 이어지는 사례는 적지 않다. 20세기의 현실 사회주의 같은 좌익도 있는가 하면, 히틀러의 나치나 일본의 군국주의식 제국주의 같은 우익도 있다. 또한 국가 유기체의 관념은 우리가 처한 특수한 분단 상황에 흔히 보는 잘못된 통일의 관념도 낳는다.

오랜만에 남북 이산가족들이 서로 만나 눈물을 흘린다. 물론 감격스러운 만남이고 보는 사람에게도 벅찬 감동을 전해준다. 하지만 이산가족의 상봉이 섣달 그믐날 개밥 퍼주듯 답답하게 이어지는 가운데서도 문제점이 점점 더 뚜렷이 드러난다. 도대체 우리는 언제까지 이래야 하는 걸까? 이산가족 1세대가 모두 죽어 이산가족이라는 용어가 사라져야만 그 아픔이 치유될까?

하지만 문제는 그런 감상적인 측면에만 있지 않다. 그 감격스런 만남의 장에서 남북의 노인들이 나눈 대화는 우리 국민이 여전히 통일에 관해 얼마나 큰 환상과 그릇된 인식을 가지고 있는지를 분명히 보여준다. 노부부는 이런 대화를 나눈다.

"우리 또 언제 만나지?"

"빨리 통일이 되어야죠."

"그래, 통일이 될 때까지 살아 있어야 해."

언뜻 보면 아주 자연스러운 대화다. 그러나 이 짧은 대화에는 사실 진정한 통일을 가로막는 커다란 오해가 숨어 있다. 통일이 되어야만 자유롭게 만날 수 있다는 생각이 바로 그것이다. 일반 국민만이 아니라 정치인들도 같은 인식을 가지고 있다. 모두들 통일을 지상 과제로만 여기고 통일이 되어야만 본격적인 교류가 가능하다고 여긴다. 통일이 되기 전까지는 가족끼리도 간헐적인 만남밖에 가질 수 없다는 것을 당연시한다.

그러나 결론부터 말한다면, 통일과 교류는 별개다. 지구 반대편에 있는 가족도 만날 수 있는 현대사회에, 자동차로 몇 시간만 가는 거리에 있는 가족을 만나지 못한다면 터무니없는 이야기다. 통일보다 훨씬 중요하고 자연스럽고 기본적인 것은 교류다. 통일은 정치적·법적 차원의 개념이고, 교류는 민간 차원의 개념이다. 남북이 적대적인 관계를 해소하고 휴전선을 '국경선'으로 만들 수 있다면 교류가 가능해진다. 나아가 긴장 관계가 근본적으로 해소되고 통일의 길도 비로소 가능해진다.

그런데 휴전선을 국경선으로 만들다니? 하나의 민족이 두 개의 국가를 이룬다는 것인데, 언뜻 생각하면 거부감이 들지 모른다. 이를 반통일론이라고 매도하고 싶은 기분도 들 수 있다. 하지만 전혀 그렇지 않다. 우선 역사적으로, 또 시사적으로도 그런 경우가 훨씬 더 일반적이다.

우리는 오랫동안 비교적 단일한 민족—이것도 실은 사실과 다르지만—으로서 동질적인 문화를 이루고 살아왔기에 막연히 다른 나라도 대부분 그럴 것이라고 생각한다. 하지만 세계적으로 그런 경우는 드물다. 단적인 예로, 국사national history라는 과목이 존재하는 나라는 거의 우리밖에 없다. 일본에서도 일본 '국사' 교과서의 제목은 '일본사'다. 한국사를 국사로 줄여 부르는 데는 단지 한 글자만 생략된 것 이상의 의미가 있다.

세계 어느 나라의 역사를 봐도 우리만큼 국사라 할 만한 것은 없고 대부분은 지역사다. 즉 어느 나라, 어느 민족이든 인근의 다른 나라, 다른 민족과 교류와 경쟁, 전쟁을 벌인 과정이 곧 그 나라의 '국사'를 이루었다. 예를 들어, 아프가니스탄 같은 나라는 알렉산드로스의 동방 원정으로 주요 도시들이 탄생했고, 이슬람 시대에는 튀르크족의 지배를 받았으며, 15세기 이후에는 무굴 제국을 일으켜 인도를 정복했다. 그렇게 보면 아프가니스탄의 '국사'는 정복과 피정복이 어우러진 중앙아시아의 '지역사'다. 근대적 민족국가, 영토국가의 개념이 성립하기 이전까지 모든 나라의 역사는 그저 그 지역의 역사와 거기에 살던 사람들의 역사였을 뿐 우리처럼 민족과 땅이 일체화된 역사는 아니었다(사실 우리의 역사도 교류가 비교적 적었을 뿐 지역사의 일부인 것은 마찬가지다).

　　우리에게 익숙한 프랑스, 독일, 영국, 에스파냐 등의 명칭들은 비록 고대나 중세에도 존재했지만, 지역의 이름을 뜻했을 뿐 나라의 이름은 아니었다. 오늘날의 유럽 국가 대부분이 실제로 탄생한 시기는 17세기 초반 30년 전쟁을 겪으면서부터다. 중국이라는 중화 세계의 강대국이 인근의 나라들을 정복하고 수직적인 국제 질서로 재편한 동양의 역사와 달리 유럽의 역사에서는 대규모 국제전이 벌어지고 나면 나라의 수가 줄어드는 대신 활발한 국제조약을 통해 오히려 늘어났고 수평적인 국제 질서를 형성했다. 그 결과가 바로 스위스에서 네덜란드 해안까지 비자나 여권도 없이 자전거를 타고 갈 수 있는 유럽 국가들의 '국경선'이다.

　　흔히 우리가 통일을 이루어야 하는 근거로 같은 민족이고 같은 언어를 가졌다는 것을 든다. 하지만 같은 언어를 쓰는 같은 민족이라고 해서 정치적으로도 한 나라를 이룬 경우는 오히려 드물다. 서양의 역사도 그렇지만 현재의 중국도 그렇다. 지금의 세계를 보면 한 민족이 여러 나라를 이루거나, 혹은 거꾸로 여러 민족이 한 나라를 이루고 사는 사례가 많이 있다. 한 나라가 여러 언어를 쓰고 여러 나라가 한 언어를 쓰는 경우도 많다. 그러나 우리처럼 전쟁 지역이 아닌데도 육로로 갈 수 있는 곳이 완전히 막힌 나라는 한 곳도 없다. 우리의 휴전선은 형식적으로는 국경선에 비해 분단을 고착화시킨다는 느낌을 주지만, 실은 국경선보다 통일을 저해하는 역할을 하고 있다. 휴전선을 비적대적이고 일반적인 국경선으로 만들어야 하는 이유는 거기에 있다.

게다가 휴전선은 명칭이 휴전선일 뿐, 대한민국이라는 국가와 조선민주주의인민공화국이라는 국가를 가르고 있는 국경선이나 마찬가지다. 이런 상황에서 "대한민국의 영토는 한반도와 그 부속 도서로 한다."라고 되어 있는 대한민국 헌법 제3조는 북한의 영토를 포함하고 있기에 명백히 비현실적인 조항이다. 최상위법에 그런 규정이 있는 상태에서 남북 대화를 한다는 것은 언어도단이며, 오히려 국가보안법과 더불어 북한이 언제라도 대화를 거부할 수 있는 좋은 빌미가 된다. 실제로 북한은 남한이 국가보안법을 폐지한다 해도 그다음에는 이 헌법 조항을 문제시하고 나올 가능성이 짙다. 그 조항에 따르면 남한의 관점에서 북한은 미수복지구가 되며 북한 당국은 미수복지구를 무력으로 강점하고 있는 반역도당이 되기 때문이다.

언어와 문화가 같다고 해서, 또 오랫동안 공통의 역사를 지녀왔다고 해서 반드시 정치적으로 통합된 하나의 나라를 이룰 필요는 없다. 모든 정치는 사람들에게 (평등을 가장하고 권력을 행사한다는 점에서) 근본적으로 허구이고, (지배 - 피지배 관계를 권력으로 강제한다는 점에서) 반민중적이다. 그러므로 남북한이 서로 통일을 목표로 내세우는 것은 허황하거나 위선적이다. 통일의 이념은 오히려 수구적이며 반통일적이다. 남북한이 언어와 문화, 역사에서 동질적이라는 사실은 어서 빨리 양측이 통일을 이루어야 한다는 당위가 아니라 우리와 똑같은 언어와 문화, 역사를 지닌 나라가 지구상에 하나 더 있다는 현실로서, 적극적으로 생각한다면 '행운'으로서 인식되어야 한다(우리와 같은 언어를 쓰는 '나라'가 또 있다면 즐거운 일이 아닐까?).

"우리 민족은 개국 이래 수천 년 동안 하나의 나라를 이루어 살다가 1948년부터 이념이 다른 두 개의 나라로 갈라졌다." 후대의 역사 교과서에 기록될 이런 문구는 전혀 수치스러워할 일이 아니다. 다만 수치스러운 대목은 "그 뒤 수십 년간 남북한 양측은 서로 반목과 적대로 일관하면서 교류와 왕래조차 하지 않았다."라는 구절이 될 것이다.

남한과 북한은 현실을 수용해 상대방의 존재를 공식적으로 인정해야 한다. 즉 남한은 북한이 조선민주주의인민공화국임을 승인하고, 북한은 남한이 대한민국임을 승인해야 한다. 남의 나라에 관련된 정부 부서가 있다는 것은 어불성설이다. 남한은 통일부를, 북한은 조국평화통일위원회를 해체해야 한다. 남한과 북한은 휴전선을 세계의 여느 국경선들처럼 비적대적이고 '정상적인' 국경선으로 만들어야 한다. 남한은 북한에, 또 북한은 남한에 정식 대사관을 설치해야 한다. 물론 민족적 특수성을 반영해 비자와 여권이 없이 왕래가 가능하도록 할 수도 있다. 하나의 민족이 두 개의 국가를 이루고 있다는 현실을 긍정해야만 단기적으로는 군사적 긴장 관계가 해소될 수 있으며, 장기적으로는 (후대의 손에 의해) 바람직스러운 통일을 이룰 수 있다.

분산과 통일의 역사

———

원래 비교는 어느 정도 비슷한 것들을 가지고 해야 한다. 버스와 지하철 중 어느 게 더 편할까를 비교할 수는 있지만, 버스 타기와 떡볶이 먹기를 비교하기는 어렵다. 지금까지 비교해본 동양사와 서양사는 역사라는 공통점이 있으나 버스와 떡볶이의 비교만큼 어리석고 무모한 측면도 있다. 두 역사는 무려 5000년 동안 서로 다르게 진행되어오다가 불과 100년 전부터 하나로 융합되기 시작했기 때문이다. 그러나 〈프롤로그〉에서 말했듯이 장차 두 문명, 두 역사가 융합의 정도를 더욱 높여갈 것은 분명하므로 이렇게 거칠게나마 비교해본 것도 의미는 있을 것이다.

어쨌든 비교를 마쳤으니 나름대로 결론을 지어보자. 한마디로 말하면 동양사는 실패했고 서양사는 성공했다. 더 세련되고 우회적인 표현을 쓸 수도 있겠지만, 그렇다고 그 간단한 결론이 바뀌지는 않는다. 서양이 무력으로 동양을 무릎 꿇린 과정을 미화하려는 것은 아니다. 서양의 패권주의를 마냥 찬양하는 것도 아니다. 다만 서양 문명의 빛이 역사적으로도 더 밝았고 오늘날 세계 문명이라고 불릴 자격을 충분히 갖추었다는 사실을 말하는 것뿐이다. 우리로서는 안타깝게도 동양 문명은 역사의 어느 시점까지 밝은 빛을 유지했으나 그 뒤로는 빛바랜 문명이 되어버렸다.

하지만 동양 문명이 서양 문명에 정복되어 자취도 남지 않는 일은 일어나지 않는다. 서양 문명은 5000년 동안 서쪽으로 세계를 정복해왔고 이제 고향인 서남아시아(고대의 오리엔트)로 돌아가 그 정복이 완성될 즈음에 이르렀다. 그 과정이 끝나면 글로벌 문명이 세계를 지배하는 양상도 끝나게 된다. 그다음부터는 글로벌이 아니라 로컬이 지배하는 시대다. 세계를 제패한 유럽 문명도 하나의 로컬로 '전락'할 테고, 동양 문명도, 이슬람 문명도, 아프리카 문명도 로컬이 될 것이다. 물론 각각의 로컬은 또다시 하위 로컬이 생길 것이다. 동양 문명이 로컬이라면 한국과 중국, 일본은 그 하위 로컬이 될 것이다.

특히 동양 문명은 세계사의 양대 메이저 문명 중 하나였던 만큼 앞으로도 중요한 로컬 문명으로서의 역할을 할 것이다. 그러나 그러기 위해서는 먼저 실패를 인정해야 한다. 역사의 가장 초보적인 기능은 바로 교훈에 있다. 실패로부터 교훈을 얻지 못한다면 동양 문명은 본연의 의미와 주어진 역사적 역할마저 상실하게 될지도 모른다.

이 점과 관련해 먼저 한 가지 짚고 넘어갈 게 있다. 오늘날 우리 사회를 비롯해 일부 동양 사회들 중에서는 섣불리 동양 문명을 미래의 유일한 대안으로 삼으려는 시도가 있다. 동양에 사는 우리에게, 소수 동양학자들이 주도하는 동양 문명의 과대 포장은 분명 매력적으로 보이고 상당한 호소력을 가진다. 그러나 실패한 문명을 대안으로 삼는다면 과거의 실패를 되풀이할 뿐이다.

물론 세계 문명을 이끌고 있는 서양 문명에도 역사적으로 중대한 결함과 부작용이 있었다. 본문에서 지적한 파시즘과 '오도된 현실 사회주의'가 바로 그런 예인데, 앞으로도 그런 사례는 또 나타날 수 있다. 또한 서양에서 기원한 민주주의와 자본주의 체제에도 맹점이 있다. 이를테면 개인권의 보편성과 평등성을 지나치게 강조한 나머지 전 사회적인 '하향 평준화'를 초래할 수도 있다. 선거의 예를 들면, 뇌물에 매수될 수 있는 사람의 '한 표'와 후보자에 관한 폭넓은 정보와 확고한 자기 소신을 가지고 행사하는 '한 표'가 등가물일 수밖에 없다는 것은 장차 중요해질 수 있는 문제점이다. 서양 민주주의의 모든 원칙은 '무차별적으로 평등한 개인'을 전제로 하고 있기 때문에 그런 문제를 해결하는 게 원리적으로 불가능하다. 자본주의 제도 역시 경제적 불평등을 더욱 심화하는 방향으로 나아갈 것은 거의 분명하다. 게다가 민주주의와 자본주의 자체의 모순 이외에도 민주주의와 자본주의 사이의 모순도 커다란 잠재력을 가진 문제다. 예를 들면, 정치적·법적 평등과 경제적 불평등이 상존하는 모순은 마르크스가 지적한 이래 전혀 개선되지 않았다.

하지만 전체적으로 서양 문명은 승리한 문명이며 승자의 자격을 충분히 갖추고 있다. 오늘날 동양 사회는 사실상 서양화되어 있다. 동양 사회의 모든 생활과 제도, 관습, 사고방식에는 예외 없이 서양적인 요소가 침투해 있다. 문화 교류란 본래 상호적인 성질을 지니지만, 양적으로만 비교해도 동양의 문물이 서양에 전해진 것보다는 서양의 문물이 동양에 전해진 게 압도적으로 많다. 지금 우리의 정치·경제·사법 제도는 물론 복식, 가구, 두발, 음식, 결혼식, 언어 등등 생활의 모든 면에서 서양의 영향은 지나치다 싶을 만큼 크다. 무엇보다도 역사를 기록하는 데

좌표 역할을 하는 달력에서도 우리는 서양 것을 쓰고 있다.

흔히 '주체적'이라는 미명으로 위장되는 동양 중심주의에서도 가장 조악한 부분은 서양 문명을 물질문명으로, 동양 문명을 정신문명으로 도식화하는 것이다. 그러나 그 조잡한 구분이야말로 진정한 서양 것과 진정한 동양 것을 흐리게 하는 해악적인 사고방식이다. 두 문명을 모두 메이저 문명이라 부르는 이유는 둘 다 종합적이고 총체적인 성격의 문명이기 때문이다. 바꿔 말하면 서양 문명이나 동양 문명은 모두 물질적인 요소와 정신적인 요소를 갖추고 있다. 한 예로 서양의 철학적 전통에는 관념론과 유심론의 강력한 흐름이 있으며, 동양의 지적 전통에도 물질론과 유물론의 흐름이 공존하고 있다. 서양 문명을 물질로만, 동양 문명을 정신으로만 보는 것은 무지의 소치이며, 오히려 서양 문명에 대한 불필요한 열등의식에 불과하다.

서양 문명을 성공한 문명으로, 동양 문명을 실패한 문명으로 인정하고 나면, 중요한 문제는 왜 그렇게 되었는지를 따져보는 것이다. 거칠게 구분한다면 역사적으로 동양 문명이 서양 문명에 뒤지기 시작한 시기는 짧게 보면 15세기 무렵, 길게 보면 10세기부터라고 할 수 있다(인류 문명사 전체에 비하면 10분의 1이나 5분의 1에 불과하다). 15세기를 기준점으로 잡는다면, 서양이 세계 발견과 정복에 나서기 시작한 것을 계기로 봐야 할 것이다. 그러려면 적절한 이유가 필요하다. 왜 당시 서양은 세계 무대로 진출할 마음을 먹게 된 걸까?

그 해답은 10~15세기 양대 문명의 역사에서 찾을 수 있다. 이 시기에 두 문명은 각자 고유한 틀을 완성하게 된다. 동양에서는 중국의 송 제국에 이르러 동양식 제국, 즉 유학 체제가 완성되었다. 1000년 전의 한 제국 시대, 아니 그 이전의 1차 분열기(춘추전국시대)부터 꾸준히 발달해온 유학의 이념이 완벽한 현실태로 자리 잡은 게 바로 송 제국이었다. 다시 말해 송은 곧 동양식 제국의 정점이었다. 이 정점이 중국의 역대 왕조들 가운데 가장 무력한 체제였다는 사실은 바로 동양 문명의 어두운 앞날을 예고하는 조짐이었다.

서양 문명 역시 같은 시기에 기본 틀을 갖추었다. 세속의 영역에서는 분립과 각개약진으로 향하고, 신성의 영역에서는 체제 유지에 필요한 최소한의 통합성을 담당하는 방대한 분업 체제가 완성된 것이다(그 틀이 오늘날까지 유지되는 것을 보면 현대의 서양 문명은 중세 유럽에 기원을 두고 있음이 명백하다). 이렇게 본다면 두 메이저 문명의 밝기는, 아직 서로 접촉하기도 전인 10세기 무렵부터 차이가 생겨나기 시작했음을 알 수 있다. 따라서 서양 문명이 승자의 길을, 동양 문명이 패자의 길을 걷기 시작한 시기는 그 무렵이 되는데, 여기서도 더 먼 이유를 찾을 수도 있다. 어쩌면 문제는 애초부터, 즉 문명과 역사의 시작부터 내재해 있던 것인지도 모른다.

문명이 발생한 이래 동양 문명은 내내 통일을 지향해왔고 끝내 그 통일을 이루었다. 역사적으로 중국 대륙을 최초로 통일한 것은 기원전 221년의 진 제국이며, 이념과 현실마저 통일시킴으로써 최종적인 문명의 통일을 완성한 것은 송 제국이다. 왜 동양 문명에서는 그토록 절실하게 통일을 지향했을까? 그 이유는 문명의 기원에서부터 찾을 수 있다. 중국 문명은 발생할 때부터 중원이라는 지리적 중심을 가지고 있었고, 이 중심이 이후의 시대에도 내내 중심의 역할과 기능을 한 것이다. 반면 서양의 경우에는 애초부터 그러한 장기적인 중심이 없었던 탓에 문명의 발생지와 발달지가 서로 달랐고, 문명이 발생한 이후 서쪽으로 중심이 계속 이동했다.

만약 과거에 동양 문명과 서양 문명이 한판 붙었다면 누가 이겼을지 묻는다면 답은 비교적 명확하다. 15세기까지는 동양 문명이 단연 앞섰다고 할 수 있다. 문명권의 크기, 인구, 경제력, 문물, 직접적으로는 군사력까지 동양 문명은 거의 모든 부문에서 세계 최첨단의 수준이었다. 그것은 단적으로 중앙집권의 힘이었다. 중앙집권 체제에서는 지배층이 국력을 인위적으로 집중할 수 있으므로 국가 주도하에 사회 발전을 이룰 수 있는 것이다. 하지만 약은 곧 독이 된다. 사회 발전이 일정한 단계에 이르면 중앙집권의 힘으로 이룰 수 있는 발전에 한계가 드리워진다.

문명과 역사는 역전을 거듭하므로 앞으로 동양 문명이 서양 문명보다 앞서갈 수 있는 가능성이 원리적으로 닫혀 있지는 않다. 하지만 현실적으로는 이미 불가능해졌다. 15세기 이후 지구상에 새로운 세계가 사라졌기 때문이다. 유럽이 세계 문명을 주도하게 된 데는 콜럼버스의 아메리카 발견이 결정적인 역할을 했다. 신세계에서 유입된 부(금과 은, 농작물)에 힘입어 유럽은 문명의 역전을 일구었다. 오늘날 당시 아메리카 같은 역할을 할 미지의 세계가 있다면 모르겠지만, 그렇지 않다면 더 이상 문명이 역전될 계기는 없다.

하지만 그 무렵 유럽이 세계 진출에 나설 수 있었던 데는 역사가 큰 힘이 되었다. 그러므로 장기적으로 보면 동서양 두 메이저 문명의 성패는 이미 예고되어 있었던 것인지도 모른다. 발생론과 지리 환원론의 관점에서 모든 것을 설명하기는 어렵다. 다만 동양 문명이 통일 지향적이고 서양 문명이 '분산 지향적'이었다는 점이 두 문명의 노선에 결정적인 영향을 미친 것만은 분명하다.

상식적으로 보면 통일은 인위적이고 분산은 자연스럽다. 동양 문명은 항상 인위적인 통일을 중시한 반면, 서양 문명은 자연스럽게 진행되어 왔다. 통일은 선택하고 의도하는 것이지만 분산은 선택이나 의도와 무관하다. 서양 문명에서도 지배자들은 항상 통일을 지향했지만 문명의 흐름을 바꾸지는 못했다. 이 차이가 두 문명의 성격을 결정지었다.

통일은 강력한 힘을 갖지만 기본적으로 정태적이다. 동양 문명의 경우 하나의 통일 제국이 수천 년을 지배한 게 아니므로 군데군데에 분산의 시기가 있었다. 앞서 1차(춘추전국시대), 2차(위진남북조시대), 3차(5대10국 시대)로 이름 붙인 게 그런 시기다. 묘하게도 동양사에서는 오히려 통일기보다 분열기에 중요한 발전이 있었다.

제자백가 시대라는 별칭이 있듯이 1차 분열기에는 동양 사상의 뿌리가 형성되었고, 그중에서도 특히 향후 수천 년 동안 동양 문명의 모든 방면에 중요한 영향력을 행사하게 되는 유학 이념이 탄생했다. 또 2차 분열기에는 '육조 르네상스'라는 별칭처럼 동양의 역사에서 문화와 예술이 가장 화려하게 만개한 시기였다. 당 제국 시대에 이백과 두보가 등장한 데는 그전에 육조시대의 찬란한 문화의 시대가 있었기 때문이다. 또한 이 분열기에는 균전제와 과거제 등 후대의 통일기에 중요한 역할을 하게 되는 제도들이 구상되었다. 3차 분열기는 시기가 워낙 짧았던 탓으로 눈에 띄는 발전을 보이지 못했지만, 전체적으로 통일기보다 훨씬 짧은 분열기에 그런 중요한 변화가 있었다는 사실은 문명의 발달 과정에서 통일과 분열 중 어느 배경이 더 소중한지를 말해준다.

통일보다 분산의 흐름을 따른 서양 문명은 동양 문명에 비해 훨씬 역동적이었다. 느슨하게나마 통일을 이루었던 로마 제국 이래로 서양사는 한 번도 통일 제국이 지배하지 못했고, 늘 분주하다 싶을 만큼 분권적이었다. 물론 통일과 중앙집권적 제국을 향한 움직임이 전혀 없었던 것은 아니지만 애초부터 실현 불가능한 꿈이었다.

사회가 분열되어 있으므로 응집력은 약할 수밖에 없다. 그 때문에 서양 문명은 외부 문명권의 공략에 늘 시달렸다(7세기 이슬람의 침략, 12세기 몽골의 침략에 속절없이 당한 게 그 증거다). 그러나 제각각이었던 서양 문명이 그리스도교와 만나면서 저력이 본격적으로 발휘되기 시작했다. 그리스도교의 지배는 중세 후기에 들어오면서 오히려 문명의 발전을 가로막는 질곡으로 작용했고, 결국 그리스도교 체제가 무너지면서 서양 문명은 세계 문명으로 향하는 단초를 열었지만, 그리스도교의 통합력은 서양 문명의 중요한 시기를 맞아 필요한 최소한의 응집력을 제공했다.

통일과 분산에는 각기 장단점이 있다. 통일은 강력한 힘과 사회 안정을 가져다주지만 사회 발전의 동력이 약하며, 분산은 역동성을 주지만 외부의 공격에 취약하다. 언뜻 보면 나름대로의 특성이라고 할 수 있으나 장기적으로 볼 때 어느 쪽이 유리한지는 명백하다. 통일 중에서도 가장 강력한 정치적 통일의 맛에 일찍부터 길들여진 중국은 내내 통일을 추구했고, 가끔씩 찾아오는 분열을 '극복해야 할 현상'으로만 간주했다. 반면 자연스런 분산에 사회 진화를 내맡긴 유럽은, 외부로부터의 침략을 견뎌낸 덕분에 분열의 치명적인 결함을 드러내지 않으면서 세계 문명으로 발돋움할 수 있었다.

마지막으로, 책을 마치면서 한 가지 더 지적할 게 있다. 이 책을 구성하는 얼개는 크게 두 가지다. 첫째는 동서양의 두 문명을 비교하는 것이고, 둘째는 오늘날의 문명을 낳은 역사적 뿌리를 찾는 것이다. 지금까지 전자에 관해 이야기했으므로 이제는 후자를 이야기하면서 끝맺기로 한다.

모든 시사時事의 배후에는 역사가 있다. 사소한 사건이라도 그 배후에는 길고 오랜 역사가 있다. 앞서 보았듯이 20세기의 현상인 파시즘이나 사회주의에도 최소한 200년, 더 멀리는 1000년에 이르는 유럽의 역사가 자리 잡고 있다. 1945년에 끝난 제2차 세계대전의 근원도 1648년에 끝난 30년 전쟁에서 찾을 수 있다는 사실은 역사의 길고 큰 호흡을 느끼게 하기에 충분하다. 동서양 역사의 큰 사례들에 관해서는 자세히 본 바 있으므로 이 책에서는 다루지 않고 넘어간 몇 가지 사례를 간단히 살펴보는 것으로 대신하자.

오늘날 이란과 이라크는 서로 이웃하고 있는 데다 바깥에서 보기에는 같은 이슬람교 국가인데도 사이가 좋지 않다. 그것은 역사적인 차이에서 기인한다. 우선 이란인들은 셈어족이 대다수인 서남아시아에서 유일한 인도·유럽어족이다. 그들의 먼 조상인 페르시아 제국은 까마득한 옛날부터 오리엔트의 다소 이질적인 요소였다.

게다가 두 나라의 이슬람교는 서로 다르다. 이란은 거의 시아파이고 이라크는 주로 수니파다. 시아파는 마호메트 사후에 집권한 네 명의 정통 칼리프들 중 마지막 칼리프이자 마호메트의 사위인 알리 시아를 추종하는 소수파이고(7세기 아라비아에서는 모계사회의 전통이 남아 있어 사위가 적통의 상속자였다), 수니파는 나머지 정통 칼리프들과 후대의 역대 이슬람 제국의 권력을 따르는 다수파다. 시아파는 우마이야와 아바스 등 세속의 왕조들을 인정하지 않았던 만큼 교리상 선택의 폭이 좁을 수밖에 없다. 결국 이란과 이라크의 '시사적인 문제'는 무려 1500년이나 거슬러가는 역사적 뿌리를 가지고 있는 것이다. 이라크와 달리 이란에서는 종교 지도자가 곧 정치 지도자로 인식되는 이유도, 이란 내 수니파의 쿠르드족이 독립을 이루려 하고 이란 정부의 탄압을 받는 이유도 거기에 있다. 역사가 오랜 만큼 해결책도 장기적이고 근본적인 것을 필요로 한다.

아직도 유럽의 화약고라는 불명예를 떨치지 못하고 있는 발칸의 유고 문제 역시 종교에 뿌리가 있다. 유고는 제1차 세계대전의 승전국인 세르비아가 주축이 되어 전후에 결성된, 순전히 인위적인 연방국가로 출범했다. 제2차 세계대전 시 파르티잔(빨치산) 대장이었던 티토가 종전 후 리더로 떠오르면서 독자적인 사회주의국가로 등장했으나 곧이어 전개된 냉전시대의 구도에서는 소련에 가까워질 수밖에 없었다. 소련과 세계 사회주의권이 건재하고 있는 동안에는 별 문제가 없었다. 사실 문제가 없었다기보다는 돌출되지 않았다고 봐야 할 것이다. 과연 1990년 소련이 무너지자 유고에서는 즉각 잠재되어오던 문제가 터져 나왔다. 100년에 가까운 인위적인 결합에도 불구하고 역사적인 차이는 여전히 극복되지 않았던 것이다. 그 역사란 무엇일까?

중세에 발칸은 원래 비잔티움 제국의 영토였다. 따라서 종교는 기본적으로 정교회였다(동방정교, 그리스정교, 러시아정교는 모두 같은 이름이다). 그러나 1453년 그리스도교 제국은 이슬람의 오스만 제국에 멸망당하고 발칸은 이슬람권으로 바뀌었다. 제국의 본산이었던 오늘날의 터키는 제1차 세계대전에서 오스만 제국이 해체되고 1921년에 성립된 공화국이므로 지금도 이슬람교 국가로 남아 있다(튀르크를 영어식으로 읽으면 터키가 되며, 그 말이 돌궐에서 유래했다는 것은 앞에서 말한 바 있다). 그러나 발칸은 터키와 또 다르게 제국의 속주였으므로 제국이 이슬람화된 이후에도 정교회 신앙이 오래 지속될 수 있었다. 게다가 그 이전부터 서유럽 세계와 교류하면서 도입된 로마가톨릭 신앙도 있었다. 그래서 이 지역에는 최소한 정교회, 로마가톨릭, 이슬람의 세 종교가 뒤섞여 존재하게 된다. 이게 발칸 분쟁의 역사적 근원이다.

종교의 영향력이 약한 사회에서는 지금 같은 시대에 종교 때문에 싸우느냐고 탓할지도 모르지만, 이란-이라크나 발칸의 경우에서 보듯이 종교가 역사적으로 큰 역할을 한 민족에게 종교란 단순한 신앙이 아니라 생활양식이다. 만약 우리 민족에게 추석 차례나 조상 성묘가 미신이므로 지내지 말라고 하면 가만히 있을 사람이 있을까? 이슬람교에서는 매일 다섯 차례씩 메카가 있는 곳을 향해 기도를 올리는데, 그리스도교에서 보면 그것은 십계명에서 금지하는 우상 숭배다. 또 라마단 금식 기간에 야외 식당에서 그리스도교도가 돼지고기를 우적우적 씹는다면 그것을 그냥 두고 볼 이슬람교도는 없을 것이다. 겉으로 보기에는 정치적인 분쟁 같지만 오늘날 발칸 사태의 근저에는 종교가 있고 그 종교의 배후에는 역사가 있다.

그보다 오랜 역사적 뿌리는 아직도 해결되지 않고 있는 이스라엘-팔레스타인 문제에서 볼 수 있다. 알다시피 유대인들에게 이스라엘은 두 개의 국가다. 하나는 모세가 이집트에서 유대 백성들을 데려와서 세운 역사 속의 혹은 성서 속의 이스라엘 왕국이고, 다른 하나는 1948년 국제연합의 적극적 지원으로 성립된 현대의 이스라엘 공화국이다. 문제는 그 두 국가 사이의 2000년에 달하는 기간 동안 유대인들이 이스라엘에 살지 않았다는 데 있다. 1~2세기에 로마 제국의 박해를 받아 세계 각지로 뿔뿔이 흩어진 뒤(디아스포라) 유대인들은 수천 년 동안 유럽 각지에서 가혹한 차별과 탄압을 받으며 살아오다가 급기야는 제2차 세계대전 때 대량 학살까지 겪고 나서 간신히 자신들의 나라를 세웠다. 여기까지 보면 유대인들의 처지를 충분히 동정할 수도 있겠지만, 사람이 살지 않는 오지에다 나라를 세운 게 아닌 이상 문제가 생길 수밖에 없다.

유대인들이 고향을 등진 뒤 2000년 동안 그 땅에서는 팔레스타인 사람들이 살아왔다(사실 그들은 모세가 들이닥치기 전에도 그곳에 살았던 원주민이다). 그런 마당에 유대인들이 다시 고향을 찾겠다고 나서니 당혹스럽지 않을 수 없다. 예전에 자기들 땅이었다는 역사적 근거와 미국의 금융을 장악한 데서 나오는 재력을 바탕으로 인위적인 국가를 밀어붙이는 유대인들의 태도를 어떻게 봐야 할까? 지금까지 이스라엘과 팔레스타인 양측은 협정을 맺고 세 차례의 노벨 평화상까지 나누어 가졌지만, 그렇게 오랜 뿌리를 가지고 있기에 사태 해결은 여전히 쉽지 않다. 앞으로도 단기간의 업적을 노리는 국제 정치인들에게 이스라엘-팔레스타인은 노벨 평화상 공장으로 남을 것이다.

특히 이 점은 장차 남한과 북한이 통일을 이루게 되면 우리에게도 가시화될 수 있는 문제다. 남한에는 아직도 한국전쟁 이전에 북한에 땅을 소유하고 있었다는 사실을 증명할 수 있는 북한 출신 사람들이 적지 않게 남아 있다. 독일의 통일처럼 서독인들의 동독 토지 소유를 인정하게 되면 엄청난 사회 혼란이 따를 것이며, 그렇다고 해서 그 소유권을 부정해버리면 자본주의의 사유재산 원리에 어긋나게 될 것이다. 역사적 뿌리를 가진 시사적 문제는 역사를 무시한 단기적 처방으로 해결되기 어렵다.

동양의 역사에서도 시사의 배후에 숨은 역사를 발견하기는 어렵지 않다. 평소에는 숨어 있다가 기회만 닿으면 나오는 일본의 극우적 성향이 그런 예다. 흔히 일본의 군국주의는 19세기 후반 메이지 유신으로 근대화를 이루고 동양 유일의 제국주의로 발돋움한 이후에 생겨난 것으로 알지만, 천만의 말씀이다. 일본의 역사를 보면 피로 얼룩지지 않은 시기가 없다. 7세기경 야마토 고대 국가가 성립한 이래 일본의 역사는 내내 치열한 내전의 길을 걸어왔다. 천황을 등에 업은 외척과 귀족 가문들의 대결, 그리고 그들이 고용한 무사 집단의 혈투, 마침내 전통의 귀족 가문들을 대신해 전쟁의 전면에 나선 무사들, 그리고 그들이 무사들의 권력체인 바쿠후를 수립하기까지 온통 피비린내 나는 전쟁의 연속이었다.

1170년 한반도의 고려에 들어선 무신정권은 몽골 침략으로 오래가지 못했으나 그보다 20년 뒤에 등장한 일본의 바쿠후는 700년이나 존속했다. 게다가 바쿠후라는 힘의 중심이 생겼어도 무사 집권의 속성상 전란은 끊이지 않고 더욱 심화되었다. 바쿠후의 쇼군과 교토의 천황, 그들을 둘러싼 무사들과 공가(公家, 전통 귀족)의 대립, 또 자기들끼리의 싸움, 급기야 1467년부터는 일본 역사에서 센고쿠 시대라는 노골적인 내전의 시대로 접어들었다. 이 내전을 종식시키고 일본 천하를 통일한 게 바로 도요토미 히데요시다. 유사 이래 최초의 통일, 게다가 그 통일의 주체가 무사 집단이었으니 그들이 곧바로 대외 침략에 나선 것은 어쩌면 당연한 일이었다.

임진왜란 이후 250년 동안 일본에는 처음으로 전란이 사라지고 평화와 번영이 깃들었다. 그러나 이 시기는 에도 바쿠후가 서양의 그리스도교를 금지하기 위해 공식적으로 표방한 쇄국기였다. 1854년 미국 군함에 의해 강제 개항된 이후 바쿠후 체제는 폐지되고 천황 독재로 문패를 바꾼 일본은 자연스럽게 군국주의적 제국주의의 길을 걷게 되는데, 오랜 내전의 역사를 지닌 민족으로서는 사실 당연한 노선이었다. 오늘날에도 여전히 서슬 퍼렇게 살아 있는 일본의 군국주의 성향은 결코 현대나 근대의 산물이 아니며 실로 오랜 역사적 뿌리를 가진 문제다.

이란-이라크의 종교 문제, 유고의 종교 문제, 이스라엘-팔레스타인의 영토 문제, 일본의 군국주의 문제 등은 모두 오늘날의 시사적 사안이다. 그러나 그 시사의 배후에는 오랜 역사적 배경이 있다. 그렇다면 그 해결책은 당연히 역사적 배경을 감안하고 고려하는 것이 되어야 한다. 물론 구체적인 해결책은 사안에 따라 다르겠지만, 무엇보다도 염두에 두어야 할 것은 어떠한 해결책이든 장기적인 호흡에 따라야 한다는 점이다. 이른바 대증요법이라 불리는 단기적 처방은 응급조치에 그치거나 환부를 오히려 악화시킬 수 있다.

또 한 가지 명심할 점은 역사적으로 오랜 질병이기에 그만큼 치유에 따르는 고통을 감수해야 한다는 것이다. 주사가 아프다고 맞지 않는다면 병을 고칠 수 없다. 이 책에서 누차 강조했듯이 역사에는 비약이나 생략이 통하지 않는다. 오로지 지름길을 찾을 수만 있을 따름이다. 물론 거기에도 지혜가 필요하겠지만.

앞서 말했듯이 역사를 비롯한 인문학은 흔히 말하는 '교양'이나 '상아탑 속의 학문'이 아니라 현실적이고 실천적인 용도를 지니는 학문이다. 이 사실은 인류 역사 전체를 통해 확인된다. 인문학은 문제의 해법이 될 수는 없지만 적어도 문제의 발견과 인식에는 대단히 유용하며, 보이지 않는 지름길을 찾는 데도 큰 역할을 할 수 있다. 문제는 인문학이 그에 마땅한 주목을 받지 못하는 풍토다. 지금 우리의 정책 입안자나 외교 담당자 들은 과연 그런 인문학적 인식을 중시하고 있을까? 아니, 그보다 그런 인식을 가지고는 있을까?

세계사 연표

한국사	동양사	서양사
기원전(년)	기원전(년)	기원전(년)

한국사	동양사	서양사
30000년경 공주 석장리의 구석기 유적.		
	14500년경 일본에서 세계 최초의 도기 제작 (조몬 문화).	**13000년경** 정착 생활과 농경의 시작.
		10000년경 동식물의 사육.
		8000년경 최초의 성곽도시 예리코 건설.
5000년경 서울 암사동의 신석기 유적.	**6000년경** 타이에서 쌀 재배.	
	4000년경 중앙아시아에서 말 사육.	**3500년경** 메소포타미아와 이집트에서 최 초의 문명 발생. 그림에서 벗어나 추상화되고 기호화된 문자가 사 용되기 시작.
		3100년경 이집트의 메네스가 상·하 이집 트를 통일하고 역사상 최초의 제 국 건설.
		2570년경 이집트 쿠푸 왕의 대피라미드 건 설.
2333 단군조선의 건국. 고려 말에 민간 기록에 따라 만들어진 연대.	**2500년경** 황허 문명, 인더스 문명 발생.	
	2200년경 중국에서 하나라 성립. 최초의 왕 조였으나 실존 여부가 확인되지 는 않음.	

혼자 공부하는 이들을 위한 최소한의 지식: 역사

1760년경

중국 역사에 기록된 최초의 왕조 은
(상)나라 성립.

1550년경

아리아인의 인도 침략. 인더스 문명
이 유적만 남기고 실전됨.

1500년경

중국에서 갑골문 사용.

1122년경

기자조선의 수립.

1100~200

중국으로부터 청동기 도입. 한반도
의 도시국가들이 중국의 여러 제후
국과 교역.

1121

무왕의 주나라 건국. 중국인들의 영
원한 고향이자 중화 제국의 원형이
탄생함.

770

주의 동천. 춘추시대(중국의 1차 분
열기) 시작.

1750년경

함무라비 법전의 완성.

1700년경

에게 해에서 화산 폭발. 크레타의
크노소스 궁전이 파괴됨.

1600년경

힉소스족의 이집트 정복.

1286년경

이집트와 히타이트의 카데시 전투.
역사에 최초의 국제전으로 기록됨.

1250년경

트로이 전쟁. 동부 지중해에서 그리
스 해적의 전성기가 열림. 모세의
영도하에 이스라엘 민족이 이집트
를 탈출(이 과정은 《구약성서》로 기
록됨).

1150년경

지중해 동부에서 해상민족의 파괴
활동. 그리스의 암흑시대 시작.

850년경

페니키아가 식민시 카르타고를 건
설함. 페니키아 상인들이 지중해 전
역을 누비며 무역하는 과정에서 페
니키아 알파벳 문자가 확산됨.

6~3세기
중국의 제자백가 시대. 동북아시아 세계의 이념적 뿌리 형성.

539
페르시아 제국의 오리엔트 통일. 동양식 전제군주 체제 확립.

494
로마 평민의 시위. 원시적 시민권의 개념이 생겨남.

492~480
페르시아 전쟁. 그리스 연합군이 방어에 성공함으로써 전제군주 체제의 확산을 저지.

481
중국의 전국시대 시작. 춘추시대와 달리 여러 나라가 공존하면서 쟁패함.

451
로마의 12표법 성립.

431~404
아테네와 스파르타의 펠로폰네소스 전쟁. 스파르타의 승리로 그리스 고전시대 종막.

400년경
일부 주민들의 일본 진출.

334~323
알렉산드로스의 동방 원정. 그리스 세계와 오리엔트 세계가 문명적으로 통합되어 헬레니즘 문화 성립.

300년경
중국으로부터 철기 전래.

272
로마의 이탈리아 반도 통일. 지중해 진출 시작.

264~146
로마와 카르타고의 포에니 전쟁. 로마가 승리함으로써 지중해의 패권 장악.

221
진시황의 중국 통일. 최초의 정식 중화 제국의 탄생으로 2000여 년의 제국 시대가 개막됨.

194

위만조선 성립. 고조선의 준왕, 남쪽으로 망명.

202

유방의 중국 재통일. 중화 제국의 전형인 한 제국 성립.

141

한 무제의 흉노 축출. 흉노가 서진하면서 유라시아 전역에 걸친 민족 이동의 도미노 시작.

2세기 중반

한 무제, 유학을 공식 지배 이데올로기로 채택, 연호 제정.

138

장건의 비단길 개척.

97

사마천의 《사기》 간행.

108

위만조선 멸망. 한사군 설치.

57

박혁거세의 신라 건국. 고려 중기에 경주 김씨의 김부식이 신라의 정통설을 강조하기 위해 내세운 연대.

37

주몽의 고구려 건국.

18

온조의 백제 건국.

58

카이사르의 브리타니아 원정. 알려진 영국 역사가 시작됨.

46

율리우스력 제정. 지중해 세계가 로마로 통합됨.

27

아우구스투스, 사실상의 황제가 되면서 로마 제국 출범. 서양식 제국의 원형 탄생.

32

고구려 호동왕자의 낙랑 공략.

48

가야의 김수로와 허황옥의 결혼. 허황옥은 인도 사람으로 알려져 있음.

64

백제와 신라가 본격적인 다툼 시작.

65

신라에서 김씨 세력의 시조인 김알지 탄생.

121

고구려가 한 제국의 침략을 물리침.

184

고구려, 랴오둥의 공손씨 정권과 분쟁 시작. 한 제국 말기에 랴오둥은 거의 독립국.

194

고구려의 을파소, 진대법 실시.

208

이 무렵부터 일본이 신라를 자주 침략함(왜구의 원조).

244

위의 유주자사인 관구검이 고구려를 침략.

8~23

왕망의 제위 찬탈. 이 시기를 기준으로 전한과 후한을 구분.

150년경

중국에 불교 전래.

220

한 제국 멸망. 중국의 2차 분열기 시작.

96~180

팍스로마나. 오현제가 차례로 집권하면서 로마 제국이 평화와 번영을 누림.

235~284

로마의 군인황제 시대. 로마는 사실상 이 시기에 일시적으로 멸망.

247

고구려, 평양으로 천도(지금의 평양이 아니라 압록강 부근).

260

백제 고이왕, 중앙 관직 제정. 이때부터 고대 국가의 면모가 확연히 드러남.

286

로마 제국의 동서 분할. 동로마와 서로마의 기원.

313

고구려 미천왕, 낙랑을 최종적으로 정복. 중국 세력이 한반도에서 완전히 축출됨.

316

5호16국 시대 시작. 정치적으로 분열기였으나 결과적으로 중화 문명권은 더욱 확장됨.

313

콘스탄티누스의 밀라노 칙령으로 그리스도교 공인. 유럽 세계가 분권화되고 단일 종교가 자리 잡음으로써 중세의 기틀이 생겨남.

319

고구려, 랴오둥의 모용씨 정권과 분쟁 시작.

325

니케아 공의회에서 아리우스파가 이단 판정을 받음. 삼위일체론이 채택되어 종교적 통합이 이루어짐.

330

신도시 콘스탄티노플의 건설. 로마 제국의 천도. 서유럽의 정치적 공백 상태로 로마 교황이 권력 장악.

356

신라, 내물왕 즉위. 이때부터 신라 왕실은 912년까지 김씨로 고정됨.

350년경

흉노, 페르시아와 인도 침략. 이때부터 흉노는 서양사의 무대에 등장. 훈족으로 기록됨.

371

백제의 침략으로 고구려 고국원왕 전사. 백제와 고구려의 갈등 시작.

372

고구려, 전진으로부터 불교 도입(한반도 최초).

375

백제의 왕인, 일본에 천자문 전래.

377

신라, 전진에 사신 파견(신라 최초로 중국과 교류).

384

백제, 동진으로부터 불교 도입.

396

고구려 광개토왕의 백제 정복.

398

고구려 광개토왕, 랴오둥을 점령하고 북위와 수교.

400

고구려 광개토왕, 신라의 지원 요청에 백제와 일본 연합군 격파. 신라를 속국으로 거느림. 역사적으로는 삼국시대이나 사실상 삼국 통일이나 다름없음.

414

고구려 장수왕, 광개토왕릉비 건립.

427

고구려, 평양으로 천도(오늘날의 평양 부근).

433

신라와 백제, 나제동맹 체결. 이후 120년가량 밀월 관계를 지속하며 고구려에 대항.

439

북위의 화북 통일. 남북조시대 시작.

375년경

게르만 민족이동의 시작.

380

로마 제국이 그리스도교를 국교로 채택.

458

고구려 승려 묵호자, 신라에 불교 전래.

475

고구려 장수왕, 백제 궁성을 점령하고 개로왕 살해. 백제, 웅진으로 천도. 이 사건을 계기로 백제와 일본의 관계가 더욱 돈독해짐.

503

신라 지증왕. 최초로 '신라'라는 국호와 '왕'이라는 호칭을 사용.

536

신라 법흥왕. 삼국 중 가장 늦게 연호 제정.

551

백제와 신라 연합군, 고구려를 물리치고 한강 하류 장악.

553

신라 진흥왕의 백제 기습으로 나제 동맹이 끝나고 백제-신라의 갈등 표면화.

562

신라, 대가야 정복(가야연맹의 최종적 멸망).

485

북위 효문제의 균전법 실시. 이후 역대 중화 제국의 기본적 토지제도가 됨.

587

수 문제의 과거제 실시. 20세기 초 제국 체제가 끝날 때까지 관리 임용 제도로 존속.

451

교황 레오 1세의 외교로 아틸라의 훈족 철수. 교황의 정치력이 공인을 받음.

476

서로마 제국의 '공식적' 멸망.

496

클로비스, 로마가톨릭으로 개종. 아리우스파의 한복판에서 던진 모험수가 통함.

608
신라, 수 제국에 고구려 정벌 요청.

612
고구려의 을지문덕, 수의 침략을 맞아 대승을 거둠.

642
백제 의자왕, 대야성 전투에서 신라를 격파. 고구려 연개소문, 쿠데타로 영류왕을 살해하고 보장왕 옹립.

645
당의 고구려 침략 개시. 당-고구려, 신라-백제 간의 동시 전쟁 시작.

648
신라의 김춘추 부자가 당 제국에 가서 복속을 자청. 한반도의 사대주의 원년.

660
당의 백제 정복.

589
수 제국의 중국 통일. 2차 분열기 종식.

599
수의 돌궐 공격. 유라시아 2차 민족 이동의 도미노.

612~614
수의 고구려 원정 실패. 국력이 약화되어 당 제국에 바통을 넘겨줌.

618
당의 중국 재통일.

619
조용조 세법 시행. 이후 역대 중화 제국의 기본적 세금 제도가 됨.

645
일본의 다이카 개혁. 8세기까지 중국화 드라이브.

660~668
당의 백제와 고구려 정벌. 신라의

597
잉글랜드의 앵글로·색슨 군주들이 그리스도교로 개종. 역사적으로는 유럽의 오지였으나 종교적으로는 일찍부터 유럽 문명권에 통합됨.

610
마호메트, 신의 계시를 받고 이슬람교 창시. 유대교, 그리스도교에 이어 서남아시아에서 발생한 세 번째 일신교.

622
헤지라(마호메트가 메카에서 메디나로 이주). 훗날 이슬람력의 원년이 됨.

663

백제 부흥운동이 좌절되고 백제가 최종적으로 멸망함.

667

당의 고구려 정벌전 개시. 백제 멸망 후 신라는 당의 고구려 정벌에 보급부대 역할.

668

고구려의 멸망. 한반도 삼국시대 종식.

674

신라 승려 덕복전이 당에서 역서를 가져옴. 복식, 연호에 이어 달력마저 중국화.

676

신라, 당과의 갈등을 해소하고 삼국 통일 완료.

689

신라 신문왕, 녹읍을 폐지하고 대구 천도를 기획하나 개혁 불발.

698

대조영이 동만주에서 발해 건국.

711

이슬람 제국의 북아프리카 정복. 에스파냐 진출. 에스파냐는 1492년에야 이슬람 지배에서 벗어나게 됨.

717

비잔티움 제국, 이슬람의 동유럽 공략 방어. 제국은 자체의 생존을 도모하나 결과적으로 유럽의 그리스도교 문명을 수호.

765

신라 하대의 혼란기 시작. 중국의 당말오대와 맞물림.

788

신라에서 독서삼품과 실시. 과거제의 원형에 해당.

846

신라 장보고, 염장에게 피살.

885

신라 최치원, 당에서 금의환향. 신라 정부에 개혁안을 올리나 실패.

889

견훤과 양견, 지방에서 거병.

892

견훤의 후백제 건국.

755

안녹산의 난 발발. 당말오대의 시작, 동북아시아 전체의 혼란기.

780

당의 양세법 시행.

726

비잔티움의 레오 3세, 성상파괴령 반포.

732

카를 마르텔, 투르-푸아티에 전투에서 이슬람의 서유럽 공략 방어. 이 업적으로 그의 손자인 샤를마뉴는 나중에 제위를 차지하게 됨.

8세기

북유럽 노르만의 민족이동. 게르만족에 이어 2차 민족이동으로 유럽 전역이 단일한 문명권 형성.

800

샤를마뉴의 대관식. 서로마 황제의 부활과 중세적 질서의 출범.

843

베르됭 조약 성립. 샤를마뉴의 아들들이 제국을 분할함으로써 프랑스, 독일, 이탈리아의 기원이 생겨남. 샤를마뉴는 현재 세 나라의 건국 시조로 인정되고 있음.

892~936

한반도의 후삼국 분열기.

901

궁예의 태봉(후고구려) 건국.

907

당의 멸망.

907~960

5대10국의 3차 분열기.

910

클뤼니 수도원 창립. 수도원 운동이 거세게 일어나 교회 개혁을 주도함.

911

노르망디 공국의 성립. 장차 잉글랜드를 정복하기 위한 발판 구축.

912

신라 왕실, 김씨에서 박씨로 바뀜.

918

왕건, 쿠데타로 후고구려를 접수하고 고려 건국.

926

발해, 거란의 침략으로 멸망.

926

거란의 발해 정복과 랴오둥 지배.

936

왕건, 신라와 후백제를 접수하고 후삼국 통일 완성.

945

고려, 왕자의 난 발발.

956

광종, 노비안검법 시행.

958

광종, 쌍기의 건의로 과거제 실시.

960

조광윤의 송 제국 건국. 분열기가

976

경종. 관리들의 봉급 제도로 전시과 시행.

993

요(거란)의 고려 침략. 서희의 외교로 평화조약 체결.

1010

요의 2차 침략.

1011

초조대장경 조판 시작.

1018

요의 3차 침략. 강감찬의 귀주대첩.

1020

요와 강화. 송-요-고려의 동아시아 삼각 국제 질서 성립.

1047

최충이 문하시중(지금의 국무총리)에 임명됨. 고려가 유학 국가로 자리 잡음.

끝나고 중국 재통일됨.

1004

송과 요, 전연의 맹약 체결. 송은 명목상으로 상국의 지위를 유지하고 실익은 잃음.

1069

왕안석의 신법 시행. 급진적 개혁이나 당쟁에 휘말려 좌초.

962

오토 1세의 대관식. 신성 로마 제국이 공식적으로 출범.

987

프랑스에 카페 왕조 성립. 당시 프랑스는 단일한 왕국이 아니고 카페 왕조도 파리 인근만 지배함.

988

키예프의 블라디미르가 동방정교로 개종. 러시아가 그리스도교권에 편입되는 효과.

1066

노르망디 공 윌리엄의 잉글랜드 정복. 영국이 중세 유럽 세계에 본격적으로 편입됨.

1096

1차 십자군 출발.

1107

윤관, 동북부의 여진을 정벌하고 9성 축조. 2년 뒤 여진에 반환됨.

1122

보름스 협약. 교황과 황제가 한 발씩 물러나 극적으로 타협.

1125

여진의 금. 요를 정복하고 랴오둥 차지.

1127

금의 침략으로 정강의 변 일어남. 북송이 멸망하고 북중국은 금의 차지가 됨. 송의 황족 일부가 강남으로 내려가 남송 건국.

1135

묘청의 난 발발. 훗날 신채호는 이 사건을 '조선 역사 1000년 동안의 최대 사건'이라고 부르며 중시.

1145

김부식의 《삼국사기》 편찬. 당시 그가 참고한 고대의 역사 문헌들이 이 시기에 폐기됨.

1144

2차 십자군 출발. 필리프, 리처드 등 서유럽의 '스타'들이 총출동하나 결과는 신통치 않음.

1152

잉글랜드의 헨리 2세, 프랑스의 앙주 영토 획득. 백년 전쟁의 기원.

1154

잉글랜드 앙주 왕조(플랜태저넷 왕조)의 성립.

1170

정중부의 난. 무신정권 수립.

1176

망이-망소이의 난.

1177

주희의 주자학 성립. 급변하는 동북 아시아 세계에서 위협을 느낀 중화 제국을 변호하기 위한 이데올로기로 발전.

1189

3차 십자군 출발.

1196
최충헌. 이의민을 죽이고 최씨 정권 수립.

1192
일본 최초의 바쿠후 성립. 19세기 메이지 유신으로 타도될 때까지 바쿠후 체제가 존속함.

1202
악명 높은 4차 십자군 출발. 베네치아의 용병으로 고용되어 헝가리를 유린하고 비잔티움 제국을 수십 년 간 정복.

1204~1261
콘스탄티노플에 십자군의 라틴 제국 성립.

1215
잉글랜드의 마그나카르타. 왕이 귀족들의 압력 앞에 무릎을 꿇음.

1231~1270
몽골의 고려 침략.

1232
무신집권자 최우, 강화도로 천도. 이후 1270년까지 강화도 망명정부 존속.

1234
몽골의 금 정복.

1235
몽골의 오고타이 칸이 유럽 원정을 결정.

1271
쿠빌라이 칸이 원 제국으로 국호를 바꾸고 한화 정책 전개.

1274
몽골의 일본 원정. 태풍으로 실패해 일본은 끝내 미정복지로 남음.

1279
몽골의 남송 정복. 중국 대륙 최초의 이민족 통일 왕조.

1285
일연의 《삼국유사》 편찬.

1295

잉글랜드에서 모델 의회 탄생. 겉으로는 귀족들의 권력이 공식화되나 실은 왕권 강화의 일환. 멀리 보면 의회민주주의의 기원.

1302

프랑스에서 삼부회 소집. 영국에 이어 두 번째 의회인데, 서유럽을 대표하는 두 나라에 의회가 성립된 것은 장차 유럽 문명의 구심점이 어디가 될지를 예고하는 사건.

1309~1377

아비뇽 교황청 시대. 이 시기에 프랑스가 교황권을 장악한 것은 오늘날 미국이 유럽연합을 좌지우지하는 것과 같음.

1321

단테, 《신곡》 완성. 하나의 문학작품에 불과하지만 역사적으로는 르네상스의 출발을 알리는 신호탄.

1337~1452

프랑스와 잉글랜드의 백년 전쟁. 유럽 최초의 대규모 영토전쟁으로, 중세적 질서의 해체를 예고하는 사건.

1347~1350

페스트로 유럽 인구의 3분의 1 사망.

1357

왜구가 개경까지 침략해 조세를 운반하기가 어려움. 이성계가 왜구 토벌로 명성을 얻기 시작함.

1360

북부에서 홍건적 침략이 활발함. 이성계가 홍건적 토벌로 국민적 인기를 얻음.

1365

공민왕, 신돈을 개혁의 리더로 임명.

1369

고려 정부가 원 제국의 연호를 버리고 신흥 명 제국에 접근하기 시작함.

1384

온건파 신진 사대부의 리더 정몽주, 친명 노선 확립.

1388

급진파 신진 사대부의 리더 이성계, 위화도 회군으로 집권.

1391

이성계 일파, 전제 개혁안 제출. 이때부터 과전법이 시행되나 곧 조선이 건국되면서 과전법은 조선의 토지제도이자 관리 급료 제도가 됨.

1392

정몽주 피살. 이성계 일파, 조선 건국.

1393

이성계의 새 왕조, 국호를 조선으로 결정.

1368

주원장의 몽골 축출과 명 제국 건국. 한 세기에 걸친 이민족 지배 종식.

1394
도읍을 개성에서 한양으로 천도.

1396
정도전의 표전문 사건. 명과 잠시 힘겨루기.

1398
이성계가 왕위에서 물러나고 1차 왕자의 난 발발.

1399
왕자의 난의 여파로 도읍을 다시 개성으로 천도.

1400
2차 왕자의 난. 태종이 최종 승리를 거두고 나라를 재건국. 곧이어 신문고 설치. 호패법 시행. 경복궁 준공.

1405
한양으로 재천도.

1419
세종. 왜구의 본거지인 쓰시마 정벌.

1420
집현전 설치.

1428
한양의 인구조사(10만 3328명).

1433~1434
북방에 4군과 6진 개척. 처음으로 조선의 강역이 한반도 북단에 도달.

1405~1433
정화의 남해 원정. 신생 중화 제국을 대외 만방에 알리려는 영락제의 의도로 전개됨.

1434

장영실, 앙부일구와 자격루 발명.

1443

집현전 학자들의 훈민정음 창제.

1446

훈민정음 반포.

1445

독일의 구텐베르크, 최초의 인쇄본 간행.

1453

계유정난으로 수양대군(세조)이 권력 장악.

1453

비잔티움 제국 멸망. 오스만 제국의 동유럽 지배는 19세기까지 지속.

1455~1485

잉글랜드의 장미 전쟁. 튜더 왕조가 성립하면서 유럽에서 가장 먼저 중앙 권력의 안정을 이룸.

1456

사육신 사건으로 집현전과 경연이 폐지됨.

1456

명의 은납제 시행. 중국의 본격적인 화폐경제 시대.

1460

《경국대전》 편찬 시작(1470년에 완간).

1466

직전법 실시. 세조의 개혁도 일종의 재건국으로 볼 수 있음.

1467

일본의 센고쿠 시대 시작.

1472

러시아에서 차리즘 체제 성립. 러시아 제국 공식 출범.

1477

성종, 사찰 창건을 금지. 조선이 유학 국가로 변모.

1488

바스쿠 다 가마의 희망봉 발견. 포르투갈이 에스파냐보다 한 발 앞서 동방 항로의 문을 엶.

1492
에스파냐, 레콩키스타의 완료. 콜럼버스의 신대륙 발견. 포르투갈에 뒤진 에스파냐는 동방 항로를 포기하고 대서양 항로 개척.

1493
에스파냐와 포르투갈, 교황의 중재로 토르데시야스 조약 체결. 아메리카에 대한 이권을 조정하는데, 국제 질서에서 교황의 역할을 잘 보여주는 사례.

1506
중종반정. 연산군을 끝으로 조선의 왕정이 끝나고 과두정(사대부 체제)이 시작됨.

1510
삼포왜란(일본과의 통상 단절).

1512
명의 장거정이 개혁을 시도하나 실패.

1513
명의 일조편법 시행.

1517
〈여씨향약〉과 《소학》이 번역 · 반포되면서 유학 이념이 정치 이데올로기를 넘어 생활 관습의 분야에까지 침투.

1517
루터의 반박문 게시. 종교개혁 촉발.

1519
조광조의 개혁 실패.

1519
카를 5세, 신성 로마 황제로 즉위. 합스부르크 제국이 성립되어 유럽의 중세와 근대를 잇는 역사적 가교의 역할을 함.

1543

주세붕. 최초의 서원인 백운동서원 건립. 조선 특유의 학자-관료 체제, 막후 정치가 개막됨.

1572

이이와 성혼의 서신 논쟁 시작(사단 칠정 논쟁). 유학 내부의 이념 논쟁이나 당쟁의 기원이 됨.

1575

동인과 서인의 결집. 당쟁 본격화.

1521

아스테카 제국 멸망.

1533

잉카 제국 멸망.

1534

헨리 8세. 수장령 발표. 영국교회가 탄생하면서 영국은 종교 분쟁을 일찌감치 마무리하고 근대 국민국가의 문을 엶.

1555

아우크스부르크 종교화의 성립. 신교와 구교의 대립이 파국을 면함.

1559

에스파냐와 프랑스, 카토-캉브레지 조약 성립. 에스파냐가 이탈리아 지배권을 획득함으로써 이탈리아의 통일에 중대한 장애물이 됨.

1562~1598

프랑스의 위그노 전쟁

1571

레판토 해전. 여기서의 패전을 계기로 서유럽에서 에스파냐가 뜨고 동유럽에서 오스만 제국이 가라앉기 시작함.

1590

일본의 센고쿠 시대가 끝나고 전국 통일.

1592

일본의 조선 침략(임진왜란).

1592

일본의 조선 침략(임진왜란, 만력의 역, 분로쿠의 에키).

1597

일본의 재침략(정유재란).

1598

앙리 4세의 낭트 칙령. 프랑스에서 신교의 자유가 허용되나 오래가지 못함.

1600

네덜란드의 동인도회사 설립. '기업' 의 이름으로 제국주의적 진출이 개시된 것은 서양 역사의 중요한 한 특징.

1603

일본의 도쿠가와 바쿠후 성립. 일본 역사상 최대의 번영기인 에도 시대 개막.

1603

영국에서 스튜어트 왕조 성립. 이 왕조의 시대에 영국은 유럽 최초의 시민혁명을 거침.

1608

광해군, 대동법 실시.

1616

누르하치의 후금 건국. 대륙 정복을 위한 토대 마련.

1618

후금, 조선에 원병 파견 요청. 중국 침략을 위한 후방 다지기의 일환.

1618~1648

30년 전쟁. 마지막 종교전쟁이자 최초의 영토전쟁으로, 거의 모든 유럽 국가가 얽힌 본격적인 국제전. 이 전쟁으로 개막된 유럽 근대의 새 질서는 20세기 제2차 세계대전으로 끝남.

1623

인조반정. 광해군의 왕정복고가 실패하고 사대부 체제가 유지됨.

1627

후금의 침략(정묘호란).

1636

후금(이해부터 청 제국)의 재침략
(병자호란).

1637

인조, 삼전도에서 청 태종에게 항
복. 소중화 이념이 싹틈.

1644

명의 멸망. 마지막 중화 제국이 끝
나고 이민족 왕조 청 제국이 중국
통일.

1642

영국의 청교도혁명.

1645

소현세자, 귀국 직후 의문사.

1653

네덜란드 선원 하멜 일행, 제주도에
상륙.

1659

1차 예송논쟁(서인 정권 성립). 사대
부 체제와 소중화 이념이 맞물린 전
형적인 사건.

1662~1792

강희-옹정-건륭의 번영기.

1674

2차 예송논쟁(남인 정권 성립).

1688

영국의 명예혁명. 입헌군주제를 채
택하고 최초로 근대적 의회민주주
의 출범.

1689

러시아와 청, 네르친스크 조약 체
결. 중국으로서는 최초의 국제조약.

1701~1714

에스파냐 왕위 계승 전쟁. 왕위 계
승은 명분일 뿐이고 실은 치열한 영
토 다툼.

1704

숙종, 대보단 건립. 엉뚱하게도
100년 전 명 신종의 은혜에 보답한
다는 취지.

1720

청의 지정은제 시행.

1724

영조 즉위. 광해군에 이어 2차 왕정 복고 시도.

1725

중국 최초의 백과사전 《고금도서집성》 완성.

1740~1748

오스트리아 왕위 계승 전쟁. 에스파냐의 경우와 마찬가지.

1744

《속대전》 편찬. 300년 만에 《경국대전》이 개정된 것은 사대부 체제에서 탈피함을 의미.

1750

균역법 실시.

1751

프랑스에서 최초의 백과사전 《앙시클로페디》 첫 권 간행. 계몽주의 시대가 본격적으로 열림.

1756~1763

7년 전쟁. 바야흐로 유럽은 대규모 국제전이 연이어 터지는 혼란기에 접어듦.

1762

사도세자의 죽음. 왕정복고가 실패의 조짐을 보임.

1776

정조, 규장각 설치. 다시 왕정복고 드라이브.

1776

미국의 독립선언. 유럽 세계의 시민 혁명에 해당함.

1787

프랑스 함대, 제주도와 울릉도 근해 측량(한반도에 출현한 최초의 서양 선박).

1789

프랑스 혁명 발발. 프랑스만이 아니라 모든 유럽 국가의 구체제가 몰락하기 시작한 것을 상징.

1791

최초의 그리스도교 탄압(신해박해).

1793

장용영 설치.

1794

수원성 축조 시작(2년 뒤 완성). 문체반정으로 정조가 반동화의 조짐을 보이기 시작.

1800

정조의 사망. 왕정복고가 최종적으로 실패. 시대착오적이고 수구적인 사대부 체제 복귀. 순조가 즉위하면서 한반도 역사상 가장 중요한 시점에서 가장 황폐한 세도정치가 시작됨.

1811

홍경래의 난.

1791

프랑스에서 서유럽 최초의 공화정 성립. 영국처럼 입헌군주제의 허울도 쓰지 않고 공화정을 채택하나 오래가지 못함.

1799

나폴레옹 집권. 이념적으로는 계몽주의의 확산을 가져오나 역사적으로는 프랑스 혁명의 실패와 시대착오적인 제국의 성립을 초래함.

1814~1815

빈 회의 체제. 나폴레옹 반동 체제가 몰락하나 유럽 세계는 정치적으로 더욱 반동화됨.

1816~1825

라틴아메리카 국가들의 독립. 이 열풍에 힘입어 발칸 국가들도 오스만 제국의 지배에서 독립.

1817

영국, 인도 전역 식민지화. 인도의 경우에는 '식민지적 발전'이라는 개념이 어느 정도 통용됨.

1832

영국 상선 로드 애머스트호, 최초로 통상 요구.

1840

세도가문이 안동 김씨에서 풍양 조씨로 교체.

1847

프랑스 제독 세실의 서신에 대한 답신(최초의 외교문서).

1851

안동 김씨가 세도가문으로 컴백.

1860

최제우, 동학 창시.

1862

진주민란, 제주민란 발생. 사대부 체제의 온갖 모순이 집약적으로 터져 나옴.

1863

고종의 즉위로 흥선대원군 이하응이 집권. 강력한 쇄국정책.

1842

영국과 청이 아편전쟁을 벌이고 난징 조약 체결. 중국 역사상 최초의 근대 조약이자 불평등조약.

1850~1864

태평천국의 난. 중국 역사상 가장 오랜 기간 지속된 반란.

1854

일본이 미국에 의해 강제 개항됨.

1861

청에서 양무운동 시작. 서양식 근대화를 꾀하나 결과는 실패.

1848

프랑스 2월 혁명. 독일 3월 혁명. 자유주의 운동이 절정에 달한 분위기에 힘입어 마르크스와 엥겔스가 《공산당 선언》을 발표하면서 사회주의 운동 출범.

1853~1856

크림 전쟁. 서유럽이 러시아의 진출을 가로막음.

1861~1865

미국의 남북전쟁. 독립혁명에 이어 2차 시민혁명에 해당함.

1861

이탈리아의 통일.

1866

제너럴 셔먼호 사건. 프랑스와의 충돌(병인양요).

1871

미국과의 충돌(신미양요).

1873

최익현의 탄핵으로 대원군 실각하고 고종이 친정 선언. 그러나 실제로는 '민비 정권' 성립.

1876

일본이 조선에 강화도조약을 강요(한반도 최초의 국제조약이자 불평등조약).

1880

일본에 수신사 파견. 통리기무아문 설치.

1881

일본에 신사유람단 파견. 별기군 창설.

1882

임오군란과 제물포조약. 최초로 태극기 사용.

1884

갑신정변의 실패로 개화파 몰락.

1868

일본의 메이지 유신. 바쿠후 체제가 붕괴하고 제국주의 · 군국주의 노선 시작.

1876

일본이 조선을 강제 개항하고 대륙 침략 준비.

1867

오스트리아-헝가리 제국의 성립. 러시아와 더불어 유럽 최후의 제국 체제. 마지막 앙시앵레짐 성립.

1870~1871

프로이센-프랑스 전쟁. 독일제국이 수립되면서 제국주의의 모순 심화.

1882

삼국동맹의 성립. 후발 제국주의의 카르텔 형성.

1885

일본과 중국, 한반도 관리를 위한 톈진 조약 체결.

1885

영국군의 거문도 점령(1887년까지).

1886

프랑스와 통상조약 체결.

1889

일본의 제국헌법 반포. 동양 최초의 제국주의 국가 성립.

1890

비스마르크 체제 종식. 암중모색기가 끝나고 유럽 전역에 전운이 감돌기 시작함.

1892

동학교도, 교조 신원 운동.

1894

동학농민운동 → 청일전쟁 → 갑오개혁으로 이어지는 급변과 혼란의 시기.

1894~1895

청일전쟁. 일본이 동아시아의 패자로 올라섬.

1895

을미사변. 11월 17일부터 양력 사용. 이해 11월 18일부터 12월 말까지는 우리 역사에 '존재하지 않는 기간'이 됨.

1896

을미의병이 전국적으로 봉기. 고종의 아관파천. 독립협회 발족.

1897

고종 환궁. 대한제국 수립.

1898

만민공동회 개최. 고종이 독립협회를 해산함으로써 마지막 주체적 개

1898

파쇼다 사건. 후발 제국주의의 진출에 위협을 느낀 영국과 프랑스가 오

혁의 가능성이 사라짐.

1899

최초의 철도 경인선 개통.

1905

을사조약 체결. 사실상 이때부터 한 반도는 일본에게 강점됨.

1906

국채보상운동. 의병운동 재개.

1907

헤이그 밀사사건. 고종 퇴위, 순종 즉위.

1909

안중근, 이토 히로부미 암살.

1910

한일합병.

1918

이르쿠츠크 공산당 결성.

1919

3·1운동. 대한민국 임시정부 수립.

1899

의화단 사건 발발. 중국 민중의 반 제국주의 투쟁 시작.

1904~1905

러일전쟁. 일본의 동북아시아 제패.

1911

신해혁명 발발. 중국의 2000년 제 국사 종식.

랜 반목을 끝내고 선발 제국주의의 이익을 수호하기 위한 동맹 체제로 전환.

1907

삼국협상의 성립. 생뚱맞게 러시아 가 끼긴 했지만 선발 제국주의의 카 르텔 형성.

1914~1918

제1차 세계대전. 선발 제국주의와 후발 제국주의가 대결한 전형적인 제국주의 전쟁.

1917

러시아 사회주의혁명. 역사상 최초 의 사회주의국가가 탄생하나 생래 적인 현실 사회주의의 모순을 해결 하지는 못함.

1919

독일 바이마르 공화국 성립. 독일

최초의 공화정이자 역사상 가장 건
강한 독일 국가. 이탈리아의 파시스
트당 성립.

1921
중국공산당 창당. 이를 필두로 식민
지·종속국에서 속속 공산당이 창당
됨.

1921~1928
소련의 신경제정책 추진. 현실 사회
주의의 경제적 문제를 해결하기 위
한 노력이나 사회주의 이념과는 다
소 모순을 빚음.

1923
터키 공화국 수립. 전 세계에 걸쳐
제국 체제가 완전히 붕괴함.

1924
국민당과 공산당의 1차 국공합작.

1925
조선공산당 창건.

1927
신간회 결성. 최초의 좌우익 합작
운동 전개.

1929
세계 대공황 발발. 제1차 세계대전
의 패전국 독일의 경제난 심화.

1931
일본의 만주사변. 본격적인 대륙 침
략 개시.

1933
히틀러의 집권. 이탈리아와 더불어
세계적 파시즘 체제 출범.

1934~1935
홍군의 대장정. 공산당에서 마오쩌
둥의 입지 강화.

1935
만주에서 동북항일연군 결성. 조선
독립운동이 중국 반제운동과 접목
됨.

1936
에스파냐 내전 시작. 제2차 세계대
전의 예행연습에 해당함.

1937
김일성. 보천보 습격. 훗날 김일성
이 북한에서 집권하는 토양이 됨.

1937
중일전쟁 발발. 자연스럽게 제2차
세계대전으로 연결됨.

1940

임시정부, 광복군 조직.

1942

만주의 항일투사들, 조선독립동맹 결성.

1944

일본, 조선의 총동원령 포고. 여운 형, 건국동맹 조직.

1945

일본으로부터 해방. 조선건국준비위원회 결성. 조선인민공화국 수립. 미 군정청 수립.

1946

좌우익 합작이 실패하고 극심한 대립이 초래됨.

1948

유럽연합 한국임시위원단 조직. 남한에서는 5·10 단독선거. 북한에서는 인민회의 대의원 선거가 치러지면서 분단의 조짐이 확연해짐. 곧이어 남북한 별도의 정부 수립.

1950~1953

한국전쟁

1941

일본의 진주만 습격으로 태평양전쟁 개막.

1945

원자폭탄 투하로 일본이 항복하면서 제2차 세계대전 종전.

1946

중국 최후의 내전 시작. 국민당과 공산당의 마지막 힘겨루기.

1949

중화인민공화국 수립. 중국 본토가 공산화되고 국민당 정권은 타이완으로 물러남.

1939

독일의 폴란드 침공으로 제2차 세계대전 발발.

1941

독일의 소련 침공으로 전선 확대.

1945

제2차 세계대전의 종전. 국제연합이 결성되면서 17세기부터 시작된 유럽 근대 질서의 전통이 마무리되나 동시에 냉전 시작.

1958

중국의 인민공사 설립. 현실 사회주의의 경제적 취약점 부각.

1958~1960

중국의 대약진운동.

1960

중·소 이념 분쟁. 사회주의 노선을 놓고 중국과 소련 대립.

1966~1976

중국의 문화대혁명. 사회주의 이념이 희석화되는 것을 막으려는 최후의 방책이나 실패로 끝남.

참고문헌

E. H. 곰브리치/최민 옮김, 《서양미술사》 상·하, 열화당, 1990.

V. I. 레닌/남상일 옮김, 《제국주의론》, 백산서당, 1988.

V. I. 레닌/문성원·안규남 옮김, 《국가와 혁명》, 돌베개, 1995.

고영진, 《조선시대 사상사를 어떻게 볼 것인가》, 풀빛, 1999.

권홍우, 《부의 역사》, 인물과사상사, 2008.

김계일 편역, 《중국민족해방운동과 통일전선의 역사》 I·II, 사계절출판사, 1987.

김부식/이병주 옮김, 《삼국사기》 상·하, 을유문화사, 1992.

김산해, 《최초의 신화 길가메쉬 서사시》, 휴머니스트, 2005.

김호동, 《근대 중앙아시아의 혁명과 좌절》, 사계절출판사, 1999.

남경태, 《종횡무진 동양사》, 그린비, 1998.

남경태, 《종횡무진 서양사》 상·하, 그린비, 1999.

남경태, 《종횡무진 한국사》 상·하, 그린비, 2001.

도널드 R. 더들리/김덕수 옮김, 《로마 문명사》, 현대지성사, 1997.

동양사학회 엮음, 《개관 동양사》, 지식산업사, 1986.

마르잔 사트라피/김대중 옮김, 《페르세폴리스》 1·2, 새만화책, 2005.

마이클 하워드 외/차하순 외 옮김, 《20세기의 역사》, 이산, 2000.

민석홍, 《서양사 개론》, 삼영사, 1996.

박용운, 《고려시대사》 상·하, 일지사, 1992.

박은식/김승일 옮김, 《한국통사》, 범우사, 1999.

버나드 로 몽고메리/승영조 옮김, 《전쟁의 역사》 I·II, 책세상, 1997.

빌헬름 라이히/황선길 옮김, 《파시즘의 대중심리》, 그린비, 2006.

사마천/김진연 옮김, 《사기》 1~3, 서해문집, 2002.

시오노 나나미/김석희 옮김, 《로마인 이야기》 1~15, 한길사, 1995~2007.

아르놀트 하우저/백낙청 외 옮김, 《문학과 예술의 사회사》 1~4, 창비, 1999.

야코프 부르크하르트/안인희 옮김, 《이탈리아 르네상스의 문화》, 푸른숲, 1999.

에드거 스노/신홍범 옮김, 《중국의 붉은 별》, 두레, 1994.

에드워드 기번/송은주·윤수인·김희용 옮김, 《로마제국 쇠망사》 1·2, 민음사, 2008.

에드워드 사이드/박홍규 옮김, 《오리엔탈리즘》, 교보문고, 1998.

요한 호이징가/최홍숙 옮김, 《중세의 가을》, 문학과지성사, 1997.

이노우에 기요시/서동만 옮김, 《일본의 역사》, 이론과실천, 1990.

이매뉴얼 월러스틴/나종일 외 옮김, 《근대세계체제》 I~III, 까치글방, 1999.

이춘식, 《중국사 서설》, 교보문고, 1995.

일연/이민수 옮김, 《삼국유사》, 을유문화사, 1994.

자와할랄 네루/곽복희 외 옮김, 《세계사 편력》 1~3, 일빛, 2004.

정병조, 《인도사》, 대한교과서주식회사, 1995.

정수일, 《실크로드 문명기행》, 한겨레출판, 2006.

존 줄리어스 노리치/남경태 옮김, 《비잔티움 연대기》 1~3, 바다출판사, 2007.

진춘밍 외/이정남 외 옮김, 《문화대혁명사》, 나무와숲, 2000.

카를 마르크스·프리드리히 엥겔스/남상일 옮김, 《공산당 선언》, 백산서당, 1989.

투키디데스/박광순 옮김, 《펠로폰네소스 전쟁사》 상·하, 범우사, 1994.

페르낭 브로델/주경철 옮김, 《물질문명과 자본주의》 1~7, 까치글방, 1995~2001.

페터 가이스, 기욤 르 캉트랙 외/김승렬 외 옮김, 《독일 프랑스 공동 역사교과서》, 휴머니스
    트, 2008.

폴 케네디/이왈수 외 옮김, 《강대국의 흥망》, 한국경제신문, 1997.

피터 홉커크/정영목 옮김,《그레이트 게임》, 사계절출판사, 2008.

필립 아리에스, 조르주 뒤비 외 엮음/김기림 외 옮김,《사생활의 역사》 1~5, 새물결, 2006.

한국사특강편찬위원회,《한국사 특강》, 서울대학교출판부, 1994.

한중일3국공동역사편찬위원회,《미래를 여는 역사》, 한겨레출판, 2005.

함석헌,《뜻으로 본 한국역사》, 한길사, 1984.

헤로도토스/박광순 옮김,《역사》 상·하, 범우사, 1996.

헨드리크 빌렘 반 룬/남경태 옮김,《반 룬의 예술사》, 들녘, 2008.

황인평 엮음,《볼셰비키와 러시아혁명》 I~III, 거름, 1985.

찾아보기